新譯碧巖集（上）

吳平注譯

三民書局印行

國家圖書館出版品預行編目資料

新譯碧巖集／吳平注譯.－－初版二刷.－－臺北
市：三民，2019
冊；　公分.－－(古籍今注新譯叢書)

ISBN 978-957-14-3832-0　(全套：平裝)

1. 禪宗－語錄

226.65　　　93008723

© 新譯碧巖集（上）

注 譯 者　吳　平
發 行 人　劉振強
著作財產權人　三民書局股份有限公司
發 行 所　三民書局股份有限公司
地址　臺北市復興北路386號
電話　(02)25006600
郵撥帳號　0009998-5
門 市 部　(復北店) 臺北市復興北路386號
(重南店) 臺北市重慶南路一段61號

出版日期　初版一刷　2005年1月
初版二刷　2019年7月
編　號　S 032310
上、下冊不分售
行政院新聞局登記證局版臺業字第〇二〇〇號

ISBN　978-957-14-3832-0　(上冊：平裝)

http://www.sanmin.com.tw　三民網路書店
※本書如有缺頁、破損或裝訂錯誤，請寄回本公司更換。

刊印古籍今注新譯叢書緣起

劉振強

人類歷史發展，每至偏執一端，往而不返的關頭，總有一股新興的反本運動繼起，要求回顧過往的源頭，從中汲取新生的創造力量。孔子所謂的述而不作，溫故知新，以及西方文藝復興所強調的再生精神，都體現了創造源頭這股日新不竭的力量。古典之所以重要，古籍之所以不可不讀，正在這層尋本與啟示的意義上。處於現代世界而倡言讀古書，並不是迷信傳統，更不是故步自封；而是當我們愈懂得聆聽來自根源的聲音，我們就愈懂得如何向歷史追問，也就愈能夠清醒正對當世的苦厄。要擴大心量，冥契古今心靈，會通宇宙精神，不能不由學會讀古書這一層根本的工夫做起。

基於這樣的想法，本局自草創以來，即懷著注譯傳統重要典籍的理想，由第一部的四書做起，希望藉由文字障礙的掃除，幫助有心的讀者，打開禁錮於古老話語中的豐沛寶藏。我們工作的原則是「兼取諸家，直注明解」。一方面熔鑄眾說，擇善而從；一方面也力求明白可喻，達到學術普及化的要求。叢書自陸續出刊以來，頗受各界的喜愛，使我們得到很大的鼓勵，也有信心繼續推廣這項工作。隨著海峽兩岸的交流，我們注譯的成員，也由臺灣各大學的教授，擴及大陸各有專長的學者。陣容的充實，使我們有更多的資源，整理更多樣化的古籍。兼採經、史、子、集四部的要典，重拾對通才器識的重視，將是我們進一步工作的目標。

古籍的注譯，固然是一件繁難的工作，但其實也只是整個工作的開端而已，最後的完成與意義的賦予，全賴讀者的閱讀與自得自證。我們期望這項工作能有助於為世界文化的未來匯流，注入一股源頭活水；也希望各界博雅君子不吝指正，讓我們的步伐能夠更堅穩地走下去。

新譯碧巖集 目次

上冊

下冊

導讀

《碧巖集》是圜悟克勤於宋徽宗政和年間（西元一一一一～一一一七年）住持澧州（治今湖南澧縣）夾山靈泉禪院的時候，根據雪竇重顯的《頌古百則》加以評唱，又經過他的門人編集而成的。在此前後，圜悟克勤還先後在成都昭覺寺、湘西道林寺宣講過《頌古百則》。

「碧巖」一名，出自唐懿宗咸通十一年（西元八七〇年），善會禪師在夾山建立道場時。有僧人問善會：「如何是夾山境？」善會答道：「猿抱子歸青嶂裡，鳥銜花落碧巖前。」禪意詩情，極為濃郁，因而傳誦一時。此後，「碧巖」二字，被題為夾山靈泉禪院方丈室的匾額，夾山也被禪宗僧人稱為「碧巖」。因此，圜悟克勤把他的評唱集以方丈室匾額為名，題為《碧巖集》。

《碧巖集》又名《碧巖錄》，但《碧巖集》是最原始也是自宋代以來最流行的稱呼。至於以《碧巖錄》代替《碧巖集》，應當是出自《大藏經》中《佛果圜悟禪師碧巖錄》的序言標題字樣。但遍查《碧巖集》的序跋及宋、元、明禪宗各家的記載，均稱此書為《碧巖集》。因此，《碧巖集》一名應該較《碧巖錄》更為確切。

一、《碧巖集》產生的時代背景

晚唐五代禪宗五家興起的時代恰巧是中國整個封建文化全面衰落的時代，藩鎮割據、朝代更迭、國土分裂造成整個社會文化素質的低下。這種狀況一直延續到北宋初期。面對如此輕淺的文風，於是宋太宗大力提倡學術，鼓勵讀書。到真宗朝（西元九九八～一〇二二年）時，情況已經有了很大的改變，西崑體領袖楊億以「雄文博學」傲視當世，成為文壇領袖，就是宋初三代皇帝重振文風初見成效的反映。

仁宗朝（西元一〇二三～一〇六三年）出現的儒學復古運動，更是把封建文化的復興推向高潮。這不僅表現在文化的各個領域都出現了全才巨匠，而且表現在整個社會民眾文化水平的空前提高。隨之而來的是禪宗僧人基本成分的改變，手拿鋤頭的農禪逐漸讓位於手拿筆硯的文人士大夫禪，在禪宗僧人中，到處可見披著袈裟的博學之士和文采風流的詩僧。從一些文獻記載中可以看出宋代禪僧有這樣一些特點：博通內外典籍，文學修養很高，愛好詩歌創作，喜歡和著名文人交遊。一些禪宗僧人的別號，如「泉萬卷」、「遵大言」、「端故事」等，都是宋代禪僧有學問、有文采的標誌。一批頌古之作就是在這樣的背景下產生的。

頌古的出現使禪風為之一變。禪師們不僅要親自證悟禪的境界，而且要談禪、頌古，把早期以心印心、不立文字的禪，變成了口耳相傳的文字禪，禪門詮釋公案的風氣蔚為大觀。這一將禪語變為詩文韻語的浮華風氣，無疑是在宋初文風極盛的時代背景中，受當時片面追求詞采華美文風的影響。於是，禪與文學便結下了不解之緣。宋代禪宗僧人與文人士大夫交往頻繁，禪宗僧人的傳教對象，從下層平民轉向上層貴族，與其相適應的舞文弄墨的文字禪，也就悄然興起，禪宗僧人和文人士大夫也就在歌舞昇平、綺麗婉約的林下風流中互通有無了。

然而用頌古的形式點撥入門的途徑，雖然也能使禪家的玄旨向文人士大夫和大眾化邁進一步，但它畢竟還不夠通俗，難免也就曲高和寡。所以必須有更易於普及的方式，才能把禪門宗旨向社會全方位滲透。事實上，隨著城市經濟的繁榮，市民階層的文化需要也與日俱增，宋代都市文化也就應運而生。據《東京夢華錄》記載，北宋都城汴京有群眾性娛樂場所「瓦肆」不可勝數，較大者有「勾欄」五十多座，可容納數千人。在這些群眾性娛樂場所中，大多由說話的藝人，或講史，或講經。這種說話藝術是典型的大眾文化。禪門的有識之士，便看準了這一能使禪宗滲透全社會的藝術形式，於是把頌古進一步發展成為兼有說、評、頌、唱，類似於民間「說話」的方式——評唱引入了禪門。《碧巖集》就是評唱的開山之作，也是代表之作。

二、雪竇重顯與圜悟克勤

雪竇重顯（西元九八〇～一〇五二年）俗姓李，字隱之，遂寧（治今四川潼南）人。雪竇重顯出身於豪富之家，世代以儒業相傳。二十四歲那年，雪竇重顯的父母相繼去世，他感到人生無常，於是投益州（治今四川成都）普安院仁銑法師出家，後又來到湖北隨州智門光祚處參禪。

一天，雪竇重顯問：「心中不起一念，為什麼也會有過錯？」智門光祚並不答話，只是示意雪竇重顯走近些。雪竇重顯剛走上前，智門光祚就用拂子打他的嘴巴。雪竇重顯被打得莫名其妙，剛想開口，智門光祚又用拂子打了過來。雪竇重顯突然覺悟了。

智門光祚用拂子打雪竇重顯的嘴巴，實際上是在提示雪竇重顯，禪法是無法用概念和語言來表達的，所以「不起一念」問話的本身，就是心念。參禪者不應該執著於「不起一念」有錯沒錯。

雪竇重顯開悟後，在智門光祚門下又修習了五年，然後至蘇州翠峰寺任住持。宋真宗乾興元年（西元一〇二二年），雪竇重顯告別翠峰寺，出任雪竇山資聖寺住持。雲門宗禪法，至雪竇重顯而大張旗鼓，風靡天下，在北宋時期，與臨濟宗平分秋色，當時有「雲門、臨濟，獨盛天下」的美譽。雪竇重顯也被譽為雲門宗中興之祖。

雪竇重顯是一個富有文化修養的禪師，他非常熟悉禪宗不立文字的奧妙，但也感到光用棒喝來教化禪宗僧人，總有點缺憾。於是他順應當時文字禪的潮流，編成《頌古百則》一書。「頌古」是以韻文體的形式對公案作讚頌性的解釋。《頌古百則》選編一百則公案，每一則公案後用偈頌發揮其禪旨，其用意是要參禪者攝取公案的禪機，達到直指人心、見性成佛的目的。如「俱胝一指」公案：唐代的俱胝禪師，每當有人向他請問禪法，不論什麼問題，他都只豎一指作為回答。雪竇重顯對此作一頌曰：

對揚深愛老俱胝，宇宙空來更有誰？
曾向滄溟下浮木，夜濤相共接盲龜。

雪竇重顯讚揚俱胝禪師博愛萬物的慈悲精神，堅持以「一指」之法接引學人，其方法深奧獨特，宇宙之內無與倫比。同時，雪竇重顯像文人吟詩作賦一樣，善於選詞用典，進一步提高了頌古的文學性。「浮木」、「盲龜」二詞出自《法華經》。後兩句說俱胝禪師的一指，如茫茫夜海中向瀕於死亡的盲龜投去的一段浮木，實有救生靈出苦海之功。雪竇重顯追求詞藻的優美華麗，把頌古這一形式推向成熟的頂峰。尤其是他不直解公案所蘊含的禪意，而是旁敲側擊，左引旁證，叫參禪者自己去體悟，形成了頌古「繞路說禪」的風格。《頌古百則》不僅是禪宗僧人的必讀書，而且受到了文人士大夫的歡迎。

雪竇重顯《頌古百則》所依據的掌故，除絕大部分取自禪宗公案外，又引用《維摩詰經》、《楞嚴經》、《金剛經》，而且是以雲門宗的公案為重點，這從下列各則公案的統計上可以窺見一斑：雲門文偃十四則，趙州從諗十一則，百丈懷海四則，馬祖道一、雪峰義存、南泉普願各三則，《楞嚴經》、文殊、巴陵顥鑒、鏡清道怤、南陽慧忠、智門光祚、仰山慧寂、風穴延沼、投子大同各二則，其餘如《維摩詰經》等都是一則。

雲門文偃的禪風，法眼文益在《宗門十規論》裡用「函蓋截流」四字來稱讚他，雲門一宗的特色，也不外乎此。「函蓋」即雲門三句語的「函蓋乾坤」。德山緣密頌云：「乾坤並萬象，地獄及天堂，物物皆真現，頭頭總不傷。」這是就「體」上說的。「截流」亦即雲門三句語中的「截斷眾流」。德山緣密頌云：「堆山積嶽來，一一盡塵埃，更擬論玄妙，冰消瓦解摧。」這是就「用」上說的。體上一切現成，用上纖塵不立。雲門文偃說法，變化縱橫，總歸不會超出這些範圍，而在《雲門廣錄》中約占篇幅二分之一的「代語」，正是體現了這種意旨。不過用法眼文益的標準來看雲門文偃的語句，有時不免於「任情直吐，多類于野談，率意便成，絕肖于俗語」（《宗門十規論》）。雲門文偃的法孫智門光祚在這方面就有所改進。在智門光祚的語錄裡，簡單率意的代語較少，清新文雅的語句較多，如智門光祚頌文殊白椎的公案云：「文殊白椎報眾知，法王法令合如斯。會中若有仙陀客，不待眉間毫相輝。」格律聲韻都很工穩，比雲門文偃所作偈頌更見功力。雪竇重顯是一個文學修養很高的人，他受到了智門光祚的薰陶和當時著名禪師如汾陽善昭等人的影響，無論上堂、小參、舉古勘辨，所用語句，都注意修辭，其中尤以《頌古百則》為禪林所推重。頌古的意旨，不出「函蓋截流」的精神，而用典行文，大都有所依據，如頌文殊白椎公案云：「列聖叢中作者知，法王法令不如斯。會中若有仙陀客，何必文殊下一椎。」這一首偈頌，用了智門光祚的韻和語句，字面上雖似立意相反而更為顯豁輕靈，這或許就是被禪林推重的原因所在。

圜悟克勤（西元一〇六三～一一三五年），俗姓駱，字無著。彭州崇寧（治今四川彭縣西）人。他從小學習儒家經典，每天記誦千言，同學當中沒人能與他相比。一天，圜悟克勤到妙寂院遊玩，偶然看到佛經，他拿來看了又看，心中悵然，好像見到了自己原有的東西一樣。就這樣，他剃度出家了。

圜悟克勤後行腳四方，遍參各地禪門高僧，最後在五祖法演門下參學。數年之間，圜悟克勤時常將自己悟道的機緣，寫成偈頌，呈送五祖法演印可。五祖法演一直認為圜悟克勤尚未明心見性。圜悟克勤失望之餘，按捺不住心中的憤懣，拂袖而去。五祖法演笑著說：「等到你得了一場大病之後，就會知道我的用心良苦了。」

圜悟克勤行腳至金山寺，住了下來，繼續參禪。一天，圜悟克勤不當心感染了風寒，忽冷忽熱，全身虛弱。病中的圜悟克勤想起了五祖法演臨別時說的話，似乎有些覺悟了。病癒之後，圜悟克勤又回到了五祖法演身邊，擔任侍者。

一天，吏部提刑陳某正好辭官要返回四川老家，特地前來參訪五祖法演，問：「什麼是祖師西來意？」五祖法演說：「有兩句詩，正好與此相似：頻呼小玉原無事，只要檀郎認得聲。」這兩句詩的意思是說有一位美人名叫小豔，在閨房內知道其情人檀郎來找她。小豔為了使檀郎知道她在閨房，又不好意思直接與檀郎說，只得借機叫丫環小玉做東做西，其目的就是利用叫小玉的聲音，要檀郎知道她在閨房裡。禪法也是這樣，說東說西並不是禪的目的，只是借說東說西的聲音，要學人知道其言外之意。

五祖法演的用意，陳某無法理解，但卻打動了在一旁的圜悟克勤的心。陳某走後，圜悟克勤問：「師父舉小豔的詩，陳提刑懂了沒有？」

五祖法演說：「他只認得聲音。」

圜悟克勤問：「他既然認得聲音，為什麼不能悟道呢？」

五祖法演知道圜悟克勤的悟境已經到了成熟的地步，便大聲問道：「什麼是祖師西來意？是庭前柏樹子嗎？」

這一問幫助圜悟克勤突破疑關，他頓時大徹大悟，手舞足蹈，走出室外，正好看見一隻大公雞，展翅而鳴，飛上欄杆。圜悟克勤說：「這不正是聲音嗎？」於是寫了一首悟道偈：

金鴨香銷錦繡幃，笙歌叢裡醉扶歸。
少年一段風流事，只許佳人獨自知。

這首偈的意思是說等到檀郎（眾生）認得呼喚小玉的聲音之後，在繡著金鴨的錦帷中，經過一番的纏綿繾綣，在充滿醉意的笙歌弦樂聲中相扶歸去。這一段少年風流事，旁人是無法瞭解的，只有佳人（佛）和檀郎（眾生）才深知其中的奧妙。

在禪宗僧人中，像圜悟克勤這樣通過豔詩而開悟，並不少見，有些偈甚至可以直接拿來當情詩欣賞。圜悟克勤用男女私情比喻「佛祖大事」，就是禪宗史上一段著名的公案。

不久，圜悟克勤負責管理寺中事務。當時正在修建廚房，庭院中有一棵長勢茂盛的大樹。五祖法演說：「即使大樹妨礙廚房的修建，也不能砍去。」圜悟克勤不顧師命，還是將大樹砍掉了。五祖法演一怒之下，舉著拄杖追打圜悟克勤。圜悟克勤在東藏西躲中，忽然醒悟：「這不正是臨濟宗的手法嗎？」於是神色自若，站立不動，伸手接住拄杖，說：「老賊，我認得你了。」五祖法演大笑而去。原來五祖法演的話中暗藏機鋒，圜悟克勤砍掉樹，正是對五祖法演機鋒的承接。從這裡可看出圜悟克勤非常熟悉禪家機鋒，而且能在師父面前自在運用，這為他以後在《碧巖集》中解釋公案機鋒打下了紮實的基礎。

一天晚上，圜悟克勤、佛鑒慧懃、佛眼清遠三位弟子陪同五祖法演在山亭上說話。到了該回去的時候，燈籠裡的油燒完了。五祖法演在黑暗中對他們說：「你們三個人各自就此情景下一轉語，我要看看你們的境界如何？」

佛鑒慧懃說：「現在好比五彩的鳳凰，在青天上翱翔。」意謂在黑暗中要看見光明，可見其手法非凡。佛眼清遠說：「這時好像一條鐵石般的巨蟒，橫在古道之上。」意謂暗中有物，這種境界也不俗。

圜悟克勤說：「照看腳下。」簡單明瞭，具有寸鐵刺人的力度。五祖法演感慨地說：「能夠發揚光大禪宗法門的人，只有圜悟克勤了。」「照看腳下」，這話聽起來多麼平淡無奇。難道會有人不知道，在夜晚摸黑走路要照看腳下？然而，這話的可貴之處，就是這種從腳下做起的務實精神。禪不講求玄虛，而注重「實在」與「平常」。注意腳下，老老實實地「走路」，這就是禪家精神的體現。以後圜悟克勤著《碧巖集》一書，著重體現了「照看腳下」這一精神。

宋徽宗崇寧（西元一一〇二～一一〇六年）初年，圜悟克勤辭別五祖法演，回四川探望年邁的母親，其間曾任成都昭覺寺住持。政和元年（西元一一一一年），圜悟克勤南遊湘鄂，在荊南（治今湖北江陵）與張商英辯論《華嚴經》要旨及禪門宗趣。張商英對圜悟克勤大為佩服，以師禮待之，並請他住持澧州夾山靈泉禪院。

宋徽宗政和（西元一一一一～一一一八年）末年，太保樞密鄧子常上書朝廷，極力稱頌圜悟克勤的德行，於是宋徽宗賜號「佛果禪師」，詔住金陵（治今江蘇南京）蔣山。禪宗僧人紛紛慕名前往，晚到者竟然無處容身。

建炎元年（西元一一二七年），宋高宗賜號克勤「圜悟禪師」，故世稱「圜悟克勤」。紹興元年（西元一一三一年），圜悟克勤再次住持昭覺寺，紹興五年（西元一一三五年）在昭覺寺圓寂。

圜悟克勤的嗣法弟子達七十五人之多，其中最著名者為大慧宗杲、虎丘紹隆，並稱為圜悟克勤門下的「二甘露門」。

三、《碧巖集》的內容

圜悟克勤生在雪竇重顯稍後，屬於臨濟宗的楊岐派。楊岐方會的禪風，「提綱振領，大類雲門」（《續傳燈錄》卷七），所以臨濟宗的圜悟克勤根據雲門宗的《雪竇頌古百則》加以評唱，乃是十分自然的事情。圜悟克勤的悟道因緣，是從「頻呼小玉原無事，只要檀郎認得聲」這兩句小豔詩悟入的，悟後偈語深得詩中三昧，可見他也是一個文學修養很高的人。他對《雪竇頌古百則》評論道：「雪竇頌百則公案，一則則拈香舉來，所以大行於世。他更會文章、透得公案，盤礴得熟，方可下筆。」真是傾倒備至，因而在每一則公案和偈頌的前面加一段提綱式的示眾，又在公案和偈頌的每一句下面系以短小精悍的著語（夾注），然後分別在公案和偈頌後面加上評唱，成為首尾完全的著作，對於參禪者的啟發作用是相當大的。

在《碧巖集》中，圜悟克勤緊密聯繫禪宗的基本理論，把公案、頌古和佛教經論結合起來，為解釋公案和頌古奠定了堅實的理論基礎。

《碧巖集》創立了解釋公案和頌古的新體裁，對每則公案和頌古的解釋都由五部分構成，以下以第十二則〈洞山三斤〉為例來具體說明這五個部分：

一、示眾，放在每則公案之前，大抵有概括公案主旨和引入公案內容的作用。不過在《碧巖集》中，只有七十五則有示眾，還有二十五則無示眾。

> 示眾：殺人刀，活人劍，乃上古之風規，亦今時之樞要。若論殺也，不傷一毫；若論活也，喪身失命。所以道，向上一路，千聖不傳；學者勞形，如猿捉影。且道，既是不傳，為什麼卻有許多葛藤公案？具眼者，試舉看。

圜悟克勤在「示眾」中比較含蓄地點明瞭這則公案的主旨，告誡參禪者不要在言句上下功夫，啟發他們自證自悟。因為禪是不能用理性思維來推理的，也不能用語言文字來描述。

二、公案「本則」，是雪竇重顯從一千七百則公案中選出最典型、寓意最深刻的一百則，供參禪者參究。括號內是圜悟克勤下的「著語」，相當於夾注夾批。這些著語比較簡短，少則幾個字，多則十幾個字，有時只有一個字。形式也是多種多樣：有俗言口語，也有典雅的書面語；有的是稱讚之語，有的則是冷嘲熱諷；有從正面講的，帶有點評性質；也有不少著語是反語，其中有謾罵，有揶揄，也有譏諷，很難從字面上作出確切的解釋。他竭力用風行當時的俗語，來發揮禪學的奧妙。

舉：僧問洞山：「如何是佛？」（鐵橛子，天下衲僧跳不出。）

山云：「麻三斤。」（灼然！芒草鞋，指槐樹罵柳樹。）

圜悟克勤「鐵橛子」的著語喻指「如何是佛」這個問題不易回答，很難理解。「指槐樹罵柳樹」喻指「麻三斤」並不是對「如何是佛」的正面回答。

三、公案評唱，放在公案後面，對公案加以闡釋評論。通過反覆地評唱，整體的解說、鑑賞、提示，公案的主旨就被揭示出來了，而不可言說的禪理禪意憑藉語言文字表述地越來越清晰了。

評唱：洞山麻三斤公案，多少人錯會，直是難咬嚼，無你下口處。何故？淡而無滋味。古人有多少答佛話？或云：「殿裡底。」或云：「三十二相。」又云：「杖林山下竹筋鞭。」及至洞山，卻道：「麻三斤。」不妨直截。

人多去言句下話會道：「洞山是時庫下秤麻，有僧問他，所以如此答。」有底道：「洞山問東答西。」有者道：「你是佛，更去問佛，所以洞山遶路答之。」更有一般道：「只這麻三斤便是佛。」且喜勿交涉。你若恁麼去洞山言句上尋討，參到彌勒下生，也未見得在！

何故？言句只是載道之器。殊不見古人意，只管去言句上作活計，有什麼巴鼻？不見古人道：「道本無言，因言顯道。」見道即忘言。到這裡，還我第一籌來始得。這「麻三斤」，一似長安大路一條相似。舉足下足，無有不是。這箇話與雲門胡餅，便是一對，不妨難會。五祖先師頌云：「賤賣擔板漢，貼秤麻三斤。千百年滯貨，無處著渾身。」你但打疊得情塵、意想、計較、得失、是非，一時淨盡，自然會去。

圜悟克勤在評唱中首先指出了這則公案很難理解，接著批評了對這則公案的四種錯誤解釋，然後正面指出這則公案的主旨，最後進一步闡述自己對這則公案的見解。

四、雪竇重顯的頌古。這是雪竇重顯所作闡釋公案妙旨的偈頌，他的見識、才華都體現在頌古當中。由於公案中的禪機既非常平易、又非常幽玄，日常語言無法表達，所以雪竇重顯用偈頌的形式來曲折地表達其深刻的含意，這樣能啟發參禪者的靈感。括號內是圜悟克勤的著語。這些著語雖然字數不多，但在點撥之中顯示出圜悟克勤的穿透禪機之見，顯得非常有力，有寸鐵刺人的氣概。

頌：金烏急，（左眼半斤，快鷂趁不及，火焰裡橫身。）
玉兔速，（右眼八兩，姮娥宮裡作窠窟。）
善應何曾有輕觸？（如鐘在扣，似谷響而應聲。）
展事投機見洞山，（錯認定盤星，自是闍黎恁麼見。）
跛鱉盲龜入空谷。（自領出去，同坑無異土，誰打你鷂死？）
花簇簇、錦簇簇，（兩重公案。）
南地竹兮北地木。（依前一般，一狀領過。）
因思長慶陸大夫，（癩兒索伴，雪竇也恁麼、山僧也恁麼，遂呵呵大笑。）
解道合笑不合哭。（阿呵呵！蒼天中更加怨苦。）
咦？（咄！是什麼。）

五、頌古評唱。圜悟克勤充分認識到雪竇重顯頌古「繞路」說禪的特點，用「評唱」體直截了當地說禪，使人容易理解。圜悟克勤的頌古評唱不僅與公案評唱聯繫在一起，而且論證了頌古的主旨與公案的主旨是完全一致的。他對頌古的評唱，實際上是解釋頌古與公案的相同。

評唱：雪竇見得透，所以劈頭便道：「金烏急，玉兔速」，與洞山答「麻三斤」，更無兩般。日出月沒，日日如是。人多情解，只管道：「金烏是左眼，玉兔是右眼。」才問著，便瞠眼云：「在這裡！」有什麼巴鼻？恁麼會，達摩一宗掃地而盡。所以道：「垂鉤四海，只釣獰龍。」格外玄機，為尋知己。雪竇是出陰界底人，豈作這般見解？

雪竇輕輕去扣關擊節處，露些子，教你會，便下箇注腳道：「善應何曾有輕觸？」洞山不輕酬這僧，如鐘在扣，如谷應聲，大小隨應，不敢輕觸。雪竇吐出心肝五臟來，呈似你諸人了也。不見雪竇有〈靜而善應頌〉道：「覿面相見，不在多端；龍蛇易辨，衲子難瞞。金鎚影動，寶劍光寒；直下來也，急著眼看。」

洞山初見雲門，門問：「近離甚處？」山云：「渣渡。」門云：「夏在甚麼處？」山云：「湖南報慈。」門云：「幾時離彼中。」山云：「八月二十五。」門云：「放你三頓棒，參堂去！」師晚間入室，親近問云：「某甲過在什麼處？」門云：「飯袋子！江西湖南，便恁麼去。」洞山於言下豁然大悟，遂云：「某甲他日向無人煙處，卓箇庵子，不蓄一粒米、不種一莖菜，常接待往來十方大善知識，盡與伊抽卻釘、拔卻楔，拈卻膩脂帽子，脫卻鶻臭布衫，各令灑灑落落地，作箇無事人去！」門云：「身如椰子大，開得許大口！」洞山便辭去。他當時悟處，直下穎脫，豈同小見？

後來出世應機。「麻三斤」語，諸方多用作答佛語，只管於「佛」上作道理會。雪竇道：「你若恁麼作『展事』『投機』會，正似『跛鱉盲龜入空谷』，幾年日月尋得出路去？」

> 「花簇簇、錦簇簇」，此是僧問開福德賢和尚：「如何是古佛心？」師云：「花簇簇、錦簇簇。」又問明教：「麻三斤意旨如何？」云：「南地竹兮北地木。」雪竇故引作一串，穿破人情見。後人不會，卻轉生情解，道：「麻三斤是孝服，南地竹兮北地木是孝杖，花簇簇、錦簇簇是棺木頭上畫底花草。」還識羞麼？殊不知「南地竹兮北地木」與「麻三斤」，只是阿爺與阿爹相似。古人答一轉語，決定意不如此。正是「金烏急、玉兔速」，自是一般寬曠，只是金鍮難辨，魚魯參差。
>
> 雪竇老老婆婆，要破你疑情，更引一箇死話：「因思長慶陸大夫，解道合笑不合哭。」若論他頌，只頭上三句，一時頌了。我且問你，都來只是箇麻三斤，雪竇為什麼卻有許多葛藤？雪竇慈悲忒殺，所以如此。
>
> 陸大夫名亙，作宣州觀察使，參南泉。泉遷化，亙聞喪，入院下祭，他卻呵呵大笑。院主問云：「大夫何不哭？」亙云：「道得即哭。」主無對。亙大笑云：「蒼天，蒼天！先師去世久矣。」後來長慶聞云：「大夫合笑不合哭。」雪竇借此意，用大綱道：「你若作這般見解，正好笑，莫哭。」是即是，末後有一箇字，不妨也譊訛。更道：「咦？」雪竇還洗得脫麼？

圜悟克勤在評唱中首先指出雪竇重顯的頌古與洞山守初的答語表達的是同樣的禪意，接著批評了人們對雪竇重顯頌古的種種錯誤見解，並對頌古的每一句都作了詳細考證，說明每一句都語出有典。圜悟克勤在評唱中貫穿著這樣一種思想：公案中禪師們的種種言行，頌古中的每一句話，都包含著種種禪機，只是不能用理性思維去推理罷了。

四、《碧巖集》與宋元禪風

《碧巖集》問世之後，禪林轟動，禪宗僧人們都把它看作是重要的經典，人手一冊，朝誦暮習。有人對它評價很高，譽為「宗門第一書」，並有許多模仿該書的作品陸續問世。

《碧巖集》是禪宗史上影響很大的一部著作，它的出現並非偶然現象，反映了北宋以後的禪宗逐漸重視佛教經典和本宗派的文獻典籍，與其他宗派看重文詞義理的傳統修行方式縮小了距離，此後便演變成禪教合一、禪淨雙修的趨勢。

圜悟克勤圓寂後，有一位禪宗僧人向圜悟克勤的大弟子大慧宗杲請教，出語非同凡響，大慧宗杲費了很大的勁才挫敗了他的鋒芒。事後一打聽，原來這位僧人是根據《碧巖集》講的。大慧宗杲反對這種雕飾言辭、舞文弄墨的作法，認為有違直指人心、不立文字的宗旨，於是燒掉了《碧巖集》的刻版，但未能阻止該書的流傳。

不過，自從《碧巖集》問世後，禪宗派別逐漸傾向於合流，而「禪機」也逐漸融化於「詩境」，變化很大，所以比較保守的心聞曇賁憤憤地說：「教外別傳之道，至簡至要，初無他說，前輩行之不疑，守之不易。天禧間雪竇以辯博之才，美意變弄，求新琢巧，繼汾陽為《頌古》，籠絡當世學者，宗風由此一變矣。逮宣政間，圜悟又出己意，離之為《碧巖集》。彼時……寧道者、死心、靈源、佛鑒諸老，皆莫能回其說；於是新進後生，珍重其語，朝誦暮習，謂之至學，莫有悟其非者。痛哉！學者之心術壞矣。紹興初，佛日入閩，見學者牽之不返，日馳月騖，浸漬成弊，即碎其板，辟其說，以至祛迷援溺，剔繁撥劇，摧邪顯正，特然而振之，衲子稍知其非而不復慕。」（《禪林寶訓》卷四）這段文字中提到的佛日，就是大慧宗杲。不過在元成宗大德四年（西元一三〇〇年）三教老人的〈碧巖集序〉云：「圜悟顧子念孫之心多，故重拈雪竇頌；大慧救焚拯溺之心多，故立毀《碧巖集》。釋氏說一大藏教，末後乃謂不曾說一字，豈欺我哉？圜悟之心，釋氏說經之心也；大慧之心，釋氏諱說之心也。禹稷顏子，易地皆然，推之挽之，主於車行而已。」《碧巖集》從此就成為「叢林學道詮要」，而模仿《碧巖集》的著作，如元代從倫評唱投子義青的《頌古百則》，稱為《空谷集》，元代行秀評唱天童正覺的《頌古百則》，稱為《從容庵錄》等，層出不窮。宋、元以後的禪風也都沒有跳出這個窠臼。所以《碧巖集》全文雖不過十幾萬字，在中國佛教史上，卻是一部對於禪風轉變有深遠影響的著作。

《碧巖集》傳到日本後，禪門爭相研究，將《碧巖集》與《從容庵錄》、《壇經》，一道譽為三大奇書。枯木法師說：「日本的禪學確實頗發達。」「尤其是關於語錄的研究，可說是不遺餘力。」「日本的禪宗都是從文字上入手，從文字達到最深處妙境。」（《禪學講話・序》）研究語錄，少不了解讀公案，《碧巖集》自然成為膾炙人口的讀物。至今，《碧巖集》仍舊在日本人的生活當中占有極其重要的地位，很多日本人還有時常誦讀《碧巖集》的習慣。西元一九四二年，日本禪學權威鈴木大拙將藏在金澤大乘寺中的《碧巖集》重新考定，命名為《佛果碧巖破關擊節》，以和音之簡稱，名為「一夜本」。眾多禪學研究者都認為「一夜本」是《碧巖集》最好的版本。此後日本學者伊藤猷典又以「一夜本」為底本校定而成《碧巖集定本》。本書就是以《碧巖集定本》為底本進行譯注的。

第一則　達摩廓然

【題　解】達摩被中國禪宗僧人奉為「西天第二十八祖」、「中國禪宗初祖」。什麼是達摩祖師西來中國傳授禪法的旨意？這是歷代禪宗僧人參究的一個重要話頭，不可言說，但又不能不說。達摩來中國傳授以心傳心的禪法，表現出廓然無聖，非聖非凡，非心非佛，非有非無，超越言說，不立文字，教外別傳。這與當時重文字解析的義理佛學有很大的區別。

這則公案是中國禪宗史上的開場白，歷史上有沒有這個事實姑且不論。禪宗的公案，是作為一種精神的意味與境界來傳習的，而不是作為歷史故事來欣賞的。

示眾❶

乾坤❷窄，日月星辰❸一時❹黑，直饒❺棒如雨點、喝似雷奔❻，也未當❼得向上宗乘❽中事。設使❾三世諸佛❿，只可自知；歷代祖師⓫，全提⓬不起⓭；明眼⓮衲僧⓯，自救不了；一代時教⓰，詮注⓱不及，到這裡作麼生⓲請益⓳？道箇佛⓴字，拖泥帶水㉑；道箇禪㉒字，滿面慚惶㉓。久參㉔上士㉕，不待言之；後學㉖初機㉗，直須㉘究取㉙。請試舉看！

【注　釋】❶示眾　禪師向僧眾宣說的法語。❷乾坤　稱天地。❸星辰　星的通稱。❹一時　同時；一齊。❺直饒　縱然；

即使。❻棒如雨點喝似雷奔　棒擊和吆喝，是禪宗（尤其是臨濟宗）接引學人常用的手段。❼當　契合；相稱。❽向上宗乘　謂至極玄妙的禪宗旨意。❾設使　假如；縱令；即將。❿三世諸佛　乃統稱全宇宙的諸佛。即過去、現在、未來等三世之眾多諸佛。⓫祖師　指開創一宗一派之人（開祖），或傳承其教法之人（列祖）。⓬全提　完全徹底的提示，這是超越言句的、直指人心的禪機施設。⓭不起　不發動；不發生。⓮明眼　明亮的法眼。⓯衲僧　禪宗僧人。⓰一代時教　佛祖釋迦牟尼的全部教說。⓱詮注　詮解；注釋。⓲作麼生　相當於「怎麼樣」、「如何了」。本為宋代俗語，禪宗多用於公案的感歎或疑問之詞。生，語助詞。⓳請益　學人請師示教之意。禪宗多指學人受教後，就未透徹之處，再進一步向禪師請教之意。⓴佛　佛陀的簡稱。本義為「覺」。佛教徒用為對其創始人釋迦牟尼的尊稱。㉑拖泥帶水　喻指陷入言辭義理的糾纏，不能乾脆爽利地接引學人或領悟禪法。㉒禪　梵語「禪那」之略。原指靜坐默念。引申為禪理、禪法、禪學。㉓慚惶　羞愧惶恐。㉔久參　謂參禪時間長久。㉕上士　指上等根器者。㉖後學　指後進的學者。㉗初機　指初學禪法者。㉘直須　必須。㉙取　助詞。表動態。猶「得」。

【語譯】圜悟克勤開示：天地窄小，日月星辰的光輝一齊都顯示不出來。即使是木棒像雨點一樣打來，吆喝如同雷霆萬鈞，也抵不過至極玄妙的禪門宗旨。如果過去、現在、未來三世的一切諸佛只能自己知道，歷代祖師經過完全徹底的提示還是不行，法眼明亮的禪宗僧人自己救不了自己，佛祖釋迦牟尼的全部說教都來不及解釋，到了這個地步，應該怎麼樣向師父請教呢？說個「佛」字，還嫌拖泥帶水；說個「禪」字，也是滿臉慚愧。對一個長期參禪的上等根機者不必多說，至於初學禪法者就必須努力參學。試舉一則公案給你們看看。

舉❶　梁武帝❷問達摩❸大師❹：（說這不唧𠺕❺漢。）

「如何是聖諦第一義❻？」（是什麼繫驢橛❼？）

達摩云：「廓然無聖⑧。」（將謂⑨多少奇特，可煞⑩明白？）
帝曰：「對朕⑪者誰？」（滿面慚惶，強⑫惺惺⑬。）
達摩云：「不識⑭！」（咄⑮！再來不直⑯半文錢⑰。）
帝不契⑱，（可惜！卻較些子⑲。）
遂渡江⑳至魏㉑。（者㉒野狐精㉓，不免從東過西、從西過東去也。）
武帝問志公㉔，（貧兒思舊債㉕，傍人㉖有眼，不免懡㦬㉗。）
志公云：「陛下㉘還識此人否？」（和㉙志公趕出國㉚始得㉛，好與㉜三十棒。）
帝曰：「不識！」（卻是武帝承當㉝達摩公案㉞，達摩來也。）
志公云：「此是觀音大士㉟，傳佛心印㊱。」（胡亂㊲指注㊳。）
帝悔，遂遣使取㊴。（果然把不住㊵，向㊶道不唧𠺕。）
志公云：「莫道陛下發㊷使去取，（東家人死、西家人助哀㊸，好與一時趕過江！）
闔㊹國人去，他亦不回！」（胳膊不向外㊺，志公好與三十棒，不知腳下㊻放大光明㊼。）

【注　釋】❶舉　禪師語錄的記載格式，表示舉說某則公案。❷梁武帝　即蕭衍（西元四六四～五四九年），字叔達，南蘭陵（治今江蘇武進）人。南朝梁國的創立之君。在位四十八年，崇信佛教，大建寺院，並三次捨身同泰寺，有「皇帝菩薩」之稱。❸達摩　即菩提達摩。南北朝時期來華的印度僧人，屬婆羅門種姓，香至王第三子。出家後傾心大乘佛法。南朝宋、齊間經海路至廣州，遊歷各地，傳授禪學。被後世禪宗僧人尊為印度禪宗第二十八祖、中國禪宗初祖。❹大師　僧人的尊稱。❺不唧𠺕　不伶俐；不敏捷。唧𠺕，為秀、就的反切語。不唧𠺕，即不秀不就之義。❻聖諦第一義　指佛教至極玄妙的真理，即最高真理。聖諦，聖人所見之真理。諦，真實無謬的道理。❼繫驢橛　指路邊繫縛驢子的木樁。比喻不貴重而又無用之物。橛，木橛子；短木樁。❽廓然無聖　謂大徹大悟之後的境界無凡聖之區別。廓然，空寂的樣子，喻指悟道之後的境界。❾將謂　原以為；以為。❿可煞　甚是；實在。⓫朕　秦始皇二十六年（西元前二二一年）起定為帝王自稱之詞，沿用至清。⓬強　強迫；勉強。⓭惺惺　清醒的樣子。⓮識　知道；瞭解。⓯咄　歎詞，表示嗟歎。⓰直　抵；相當。⓱半文錢　比喻實際修行之助益。如貧窮之人徒有數鄰人珍寶之喜，而自己卻無半文錢之實；以此比喻聞如來之聖教而不切實力行者，則於己實無絲毫助益。⓲契　投合；符合。⓳較些子　禪家常用此語，是略帶保留語氣的贊辭，含有「好一些，差不多了，說得過去」的意思。這裡是反語，帶有嘲諷梁武帝的語氣。⓴江　專指長江。㉑魏　即北魏。疆域北至蒙古高原，西至新疆東部，東北至遼西，南境初以黃河為界，其後逐漸擴展至秦嶺、淮河一帶，進一步跨有淮南地。與南朝對峙。㉒者　即今「這」字。㉓野狐精　原指野狐之精魅能作變幻，以欺誑他人。比喻自稱見性悟道而欺騙他人者。㉔志公　法名寶志（西元四一八～五一四年），俗姓朱氏，金城（治今甘肅蘭州）人。梁武帝視為神僧，以為觀世音菩薩化身，非常崇信。㉕貧兒思舊債　比喻梁武帝一直不忘此事。㉖傍人　指志公。㉗懡㦬　恥辱、慚愧之意。㉘陛下　對皇帝的尊稱。㉙和　連；連同。表示強調語氣。㉚國　首都。㉛始得　置於句尾，猶謂「才好」。㉜好與　小心；留神；謹慎。㉝承當　承受機緣，領悟禪法。㉞公案　原是官衙文牘詞語，指案例。禪家常用此詞，指規範的或典型的機緣語句、禪機施設。㉟觀音大士　即觀世音菩薩，悲心特深，化身種種救度苦難眾生，與大勢至菩薩同為西方極樂世界阿彌陀佛的輔弼。一心稱念其名號，能免除種種苦惱急難。大士，菩薩的美稱。㊱心印　指禪法。禪的本意即不立文字、不依言句，直以心為印。印，印可、印定之意。㊲胡亂　苟且之意。㊳指注　指責，評議。㊴取　邀請；召喚。㊵把不住　禁不住。㊶向　從前；原先；剛才。㊷發　派遣。㊸東家人死西家人助哀　意謂梁武帝已經後悔此事，志公使他更為後悔，好像助哀一樣。「東家」喻梁武帝，「西家」喻志公。㊹闔　全部；整個。㊺胳膊不向外　比喻始終不能領悟禪法。㊻腳下　喻指目前眼下、本人身邊。禪家認為禪法就在目前，就在身邊。㊼放大光明謂以神通力，放無量光明，作諸佛事，給予眾生無量之利益。

【語　譯】舉說公案：梁武帝問達摩大師：（說這不機靈的傢伙。）「什麼是聖諦第一義？」（這是一根什麼樣的繫縛驢子的木樁？）達摩回答說：「空空蕩蕩，並沒有什麼聖諦。」（原來以為有多少奇特，其實非常明白。）梁武帝又問：「和我應對的人是誰？」（滿臉羞愧惶恐，還要做出一副頭腦清醒的樣子。）達摩回答說：「不知道。」（咄！再來不值半文錢。）梁武帝不能投合達摩的旨意。（實在可惜，不過這樣還說得過去。）達摩於是渡過長江，來到了北魏。（這野狐精，不過是從東邊走到西邊，然後又從西邊走到了東邊。）

梁武帝後來把這事告訴了寶志和尚，向他請教。（貧困小兒念舊債，旁觀者清，不免一場難堪。）寶志和尚問：「皇上還知道這人嗎？」（連寶志和尚一道趕出國都才好，當心挨三十棒。）梁武帝回答說：「不知道。」（倒是梁武帝承當得起達摩公案，達摩的本來面目露出來了。）寶志和尚說：「這是觀音菩薩，前來傳授佛教以心印心的禪法。」（隨便評說。）梁武帝後悔了，於是派遣使臣去請達摩回來。（果然把握不住自己，剛才還說他不機靈。）寶志和尚說：「不要說皇上派遣使臣去請，（東面人家死了人，西面人家去哭著助哀，當心一起被趕過長江去。）就是整個國家的人去請，他也不會回來。」（胳膊不向外彎，寶志和尚當心挨三十棒，不知道自身就會放大光明。）

評唱❶

達摩大師遙觀❷此土，有大乘根器❸，遂泛海得得❹而來。單傳心印❺，開示❻迷情❼，不立文字❽，直指人心❾，見性成佛❿。若恁麼⓫見得，便有自由分⓬，不隨一切語言轉變，脫體⓭成佛⓮。便能於後頭，與武帝對談，并二祖⓯安心⓰處，自然見得，無許多計較⑰情塵⑱。一刀截斷⑲，灑灑落落⑳；何必分是分非、辨得辨失？雖然恁麼，能有幾人知？

武帝常披袈裟㉑，講《放光般若經》㉒，感得天花亂墜㉓、地變琉璃㉔，遂辨道㉕奉佛，詔誥㉖天下，起寺度僧㉗，依教修行，人謂之「佛心天子」。

達磨初來見武帝，帝遂問：「朕起寺度僧，還有功德㉘否？」達磨云：「無功德！」早是㉙惡水㉚驀頭㉛澆。若透得這箇無功德，許你親見達磨。且道，起寺安僧，為什麼卻無功德？此意在什麼處？

武帝常與婁約㉜法師㉝、傅大士㉞、昭明太子㉟，持論㊱真俗二諦㊲，據教㊳中說，真諦以明非有㊴，俗諦以明非無㊵。真俗不二㊶，即是聖諦第一義，此是教家極妙窮玄㊷處。武帝便拈㊸起極則㊹處，問達磨：「如何是聖諦第一義？」達磨云：「廓然無聖。」天下衲僧跳不出，達磨與他一刀截斷。如今人多錯會，卻去弄精魂㊺，舉㊻眼云：「廓然無聖。」且喜沒交涉㊼。

【注釋】❶評唱　宣說、評議前輩禪師接引參禪者的機語手段。❷遙觀　猶遙望。謂達磨在印度用無礙法眼觀見中國法緣成熟。❸大乘根器　具有繼承大乘佛法的根機才具者。❹得得　特地。❺單傳心印　禪法的授受，不通過經典文字和語言解說，而是直指人心，師徒心心相印。❻開示　宣說（禪法）。❼迷情　指迷惑的（有情）眾生。❽不立文字　指禪法以心傳心，見性成佛，超離言辭知解，不用文句表達，不須著錄典冊。❾直指人心　直接指明人的本心就是佛，不必通過語言文字，也不須通過其他中間步驟。識見本心即可成佛，這是禪宗的重要旨意，也是禪家教學、傳法的重要原則。❿見性成佛　徹見自心之佛性，明悟自身與佛等同。這是禪宗思想的核心，體現出禪宗高度重視自我，重視現實人生的精神。⓫恁麼　這；這樣；如此。⓬自由分　指自由自在的境界。⓭脫體　事物的全體、整體。是用消除區別、等同無二的眼光對於事物的全體觀照。⓮成佛　指菩薩於多劫中滿足因行，完成自利、利他之德，而至究極之境界。禪宗則主張「直指人心，見性成佛」，即以坐禪徹見現實之自心，如此則可開成佛之端緒。⓯二祖　指禪宗二祖慧可，俗姓姬氏，虎牢（治今河南滎陽）人。北魏正光元年（西元五二〇年），在嵩山少林寺參謁菩提達摩，從學六年，得其法髓。⓰安心　慧可曾向達摩請求：「弟子心未安，請師父為我安心。」達摩說：「把你的心帶來，我就能為你安心。」慧可沉默了很久之後才說：「這心實在難以捉摸。」達摩開導他說：「我已經為你安好心了。」⓱計較　思慮；比較。⓲情塵　俗情之塵垢。⓳一刀截斷　形容乾脆爽利，迅疾悟入。⓴灑灑落落　形容毫無掛礙，毫無束縛。㉑袈裟　僧人的服裝。㉒放光般若經　佛經名。二十卷。記述般若波羅蜜法及其功德，並勸眾生修學之。㉓天花亂墜　講經時感動上天，香花從空中紛紛落下。後遂以此語形容說法動聽感人。㉔琉璃　一種有色半透明的玉石。㉕辨道　貶抑道教。辨，通「貶」。損減；貶抑。㉖詔誥　皇帝頒發的命令文書。㉗度僧　通過一定的儀式使世俗人士成為出家人。㉘功德　可以引得善報的功業德行。禪家認為此是方便法門，並非直指人心的徹悟之法。故禪師借用「功德」一詞，有時一反常義，指徹悟心地。㉙早是　已是。㉚惡水　污水。㉛驀頭　當頭；迎頭。㉜婁約　即惠約，字德素，俗姓婁氏。南朝時期的僧人。㉝法師　指通曉佛法並善於講解弘揚的僧人。㉞傅大士　即傅翕，字玄風，號善慧。婺州義烏（今屬浙江境內）人。二十四歲時遇西域沙門嵩頭陀感悟，自號「雙林樹下當來解脫善慧大士」。頗現神異，世人以為彌勒化身。㉟昭明太子　即蕭統，字德施。為梁武帝長子，死後諡號昭明，故稱「昭明太子」。學問淵博，篤信佛教。㊱持論　立論，提出主張。㊲真俗二諦　真諦、俗諦的合稱。佛教把本教的真理稱為「真諦」，與「俗諦」（俗世間的真理）相對。㊳教　禪宗自稱「教外別傳」，將佛教其他宗派多稱為「教」。㊴有　存在、生存之義。㊵無　意謂非存在。佛教認為所謂有或無的二邊（即「偏有」或「偏無」的一方）皆為謬誤。唯有超越有與無的相對性，始屬絕對之真如。㊶真俗不二　謂真諦即俗諦，俗諦即真諦。不二，佛教認為一切事理平等如一，沒有差異，沒有對立，故稱「不二」。㊷極妙窮玄　意謂至極微妙且無言句思維。㊸拈　拿；持；提。㊹極則　至極妙理。㊺弄精魂　故弄玄虛，虛妄作為。㊻舉　張開。㊼且喜沒交涉　意謂與禪法毫無關係，根本不符合禪法，是禪家慣用的批評語。且喜，意即幸喜、總之是可喜。沒交涉，言與義不相干。

【語譯】圜悟克勤評唱：遠在南印度的達摩大師看見中國有繼承大乘佛法根機才具者，於是遠涉重洋，特地前來中國。他傳授以心印心的法門，向那些處在迷惑之中的人們宣講禪法。達摩大師的禪法就是「不立文字，直指人心，見性成佛」。如果具有這樣的見識，就可以進入自由自在的境界，不會跟隨任何言句轉變，大徹大悟，立即成佛。這樣的人對達摩大師與梁武帝的這段對話，以及後來達摩大師為二祖慧可安心的公案，自然看得非常明白，於是沒有了內心的分別意識，以及外在的俗情塵垢，當即悟入，灑脫自在，何必再去分辨是與非、得與失呢？儘管這樣，能有幾人知道這種法門呢？

梁武帝經常身披袈裟，親自講授《放光般若經》，以至於感動了上天，香花紛紛從空中落下，大地也變成了琉璃寶石。梁武帝因此貶抑道教，崇信佛教，頒佈詔書告知天下，建造佛寺，度人為僧，按照佛教教義修行，人們稱他為「佛心天子」。

達摩大師第一次來見梁武帝，梁武帝於是問他：「我建造佛寺，度人為僧，這樣做還會有什麼功德嗎？」達摩回答說：「沒有功德。」就像一盆污水正對著梁武帝的腦袋澆來。如果能夠參透這句「沒有功德」的話頭，就說明你已經親自見到了達摩本人。你來說說看，建造佛寺，安置僧人，為什麼卻沒有功德呢？這句話的用意在什麼地方呢？

梁武帝經常與惠約法師、傅大士、昭明太子一道討論佛教真理與世俗真理。按照教家的說法，佛教真理是說明萬物非有的道理，世俗真理是說明萬物非無的道理。佛教真理與世俗真理合二為一，就是聖諦第一義。這是教家極其玄妙高深的地方。梁武帝拿這玄妙高深的道理來問達摩：「什麼是聖諦第一義？」達摩回答說：「空空蕩蕩，並沒有什麼聖諦第一義。」天下的禪宗僧人都跳不出這個圈套，達摩卻一刀把理性思維的窠臼給截斷了。如今有不少人誤會了達摩這句話的用意，只會故弄玄虛，瞪著眼睛說：「空空蕩蕩，並沒有什麼聖諦第一義。」其實和達摩的禪法毫無關係。

五祖先師❶常說：「只這『廓然無聖』，若人透得，歸家穩坐❷。一等❸是打葛藤❹，不妨❺與他打破漆桶❻。達摩就中❼奇特。」所以道，參得一句透，千句萬句一時透，自然坐得斷❽、把得定❾。古人道：「粉骨碎身未足酬，一句了然超百億❿。」

達摩劈頭⓫與他一劄⓬，多少漏逗⓭了也！帝不省⓮，卻以人我見⓯故，再問：「對朕者誰？」達摩慈悲忒煞⓰，又向伊道：「不識！」直得⓱武帝眼目定動⓲，不知是何言說。到這裡，有事無事，拈來不堪⓳。

舉，端和尚⓴頌㉑云：「一箭㉒尋常㉓落一鵰㉔，更加一箭㉕已相饒㉖；直歸少室㉗峰前坐，梁主㉘休㉙言更去招㉚。」復云：「誰欲招？帝不契，遂出國。者老漢只得懡㦬，遂渡江至魏。」後來有傳折蘆而渡㉛，恐亦未詳㉜，此乃讚歎之言也。是時魏孝明帝㉝當天位㉞，乃北人種族，姓拓跋氏㉟，後來方名㊱中國㊲。達摩至彼，亦不去見，直過少林㊳，面壁九年，方接得二祖。彼方之人，呼謂之壁觀婆羅門㊴。

二祖可大師，問達摩曰：「諸佛法印㊵，可得㊶聞乎？」摩云：「諸佛法印，匪㊷從人得。」二祖曰：「我心未寧，乞師安心。」摩云：「將心來與汝安。」

祖曰：「覓㊸心了㊹不可得。」摩云：「與汝安心竟㊺！」

【注釋】❶五祖先師　即圜悟克勤的師父法演（西元？～一一〇四年），宋代禪僧，俗姓鄧氏，綿州巴西（治今四川綿陽）人。住蘄州（治今湖北蘄春）五祖山東禪寺，世稱「五祖法演」。他隨機答問，因事舉揚，不假尖新，自然奇特，龍象盈門，極一時之盛。先師，已故的師父。❷歸家穩坐　以歸家有安穩著落之感，比喻遠離迷妄生活，回歸本來面目，徹悟心性。❸一等　一樣；同樣。❹打葛藤　囉嗦；糾纏；講說。❺不妨　固然；自然。表示有條件的肯定。❻打破漆桶　喻指明悟心地，頓悟禪義。禪家經常斥罵未悟的僧徒為漆桶，謂其心中漆黑一團。打破漆桶則化暗為明，故喻。❼就中　此中；其中。❽坐得斷　即坐斷、截斷、截除之意。以坐禪之力斷除迷執，用以形容坐破差別相，徹底達到平等一如的境地。❾把定　即把定、捉住之意。把定是禪師用以驅除學人心中的妄見，令其絲毫不存我見的方法。❿粉骨碎身未足酬二句　意謂自己歷經千辛萬苦，也難以悟道，而師父的開導，一句話就能使弟子了然開悟，要超過百億句話。酬，實現。了然，明瞭。⓫劈頭　迎頭；當頭。⓬一劄　一刺；一紮。⓭多少漏逗　指十分衰老。漏逗，年高體弱。禪家多用來比喻像老婆婆一樣慈悲心切。這裡指達摩用言句回答。⓮不省　指不能領悟玄旨。省，覺悟；醒悟。⓯人我見　一切凡夫不悟人身乃五蘊假和合，強立主宰，計我為人，即執著人有常一我體的妄見，稱為「人我見」。這種對「我」的執著，佛教認為是產生煩惱的根源，應該破除。⓰忒煞　相當於「太」、「實在」、「過分」。⓱直得　表示前面的動作、行為和情況造成某種結果，相當於「弄得」、「以至」。⓲定動　（眼睛）眨動。⓳不堪　不好；不可。⓴端和尚　即白雲守端（西元一〇二五～一〇七二年），宋代禪僧，俗姓周氏，衡陽（今屬湖南境內）人。參楊岐方會得悟，隨侍多年，承其法系。所住之處禪僧雲集。膽識過人，學人敬而畏之。五祖法演是他的嗣法弟子。㉑頌　即偈。是佛教常用的一種詩體，一般每首四句，每句字數相等。㉒一箭　喻指「廓然無聖」。㉓尋常　平常。㉔鵰　一種大型猛禽。嘴呈鉤狀，視力很強。㉕更加一箭　喻指「不識」。㉖饒　眾多；多。㉗少室　山峰名。在今河南登封北，屬嵩山。因山中有石室而得名。達摩曾在此坐禪多年，因而著稱於世。㉘梁主　即梁武帝。㉙休　莫；不要。㉚招　邀請。㉛折蘆而渡　相傳梁武帝派人追趕達摩，達摩正走到江邊，回頭看見有人追來，於是隨手折一枝蘆葦，擲入江中，然後腳踏蘆葦，悠然渡江北去。㉜未詳　不知道或瞭解得不清楚。㉝魏孝明帝　即元詡。西元五一六年至五二八年在位。即位時方五歲，其母胡太后執朝政，政治混亂，屢有民變。㉞天位　天子之位，帝位。㉟乃北人種族二句　拓跋是鮮卑族的一支，以部為氏。西晉懷帝時，拓跋猗盧入據代郡，受封代公、代王。北魏天興元年（西元三九八年），拓跋即皇帝位，定都平城（治今山西大同），建立了北魏王朝。㊱名　通「命」。命令；傳令。㊲中國　泛指中原地區。㊳少林　即少林寺。位於今河南登封城北十五公里少室山五乳峰下。建於北魏太和十九年（西元四九五年）。自孝昌三年（西元五二七年）起，達摩在此面壁九年。㊴壁觀婆羅門　達摩屬婆羅門種姓，故稱。壁觀，面壁靜觀之意。「面壁」不一定面對牆壁，主要指入禪時的心理、精神狀態；「靜觀」指對「理」的悟入。㊵法印　指佛教的旗幟、標幟、特質，乃證明為真正佛法的標準。法，佛法。印，印記；標幟。㊶得　用在動詞前表示能夠。㊷匪　同「非」。不；不是。㊸覓　尋找。㊹了　與否定詞連用，表示完全之意。㊺竟　終了；完畢。

【語　譯】先師五祖法演經常說：「如果有人只是對『廓然無聖』這句話參得透，就算認識到了自己的本來面目，可以回家穩坐了。同樣是糾纏不清的言句，倒不如為他打破像黑漆桶一樣的迷惑。達摩回答得奇特。」所以說，參透了一句，千句萬句也都一齊參透了，這樣就自然坐得斷，把得定。從前的禪師說：「粉骨碎身未足酬，一句了然超百億。」

達摩給了梁武帝當頭一擊，但也像老婆婆溺愛子孫一樣，用言句為他透露了一些消息。梁武帝卻毫無覺悟，由於執著人我見的原因，再問：「和我應對的人是誰？」達摩實在是太慈悲了，又對他說：「不知道。」弄得梁武帝眼睛眨動，不知道達摩的話中之意。到了這個地步，說「有」不可以，說「無」也不可以。

舉說：白雲守端和尚有頌云：「一箭尋常落一鵰，更加一箭已相饒；直歸少室峰前坐，梁主休言更去招。」又說：「到底是誰招請？見梁武帝不能心領神會，達摩這老漢只得走出梁國首都，滿臉慚愧地渡過長江，來到了北魏。」後來傳說達摩折一枝蘆葦渡過長江，這恐怕不會是真有其事，而是讚歎之語。當時的北魏是魏孝明帝掌權，他是北方的鮮卑族，姓拓跋氏，後來入主中原地區。達摩來到北魏，也不去拜見魏孝明帝，而是直接來到少林寺，面壁九年之後，才接引好二祖慧可。那個地方的人，都叫達摩為「壁觀婆羅門」。

二祖慧可大師，曾經問達摩：「諸佛法印，可以聽聽嗎？」達摩回答說：「諸佛法印，不是可以從旁人那裡得到的。」二祖慧可說：「我的心不安靜，請求師父為我安心。」達摩說：「把心拿來，我為你安。」

二祖慧可說：「找來找去，總是找不到這顆心。」達摩說：「我已經為你安好心了。」

武帝後問志公，達摩所答者話。公曰：「陛下還識此人否？」帝曰：「不識。」且道，與達摩道底，是同是別？似則也似，是則不是❶。人多錯會道：「前來達摩是答禪，後面武帝對他志公，乃相識之識。」且喜勿交涉。當時志公恁麼問，且道作麼生祇❷對，何不一棒打殺，免見塗糊❸？武帝卻供他款❹，道「不識」。志公見機而作，便云：「此是觀音大士，傳佛心印。」帝便追悔❺，遣使去取之，不回，不唧𠺌漢！當時等他道：「是觀音大士，傳佛心印」，亦擯❻他出國去，卻較些子。

人傳，志公天鑑一三年化去，達摩自大通元年方來❼，自隔十餘年，何故卻道同時相見？此必是謬傳。但據傳中所載，如今不論者箇事，只要知他大綱❽而已。且道，達摩是觀音，志公亦是觀音，阿那箇是端的❾底觀音？既是觀音，為什麼卻有兩箇？何止兩箇，成群作隊。

時後魏❿光統律師⓫、菩提流支⓬三藏⓭，與師⓮論議⓯。師斥相⓰指心，而褊局⓱之量，自不堪任，競起害心，數加⓲毒藥。至第六度⓳，化緣⓴已畢，傳法得人，遂不復救，端居㉑而逝，葬於熊耳山㉒定林寺。後魏宋雲㉓奉使，於蔥嶺㉔遇師手攜隻履而往。帝追悔憶念，自撰碑文云：「嗟乎㉕！見之不見，逢之不逢。今之古之，怨之恨㉖之。」復讚云：「心無也，刹那㉗而登妙覺㉘；心有也，曠劫㉙而滯輪迴㉚。」且道，達摩即今在什麼處？蹉過㉛也不知。

【注釋】❶似則也似二句　謂乍看之下，雖甚相似，然實則並非原本之物。此語常用來貶指學人裝模作樣的動作、語句等，或形容禪徒未能真正透悟前賢尊宿的禪境，而一味模仿其語默棒喝等機法。❷祇　適；恰；正。❸塗糊　作弄；折騰。❹款招　供；供認。❺追悔　猶後悔。❻擯　排斥。❼志公天鑑一三年化去二句　天監、大通均為梁武帝時的年號。化，指遷化。指人的遷移化滅，即死亡之意。❽大綱　猶大概。❾端的　確實；真實。❿後魏　即北魏，以別於三國時期的魏國，故稱「後魏」。⓫光統律師　法名慧光，俗姓楊氏，定州長蘆（治今河北滄州）人。北魏末年在洛陽任僧都，東魏時在鄴都為國統，世稱「光統律師」。著有《四分律疏》，後世尊為律宗之祖。⓬菩提流支　北天竺僧人。北魏永平元年（西元五〇八年）來洛陽，受朝廷禮遇。與勒那摩提等共譯《佛地經論》，被尊為地論師相州派之祖。⓭三藏　佛教用以指全部佛教典籍，由經藏、律藏、論藏三部分組成。通曉三藏的僧人也稱為「三藏」。⓮師　指達摩。⓯論議　辯論佛法，較量機鋒。⓰相　指法相，謂諸法真實之相。⓱褊局　狹窄；狹小。⓲加　施及；加以。⓳度　量詞。次；回。⓴化緣　教化之因緣。佛教認為佛祖釋迦牟尼出世教化眾生，是因為其有教化因緣。如果這因緣已終，則佛祖圓寂。後亦指僧人生平。㉑端居　謂平常居處。㉒熊耳山　在今河南盧氏西南五十里處，山之兩峰並峙如熊耳，故稱。㉓宋雲　北魏孝明帝時期的使臣。敦煌（今屬甘肅境內）人。神龜元年（西元五一八年），奉胡太后之命，出使西域各國。㉔蔥嶺　古代對帕米爾高原和崑崙山、喀喇崑崙山脈西部諸山的總稱。古代中國與西方各國之間的交通，常經由蔥嶺山道。㉕嗟乎　歎詞。表示感歎。㉖恨　後悔；遺憾。㉗刹那　意為瞬間，即一個心念起動之間，為表示時間的最小單位。㉘妙覺　佛祖釋迦牟尼的異名。㉙曠劫　極其久長的時間；無限長的時間。㉚輪迴　謂眾生由惑業之因（貪、瞋、癡三毒）而招感三界、六道之生死輪迴，恰如車輪的轉動，永無止盡，故稱「輪迴」。㉛蹉過　錯失；錯過。

【語　譯】梁武帝後來就達摩所回答的話問寶志和尚。寶志和尚問：「皇上還知道這個人嗎？」梁武帝回答說：「不認識。」你來說說看，他的回答與達摩的回答是一樣還是不一樣呢？看上去一樣，其實不一樣。人們往往錯誤地理解道：「以前達摩的回答是有禪意的，後來梁武帝回答寶志和尚的話是相識的『識』。」這種說法幸好和達摩的禪法沒有什麼關係。當時寶志和尚那樣問，你來說說看，要怎樣準確地回答才對呢？當時梁武帝為什麼不把寶志和尚一棒打死，免得自己被弄得糊裡糊塗。梁武帝只是老老實實地承認說：「不認識。」寶志和尚見機行事，便說：「這是觀音菩薩，前來傳授佛教以心印心的禪法。」梁武帝後悔了，於是派遣使臣去請達摩回來，不料達摩一去不復返了。梁武帝真是一個不聰明的傢伙，當時等到寶志和尚說「這是觀音菩薩，前來傳授佛教以心印心的禪法」時，連他也趕出國都，這樣做才算得上有點禪味。

有人說寶志和尚天鑑十三年（西元五一四年）圓寂，而達摩則在大通元年（西元五二七年）才來中國，前後相差十幾年，為什麼卻要說他們同時相見呢？這肯定是以訛傳訛。只根據傳記所記載，如今不論這件事的真偽，只要知道他的大概意思就可以了。你來說說看，達摩是觀音菩薩，寶志和尚也是觀音菩薩，到底哪個是真正的觀音菩薩呢？既然是觀音菩薩，為什麼卻有兩個？其實何止兩個，觀音菩薩多得來成群結隊。

當時北魏的光統律師、菩提流支三藏與達摩辯論佛法。達摩排斥法相，直指心性。那些器量狹小、學識淺陋的人自然不是達摩的對手，他們爭相產生害人之心，多次下毒藥想害死達摩。當那些小人第六次下毒藥的時候，達摩自己感覺到來中國教化眾生的因緣已盡，禪法後繼有人，於是不再採取自救措施，神態安詳地圓寂了，安葬在熊耳山定林寺。北魏使臣宋雲奉命出使西域各國，在蔥嶺看見達摩手上提著一隻鞋子走了過去。梁武帝後來回想這段因緣，非常後悔，他親自撰寫碑文說：「嗟乎！見到了大師卻沒有認識他，遇見了聖人卻沒有禮拜他，心中的遺憾，永世難消。」又寫了一首贊說：「心中空無，剎那之間就能成佛；心中有物，永遠處在輪迴之中。」你來說說看，達摩如今在什麼地方？如果他從你面前走過，你也會不認識。

頌

聖諦廓然，（箭過新羅❶，咦❷！）
何當❸辨的❹？（過也，又有什麼難辨？）
對朕者誰，（再來不直半文錢，又恁麼去也！）
還云不識。（三箇四箇。咄！中也。）
因茲❺暗渡江，（穿人鼻孔不得❻，卻被別人穿卻❼。蒼天❽蒼天，好不大丈夫❾。）
豈免生荊棘❿？（腳跟下已深數丈也。）
闔國人追不再來，（兩重公案⓫，大丈夫氣概在什麼處⓬？用追作什麼？）
千古萬古空相憶！（換手拍胸⓭，望空啟告⓮。）
休相憶，（道什麼⓯？向鬼窟裡作活計那⓰？）
清風匝地⓱有何極？（果然，大小⓲雪竇向草裡輥⓳。）
師顧視左右云：「這裡還有祖師麼？」（你待飜款⓴那，猶自作這般去就㉑。）
自云：「有。」（塌薩阿嘮㉒。）
「喚來與老僧洗腳！」（更與三十棒趕出，未為分外㉓，作者箇去就，猶較些子（ㄒㄧㄝ ㄗˇ）。）

【注　釋】❶箭過新羅　喻指「廓然無聖」一語蘊含的禪機疾如飛箭，在言句往來糾纏之際，早已遠遠逝去，不知落處。新羅，古國名。相當於現在的朝鮮、韓國。❷咦　禪宗的發笑語。當禪師教化學人之際，對於某些難以表達的事物，皆說此字，略具嘲笑的意味。❸何當　如何；怎樣。❹辨的　辨明；辨識。❺茲　代詞。此；這。代指達摩的兩句答語。❻穿人鼻孔不得　指達摩未能接引梁武帝。❼卻被別人穿卻　指達摩卻受雪竇重顯之判。別人，指雪竇重顯。❽蒼天　青天。感歎禪機不相契。❾好不大丈夫　嘲諷達摩暗自渡過長江。好不，很不；甚不。表示強調否定。大丈夫，有志氣、有節操、有作為的男子。❿荊棘　喻指纏縛真性的妄念俗情。⓫兩重公案　指對一則公案重新詮釋，亦即向學人再度提示某公案。亦有作揶揄之語者，譏諷禪僧自己無創意，參究禪旨之際，僅知模仿他人的公案，或拈或評，裝模作樣，然皆不出前賢之餘唾。⓬大丈夫氣概在什麼處　嘲笑梁武帝只認影像而無剛幹卓犖之氣。⓭換手拍胸　形容相憶的樣子，表示極度悔恨。⓮望空啟告　不瀟灑之意。望空，憑空。啟告，啟奏；告知。⓯道什麼　指責雪竇重顯想說破禪機。⓰鬼窟裡作活計那　指陷入俗情妄念，虛妄作為。那，句尾疑問語氣詞，相當於「嗎」、「啦」。⓱匝地　遍地。⓲大小　偌大；這麼大；那麼大。後多跟著名人物名號。⓳輥　躺。⓴翻款　猶翻案。㉑去就　行為舉動，情念意想。含有貶義。㉒塌薩阿嘮　太辛勞之意。㉓分外　過分；特別。

【語　譯】雪竇重顯頌古：聖諦廓然，（一箭飛過新羅國，咦！）何當辨的？（「聖諦廓然」的禪機早就不見蹤影了，又有什麼難辨之處？）對朕者誰，（雪竇重顯再來舉說，不值半文錢，就這樣過去了。）還云不識。（咄！射中了三個四個。）因茲暗渡江，（不能穿住別人的鼻孔，反而被別人穿住了鼻孔。蒼天啊蒼天，真不是個男子漢大丈夫！）豈免生荊棘？（雪竇重顯腳跟下的荊棘已經有好幾丈深了。）闔國人追不再來，（兩重公案，男子漢大丈夫的氣概到哪裡去了？追趕他幹什麼？）千古萬古空相憶！（兩手不斷地捶胸，白費口舌。）休相憶，（說什麼？在俗情妄念的鬼窩裡亂搞一通嗎？）清風匝地有何極？（果然說出來了，雪竇重顯大禪師躺在草堆裡。）

雪竇重顯說完頌古後，左右張望了一下，問：「這裡還有祖師嗎？」（你想翻案嗎？還有這種思想、舉動。）

自己回答說：「有。」（太辛苦。）「叫他來給我洗腳。」（再打他三十棒，然後趕出去，這樣做也不算過分。有這種思想舉動，還算說得過去。）

評唱

雪竇頌此公案，一似善舞太阿劍❶相似，向虛空❷中盤礴❸，自然不犯鋒鋩❹。若無這般❺手腳❻，纔拈著，便見傷鋒犯手❼。若是具眼❽者，看他一拈❾一掇❿、一褒⓫一貶⓬，只用四句，一時⓭楷定⓮一則公案。大凡⓯頌古⓰，只是遶路說禪，拈古⓱大綱，據款結案而已。

雪竇與他一拶⓲，劈頭⓳便頌云：「聖諦廓然，何當辨的？」雪竇於他初句下，著這一句，不妨奇特。且道，畢竟作麼生辨的？直饒鐵眼銅睛，也摸索不著。到這裡，以情識⓴卜度㉑得麼？所以雲門㉒道：「如擊石火，似閃電光㉓。」者些子㉔，不落心機㉕意想㉖，等你開口，堪作何用？計較㉗生時，鷂子過新羅㉘。

雪竇道，你天下衲僧，何當辨的？「對朕者誰，還云不識。」師云：「只這不識，太煞㉙老婆㉚心切。」此是雪竇重重㉛為人㉜處。且道，廓然與不識，是一般是兩般？若是了㉝底人分上，不言而諭；若是未了底人，決定㉞打作兩橛㉟。尋常諸方㊱皆道：「雪竇重拈一遍。」殊不知四句頌盡公案了也。

後頭為慈悲之故，頌事迹因緣㊲：「因茲暗渡江，豈免生荊棘？」達摩本來此土，為人解黏去縛㊳、抽釘拔楔㊴、剷除荊棘，因何雪竇卻道「生荊棘」？非止當時，即今諸人腳跟下，已深數丈。「闔國人追不再來，千古萬古空相憶！」可煞不丈夫！且道，達摩在什麼處？若見達摩，便見雪竇末後為人處。

雪竇又怕人生情見㊵，所以撥轉關捩子㊶，出自己所見云：「休相憶，清風匝地有何極？」既不相憶，你腳跟下事，又作麼生？雪竇道：「即今此處，匝地清風。天上天下，有何所極？」雪竇把千古萬古之事，拋向面前，非止雪竇當時有何極，你諸人分上，亦有何極？

他又怕人執在這裡，再著方便㊷，高聲云：「這裡還有祖師麼？」自云：「有。」雪竇到這裡，不妨㊸為人赤心片片。又自云：「喚來與老僧洗腳！」太煞滅人威光㊹，當時也好與本分手腳㊺。且道，雪竇意在什麼處？到這裡，喚作驢則是，喚作馬則是，喚作祖師則是，如何名邈㊻？往往喚作「雪竇使祖師去也」，且喜勿交涉。且道，畢竟如何？只許老胡知，不許老胡會㊼！

【注釋】❶善舞太阿劍　比喻自在旋轉，毫無障礙之處。太阿劍，古寶劍名，相傳為春秋時歐冶子、干將所鑄。❷虛空　天空；空中。❸盤礴　回環旋繞。❹不犯鋒鋩　稱讚雪竇重顯頌古高妙。犯，傷害；損害。鋒鋩，刀劍等銳器的刃口和尖端。❺這般　猶這樣。表示性狀、程度等。❻手腳　手段；本領。❼傷鋒犯手　意謂或傷鋒刃，成為鈍劍；或傷手腳，用之不得。以上借舞劍之妙手喻頌古之妙靈。❽具眼　具備法眼，能夠用禪者特有的智慧眼光觀照事物。❾一拈　指從「聖諦廓然」至「還云不識」。❿一掇　指從「因茲暗渡江」至「清風匝地有何極」。拈掇，稱說禪機語句。⓫一褒　指從「師顧視左右云」至「自云有」。⓬一貶　指「喚來與老僧洗腳」。⓭一時　即時；立刻。⓮楷定　意謂決定是非，以為後世楷模。⓯大凡　表示總結一般的情況，猶言大抵。⓰頌古　舉出以前的禪林公案，用詩句韻語加以闡釋評議。是禪師說法的一種形式，也是禪宗語錄的一種類型。⓱拈古　提出古代公案語句加以評議。⓲拶　禪師巧作施設，截斷言句知解，使學人無可用心，處在困頓窘迫之中，逼使學人躍入悟境。這種施設稱作「拶」。⓳劈頭　迎頭；當頭。⓴情識　俗情妄識。㉑卜度　以世俗常情去理解、思忖和詮釋。㉒雲門　法名文偃（西元八六四～九四九年），雲門宗的創立者。俗姓張氏，嘉興（今屬浙江境內）人。參雪峰義存得法，於韶州（治今廣東韶關）雲門山創建光泰禪院，道風愈顯，海內禪僧雲集，世稱「雲門文偃」。其宗風聳危高古，難以湊泊。㉓如擊石火二句　比喻禪機極為迅疾，稍縱即逝。㉔些子　一點兒。㉕心機　指思維心理活動。㉖意想　指通常的思維意念活動。㉗計較　思慮；比較。㉘鷂子過新羅　意謂禪機之易逝，如鷂子疾飛，轉瞬之間已飛過新羅國。常用於應機、示機之時，指出對方已錯失禪機，語含諷刺之意。鷂子，通稱雀鷹、鷂鷹。似鷹而較小。背灰褐色，腹白帶赤，善捕小鳥。㉙太煞　副詞，略相當於「太」、「實在」、「過分」。㉚老婆　在禪林中，指教導學人的態度親切，殷殷叮嚀之中，寓有慈悲之意，像慈祥的老婆婆一樣，故稱為「老婆」。㉛重重　猶層層。㉜為人　指禪師接引、引導學人。㉝了　省悟；明白。㉞決定　必定；肯定。㉟橛　量詞。猶段，截。㊱諸方　指各地禪院，各地禪師。㊲因緣　禪家把機語或示機、應機的行為動作稱為「因緣」，意同「公案」。㊳解黏去縛　解除俗情妄念的粘著與束縛。㊴抽釘拔楔　抽去釘子，拔出木樁，比喻解除妄想疑惑，擺脫俗情迷障。㊵情見　俗情妄見。㊶關捩子　指禪機至極玄妙之處，事理關鍵。㊷著方便　因人施教。㊸不妨　副詞。實在；真是；太。㊹威光　威風，光彩。㊺本分手腳　指棒喝等手段。㊻名邈　稱說；描述。㊼只許老胡知二句　謂佛道只許以真智契當之，而不許以世智辯聰會解之。老胡，指中國禪宗初祖菩提達摩；達摩乃南天竺人，而中國對來自西方的異族人多慣稱為「胡人」，禪林亦因之戲稱達摩為「老胡」。老胡之「知」，即指達摩之「智」，然此處為體得真理、契當真智之意；老胡之「會」，則指經由分別判斷之作用而後才會解真智。佛道禪旨皆須以真智契入體悟之，而不容許以世智辯聽作分別判斷的功夫，即使是達摩祖師也不得用世智會解之。

【語　譯】圜悟克勤評唱：雪竇重顯頌這則公案就像善於揮舞太阿寶劍一樣，在天空中回環旋轉，鋒芒所向無敵。如果沒有這樣的技巧，一拿起劍不是弄壞劍刃，就是弄傷自己的手。如果是具備法眼的禪者，看他雪竇重顯一拈一掇，一褒一貶，只用四句話就頌出了一則公案的旨意，從而成為頌古的典範。頌古大都是繞著道兒說禪，拈古也大抵是根據公案的脈絡來結案而已。

雪竇重顯給他一拶，開門見山：「聖諦廓然，何當辨的？」雪竇重顯的第一句頌古就是這樣說，自然奇特。你來說說看，到底怎樣才能辨別明白呢？即使是鐵眼銅睛，也摸不著頭腦。到了這個地步，用你的俗情妄念可以思考得知嗎？所以雲門文偃說：「如擊石火，似閃電光。」如果能做到這一點，也就不會落入思維及俗情妄念的圈套之中。等你開口說出，又有什麼用？當你作思慮比較時，禪機早就像鷂鷹一樣飛過新羅國了。

雪竇重顯說，你們天下的禪宗僧人什麼時候才能辨別明白呢？「對朕者誰，還云不識。」先師五祖法演說：「就這『不識』，雪竇重顯也顯得太慈悲心切了。」這是雪竇重顯層層接引學人的地方。你來說說看，「廓然」與「不識」是一樣還是兩樣？如果是了悟心性的人，不用說他也明白；如果是未了悟心性的人，一定會被分成兩段。平時各地的禪師都說：「雪竇重顯重新拈說了一遍。」竟然不知道這四句就包涵了整個公案的意思。

後來由於雪竇重顯太慈悲的緣故，又頌出達摩的事跡因緣：「因茲暗渡江，豈免生荊棘？」達摩來中國的本意，就是要為人們解黏去縛，抽釘拔楔，剷除荊棘，雪竇重顯為什麼卻要說「生荊棘」呢？這不僅是當時的人產生荊棘，就是現在諸位腳跟下的荊棘，也已經有數丈深了。「闔國人追不再來，千古萬古空相憶！」梁武帝真的不像一個男子漢大丈夫。你來說說看，達摩在什麼地方？如果認識了達摩，也就認識了雪竇重顯最後接引學人的用意。

雪竇重顯又怕人們追逐俗情而產生妄見，所以指出禪機的至極玄妙之處，說出自己的見解：「休相憶，清風匝地有何極？」既然不必思念，你腳跟下的本分大事又怎麼樣了呢？雪竇重顯說：「如今你們的腳跟下遍地都是清風，天上天下有什麼邊際呢？」雪竇重顯把千古萬古之事，拋向面前，不僅僅是當時雪竇重顯沒有什麼邊際，你們各位的本分大事上也是沒有什麼邊際的。

他又怕人們執著在這裡，再次因人而異、巧作施設地高聲說道：「這裡還有祖師嗎？」然後自己回答：「有。」雪竇重顯說到這裡，真是對人一片赤心。他又自言自語地說：「叫他來給我洗腳。」這實在是有損祖師的威風光彩，要是當時我在場的話，也好叫他瞧瞧我的本分手段。你來說說看，雪竇重顯的用意在什麼地方？到了這種遍地清風的境界，叫他是驢子呢，還是叫他是馬，或者叫他是祖師，怎樣稱呼才對呢？往往叫作「雪竇重顯使祖師離開了」，幸好沒有什麼關係。你來說說看，到底叫他作什麼？只許「老年胡人」自證自悟，不許「老年胡人」賣弄小聰明。

【說　明】什麼是禪的根本法？如果就《碧巖集》來考察，首先不能不舉第一則「達摩廓然」。圜悟克勤編纂《碧巖集》的旨趣也就在這裡，所以作為第一則。因為禪的根本法，是立宗開教的基礎。本則的要點，在於「廓然無聖」一語。梁武帝問的「聖諦第一義」，決不是自證自悟的意思，是指教義中的真理的意思。然而達摩回答出來的「廓然無聖」，意謂禪的根本法，是教外別傳的，不是教家所說的聖諦，故「廓然無聖」之語，可以說是出示了禪的根本法。

「聖諦第一義」是相對於「俗諦第二義」來說的，指的是只有佛才能理解的絕對真理。「俗諦第二義」是指世俗人士所理解的相對真理。梁武帝是從佛教理論上來提問「什麼是聖諦第一義」的，而達摩則是從自己證悟的境界來回答「廓然無聖」的。證悟的境界，空蕩寂靜，自在無礙，超越一切，無所謂「俗諦」，也無所謂「聖諦」。只有執迷不悟的人才會有聖與俗的分別。但梁武帝習慣於從佛教理論上來理解問題，認為達摩既然是得道高僧，如果否定了「聖」的存在，也就否定了自己。所以他問：「和我應對的人是誰？」達摩既沒有回答自己是「聖」，也沒有回答自己是「凡」。因為在證悟的境界裡，在空寂的佛性本體中，已經沒有任何世俗中的形象，消除了一切相對的概念，看到的只是人人都具有的平等的佛性，這樣又怎麼能分別出聖與凡、張三與李四呢？所以達摩回答「不知道」。達摩這種「教外別傳」的禪風，是習慣於死扣佛教經論的梁武帝所難以理解和接受的。達摩見梁武帝機緣不契，大失所望，只得渡江北上，到中原地區傳播禪法去了。

禪的根本法，正是截斷了教家所說的妙理，自有其自由無礙之境，超越了一切，是無佛無眾生無古無今的境地。這個境地，就是禪的根本法。圜悟克勤把這境地的作用表述如下：「所以道，參得一句透，千句萬句一時透，自然坐得斷、把得定。古人道：『粉骨碎身未足酬，一句了然超百億。』」這就是說，如果參得透「廓然無聖」一句，就能把握著自己的本分，就能成為世界的主宰。

雪竇重顯頌此公案，劈頭便說：「聖諦廓然，何當辨的？」表明如萬里無雲晴空一般的一真法界——聖諦，是一絲不掛、一法不立的絕對真心，豈容你計較思量，分是分非，辨得辨失。雪竇重顯恐怕人們錯過「廓然」，於是提醒眾人：「還云不識。」加上「還云」二字，就是告訴眾人「廓然」中連聖人都沒有，還有識與不識嗎？至此，整個公案已頌畢，但雪竇重顯很慈悲，再將這則公案的事跡頌出：「因茲暗渡江，豈免生荊棘？」達摩本是為人解黏去縛、剷除荊棘而來，為什麼卻說「生荊棘」。因為歷代參禪者紛紛討論這則公案的是非得失，所以圜悟克勤說：「腳跟下已深數丈也。」

雪竇重顯恐怕人們執著情見，因而撥轉話頭，出示自己的見解：「休相憶，清風匝地有何極？」在雪竇重顯看來，達摩並未死去，識得自己腳跟下的立處，則一草一木，無一不是達摩，又何必尋思念憶呢？因為妙明真心不在別處，就在各人面前放光，猶如鋪天蓋地的清風，人人都受其吹拂，人人都受其薰陶，人人都以之成就各種事業。

最後雪竇重顯恐怕人們迷戀祖師，依倚祖師，不自證自立，於是就像靈龜拽尾自掃行跡一樣，顧視左右問道：「這裡還有祖師嗎？」自答：「有。」又說：「叫他來給我洗腳。」雪竇重顯為什麼要這樣毀損祖師呢？因為呵佛罵祖，原本就是禪家的殺活自在。

第二則　趙州至道

【題　解】「至道」，即至極之大道、佛祖之大道，亦即宇宙最高真理。至道無難，謂悟入至極之大道，並不困難。全句意謂凡事只須無想無念去做，則要體會大道，並不困難；如有好惡、染淨、迷悟、彼我、取捨、憎愛等分別觀念，則落入揀擇差別之見，以此毫釐之差，必成天地之別。「至道」既為一切物最究極的真實，超越分別、言語等，凡有言語，即失其真實；而在這一則公案中，即呈現出始終在分別裡的僧人，與在無分別裡的趙州從諗，二者境界截然不同。趙州從諗從〈信心銘〉中悟得「至道無難」之語，常用以接引學人，為禪林所沿用。

示眾

一機一境❶、一言一句，且圖❷有箇入處❸。又云：「好肉上剜瘡❹，成窠成窟❺；大用現前，不存軌則❻。」且圖知有向上事❼。蓋天蓋地❽，又摸索不著。恁麼❾也得❿，不恁麼⓫也得，太廉纖生⓬。恁麼也不得，不恁麼也不得，太孤危生⓭！不涉二途⓮，如何即是？試請舉看。

【注　釋】❶一機一境　機，是內在的，為心的作用。境，是外在的，為具有形象之物。譬如見遠方之煙，是為境；見煙而知有火，是為機。在禪林中，禪師常用來作為誘導學人的機法，其後，漸傾向所謂一機一境的形式化，此一用語反成為一般人嘲罵禪宗僧人拘泥於悟道軌則的貶諷語。❷圖　考慮；謀劃；計議。❸入處　悟入的門徑。❹好肉上剜瘡　比喻沒事找事，效果適得其反。❺成窠成窟　窠窟，動物棲身之處。這裡指形式框架等束縛。❻大用現前二句　意謂各人自己在現時現刻實踐、運用禪法，並無一定規則的限定和束縛，即禪法運用自由自在的意思。軌則，規則；準則。❼向上事　指探求禪法的至極奧理。❽蓋天蓋地　謂佛法真理，古今一如而無所不包；又佛法之顯現無所不在，舉凡草木山河、飛禽走獸，乃至人們的行住坐臥、生死悲歎，均為佛法奧旨的現成詮釋。❾恁麼　指接引學人用建立放行的手段。❿得　適宜；得當。⓫不恁麼　指接引學人用掃蕩把住的手段。⓬太廉纖生　謂禪師接引學人的方法，非常親切而微細綿密。廉纖，綿密而微細之意。⓭太孤危生　禪林中常以孤峰之危然不可攀登，比喻機鋒銳利的向上一著，非言語思慮所能及。孤危，孤峰險峻之意。⓮不涉二途　意謂禪法須單刀直入，當下領旨，其中不應有漸進的過程。二途，指建立放行、掃蕩把住。

【語譯】圜悟克勤開示：一機一境，一言一句，都想成為誘導學人的悟入之處。又說：「如果從完好的肌肉之中剜瘡，就會留下種種痕跡；傳授大機大用的禪法時，就不必拘泥於種種悟道的規則。」要知道禪法是至極玄妙的，既無所不在，又捉摸不到。這樣做也行，不這樣做也行，顯得非常親切細緻；那樣做不行，不那樣做也不行，機鋒顯得如同孤峰一樣險峻。禪法必須單刀直入，要怎樣做才算對呢？我試舉說一則公案給你們看看。

舉

趙州❶示眾云：（這老漢作什麼？莫道這葛藤❷。）

「至道無難，（非難非易❸。）

唯嫌揀擇❹。（眼前是什麼，三祖❺猶在。）

才有語言，是揀擇、是明白❻，（兩頭三面❼少賣弄❽，魚行水濁、鳥飛落毛❾。）

老僧不在明白裡❿。（賊身已露⓫。者老漢向什麼處去⓬？）
是汝還護惜⓭也無？」（敗也⓮，有一箇半箇。）
時有僧問云：「既不在明白裡，護惜箇什麼？」（也好與一拶⓯，舌拄上齶⓰。）
州云：「我亦不知。」（倒退三千里⓱，一拶拶殺者老漢！）
僧云：「和尚⓲既不知，為什麼卻道不在明白裡？」（看走向什麼處去，逐教上樹去⓳。）
州云：「問事即得。禮拜⓴了退。」（賴有這一著，這老漢！）

【注釋】❶趙州　法名從諗（西元七七八～八九七年），唐代禪僧，俗姓郝氏，曹州（治今山東荷澤）人。幼年於曹州扈通院出家。在南泉普願處，依住二十年，精心玄悟，得證心法。其後歷參黃檗、寶壽等大德。八十歲時，眾請住趙州（治今河北趙縣）城東觀音院，大揚禪風，其玄言法語遍佈天下，膾炙人口，時謂趙州法道，皆悚然信服，世稱「趙州從諗」。❷葛藤　言句；機語。❸非難非易　意謂如同饑來吃飯、睏來睡覺一樣不難不易。❹至道無難二句　此句出自僧璨的〈信心銘〉，意謂要達到至高無上的道（禪）的境界並不困難，只是不要對一切事物有所分別。唯，獨；僅；只有。嫌，避忌。揀擇，挑選。這裡有分別之義。❺三祖　即禪宗三祖僧璨（西元？～六〇六年），東魏天平二年（西元五三五年），參禪宗二祖慧可開悟，嗣其法。北周武帝滅佛時，往來於舒州（治今安徽潛山）司空山、皖公山。著有〈信心銘〉。❻明白　指世俗的知識經驗。❼兩頭三面　禪林對不得宗旨要領，一回說此，一回說彼，或將相同的問題重複提出者，則嘲笑為兩頭三面。❽賣弄　故意顯示；炫耀。❾魚行水濁鳥飛落毛　喻指欲忌言語，已涉言路，且有蹤跡之義。❿老僧不在明白裡　意謂離棄了世俗的知識經驗，處在不可言說的「道」（禪）的境界。⓫賊身已露　圜悟克勤自謂識破趙州從諗的用意。⓬者老漢向什麼處去　圜悟克勤要各位注意趙州從諗這句話的用意。⓭護惜　同「護持」。禪家認為省悟大法之後，須保護維持禪法以及禪悟之心，稱為「護持」。⑭敗也　指趙州從諗還有護惜的念頭。⑮拶　禪宗僧人互相較量機鋒時，逼得對方無路可走的手段稱為「拶」。⑯舌拄上齶　意謂說不得。拄，支撐；頂著。⑰倒退三千里　以戰爭敗北退走三千里，轉喻禪家宗師機鋒的銳不可當，使人畏之而退。⑱和尚　對僧人的尊稱。⑲逐教上樹去　意謂走投無路。⑳禮拜　合掌叩頭表示恭敬。即以身體的動作（身業）來表示尊敬之意。

【語譯】舉說公案：趙州從諗開示僧眾說：（這老傢伙幹什麼？不要說這樣的話。）「至道無難，（既不難也不易。）唯嫌揀擇。（眼前是什麼，三祖還在。）只要一開口說話，就是揀擇，就是明白。（兩頭三面，少賣弄。魚游過後水混濁，鳥飛過後落羽毛。）老僧我不處在明白的境界裡，（賊身已經露出來了，看這老傢伙逃到什麼地方去？）如果是你們的話，還會護惜這個無是非、無分別的境界嗎？」（不戰而敗，還有一個半個。）當時有一位僧人問：「師父既然不在明白的境界裡，還要我們護惜它幹什麼？」（也好與他較量一下，舌頭頂上齶。）趙州從諗回答說：「我也不知道。」（倒退三千里，較量一個回合就要逼死這老傢伙！）這位僧人問：「師父既然不知道，為什麼卻說不在明白的境界裡？」（看趙州從諗走到什麼地方去？被追趕到樹上去了。）趙州從諗回答說：「你問的事我已經說過了，禮拜之後退下去吧。」（幸虧有這一手，這老傢伙。）

評唱

趙州常舉此話❶，「至道無難，唯嫌揀擇。」乃是三祖〈信心銘〉❷：「至道無難，唯嫌揀擇；但莫憎愛❸，洞然❹明白。」才有語言，是揀擇、是明白；才恁麼會，蹉過了也。釘鉸膠黏❺，堪作何用？州云：「是揀擇、是明白。」如今人參禪❻問道，不在揀擇中，便坐在明白裡。州云：「老僧不在明白裡。」汝等諸人既不在明白裡，且道趙州在什麼處？為什麼卻教人護惜？

五祖常道：「垂手❼來似❽過你。」汝等作麼生會？且道，作麼生是垂手處？識取鉤頭意❾，莫認定盤星❿。

這僧出來，不妨奇特，何故？捉趙州空處，便去拶他道：「既不在明白裡，護惜箇什麼？」趙州也好，更不行棒行喝⓫，只道：「我亦不知。」若不是老僧被他一拶，往往忘前失後⓬。賴這老漢，有轉身自在⓭處，所以如此。今時禪和子⓮，問著便道：「我亦不知不會。」爭奈同途不同轍⓯。這僧有奇特處，方始會問：「和尚既不知，為什麼卻道不在明白裡？」，好與一拶。若是別人，直是分疏⓰不下。趙州是作家⓱，只向他道：「問事即得，禮拜了退。」這僧依舊不奈這老漢何，只得飲氣吞聲⓲。

此是大膽宗師⓳，不與你論玄論妙，論機論境，一向以本分事⓴接人㉑，所以道：「相罵饒你接嘴，相唾饒你潑水㉒。」殊不知這老漢，說他行腳㉓時，平生不用棒喝，唯以尋常語言。只是天下人不奈他何，蓋為他平生無許多事計較，所以橫拈倒用㉔、逆行順行，得大自在㉕。如今人不理會㉖得，只管道：「趙州不答話、不為人說！」殊不知當面蹉過！

【注　釋】❶話　指佛祖的典範言教及禪家公案。❷信心銘　一卷。佛書名。僧璨撰。全文共一百四十六句，五百八十四字，為四言詩體。內容為歌頌信心不二、不二信心的境界，強調遠離一切對立差別、是非得失的妄念，平等自在。對初期禪宗思想的形成影響很大。❸憎愛　用一具體的心理活動來說明「揀擇」、「分別」。❹洞然　清楚明瞭貌。❺釘鉸膠黏　喻指膠固黏著「至道」。釘鉸，一種貫穿物件的零件，猶今之鉚釘。❻參禪　靜心審思，探究禪法。❼垂手　禪師啟發、接引學人時，親親切切，殷勤誠懇，加以指導，如同父母垂下雙手撫摸幼兒，故稱「垂手」。❽似　通「示」。❾識取鉤頭意　意謂要明白趙州從諗教人護惜與五祖法演的垂手都不過是半斤對八兩而已。識取，辨別。❿莫認定盤星　意謂不要認語句為定格。定盤星，秤桿上的起點星號，秤錘掛在此星號上，則與空秤盤平衡，故稱「定盤星」，喻指事物的起點或標準。禪宗轉指執著於有心或無心等任何一方，並以之為一定標準，從而不得自在的情況。⓫行棒行喝　棒擊和吆喝是禪家尤其是臨濟宗接引學人常用的施設。⓬忘前失後　意謂七顛八倒，忘前言失後語。⓭自在　即自由自在，隨心所欲，做任何事均無障礙。⓮禪和子　對禪宗僧人的稱呼。⓯同途不同轍　意謂雖然語句一樣，語意卻相差甚遠。轍，車輪碾過的痕跡。⓰分疏　分辨；辯解。⓱作家　機用傑出的行家高手。⓲飲氣吞聲　謂不喘氣，不做聲。形容憂懼惶恐。⓳大膽宗師　接引學人手段高超的禪師。⓴本分事　即身心自然脫落而出現的人人本來具有的佛性。這裡指禪家宗匠著眼本分事而採取的接引學人的手段。㉑接人　接納引導學人。㉒相唾饒你潑水　兩方爭論而針鋒相對口沫橫飛時，唾液若不足，尚可潑水以助其勢；禪林常用此語喻指自由自在，不受拘束的境地。「相罵饒你接嘴」與此語相近。㉓行腳　謂僧人無一定居所，或為尋訪名師，或為自我修持，或為教化他人，而廣遊四方。趙州從諗至八十歲時才停止行腳。㉔橫拈倒用　謂隨意舉說，自在運用，不受任何拘束，沒有任何障礙，指高明的禪師接引學人的施設不拘一格而又契合禪法。㉕大自在　任性隨意，不為物拘，處處暢通，活潑自在。這是禪悟之後的境界。㉖理會　理解；領會。

【語　譯】圜悟克勤評唱：趙州從諗時常舉說「至道無難，唯嫌揀擇。」的話頭，這句話出自三祖僧璨的〈信心銘〉：「至道無難，唯嫌揀擇；但莫憎愛，洞然明白。」一有言語，就是揀擇，就是明白。如果你認為這就是道，那就錯誤地理解這句話的意思了。就像被鉸釘釘住，被膠水黏住一樣，有什麼用呢？趙州從諗說：「用語言表達就是揀擇，就是明白。」如今的人參禪問道，不是在揀擇中，就是坐在明白裡。趙州從諗說：「老僧不在明白的境界裡。」你們諸位既然不在明白的境界裡，且來說說看，趙州從諗在什麼地方？為什麼他卻要教人護惜這個境界？

五祖法演常說：「垂下雙手來撫摸你。」你們怎麼理會？你來說說看，什麼是垂手之處？如果明白了這句話的言外之意，就不會執著這句話的字面之義。

這位僧人站出來與趙州從諗較量機鋒，也是非常奇特，為什麼這樣說呢？因為捉住趙州從諗的漏洞，就與他較量機鋒：「既然不在明白的境界裡，還護惜個什麼？」趙州從諗既不用棒打，也不大喝一聲，只是說：「我也不知道。」如果不是趙州老頭而是別人與這位僧人較量機鋒，往往會忘前失後，招架不住。幸虧趙州老頭有轉身自在之處，所以才能這樣回答他。如今的一些禪宗僧人，當他被問著時也會說：「我既不知道，也不理解。」無奈的是這句話回答得雖然一樣，意思卻不一樣。這位僧人有奇特之處，所以才會這樣問：「師父既然不知道，為什麼卻說不在明白的境界裡？」這是一句很精彩的機鋒語。換了別人就不行了。趙州從諗是參禪的行家高手，只是對他說：「你問的事我已經說過了，禮拜之後退下去吧。」這位僧人仍舊是對趙州從諗無可奈何，只得忍氣吞聲。

趙州從諗是一位手段高超的大禪師，不與你論玄論妙，論機論境，一向以本來面目接引學人，所以說：「你用言語傷害我，我會原諒你；你朝我吐口水，我也會原諒你。」人們竟然不知道趙州老漢說他行腳時，平生不用棒喝接引學人，只是用一些平平常常的語言。只可惜天下的人無法從這句平平常常的語言中去領會禪法。因為趙州從諗平生沒有很多分別計較，所以他能夠橫拈倒用，縱橫自如，無論是處在逆境還是順境，都能夠得大自在。如今的人們不理解，只管說：「趙州從諗不答話，不為人說法。」竟然不知道當面錯過了禪機。

頌

至道無難，（三重公案❶，）

言端語端②。（魚行水濁③，七花八裂④，又塗糊也⑤。）

一有多種，（一般⑥打葛藤，作什麼？）

二無兩般⑦。（何堪⑧四五六七，又有什麼了期⑨。）

天際⑩日上月下，（覿面相呈⑪。頭上漫漫，腳下也漫漫⑫。）

檻⑬前山深水寒⑭。（一死更不再活⑮，還覺寒毛卓豎⑯麼？）

髑髏⑰識⑱盡喜⑲何立？（棺木裡瞠眼⑳，與盧行者㉑同參㉒。）

枯木龍吟㉓消未乾。（咄！達摩遊東土㉔，枯木再生花。）

難！難！（邪法難扶㉕，倒一說㉖，者裡是什麼所在？說難說易。）

揀擇明白君自看。（將謂別有人，賴值自看，不干山僧事㉗。瞎㉘！還有不難底麼？便打。）

【注釋】①三重公案　謂三祖僧璨之語，趙州從諗拈來示眾，如今雪竇重顯又頌，所以是三重公案。②言端語端　指言語未發出之前的時候。③魚行水濁　喻指雪竇重顯說破「至道」之意，留有痕跡。④七花八裂　有支離破碎之意。亦用於讚賞自在通達無障礙之意。七、八表示多數。⑤又塗糊也　意謂雪竇重顯謂言語就是「道」，這是對「至道」的誤解。⑥一般　同樣；一樣。⑦兩般　兩樣；不同。⑧何堪　豈可；哪裡能。用反問的語氣表示不可。⑨了期　盡頭。⑩天際　天邊。⑪覿面相呈　當面出示，當場示機。覿，見；相見。⑫頭上漫漫二句　意謂想逃逃不了，頭上腳下常充塞。漫漫，遍佈貌。⑬檻　窗戶下或長廊旁欄杆。⑭山深水寒　喻指「至道」的境界。⑮一死更不再活　喻指無心的境界。⑯寒毛卓豎　毛髮因害怕而豎起。形容恐懼。⑰髑髏　頭骨。多指死人的頭骨。禪宗比喻人已斷除情識分別，獲得解脫。⑱識　指一切精神現象。⑲喜　即心中適悅之相。為五受之一，稱為喜受；又為二十二根之一，稱為喜。⑳棺木裡瞠眼　比喻由死中得活之意。究極之道乃非分別之「識」所能了知，如果心識滅盡，則有大活處，此即髑髏無識之境界。瞠，瞪眼直視貌。㉑盧行者　指六祖慧能，他俗姓盧，在湖北黃梅五祖弘忍處受法時尚未正式剃度受戒，故稱「盧行者」。行者，帶髮修行者。㉒同參　指同事一師而共同參禪者。後成為僧人之間的一般稱呼，與「同學」同義。此外，同參亦有互相研究之意。㉓枯木龍吟　謂參禪者滅盡妄念，如同「枯木」；明見真性，喻以「龍吟」。滅絕一切妄念妄想，猶如大死一番，然後甦醒過來，得大自在。龍吟，龍鳴。亦借指大聲吟嘯。㉔達摩遊東土　血脈不斷之意。指禪法相續。東土，古代稱中國。對西方而言。㉕邪法難扶　意謂返擲之機難敵。㉖倒一說　前面說「至道無難」，這裡說「難」，是顛倒前說。㉗不干山僧事　意謂人人自知的境界，不必由我來指示。山僧，山野之僧。原指住在山中之僧，後凡住在聚落者，亦稱「山僧」，又演變成自謙之稱，且多為禪宗僧人所用。㉘瞎　反語。實讚賞雪竇重顯法眼明亮。

【語　譯】雪竇重顯頌古：至道無難，（三重公案。）言端語端。（魚兒游過之後水混濁，七花八裂，又來折騰一番。）一有多種，（同樣是糾纏囉嗦，幹什麼？）二無兩般。（何必再來四五六七，又有什麼盡頭。）天際日上月下，（當面出示禪機。頭上漫漫，腳下也漫漫。）檻前山深水寒。（一死再也活不過來了，還覺得汗毛豎起來了嗎？）髑髏識盡喜何立？（棺材裡的死人突然睜開眼睛，六祖慧能和他是同學。）枯木龍吟消未乾。（唉！達摩來中國，枯木再開花。）難！難！（邪法難扶，與開頭的說法相反，這裡是什麼地方？說難說易。）揀擇明白君自看。（原以為由別人指點，幸好自己看得明白，不干我的事。瞎眼漢！還有不難的嗎？當場就打。）

評唱

「至道無難，言端語端。」雪竇知他落處，所以如此頌：「至道無難」，隨後便道：「言端語端」，舉一隅不以三隅反❶。雪竇道：「一有多種，二無兩般。」

以三隅反一。你且道，什麼處是他「言端語端」處？為什麼一卻有多種，二卻無兩般？若不具眼❷，向什麼處摸索？若透得這兩句，古人道：「打成一片❸，依舊見山是山、水是水，天是天、地是地。」有時喚天作地，有時喚地作天，有時喚山不是山，喚水不是水❹，畢竟作麼生得平穩去？風來樹動，浪起船高，春生夏長，秋收冬藏，一種平懷❺，泯然❻自盡。此四句頌，頓絕❼了也。

雪竇有餘才，所以分開結裹❽算來也，只是頭上安頭❾。道：「至道無難」，天際日上時月便下，檻前山深時水便寒，到這裡，言也端、語也端，頭頭是道❿、物物全真⓫，豈不是心境⓬俱亡，打成一片？雪竇頭上⓭，太孤峻生，末後也漏逗不少。若參得透、見得徹，自然如醍醐⓮上味⓯相似；若也情念⓰未亡，便見七花八裂，決不能會如此說話。

「髑髏識盡喜何立？枯木龍吟消未乾。」只這便是交加⓱處。此是古人問道公案，雪竇拽⓲來，穿作一串，用頌「至道無難」。如今人不會古人意，只管咬言嚼句，有甚了期？若是通方⓳作者⓴，方能明得這般說話。

不見僧問香嚴㉑：「如何是道？」嚴云：「枯木裡龍吟。」僧云：「如何是道中人？」嚴云：「髑髏裡眼睛㉒。」僧後問石霜㉓：「如何是枯木裡龍吟？」

霜云：「猶帶喜在。」僧云：「如何是髑髏裡眼睛？」霜云：「猶帶識在。」僧舉似㉔曹山㉕，山乃有頌云：「枯木龍吟真見道，髑髏無識眼初明㉖；喜識盡時消息㉗斷，當人那辨濁中清㉘？」僧再問曹山：「如何是枯木裡龍吟？」山云：「血脈㉙不斷。」僧云：「如何是髑髏裡眼睛？」山云：「乾消未盡。」雪竇可謂有大手腳，一時與你交加頌出。雖然如是，都㉚無兩般。

雪竇末後有為人處，更道：「難！難！」只這難難，也須是透得過始得。何故如此？不見百丈㉛道：「一切語言，山河大地，一一消歸自己。」雪竇凡是一拈一挃㉜，末後歸自己。且道，什麼處是雪竇為人處？「揀擇明白君自看」。既是打葛藤，頌了卻道「君自看」？且道，他意落在什麼處？莫道諸人理會不得，設使山僧到這裡，也理會不得㉝。

【注釋】❶舉一隅不以三隅反　意謂觸類旁通。一隅，指一個角落。亦泛指事物的一個方面。❷具眼　謂對事物具有特殊的見識，或指具有特殊見識的人。禪林中，指具備法眼，能夠用禪者特有的智慧眼光觀照事物。❸打成一片　以等同的眼光看待萬事萬物，不生計量、分別、對立之心，即物物混融，物我不分，是禪宗僧人覺悟之後的境界。在禪宗典籍中，常用「打成一片」來表示泯絕二元對立的觀念，或融合眾多紛亂的現象、見解之後的境界。❹有時喚天作地四句　評「一有多種，二無兩般」，意謂一就是一，卻有「多種」；二就是二，卻有「兩般」，如同「喚天作地」、「喚地作天」一樣。指悟道後的禪師不以常情看世間萬物。❺平懷　謂自然之心，對於萬事萬物等同觀之、不作區別對立的思想。❻泯然　消失淨盡貌。❼頓絕頓然斷絕。❽結裹　包裹。❾頭上安頭　比喻重複多遍，且無必要。❿頭頭是道　意謂處處存在禪法，事事顯示禪機，是禪悟境界。頭頭，猶每件。⓫物物全真　意同「頭頭是道」。物物，各種物品，各樣事物。⓬心境　指意識與外物。⓭頭上先；前頭。⓮醍醐　由牛奶精製而成的酥酪。乃五味之一，即乳、酪、生酥、熟酥、醍醐等五味中的第五種味，故亦稱醍醐味，為牛奶中最美之味。佛經中常以「醍醐」比喻涅槃、佛性。⓯上味　美味，精美的食品。⓰情念　俗情妄念。⓱交加錯雜；綜合。⓲拽　牽引；拖；拉。⓳通方　通達一切，契合禪法。⓴作者　意同「作家」。指機用傑出的禪師。㉑香嚴法名智閑（西元？～八九八年），唐代禪僧，青州（治今山東益都）人。性識聰敏，參為山靈祐得法。居鄧州（今屬河南境內）香嚴山，世稱「香嚴智閑」，禪僧四集，法化盛行。凡示學人，語多簡直。㉒髑髏裡眼睛　隱喻滅盡塵俗染習、虛妄情識則顯露出智慧法眼，這是參禪悟道者獲得解脫後的體驗。㉓石霜　法名慶諸（西元八〇七～八八八年），唐代禪僧，俗姓陳氏，廬陵新淦（治今江西新幹）人。十三歲出家，後參道吾宗智得悟，住湖南瀏陽石霜山崇勝院，達二十年之久，世稱「石霜慶諸」，大揚宗風，禪僧雲集，達五百之眾。㉔舉似　謂以言語提示古則公案，或以物示人。㉕曹山　法名本寂（西元八四〇～九〇一年），唐代僧人，曹洞宗創始人之一。俗姓黃氏，泉州蒲田（今屬福建境內）人。十九歲出家，後從洞山良价學禪，得心印，嗣其法。住江西宜黃曹山，大揚曹洞宗風，世稱「曹山本寂」。㉖髑髏無識眼初明　意謂滅盡情識，法眼初圓明。㉗消息　乾六爻為息，坤六爻為消。《易》乾卦主陽，坤卦主陰。陽升則萬物滋長，故稱息；陰降則萬物滅，故稱消。㉘當人那辨濁中清　意謂至消息斷處，心不知心，誰辨迷悟，更不容清濁參雜其間。當人，本人。那辨，不辨。濁，指「枯木」、「髑髏」。清，指「無識」。㉙血脈　指師徒之間的法門相承，以人體的相連比喻不斷絕之意。故禪宗法門相承，稱血脈不斷。㉚都　副詞。表示總括，所總括的成分在前。㉛百丈　法名懷海（西元七二〇～八一四年），唐代禪僧，俗姓王氏，福州長樂（今屬福建境內）人。參馬祖道一，得其大機大用之禪，住新吳（治今江西奉新）百丈山傳播禪法，世稱「百丈懷海」。㉜一拈一捏　「一拈」指「至道無難」，「一捏」指「髑髏」等語。㉝設使山僧到這裡二句　意謂我也不知道的境界，就是「至道」。設使，縱令；即使。這裡，指「自看」。

【語　譯】圜悟克勤評唱：「至道無難，言端語端。」雪竇重顯知道這則公案的旨意，所以頌：「至道無難」，隨後又說：「言端語端」，這是舉示其一又能明瞭其三。雪竇重顯又說：「一有多種，二無兩般。」這是舉示其三又能明瞭其一。你來說說看，「言端語端」是什麼意思呢？為什麼一有多種，二卻無兩種模樣呢？如果不具備法眼，到什麼地方去探索呢？如果能徹悟這兩句話，就像從前禪師所說的那樣：「參到了渾然一體的境界，仍舊是見山是山，見水是水，天還是天，地還是地。」如果有時候把天叫做地，有時候把地叫做天，有時候叫山不是山，有時候叫水不是水，到底怎樣才能稱得上是平穩妥當呢？風吹過來樹搖動，波浪湧起船更高，春生夏長，秋收冬藏，一種自然之心，消失淨盡。這四句頌詞把一則公案的旨意都表達出來了。

雪竇重顯是一位才華橫溢的禪師，所以像一層層打開包裹那樣，一一為人們道來。不過這裡也只是像腦袋上面再安放一個腦袋一樣，說：「至道無難」，但在宇宙之中，太陽上升時，月亮便西下；欄杆前山色深沉時，便知溪水寒冷。參禪參到了這種境界，言語盡處，頭頭是道，物物全真，難道不是心境俱忘，渾然一體嗎？雪竇重顯的機鋒開頭如同孤峰一樣非常險峻，最後也像慈祥的老婆婆一樣，說出了不少玄機。如果能參得透徹，悟得徹底，自然就像喝醍醐美味一樣；如果俗情妄念未斷，只能看見支離破碎的東西，肯定不能領會這些語言的玄妙。

「髑髏識盡喜何立？枯木龍吟消未乾。」雖然只有兩句話，卻非常概括。這是從前禪師問道的公案，雪竇重顯把它拿來一串穿過，用來頌「至道無難」。現在的人們不能理解從前禪師的意思，只顧咬文嚼字，這樣做哪裡還會有悟道的時候呢？只有手段高超的禪師，才能分辨得出這些言句的意思。

請看有位僧人問香嚴智閑：「什麼是禪法？」香嚴智閑回答說：「風吹枯木發出好像龍吟叫的聲音。」僧人又問：「什麼是得道之人？」香嚴智閑回答說：「髑髏張開眼睛。」這位僧人後來又去問石霜慶諸：「什麼是風吹枯木發出好像龍吟叫的聲音？」石霜慶諸回答說：「還帶有情感的偏見。」僧人又問：「什麼是髑髏張開眼睛？」石霜慶諸回答說：「情識還沒有完全斷除。」這位僧人將這番對話告訴曹山本寂。曹山本寂於是作了一首頌：「枯木龍吟真見道，髑髏無識眼初明；喜識盡時消息斷，當人那辨濁中清？」這位僧人又問曹山本寂：「什麼是風吹枯木發出好像龍吟叫的聲音？」曹山本寂回答說：「血脈不斷。」僧人又問：「什麼是髑髏張開眼睛？」曹山本寂回答說：「乾消未盡。」雪竇重顯可謂很有本事，一起為你們綜合概括性地頌出。儘管這樣，全無兩樣。

雪竇重顯最後有接引學人之處，更說「難！難！」就是這「難！難！」，也必須得大徹大悟之後才能理解。為什麼這樣說呢？請看百丈懷海說：「一切語言，山河大地，一一消歸自己。」凡是雪竇重顯的一拈一掇，到最後都轉歸自己。你來說說看，什麼地方是雪竇重顯接引學人之處？「揀擇明白君自看」。他既然用語言說出這首頌古，為什麼又說「君自看」？你來說說看，這首頌古的旨意是什麼？別說你們這些人不能理解，就是我到了這種境界，也無法理解。

【說　明】「至道無難，唯嫌揀擇。」意謂本分心地超言絕相，沒有思慮分別，遠離煩惱，不被俗情妄念所繫縛，當下即可體得真如本心。對這層道理，趙州從諗並沒有談玄談妙，論機論境，引導參學者向道理處去理解。如果這樣做的話，恰恰是誤導參學者去揀擇，去生憎愛。趙州從諗的手段非常高超，巧與迴旋，在不動聲色中，施以針錐，雖然沒有像棒喝那樣能使人迅速悟道，但也有截斷眾流、發人深省的效果。圜悟克勤特別指出，參學者千萬不要錯誤地理解趙州從諗「我亦不知」這句話，以為趙州從諗真的無知無識，禪師不過以本分事接引學人，「所以道：『相罵饒你接嘴，相唾饒你潑水。』」其不爭不辯，不過是以這種答話方式本身，警策參學者不要有分別心，也不要坐在明白裡，一切放下，不產生執著。禪師是心地洞明而自在說法，不像後世的禪宗僧人懵懂無知，對於參學者的提問，也用「我亦不知不會」來回答，以示高深莫測，欺騙學人。

雪竇重顯開頭把「至道無難」提示出來，隨後便說「言端語端」，就是教參學者不要把大道看得很遠，把悟道看得很難，它不在別的地方，就在眼前——言之端，語之端——就是在語言未形成之前，也就是在一念未生之前。你如在此時回眸一瞥，「這是什麼？」當下猛省，就悟道了，沒有什麼難處。

雪竇重顯為什麼說「一有多種，二無兩般」呢？因為對「至道」無論怎樣說都是一樣，而真理卻沒有兩個。至道就是揀擇，揀擇就是至道；憎愛就是明白，明白就是憎愛。因此「至道無難」，不過平常心是道而已。

「天際日上月下，檻前山深水寒。」這種毫無造作，純任自然的景象，正是參禪者心空無住、隨緣起居的無作妙用，也是「至道」的顯現。

第三則　馬師不安

【題解】馬祖大師借「日面佛月面佛」一語，顯示斷絕壽命長短與生滅來去之相，以契合本來具備的佛性，反映了禪者在寂滅前安詳恬靜的心境。不論長壽還是短命，只要懂得生死之道，生也安然，死也安然，好好地生活，生命就具有無窮的價值。禪要求修行的人不懼生，不畏死，唯求禪心永明，惠澤八方，像金佛一樣光芒萬丈。從對待疾病的態度上，可以看出真正禪師的高尚境界。

示眾

青天白日❶，不可指東劃西❷；時節❸因緣❹，亦須應病與藥❺。且道，放行❻即是？把住❼即是？試舉看。

舉

馬大師❽不安❾。（這漢漏逗不少❿，帶累⓫別人去也。）

院主⓬問：「和尚！近日尊位⓭如何？」（四百四病⓮一時發，仁義⓯道中，三日後不送亡僧是好手⓰。）

大師云：「日面佛，月面佛⓱。」（可煞新鮮，養子之緣⓲。）

【注釋】❶青天白日　謂大白天。❷指東劃西　意指相違之事。更用於表示不瞭解禪法本來就沒有東西之別。❸時節　時光；時候。❹因緣　佛教謂使事物生起、變化和壞滅的主要條件為因，輔助條件為緣。❺應病與藥　以醫師針對病症施藥，比喻佛菩薩等善知識應所對之根機而說法。❻放行　指禪師接引學人時，採取放任自由之法，即稍加寬縱，給予入門方便。❼把住　即截斷語路，使對方無所用心。是禪師用以去除學人胸中的妄見，使其絲毫不存我見的接引方法。「把住」與「放行」是禪家不同方式或風格的機緣施設。「把住」乃禪師向上提撕學人之法，「放行」則為向下順應學人自由證悟的方法。把住之時，一切靜止，無有一物；放行之時，萬象彰顯，一一活躍。「把住」與「放行」如果能互相交融運作，即可達到全然自在的境界。❽馬大師　即馬祖道一（西元七〇九～七八八年），唐代禪僧，俗姓馬氏，名道一，世稱「馬祖道一」。漢州什邡（今屬四川境內）人。師事南嶽懷讓十年，密受心印。後住鍾陵（治今江西南昌附近）開元寺，四方禪者雲集，為當時國內最大的禪法傳播中心之一。弟子有百丈懷海等一百三十九人。❾不安　不適，指有病。❿這漢漏逗不少　謂堅固法身示病患故。⓫帶累　連累。⓬院主　禪院監事的舊稱。⓭尊位　對長輩的敬稱。⓮四百四病　人類所有疾病的總稱。⓯仁義　仁愛和正義；寬惠正直。⓰三日後不送亡僧是好手　謂院主問候不當，不知斷除疾病煩惱之處，三日後不死，則是好手。⓱日面佛二句　據《三千佛名經》中記載，日面佛的壽命為一千八百歲，月面佛的壽命僅為一晝夜。⓲養子之緣　謂馬祖道一臨示寂前以本來面目接引人。

【語　譯】圜悟克勤開示：青天白日，不可指東作西；說法時也要考慮時機與因緣，對於各種不同根機的人，要採用不同的方法來接引，如同醫生治病要對症下藥一樣。你來說說看，是用放行的方法好呢，還是用把住的方法好？試舉一則公案給你們看看。

舉說公案：馬祖大師身體不適，（這傢伙的身體也出了不少紕漏，麻煩別人去看他。）院主前來問候：「師父，您近來身體怎麼樣？」（四百零四種疾病一起發作，仁義之道，三天後不送亡僧，是好手。）馬祖大師回答說：「有時日面佛，有時月面佛。」（非常新鮮，養子之緣。）

評唱

馬大師不安。院主問：「和尚！近日尊位如何？」大師云：「日面佛，月面佛。」祖師若不以本分事相見，如何得此道光輝？這箇公案，若知落處❶，便可丹霄❷獨步❸；若不知落處，往往枯木巖前❹，蹉路❺去在❻。若是本分人，到這裡❼，須是有驅耕夫之牛、奪飢人之食❽底手腳，方見馬大師為人處。

如今多有人道「馬大師接院主」，且喜勿交涉。如今眾中多錯會，瞠眼❾云：「在這裡！左眼是日面，右眼是月面」，有什麼交涉❿？驢年⓫也不會！只如馬大師如此道，意在什麼處？有底云：「點平胃散⓬一貼⓭來」，有什麼交涉？到這裡，作麼生得平穩去？所以道：「向上一路，千聖不傳⓮；學者勞形⓯，如猿捉影⓰。」只如這「日面佛，月面佛」，極是⓱難見。雪竇到此亦難頌，卻為他見得透，用盡平生工夫直下⓲去注他。諸人要見雪竇麼？看取下文。

【注釋】❶落處　指內情。❷丹霄　天空。❸獨步　謂獨一無二；無與倫比。❹枯木巖前　謂情識盡處。❺蹉路　猶失路。謂於心智絕處忽起異見，失去正路。❻在　語尾助詞。❼這裡　指馬祖道一回答之處。❽驅耕夫之牛奪飢人之食　喻指禪師徹底清除學人的俗情妄念、知識見解等等，使其空無所有，空無所倚，毫無執著。❾瞠眼　瞪大著眼睛，常用來形容執迷不悟者的神情。❿交涉　關係；牽涉。⓫驢年　指不可知的年月。⓬平胃散　一種治胃病的藥。⓭一貼　同「一盞」。相當於「一杯」。⓮向上一路二句　謂真實而絕對的悟道境界，乃諸佛或歷代祖師所不宣說，而有待於參禪者親自去參究體驗。⓯勞形　謂使身體勞累、疲倦。⓰如猿捉影　水中撈月之意，比喻白費氣力，毫無成果。⓱極是　最是；確實是。⓲直下　當下。

【語譯】圜悟克勤評唱：馬祖大師身體不適。院主前來問候：「師父近來身體怎麼樣？」馬祖大師回答說：「有時日面佛，有時月面佛。」馬祖大師如果不是用本來面目來相見，那是無論如何也不會使得禪法生輝。如果知道這則公案的旨意，你就能獨步天下，無人可敵；如果不知道這則公案的旨意，你往往就會在「枯木蒼巖」的境界之中走錯了路。如果是一位出色的人聽見馬祖大師的回答，必須得具有「驅耕夫之牛，奪饑人之食」的手段，才能理解馬祖大師接引學人的用心。

如今很多人都說馬祖大師是在接引院主，這種說法其實和馬祖大師的用意毫無關係。眾人多數是錯誤地理解了馬祖大師的用意，睜著眼睛瞎說：「在這則公案裡，左眼是日面佛，右眼是月面佛。」其實這與馬祖大師的用意相差很遠，這種人就是修行到驢年馬月也不會理解馬祖大師的用意。只是像馬祖大師這樣說，其用意在什麼地方？有人說：「他是要一杯平胃散的藥來吃吧。」這種說法與馬祖大師的用意毫無關係。當你聽到馬祖大師這句話時，要怎樣回答才能做到平穩妥貼呢？所以有人說至極玄妙的禪悟境界，歷代祖師是不傳授的；參學者勞累形體，如同猿猴去捉水中的影子一樣徒勞無功。

只是這「日面佛，月面佛」的境界是很難達到的。雪竇重顯在這種情況之下，也很難說出它的至極玄妙之處，但由於他見得透，所以能用盡一輩子的功夫一直鑽研這則公案。諸位要想知道雪竇重顯的用意嗎？請看取以下的頌古吧。

頌

日面佛，月面佛，（開口見膽❶，兩鏡相照，於中無影像❷。）

五帝三皇❸是何物❹！（太高生，莫謗❺伊好，可貴可賤❻。）

二十年來曾苦辛，（自是你落草❼，不干山僧事，啞子喫苦瓜❽。）

為君幾下蒼龍窟❾。（何消❿恁麼，莫錯用心好也，莫道無奇特事。）

屈⓫，（愁人莫向愁人說⓬，說向愁人愁殺人。）

堪⓭述，（向阿誰說？）

明眼衲僧莫輕忽⓮。（更須子細看，咄！且退後。）

【注　釋】❶開口見膽　謂雪竇重顯依此拈舉，早見其肝膽。❷兩鏡相照二句　謂雪竇重顯與馬祖道一的玄旨冥合，如同兩鏡相照。❸五帝三皇　泛指遠古時代的帝王。五帝指黃帝（軒轅）、顓頊（高陽）、帝嚳（高辛）、唐堯、虞舜。三皇指伏羲、神農、女媧。❹何物　什麼東西；什麼人。❺謗　指責別人的過失，譭謗。❻可貴可賤　謂無貴賤之分。❼落草　謂降低身分地位。禪林中的教化方法，教化者在凡愚眾生中降低自己身分，隨凡愚污濁的現實而行化導，稱為「落草」。❽啞子喫苦瓜　比喻有苦說不出。❾為君幾下蒼龍窟　根據中國古代的神話傳說，龍嘴裡有一顆明珠，是無上的至寶。故禪師把參禪求道比喻為得寶珠，是一種奮不顧身地闖入蒼龍臥居的洞窟的行為。下蒼龍窟，意謂拜師入室，獨自參禪。蒼龍，傳說中的青龍。❿何消　猶「何須」。意謂用不著。⓫屈　屈辱；委屈；冤枉。⓬愁人莫向愁人說　意謂傷心之事不要向傷心人說。⓭堪　能夠；可以。⓮輕忽　輕視忽略。

【語　譯】雪竇重顯頌古：日面佛，月面佛，（開口披肝瀝膽，如同兩面鏡子相照，其中無影像。）五帝三皇是何物？（太高貴了！不要譭謗他才好，可貴可賤。）二十年來曾苦辛，（從此你在俗世間傳授禪法，不干我的事。啞巴吃苦瓜。）為君幾下蒼龍窟。（何必這樣，不要用錯心思才好，也不要說無奇特之事。）屈，（愁人不要向愁人說，說給愁人聽更要愁死人。）堪述，（向誰說？）明眼衲僧莫輕忽。（更要仔細看，咄！且往後退。）

評唱

「日面佛，月面佛，五帝三皇是何物？」神宗❶在位時，因此一頌，所以不入藏❷。雪竇先拈云：「日面佛，月面佛」，一時拈了，卻云：「五帝三皇是何物！」且道，他意作麼生？適來❸說了也，直下❹注他。所以道：「垂鉤❺四海❻，只釣鯤鯨❼。」格外高談❽，為尋知識❾，只此一句已了。

後面雪竇自頌他平生用心參禪處，「二十年來曾苦辛，為君幾下蒼龍窟。」似箇什麼？一似箇入蒼龍窟裡尋珠相似。後來打破漆桶，將謂多少奇特？元來只消箇「五帝三皇是何物！」且道，雪竇語落在什麼處？須是自家退步看，方始見得他落處。

人多不見雪竇意，只管道諷❿國。若恁麼會，只是情見。此乃禪月⓫〈題公子行〉詩云：「錦衣⓬仙花手擎⓭鶻⓮，閑行⓯氣貌⓰多輕忽；稼穡艱難⓱總⓲不知，五帝三皇是何物⓳？」雪竇道：「屈，堪述！明眼衲僧莫輕忽。」直饒頂門具眼⓴，肘下有符㉑，明眼衲僧，點破㉒天下，到這裡也莫輕忽，須是子細使得㉓。

【注釋】❶神宗　即宋神宗趙頊（西元一〇四八～一〇八五年），熙寧元年（西元一〇六八年）即位，任王安石為參知政事，開始變法，但在變法中動搖不定，終於失敗。在位十九年。❷藏　佛教經典的總稱。❸適來　猶「剛才」。❹直下　指即時即刻之意。❺垂鉤　垂竿釣魚。❻四海　古以中國四境有海環繞，各按方位為「東海」、「南海」、「西海」和「北海」。❼鯤鯨　泛指大魚。這裡喻指「五帝三皇」。鯤，古代傳說中的大魚。鯨，水棲哺乳綱動物，體形長大，外形似魚，小約一米，大至三十米。❽格外高談　超越通常的規範格式與知識見解的高見。❾知識　對禪師的稱呼。❿諷　用委婉的語言暗示、勸告或譏刺、指責。⓫禪月　法名貫休（西元八五二～九一三年），五代禪僧，俗姓姜氏，字德隱，蘭溪（治今湖北浠水）人。幼年出家，後入蜀，蜀主王建賜號「禪月大師」。以詩著名。⓬錦衣　精美華麗的衣服。⓭擎　舉起；向上托。⓮鶻　一種猛禽，翅膀窄而尖，嘴短而寬，上嘴彎曲並有齒狀突起。飛得很快，善於襲擊其他鳥類。⓯閑行　漫步。⓰氣貌　氣度，風貌。⓱稼穡艱難　猶言農事勞苦。稼穡，耕種和收穫。⓲總　皆；都。⓳五帝三皇是何物　此處述公子傲慢的樣子。⓴頂門具眼　佛教神話中的摩醯首羅天神有三隻眼，其中額頭上豎著一隻眼稱頂門眼，具有神奇的視力。禪語中的「頂門具眼」隱用此典，指禪悟者觀察事物特有的智慧眼光，即「法眼」。㉑肘下有符　原指護身符，將符帶在身上以圖安全。因掛在肘之下，故稱「肘下符」。禪林中比喻佛祖之心印，即真如、佛性等。㉒點破　道破；點穿。㉓使得　行；可以。亦常用為表示同意他人意見或應答他人之詞。

【語　譯】圜悟克勤評唱：「日面佛，月面佛，五帝三皇是何物？」宋神宗在位的時候，認為這首頌古諷刺國事，所以不肯將《雪竇頌古百則》收入《大藏經》。雪竇重顯先舉說公案：「日面佛，月面佛」，一齊拈說之後又說：「五帝三皇是何物！」你來說說看，他的用意到底是什麼？剛才已經說過了，那是當即為他作注釋。所以說：「垂鉤四海，只釣鯤魚和鯨魚。」這是超乎尋常的高見。如果尋訪禪師，光這一句就足夠了。

接著雪竇重顯在頌古中自稱他平時之所以用心尋師參禪：「二十年來曾苦辛，為君幾下蒼龍窟。」這像個什麼呢？就像人們進入蒼龍窟裡探取明珠一樣。後來打破黑漆桶，大徹大悟，原來以為會有很多奇特之處，看來只須弄清楚「五帝三皇是何物」就行了。你來說說看，雪竇重顯這句話的用意到底是什麼呢？你只需自己退回到大徹大悟時的那個情景，就能理解他的用意。

人們大多不知道雪竇重顯的用意，只把它看作是諷刺國事。如果這樣理解，那只能是俗情妄見。這句頌詞出自禪月大師的〈題公子行〉：「錦衣仙花手擎鶻，閑行氣貌多輕忽；稼穡艱難總不知，五帝三皇是何物？」

雪竇重顯說：「屈，堪述，明眼衲僧莫輕忽。」即使是頂門具眼，肘下有符，法眼明亮的禪宗僧人能夠看穿天下的一切，到這裡也不要輕視忽略，必須仔細小心才好。

【說　明】圜悟克勤評唱這則公案：「祖師若不以本分事相見，如何得此道光輝？」本分事，就是時時不離自性，以本色、自在、隨順、自然的真心相見，也就是時時刻刻以「明心見性」提示學人。假如時時刻刻以「相」提示學人，時時刻刻著神通，引人入邪道，那怎麼能得「此道光輝」呢？「這箇公案，若知落處，便可丹霄獨步；若不知落處，往往枯木巖前，蹉路去在。」「知落處」就是知道馬祖說「日面佛，月面佛」的含義。丹霄就是明朗、絢麗的天空，比喻心地光明。獨步丹霄，就像在彩虹一樣絢麗的天上獨步空行。沒有妄想執著，心量猶如天空，順也不可得，逆也不可得，健康也不可得，生病也不可得，舒服也不可得，痛苦也不可得，如此瀟灑自如，即所謂「斷除煩惱，得大自在」！若不知落處，假如不能領會「日面佛，月面佛」的含義，往往就坐成「枯木禪」了，那是一條岔路，修死定，若不知回頭，最後會變成土木金石的。「若是本分人，到這裡，須是有『驅耕夫之牛、奪飢人之食』底手腳，方見馬大師為人處。」這是一種什麼樣的手段呢？這就是禪宗的「惡辣鉗鎚」，所謂「殺人刀、活人劍」裡的殺人刀。用這種手段，叫你死透了再活。就是把你所有的妄念、所有的凡情統統去掉，去得一絲不剩，要死透，不死透便復甦不了。「如今多有人道『馬大師接院主』，且喜勿交涉。」禪之所以為禪，是本色自在，隨順自然，一絲不掛，一塵不染的。如果有個法在，有個接引，或有個成佛，都不相干。所以說「且喜勿交涉」。

雪竇重顯頌這則公案：「日面佛，月面佛，五帝三皇是何物？」五帝三皇已成為歷史陳跡，過眼雲煙，全不可得。而佛性卻是不生不滅、不垢不淨、不增不減，通貫萬古而長存，經歷滄桑而不變。他引用了〈題公子行〉中的一句詩，將這句詩賦以新意，直接為「日面佛，月面佛」作了注解。一句「五帝三皇是何物」就把這則公案的旨意頌出來了。下面是雪竇重顯講自己刻苦修行的心路歷程：「二十年來曾苦辛，為君幾下蒼龍窟。」這裡所說的「君」，指的是明心見性的「性」。驪龍頷下有珠，異常珍貴。雪竇重顯用驪龍之珠比喻這個「君」。下蒼龍窟裡摘取驪龍之珠，比去老虎嘴上拔毛更為艱辛，需要非常堅強的毅力才行。「屈，堪述」，「屈」，就是冤屈。為什麼冤屈？原來我們的心中本來就具有佛性啊。原先不知道，為此事歷盡艱辛，不料此事與苦修竟然毫不相干。「堪述」，就是值得說說。這辛苦沒有白受，值得一提。為什麼呢？明白了宇宙、生命的本源，超脫了一切束縛，不再為生死所拘束了。「明眼衲僧莫輕忽」，即使是「明眼衲僧」，到了「日面佛，月面佛，五帝三皇是何物」這裡，也不可輕易放過。

第四則　德山挾複

【題解】在第一場法戰中，德山宣鑑在法堂來回走動，表達的是由凡入聖，由聖返俗，凡聖如一的境界。溈山靈祐的不理不睬，打坐不動，也同樣道出了體道境地的圓融如一，這比德山宣鑑的來回走動，更加無跡可尋。這是以靜制動。在第二場法戰中，德山宣鑑動手提坐具，這是以動引動。溈山靈祐擬取拂子，這就有了體用動靜的分別。德山宣鑑大喝一聲，這是在喝斷溈山靈祐的意念活動，占了上風。

舉

德山❶到溈山❷，（擔板漢❸，野狐精。）

挾❹複子❺於法堂❻上，（納敗缺❼，不妨❽令人疑著。）

從西過東邊、從東過西邊，（可殺有禪❾，作什麼？點❿！）

顧視⓫云：「無⓬！無！」便出。（好與三十棒，大煞⓭氣衝天⓮，真獅子兒⓯，善獅子吼⓰。）

師著語⓱云：「勘破⓲了也！」（錯，點，果然。）

德山至門首⓳，卻云：「也不得草草⓴！」（放去㉑解㉒收來㉓，頭上㉔太高生，末後太低生！知過㉕必改，能有幾人？）

便具威儀㉖，再入相見。（依前㉗作這箇去就㉘，已是第二重納敗缺，嶮！）

潙山㉙坐次，（冷眼㉚看這老漢捋虎鬚㉛，也須是這般底始得。）

德山提起坐具㉜云：「和尚！」（改頭換面㉝，無風起浪㉞。）

潙山擬㉟取拂子㊱，（須是那漢始得㊲。大宗師家㊳，不妨坐斷天下人舌頭㊴。）

德山便喝，拂袖㊵而出。（野狐精見解。一種㊶拏雲攫霧㊷，草偃風行㊸，就中奇特㊹。這一喝，也有照、也有用㊺。）

師著語云：「勘破了也！」（錯，點，果然。）

德山背卻㊻法堂，著㊼草鞋便行。（風光可愛㊽，公案未圓㊾，已是喪身失命㊿。）

潙山至晚，問首座(51)：「適來(52)新到在什麼處？」（東邊落節，西邊拔本(53)；眼觀東南，意在西北(54)。）

首座云：「當時背卻法堂，著草鞋出去也。」（靈龜曳尾(55)，好與三十棒。這老漢腦上合喫多少(56)？）

潙山云：「此子(57)已後，向孤峰頂上(58)，盤結(59)草庵(60)，呵佛罵祖(61)去在(62)。」（賊過後張弓(63)，天下衲僧跳不出。）

師著語云：「雪上加霜(64)。」（錯，點，果然。）

【注　釋】❶德山　法名宣鑒（西元七八二～八六五年），唐代禪僧，俗姓周氏，簡州（治今四川簡陽）人。初研律藏，後歸禪門，參龍潭崇信得法。住澧陽（治今湖南澧縣）德山三十年，世稱「德山宣鑒」。以「德山棒」著稱於世。❷溈山　位於湖南寧鄉城西七十公里處，為衡山山脈分支。山多平地，僧人多耕作於此，故有「羅漢田」之稱。山上有密印寺、同慶寺。❸擔板漢　本指背扛木板者，因為他只能看見前方，而不能看見左右，故禪宗用以比喻見解偏執而不能融會貫通的人。❹挾夾持；夾在腋下或指間。❺複子　包袱；行李。❻法堂　佛寺中說法集會的殿堂，一般位於佛殿之後。唐代百丈懷海制定《百丈清規》，不立佛殿，只有法堂，可見法堂在禪寺中的重要地位。❼納敗缺　受挫折，討苦吃，露醜拙。❽不妨　固然，自然，表示有條件的肯定。❾可殺有禪　圜悟克勤知道德山宣鑒的病根，故痛下金針。可殺，甚是；實在。❿點　點定、點破之意。⓫顧視　轉視；回視。顧，回頭。⓬無　意謂非存在。佛教認為所謂有或無之二邊（即「偏有」或「偏無」之一方）皆為錯誤，唯有超越有與無之相對性，始屬絕對之真如。歷代禪師多借「趙州狗子」公案的拈提，強調徹底破除執著，泯絕念慮分別的「無」之精神。⓭大煞　副詞。實在；真是。⓮衝天　比喻情緒高漲而猛烈。⓯獅子兒　佛教常將佛祖釋迦牟尼比作獅子，因而將傑出的僧人比作「獅子兒」，謂其不愧為佛祖的後代。⓰獅子吼　佛教將佛祖釋迦牟尼的說法比喻作獅子吼，後也指得道僧人的說法。⓱著語　對他人的機緣語句加以簡短的評議。⓲勘破　禪宗僧人之間通過機鋒較量考測出對方領悟之深淺。勘破即看破、識透之意，指禪宗僧人參禪看得透徹。⓳門首　門口；門前。⓴草草　匆忙倉促；草率苟簡。㉑放去　指「顧視云：『無！無！』便出」。㉒解　能；會。㉓收來　指「至門首，卻云：『也不得草草！』」。㉔頭上　先；前面。㉕過過失；錯誤。㉖威儀　威嚴之態度。謂起居動作皆有威德、有儀則，即行、住、坐、臥四威儀。㉗依前　照舊；仍舊。㉘去就　規矩；禮節。㉙溈山　法名靈祐（西元七七一～八五三年），唐代禪僧，為仰宗之祖。俗姓趙氏，福州長溪（治今福建霞浦）人。十五歲出家，後參百丈懷海得法，至溈山建同慶寺，前來參學的僧人甚多，禪風大振，世稱「溈山靈祐」。㉚冷眼冷靜、客觀的眼光。㉛捋虎鬚　比喻撩撥強有力者，謂冒風險。㉜坐具　僧人隨身所帶的用具，一般用布製成，長四尺八寸，寬三尺六寸，坐禪或禮拜時展開墊在身下。㉝改頭換面　意謂改換做法。㉞無風起浪　比喻平白無故地生出是非；憑空引起事端。這裡喻指德山宣鑒的機鋒厲害。㉟擬　打算；準備。㊱拂子　將獸毛、麻等紮成一束，再加一長柄，用以撣塵、驅蚊蠅。禪家尤喜以拂子作為莊嚴具，禪師常手持拂子上堂說法。㊲須是那漢始得　謂溈山靈祐寬仁大度。㊳大宗師家　大禪師。宗師，有學德的禪師，可擔任修行僧的導師。㊴坐斷天下人舌頭　意謂截斷天下人的言語、意路，使其無法產生分別妄情，無法用語言去理解和闡釋。是對於傑出、奇特的機鋒施設的讚語。㊵拂袖　甩動衣袖。表示憤怒、不悅等情感。㊶一種　一樣；同樣。㊷拏雲攫霧　比喻高強的本領。拏，抓。攫，奪取。這裡指大機大用。㊸草偃風行　草倒伏，風馳行，喻指事件或行為的順利進行、自然發展。㊹就中奇特　指德山宣鑒的機用奇特。就中，其中。㊺也有照也有用　照，指對客體的認識。用，指對主體的認識。是根據參禪者對主客體的不同認識，所採取的不同的教授方法，旨在破除視主體、客體為實有的世俗觀點。㊻背卻　離開。卻，助詞，用在動詞後面，表示動作的完成。㊼著　穿；拿。㊽風光可愛　形容禪者的風采光儀，也用於形容禪師機用的灑脫可喜。風光，光采；體面。㊾公案未圓　謂德山宣鑒只窺其藩籬，還未見溈山靈祐禪法的玄妙。圓，完畢；終結。㊿已是喪身失命　謂當溈山靈祐擬取拂子時，早就截斷德山宣鑒的命根了。(51)首座　僧堂六頭首之一。居一座之首位而為眾僧之表儀者，是禪寺職事僧之一。(52)適來　猶剛才。(53)東邊落節二句　這裡指德山宣鑒出去了，在他身上未得利；溈山靈祐借機接引首座，想從他身上挽回損失。落節，吃虧。拔本，撈回本錢。(54)眼觀東南二句　謂溈山靈祐雖然問的是「新到在什麼處」，其實是勘驗首座。(55)靈龜曳尾　意謂無斬釘截鐵之機。(56)這老漢腦上合喫多少　重責首座，謂其無靈性。合，應該；應當。(57)子　泛稱人。(58)孤峰頂上　形容超絕一切言語、思惟、情識分別的絕對境界，即指本分安住之處。(59)盤結　相互勾結。這裡指搭建。(60)草庵　草房；草舍。特指小寺廟或庵堂。(61)呵佛罵祖　禪家認為所謂佛聖祖師，一旦說出口，或存念於心，便是對清淨佛性的污染，同時禪宗重視自我，強調自心是佛，不承認外在的權威，蔑視佛聖祖師，因而常常呵斥、責罵佛祖。(62)在　助詞。表示行為動作的持續或情況的存在。(63)賊過後張弓　事後諸葛亮之意。(64)雪上加霜　比喻一再受到災難，苦上加苦。

【語　譯】舉說公案：德山宣鑒行腳至溈山，（擔板漢，野狐精。）腋下夾著一個包袱，走進法堂，（自討苦吃，自然令人懷疑。）他從西面走到東面，又從東面走到西面，（即使有禪法又能作什麼用？點定！）左右張望了一下，說：「無！無！」說完便走出去。（當心挨三十棒，實在是傲氣衝天。真不愧為是佛祖釋迦牟尼的子孫，善於說法。）雪竇重顯評論說：「看穿了！」（錯，點穿，果然。）德山宣鑒走到法堂門口，又自言自語地說：「也不好這樣草率。」（放去又能收來，起初太高傲，後來太低卑，知道過錯一定改，能有幾人這樣做？）於是重整僧家威儀，再進入法堂去拜見溈山靈祐。（仍舊作這般禮節，已經是第二次自討苦吃，險。）溈山靈祐端坐著，（帶著鎮靜的眼光看這老漢摸虎鬚，也應該是這樣做才行。）德山宣鑒提起坐具，說：「師父。」（改頭換面，無風也要起三尺浪。）溈山靈祐準備去拿拂子，（也應該是溈山靈祐那傢伙才會這樣做。大禪師確實能截斷天下人的舌頭。）德山宣鑒大喝一聲，袖子一甩，走出去了。（野狐精見解。同樣是呈現大機大用，德山宣鑒的機鋒像一陣風吹過，使得草倒伏，顯得與眾不同。這一喝，有照，也有用。）雪竇重顯評論說：「看穿了。」（錯，點穿，果然。）德山宣鑒離開法堂，穿上草鞋就走出寺院。（瀟灑可愛，公案還未了結，早已經喪失生命了。）

到了晚上，溈山靈祐問首座：「剛才新來的那位行腳僧在什麼地方？」（東邊蝕本，到西邊去挽回損失，眼看東南方，用意卻在西北方。）首座回答說：「他當時離開法堂，穿上草鞋就走出去了。」（靈龜拖拉著尾巴，當心挨三十棒，這老漢腦袋瓜上該吃多少棒？）溈山靈祐說：「這位僧人以後會在孤峰頂上搭建草庵，在那裡呵佛罵祖。」（盜賊走過之後才來架設弓箭，天下的禪宗僧人都跳不出這圈套。）雪竇重顯評論說：「這句話就像雪上加霜一樣。」（錯，點穿，果然。）

評唱

復舉德山語畢，夾山❶只道三箇「點」字。有時將一莖草作丈六金身❷，有時將丈六金身作一莖草❸。

德山本是講人❹，在川中講《金剛經》❺，說教中道，金剛喻定❻。後得智❼中，千劫❽學佛威儀、萬劫學佛化行❾，然後成佛。他南方魔子❿，便道即心是佛⓫，遂發憤⓬擔《疏鈔》⓭，直往南方，破滅⓮者魔子輩⓯。看他恁麼發憤，也作箇猛利⓰漢。

初到澧州⑰，路上見一婆子賣油糍⑱，遂放下《疏鈔》，且⑲買點心⑳喫。婆云：「所載者是什麼？」德山云：「《金剛經疏鈔》。」婆云：「我有一問，你若答得，布施㉑油糍作點心；若答不得，別處買去！」德山云：「但問。」婆云：「《金剛經》云：『過去心不可得，現在心不可得，未來心不可得。』㉒上座㉓欲點那箇心？」山無語，婆遂指令去參龍潭㉔。

纔跨門，便問：「久嚮龍潭，及㉕乎到來，潭也不見、龍也不現。」龍潭和尚於屏風㉖後引身㉗云：「子㉘親到龍潭！」師乃設禮而退。至夜間入室，侍立㉙更深。潭云：「何不下去？」山遂珍重㉚，揭㉛簾㉜而出。見外面黑，卻回云：「門外黑。」潭遂點紙燭㉝，度㉞與山。山方接，潭便吹滅，山豁然㉟大悟，便禮拜。潭云：「子見箇什麼便禮拜？」山云：「某甲㊱自今後，更不疑著天下老和尚舌頭。」至來日，潭上堂㊲云：「可中㊳有箇漢，牙如劍樹，口似血盆㊴，一棒㊵打不回頭。他時異日㊶，向孤峰頂上立吾道去在。」山遂取《疏鈔》於法堂前，將火炬舉起云：「窮㊷諸玄辯㊸，若一毫㊹置於太虛㊺；竭㊻世樞機㊼，似一滴㊽投於巨壑㊾。」遂燒之。

【注釋】❶夾山　圜悟克勤自稱，他曾住澧州（治今湖南澧縣東南）夾山，故稱。❷一莖草作丈六金身　意謂未覺悟之前，會把一根草看作是至尊無上的佛像。一莖，原意為植物的一條莖，後表數量，多用於條狀物。丈六金身，即與佛身等高的雕像或畫像。據佛經記載，佛祖在世之時，凡人身高約八尺，佛祖倍之，故為一丈六尺。佛像多作金黃色，故通常丈六佛身像多稱作丈六金身。❸丈六金身作一莖草　意謂覺悟之後，會把至尊無上的佛像看作是一根草。❹講人　指講說佛經、解釋經義的僧人，屬禪宗以外的其他佛教宗派。❺金剛經　佛經名。一卷。全稱《金剛般若波羅蜜經》。金剛般若，比喻能夠斬斷一切邪念、到達彼岸的智慧。全經五千二百多字，宣說世界上一切事物空幻不實，認為對現實世界不應執著或留戀。❻金剛喻定　喻指如同金剛一般堅利之定。定，其體堅固，其用銳利，可摧毀一切煩惱，故以能破碎諸物的金剛比喻之。❼後得智　即根本無分別智後所得之智。此智乃根本無分別智所引，能了達依他如幻之境。根本無分別智為非能分別、非所分別，此智則為所分別、能分別。❽劫　佛教所使用的極大的時間單位。一劫包含無數年。❾化行　化教與行教的合稱。應眾生的根性能力而教化，使其知因果道理與邪正差別的教法，稱為化教，為實踐定、慧之教。明示佛弟子當守之戒行，稱為行教。❿魔子　魔鬼；惡魔。多用作對破壞佛法者的詈語。⓫即心是佛　意謂心就是佛。無論凡夫心、佛心，其心之體與佛無異。這是禪宗的核心理論，其他如頓悟、平常心、不立文字、心心相印等禪家重要主張都與此密切聯繫，共同構成禪宗特色。⓬發憤　激起憤慨；激於義憤。⓭疏鈔　佛書名。即《金剛經疏鈔》，又名《青龍疏鈔》。指《御注金剛般若波羅蜜經宣演》，六卷。是唐代青龍寺僧人道氤奉唐玄宗詔所作的《金剛經》注疏。⓮破滅　毀滅；滅亡；消滅。⓯輩　同一類群的人、事、物。⓰猛利　佛教稱信仰堅定不移、修行勤奮銳利為「猛利」。⓱澧州　唐州名，在今湖南澧縣。⓲油糍　一種油煎的糯米食品。⓳且　副詞。將要。⓴點心　指糕餅之類的食品。㉑布施　施捨（財物等給他人）。㉒過去心不可得三句　意謂過去已滅，未來未起，現在虛妄，三世皆空。三世之心本來就沒有、本來就虛妄，所以，過去心、現在心、未來心全不可得。不得妄心，才能常住真心。㉓上座　指法臘高而居上位的僧尼，亦為比丘的泛稱。㉔龍潭　法名崇信，唐代禪僧，荊州（治今湖北江陵）人。從天皇道悟出家，得悟玄旨，嗣其法。居澧州龍潭禪院，宗風大盛，世稱「龍潭崇信」。㉕及　待；等到。㉖屏風　室內陳設。用以擋風或遮蔽的器具，上面常有字。㉗引身　抽身。㉘子　古代對男子的尊稱或美稱。㉙侍立　恭順地站立在旁邊伺候。㉚珍重　道別語。亦可作動詞用，為道別、告辭之義。㉛揭　掀起；拉開。㉜簾　以竹、布等製成的遮蔽門窗的用具。㉝紙燭　沾油的紙撚。點燃起來可以照明，故稱。㉞度　授與；給與。㉟豁然　倏忽；頓然。㊱某甲　自稱之詞，相當於「我」。㊲上堂　禪師上法堂、登法座為僧眾說法。㊳可中　此中。㊴牙如劍樹二句　比喻德山宣鑒猛利之相。血盆，形容猛獸等張開的嘴。㊵一棒 禪師接引弟子所用的機法。以拄杖棒打，作為警策之用，與「一喝」同義。㊶他時異日 將來；以後。㊷窮徹底推求；深入鑽研。㊸玄辯 玄理辯說。㊹一毫 一根毫毛。比喻極小或很少。喻指「玄辯」。㊺太虛 指天，天空。喻指所悟。㊻竭 窮盡。㊼樞機 樞與機。比喻事物的關鍵部分。㊽一滴 喻指「樞機」。㊾巨壑 喻指所悟。壑，山谷；坑地。

【語　譯】圜悟克勤評唱：在舉示完德山宣鑒的話頭之後，夾山只說了三個「點」字。有時候會把一根草看作是一丈六尺高的金色佛像，有時候又會把一丈六尺高的金色佛像看作是一根草。

德山宣鑒原本是一個講經說法的僧人，在四川中部講授《金剛經》，他說：經教家認為修行到如同金剛一般堅利之定時，證得「後得智」再歷經千劫學習佛教禮儀，還要歷經萬劫學習佛教的行為細節，然後才能成佛。南方那些魔鬼竟然敢說心就是佛。德山宣鑒於是帶著憤憤不平的心情，挑著《金剛經疏鈔》，直奔南方，一心要消滅這些魔鬼們。看他這副憤憤不平的樣子，也是個堅定信仰佛教、勤奮修行的硬漢子。

德山宣鑒剛走到澧州時，在路上看見一位老太婆正在賣油餅，於是放下《金剛經疏鈔》，準備買點心吃。老太婆問：「你挑的是什麼東西？」德山宣鑒回答說：「是《金剛經疏鈔》。」老太婆說：「我有一個問題，你如果回答得出，我布施油餅給你作點心；如果回答不出，那就到其他地方去買吧！」德山宣鑒說：「你儘管問。」老太婆問：「《金剛經》說：『過去心不可得，現在心不可得，未來心不可得。』師父想點哪個心？」德山宣鑒被問得啞口無言。老太婆於是指點他去參訪龍潭崇信。

德山宣鑒一跨進龍潭崇信所住寺院法堂的大門就問：「一直嚮往龍潭，如今來了，怎麼潭也看不見，龍也不出現？」龍潭崇信在屏風後面伸出身子說：「您已經親自到了龍潭。」德山宣鑒施禮後退出法堂。到了晚上，德山宣鑒走進方丈室，在龍潭崇信身邊侍候至半夜。龍潭崇信問：「您怎麼還不回去？」德山宣鑒道過晚安後告辭，拉開門簾走出去，看見外面很黑，又回來說：「門外很黑。」龍潭崇信於是點燃紙燭，遞給德山宣鑒。德山宣鑒剛要伸出手來接，龍潭崇信突然把紙燭吹滅了。德山宣鑒恍然大悟，連忙向龍潭崇信施禮拜謝。龍潭崇信問：「您見到了什麼向我施禮拜謝？」德山宣鑒回答說：「我從今以後對天下的老和尚所講的話再也不會感到疑惑了。」到了第二天，龍潭崇信上堂說：「你們當中有條漢子，牙齒好像劍樹，嘴巴好像血盆，一棒打下去也不會回頭。以後會在孤峰頂上宣揚我的禪法。」德山宣鑒於是取出《金剛經疏鈔》，放在法堂前，手中舉著火把說：「讀遍玄奧的理論辯說，也不過像放在天空中的一根毫毛而已；弄清楚世上的全部關鍵機要，也僅僅是像投進巨大山谷中的一滴水。」說完，放火燒掉了《金剛經疏鈔》。

後聞潙山盛化❶，直造❷潙山，便作家相見。包亦不解，直上法堂，從西過東、從東過西。顧視云：「無！無！」便出。且道，意作麼生，莫是❸顛❹麼？人多錯會，用作建立❺，且沒交涉。看他恁麼，不妨奇特，所以道：「出群須是英靈漢，敵勝還他獅子兒❻；選佛若無如是眼，假饒千載又奚為❼？」到這裡，須是通方作者始見得。何故？佛法❽無許多事，那裡得箇情見來？他是心機❾泯絕❿，那裡有許多般燠糟⓫？所以玄沙⓬道：「直似⓭秋潭月影⓮、靜夜鐘聲，隨扣擊以無虧⓯、觸波瀾而不散⓰」，此猶是生死岸⓱頭事，到這裡，亦無得失是非，亦無奇特玄妙。既無奇特玄妙，得失是非，作麼生會？他從西過東、從東過西。且道，意作麼生？

潙山老漢，也不管他。若不是潙山，被他折挫⓲一上⓳。看他潙山老作家，只管坐看成敗。若不深辨來風，爭⓴能如此？雪竇著一語云：「勘破了也！」一似鐵橛子相似。眾中謂之著語，雖然在兩邊㉑，卻不住兩邊，作麼生會？他道：「勘破了也！」什麼處是勘破處？且道，勘破德山？勘破溈山？

德山遂出，到門首，卻云：「也不得草草！」要與溈山掀㉒出心肝五臟㉓，法戰㉔一場，具威儀，再入相見。溈山坐次，德山提起坐具云：「和尚！」溈山擬取拂子，德山便喝，拂袖而出，可煞奇特。眾中多道，溈山怕他，有甚麼交涉？溈山不忙，所以古人道：「智過於禽㉕獲得禽、智過於獸㉖獲得獸、智過於人獲得人㉗。」參得這箇禪，盡大地、草木、叢林、人物、花果，森羅萬象㉘，一時作一喝來，他亦不關；掀倒禪床㉙，喝散大眾，他亦不管。如天之高、似地之厚。溈山若無坐斷天下人舌頭底手腳時，驗㉚他也大難。若不是一千五百人善知識㉛，到此也分疏㉜不下。溈山運籌帷幄㉝，決勝千里㉞。德山背卻法堂，著草鞋便出去，意作麼生？你且道，德山是勝是負？溈山恁麼，是勝是負？雪竇著語云：「勘破了也！」是他下工夫，見透古人誵㉟訛極則處，方能如此，不妨奇特。

雪竇著兩箇勘破，分作三段㊱，方顯此公案，似傍人斷二人。後來這老漢，緩緩㊲地，至晚方問首座云：「適來新到在什麼處？」首座云：「當時背卻法堂，著草鞋出去也。」溈山云：「此子已後，向孤峰頂上，盤結草庵、呵佛罵祖去在。」

你且道，他意作麼生？溈山老漢不是好心，德山後來，雖呵佛罵祖，打風打雨，依舊不出他窠窟㊳，被這老漢見透他平生伎倆㊴。到這裡，喚作「溈山與他授記㊵」，得麼？喚作「澤廣藏山㊶、狸㊷能伏豹㊸」，得麼？且喜勿交涉！雪竇知此公案落處，敢與他斷，更道：「雪上加霜」，重拈起教人看。若見得去，許你與溈山、德山、雪竇同參；若也不見，切莫要強生情解。

【注釋】❶盛化　昌明的教化。❷造　到；去。❸莫是　莫非是；或許是。❹顛　癲狂；瘋癲。❺建立　建置、設立（教法）。禪家提倡平常無事，對於人為的建立持批評態度。❻出群須是英靈漢二句　這兩句稱讚德山宣鑒俊機穎脫。出群，出眾。英靈，傑出的人才。獅子兒，指德山宣鑒。❼選佛若無如是眼二句　謂在坐禪修行中如無出群勝敵之眼，即使歷經千年又有什麼用。選佛，唐宋時期把科舉考試看作選官，借此說法，禪宗稱選出可成佛成祖之師為「選佛」，後引申為學佛參禪。假饒，即使；縱使。奚，疑問詞。猶何；什麼。❽佛法　佛教教義。❾心機　心思，計謀；機巧之心。❿泯絕　完全消滅或消失。⓫燠糟　一本作「阿勞」。勞擾、勞煩之意。⓬玄沙　法名師備（西元八三五～九〇八年），唐代禪僧，俗姓謝氏，福州（今屬福建境內）人。三十歲出家，與雪峰義存本為法門昆仲，而親近若師徒。住福州玄沙山，應機接物三十多年，學侶八百多人，世稱「玄沙師備」。⓭直似　正像。⓮秋潭月影　比喻清淨明亮無心的境界。⓯無虧　沒有減少或損失。⓰觸波瀾而不散　謂月影接觸波瀾而不散亂，是淨明無心之真趣。⓱生死岸　指輪迴於生死海之此岸，而涅槃則為生死海之彼岸。⓲折挫　挫折；挫敗；挫傷。⓳一上　一場；一番。⓴爭　同「怎」。㉑兩邊　指對迷悟、有無、凡聖等二重見解。㉒掀　撩起；揭開。㉓五臟　指心、肝、脾、肺、腎五種器官。㉔法戰　禪法較量；互鬥禪機。㉕禽　鳥類。㉖獸　一般指四足、全身生毛的哺乳動物。㉗智過於人獲得人　謂德山宣鑒雖然禪機俊利，但還是跳不出溈山靈祐的圈套。㉘森羅萬象　形容樹木繁茂並列的狀態。佛教指與本體相對的現象界，以現象界的千差萬別，與本體的萬法一如相對。㉙禪床　禪師說法時的座位。㉚驗　即勘驗，指禪師考測對方領悟的深淺。㉛一千五百人善知識　司馬頭陀曾對百丈懷海說：「潭州溈山如果有大和尚去住，可聚徒一千五百人。」百丈懷海讓他看靈祐是否能去，司馬頭陀說：「此人正是溈山主人。」善知識，道法高深的禪師。㉜分疏　分辨；辯解。㉝運籌帷幄　謂在後方決定作戰策略。帷幄，指天子決策之處或將帥的幕府、軍帳。㉞決勝千里　語出《史記・高祖本紀》：「夫運籌帷幄之中，決勝千里之外，吾不如子房。」後用以指在後方制定作戰方案就能決定前方的勝利。形容將帥善於謀劃指揮。㉟譊　爭辯；喧嚣。㊱分作三段　指兩個「勘破」加上「雪上加霜」。㊲緩緩　猶徐徐。緩慢貌。㊳窠窟　動物棲身之所。這裡有「窠臼」之意。㊴伎倆　手段；花招。㊵授記　本指佛祖對於弟子悟道成佛的預言，後也指祖師對於弟子悟道、弘法的預言、告誡。㊶澤廣藏山　「澤廣」比喻溈山靈祐的德量。山，一語雙關，這裡指德山宣鑒。澤，水聚匯處。㊷狸　狸貓。形狀似貓，圓頭大尾，頭部有黑色條紋。這裡比喻溈山靈祐。㊸豹　似虎而較小，毛黃褐色或赤褐色。性兇猛，常捕食其他獸類。這裡比喻德山宣鑒。

【語譯】德山宣鑒後來聽說溈山靈祐的法會很盛，於是直奔溈山，儼然以行家高手的姿態來見溈山靈祐。包袱還沒有打開，就直接走進法堂，從西面走到東面，又從東面走到西面。轉過頭來看著溈山靈祐說：「無！無！無！」然後就走出去了。你來說說看，他的用意到底是要幹什麼，是不是有點瘋瘋顛顛？人們往往錯誤地理解了德山宣鑒的用意，把他的言行作為一種法則來模仿，其實這與德山宣鑒的用意相去甚遠。看他這樣做，確實是奇特，所以說：「出群須是英靈漢，敵勝還他獅子兒；選佛若無如是眼，假饒千載又奚為？」德山宣鑒的這些言行必須得深知以心印心的大禪師才看得出來。為什麼這樣說呢？佛法其實並不複雜，哪裡用得著俗情妄見？他是一個沒有機巧之心的人，哪裡會有這麼多的煩惱？所以玄沙師備說：「就像秋天潭水中的月影，寂靜夜晚中的鐘聲，隨時敲鐘而鐘聲不會減損，月影接觸水中波瀾而不散亂。」這還是生死岸邊事，到了這種境界，既沒有得失是非，也沒有奇特玄妙。既然沒有奇特玄妙，得失是非，那麼要怎樣才能理解德山宣鑒的用意呢？他從西面走到東面，又從東面走到西面。你來說說看，他的用意到底是什麼呢？

溈山老漢也不管他。如果不是溈山靈祐，往往要被德山宣鑒打得落花流水。溈山靈祐是機用傑出的老禪師，只管坐觀成敗。溈山靈祐如果不是深知德山宣鑒的來意，又怎麼可能這樣做？雪竇重顯評論說：「看穿了！」這句話就像鐵棒一樣。眾人說雪竇重顯的評語雖然落在兩邊，卻又不在兩邊。這話怎麼理解呢？他說：

「看穿了！」什麼地方是他看穿之處？你來說說看，雪竇重顯到底是看穿了德山宣鑒？還是看穿了溈山靈祐？

德山宣鑒走到法堂門口，卻說：「也不好這樣草率！」他要與溈山靈祐較量一番機鋒，弄清楚溈山靈祐的老底，就像要挖出溈山靈祐的心肝五臟一樣。他重整僧家威儀，再次走進法堂，與溈山靈祐相見。溈山靈祐端坐著，德山宣鑒提起坐具說：「師父！」溈山靈祐想去拿拂子，德山宣鑒大喝一聲，袖子一甩，走出去了，非常奇特。眾人多說溈山靈祐怕德山宣鑒，其實並不是這樣，溈山靈祐也是顯得不慌不忙。所以從前的禪師說：「智慧超過飛禽就可以捉到飛禽，智慧超過野獸就可以捕獲野獸，智慧超過他人就可以使得他人服從自己。」參禪參到這個地步，就是整個大地、草木、叢林、人物、花果，乃至世界上的萬事萬物，同時大喝一聲，他也不在乎；推倒禪床，喝散大眾，他也不管；這樣的禪法就像天一樣高，像地一樣厚。溈山靈祐如果沒有截斷天下人舌頭的本事，要勘驗德山宣鑒也是非常之難。如果他不是一個率領一千五百位僧徒修行的大禪師，到了這裡也很難分辨高下。溈山靈祐真的是運籌於帷幄之中，決勝於千里之外。德山宣鑒離開法堂，穿上草鞋就出去了，他的用意是什麼呢？你來說說看，德山宣鑒這樣做是贏了還是輸了？溈山靈祐這樣做是贏了還是輸了？雪竇重顯評論說：「看穿了！」這是他下的功夫深，看透了從前的禪師爭論不清、玄奧難懂之處，才能達到這樣的境界，非常奇特。

雪竇重顯說了兩次「看穿了」，加上「雪上加霜」，分作三段看，才顯得這則公案像旁人判斷二人爭訟。後來溈山靈祐這老漢一直拖到晚上才問首座：「剛才新到的行腳僧在什麼地方？」首座回答說：「當時他離開法堂，穿上草鞋走出去了。」溈山靈祐說：「這位僧人以後會在孤峰頂上搭建草庵，在那裡呵佛罵祖。」你來說說看，他的用意是什麼呢？溈山靈祐老漢不安好心，德山宣鑒後來雖然呵佛罵祖，打風打雨，仍舊跳不出溈山靈祐所說「呵佛罵祖」的窠臼，被溈山靈祐這老漢看透了他一向使用的手段。到了這個地步，是叫做「溈山靈祐為德山宣鑒授記」好呢？還是叫做「湖澤寬廣能容納大山、狸貓能制伏豹子」好呢？幸好沒有什麼關係。雪竇重顯知道這則公案的旨意，因此才敢判定這則公案，又加上一句「雪上加霜」，重新拈起教人們看看清楚。如果你能看得出他的用意，就能肯定你與溈山靈祐、德山宣鑒、雪竇重顯是同參；如果看不出他的用意，千萬不要牽強附會，以免產生俗情妄解。

頌

一勘破，（好過❶，言猶在耳❷。）
二勘破，（兩重公案。）
雪上加霜曾險墮！（三段不同，在什麼處？）
飛騎將軍❸入虜庭❹，（嶮！敗軍之將，不勞更斬❺，喪身失命。）
再得完全能幾箇❻？（死中得活❼。）
急走過，（傍若無人❽，盡你神力❾，堪作何用？三十六策❿。）
不放過⓫，（狸能伏豹，穿卻鼻孔⓬。）
孤峰頂上草裡坐⓭。（果然。為什麼卻在草裡坐？）
咄！（會麼？兩刃相傷⓮，兩兩三三舊路行⓯，唱拍相隨⓰，便打！）

【注釋】❶好過　好受；舒服。❷言猶在耳　說的話還在耳邊響。謂記憶猶新或說過不久。這裡有越聽越新之意，讚美雪竇重顯之語。❸飛騎將軍　指西漢名將李廣，隴西成紀（治今甘肅秦安）人。善騎射，任右北平太守，匈奴數年不敢侵犯，稱之為「飛將軍」。前後與匈奴作戰七十多次，以勇敢善戰著稱。❹虜庭　古時對少數民族所建政權的貶稱。❺敗軍之將二句　古代軍法，不斬敗軍之將。❻再得完全能幾箇　意謂像德山宣鑒、溈山靈祐這樣完美的人能有幾個。完全，猶完美；完善。❼

死中得活　意謂除盡塵俗情念，顯示真如本性。❽傍若無人　形容高傲，不把人放在眼裡。❾神力　謂佛菩薩所示現的種種神變不可思議之力，這裡謂無所不能之力。❿三十六策　即三十六計。原為虛指，極言計策之多。後來好事者予以附會，湊為三十六實數。⓫不放過　指溈山靈祐用「此子已後，向孤峰頂上，盤結草庵，呵佛罵祖去在。」一語，預示德山宣鑒一生的所作所為。⓬穿卻鼻孔　指受制於外物，不得超脫自在。此語隱用牛鼻穿繩之喻。⓭草裡坐　「落草」之意，即開堂說法，接引大眾，弘法利生。⓮兩刃相傷　原指相互對立的雙方，彼此傷害而不相容。在禪林中，轉指對立的雙方竟能相互共鳴，向同一方向進行。⓯兩兩三三舊路行　指學人不知精進，競相隨伴，局限於已有的境界而無法披荊斬棘以求證更新的境界。兩兩三三，謂三兩為群。⓰唱拍相隨　指唱歌與相合的拍手節奏相當緊密、調和。比喻師徒之證契相溝通。

【語　譯】雪竇重顯頌古：一勘破，（聽上去適意，言猶在耳。）二勘破，（兩重公案。）雪上加霜曾險墮！（三句話不同，險墮在什麼地方？）飛騎將軍入虜庭，（險！敗軍之將，不勞再斬，喪失生命了。）再得完全能幾個？（死中得活。）急走過，（旁若無人，用盡你的神通力，又有什麼用？即使用三十六計也沒用。）不放過，（狸貓能制伏豹子，穿住了鼻孔。）孤峰頂上草裡坐。（果然坐在草堆裡。為什麼要坐在草堆裡？）咄！（明白了嗎？勢不兩立的雙方竟然會相互共鳴，兩三個人結伴走老路，唱歌的人與拍手的人配合得很好，該打！）

評唱

雪竇頌百則公案，一則則拈香❶舉來，所以大行於世。他更會文章❷、透得公案，盤礴❸得熟，方可下筆。何故如此？「龍蛇易辨❹、衲子❺難瞞❻。」雪竇參❼透這因緣，於節角❽處，著三句語❾，撮❿來頌出。

「雪上加霜」，幾乎嶮墮。只如德山似箇什麼？似「飛騎將軍入虜庭」，乃李廣善射，聖封⓫為「飛騎將軍」。後去攻虜⓬，被番人⓭捉去，以馬馱之，廣遂詐死。行至半路，廣密開眼，乃見監者手中有弓矢，遂縱身奪監者弓矢，射殺監者，得馬而走⓮。後有逐廣者，被廣一箭射殺一箇，賊畏而退。者漢有這般手脚，死中得活。此一說恐謬，後於藍田射虎⓯云云。雪竇引在頌中，用比德山再入相見，一似李廣再得歸漢⓰，依舊被他跳得出。

看他古人，見到說到、行到用到，不妨英靈。有殺人不眨眼⓱底手脚，方可立地⓲成佛、自由⓳自在。如今人有底問著，頭邊⓴一似衲僧氣概㉑，一捞兩捞，腰做段、股㉒做截，七支八離，渾㉓無些子相續㉔處。所以古人道：「相續也大難。」看他德山溈山如此，豈是滅裂㉕見解？「再得完全能幾箇」？「急走過」，德山便喝而出去，似李廣被捉，後設計奪弓，射殺監使番人子，而走出虜庭相似。雪竇頌到此，大有工夫。

德山背卻法堂，著草鞋便出去，道他得便宜㉖。殊不知㉗這老漢，依前㉘不放過他在，雪竇便道：「不放過。」溈山至晚問首座，溈山幾時是放過來？不妨奇特。到這裡，雪竇為什麼道：「孤峰頂上草裡坐」？又喝。你且道，他意落在什麼處？更參三十年！

【注釋】❶拈香　即在諸佛菩薩及祖師像前燒香、上香。❷文章　文辭或獨立成篇的文字。❸盤礡　反覆探究；旋轉自在。❹龍蛇易辨　意謂開悟不開悟倒容易辨別。龍，喻指開悟的人。蛇，喻指未開悟的人。❺衲子　指禪僧。❻瞞　隱瞞；欺騙。❼參　探究；思索。❽節角　指文字因筆畫方正所顯露的棱角和屈折處。這裡指公案的轉折處。❾三句語　指兩句「勘破了也」，一句「雪上加霜」。❿攞　聚合，引申為拉攏，撮合。⓫聖封　帝王以爵位、土地、名號等賜人。⓬虜　指匈奴，中國古代北方民族之一。戰國時游牧於燕、趙、秦以北地區。東漢光武建武二十四年（西元四八年）分裂為南北二部，北匈奴在西元一世紀末為漢所敗，部分西遷。南匈奴附漢，西晉時曾建立漢國和前趙國。虜，古時對北方一些民族的蔑稱。⓭番人　指少數民族或外國人。⓮走　疾趨；奔跑。⓯藍田射虎　李廣曾家居藍田（今屬陝西境內），出獵見草中石，以為虎而射之，箭頭竟射入石中。⓰漢　朝代名。西元前二〇六年劉邦滅秦，前二〇二年稱帝，國號漢，建都長安，史稱西漢或前漢。西元八年外戚王莽一度稱帝，國號新。西元二五年劉秀重建漢朝，建都洛陽，史稱東漢或後漢。西元二二〇年曹丕稱帝，東漢滅亡。⓱殺人不眨眼　指機鋒峻烈，殺滅分別妄想及種種塵俗執著毫不留情。⓲立地　立即；當即。⓳自由　謂隨自己的意志行動而不受拘束。在禪林中，指從煩惱束縛中獲得解脫，達到自在無礙的狀態。⓴頭邊　前邊。㉑氣概　氣魄。㉒股　大腿。㉓渾　全；整個。㉔相續　前後連接；連續。禪家指不被語言卡住，就像水上葫蘆，按著便轉，並且恰如其分。㉕滅裂　謂言行粗疏草率。㉖便宜　上風；優勢。㉗殊不知　猶言竟不知。㉘依前　照舊；仍舊。

【語譯】圜悟克勤評唱：雪竇重顯頌這一百則公案，每一則公案都是很虔誠地在佛祖菩薩像前焚香之後創作出來的，所以能在世上廣為流傳。他擅長寫作，反覆參透了公案的旨意，爛熟於心之後才動手下筆。為什麼要這樣做呢？因為「龍蛇易辨，衲子難瞞。」雪竇重顯參透了這段因緣，在公案的轉折處用了三句話，湊在一起頌出。

「雪上加霜」，幾乎險墮。就拿德山宣鑒來說吧，他像誰呢？就像「飛騎將軍入虜庭」，西漢名將李廣善於射箭，被皇上封為「飛騎將軍」。後奉命攻打匈奴，被匈奴兵捉去，放在馬背上，李廣乘機裝死。走到半路，李廣暗中睜開眼睛，只見看守人員手中有弓箭，於是縱身一跳，奪過看守人員手中的弓箭，射死看守人員，騎馬飛奔而去。隨後追趕李廣的匈奴兵，被李廣一箭射死一個，其他匈奴兵嚇得往後逃。這傢伙有這樣的本事，所以能夠死裡逃生。這一說法恐怕有謬誤，後來又有在藍田射虎的傳說。雪竇重顯在頌古中引用了這段典故，用來比喻德山宣鑒再次進入法堂與溈山靈祐相見，就像李廣再次得以回歸漢朝一樣。德山宣鑒再次進入法堂，雖然陷入死地，但還是逃了出去。

你看從前的禪師看得分明、說得流暢、行得明白、用得自在，確實是出類拔萃。只要有殺人不眨眼的本事，就能立即成佛，自由自在。如今有人被問著了，起初還有禪宗僧人的氣勢，一兩個回合較量下來，腰被砍成一段，大腿被砍成一段，整個身體四分五裂，找不出一點兒連接之處。所以從前的禪師說：「連接也是一件很難的事。」看他德山宣鑒、溈山靈祐這樣做，難道是粗率的見解嗎？「再得完全能幾個」？「急走過」，德山宣鑒大喝一聲，拂袖而去，就像李廣被捉住，然後設計奪過弓箭，射死看守他的匈奴兵，逃出匈奴地區一樣。雪竇重顯頌到這裡，確實很有工夫。

德山宣鑒離開法堂，穿上草鞋，拂袖而去，看樣子是占了上風。但他沒料到溈山靈祐這老漢仍舊不放過他，所以雪竇重顯說：「不放過。」到了晚上，溈山靈祐問首座，他什麼時候放過了德山宣鑒呢？確實奇特。到這裡，雪竇重顯為什麼說「孤峰頂上草裡坐」呢？又喝了一聲。你來說說看，他的用意在什麼地方呢？如果說不出，再去參三十年吧！

【說　明】雪竇重顯頌這則公案說：「一勘破，二勘破，雪上加霜曾險墮！」他把這則公案分為三段：一勘破、二勘破、雪上加霜。「一勘破」，是指德山宣鑒無風三尺浪，要與溈山靈祐「作家相見」，挑起一場法戰，交流交流心得。怎奈溈山靈祐穩坐釣魚臺，不為他所動，德山宣鑒不得不敗陣而歸。「二勘破」，是指德山宣鑒不甘落敗，還要回去翻本，禮拜了，叫一聲「和尚」，挑逗溈山靈祐拿拂子打他，仗著年輕，眼明嘴快，腳也利索，喝一聲便走，占了便宜，勝了第二個回合。得意不可再往，德山宣鑒便離開法堂，穿上草鞋，匆匆下山去了。如果不是他眼明、腳快，拂子就打在身上了。這就是雪竇重顯所說的「曾險墮」。雪竇重顯是三段一氣頌來，把「曾險墮」放在句後，既脈絡清楚，念起來又朗朗上口。可見雪竇重顯不僅見地透徹，而且文才不俗。「雪上加霜」，是指溈山靈祐極其穩健，不慌不忙，到了晚上才問首座，對僧眾評論德山宣鑒。如果溈山靈祐不是大禪師，怎麼會有如此高超的手段？德山宣鑒能從這裡占得便宜，已經是很難得了。

「飛騎將軍入虜庭，再得完全能幾箇？」喻指德山宣鑒，不甘法戰失敗，再回去相見，仗著手眼靈活，占得了便宜，就像飛將軍李廣死裡逃生一樣。

「急走過」，是說德山宣鑒占了便宜之後，穿上草鞋便走，急忙下山去了。「不放過」，是說溈山靈祐不放過他，緩緩地到晚上才評論他：「此子已後，向孤峰頂上，盤結草庵、呵佛罵祖去在。」

圜悟克勤對該頌評唱說：雪竇重顯的頌古，把緊要的地方，把公案的隱晦處，嘔心瀝血，剖析出來。用自己的心得，引導大眾，所以說「一則則拈香舉來」。就像供養佛一樣，供養大眾。因此大行於世，廣為流傳。雪竇重顯不僅文章寫得很好，而且見地透徹、透得過公案。能夠左盤右旋、左繞右彎，用畫龍點睛之筆，將不落語言、不犯思維之處，和盤托出。他自己反覆推敲，到非常熟練的時候，才下筆寫頌。為什麼這樣呢？因為「龍蛇易辨，衲子難瞞。」開悟不開悟倒容易辨別，但要寫頌，必用語言文字，而佛性卻是不落語言、非關文字的。用「有言」烘托出「無言」，談何容易！弄得不好，自己也落進去了，怎麼能瞞得過開悟了的法眼明亮的禪宗僧人呢？

第五則　雪峰粟粒

【題解】雪峰義存拈舉粟米粒示眾，其用意在於破除參學者大小廣狹等情見之偏執，而歸於萬法一心平等之理。

示眾

大凡扶豎❶宗教❷，須是英靈漢，有殺人不眨眼底手腳，方可立地成佛❸。所以道：「照用同時，卷舒齊唱❹，理事不二❺，權實❻並行。」放過一著❼，建立第二義門❽，直下截斷葛藤❾。後學初機，難為❿湊泊⓫。昨日也恁麼，事不獲已⓬；今日恁麼，過犯彌天⓭。若是明眼漢，一點也瞞他不得；其或未然，虎口裡橫身，不免喪身失命，試請舉看。

舉

雪峰⓮示眾云：（一盲引眾盲⓯，也不是分外⓰。）

「盡大地撮⓱來，如粟米⓲粒大。（是什麼手段？山僧不曾弄鬼眼睛⓳。）

拋向面前，（只恐拋不下，有什麼伎倆？誰覺不見？）

漆桶不會⑳。（倚勢欺人㉑，自領出去，莫瞞人好。）

打鼓，普請㉒看。」（瞎㉓！打鼓㉔為三軍㉕。）

【注釋】❶扶豎　扶持；扶助。❷宗教　指宗門與教門。宗門指教外別傳的禪門，教門指依大小乘經論等言教而立的教宗，如天台宗、華嚴宗、法相宗等皆是。❸立地成佛　眾生皆有佛性，一念省悟，便可立即成佛。這是禪宗頓悟思想的反映。❹卷舒齊唱　卷舒是禪師接引學人的兩種機法。卷，意即收，與「把住」同義，屬於「打破否定」的接引方法。舒，意即放，與「放行」同義，屬於「攝受肯定」的接引方法。禪師依據學人的根器，施設不同的教法，或收或放，予奪自在，靈活運用。如果禪師同時運用把住與放行兩種機法來接引學人，則稱為「卷舒齊唱」。❺理事不二　佛法真諦與世間事物並不對立。這是除盡區別妄心的覺悟者對於一切事物的總體觀照和把握。❻權實　權宜教說稱為「權」，根本大法稱為「實」。權，權謀，權宜之意，指為一時需要所設立的方便。實，真實不虛之意，指永久不變的究極真實。❼放過一著　意謂退讓一步，寬鬆一次，指禪師接引中下根器的學人時採用的方便法門。❽第二義門　即由向上平等處，回入向下差別門的教理法門。相對第一法門而言，方便權巧，假借名言而設立的教義法門，或隨順世情以教化眾生的菩薩行，皆屬第二義門（向下門）。即以種種方法截斷眾生的惑障，以破除迷妄，引導趨向成佛得悟之道。❾截斷葛藤　截斷一切言語糾纏，這是禪師接引學人的施設。❿難為　不易做到；不好辦。⓫湊泊　親近；投合；契悟。⓬事不獲已　無可奈何；迫不得已。是禪師說法時的習慣語，含有禪法本不立文字，如今宣說，只是情勢所迫，開方便法門而已的意思。⓭過犯彌天　意謂在第一義門看來，用第二義門開示眾生，實在是犯了彌天大罪。過犯，猶過錯。彌天，滿天。極言其大。⓮雪峰　法名義存（西元八二二～九〇八年），唐代禪僧，俗姓曾氏，泉州南安（今屬福建境內）人。十二歲出家，後參德山宣鑒得法。咸通六年（西元八六五年），在福州象骨山雪峰創立廣福院，世稱「雪峰義存」。四方禪僧聞風而至，多時達一千五百人。其禪法對雲門宗、法眼宗影響較大。⓯一盲引眾盲　喻指禪師本人癡迷未悟，卻說法度人。⓰分外　過分；特別。⓱撮　用三指取物，抓取。⓲粟米　泛指糧食。粟，穀物名。北方通稱「穀子」。⓳弄鬼眼睛　喻指故弄玄虛，虛妄作為。⓴漆桶不會　喻指俗情妄識厚重者當面錯過禪機。㉑倚勢欺人　意謂人人皆具佛性，而雪竇重顯吐粗言，輕蔑人，是倚勢欺人。㉒普請　意謂請大眾，請。㉓瞎　意謂隨他語看，就是瞎漢。㉔打鼓　古代用鼓聲來指揮軍隊。㉕三軍　軍隊的通稱。

【語譯】圜悟克勤開示：一般說來，扶助佛教必須是出類拔萃的人，有殺人不眨眼的本事，才能立即成佛。所以說：「照用同時，收放自如，佛教真理與世間事物並無兩樣，權宜說法與堅守佛教根本大法同時並行。」退讓一步，建立第二義門，當即截斷一切像葛藤一樣牽扯不清的言語糾纏。不過初學禪法者，還是很難摸得著頭腦。以前用言語傳授禪法，那實在是沒有辦法的事；現在還是用言語傳授禪法，那就好比犯下了彌天大罪。如果遇到了一個法眼明亮的人，那是絲毫也不能欺騙他；要不然就好比是把身子橫放在虎口裡，免不了要喪失生命。我試舉說一則公案給你們看看。

舉說公案：雪峰義存開示說：（一個盲人帶領一群盲人，也算不上是一件稀奇的事。）「用三個手指頭把整個大地捏在一起，也不過是像一粒小米那麼大而已。（這是什麼手段？我從來不曾故弄玄虛。）丟到你們面前，（就怕丟不下，有什麼手段？誰看不見？）你們一個個都像黑漆桶一樣，根本不能理解。（仗勢欺人，自己領出去，不要欺騙人才好。）打鼓，請大家看。」（瞎眼漢！打鼓召集軍隊。）

評唱

長慶❶問雲門：「雪峰與麼❷道，還有出頭不得處❸麼？」門云：「有。」慶云：「作麼生？」門云：「不可總作野狐精見解。」雲峰❹云：「匹上不足❺、匹下有餘❻。我更與你打葛藤！」拈拄杖❼云：「還見雪峰麼？王令稍❽嚴，不許人攙奪❾行市❿。」大溈喆⓫云：「我更與你土上加泥⓬！」拈拄杖云：「看看，雪峰老人向汝諸人面前放屙⓭。咄！為什麼屎臭氣卻不知？」

雪峰示眾云：「盡大地撮來，如粟米粒大。」古人接物利生⓮，有奇特處，只是不妨辛苦。三上投子⑮，九到洞山⑯，置漆桶木杓，到處作飯頭⑰，也只為透脫⑱此事。及至洞山作飯頭，一日洞山⑲問雪峰：「作什麼？」峰云：「淘米⑳。」山云：「淘沙去米？淘米去沙？」峰云：「沙米一齊去。」山云：「大眾喫箇什麼？」峰便覆盆。

山云：「子緣在德山」，指令見之。纔到便問：「從上宗乘㉑中事，學人還有分㉒也無㉓？」德山便打云：「道什麼？」因此有省。後在鰲山㉔，阻雪。謂巖頭㉕云：「我當時在德山棒下，如桶底脫㉖相似。」巖頭喝云：「你不見道，從門入者，不是家珍㉗，須是自己胸中流出，蓋天蓋地，方有少分相應。」雪峰忽然大悟，禮拜云：「師兄，今日始是鰲山成道㉘。」

【注釋】❶長慶　法名慧稜（西元八五四～九三二年），唐代禪僧，俗姓孫氏，杭州鹽官（治今浙江海寧西南）人。十三歲出家，後親依雪峰義存三十年，為其法嗣。住福州長慶院，達二十年之久，世稱「長慶慧稜」。❷與麼　如此；這樣。❸出頭不得處　謂蓋天蓋地、針扎不入之處。❹雲峰　法名文悅（西元九九七～一〇六二年），宋代禪僧，俗姓徐氏，洪州（治今江西南昌）人。七歲出家，後參大愚守芝，隨侍八年，嗣其法。住南嶽雲峰，世稱「雲峰文悅」，說法四十年，弟子滿天下。❺匹上不足　意謂如果作上等語，則已是犯波動水，故不足。匹，相配；相比；相當。❻匹下有餘　意謂如果作下等語，則英氣衝天，故有餘。❼拄杖　手杖；拐杖。❽稍　副詞。略微；稍微。❾攙奪　搶占；爭奪。❿行市　商店會集的所在。⓫大溈喆　法名慕喆，宋代禪僧，俗姓聞氏。臨川（今屬江西境內）人。參翠巖可真得法，住潭州（治今湖南長沙）大溈山，世稱「大溈慕喆」。⓬土上加泥　比喻增添一層癡迷、糾纏。⓭放屙　指從肛門裡排泄。⓮接物利生　接引化導世間眾生，相應其種種根機，而給予利益。⓯投子　即投子山，位於今安徽潛山，山中有投子寺。⓰洞山　位於今江西宜豐同安鄉。當地豪紳雷衡捐田三千多畝，創建普利禪寺，曹洞宗之祖洞山良价曾住此寺。⓱飯頭　禪宗寺院的職位，隸屬典座之下，掌理僧眾粥齋之人。⓲透脫　超脫；通達。⓳洞山　法名良价（西元八〇七～八六九年），唐代禪僧，曹洞宗之祖。俗姓俞氏，諸暨（今屬浙江境內）人。幼年出家，後參雲巖曇晟得法。大中（西元八四七～八五九年）末年，住洞山普利禪寺，大行禪法，世稱「洞山良价」。⓴淘米　洗米。㉑從上宗乘　指至極玄妙的禪法。㉒分　緣分；福分。㉓無　語氣助詞。用於句末，表示疑問，相當於「否」。㉔鰲山　在今湖南常德北部。㉕巖頭　法名全豁（西元八二八～八八七年），唐代禪僧，俗姓柯氏，泉州（今屬福建境內）人。是德山宣鑒的嗣法弟子，與雪峰義存為師兄弟。後住鄂州（治今湖北武漢）巖頭院，大振宗風，禪僧四集，教化四行，世稱「巖頭全豁」。㉖桶底脫　指達到大徹大悟而無絲毫疑惑的境界，猶如桶底脫落，通暢光亮。禪林常以此比喻驅除妄見，領悟禪法。㉗從門入者二句　從門外取來之物，終究不是自家的珍寶，比喻向外馳求所獲得的，並非自己本具的佛性。㉘成道　猶成佛。謂領會佛道而得證正果。

【語　譯】圜悟克勤評唱：長慶慧稜問雲門文偃：「雪峰義存這樣說，還有不得出頭的地方嗎？」雲門文偃回答說：「有。」長慶慧稜問：「請問在哪裡？」雲門文偃回答說：「不可總是抱有野狐精見解。」雲峰文悅說：「比上不足，比下有餘。我這樣對你講，更是越講越扯不清了。」他拿起手杖說：「還看見雲峰文悅嗎？王令越來越嚴厲，不允許人們在街市爭搶。」大溈慕喆說：「我又要為你們土上加泥。」他拿起手杖說：「看看雪峰老漢在你們各位面前拉屎。喂！你們為什麼連屎臭氣都聞不到呢？」

雪峰義存開示僧眾說：「用三個手指頭把整個大地捏在一起，也不過只有一粒小米那麼大而已。」從前的禪師接引學人，利益眾生，自有奇特之處，只是非常辛苦。雪峰義存三上投子山，九次行腳至洞山，準備好了漆桶木杓，到處做飯頭，也只是為了參透禪機妙理這件事。雪峰義存在洞山做飯頭時，一天，洞山良价問他：「你在幹什麼？」雪峰義存回答說：「我在淘米。」洞山良价又問：「你到底是淘沙去掉米呢？還是淘米去掉沙？」雪峰義存回答說：「沙和米一起去掉。」洞山良价再問：「那麼大家吃什麼呢？」雪峰義存便把淘米的盆子倒過來。

洞山良价說：「你的因緣在德山宣鑒那裡。」指使雪峰義存去參見德山宣鑒。雪峰義存一見德山宣鑒就問：「高不可攀的禪法與我有緣嗎？」德山宣鑒舉棒就打，反問：「你在說什麼？」雪峰義存因此而有所覺悟。後來行腳至鰲山，大雪阻道，只得住了下來。雪峰義存對巖頭全豁說：「我當時在德山宣鑒的棒打之下，就像桶底脫落一樣。」巖頭全豁大喝一聲，說：「你還沒有認識到禪法，從別人那裡得來的，總歸不是自己的珍寶。必須得從自己的胸中流出來，蓋天蓋地，才能與禪法稍微相應。」雪峰義存忽然大徹大悟，向巖頭全豁禮拜，說：「師兄，我今天才算是在鰲山成道。」

如今人只管道：「古人造作❶，今後人依規矩❷。」若恁麼道，只是謗他古人，謂之出佛身血❸。古人不似今時人苟且❹，求一言半句，以當平生❺。直是要扶豎宗教、續佛壽命，所以出一言半句，自然坐斷天下人舌頭。無你著意路❻，作情解❼，涉道理❽處。

看他此箇示眾，蓋為他曾見作家來，所以有作家鉗鎚❾。凡出一言半句，不是心機❿意識⓫，鬼窟裡作活計⓬，直是超群拔萃，坐斷古今，不容擬議⓭。看他用處⓮，盡是如此。

一日示眾云：「南山有一條鱉鼻蛇⓯，汝等諸人切須⓰好看取！」又云：「盡大地是沙門一隻眼⓱。汝等諸人向什麼處屙？」又云：「望州亭⓲與汝相見了也？

烏石嶺⑲與汝相見了也？僧堂⑳前與汝相見了也？」他尋常以這般語句示眾云。「盡大地撮來，如粟米粒大。」這箇時節，且道，以情識卜度得麼？須是打破羅籠㉑，得失是非一時放下，灑灑落落㉒，自然透得這圈繢㉓，方見他用處。且道，雪峰意在什麼處？人多錯會，作情解道：「心是萬法㉔之主，盡大地一時在我手裡。」且喜勿交涉。到這裡，須是箇真實㉕漢始得。聊㉖聞舉著，便徹骨徹髓㉗見得透，且不說情思㉘意想㉙。若是本色㉚衲子，便見他一一的當㉛為人。

【注釋】❶造作　製造；製作。❷規矩　法則。❸出佛身血　又作出佛身血罪。如傷害佛之身體以致出血者，則犯此罪，將墮無間地獄。禪宗轉指於清淨佛身中生一念之執著。佛性清淨，凡夫以愚癡無明之故，妄生執著，暗冥不明，猶如出佛身血。❹苟且　隨便；馬虎；敷衍了事。❺平生　指平素的志趣、情誼、業績等。❻著意路　執著於通常的思維、意路。在禪家看來，「著意路」妨礙禪悟。❼作情解　憑通常情理作解釋。❽涉道理　牽涉、依循知識義理。在禪家看來這與禪悟無關，且妨礙禪悟。❾鉗鎚　鐵鉗和鐵錘，本係鐵匠工具，喻指禪師啟發接引學人的峻烈手段。❿心機　指思維心理活動。⓫意識　「六識」之一，即「意根」對「法」（世間萬事萬物）的認識，指推理、判斷等心理、思維活動。禪宗典籍中的「意識」多指按通常的義理概念等所作的認識、思維活動，不符合禪家提倡的不立知解、不落情念的主張。⓬鬼窟裡作活計　指陷入俗情妄念，虛妄作為。⓭擬議　考慮；遲疑。⓮用處　用途；作用。⓯鱉鼻蛇　比喻為本來真面目。鱉，甲魚。俗稱團魚。形態與龜略同。⓰切須　務必。⓱沙門一隻眼　指禪宗僧人的智慧法眼。沙門，對僧人的稱呼。⓲望州亭　雪峰二十三景之一，在此可望見福州鼓山，故名。⓳烏石嶺　福州有烏石山。⓴僧堂　禪寺中僧眾坐禪的廳堂。㉑羅籠　籠罩；束縛；控制。㉒灑灑落落　形容毫無掛礙，毫無束縛。㉓圈繢　圈定的範圍、圈套。㉔萬法　語同「諸法」。總賅萬有事理之法。與一般所說的萬象、萬事、萬物等語相當。㉕真實　真心實意。㉖聊　略微；絲毫。㉗徹骨徹髓　徹底。㉘情思　以俗情作思考。㉙意想　指通常的思維意念活動。㉚本色　本來面目。㉛的當　的確；確實。

【語譯】現在的人只管說：「從前的禪師制定規則，教後人遵守。」如果這樣說，那就是在譭謗從前的禪師，叫做出佛身血。從前的禪師不像現在的人那樣隨隨便便，求得了一言半句，就以此作為一生的成果。他們正是要扶持佛教，延續佛教的生命，所以說出一言半句，自然要截斷天下人的舌頭，使你不可能執著通常的思路，也不可能按照俗情去理解，更沒有拘束於知識義理的地方。

看雪峰義存用這則公案開示僧眾，這是因為他曾經見過機用傑出的大禪師，所以有大禪師的手段。凡是他說出的一言半句，不是心機意識，也不是鬼窟裡弄的玩意兒，而是出類拔萃，前無古人，後無來者，沒有思考的餘地。看他用意之處，都是如此。

一天，雪峰義存對僧眾開示說：「南山有一條鱉鼻蛇，你們各位一定要好好看著。」又說：「整個大地是沙門一隻眼。你們各位到什麼地方去拉屎呢？」又說：「望州亭與你相見了嗎？烏石嶺與你相見了嗎？僧堂前與你相見了嗎？」他平常就是用這樣的語句來開示僧眾。

「用三個手指頭把整個大地捏在一起，也不過只有一粒小米那麼大。」在這個時候，你來說說看，能夠用世俗常情去解釋嗎？必須衝破束縛，得失是非一起放下，洒洒落落，自然能夠看透他所設下的圈套，也能夠看出他的用心之處。你來說說看，雪峰義存的用意在什麼地方？人們往往錯誤地理解他的用意，用世俗常情來解釋說：「心是萬物之主，整個大地全都在我手中。」這種解釋幸好與禪法沒有什麼關係。到了這個地步，必須是個真參實證的人才能理解，只要略微聽說舉示公案，就能徹骨徹髓地看得透，哪裡用得著靠世俗常情來思考。如果是認識到了本來面目的禪宗僧人，就能看出他一一接引學人的實實在在的地方。

頌

牛頭沒，（蹉過了也，閃電相似。）

馬頭回❶，（如擊石火，似閃電光。）
曹溪鏡❷裡絕塵埃❸。（打破鏡來，與你相見❹，須是得打破始得。）
打鼓看來君不見，（刺破你眼睛，莫輕未學，漆桶有什麼覓❺處？）
百花春至為誰開？（法不相饒❻，葛藤窠窟裡出頭來❼，一場❽狼藉❾不少。）

【注釋】❶牛頭沒馬頭回　指逐漸出現而又逐漸消失的物象事件。沒，隱沒；消失。❷曹溪鏡　喻指本來清淨的心性。曹溪，地名，在今廣東曲江雙峰山下。唐儀鳳二年（西元六七六年），六祖慧能住持此地寶林寺，後被視為禪宗祖庭。「曹溪」也是六祖慧能的別號。❸塵埃　污染，蒙受污穢。六祖慧能的得法偈中有「本來無一物，何處惹塵埃。」之語。❹打破鏡來　二句　不立一法謂之曹溪鏡，此語意在掃除人們的俗情妄解。❺覓　尋找；求取。❻法不相饒　意謂世間一切事物、現象不會隱藏。法，事物；現象。相饒，饒恕；寬容。這裡有隱沒義。❼葛藤窠窟裡出頭來　意謂語句優美。❽一場　表數量。猶「一回」、「一番」。❾狼藉　指多而散亂堆積。

【語　譯】雪竇重顯頌古：牛頭沒，（錯過了，像閃電一樣。）馬頭回，（像擊石起火，像閃電光。）曹溪鏡裡絕塵埃。（打破鏡子，與你相見，必須得打破鏡子才行。）打鼓看來君不見，（刺破你的眼睛，不要輕視未學，漆桶有什麼尋覓之處？）百花春至為誰開？（世間一切事物競相出現，從言語的窠臼裡鑽出頭來，一番折騰，滿地零亂。）

評唱

雪竇自然見他古人，只消向他命脈❶上一拶❷，與你頌出：「牛頭沒，馬頭回。」且道，雪竇說箇什麼？見得透者，一似早朝❸喫粥、齋時❹喫飯相似，只是尋常。雪竇慈悲，當頭❺一鎚擊碎，一句截斷，只是不妨孤峻❻，如擊石火、似閃電光，不露鋒鋩❼，無你棲泊❽處。且道，向意根❾下摸索得麼？此一句一齊道盡了也。

雪竇第二句，卻通一線道❿，略露鋒鋩，早是落草。你若向言上生言，句上生句⓫，意上生意⓬，作解會⓭，不唯帶累老僧⓮，亦乃辜負⓯雪竇。古人句⓰雖如此，意不如此，終不作道理⓱繫縛人。「曹溪鏡裡絕塵埃」，多少人只管作計較道理：「靜心便是鏡。」且喜勿交涉！雪峰分明說了也。只為人不見，所以雪竇如此郎當⓲頌出：「打鼓看來君不見」癡人⓳還見麼？更向你道：「百花春至為誰開？」可謂豁開戶牖⓴，與你一時八字㉑打開了也。及乎春來，幽谷野澗，乃至無人到處，百花競發。你且道，畢竟為誰開？

【注釋】❶命脈　簡要之處。❷拶　擊。❸早朝　早晨；早上。❹齋時　齋食之時；即自天明至正午之時。❺當頭　最初。❻孤峻　孤岸嚴正。❼鋒鋩　刀劍等銳器的刃口和尖端，比喻言詞的尖利。這裡指公案的旨意。❽棲泊　居留；停泊；寄居。❾意根　六根之一。「根」為能生之義。六根中前五根所對之境為四大（地、水、火、風）所形成的色法；意根所對之境則為心法，對法境即產生意識。❿通一線道　放開一線之道（讓人有路可循），是禪師接引學人時的方便施設。一線，形容極其細微。⓫言上生言二句　本來已有言句（公案古則），又加上評說闡釋等等，含有陷入言句、囉嗦糾纏之義。⓬意上生意指對機緣語句，按照通常意義去理解、認識和發揮，這是禪家竭力反對的作法。⓭作解會　按通常的意義、思路去理解或作出解釋。⓮老僧　圜悟克勤自稱。⓯辜負　虧負；對不住。⓰古人句　指頌古的三、四兩句。⓱作道理　使用通常的義理概念，按照通常的邏輯關係去思考或表達，稱之為「作道理」。禪家認為必須徹底擺脫這些義理概念和邏輯關係的束縛，才能獲得覺悟。⓲郎當　指禪家接引學人，言句嚕囌，不乾脆俐落。⓳癡人　愚笨或平庸之人。⓴戶牖　門窗。㉑八字　星命家以人出生的年、月、日、時，各配以天干地支，每項兩個字，合稱「八字」，據以推算人的命運。這裡謂本分消息一句就打開了。

【語　譯】圜悟克勤評唱：雪竇重顯自然看得出從前禪師的旨意，只須在他關鍵的地方一擊，為你頌出：「牛頭沒，馬頭回。」你來說說看，雪竇重顯說的是什麼意思？一個徹底覺悟了的人，就像早上吃粥、齋時吃飯一樣，只是平平常常。雪竇重顯大慈大悲，開頭一錘就把它打碎，第一句話就把它截斷，這樣的禪機顯得非常孤峻，就像擊石火、閃電光一樣稍縱即逝，不露鋒芒，叫你摸不著邊際。你來說說看，向意根下摸索能得到嗎？光這一句就把一則公案的旨意說盡了。

雪竇重顯頌古的第二句卻又露出了一些消息，略露鋒芒，已經有了言語的痕跡。你如果對他的言句評說解釋，並加以發揮，從字句上求知解，又按照世俗常情來理解，那不僅連累了我，同時也對不起雪竇重顯。從前禪師的言句看上去像是在說道理，其實他的用意並不是在說道理，所以不要被言句表達的義理概念束縛住。「曹溪鏡裡絕塵埃」，很多人只是從言句表達的義理概念上來理解，說：「靜心就是鏡。」這種說法幸好與禪法沒有什麼關係。雪峰義存分明說出來了。只是由於人們看不出，所以雪竇重顯又重複頌出：「打鼓看來君不見」愚昧無知的人還看得出來嗎？雪竇重顯又進一步對你說：「百花春至為誰開？」這真稱得上是敞開門窗說亮話，把你的命運全說得一清二楚。當春天到來之時，幽靜的山谷，曠野的溪流，以至於沒人去的地方，百花競開。你來說說看，到底是為誰開呢？

【說　明】雪峰義存說：「沙米一齊去。」這話說得多麼淋漓痛快，可是光顧灑脫，就不能濟度眾生了。「大眾喫箇什麼？」洞山良价認真地提醒他。但雪峰義存不能理解，一任禪機，做出了「覆盆」的舉動。只是禪機並非禪。在以行持綿密、潛心行用為宗門家風的洞山良价看來，雪峰義存的機鋒更適合德山宣鑒的宗風，便指示他到德山宣鑒那裡去參禪。洞山良价關切之餘，也毫不客氣地否定了雪峰義存的禪機。

雪竇重顯頌古的意思是說整個大地像可怕的牛頭鬼，剛剛隱去；又冒出了一粒粟米，它像恐怖的馬頭鬼一樣。人們被各種現象和觀念所糾纏，其實在本來清淨無垢的心性當中根本就沒有什麼牛頭、馬頭之類的塵埃，也沒有大地與粟米之類的分別。即使擊鼓把你們叫到一起，你們也看不到這一層。春天來臨，百花盛開，到底為誰而開呢？

其實這不是為誰開，而是超越自我的一個真實的世界，是主觀客觀絕對不二的妙境。在此妙境中漫遊，就能得到禪的妙趣。

第六則 雲門好日

【題解】這則公案是雲門文偃在自問自答之中，表現截斷差別妄想的佛法真髓。其中「十五日」不是指特定的日子，雲門文偃想借此掃除參學者對於「十五」等數字所代表的千差萬別妄想；凡大小、長短、方圓、迷悟、凡聖等相對概念，都是差別，故知道對於時間的劃分，也是凡夫的劃地自限與妄想分別而已。中國自古即習慣用陰陽五行、天干地支等來判定吉凶禍福，實則日由東方出，月有盈虛時，萬古如一日，本無好歹之分。故雲門文偃謂「日日是好日」，每日皆為舉揚佛法、修行辦道之吉辰；意在截斷參學者的差別妄想，揭示修行須在當前時刻。

舉

雲門大師垂語❶云：「十五日已前❷，不問汝；（半河南半河北❸，這裡不收舊曆日❹。）十五日已後❺，道將❻一句來！」（不免從朝至暮，切忌來日❼十六，日月易流！）

自代❽云：「日日是好日❾。」（收。蝦跳不出斗❿，誰家無明月清風⓫？）

【注釋】❶垂語　即示眾，垂示，禪師對僧眾開示法要。❷十五日已前　喻指悟道以前。❸半河南半河北　意謂斷前後際，故不落著兩邊。❹曆日　曆書；日曆。❺十五日已後　喻指悟道以後。❻將　助詞，放在動詞後。❼來日　明日；次日。❽自代　即代語，禪師說法的形式，有兩種，一種為代面前的僧人下語，禪師提問，僧人不能應對，禪師自己代擬答語；另一種為不在面前的僧人（包括古人）下語，舉出公案，其中無應對語，禪師代擬對語。❾日日是好日　意謂日日皆為舉揚禪法的吉辰，好日為吉辰之意。❿斗　量器。⓫明月清風　比喻超塵脫俗的狀態。這裡指人人本來就具備的佛性。

【語　譯】舉說公案：雲門文偃大師對僧眾開示說：「十五日以前的事情，我就不再問你們了；（一半河南，一半河北，這裡不收舊日曆。）十五日以後的事情，請你們說一句來聽聽！」（不免從早到晚，千萬不要說明天是十六，日月易逝。）過了一會兒，雲門文偃代僧眾回答說：「日日是好日。」（收。蝦跳不出斗外，誰家無明月清風。）

評唱

雲門大師初參睦州❶，他家旋機電卷❷，直是難為湊泊。尋常接人，纔跨門，便搊❸住云：「道道。」擬議，乃推出云：「秦時𨍏轢鑽❹。」

雲門凡去見，至第三回，纔敲門，州云：「誰？」門云：「文偃。」纔開門，便跳入。州搊住云：「道道。」門擬議，便被推出。門一足在門閫❺內，被州急合門，拶❻折雲門腳。門忍痛作聲，忽然大悟。雲門後來凡出語言，一似睦州。後於陳操尚書❼宅，住三年。

睦州指往雪峰，到彼，出眾❽便問：「如何是佛？」峰云：「莫寐語❾。」

門便禮拜，服勤⑩三年。一日，雪峰問：「子近日見處⑪如何？」對云：「某見處與從上⑫諸聖不移易⑬一絲毫。」

靈樹和尚⑭二十年不請首座。忽一日令擊鐘，三門⑮外接首座。眾皆訝之，果是雲門至，便請入首座寮⑯解包。

一日，廣主劉王⑰將興兵，躬⑱入院，請師決臧否⑲。靈樹已先知，怡然⑳坐化㉑。廣主怒曰：「和尚何時得疾？」侍者㉒對曰：「師不曾有疾。適封一合子，令俟㉓王來呈㉔之。」廣主開合，得一帖子㉕，云：「人天眼目㉖，堂㉗中首座。」廣主悟旨，遂寢兵㉘，便請雲門出世㉙住靈樹，後來方住雲門㉚。

【注釋】❶睦州　法名道明，唐代禪僧，俗姓陳氏。目有重瞳，面列七星，形象奇特，世稱「陳尊宿」。參黃檗希運得法，住睦州（治今浙江建德）開元寺，世稱「睦州道明」。學者叩問，隨問隨答，言句險峻。❷旋機電卷　禪師為適應修行者的根機及能力，變化其接引方法，稱為「旋機電轉」。旋機是古代的天文觀測儀器，以其隨星之運行而回轉得名。❸搊　抓；揪。❹秦時輹轢鑽　「輹轢鑽」是一種需要用車拉轉以使其鑽物的大錐。秦始皇建阿房宮時曾造過這種大錐。此後該大錐已無用。禪林遂以「秦時輹轢鑽」比喻無用之人。輹，轉。❺門閫　門檻。❻拶　軋；擠。❼陳操尚書　曾任睦州刺史，是睦州道明的嗣法弟子。❽出眾　走出僧眾行列，是向禪師提問或回答禪師問題之前的動作。❾寐語　說夢話，胡說。❿服勤　謂服持職事勤勞。⓫見處　對禪法的認識、見解。⓬從上　從前；以前。⓭移易　移動改變。⓮靈樹和尚　法名如敏（西元？～九二〇年），五代禪僧，閩川人。黃檗希運的嗣法弟子，住韶州（治今廣東韶關）靈樹禪院。善占卜，南漢諸主常迎其入宮決疑難事。圓寂後謚號「靈樹禪師」。⓯三門　寺院大門。⓰寮　寺院中的僧人宿舍。⓱廣主劉王　即劉龑（西元八八九～九四二年），五代十國時南漢的建立者。上蔡（今屬河南境內）人。貞明三年（西元九一七年），即帝位於廣州，國號大越，次年改國號為漢。他生性殘暴，喜殺人，弄酷刑，又好奢侈，民心多怨之。⑱躬　親自；親身。⑲臧否　善惡；得失。⑳怡然　安適自在貌；喜悅貌。㉑坐化　端坐時遷化。㉒侍者　指隨侍師父之側，聽從其令，予以服侍者。㉓俟　等待。㉔呈　送上；呈報。㉕帖子　名帖；名片。㉖人天眼目　人類及天界一切眾生眼目之意。㉗堂　即殿堂。指供安置佛像、講經或修行等用途的建築物。㉘寢兵　息兵；停止戰爭。㉙出世　禪師出任寺院住持。㉚雲門　即雲門山，位於廣東曲江東北。雲門文偃住此山，建立新堂，號光泰禪院。後改稱雲門寺。

【語　譯】圓悟克勤評唱：雲門文偃第一次去參訪睦州道明，不料睦州道明的機鋒變化多端，真是叫人摸不著頭腦。睦州道明平常接引學人時總是這樣，只要你一進門，他就一把揪住你說：「快說，快說。」參禪者稍有遲疑，就被他推出門去，說：「像秦朝的大錐一樣無用。」

雲門文偃先去了兩次都不敢進去，到第三次去時才敢敲門，睦州道明問：「誰？」雲門文偃回答說：「文偃。」睦州道明一開門，雲門文偃就跳進屋裡。睦州道明一把揪住他說：「快說，快說。」雲門文偃稍有遲疑，就被睦州道明推了出去。雲門文偃的一隻腳還在門檻內，睦州道明連忙把門關上，擠傷了雲門文偃的一隻腳。雲門文偃忍住疼痛，叫了一聲，突然大徹大悟。雲門文偃後來凡是為僧眾說法，其風格就像睦州道明一樣。悟道後的雲門文偃在陳操尚書家裡住了三年。

睦州道明叫雲門文偃去參訪雪峰義存。雲門文偃到了那裡，上堂時，從僧眾中站出來問：「什麼是佛？」雪峰義存說：「大白天不要說夢話。」雲門文偃於是禮拜，在雪峰義存這裡做了三年雜務。一天，雪峰義存問：「你近來有什麼見解？」雲門文偃回答說：「我的見解與以往各位祖師的見解一模一樣。」

靈樹和尚二十年來從未請人擔任過首座。一天，忽然下令敲鐘，要僧眾到寺院大門外去迎接首座。僧眾都非常驚奇，一看，原來是雲門文偃，於是請他到首座寮，幫他解下行包。

一天，南漢國王劉龑準備採取軍事行動，親自來到靈樹院，請靈樹和尚判斷吉凶。靈樹和尚已預先知道此事，於是安詳地圓寂了。南漢國王龍顏大怒，說：「和尚什麼時候生過病？」侍者回答說：「師父從未生過病，剛才還封了一個盒子，叫我等國王到來之時送上來。」南漢國王打開盒子，拿出一張名帖，上面寫著：「人天眼目，堂中首座。」南漢國王明白了靈樹和尚的用意，於是停止軍事行動，請雲門文偃出任靈樹院住持。雲門文偃後來又去住持雲門山。

師開堂說法，有鞠常侍❶致問：「靈樹果子熟也未？」門云：「什麼年中，得信道生❷？」復引劉王昔為賣香客等因緣❸。劉王後諡❹靈樹為「知聖禪師」。一日劉王詔師入內❺過夏❻，共數人尊宿❼，皆受內人❽問訊說話，唯師一人不言，亦無人親近❾。有一內官❿，作一偈⓫貼於殿上云：「大智⓬修行始是禪，禪門宜默不宜喧⓭；萬般⓮巧說⓯爭如實⓰，輸卻雲門總不言。」

雲門尋常愛說三字禪⓱：「顧、鑑、咦」，又說一字禪⓲。僧問：「殺父殺母⓳，佛前懺悔⓴；殺佛殺祖㉑，向什麼處懺悔？」門云：「露㉒。」又問：「如何是正法眼藏㉓？」門云：「普㉔。」直是不容擬議。到平鋪㉕處，又卻罵人。若下一句語，如鐵橛子相似。

後出四哲，乃洞山初㉖、智門寬㉗、德山密㉘、香林遠㉙，皆為大宗師㉚。初，香林在雲門時，為侍者十八年，門日日只叫「侍者」，侍者應之。一日，忽然省得。門云：「我今後更不叫汝。」雲門尋常接人，多用睦州手段，只是難為湊泊，有抽釘拔楔底鉗鎚。雪竇道：「我愛韶陽老人㉛新定機㉜，一生為人抽釘拔楔。」更垂一箇問頭㉝，示眾云：「十五日已前，不問汝；十五日已後，道將一句來！」坐斷千差㉞、不通凡聖㉟。卻自代云：「日日是好日。」且不道明日是十六日，後人只管隨語生解，有什麼交涉？他雲門立箇宗風㊱，須有箇為人處。垂語了，卻自代云：「日日是好日。」這一句語，十五日已前坐斷，十五日已後也坐斷。通古貫今㊲，從前至後，一時坐斷。

山僧如此說話，也是隨語生解㊳。他殺不如自殺㊴，要見古人意旨，看雪竇打葛藤頌出。

【注　釋】❶常侍　官名。皇帝的侍從近臣。❷得信道生　意謂本不屬陰陽種，豈論生熟。信道，知道；料知。❸復引劉王昔為賣香客等因緣　靈樹和尚曾對雲門文偃說：「佛在世時，劉王為賣香客，我與汝亦為佛弟子，修諸善業，悟道得通時，我買劉王香，供養佛。」❹謚　古代帝王、貴族、大臣、士大夫或其他有地位的人死後，據其生前業跡評定的帶有褒貶意義的稱號。亦指按上述情況評定這種稱號。❺內　帝王所居之處；皇宮。❻過夏　從農曆四月十五日至七月十五日，佛教徒集中在寺院內修習，此間不允許外出行腳，稱為「過夏」。❼尊宿　對年高德重禪師的尊稱。❽內人　古代泛指妻妾。亦指宮女。❾親近　親密接近。❿內官　指國君左右的親近臣僚。⓫偈　佛家常用詩體，一般每首四句，每句字數相等。⓬大智　大智慧的人，指雲門文偃。⓭宜默不宜喧　指禪法應遠離言說。喧，嘈雜吵鬧。⓮萬般　總括之詞。謂各種各樣。⓯巧說　即巧方便說，謂菩薩善巧方便，隨順各類機宜而說一切法，令人皆得通解。⓰實　指「實際理地」，表示超越斷絕一切差別妄見的平等一如的世界，或真實究竟的境地。⓱三字禪　雲門文偃接引學人時，常用「顧、鑑、咦」三字說破禪旨。顧，謂自我反省。

鑑，謂自我鑑戒。咦，謂言詮不及、意路不到而領略到玄旨，亦指超絕一切，於孤峰頂上宴坐自適之境界。⑱一字禪　雲門文偃接引學人時，常用一個字，突然截斷言語糾纏，使問者斷絕轉機，無可用心，從而有可能於困頓滯塞之中，猛地躍入悟境，禪林稱之為「一字禪」。⑲殺父殺母　小乘佛教五逆罪之一。在《臨濟錄》中，以父母喻無明、貪愛，殺父殺母即絕滅一切執著之意。⑳懺悔　謂悔謝罪過以請求諒解。㉑殺佛殺祖　指超越對佛祖的執著，達到自身即究盡十方世界的境地。殺，指破除執著。殺佛，意即打破對佛祖的執著，或指先無自身為佛的意識，才能自成真佛。㉒露　顯露之意。引申為表示諸法全體現前的相狀。此外，亦為禪宗慣用的舉喝之語，表示目前分明顯然的事理，多用於引導、法語等場合。㉓正法眼藏　禪家所稱的教外別傳的心印，即禪宗玄旨。意謂依徹見真理的智慧眼（正法眼），透見萬德祕藏之法（藏）。㉔普　遍界曾現之意。㉕平鋪　平穩鋪設。㉖洞山初　法名守初（西元九一〇～九九〇年），宋代禪僧，鳳翔（今屬陝西境內）人，俗姓傅氏。十六歲出家，後參雲門文偃得法。行腳至襄樊，眾請住洞山，學僧薈集，聲譽頓起，世稱「洞山守初」。㉗智門寬　法名師寬，五代禪僧，參雲門文偃得法。住隨州（治今湖北隨縣）雙泉山，門下常達數百人，得人之盛，自馬祖道一以來，無人可比。㉘德山密　法名緣密，宋代禪僧，雲門文偃的嗣法弟子，住鼎州（治今湖南常德）德山，世稱「德山緣密」。㉙香林遠　法名澄遠（西元九〇八～九八七年），宋代禪僧，俗姓上官氏，綿竹（今屬四川境內）人。侍奉雲門文偃左右達十八年之久。後住青城山香林院，世稱「香林澄遠」，弘揚雲門宗風，說法二十餘年。㉚大宗師　大禪師。㉛韶陽老人　即雲門文偃，因雲門山在韶州，故有此稱。㉜新定機　謂不循舊轍，以嶄新靈機接人。㉝問頭　問題。㉞坐斷千差　截除種種差別，意謂不以分別心來看待萬事萬物。㉟凡聖　謂凡夫與聖者。佛家小乘初果以上，大乘初地以上，皆為聖者；自此而下，未斷惑證理之人，皆是凡夫。㊱宗風　禪宗各宗派的宗旨、風格、特色。㊲通古貫今　通，通曉。貫，貫通。㊳隨語生解　自責而出其過，使他人知道悟道不在語句上。㊴他殺不如自殺　意謂與其告誡他人還不如告誡自己。

【語　譯】一天雲門文偃開堂說法，有一位鞠常侍前來問道：「靈樹的果子熟了沒有？」雲門文偃反問：「什麼時候你知道它是生的？」又引述靈樹和尚說過南漢國王曾做過賣香客的因緣。南漢國王後來追諡靈樹和尚為「知聖禪師」。一天，南漢國王詔請雲門文偃入王宮過夏安居，同時被邀請的還有其他幾位高僧。這幾位高僧都受到國王眷屬的垂青，被她們圍著問長問短。只有雲門文偃一言不發，也沒有人和他說話。有一位王宮官員作了一首偈，貼在殿上：「大智修行始是禪，禪門宜默不宜喧；萬般巧說爭如實，輸卻雲門總不言。」

雲門文偃平常愛說三字禪：「顧、鑑、咦」，又說一字禪。有僧人問：「一個人殺父殺母，可以在佛像前懺悔；如果殺佛殺祖，到什麼地方去懺悔？」雲門文偃回答說：「露。」僧人又問：「什麼是正法眼藏？」雲門文偃回答說：「普。」真是直截了當。到了平淡無奇的地方，又往往罵人。如果下一句機語，常常就像鐵棒一樣無處下嘴。

在雲門文偃的弟子當中，後來出了四位傑出的人才，他們是洞山守初、智門師寬、德山緣密、香林澄遠，都是赫赫有名的大禪師。當初，香林澄遠在雲門文偃那裡做了十八年的侍者，雲門文偃天天只是叫「侍者」，香林澄遠立即答應。一天，他突然在應答聲中覺悟了。雲門文偃說：「我以後再也不叫你了。」雲門文偃平常接引學人，大多採用睦州道明的手段，往往使人摸不著頭腦。雲門文偃還有抽釘拔楔的手段。雪竇重顯說：「我喜歡雲門文偃嶄新的機法，一輩子為人們解除妄想疑惑，擺脫俗情迷障。」

雲門文偃還留下一個問題，他開示僧眾說：「十五日以前的事，不問你們了；十五日以後的事情，請說一句來聽聽！」要理解這句話的用意，就必須斷除世間種種事物之間的差別，更沒有凡夫與聖人之間的差別。雲門文偃代僧眾回答說：「日日是好日。」且不說明日是十六日，後人只顧望文生義，與禪法有什麼關係？雲門文偃建立自己的宗風，必須有自己的個性。開示僧眾之後，又自己代僧眾回答：「日日是好日。」這一句話，十五日以前斷除了千差萬別的現象，十五日以後千差萬別的現象也斷除了。從古到今，從前到後，一起截斷。

我這樣說話，也是望文生義。與其殺他人還不如殺自己，要認識從前禪師的用意，請看雪竇重顯用言句頌出。

頌

去卻一❶，（七穿八穴❷，向什麼處去？放過一著！）

拈得七。（拈不出，卻不放過。）

上下四維❸無等匹❹。（何似生？上是天，下是地，東南西北與四維，有什麼等匹？又爭奈拄杖子在我手裡？）

徐行踏斷流水聲❺，（莫向腳跟下❻，葛藤窠裡去也，難為體究❼。）

縱觀❽寫出飛禽跡。（眼裡亦無此消息，做這野狐精見解，依舊只在窠窟裡。）

草茸茸❾，（腦後拔箭❿，是什麼消息？生在太平實⓫地。）

煙冪冪⓬，（未出這窠窟⓭，足下雲生⓮。）

空生⓯巖畔花狼藉。（好事不如無。）

彈指⓰堪悲⓱舜若多⓲。（四方八面盡法界⓳，向舜若多鼻孔裡道將一句來。）

莫動著⓴，（前言何在，動著時如何？）

動著三十棒！（自領出去，便打！）

【注釋】❶去卻一　意謂截斷根源，一法也不立。❷七穿八穴　形容悟道透徹明白，運用通暢無礙。穴，穿透。❸四維指四方。❹匹　匹敵；對手。❺徐行踏斷流水聲　意謂大包萬有，細出無形，以此踏斷流水聲。徐行，緩慢前行。❻腳跟下喻指目前眼下，本人身邊。禪家認為，微妙禪法就在目前，就在身邊。❼體究　體會思考。❽縱觀　隨意觀看。❾茸茸　柔細濃密貌。❿腦後拔箭　意謂雪竇重顯的頌古轉折自在，點明公案旨意像腦後拔箭一樣百發百中。⓫平實　平穩踏實；平易踏實。⓬冪冪　濃密貌。⓭未出這窠窟　意謂與前一句語意相同。⓮足下雲生　謂隨心所欲，從足下生雲，乘雲飛行，海闊天空而暢通無阻。禪林轉指禪宗僧人修行而得自由自在的境界。⑮空生　即須菩提，釋迦牟尼的十大弟子之一，善解空理，被譽為「解空第一」。⑯彈指　撚彈手指作聲。用以表示情緒激越等含義。佛家多以喻時間短暫。⑰堪悲　可悲。⑱舜若多　即舜若多神，為天空之神。⑲法界　萬事萬物的本源和本性。⑳動著　原為動搖之意。這裡指心搖動不定，起妄想。

【語　譯】雪竇重顯頌古：去卻一，（七通八達，到什麼地方去？放過一著！）拈得七。（拈不出，卻不放過。）上下四維無等匹。（像什麼？上是天，下是地，東南西北是四維，有什麼等匹？又怎奈拄杖在我手裡。）徐行踏斷流水聲，（莫向腳跟下，也不要走進言語的窠臼裡，這樣難以體察思索。）縱觀寫出飛禽跡。（眼睛裡也沒有這消息，做出這種野狐精見解，仍舊只在前面的窠窟裡轉。）草茸茸，（腦後拔箭，這是什麼消息？生在非常平穩踏實的地方。）煙冪冪，（未出這窠窟，足下雲生。）空生巖畔花狼藉。（好事還不如沒有。）彈指堪悲舜若多。（四面八方盡法界，向舜若多神鼻孔裡說一句話來聽聽。）莫動著，（前言何在，心動的時候怎麼辦？）動著三十棒！（自己領出去，便打！）

評唱

「去卻一，拈得七。」雪竇頌，偏愛如此。當頭以金剛王寶劍❶揮一下，然後略露些子風規❷。雖然如此，畢竟無有二解。「去卻一，拈得七。」人多作算數會，道：「去卻一，是十五日已前事。」雪竇驀頭下兩句語，印破❸了也，卻去露些子出，教你見。「去卻一，拈得七。」切忌向言下作活計❹。何故？胡餅有什麼汁❺？人多落在意識中❻，須是向語句未生以前會取始得。大用現前，自然見得。所以釋迦老子❼成道❽後，於摩竭提國❾，三七日中❿，思惟⓫如是⓬事：

「諸法寂滅相⑬，不可以言宣；我寧不說法，疾⑭入於涅槃⑮。」到這裡，直是無下口處，以此方便⑯故，為五比丘⑰說已。至三百六十會⑱，說一代時教，只是方便。所以道，脫珍御服⑲、著弊垢衣⑳，不得已而向第二義門，淺近之處，誘引㉑諸子。若教他向上全提㉒，盡大地無一箇半箇。

且道，作麼生是第一句㉓？到這裡，雪竇露此意教人見。你但上不見有諸佛，下不見有眾生㉔，外不見有山河大地，內不見有見聞覺知㉕，如大死底人，卻活相似。好惡㉖長短是非，都打成一片，一一拈來，更無異見，然後應用不失其宜，方見他道：「去卻一，拈得七。上下四維無等匹。」若向此句透得，直是「上下四維無等匹」，森羅萬象，草芥㉗人畜，物物全彰㉘自己家風。所以道：「萬象之中獨露身㉙，惟人自肯乃方親㉚；昔年謬向途中覓㉛，今日看來火裡冰㉜。」天上天下，唯我獨尊㉝。人多逐末，不求其本。先得本正，自然風行草偃㉞，水到渠成㉟。「徐行踏斷流水聲」，徐行動時，浩浩㊱水流聲，也應踏斷。「縱觀寫出飛禽跡」，縱目㊲一觀，直饒是飛禽跡，亦如寫出相似。到這裡，鑊湯爐炭㊳吹教滅，劍樹刀山㊴喝便摧，不為難事。

【注　釋】❶金剛王寶劍　極其堅硬鋒利的寶劍。多喻指參禪獲得覺悟，禪機運用自在，毫無障礙。❷風規　風格、規矩。謂掃蕩之後，再露些面目。❸印破　謂以首句截斷了根源。❹作活計　本意為謀生而幹活，禪宗比喻依循俗情，妄解妄作。❺胡餅有什麼汁　意謂禪法不在言句上，就像胡餅無汁一樣。胡餅，猶今之燒餅。一種塗以香油，嵌入芝麻，爐中烘烤的麵餅，其製法從胡地傳來，故稱。❻人多落在意識中　謂多以識心計度。❼釋迦老子　指釋迦牟尼佛。老子，老漢。❽成道　猶成佛。謂領會佛道而得證正果。❾摩竭提國　是佛祖釋迦牟尼住世時印度十六大國之一，位於南比哈爾地方，以巴瑞特、佛陀伽耶為其中心。該國與佛教的關係甚深。❿三七日中　據《法華經》記載：釋迦牟尼成道後三七日中不說法。三七日，謂二十一日。⓫思惟　思量。⓬如是　像這樣。⓭諸法寂滅相　謂諸法原本之體性，乃言語所不能盡，亦非思慮分別所能知。⓮疾　快速；急速。⓯涅槃　指燃燒煩惱之火滅盡，完成悟智（即菩提）之境地。此乃超越生死（迷界）之悟界，亦為佛教終極之實踐目的。⓰方便　根據學人不同根器，特別是對中下根器者，靈活採用各種接引方法，佛家稱之為「方便」。⓱五比丘　指釋迦牟尼成道後，初轉法輪所度化的五位比丘。⓲三百六十會　形容佛祖釋迦牟尼一生說法的法會之多。⓳御服　帝王所用的衣服。⓴弊垢衣　用五色碎段重重縫補之衣。即因朽壞而經修補綴的法衣。㉑誘引　誘導；勸導。㉒向上全提　謂對於微妙至極禪法的完全徹底的提示。㉓第一句　指表達玄妙禪義的語句。禪家所說的「第一句」實為不可用語言文字表述的所謂宗門妙語。㉔眾生　佛教將人及一切有情識的生物（如牛、馬等）統稱為「眾生」。㉕見聞覺知　乃心識接觸外境的總稱。即眼識之用為見，耳識之用為聞，鼻舌身三識之用為覺，意識之用為知。㉖好惡　喜好與嫌惡。㉗芥　小草。㉘彰　顯揚；表彰。㉙獨露身　指自性。㉚惟人自肯乃方親　意謂禪法佛祖不傳。自肯，自我覺悟。親，指與禪法協合相應。㉛昔年謬向途中覓　指從語言文字中尋找禪法。㉜今日看來火裡冰　意謂由此可知從言句中尋求禪法虛而不實，了不可得。㉝天上天下二句　傳說佛祖釋迦牟尼出生時便作此語。禪宗使用此語，含有自心是佛，自我為主的寓意。㉞風行草偃　風吹動，草倒伏，喻指事件或行為的順利進行、自然發展。㉟水到渠成　比喻順著自然趨勢，條件成熟，事情自然會成功。㊱浩浩　水盛大貌。㊲縱目　放眼遠望。㊳鑊湯爐炭　佛教神話中的地獄酷刑。鑊，大鍋。湯，熱水；沸水。㊴劍樹刀山　佛教神話中的地獄酷刑。

【語　譯】圜悟克勤評唱：「去卻一，拈得七。」雪竇重顯的頌古，偏偏喜歡這樣。開頭用金剛王寶劍揮舞一下，然後略微露出一些鋒芒。儘管這樣，畢竟沒有兩樣解釋。「去卻一，拈得七。」人們大多把它作為算術來理解，說：「去卻一，是十五日以前的事情。」雪竇重顯當頭說這兩句話，印破了，卻又露出了一點兒消息來，教你去參透。「去卻一，拈得七。」千萬不要從字面上去理解。為什麼這樣說呢？胡餅有什麼水汁？人們大多落在意識之中求妄解，其實應該從言句出現以前的旨意中去理解才對。當大機大用的禪法出現在眼前的時候，自然能認識到。所以釋迦牟尼老漢成道之後，在摩竭提國花了二十一天的時間來思考這樣的事：「諸法寂滅相，不可以言宣；我寧不說法，疾入於涅槃。」到了這裡，真是沒有開口說話的地方，只能權宜方便地為五位比丘說法。以後說法的場所越來越多，據說有三百六十次法會。釋迦牟尼說的所有教義，也只是方便說法而已。所以說，佛祖釋迦牟尼脫去珍貴的御服，穿上弊垢衣，不得已而向第二義門、淺近之處，對弟子們循循善誘。如果要向他們傳授至極玄奧的禪法，那麼整個大地也找不出一個半個可以接受禪法的弟子來。

你來說說看，到底什麼是第一句？雪竇重顯在這裡露了一些旨意教人們去認識。你只要做到上不見有諸佛，下不見有眾生，外不見有山河大地，內不見有見聞覺知，像一個大死的人，卻又活著一樣。好惡、長短、是非，打成一片，一一拿來，更沒有不同的見解，然後應用又沒有不得當的地方，才能認識到他說「去卻一，拈得七。上下四維無等匹。」的用意。如果參透了這句，那真是「上下四維無等匹」，天地間的森羅萬象，草芥人畜，一切事物都顯示自己的特色。所以說：「萬象之中獨露身，惟人自肯乃方親；昔年謬向途中覓，今日看來火裡冰。」天上天下，唯我獨尊。人們大多追求一些枝節小事，而不知道尋求解決自己的本分大事。首先解決了自己的本分大事，自然大風吹來草倒伏，水到渠成。「徐行踏斷流水聲」，慢慢地散步，滔滔流水的聲音也應該踏斷。「縱觀寫出飛禽跡」，放眼望去，即使是飛鳥的蹤跡，也像寫出來一樣。到了這個境界，即使是面對大鍋裡的熱水，爐中的炭火，也能一吹就滅；即使是面對像劍一樣的樹，佈滿尖刀的高山，也能一喝就倒。這都算不上是什麼難事。

雪竇到這裡，慈悲之故，恐人坐在無事界裡，復道：「草茸茸，煙冪冪。」

所以蓋覆❶卻，直得❷「草茸茸，煙冪冪。」且道，是什麼人境界❸，喚作「日日是好日」得麼？且喜勿交涉。直得「徐行」也不是，「縱觀」也不是，「草茸茸，煙羃羃」也未在。直饒總不恁麼，正是「空生巖畔花狼藉」，也須是過那邊始得。如須菩提避喧求靜，入巖中宴坐❹。天帝釋❺雨花，讚歎須菩提云：「我重尊者❻善說般若❼。」須菩提云：「我於般若，未嘗說一字！」帝釋云：「尊者無說，我乃無聞，無說無聞，是真說般若。」雪竇拈此話亦有頌：「雨過雲凝曉❽半開，數峰如畫碧❾崔嵬❿；空生不解巖中坐，惹⓫得天花⓬動地⓭來。」到這裡，藏去那裡？雪竇又道：「我恐逃之逃不得，大方⓮無外皆充塞；茫茫⓯擾擾⓰知何極⓱？八面香風惹衣裓⓲。」直得⓳淨裸裸、赤洒洒⓴，都無纖毫㉑過患㉒，也未為極則㉓。畢竟如何即是？「彈指堪悲舜若多」，此是梵語㉔，舜若多為虛空㉕神。以虛空為體、無身覺觸㉖，得佛光㉗照，方現得身㉘。你若得似舜若多時，雪竇正好彈指悲歎。又道：「莫動著，動著三十棒！」不得動著時如何？青天白日，開眼瞌睡㉙。

【注釋】❶蓋覆　覆蓋；遮蓋。這裡指雪竇重顯恐怕人們坐在無事界中，故用「草茸茸，煙羃羃」覆蓋前面的話，使人們不執著思路。❷直得　表示前面的動作、行為和情況造成某種結果，相當於「弄得」、「以至」。❸境界　境況；情景。❹宴坐　安身正坐之意，指坐禪。❺天帝釋　佛祖釋迦牟尼的守護神。❻尊者　指具足智慧與德行，得受尊敬之人。❼般若　梵語音譯詞，意為智慧。具此智慧方可成佛，方可到達解脫的彼岸。❽曉　明亮。特指天亮。❾碧　青綠色。❿崔嵬　高聳貌；高大貌。⓫惹　招引；挑起。⓬天花　天界仙花。⓭動地　震撼大地。⓮大方　大地；世界。⓯茫茫　廣大而遼闊。⓰擾擾　紛亂貌；煩亂貌。⓱何極　用反問的語氣表示沒有窮盡、終極。⓲衣裓　衣襟。亦指僧衣。又指佛教徒掛在肩上的長方形布袋，用於拭手和盛物。⓳直得　表示假設，相當於「即使」、「假如」。⓴淨裸裸赤洒洒　指放下萬事，身心脫落，天真獨朗，無纖毫情塵之貌。㉑纖毫　極其細微。㉒過患　禍患；不良的後果。㉓極則　猶言最高準則。㉔梵語　古印度的標準語文。中國、日本依據此語由梵天創造的傳說，稱之為梵語。㉕虛空　天空；空中。㉖觸　指身根感覺的對象。㉗佛光　佛的光明。㉘現得身　謂神、佛、菩薩顯出種種身形。㉙開眼瞌睡　張著眼睛卻如同瞌睡，比喻糊塗癡迷。

【語　譯】雪竇重顯頌到這裡，由於慈悲心切，恐怕人們陷入「無事」的境界之中，又說：「草茸茸，煙冪冪。」為了覆蓋這「無事」的境界，所以要「草茸茸，煙冪冪。」你來說說看，這是什麼人的境界，叫它做「日日是好日」可以嗎？幸好與禪法沒有什麼關係。弄得「徐行」也不是，「縱觀」也不是，「草茸茸，煙冪冪」也不在。即使都不是這樣，那正是「空生巖畔花狼藉」，也必須得走過那邊才行。像須菩提避開喧鬧之處，尋求清靜之地，進入岩洞之中靜坐。天帝釋撒下鮮花，讚賞須菩提說：「我推崇尊者善於闡說般若。」須菩提說：「我對於般若從未說過一字！」天帝釋說：「尊者沒說，我也沒聽，沒說沒聽，是真說般若。」雪竇重顯拈此話頭亦有頌：「雨過雲凝曉半開，數峰如畫碧崔嵬；空生不解巖中坐，惹得天花動地來。」天帝釋在這裡撒落的鮮花藏到哪裡去了呢？雪竇重顯又說：「我恐逃之逃不得，大方無外皆充塞；茫茫擾擾知何極？八面香風惹衣裓。」即使是一絲不掛赤條條，點塵不著潔白白，全無絲毫後患，也算不上是至高無上的境界。到底怎樣做才對呢？「彈指堪悲舜若多」，這是梵語，舜若多是天空之神。他以天空為體，無身覺觸，受佛光照耀才顯現身子。你如果像舜若多神一樣時，雪竇重顯正好彈指悲歎。又說：「莫動著，動著三十棒！」不能動著時又怎樣呢？我看你們是在青天白日之下睜著眼睛打瞌睡。

【說　明】在雲門文偃的眼中，日日是好日，每時每刻都不可虛度，在任何境遇中都保持著快樂的身心。但在日常生活中，卻有很多不如意的事，似乎這種「日日是好日」只是一種夢想。不過，只要進入了完全去除區別心、執著心的清靜境界，每天高興時高興、享受時享受、悲傷時悲傷、痛苦時痛苦，而且不受這些事的束縛，更不會為這些事煩惱，即可說「日日是好日」了。

雲門文偃這句話的意思是說，悟道以後的效果是日日是好日，但這並不表示每天是晴天的好日子，有時也會下雨颳風，只要下雨時下雨、颳風時颳風，這就是好日子了；人生旅途上有喜有悲，但只要傷心時傷心、高興時高興，在這種狀態下生活，就是「日日是好日」。如果傷心時抑止自己傷心，該高興時不高興，在這種心態下，會產生執著，變成煩惱。

雪竇重顯頌古的意思是說：去掉一，得到七，就是多，多就是森羅萬象。慢慢走可踏斷水流聲，而飛禽的行跡卻是虛空。生活是美好的，本體的生存是絕對真實的，因此「日日是好日」。但不要迷執妄想，否則會挨三十大棒。

第七則　慧超問佛

【題解】法眼宗禪師接引學人的特點為「先利濟」，即隨順參學者的根機，懇切提撕，接化自在。這則公案可見一斑。佛即如實一致，佛即你「自己」，全體無分別，正如你是慧超。任何人都不應把「自己」與佛分別看待，若切實打破人與佛的名相差別，迥超我相，當下即見「本源自性天真佛」與己無二。法眼文益此語就是直接啟發慧超親見不二佛性。禪師啟發參學者，無定法，無定說。對於名，從不同的角度、在不同的環境、對不同的參學者，既可「殺」也可「活」。洞山良价說自己的法號是「閑名」，就是殺；法眼文益說「汝是慧超」，就是活。二位大師都是隨宜啟迪學人切實自悟非關名相的自性，不在於對名的否定或肯定。

示眾

聲前一句，千聖不傳❶；未曾親近，猶隔大千❷。設使向聲前辨得❸，截斷天下人舌頭，未是性懆❹漢。所以道：「天不能蓋，地不能載❺，虛空莫能容，日月不能照，無佛處獨稱尊。」始較些子。其或未然，於一毫頭上透得❻，放大光明❼，七縱八横❽，於法自在，信手拈來❾，無有不是。且道，得個什麼道理，有恁麼奇特？良久❿云：「大眾會麼？」從前汗馬⓫無人識，只要重論蓋代⓬功。即今此事且致，雪竇公案，又作麼生？試請舉看。

舉

僧問法眼⑬：「慧超⑭咨⑮和尚，（道什麼？擔枷過狀⑯漢，據款結案。）如何是佛？」（眼睛突出⑰！）

法眼云：「汝是慧超。」（依模脫出⑱，鐵酸餡⑲，就身打劫⑳。）

【注　釋】❶聲前一句　表示禪法非他人所能傳授，而必須由自身實踐體悟證得。聲前一句，指未發出聲音之前的一句，父母未生之前的一句，是佛祖的「正法眼藏，涅槃妙心」。千聖，指諸佛列祖。❷大千　「三千大千世界」之省稱。後亦以指廣闊無邊的世界。這裡指遠之又遠。❸向聲前辨得　意謂言外領旨。❹性燥　靈利。❺天不能蓋二句　喻指人人具備的佛性無邊無際，無外無內，天地不能包容。❻於一毫頭上透得　意謂或向心中明究，或於一言半句上透得。一毫，一根毫毛。比喻極小或很少。❼放大光明　謂以神通力，放無量光明，作諸佛事，給予眾生無量之利益。❽七縱八橫　原形容奔放自如。這裡形容領悟禪法明白徹底，自在運用通暢無礙。❾信手拈來　謂不加思索地隨手拿來。❿良久　默然；沉默。⑪汗馬　戰馬奔走而出汗。喻指勞苦征戰。這裡喻指修禪純熟。⑫蓋代　猶蓋世。謂才能、功績等高出當代之上。⑬法眼　法名文益（西元八八五～九五八年），五代禪僧，法眼宗之祖，俗姓魯氏，餘杭（今屬浙江境內）人。參羅漢桂琛得法。晚年居金陵（治今江蘇南京）清涼院傳法，世稱「清涼文益」。門人眾多，問學者常達千人。卒後，南唐中主諡為「大法眼禪師」。⑭慧超　又名策真（西元？～九七九年），五代禪僧，俗姓魏氏，曹州（治今山東定陶西）人。初名慧超，參清涼文益得法後名策真，住廬山歸宗寺，世稱「歸宗策真」。⑮咨　徵詢；商議。⑯擔枷過狀　自作自受之意。意謂原來不可問之事，今又設問。⑰眼睛突出　識見不明之意，謂慧超鑽入這個問題，不得其解，如鴨子吞螺獅，眼睛突出。⑱依模脫出　意謂回答得恰到好處。⑲鐵酸餡　麵餅、饅頭中又硬又酸的餡子（無從下口，難以咬嚼、吞咽和消化），比喻超越言句義理、極難參究的禪家機語。⑳就身打劫　意謂奪去慧超的疑惑，使他心中空蕩蕩地。

【語　譯】圜悟克勤開示：開口學說話之前的那一句話是歷代祖師所不傳授的，如果不是親自證悟，而是要別人說給你聽，那就好像隔著大千世界那樣遙遠。如果你在開口學說話之前就分辨得清清楚楚，那就會使天下的人都說不出話來了，但這還不是一個聰明靈利的參禪者。所以說：「天不能覆蓋，地不能承載，天空之大不能容納，日月之光不能照耀，在沒有佛的地方獨稱至高無上。」這樣講還算說得過去。有時並不是這樣，從一根毫毛的上頭可以參透禪法，大放光明，縱橫無礙，自由自在，隨手拿來，沒有不對的地方。你來說說看，得到了一個什麼道理，有多麼奇特？圜悟克勤沉默了一段時間之後又說：「大家理解了嗎？」以前修行禪法的汗馬功勞無人知道，目前只要重新論定蓋世的功勳。現在就修行禪法這件事來舉說雪竇重顯頌的公案，看看他的用意如何？試請舉說一則公案給你們看看。

舉說公案：有一位僧人問法眼禪師：「慧超有一件事想請問師父，（說什麼？自作自受的傢伙，根據口供結案。）佛到底是什麼東西？」（眼珠突出來了。）法眼禪師回答說：「慧超就是你。」（恰到好處，咬不破的鐵酸餡，搶奪一空。）

評唱

法眼禪師有啐啄同時❶底機❷，具啐啄同時底用❸，方能如此答話，可以超聲❹越色❺，一一得大自在，縱奪臨機❻，殺活❼在我，不妨奇特。然而此箇公案，諸方商量❽者多作情解❾。不知古人凡垂示一句一言，如擊石火、似閃電光，直拔❿地撥開一條正路。後人只管去言句上作解會道：「慧超便是佛，所以法眼恁麼答。」有者道：「大似騎牛覓牛⓫。」亦有者道：「問處便是。」有什麼交涉？若恁麼會去，不唯辜負自己，兼乃深屈古人！

若要見他全機⑫，除非一棒打不回頭，牙如劍樹、口似血盆底漢，向言外知歸⑬，方有少分相應。若一一作解會⑭，盡大地滅胡種族⑮底人。只如超禪客⑯，於此悟去，也是他時時照管⑰參究⑱，所以一言之下，如桶底脫相似。

法眼會⑲下監院⑳，不入室㉑。法眼問：「院主何不入室？」主曰：「某在青峰和尚㉒處，問：『如何是學人自己？』峰云：『丙丁童子來求火㉓』，從此有休歇㉔處。」眼云：「是則是，你試說看。」主云：「丙丁是火，將火更求於火便是。」眼不肯㉕，主便辭過江。卻自云：「他是五百人善知識，必有長處！」復回如前問，法眼云：「丙丁童子來求火」，主於言下大悟。如今有者，只管瞠眼作解會，所以道「彼自無瘡，勿傷之也。」這般公案，久參者一舉便知落處，法眼宗㉖下謂之箭鋒相拄㉗。更不用五位君臣㉘、四種料簡㉙，直論箭鋒相拄，是他家宗風如此。一句便見，當陽㉚便透。若向句下尋思，卒摸索不著。

【注釋】❶啐啄同時　比喻禪機密切、迅疾的配合。啐啄，母雞孵蛋時，小雞在殼內將出，其吮聲謂之啐，母雞啄殼使之速破謂之啄，禪家用來比喻禪機相應，機鋒往來。❷機　微妙幽玄的事理，不落跡象，稍縱即逝，無法用語言表述的禪義。❸用　指作用、功用或目的、理由等。❹聲　指具有召呼作用的音響，為耳根所聞、耳識所了別（認識）的物件。❺色　指眼根認識的物件，如顏色、形貌等，為「六塵」之一。❻臨機　面臨機緣，面對禪機。❼殺活　指斷斷分別妄念和復活靈覺真性。❽商量　原指商賈買賣物品時的互相議價，禪林引申為學人參禪辨道時的問答審議。❾多作情解　意謂多以識情為解會，不知玄旨終不在聲色裡。⑩直拔　猶「徑直」。⑪騎牛覓牛　騎著牛去尋找牛，比喻自心是佛，卻向外尋求佛法的癡迷可笑行為。⑫全機　總體觀照和把握事物實相的機鋒，是真正本色的禪機。⑬言外知歸　意謂知言句未發出之前的歸趣。⑭解會　指執著於虛幻事物，強作區別對立的見解或解釋。⑮滅胡種族　斷絕佛教法脈。多用作對執迷不悟者的斥責。⑯禪客　禪宗僧人。⑰照管　包管。⑱參究　審思探究禪法。⑲會　法會，禪教團體。⑳監院　總領眾僧的職務。㉑入室　一種說法方式，多由禪師於室中對從參弟子作重點開導。㉒青峰和尚　又作青林和尚。法名師虔。參洞山良价得悟，後住隨州（治今湖北隨縣），故世稱「青峰和尚」。㉓丙丁童子來求火　古以「丙丁」為火日，後即以之代稱火，「丙丁童子」是專管火的童子。禪林常用「丙丁童子來求火」比喻自身是佛，卻向外求佛，是忘失本性、多此一舉的愚昧行為。㉔休歇　停止。㉕肯　推許某人、相信某人已省悟或者贊同某種禪機言行都稱作「肯」。㉖法眼宗　中國禪宗「五家」之一，創始人為清涼文益。由於文益的謚號為「大法眼禪師」，故此宗稱為法眼。法眼宗講求理事圓融，注重學習古教，旨在糾正當時禪林空疏之病。在禪宗五家中，法眼宗創立最晚，衰微卻較早，至宋代中葉，法脈斷絕。㉗箭鋒相拄　法眼四機之一。意謂禪師接引學人時，禪機如同箭鋒，迅速準確，互相契中。拄，頂；抗。㉘五位君臣　曹洞宗對於禪法的闡述系統，也是曹洞宗接引學人的特殊方法。用君位（正位）和臣位（偏位）的五種配合，說明不同的禪法認識及參禪的情況。㉙四種料簡　臨濟宗之祖義玄根據學人領悟禪法的情形採取的不同接引措施。料簡，度量；判定。㉚當陽　當面；當場；當下。

【語譯】圓悟克勤評唱：法眼禪師既具有啐啄同時的禪機，又具有啐啄同時的功用，才能如此回答，可以超越聲色，一一得大自在。一放一奪，較量機鋒，要殺要活全在自己的掌握之中，非常奇特。不過探討這則公案的各地禪師多作俗情妄解。他們不知道從前的禪師凡是開示一言一句，如擊石火，似閃電光，直接撥開一條正路。後人只顧從言句上去理解，他們說：「慧超就是佛，所以法眼禪師這樣回答。」有的人說：「非常像騎著牛兒去找牛。」還有的人說：「問的地方就是。」這些說法與法眼禪師的本意毫無關係。如果這樣去理解，不僅對不起自己，更是嚴重歪曲了從前禪師的用意。

如果要從總體上認識法眼禪師的機鋒，除非是一棒打不回頭，牙如劍樹、口似血盆的漢子，他能夠從言句之外去理解法眼禪師的用意，這樣才有幾分溝通。如果都是用俗情妄識來理解，那麼整個大地都是滅絕佛教的人。就像禪宗僧人慧超，他能夠從這句話去領悟禪法，也是他平時只管參究禪法的結果，所以能在一句話的啟發之下，像桶底脫落那樣大徹大悟。

在法眼禪師的法會之中有一位監院，他從不進入方丈室參究。法眼禪師問：「院主為什麼不入室參究？」院主回答說：「我在青峰和尚那裡參禪，問：『什麼是學人自己？』青峰和尚回答說：『丙丁童子來求火。』從此以後就沒有什麼進步的地方了。」法眼禪師說：「你說得很對，請你再解說一番。」院主說：「丙丁是火，再向火中去求火才對。」法眼禪師未加首肯。院主便告辭，渡過長江，準備北上。他突然自言自語地說：「法眼禪師是率領五百位僧眾修行的大禪師，一定有長處。」又回到法眼禪師處，再次重複以前的問題，法眼禪師回答說：「丙丁童子來求火。」院主當即大徹大悟。如今有些人只會睜著眼睛做出一副很懂的樣子，說什麼「那人身上無傷口，不要去弄傷他。」像這樣的公案，只要一舉說，長期參禪的人便知道它的用意，法眼宗稱之為「箭鋒相拄」。他們不用五位君臣，四種料簡，直論箭鋒相拄，法眼宗的宗風就是這個樣子。只需一句話就可知道他的用意，當場就能大徹大悟。如果從言句上去理解他的用意，最終還是摸不著頭腦。

法眼出世❶，有五百眾。是時佛法大興，時韶國師❷久參疏山❸，自謂得旨，乃集疏山平生文字頂相❹，領眾行腳。至法眼會下，他自不入室，隨眾過日。一日法眼上堂❺，有僧問：「如何是曹源一滴水❻？」眼云：「是曹源一滴水。」此僧惘然❼而退。韶國師在眾中聞之，忽然大悟。後出世，承嗣法眼，有頌呈云：「通玄峰頂，不是人間。心外無法，滿目青山❽。」法眼印❾云：「只此一頌，自然繼得吾宗。他後有王侯❿所敬重，吾不如汝！」看他古人，恁麼悟去，是箇什麼道理？不可只教山僧說也，須是自己十二時⓫中，打辦⓬精神，似恁麼與他承當去。他日向十字街頭⓭，垂手為人⓮，也不為難事。

只是這僧道：「慧超咨和尚，如何是佛？」眼云：「汝是慧超。」法眼有什麼辜負處？不見雲門道：「『舉』不顧，即差互⓯；擬思量⓰，何劫悟？」雪竇頌得不妨顯赫⓱。

【注釋】❶出世　指禪師於自身修持功成後，再度歸返人間教化眾生。❷韶國師　法名德韶（西元八九一～九七二年），五代禪僧，俗姓陳氏，處州縉雲（今屬浙江境內）人。歷參五十四位善知識，皆法緣未契，後參清涼文益得法。住天台山，世稱「天台德韶」。吳越王迎至杭州，禮為國師。❸疏山　法名匡仁，五代禪僧，參洞山良价得法，住江西撫州疏山，舉揚曹洞宗風。❹頂相　禪家稱祖師半身像為「頂相」。❺上堂　禪師上法堂、登法座為僧眾說法。❻曹源一滴水　喻指禪法。曹源，指曹溪，因六祖慧能住此開創南宗禪法而被稱作曹源。❼惘然　疑惑不解貌。❽通玄峰頂四句　意謂參禪達到頂峰，與人間自然不同；由於心外無法，隨處都可見到青山（禪境）。通玄峰，在天台山。❾印　即印可，禪師對於學人的禪悟給予證明並肯定。❿王侯　謂天子與諸侯。後多指王爵與侯爵，或泛指顯貴者。⓫十二時　古時分一晝夜為十二時，以干支為記。⓬打辦　振作。⓭十字街頭　街道橫直交叉的地方。多為行人往來頻繁的熱鬧地方。這裡借指世俗社會。⓮垂手為人　形容禪師斟酌參學者根機的高下，特以第二義門權巧接引的情形。⓯差互　錯過時機；差錯。⓰思量　考慮；忖度。⓱顯赫　氣勢莊嚴宏偉。

【語　譯】法眼禪師出世傳法時，有五百位弟子，當時佛法大為盛行，天台德韶國師長期在疏山禪師那裡參禪，自以為得到了禪門旨意，於是搜集了疏山禪師一生所寫的文章以及他的半身肖像，率領僧眾出外行腳。他們來到法眼禪師這裡參禪，天台德韶從不進入方丈室參究，只是隨著僧眾一道進出而已。一天，法眼禪師升座說法，有一位僧人站出來問：「什麼是曹源一滴水？」法眼禪師回答說：「是曹源一滴水。」這位僧人帶著滿臉疑惑的神情退下去了。天台德韶國師聽了這句答話之後，忽然大徹大悟。他後來作為法眼禪師的嗣法弟子出世說法，作了一首頌呈送給法眼禪師：「通玄峰頂，不是人間。心外無法，滿目青山。」法眼禪師為他印可說：「就憑你這一首頌，自然就有資格成為法眼宗的傳人。以後你會受到王侯的敬重，我不如你啊！」你們看從前的禪師這樣悟道，這是什麼道理呢？不可只靠我的說教指點，應該是你們自己從早到晚，精神抖擻，像從前的禪師那樣努力參究禪法。以後即使在十字街頭用方便法門接引學人，也算不上是什麼難事。

只是這位僧人說：「慧超請問師父，佛是什麼東西？」法眼禪師回答說：「慧超就是你。」法眼禪師有什麼對不起弟子的地方嗎？你難道沒聽見過雲門文偃說這樣的話嗎？「說個『舉』字不回頭看，那就當面錯過了禪機；當你還在準備思考的時候，那就真不知道何年何月才能開悟？」雪竇重顯頌得很有氣魄。

頌

江國春風吹不起❶，（盡大地人料來❷，那裡得這箇消息？文彩❸未生前。）

鷓鴣啼在深花裡❹。（喃喃❺何用？又被風吹別調❻中，豈有恁麼事？）

三級❼浪高魚化龍❽，（通他一路，莫瞞大眾好，踏著龍頭。）

癡人猶戽夜塘水❾。（扶籬摸壁❿，挨門傍戶⓫，有什麼用處？守株待兔⓬。）

【注釋】❶江國春風吹不起　意謂即使是三月的江南，浩蕩的春風也難以把它吹起。江國，河流多的地區。多指江南。❷料來　料想；估計。❸文彩　豔麗而錯雜的色彩。❹鷓鴣啼在深花裡　意謂鷓鴣在深花叢中啼叫，只能聞其聲而難見其形跡。鷓鴣，鳥名。古人諧其鳴聲為「行不得也哥哥」，在詩文中常用以表示思念故鄉。這裡喻指法眼禪師的答語不露面目。❺喃喃　象聲詞。鳥啼聲。❻別調　另一種曲調、格調。❼三級　三層；三重。❽魚化龍　魚變化為龍。語本《辛氏三秦記》：「河津一名龍門，禹鑿山開門，闊一里餘，黃河自中流下，而岸不通車馬。每莫（暮）春之際，有黃鯉魚逆流而上，得過者便化為龍。」後以喻舉業成功或地位高升。這裡喻指慧超從法眼禪師的答話中悟道。❾癡人猶戽夜塘水　意謂後人參此公案，多從言句上理解法眼禪師的用意，猶如愚昧無知的人熬夜戽乾塘水捕魚，不知魚已化龍，不在水中。癡人，愚笨或平庸之人。戽，戽水。以戽斗、龍骨車等農械汲水。❿扶籬摸壁　形容癡人尋魚之狀。⓫挨門傍戶　不能作自己心中的主宰，故只能依倚言句，就像靠著門戶一樣。⓬守株待兔　比喻死守狹隘經驗，不知變通。這裡指從言句中尋覓禪法，是愚癡之極。

【語　譯】雪竇重顯頌古：江國春風吹不起，（不知整個大地的人會從哪裡得到這個消息？在文彩未出現之前。）鷓鴣啼在深花裡。（叫聲喃喃有什麼用？又被風吹別調中，難道會有這樣的事？）三級浪高魚化龍，（一路通天，不要欺騙大眾才好，踩著龍頭了。）癡人猶戽夜塘水。（扶著籬笆摸牆壁，靠著房門，有什麼用處？守株待兔。）

評唱

雪竇是作家，於古人難咬難嚼❶、難透難入、節角誵訛處，頌出教人看，不妨奇特。識得法眼關捩子❷，又知慧超落處，更恐後人多向法眼言句上錯作解會，所以頌出。

這箇僧如此問，法眼如此答，便是「江國春風吹不起，鷓鴣啼在深花裡。」此兩句只是一句❸。且道，雪竇意在什麼處？江西❹江南❺，多作兩般會道：「『江國春風吹不起』頌『汝是慧超』，只這些子❻便是，直饒江國春風也吹不起。『鷓鴣啼在深花裡』，用頌諸方商量，浩浩❼地似鷓鴣啼在深花裡相似。」有什麼交涉？殊不知雪竇這兩句，只是一句，要得人無縫無罅❽，明明向汝道，言也端、語也端，蓋天蓋地。他問：「如何是佛？」法眼云：「汝是慧超。」雪竇道：「江國春風吹不起，鷓鴣啼在深花裡。」向這裡薦❾得去，可以丹霄獨步❿。你若作解會，三生六十劫⓫。

雪竇第三第四句，忒煞⓬傷慈⓭，為人一時說破⓮。超禪客言下大悟處，「三級浪高魚化龍，癡人猶戽夜塘水。」禹門⓯三級⓰浪，孟津即是龍門⓱，禹帝⓲鑿為三級。三月三日桃花開時，天地所感，有魚過得龍門者，頭上生角，昂鬃⓳鬣⓴尾，拏雲而去；跳不得者，點額㉑而回。癡人向言下咬嚼，似戽夜塘水求魚相似。殊不知，魚已化為龍去也。端和尚頌云：「一文大光錢㉒，買得箇油糍㉓，喫向肚皮裡，當下便不飢㉔。」此頌得甚妙，只是拙㉕。雪竇頌巧㉖，不傷鋒犯手㉗。如慶藏主㉘問人：「如何是三級浪高魚化龍？」也不必如此。我且問你：「化作龍，即今在什麼處？」

【注釋】❶難咬難嚼　咬、嚼，咀嚼。比喻精心琢磨，反覆玩味。❷關捩子　原為門鎖、門閂、機軸等意，引申為關鍵，禪宗轉指參悟奧秘玄機的要訣。❸此兩句只是一句　意謂兩句話同一個意思。❹江西　泛稱長江以北地區。❺江南　指長江以南的地區。多指今江蘇、安徽的南部和浙江一帶。❻這些子　指較近的兩個以上的事物。❼浩浩　聲音宏大。❽罅　裂縫；縫隙。❾薦　領會；領悟。❿丹霄獨步　獨自在空中行走，形容禪悟之後，超脫凡俗，自主自在，無依無礙的境界。⓫三生六十劫　意謂離開領悟禪法還極其遙遠。語含誇張意味，是禪家常用譏斥語。⓬忒煞　太；過分。⓭傷慈　哀憐慈悲。⓮說破　把隱秘的意思或事情說出來。⓯禹門　山西河津龍門的別稱，相傳為夏禹所鑿。⓰級　階；磴。亦用作階、磴的計量詞。⓱孟津即是龍門　孟津當為河津之誤。龍門在今山西河津西北和陝西韓城東北。黃河至此，兩岸峭壁對峙，形如闕門，故名。⓲禹帝　夏朝的建立者，姒姓。他治水立足於疏導，並親臨工地指揮，櫛風沐雨，歷十年之久，終於戰勝洪水。⓳鬃　動物頸部的長毛。⓴鬣　泛指動物頭、頸上的毛。㉑點額　謂跳龍門的鯉魚頭額觸撞石壁。後因以「點額」指仕途失意或應試落第。㉒一文大光錢　喻指慧超的問話。一文，一枚銅錢。舊時銅幣皆有文字，說明其值，故名。大光錢，大光年間製造的錢。㉓油糍　喻指法眼禪師的答話。㉔當下便不飢　喻指慧超當即悟道。當下，立即；立刻。㉕拙　質樸自然。㉖巧　工巧；精緻。㉗不傷鋒犯手　不露縫隙，說明頌得很巧。㉘慶藏主　圜悟克勤的同參。

【語　譯】圜悟克勤評唱：雪竇重顯是一位機用傑出的禪師，對於從前禪師難以理解的地方，難以悟透難以深入的地方，意義轉折容易出錯的地方，頌出來給人們看，實在是非常奇特。雪竇重顯看得出法眼禪師禪機的關鍵所在，又知道慧超的底細，更恐怕後人多數會從法眼禪師的言句上去錯誤地理解他的用意，因此這樣頌出。

這位僧人這樣問，法眼禪師這樣回答，就是「江國春風吹不起，鷓鴣啼在深花裡。」這兩句其實只是一句話。你來說說看，雪竇重顯的用意在什麼地方？江北、江南的禪師，大多分開來作兩種解釋說：「『江國春風吹不起』頌『慧超就是你』，就這麼一個意思，即使是江國春風也吹不起。『鷓鴣啼在深花裡』，用來頌探究這則公案的各地禪師，他們大聲爭論這則公案的旨意，就像鷓鴣在深花叢中啼叫一樣。」這種解釋與雪竇重顯的用意有什麼關係嗎？他們竟然不知道雪竇重顯的這兩句話其實只是一句話，一定得做到沒有任何漏洞，明明是在向你說，在言語的開端之處就要蓋天蓋地。他問：「佛是什麼東西？」法眼禪師回答說：「慧超就是你。」雪竇重顯說：「江國春風吹不起，鷓鴣啼在深花裡。」從這裡去領悟禪機，就可以獨步天下，無人可敵。你如果從言句上去理解，那就和從前禪師的禪機相差甚遠。

雪竇重顯頌古的三、四兩句，顯得非常憐憫慈悲，為人們把意思全都說出來了。禪宗僧人慧超當即大徹大悟之處，「三級浪高魚化龍，癡人猶戽夜塘水。」禹門三層浪，孟津就是龍門，大禹帝鑿為三層。三月三日桃花盛開之時，天地所感，有跳過龍門的魚，頭上長角，身上長毛，騰雲而去；跳不過去的魚，往往被石壁撞得頭破血流，然後又被急流沖回原地。愚昧無知的人從言句中咬文嚼字，就像連夜戽乾池塘中的水去抓魚一樣。他們竟然不知道魚早就化為龍飛走了。守端和尚有一首頌古說：「一文大光錢，買得箇油糍，喫向肚皮裡，當下便不飢。」這裡頌得很高明，只是語言樸實。雪竇重顯頌得工巧，不傷鋒犯手。像慶藏主問人：「什麼是三級浪高魚化龍？」也不必這樣問。我來問你：「化作龍，如今在什麼地方？」

【說　明】圜悟克勤開示的大意是說，禪的真諦是超越語言的，因而不可能通過語言文字傳授證悟，必須得靠自己的親身體驗。禪是一種心性的覺悟，而這種心性無比自由，不受任何外在空間的限制。所以，天上地下，唯我（心性）獨尊。能參透這個道理，就能夠自由自在，信手拈來，頭頭是道。這是很平常的道理，並沒有多少奇特的地方。這段開示表面上看來顯得東拉西扯，但與下面公案中表現出來的「自身是佛」的意旨是絲絲相扣的。

圜悟克勤在對公案的評唱中，不厭其煩地介紹了法眼宗的宗風，並舉「丙丁童子來求火」、「曹源一滴水」兩則公案作為旁證。圜悟克勤認為，法眼文益回答「慧超就是你」，既不能從情理上推測，也不能從言句上分析。因為法眼宗的宗風是「箭鋒相拄」，問答之間針尖對麥芒，無需思考。那些把法眼文益的答語理解為自身有佛性、不必更求佛的種種說法，正如監院對「丙丁童子來求火」的解釋一樣，都只是從言句上分析理解，完全錯誤地理解了法眼文益的旨意。

雪竇重顯的頌古似乎與「慧超問佛」毫不相干，圜悟克勤的著語也似乎不著邊際，但只要將後面的評唱與此聯繫起來看，就可知道圜悟克勤對頌古的理解。「江國春風吹不起」，透露出「慧超就是你」的消息；「鷓鴣啼在深花裡」，意謂糾纏於言句的俗情妄解是無用的；「三級浪高魚化龍」，喻指通向覺悟之途，所謂「轉凡成聖」；「癡人猶戽夜塘水」，喻指未理解「慧超就是你」深意的參學者還始終從字面上去苦苦思索，有如守株待兔。

圜悟克勤對頌古的評唱再次申明不可從言句上去理解法眼文益的答話。他認為雪竇重顯頌古中的前兩句的目的就是要人們放棄任何從言句上去理解的企圖，因此這兩句本身也是無法用情理去分析，而江西、江南的禪師將前兩句分開來講，完全誤解了雪竇重顯的意思。在圜悟克勤看來，無論是對公案還是對頌古，都不能執著於言句，都不能作道理解會。只有悟透這一點，才能見性成佛。根據「不說破」的原則，圜悟克勤認為雪竇重顯頌古的後兩句過於慈悲，為參學者說出了悟透禪法的途徑以及不得「向言下咬嚼」的道理。在評唱完雪竇重顯頌古的旨意後，圜悟克勤特意將白雲守端的頌古拿來作比較，以詞藻的精美、構思的巧妙作為評價標準，指出了二者的高下。

第八則　翠巖眉毛

【題解】翠巖令參在夏安居的最後一天，以一個夏天以來為僧徒說法，或許已觸犯禪法，而問僧徒「眉毛落了也未」，由此顯示禪宗靈活運用的機法。

示眾

會則途中受用❶，如龍得水、似虎靠山；不會則世諦❷流布❸，羝羊觸藩❹、守株待兔。若也途中受用，遇知音、別機宜❺、識休咎，相共證明；若也世諦流布，具一隻眼，可以坐斷十方❻、壁立千仞❼。有時一句，如踞❽地獅子；有時一句，如金剛王寶劍；有時一句，坐斷天下人舌頭；有時一句，隨波逐浪❾。有時將一莖草，作丈六金身用；有時將丈六金身，作一莖草用。所以道，大用現前，不存軌則。且道，憑是什麼道理？還委悉❿麼？試舉看。

舉

翠巖⓫夏末示眾云：「一夏以來，為兄弟說話，（開口焉⓬知恁麼？）

看翠巖眉毛在麼?」（只贏⓭得眼睛在，鼻孔也落地，入地獄如箭射⓮。）

保福⓯云：「作賊人心虛。」（灼然⓰，是賊識賊！）

長慶云：「生也。」（舌頭落地，將錯就錯，果然！）

雲門云：「關⓱！」（走向什麼處去？天下衲僧跳不出，敗也。）

【注　釋】❶受用　猶受益，得益。❷世諦　佛教稱俗世間的真理為「世諦」。❸流布　流傳散佈。❹羝羊觸藩　公羊角鉤在籬笆上。比喻進退兩難。這裡指處處不得自在。羝羊，公羊。藩，籬笆。❺機宜　謂眾生皆有善根，如果欲度化，則隨應其機，而施之以適宜之教法。❻十方　是四方、四維、上下的總稱。即東、南、西、北、東南、西南、東北、西北、上、下。❼壁立千仞　形容山崖石壁高峻陡峭。仞，古代長度單位。七尺為一仞。一說，八尺為一仞。這裡形容禪悟者明見自心，自我為主，絕無依倚，超脫塵俗的氣概與境界。❽踞　蹲；坐。❾隨波逐浪　猶言隨波逐流，隨大流。這裡指隨緣接物，應病與藥。❿委悉　知道。⓫翠巖　法名令參，五代禪僧，安吉（今屬浙江境內）人。參雪峰義存得法，出住明州（治今浙江省寧波）翠巖山，大張法席，學侶四集，世稱「翠巖令參」。⓬焉　疑問代詞。相當於「怎麼」、「哪裡」。⓭贏　超過；多餘。⓮入地獄如箭射　禪家習用語，多用作斥責不契禪機者，謂死後迅速墮入地獄。地獄，梵文意譯，意為「苦的世界」。處於地下，有八寒、八熱、無間等名目。古印度傳說人在生前做了壞事，死後要墮入地獄，受種種苦。佛教也採用此說。⓯保福　法名從展（西元？～九二八年），五代禪僧，俗姓陳氏，福州（今屬福建境內）人。十五歲禮雪峰義存為受業師。後梁貞明四年（西元九一八年），漳州刺史創保福禪苑，迎請住之，世稱「保福從展」。⓰灼然　明顯貌。⓱關　指整體的功用。一聲之下連自己都忘記了，於是達到了天人合一的化境。

【語　譯】圜悟克勤開示：領悟了禪法的人，即使他還在修行途中，但所得到的益處，就像龍在水中那樣逍遙自在，也像老虎走進深山之中更增添其威風；沒有領悟禪法的人，即使向他傳授世俗間的真理，就像公羊的角鉤在籬笆上一樣進退維谷，又像守株待兔一樣拘守一隅，卻無機鋒變化。如果在修行途中得到了益處，當他遇到知音時，可以隨機說法，可以勘辨其修行的好壞，還可以互相證明悟道的境界；如果傳授世俗間的真理，那就必須具備一隻禪者特有的法眼，這樣就可以坐斷十方，屹立在萬丈懸崖之上。

在禪師的機語問答之中，有時候說一句話，就像蹲在地上的獅子那樣威風凜凜；有時候說一句話，就像金剛王寶劍那樣鋒利無比；有時候說一句話，可以截斷天下人的舌頭；有時候說一句話，可以隨緣接引參學者，對症下藥。有時候拿一根草當作一丈六尺的金佛像，有時候拿一丈六尺的金佛像當作一根草。當大機大用的禪法出現在眼前時，並沒有一定規則的限定和束縛。你來說說看，這是什麼道理呢？還說得出來嗎？試舉一則公案給你們看看。

舉說公案：夏安居即將結束的時候，翠巖令參開示僧眾說：「整個夏天以來，我都在為弟兄們說法，（開口怎麼知道這些？）你們看我翠巖令參的眉毛還在嗎？」（只剩下眼睛了，連鼻孔也掉到地上了，入地獄就像射出去的箭一樣迅速。）保福從展說：「做賊的人從不說實話。」（顯然，只有盜賊才認識盜賊。）長慶慧稜說：「眉毛掉了還會長出來。」（舌頭落地了，已經知道做錯了卻還要順著錯誤做下去，果然。）雲門文偃說：「關。」（走到什麼地方去了？天下的禪宗僧人都跳不出，失敗了。）

評唱

古人學道，晨參暮請❶，無有間時❷。翠巖至夏末，卻恁麼示眾，然而不妨孤峻、不妨奇特，驚天動地❸。且道，一代時教，五千四十八卷，不免說心❹說性❺、說頓❻說漸❼，還有這箇消息麼？一等是他為人底時節，翠巖就中奇特。看他如此說話，且道，他意落在什麼處？

古人垂一鉤❽，終不虛說，須有箇道理為人。人多錯會：「白日青天，說無向當❾話，無事生事。夏末先責己過，免得他人檢點❿。」且喜勿交涉。這般見解，謂之滅佛種族⓫。歷代宗師⓬出世，若不垂示⓭於人，都無利益⓮，圖箇什麼、顯箇什麼？到這裡見得透，方知古人有驅耕夫之牛、奪飢人之食底手腳。如今人問著，便向句中咬嚼、眉毛上作活計⓯。看他屋裡人⓰，自然知得他行履⓱處，千變萬化、淆訛節角，著著⓲有出身⓳之路，便能如此與他酬唱⓴。此語若無奇特，雲門、長慶、保福三人，咂咂㉑地與他唱和㉒，作什麼？

保福云：「作賊人心虛。」只因此語，後惹得適來說底情解、許多說話。且道，保福意在什麼處？切忌向句下覓他古人。你若生情起念，則換卻你眼睛。殊不知，保福一轉語㉓，截斷翠巖腳跟去。

長慶云：「生也。」人多道，隨翠巖腳跟下走，所以道「生也」。且喜勿交涉。不知長慶自出他見解，道「生也」，有出身之處。我且問你，什麼處是生處？一似作家面前，以金剛寶劍，直下便用。若能打破常流㉔見解，截斷得失是非，方見長慶與他酬唱處。

雲門道：「關。」不妨奇特，只是難參。雲門多以一字禪示人，雖一字中，須具三句㉕。看他古人酬唱對辨，自然與今時人殊別。此乃下語底樣子，看他雖如此道，意決不在那裡；且道，在什麼處？也須子細自參始得。若是明眼漢，有照天照地底手腳，直下八面玲瓏㉖。雪竇為他一箇「關」字，和他三箇，穿作一串，頌出。

【注　釋】❶晨參暮請　早晚小參之意。指禪林中，禪師早晚集合僧眾開示說法。❷閒時　空閒的時候。❸驚天動地　形容發生的事情極不尋常，令人震驚。❹心　一切精神現象的總稱。❺性　指本來具足的性質、事物的實體（即自性）。❻頓　指不依次第，迅速達到覺悟。禪宗南宗主張迅疾直入究極之悟。❼漸　指依順序漸進，經過長時期的修行而覺悟。禪宗北宗強調依序漸進之悟。❽垂一鉤　指一言半句之垂語。❾無向當　無由來；無道理。❿檢點　指說；指責。⓫滅佛種族　意謂斷絕佛教法脈，多用作對執迷不悟者的斥語。⓬宗師　特指禪師，即體得禪宗宗旨，能善巧方便接引弟子，正確導入悟境的高僧。⓭垂示　禪師對僧徒說法。⓮利益　指隨順佛法而獲得的恩惠及幸福。分為自利與利他兩種：自利稱為功德，利他則特稱利益。⓯作活計　本意為謀生而幹活，這裡比喻依循俗情，妄解妄作。⓰屋裡人　指參禪同出一師，即同學、同參，取其同住一屋之意。這裡指保福從展、長慶慧稜、雲門文偃三人同出自雪峰義存門下。⓱行履　行為；經歷。⓲著著　猶言樣樣；每一樣。⓳出身　超脫；徹悟。⓴酬唱　禪家稱機語應對為「酬唱」。㉑啞啞　謂使嘴發出響聲。這裡指多言的樣子。㉒唱和　互相呼應、配合。㉓轉語　隨於機宜自由自在地轉變詞鋒之語，稱為轉語。在參禪者迷惑不解、進退維谷之際，禪師為使他覺悟，突然翻轉機法而下轉語。㉔常流　指凡俗的人物。㉕三句　指概括雲門宗禪法特點的三句話：函蓋乾坤、截斷眾流、隨波逐浪。㉖八面玲瓏　謂四壁窗戶軒敞，室內通徹明亮。這裡比喻大徹大悟的境界。

【語　譯】圓悟克勤評唱：從前的禪師參禪學道，晨參暮請，沒有空閒的時候。夏安居即將結束的時候，翠巖令參卻這樣開示僧眾，確實非常孤峻，非常奇特，使人有驚天動地的感覺。你來說說看，佛祖釋迦牟尼一生說的教義有五千零四十八卷，不免要說心說性，說頓說漸，還有這個消息嗎？同樣是他接引學人的時候，翠巖令參的方式顯得奇特。看他這樣說法，你來說說看，他的用意落在什麼地方？

從前的禪師說法就像垂一鉤，始終不會白說，接引學人都必須有一個道理。人們往往錯誤地理解道：「光天化日之下，說些沒頭沒腦的話，沒事找事。夏安居結束之前應該先檢查自己的過錯，免得他人責備。」這種說法幸好和禪法沒有什麼關係。這樣的見解簡直就要斷絕佛教的法脈。歷代禪師出世傳法，如果不向人們開示，不讓人們從佛法中得到益處，還圖個什麼，顯示個什麼？從這裡認識得透徹，才能知道從前的禪師有驅耕夫之牛、奪饑人之食的手段。現在的人被問著時，往往從言句之中咬文嚼字，在「眉毛」上作文章。看他們幾位同參，自然知道翠巖令參的行蹤所至之處，千變萬化，在混雜訛誤之處，意義轉折之處，每一處都有解脫之路，這樣才能和翠巖令參對機。翠巖令參的這句話如果沒有奇特之處，雲門文偃、長慶慧稜、保福從展三人何必津津有味地與他對機呢？

保福從展說：「做賊的人從不說實話。」就因為這句話，後來惹出來了剛才所引的俗情妄解、許多說法。你來說說看，保福從展的用意在什麼地方？千萬不要從言句上去尋找他的用意。如果你產生了俗情妄念，那就表明你就是一個瞎眼漢。竟然不知道保福從展的一句轉語截斷了翠巖令參的腳跟。

長慶慧稜說：「眉毛掉了又會長出來。」人們往往說長慶慧稜跟著翠巖令參的腳跟後面走，所以說「眉毛掉了又會長出來」。這種說法幸好和禪法沒有什麼關係。他們不知道長慶慧稜是在說出他的見解，說：「眉毛掉了又會長出來」，自然有超脫之處。我來問問你，什麼是眉毛長出來的地方？很像在機用傑出的大禪師面前，拿起金剛王寶劍，當場就用。如果能打破世俗見解，截斷得失是非，才能看出長慶慧稜與翠巖令參對機的用意。

雲門文偃說：「關。」他說得非常奇特，只是很難參透。雲門文偃往往用一字禪開示學人，即使是在一字之中，也都具備了雲門三句。看他們前輩祖師臨機對答，自然與現在的人兩樣。這就是下轉語的樣子，看他雖然這樣說，用意卻不在那裡。你來說說看，他的用意在什麼地方？也必須仔細參究才能理解。如果是法眼明亮的人，有照天照地的本事，當場就能大徹大悟。雪竇重顯把雲門文偃的一個「關」字，和翠巖令參、保福從展、長慶慧稜三個人穿作一串頌出。

頌

翠巖示徒，（教壞人家男女❶，者箇老賊！）
千古無對。（也有一箇半箇，分一節❷。）
關字相酬❸，（不信道也，不妨奇特，須是恁麼人，方解恁麼事。）
失錢遭罪。（雪竇也不少，和聲便打❹。）
潦倒❺保福，（同行同伴，作這般去就❻，兩箇三箇。）
抑揚❼難得。（放行把住，誰是同生同死❽？且喜勿交涉，且莫謗他。）
嘮嘮❾翠巖，（者野狐精，合取狗口❿。）
分明是賊。（捉敗⓫，道著不是也。）
白珪⓬無玷⓭，（好箇消息，還得麼？天下人不知價。）
誰辨真假？（多只是假，山僧從來無眼，碧眼胡僧。）
長慶相諳⓮，（是精識精，是賊識賊，須是他始得。）
眉毛生也。（在什麼處？從頂門上至腳跟下，一點也無。）

【注　釋】❶男女　兒女。❷分一節　意謂分開竹節，兩邊不異。這裡讚賞雪竇重顯與翠巖令參的旨意相應。❸相酬　唱和；酬對。❹和聲便打　意謂話音未止，便加責打。❺潦倒　衰老。❻去就　行為舉動，情念意想。❼抑揚　褒貶。❽誰是同生同死　意謂只有保福從展與雪竇重顯是知音。❾嘮嘮　形容言語絮叨。❿合取狗口　閉口之意。即不講無意義之語。真實之佛法，非言語所能表詮詳盡，故若執著言語，則易成為修行佛道的障礙。⓫捉敗　謂被捉拿而敗露行藏。⓬白珪　比喻清白之身。⓭無玷　沒有瑕疵；不受玷污。⓮長慶相諳　意謂只有長慶慧稜識破了翠巖令參的旨意。諳，熟悉；知道。

【語　譯】雪竇重顯頌古：翠巖示徒，（教壞人家的孩子，這個老賊！）千古無對。（也有一個半個，劈開竹節。）關字相酬，（不知道，非常奇特，必須是這樣的人，才能理解這樣的事。）失錢遭罪。（雪竇重顯也不少，話音還未落地就該挨打。）潦倒保福，（同行同伴，作出這副老態龍鍾的樣子，還有二、三個人。）抑揚難得。（放行把住，誰是同生同死？幸好沒有什麼關係，不要指責他。）嘮嘮翠巖，（這野狐精，閉上你的狗嘴。）分明是賊。（人贓俱獲，還說不是。）白珪無玷，（好一個消息，還能得到嗎？天下的人不知道他的價值。）誰辨真假？（多只是假，我從來無眼力，達摩能辨真假。）長慶相諳，（是精靈識得精靈，是竊賊識得竊賊，必須得長慶慧稜才行。）眉毛生也。（在什麼地方？從腦門上一直到腳跟下，一點也沒有。）

評唱

翠巖示徒，雪竇若不如此頌出教你見，爭得名善知識？古人如此，一一❶皆是事不獲已。如今人多去著❷言著句、轉生情解，所以卻不見古人之意。忽若有一箇出來，掀❸倒禪牀、喝散大眾，也怪他不得。雖然如此，也須是實到這般田地❹始得。

雪竇道：「千古無對。」他只道：「看翠巖眉毛在麼？」有什麼奇特處，便言千古無對？須是知古人一言半句出來，不是造次❺，須是有定乾坤底眼始得。雪竇著一言半句，如金剛王寶劍、如踞地獅子，如擊石火、似閃電光，若不是頂門具眼，爭能見得古人落處？這箇示眾，直得千古無對，過於德山棒、臨濟喝❻。且道，雪竇為人意在什麼處？你且作麼生會他道：「千古無對」？

『關』字相酬，失錢遭罪。」這箇意旨，又且如何？直饒具透關底眼❼漢，到這裡，也須子細始得。且道，是翠巖失錢遭罪？是雲門失錢遭罪？你若透得，許❽你具眼。「潦倒保福，抑揚難得」，抑自己、揚古人，且道，保福甚處抑？什麼處揚？「嘮嘮翠巖」，口巴巴❾地。「分明是賊」，且道，他偷甚麼來，雪竇卻道是賊？切忌隨他語脈❿轉，到這裡，須是自己操持⓫，始得「白珪無玷」。頌翠巖示眾，大似白珪相似，更無些子瑕翳⓬。

「誰辨真假」，罕⓭有人辨別。雪竇有餘才，所以從頭至尾，一串穿卻，末後方道：「長慶相諳，眉毛生也。」且道，「生也」在什麼處？急著眼⓮看。

【注釋】❶一一　完全。❷著　執著、粘著於虛妄不實的事物。❸掀　翻；推。❹田地　猶地步，程度。❺造次　輕率；隨便。❻德山棒臨濟喝　德山宣鑒與臨濟義玄常用棒擊與吆喝向僧徒示機，聞名於禪林。❼透關底眼　穿過禪機關口的眼光，指法眼。❽許　佩服；稱許。❾口巴巴　多言貌。❿語脈　語言的脈絡；文理。⓫操持　握持；掌握。⓬瑕翳　玉的斑痕、黑點。亦比喻事物的缺點、毛病。⓭罕　少。⓮著眼　猶舉目；入眼。

【語　譯】圜悟克勤評唱：對於翠巖令參開示僧徒的禪機，雪竇重顯如果不是這樣頌出來教你認識，怎麼稱得上是大禪師？從前的禪師這樣做，完全都是迫不得已。現在的人大多是在執著言句，轉而產生俗情妄解，以至無法認識前代祖師的旨意。如果突然有一個人站出來，推倒禪床，喝散僧眾，也不能怪他。儘管這樣，也必須得確實是修行到大徹大悟的境地才行。

雪竇重顯說：「千古無對。」他只是說：「看翠巖令參的眉毛還在嗎？」這有什麼奇特的地方，使得雪竇重顯說千古無人回答呢？應該知道從前的禪師吐露一言半句，不是隨隨便便說出來的，必須得有經天緯地的眼力才行。雪竇重顯說出這一言半句，像金剛王寶劍，像蹲在地上的獅子，像擊石起火，像電光一閃而過，如果不是額頭上長了第三隻法眼，怎麼看得出前代祖師的用意？翠巖令參這個開示僧眾的公案，真是千古無人回答，超過了德山棒、臨濟喝。你來說說看，雪竇重顯接引學人的用意在什麼地方？你將會怎樣去理解他所說的「千古無對」呢？

「『關』字相酬，失錢遭罪。」這句頌古的意思應該怎樣去理解呢？即使是具有參透禪關法眼的漢子，對這句話也必須仔細證悟才行。你來說說看，是翠巖令參丟錢受罪？還是雲門文偃丟錢受罪？如果你能參透，我就佩服你具有禪者特有的法眼。「潦倒保福，抑揚難得」，貶抑自己，讚揚前代祖師，你來說說看，保福從展什麼地方貶抑？什麼地方讚揚？「嘮嘮翠巖」，嘮嘮叨叨。「分明是賊」，你來說說看，他偷了什麼東西，雪竇重顯卻說他是賊？千萬不要跟著他的話語轉，到這裡必須得自己有相當大的把握才行，才能做到「白珪無玷」。這句頌翠巖令參開示僧眾，就像白珪一樣，連一點兒瑕疵都沒有。

「誰辨真假」，很少有人能夠辨別真假。雪竇重顯很有才華，所以能夠從頭到尾穿作一串，最後才說：「長慶相諳，眉毛生也。」你來說說看，眉毛生長在什麼地方？趕快睜大眼睛看。

【說　明】禪林間傳說，如果誤說佛法，其罪將導致眉毛、鬍鬚脫落。翠巖令參回顧過去九十天夏安居期間，常向僧眾說法，恐怕所有說法，已經落在第二義門的言語之中，其罪過不亞於導致眉毛、鬍鬚脫落的言語過失，故有此一問。佛法第一義門乃窮極之真理，既非言語所能解釋，亦非思惟概念所能分析，故所有談論，無論說心說性，說頓說漸，不過是為了接引參學者的方便施設，皆屬落在言詮的第二義門。翠巖令參深知此理，但為了開導僧眾，不得不廣說教法玄旨。他又不想使參學者死守言語葛藤，於是自設「眉毛落了也未」之問，以巧妙示現禪機靈活的底蘊。而翠巖令參的問語，又引發了雪峰義存門下三大弟子的不同答語。保福從展謂翠巖令參自知罪過，就像做賊心虛，不等審問，先自設詞以求脫罪。長慶慧稜謂翠巖令參下此問語，儼然翻轉險勢，不但沒有眉毛、鬍鬚脫落之憂，反而因此滋生繁茂。雲門文偃說的「關」字則為歷來參禪者最費心血之語，謂此「關」有譏諷前三人之意，意謂如果不全盤了知佛法真義，一味參玄論旨，剖析是非，則不如截斷眾流，緊閉關門。雲門文偃的答語，嚴峻如刀，如果沒有長期修行的積累，很難做到這樣。

第九則 趙州四門

【題解】在這則公案中，僧人問趙州從諗的本來面目，趙州從諗於是借趙州城的東、西、南、北四門為喻，寓指趙州境地也是通過發心、修行、菩提、涅槃等四門進入；依此四門，常行不懈，即可達到圓融無礙的境地。

示眾

明鏡當臺，妍醜自辨❶；鏌鋣❷在手，殺活臨時❸。漢去胡來，胡來漢去❹；死中得活，活中得死。到這裡，作麼生？若無透關底眼，轉身處，灼然❺不奈何。且道，作麼生是透關底眼，轉身處❻？試請舉看。

舉

僧問趙州：「如何是趙州❼？」（河北河南❽，總說不著。爛泥裡有刺❾，不在河南，正在河北。）

州云：「東門、南門、西門、北門。」（相罵饒你接嘴，相唾饒你潑水❿，見成公案⓫，還見麼？打。）

【注釋】❶明鏡當臺二句　以「明鏡」比喻禪師，能夠辨別參學者的好醜。妍，美麗；美好。❷鏌鎁　即鏌鎁劍，又作莫邪劍。傳說春秋吳王闔廬使干將鑄劍，鐵汁不下，其妻莫邪自投爐中，鐵汁乃出，鑄成二劍。雄劍名干將，雌劍名莫邪。禪宗以「鏌鎁劍」轉指自身本來具有的智慧，或禪師自由自在接引學人的般若智見。❸殺活臨時　或斬斷分別妄想，或復活靈覺真性，機鋒運用，根據具體的時機。❹漢去胡來二句　意謂漢人、胡人都在明鏡的光照之下。胡人，中國古代對北方邊地及西域各民族人民的稱呼。後泛稱外國人。❺灼然　焦急貌。❻轉身處　使身子發生變化的地方，即大徹大悟後的境界。轉，使變化、改變之意。❼如何是趙州　問兼人、地，句裡呈機，是驗主問。趙州，在今河北趙縣。❽河北河南　意謂如果回答是人則說問的是地區，如果回答是地區則說問的是人，跨此兩頭之意。❾爛泥裡有刺　意謂僧人的問題看似平庸，其實含有禪機。❿相罵饒你接嘴二句　意謂對趙州從諗的言句無法毀譽，可以讓人們隨意叫做是「無事禪」。⓫見成公案　為不假造作而現成的公案，即如實公案。這裡指趙州從諗所回答的東、西、南、北四門就是現成公案，無須借其他的指示安排。也就是說佛法於山川、草木、萬物之上歷歷現成。

【語譯】圜悟克勤開示：明鏡當臺，美與醜自然分辨得一清二楚；莫邪寶劍握在手中，要殺要活隨機應變。漢人走了胡人來，胡人來了漢人走；死中得活，活中得死。到了這種境地，還要怎樣做呢？如果沒有穿過禪悟關口的法眼，達到大徹大悟的境界，在與禪師較量機鋒時就會著急得無可奈何。你來說說看，什麼是穿過禪悟關口的法眼？何處是大徹大悟的境界？試舉一則公案給你們看看。

舉說公案：有一位僧人問趙州從諗：「什麼是趙州？」（河北河南，總說不著。爛泥裡有刺，不在河南，就在河北。）趙州從諗回答說：「東門、南門、西門、北門。」（你用言語傷害我，我會原諒你；你朝我吐口水，我也會原諒你。現成公案，還看得見嗎？打。）

評唱

大凡參禪❶問道❷，須究自己，切忌揀擇言句。何故？不見趙州舉道：「至道無難，唯嫌揀擇。」雲門道：「如今禪和子，三箇五箇，聚頭❸喧喧❹，口喃喃❺地，便道：『這箇是上才❻語句，那箇是就身處打出語。』不知古人方便❼門中，為初機後學，未明心地❽、未見本性❾，未透脫❿之者，不得已而立箇方便語句。只如祖師自西土而來，單傳心印、直指人心、見性成佛，那裡如此葛藤？須是斬斷言語，格外見諦⓫，透脫得去，方可如龍得水、似虎靠山⓬。」

久參先德⓭，有見而未透、透而未圓⓮，謂之請益。若是見得透請益，卻要向言句中周旋⓯，無有凝滯⓰。久參請益，是與賊過梯。其實此事不在言句上，所以雲門道：「此事若在言句上，會三乘⓱十二分教⓲，豈不是言句？何須達摩西來，直指人心，說教外別傳？」汾陽十八問⓳中，此謂之「驗主問」，亦謂之「探拔問⓴」。

這僧置一箇問頭，不妨奇特。若不是趙州，也難為祇㉑對他。問著趙州：「如何是趙州？」州是本分作家，便向他道：「東門、南門、西門、北門。」後來人呼作無事禪㉒。你若恁麼會，三家村裡漢㉓更是會禪會佛法㉔去。只這便是滅佛法底人，喻如魚目擬作明珠，似則也似，是則不是。老僧道，不在河南，正在河北。且道，是有事、是無事？須是子細始得。

【注釋】❶參禪　指在禪師的指導之下坐禪修行，或從禪定中參究真理。❷問道　請教禪法。❸聚頭　聚首；會面。❹喧喧　形容聲音喧鬧。❺喃喃　象聲詞。低語聲。❻上才　指具有上等才能的人。❼方便　謂以靈活方式因人施教，使悟佛法真義。❽心地　指心。即思想、意念等。佛教認為三界唯心，心如滋生萬物的大地，能隨緣生一切諸法，故稱。❾本性　本有之性，即人人具備的佛性。❿透脫　謂不拘泥成規、書本。亦泛指靈活，不呆板。⓫格外見諦　指在通常的規範方式與知識見解之外察見真理。⓬如龍得水似虎靠山　比喻禪法的活潑自在。⓭先德　有德行的前輩。⓮圓　用同「原」。推究；解釋。⓯周旋　盤桓；輾轉；反覆。⓰凝滯　猶困阻。指疑難。⓱三乘　佛祖教化度脫眾生的三種方法，一般指聲聞、緣覺、菩薩（或佛）。三乘教法是佛祖權宜方便之說，並非根本法。⓲十二分教　對佛祖所說法，按照其敘述形式與內容分成十二種類。⓳汾陽十八問　宋代禪師汾陽善昭將參禪者對禪師的問話分類為十八問，禪林間稱為「汾陽十八問」。⓴探拔問　學人探求禪師見處深淺的問法。探拔，探禪師之深淺。㉑祇　適；恰；正。㉒無事禪　無所事事的禪教法門。法眼未明者常用此語指責隨緣任運、除盡俗情妄為的禪悟者。㉓三家村裡漢　偏僻小村裡出生的人，常用作對癡迷不悟者的斥責語。㉔佛法　佛所說之教法，包括各種教義及教義所表達的佛教真理。

【語譯】圜悟克勤評唱：一般說來，參禪問道，必須向自己的心中參究，千萬不要從言句中去分別推理。為什麼這樣說呢？豈不見趙州從諗舉說：「至道無難，唯嫌揀擇。」雲門文偃說：「現在有些禪宗僧人，三個一群，五個一夥，在那裡竊竊私語，說『這個是上等根機的人說的語句，那個是自己體驗出來的語句。』他們不知道在前代祖師立的方便法門中，這是為初機後學者而設的，主要指的是那些未徹悟心地，未認識本性，不機智靈活的人。對這些人，前代祖師不得已而立個方便法門。就像達摩祖師自印度而來，單傳心印，直指人心，見性成佛，哪裡有這些言句？必須得斬斷言語，從平常的地方看出不平常的佛教真理來，靈活機動地加以發揮，才能如龍得水，似虎靠山。」

久參前輩禪師，有的人認識到但不透徹，有的人認識透徹但不能解釋，所以要進一步請禪師教誨。如果認識得透徹再去向禪師請教，即使在言句中探求其旨意，也不會有什麼困難。禪師在學人長期參禪之後所給予的教誨，就像給竊賊樓梯一樣。其實參禪不在言句上，所以雲門文偃說：「參禪如果在言句上，理解三乘十二分教，難道不是言句？達摩祖師何必來中國，直指人心，說教外別傳？」在汾陽十八問中，這位僧人提的問題叫做「驗主問」，也叫做「探拔問」。

這位僧人提出的這個問題，非常奇特。如果不是趙州從諗，也很難恰如其分地回答他。僧人問趙州從諗：「什麼是趙州？」趙州從諗是一位機用傑出的禪師，便回答他說：「東門、南門、西門、北門。」後來的人稱作是無事禪。你如果這樣理解，那麼即使是偏遠山村裡見識淺陋的漢子也會禪法、也會佛法了。具有這種見解的人，就是毀滅佛法的人，就好像有人要把魚的眼睛比做明珠，魚的眼睛看上去很像明珠，但它不是明珠。我說不在河南，就在河北。你來說說看，是有事，還是無事？必須認真弄明白才行。

遠錄公❶云：「末後一句❷，始到牢關❸；指南一路，不在言詮。」十日一風、五日一雨，安邦❹樂業❺，鼓腹❻歌謠❼，謂之太平時節，謂之無事。不是拍盲便道無事，須是透得關捩子，過得荊棘林❽，淨裸裸、赤洒洒，依前是箇平常人。由你有事也得，無事也得，七縱八橫，不執定。有般人道：「本無一星事❾，遇茶喫茶、遇飯喫飯。」此是大妄語❿，喚作未得為得，未證為證。元來不曾參得透，見人說心說性、說玄⓫說要，便道：「只是狂見，本來無事。」可謂一盲引眾盲！殊不知祖師未來時，那裡喚天作地，喚山作水來？為什麼祖師更西來？諸方入室陞座⓬，說箇什麼？盡是情解計較！若得情識計較盡，方見得透，依前天是天、地是地、山是山、水是水。

不見古人道：「心是根⑬，法⑭是塵⑮，兩種猶如鏡上痕⑯。痕垢⑰盡除光始現，心法雙亡性即真。」到這裡，自然淨裸裸、赤灑灑，若據極則處所論，也未是安穩⑱處在。到這裡，人多錯會，打入無事界中，佛也不禮，香也不燒。似則也似，爭奈脫體不是？才問著，卻是極則相似。拶著便參差，七花八裂，坐在空腹高心⑲處，到臘月三十日⑳，換手搥胸，已遲了也。

這僧問趙州：「如何是趙州？」州云：「東門、南門、西門、北門。」且道，作麼生摸索？恁麼也不得，不恁麼也不得，畢竟如何？這些子是難處。

侍者一日報趙州云：「大王來也。」州離座云：「喏喏㉑。」者云：「未到，在三門下。」州云：「又道來也。」南禪師㉒拈云：「侍者只知報客，不知身在帝鄉㉓；趙州老婆心切，不覺入泥入水㉔。」參到這裡，不妨奇特！

【注釋】❶遠錄公　法名法遠（西元九九一～一〇六七年），宋代禪僧，俗姓王氏，號柴石野人，鄭州（今屬河南境內）人。參歸省禪師得法，晚年住浮山，徒眾大集，闡揚宗風，世稱「浮山法遠」。❷末後一句　指達到徹底覺悟的最後一句，亦即至極關鍵的一句話。❸牢關　堅牢的關口，比喻禪悟的關口，即不能以思量分別通過到達的向上境地。❹安邦　使國家平安穩定。❺樂業　謂愉快地從事本業。❻鼓腹　拍擊腹部，以應歌節。❼歌謠　歌唱。❽荊棘林　喻指纏縛真性的妄念俗情。❾一星事　譬喻如秤星般的些微小事。星，秤器上的刻度。❿妄語　謊言，虛妄不實的話。⓫玄　指深奧的道理。⓬陞座　禪師上法堂登法座為大眾說法。⓭根　能夠促進增生的力，如「眼根」能生「眼識」，「耳根」能生「耳識」等，一般指「六根」，與「六塵」相對。⑭法　事物，現象。⑮塵　世間一切虛幻不實的事物和妄念，能污染真性，故稱之為塵。⑯痕　影子。⑰垢　污穢、骯髒的東西。⑱安穩　即安樂而平穩無事之意。若達到不為任何煩惱所惑之境地，而身安心穩，猶如涅槃之寂靜無為，五濁不障者，亦稱為安穩。⑲空腹高心　腹內空虛而目空一切。形容並無才學而自視甚高。⑳臈月三十日　本義為農曆年最後一日，禪家用來喻指人生終了，死期到來。臈，同「臘」。㉑喏　向人作揖並同時出聲致敬。㉒南禪師　法名慧南（西元一〇〇二～一〇六九年），宋代禪僧，俗姓章氏，玉山（今屬江西境內）人。參石霜楚圓得法，住江西黃龍山，法席很盛，世稱「黃龍慧南」，是臨濟宗黃龍派的創始人。㉓帝鄉　京城；皇帝居住的地方。這裡指帝王統治之地。㉔入泥入水　喻指禪師苦口婆心，啟發引導學人。這對於不立文字語言的禪法來說是犯忌的，是不得已而為之的權宜方法。

【語　譯】浮山法遠說：「最後一句，才到牢關；指示本分大事的旨意，用言語無法解釋。」好比十天吹一次風，五天下一次雨，風調雨順，國家安定，百姓樂業，拍著胸腹高歌，這就叫做是太平時期，稱之為無事。所謂無事，不是隨隨便便說的，必須透過禪悟的關鍵之處，走過佈滿荊棘的樹林，一絲不掛赤條條，點塵不著潔白白，依然是個平常的人。任憑你有事也好，無事也好，七縱八橫，不執著在有事、無事上面。有一種人說：「本來就沒有任何事情，不過是有茶喝茶，有飯吃飯而已。」這是彌天大謊，可以叫做是未得到卻說得到了，未證悟卻說是證悟了。這種人從來也沒有參透過禪，見人說心說性、說玄說妙，還說：「只是狂見而已，本來就無事。」真可稱得上是一位盲人帶領一群盲人。他們竟然不知道達摩祖師沒來中國以前，哪裡會把天叫做地，把山叫做水？為什麼達摩祖師要從印度來中國呢？各地的禪師入室陞座說法，他們說些什麼呢？都是一些俗情妄解、分別計較。只有滅盡了俗情妄識、分別計較，才能認識得透徹，才能仍舊見天是天、見地是地、見山是山、見水是水。

例如從前的禪師說：「心是根，法是塵，兩種猶如鏡上痕。痕垢盡除光始現，心法雙亡性即真。」到了這個境界，自然一絲不掛赤條條，點塵不著潔白白，如果就更高的標準而言，這還算不上是安穩的境界。進入這個境界的人，往往錯誤地理解自己進入了無事的境界，佛也不去禮拜，香也不去燒。像倒是像進入了無事的境界，無奈的是，用禪宗無區別的法眼來觀照，這還不是無事的境界。剛被問著，顯得非常高明。一較量機鋒，就顯示出高低來了，七劃八裂，坐在胸無點墨、目空一切的地方，到了十二月三十日，即使雙手不斷地捶胸，也已經來不及了。

這位僧人問趙州從諗：「什麼是趙州？」趙州從諗回答說：「東門、南門、西門、北門。」你來說說看，要怎樣去摸索他的用意呢？這樣做也不對，不這樣做也不對，到底要怎樣做才對呢？這些都是叫人為難的地方。

一天，侍者報告趙州從諗：「大王來了。」趙州從諗離開座位，說：「喏喏。」侍者說：「大王還沒到，在寺院大門外。」趙州從諗說：「你又說來了。」黃龍慧南禪師拈評這則公案說：「侍者只知道稟報客人的到來，不知道身在帝王的統治之下；趙州從諗慈悲心切，用言語來啟發學人，不覺渾身都是泥水。」參到這裡，非常奇特。

頌

句裡呈機❶劈面❷來，(嚮。魚行水濁❸，莫瞞他趙州好。)
爍迦羅眼❹絕❺纖埃❻。(撒沙撒土❼，莫帶累趙州。撈天摸地，作什麼？)
東南西北門相對，(開也，那裡有許多門！背卻趙州城，向什麼處去也？)
無限❽輪❾鎚❿擊不開。(自是輪鎚不到。)

【注釋】❶句裡呈機　謂言句裡顯示機鋒。❷劈面　迎面。❸魚行水濁　這時有欲蓋彌彰之意。❹爍迦羅眼　金剛眼；堅固眼。即指明定正邪、辨別得失之眼。爍迦羅，精進；堅固。❺絕　斷絕；淨盡。❻纖埃　微塵。❼撒沙撒土　意謂雪竇重顯如此頌，說出其意，猶如撒塵沙。❽無限　猶無數。謂數量極多。❾輪　古代的一種兵器。❿鎚　古兵器之一，頂端有金屬球形重物，用以打擊。

【語　譯】雪竇重顯頌古：句裡呈機劈面來，（聲音響亮。魚兒游過水變得渾濁，不要欺騙他趙州從諗才好。）爍迦羅眼絕纖埃。（撒沙撒土，不要連累趙州從諗。撈天摸地，做什麼？）東南西北門相對，（開了，哪裡有這麼多的門？離開趙州城，到什麼地方去呢？）無限輪鎚擊不開。（自然是輪鎚打不到。）

評唱

趙州臨機，如金剛王寶劍，擬議則截卻你頭，往往當面換卻你眼睛❶。這僧也敢捋虎鬚，致箇問端，大似無事生事❷，爭奈句裡有機。他既呈機來問，趙州也不辜負他，所以亦呈機答。不是他特地如此，蓋❸為透得底人，自然合轍❹，一似曾問來相似。

不見有一外道❺，手中握雀兒❻，問佛：「生也？死也？」佛豎拳云：「開也？合也？」此話便同這公案。古人自是血脈不斷，所以道：問在答處，答在問端❼。

雪竇見得徹底，便道：「句裡呈機劈面來」，句裡有機帶兩意，又似問「人」，又似問「境❽」。趙州不移一絲毫，便向他道：「東門、南門、西門、北門。」「爍迦羅眼絕纖埃」，此頌趙州也於句裡呈機答他，所以謂之有機變❾。才轉，照破他心膽。若不如此，難塞他問頭。「爍迦羅」者，是梵語，此云堅固，亦云金剛。爍迦羅眼，不唯千里明察秋毫⑩，亦乃定邪決正，去來⑪別機宜、識休咎。雪竇道：「東南西北門相對，無限輪鎚擊不開。」既是無限輪鎚，為什麼擊不開？自是雪竇見處如此。諸人作麼生得此門開去？試參詳看。

【注　釋】❶擬議則截卻你頭二句　意謂奪去參學者身上的繫縛，使他無所執著。❷無事生事　猶言無事生非。❸蓋　連詞。承接上文，表示原因或理由。❹合轍　車輪與車的軌跡相合。比喻彼此思想言行相一致，合拍。❺外道　指佛教以外的一切宗教。亦指信仰外道者。❻雀兒　麻雀；小鳥。❼問端　問題。❽境　地域；處所。佛教指成為心所感覺的世界。如塵境；色境；法境等。❾機變　禪機變化；機鋒變化。❿明察秋毫　謂目光敏銳，可以看清秋天鳥獸新生的毫毛。形容洞察一切。⓫去來　指過去、未來。

【語　譯】圜悟克勤評唱：趙州從諗的機鋒就像金剛王寶劍，稍一遲疑就要砍斷你的腦袋，往往還要當面換掉你的眼睛。這位僧人也敢摸虎鬚，提出這個問題，好像無事生事，其實他的問句裡帶有機鋒。他既然是帶著機鋒來問，趙州從諗也不枉費他的一番心機，所以也帶著機鋒來回答。不是他特地要這樣回答，而是因為大徹大悟之後的人應對自然合拍，就像曾經有人來問過一樣。

曾經有一位外道，手中握著一隻小鳥，問佛祖釋迦牟尼：「這隻小鳥是活的呢？還是死的呢？」佛祖豎起拳頭問：「這隻拳頭是打開了呢？還是合攏了呢？」這段對話很像這則公案。前輩祖師自然是一脈相承的，所以說：問題就在回答的句子裡，回答的句子中同樣也包含問題。

雪竇重顯看得非常透徹，便說：「句裡呈機劈面來」，指的是僧人的問話含有機鋒，且帶有兩層意思，既像在問「人」，又像在問「境」。趙州從諗毫不遲疑、非常乾脆地回答他說：「東門、南門、西門、北門。」

「爍迦羅眼絕纖埃」，這句頌趙州從諗同樣從言句中呈送機鋒來回答這位僧人，所以叫做是有禪機變化。機鋒一轉，就照破了這位僧人的心膽。如果不這樣回答，就很難應付他的問題。「爍迦羅」是梵語，這裡的意思是「堅固」，也有「金剛」之義。爍迦羅眼不僅能洞察千里之外的一切，而且能斷定邪與正，就是在過去世、未來世都能隨機應教，識別善惡。雪竇重顯說：「東南西北門相對，無限輪鎚擊不開。」既然是無數次的輪鎚錘擊，為什麼錘擊不開？雪竇重顯的看法自然是如此。諸位有什麼辦法能使這門打開呢？請仔細參究，認真思考。

【說　明】有一位僧人問趙州和尚：「什麼是趙州？」趙州既指地名，為趙州從諗住持寺院的所在地，也可以指趙州從諗本人。所以僧人提出的這一問題用意極深，他想試探趙州從諗修行的功底。如果從人名的角度去回答，就不能照顧地名；把它當作地名，又難以照顧到人名，實在是進退維谷，使人為難。趙州從諗畢竟是一代大師，禪的功底深厚，他既不言人名，亦不言地名，而是爽快地回答：「東門、南門、西門、北門。」四門大開，隨你出入，能進去的人即可得道。

趙州從諗借趙州城有東南西北四門來暗示自己的禪風靈活，個個門都可以進入「趙州城」。這樣的回答既高妙，又婉轉，問話的僧人不容易明白。後來智海道平禪師便明確地對弟子們說：「趙州有四門，門門通大道。玉泉有四路，路路透長安。門門通大道，畢竟誰親到？」這就明確告訴人們，通往禪悟的門路四面八方都有，不管你從哪一門路都可走到目的地，但最關鍵的，是你要「親到」。

第十則　睦州三喝

【題解】這是一則顯示睦州道明門風嚴峻的公案。睦州道明欲問一位僧人的來處，以此勘辨其識見。但這位僧人在胡亂吆喝數聲之後，竟然無語。睦州道明知道他是一個掠虛漢，故打他，以截斷其虛喝。

示眾

恁麼也不得，不恁麼也不得。若論戰也，立在轉處。所以道，若向上轉去，直得釋迦、彌勒❶、文殊❷、普賢❸，千聖萬聖，天下宗師，並皆飲氣吞聲❹。若向下轉去，醯雞❺蚊虻❻，蠢動含靈❼，萬象森羅❽，一一放大光明、一一壁立千仞。儻忽❾不上不下，又作麼生商量？有條依條、無條依例，舉看。

舉

睦州問僧：「近離甚處？」（探竿影草❿。）

僧便喝。（作家禪客，且莫詐明頭⓫，也解恁麼去。）

州云：「老僧被汝一喝。」（陷虎之機，孟八郎⓬作麼？）

僧又喝。（看取⓭頭角⓮，似則似，是則未是，只恐龍頭蛇尾⓯。）

州云：「三喝四喝後作麼生？」（逆水之波，未曾有一人入得，那裡去來？）

僧無語。（果然摸索不著。）

州便打云：（盡令而行⑯，大地草木，也斬為三段。）

「這掠虛漢⑰！」（放過一著，落在第二⑱，便打。）

【注　釋】❶彌勒　佛教四大菩薩之一。彌勒出生於婆羅門家庭，後為釋迦牟尼的弟子，在釋迦牟尼之前寂滅，以菩薩身為天人說法，住在兜率天。❷文殊　佛教四大菩薩之一。相傳其顯靈說法的道場在山西五臺山。佛祖釋迦牟尼的左脅侍，專司「智慧」，常與司「理」的右脅侍普賢並稱。頂結五髻，手持寶劍，表示智慧銳利。❸普賢　佛教四大菩薩之一。相傳其顯靈說法的道場在四川峨眉山。常助成宣揚釋迦牟尼的化導攝益，以此菩薩身相及功德遍一切處，純一妙善，故稱普賢。❹飲氣吞聲　謂不喘氣，不做聲。形容憂懼惶恐。❺醯雞　即蠛蠓，體微細，將雨，群飛塞路。古人以為是酒醋上的白黴變成。❻蚊虻　一種危害牲畜的蟲類。以口尖利器刺入牛馬等皮膚，使之流血，並產卵其中。亦指蚊子。❼蠢動含靈　猶言一切眾生。❽萬象森羅　紛然羅列的各種事物和現象。❾儻忽　倘若；假如。表示假設。❿探竿影草　探竿、影草，都是漁民使魚聚集後下網捕撈之法。禪宗藉以喻指啟發性的隨宜施教。探竿，用鵜羽綁在竹竿上，插在水中誘魚。影草，割草拋在水中，誘引魚聚集在草影裡。⓫明頭　明白的人。⓬孟八郎　指不依道理行事者。孟，孟浪。八郎，排行的次序。禪宗常用「孟八郎」形容強橫暴戾的粗漢。⓭取　這裡作助詞，無義。⓮頭角　指頭額、額角。⓯龍頭蛇尾　比喻首盛尾衰。此僧兩次大喝，如龍戴角，無奈被睦州道明拶著無轉身處，伎倆已盡，開口不得，如蛇尾無力之勢。⓰盡令而行　意謂佛祖之道通行於世。令指正令，禪林喻指棒喝之外，不立一法，為教外別傳之旨。⓱掠虛漢　對虛妄不實者的斥語。掠虛，指僅模仿他人言語的表面行動。⓲第二　即第二頭，指玄妙禪法以外的事理。

【語　譯】圜悟克勤開示：這樣做不行，不這樣做也不行。如果想法戰一場，那就應該站在可以轉動的地方。所以有人說，如果向上轉去，弄得佛祖釋迦牟尼、彌勒菩薩、文殊菩薩、普賢菩薩，成千上萬個聖人，天下的祖師，個個都是忍氣吞聲。如果向下轉去，飛蟲蚊虻，一切蠢蠢蠕動的眾生，世界上的一切事物和現象，一一放大光明，一一屹立在萬丈懸崖之上。如果不上不下，又應該怎樣商討呢？有條例可依則依條例，無條例可依則按照佛祖釋迦牟尼的舊例，試舉說一則公案給你們看看。

舉說公案：睦州道明問一位前來參訪的僧人：「最近剛離開什麼地方？」（用探竿影草的方法來接引學人。）這位僧人大喝一聲。（一個機用出色的禪宗僧人，如果不是班門弄斧的話，也應該知道怎樣去做。）睦州道明說：「老僧被你大喝一聲。」（使老虎掉進陷井的機鋒，孟八郎怎麼了？）這位僧人又是大喝一聲。（看看他的額頭，像倒是有點像，但畢竟不是一位機用傑出的禪宗僧人，只恐怕是龍頭蛇尾。）睦州道明問：「三喝、四喝之後，又該怎麼辦呢？」（睦州道明的機鋒如同倒流之水的波浪，不曾有一人進得去，即使進去了，又從哪裡出來呢？）這位僧人無話可說。（果然摸不著頭腦。）睦州道明舉棒就打，說：（如果讓禪法大行於世，那麼整個大地的草與樹，都會被斬成三段。）「你這裝腔作勢的傢伙！」（睦州道明退讓一步，落在第二頭，該打。）

評唱

大凡扶豎宗教，須是有本分宗師底眼，有本分宗師用。睦州機鋒，如閃電光相似，愛勘座主❶，尋常出一言半句，一似箇荊棘叢林相似，著腳手不得❷。他才見僧來，便道：「現成公案，放你三十棒。」又見僧云：「上座！」僧回首，州云：「擔板漢。」又示眾云：「未得箇入頭處，須是得箇入頭處。」機鋒總如此。

這僧也善雕琢❸，爭奈龍頭蛇尾。當時若不是睦州，也被他惑亂❹一場。只如問他：「近離甚處？」他便下喝。且道，他意作麼生？這老漢也不忙，緩緩地向他道：「老僧被汝一喝！」恰似領他話相似，又似驗他相似，斜身看他如何。這僧又喝，似則似，是則不是。這老漢穿卻鼻孔來了也。便向他道：「三喝四喝後，作麼生？」這僧果然無語，州便打云：「這掠虛漢！」驗人端的❺處，下口便知音。可惜許，這僧無語，惹得睦州道：「這掠虛漢！」若是諸人，被睦州道：「三喝四喝後，作麼生？」合如何祇對，免得他道：「這掠虛漢」？到這裡，若是識存亡、別休咎，腳跟踏實地底漢，誰管你「三喝四喝後作麼生」？只為這僧無語，所以被這老漢據款結案。聽取雪竇頌出。

【注釋】❶座主　指從遠方來參問的講經僧。❷著腳手不得　意謂出語辛辣而難尋其思路。❸雕琢　猶矯飾，做作。❹惑亂　迷亂，混亂。❺端的　憑準。

【語譯】圜悟克勤評唱：大抵扶持佛教事業的人，除了必須具有傑出大師的法眼外，還得必須具有傑出大師的作為。睦州道明的機鋒就像閃電的光一樣迅速，他喜歡勘察前來參學的講經僧，平常說出的一言半句，很像一座荊棘叢林，讓人無法動手動腳。他只要一看見有僧人前來參學，就說：「現成公案，放你三十棒。」再次看見這位僧人時，睦州道明又喊：「上座！」僧人回頭，睦州道明說：「擔板漢。」他又開示僧眾說：「還沒有找到一個悟入之處的人，應該去找一個悟入之處。」他的機鋒總是這樣。

這位僧人也善於做作，無奈顯得龍頭蛇尾。當時如果不是睦州道明，或許要被他迷惑一場。就像睦州道明問他：「最近剛離開什麼地方？」這位僧人就突然大喝一聲。你來說說看，他這樣做的用意是什麼呢？睦州道明這老漢也不慌不忙，慢慢地對他說：「老僧被你一喝。」正像領會了他的用意一樣，又像是在勘驗他一樣，然後側著身子看他如何對機。這位僧人仍舊是大喝一聲，看上去像是理解了睦州道明的用意，其實根本沒有理解，被睦州道明這老漢牽著鼻子轉。睦州道明問他：「三喝四喝之後又該怎麼辦呢？」這位僧人果然無話可答。睦州道明舉棒就打，說：「你這裝腔作勢的傢伙！」他勘驗人非常準，一開口就知道對方的底細。可惜的是，這位僧人無話可答，惹得睦州道明說：「你這裝腔作勢的傢伙！」如果是其他人被睦州道明問：「三喝四喝後該怎麼辦呢？」應該如何恰如其分地回答，免得睦州道明說「你這裝腔作勢的傢伙」呢？到了這個地步，你如果是一個能夠識別生存與死亡、美好與醜惡的人，而且又是一個腳踏實地的人，還管他什麼「三喝四喝之後又該怎麼辦」？只因為這位僧人無話可答，所以被睦州道明這老漢判斷了結了這則公案。

下面請聽雪竇重顯的頌古。

頌

兩喝與三喝，（雷聲浩大❶，雨點全無❷。自古至今，罕有人恁麼。）

作者❸知機變。（若不作家爭驗得？只恐不恁麼。）

若謂騎虎頭，（因❹！瞎漢。虎頭作麼生騎？多少人恁麼會，也有人作這般見解。）

二俱成瞎漢。（親言出親口，何止兩箇？自領出去！）

誰瞎漢？（教阿誰辯？又恁麼去也！雪竇賴有末後句，幾乎賺❺殺天下人。）

拈來天下與人看。（恁麼舉著，且道是第幾機？看即不無❻，覷❼著即瞎。闍梨❽若著眼看，則兩手捂❾空。）

【注　釋】❶雷聲浩大　喻指僧人的兩聲大喝。❷兩點全無　指僧人的無語對答。❸作者　行家。❹𡆥　牽引船的聲音。❺賺　折騰。❻不無　猶言有些。❼覷　窺伺；細看。❽闍梨　阿闍梨的略稱。意即教授弟子，使之行為端正合宜，而自身又堪為弟子楷模之師。❾捂　用手、爪或工具扒物或掘土。

【語　譯】雪竇重顯頌古：兩喝與三喝，（雷聲浩大，兩點全無。從古到今，很少有人這樣喝。）作者知機變。（如果不是行家高手，怎麼勘驗得出？只恐怕不是這樣。）若謂騎虎頭，（𡆥！瞎眼漢。虎頭怎麼騎？多少人這樣理解，也有人產生這樣的見解。）二俱成瞎漢。（親言出親口，何止兩個？自領出去。）誰瞎漢？（教誰去辨別？就這樣去了。幸好雪竇重顯有末後句，否則幾乎要折騰死天下的人。）拈來天下與人看。（這樣舉說，你來說說看，這是第幾機？粗看似乎有一些，細看則一點也看不見。師父如果睜大眼睛看，兩手就會抓空。）

評唱

雪竇不妨奇特，有為人處。若不是他作者，只是胡喝亂喝。古人道：「有時一喝，不作一喝用；有時一喝，卻作一喝用。有時一喝，如踞地獅子；有時一喝，如金剛王寶劍。」興化❶道：「你東廊❷也喝、西廊也喝，胡喝亂喝作什麼！」臨濟❸道：「我聞汝等總學我喝，我且問你，東堂❹有僧出，西堂❺有僧出，兩僧齊下一喝，那箇是賓？那箇是主？你若分賓主❻不得，已後不得學我喝！」

所以雪竇頌道：「作者知機變。」這僧雖被睦州收，卻有出身處，識他機變處。且道，什麼處是這僧識機變處？是為騎虎頭。鹿門智禪師點這僧云：「識法者懼❼。」巖頭道：「若論戰也，箇箇立在轉處。」黃龍心❽云：「事窮則變、變則通。這箇些子，是祖師坐斷天下人舌頭處。」你若是識機變，舉著便知落處。

有般漢道：「管他三喝四喝，作什麼？只管喝將去，論什麼二十喝？喝到彌勒下生❾，謂之『騎虎頭』。」若恁麼，不識睦州則可矣。要見這僧，太遠在！如人騎虎頭，須是手中有刀，有轉變❿機智始得。雪竇道：「若恁麼，二俱成瞎漢。」雪竇一似倚天⓫長劍，凜凜⓬神威，觸著即喪身失命。若人會得雪竇意，自然千變萬化，一切見處自在，便見他只是下箇注腳⓭。又道：「誰瞎漢？」且道，是賓家瞎？是主家瞎？莫是賓主一時瞎麼？「拈來天下與人看」，此是活處⓮，雪竇一時頌了也。為什麼卻道：「拈來天下與人看？」且道作麼生看？開眼也著，閉眼也著⓯，還有人免得底麼？

【注釋】❶興化　法名存獎（西元？～九二五年），唐代禪僧，孔子後裔，曲阜（今屬山東境內）人。參臨濟義玄得法，住魏府（治今河北大名）興化院，徒眾四至，臨濟法門，從此光大，世稱「興化存獎」。❷廊　廳堂周圍的屋。或指正屋兩旁屋簷下面的過道，或有頂的獨立通道。如走廊、遊廊等。❸臨濟　法名義玄（西元？～八六七年），唐代禪僧，俗姓邢氏，曹州南華（治今山東東明）人。參黃檗希運得法。後歸鎮州（治今河北正定）創建臨濟院，弘揚禪法，自成一家，形成臨濟宗，世稱「臨濟義玄」。禪風單刀直入，機鋒峻峭。❹東堂　東廂的殿堂或廳堂。❺西堂　西廂的前堂。或泛指西邊的堂屋。禪林以東方為主位，西方為賓位（客位），將本寺的退院住持安置在東堂，其他寺院的退院住持，則安置在西堂，待之若賓客。❻賓主　臨濟宗接引學人、機用施設，講究辨分「賓主」。「賓」指參禪學人或未明禪法者；「主」指禪師宗匠或明悟禪弘者。❼識法者懼　意謂這僧不再連喝下去。❽黃龍心　法名祖心（西元一〇二五～一一〇〇年），宋代禪僧，俗姓鄔氏，號晦堂，始興（今屬廣東境內）人。參黃龍慧南得法，慧南寂，繼其法席，居十二年，法門大興，世稱「黃龍祖心」。❾彌勒下生　釋迦牟尼曾預言授記，當彌勒菩薩壽四千歲（約合人間五十七億六千萬年）盡時，將下生此世，在龍華樹下成佛，分三會說法。以其代釋迦佛說教之意，故亦稱彌勒佛。下生，指菩薩自天上界降生於下界。禪林常用「彌勒下生」比喻時間久遠。❿轉變　轉化變異之意。⓫倚天　靠著天。形容極高。⓬凜凜　威嚴而使人敬畏的樣子。⓭注腳　解釋字句的文字。或泛指解釋、說明。⓮活處　指含意深刻，非從言外之意深參而不能了悟的地方。⓯著　句尾助詞，相當於「罷」。常常是兩句對舉。

【語　譯】圜悟克勤評唱：雪竇重顯的頌古非常奇特，具有勘驗學人的眼光。他如果不是一個行家高手，那只會胡亂吆喝。從前的禪師說：「有時候一喝，不作一喝用；有時候一喝，卻作一喝用；有時候一喝，像盤踞在地上的獅子；有時候一喝，像金剛王寶劍。」興化存獎說：「你們這些人站在東廊下也喝，站在西廊下也喝，胡亂吆喝幹什麼！」臨濟義玄說：「我聽見你們總是學我喝，我來問問你，東堂有一位僧人走出來，西堂也有一位僧人走出來，兩位僧人同時大喝一聲，哪個是賓？哪個是主？你如果分不清賓主次序，以後不許學我喝！」

所以雪竇重顯的頌古說：「作者知機變。」這位僧人雖然被睦州道明制服，卻有超脫的地方，知道睦州道明禪機變化之處。你來說說看，什麼是這位僧人認識到了的禪機變化之處？這就是騎在老虎頭上。鹿門智禪師點評這位僧人說：「認識到了禪法的人才知道畏懼。」巖頭全豁說：「如果要論法戰的話，個個都站在可以轉身的地方。」黃龍祖心說：「事物發展到最後就會產生變化，變化之後則通達無礙。這些禪機變化之處，是祖師截斷天下人舌頭的地方。」如果知道禪機變化，只要別人一舉說公案，你就會知道這則公案的旨意。

有一種人說：「管他三喝四喝做什麼？只管喝下去，說什麼二十喝？一直喝到彌勒佛降生，這才叫做騎在老虎頭上。」如果抱著這樣的見解，那就不可能認識到睦州道明的禪機變化。即使要達到這位僧人的水平，也還是有非常大的距離。就像人騎在老虎頭上，必須得手中有刀，還得機智靈活才行。雪竇重顯說：「如果那樣的話，睦州道明與那位僧人都成瞎子了。」雪竇重顯的頌古就像一把倚天長劍，威風凜凜，碰著就會喪失生命。如果有人理解了雪竇重顯的用意，自然千變萬化，一切見解都顯得自由自在，便可看出雪竇重顯只是為公案作注釋而已。雪竇重顯又說：「誰瞎漢？」你來說說看，是參禪者瞎了眼？還是禪師瞎了眼？或許是參禪者與禪師一起瞎了眼？「拈來天下與人看」，在這些很難參究的地方，雪竇重顯一齊把它的深意都頌出來了。為什麼他還要說「拈來天下與人看」呢？且說怎麼樣看？睜眼也罷，閉眼也罷，還有人逃得脫嗎？

【說　明】「恁麼」是肯定，「不恁麼」是否定。否定與肯定的論戰，各據其立場。若據其差別的立場來看，萬象的差別相，歷然地可以指點；若據其平等的立場來看，萬象是一味平等。所以轉眼向上看，釋迦牟尼及其天下宗師，無非一味平等，絕沒有彼賢此愚的差別；又若向下一看，即使蛆蟲蚊子，也都是有絕對價值的存在，都放大光明儼然獨立著。所以就萬有自身的立場來看，也有兩面不同的相狀，這因為是禪法兩面的作用之故。但歸還到禪法本身的立場來看，是差別即平等，平等即差別。若在即不向上也不向下沒有轉動時，說之為差別亦可，說之為平等亦無不可。

圜悟克勤的開示是在論述平等觀和差別觀，差別是依平等展開的，所以差別的一一，都具有絕對的價值而發揮其一一獨自的光明。禪的差別觀，不是說從相對立場來觀察萬物而說差別，而是從絕對法的顯現來觀察萬物的。因此，差別的一一，無不是絕對的法；古人說的「生也全機現，死也全機現」，也不外這個道理。根據這個觀點，那麼煩惱也不是煩惱，而是絕對的法，是宇宙的精神，是本性。所以古人也說「煩惱無可除」。

這是禪的辯證理論達到究極點。

雪竇重顯頌古的意思是說：睦州道明在這位僧人的兩喝、三喝之後，已經摸清楚了他的底細。如果這位僧人在一喝之後就占了上風，騎在睦州道明這頭猛虎的頭上耀武揚威，那麼睦州道明就成了瞎漢，這位僧人更加瞎得不得了。究竟誰是瞎漢，向天下的禪家披露一番，靜待他們的批評。

第十一則　黃檗噇糟

【題解】這則公案表明禪在乎行，在乎體驗。禪是不立文字的，所以無說；禪是自證自悟的，所以無師。禪到處都有，佛在各人心中，主要靠自己去領悟、參透，光靠「師」是沒有用的。

示眾

祖師大機❶，全歸掌握❷；人天命脈❸，悉❹受指呼❺。等閑❻一言一句，動眾驚群；一機一境，打鎖敲枷❼。接向上之根機❽，用作家之爐鞴❾。且道，是什麼人曾恁麼來？還有知落處底麼？試請舉看。

舉

黃檗和尚❿示眾云：（打水礙盆⓫，一口吞盡⓬，天下衲僧跳不出，道什麼？）「汝等諸人⓭，盡是噇酒糟漢⓮，恁麼行腳，（踏破草鞋⓯。）何處有今日？（用「今日」作什麼？不妨驚群動眾。）還知大唐⓰國裡無禪師⓱麼？」（山僧不會。）時有僧出云：「只如諸方匡徒領眾⓲，又作麼生？」（也好與一拶，臨機不得不恁麼。）

檗云：「不道無禪，只是無師。」（直得分疏不下，瓦解冰消⑲，龍頭蛇尾⑳。）

【注釋】❶大機　指微妙幽玄、不落跡象的禪義。❷全歸掌握　謂黃檗希運天性會禪，故祖師大機全歸手中。掌握，手掌；手中。亦喻控制的範圍。❸人天命脈　一身所主者，喻指本有自性。禪師常將法堂上聽法大眾稱作「人天」。命脈，生命與血脈。常比喻關係極重大的事物。❹悉　盡；全。❺指呼　指揮；使喚。❻等閑　尋常；平常。❼枷　古代加在犯人頸上的木製刑具。❽向上之根機　能徹底體得諸佛境界的人。❾爐鞴　火爐鼓風的皮囊。亦借指熔爐。❿黃檗和尚　法名希運（約西元？～八五〇年），唐代禪僧，福建人。少年時於洪州高安（今屬江西境內）黃檗山出家、往參百丈懷海，得傳心印。後住黃檗山，發揮直指單傳心要，世稱「黃檗希運」。主張「心即是佛」、「心即是法」，以「其言簡、其理真、其道峻、其行孤」的禪風傳於世。⓫打水礙盆　喻指黃檗希運用言語說示禪法，說不徹底。⓬一口吞盡　謂包容一切事物而無遺漏。⓭諸人　眾人。⓮噇酒糟漢　醉漢，糊塗蟲。當時罵人的話。噇，吃。酒糟，造酒剩下的渣滓。黃檗希運借此語呵斥拘泥語言文字的參禪者，僅嘗得釋迦、達摩的殘渣；有如僅嘗得酒糟味，而不知真正酒味。⓯踏破草鞋　謂行腳不明自己的本分大事，僅僅是磨破草鞋而已。⓰大唐　即唐朝，李淵及其子李世民所建（西元六一八～九〇七年）。⓱禪師　指通曉禪法的禪宗僧人。⓲匡徒領眾　率領、教化徒眾。⓳瓦解冰消　比喻事物消失或崩潰。⓴龍頭蛇尾　比喻首盛尾衰。這裡指黃檗希運前言不應後語，起初有挫敗英雄之勢，最終則伏戈卸甲。

【語譯】圜悟克勤開示：前輩祖師的大機大用，完全掌握在他的手中；人們的命根子，也完全受他的使喚。平常且無足輕重的一言半句，經過他的講述之後就可以喚醒許許多多的人；他垂示的一機一境，足以打斷人們心中像枷鎖一樣的俗情妄念。即使接引具有上等根機的參禪者，他也要使用機用傑出的高超手段。你來說說看，什麼人曾經這樣做過？還有人知道他的旨意嗎？試舉一則公案給你們看看。

舉說公案：黃檗希運開示僧眾說：（想打盆中的水，卻受到盆的障礙，一口吞盡，天下的禪宗僧人跳不出，說什麼？）「你們這些人通通都像吃了酒糟的醉漢一樣，如果帶著這樣的狀態到處行腳參訪，（踏破草鞋也無濟於事。）要到什麼時候才能像今天這樣真正地在修行，（用「今天」幹什麼？這一句話真的要驚動大眾。）你們還知道大唐國裡沒有真正的禪師嗎？」（我不懂。）當時有一位僧人站出來問：「許多地方都有禪師在訓練弟子，領導徒眾修行，這又該怎麼講呢？」（也好與黃檗希運較量一番機鋒，面對禪機不得不這樣做。）黃檗希運回答說：「我並不是說沒有禪，只是缺少師徒相契的師父。」（黃檗希運被這位僧人的機鋒弄得分辯不清楚，如瓦碎，如冰消，龍頭蛇尾。）

評唱

黃檗身長七尺，額有圓珠，天性❶會禪，又說曾與羅漢同行❷。

初到百丈，丈云：「巍巍❸堂堂❹，從什麼處來？」檗云：「巍巍堂堂，從嶺中❺來。」丈云：「來為何事？」檗云：「不為別事。」百丈早知❻是箇漢❼。次日至禮辭丈。丈云：「何處去？」答云：「禮拜馬祖去。」丈云：「馬祖已遷化❽。」檗問云：「不知馬大師在日有何言句？」百丈舉再參馬祖因緣❾，檗不覺吐舌❿。丈云：「子莫⓫已後嗣⓬馬大師也？」檗云：「是何言歟？今日因和尚⓭舉此話，得見馬大師大機大用⓮。若承嗣馬祖，恐以後喪我兒孫⓯！」

一日又問丈：「從上⓰宗乘，如何指示⓱？」百丈良久。檗云：「不可教後人斷絕去！」百丈云：「將謂汝是箇人。」遂乃起入方丈⓲。

又曾與裴休⓳相分說⓴心要㉑。裴公有偈贊云：「自從大士傳心印，額有圓珠七尺身㉒。掛錫十年棲蜀水㉓，浮盃今日渡漳濱㉔。千徒龍象隨高步㉕，萬里香華結勝因㉖。擬欲侍師為弟子㉗，不知將法付何人㉘。」

【注釋】❶天性　先天具有的品質或性情。❷又說曾與羅漢同行　有一天黃檗希運遊天台山，途中遇到一位和尚，就和他一面走一面說著。遇到一條溪流，正好溪水暴漲，那和尚把拄杖插在地上，摘下草笠，停下來，要帶黃檗希運一道渡過去。黃檗希運說：「你自己渡過去好了。」那和尚把衣服稍微往上提了一下，雙腳踩在水面上，如履平地，回頭望著黃檗希運說：「你也渡過來呀！」黃檗希運說：「你這自了漢，我如果知道你這樣作怪，早就會砍斷你的腿！」那和尚說：「我真敬佩你，不愧是個大乘根器。」說罷就不見了。原來這和尚是羅漢的化身。羅漢，梵語阿羅漢的省稱。小乘的最高果位，稱為「無學果」。謂已斷煩惱，超出三界輪迴，應受人天供養的尊者。❸巍巍　崇高偉大。❹堂堂　形容容貌壯偉。❺嶺中　福建在五嶺之南，故稱「嶺中」。❻早知　已知。❼是箇漢　意謂是一個真正的參禪者。❽遷化　（僧人）死亡。❾百丈舉再參馬祖因緣　馬祖道一見百丈懷海前來參禪，便舉起拂子，百丈懷海說：「即此用，離此用。」馬祖道一便把拂子掛在禪床的角落。過了一會兒馬祖道一又問：「你以後耍著兩片嘴皮，不知如何接引別人？」百丈懷海拿起拂子豎起來，馬祖道一說：「即此用，離此用。」百丈懷海把拂子放回原處。馬祖道一大聲一喝，使得百丈懷海耳聾了三天。因緣，禪家把機語或示機、應機的行為動作等稱為「因緣」。❿吐舌　驚奇貌；驚恐貌。⓫莫　副詞。表示揣測。或許；大約；莫非。⓬嗣　繼承；接續。⓭和尚　指德高望重的出家人。後世沿用為弟子對師父的尊稱。⓮大機大用　玄妙禪法及其實踐運用和授受。⓯若承嗣馬祖二句　意謂馬祖大師的手段俊逸高邁，後人難以繼其跡。⓰從上　從前；以前。⓱指示　猶指點，指引。⓲方丈　初指寺院。後指僧尼長老、住持的居室。⓳裴休　唐代居士。字公美，濟源（今屬河南境內）人。曾任宰相，精通佛典。會昌二年（西元八四二年），裴休在鍾陵（治今江西高安）為廉鎮（即觀察使），迎請黃檗希運至龍興寺，早晚問道。大中二年（西元八四八年），裴休移鎮宛陵（治今安徽宣城），又迎請黃檗希運至開元寺，常去參問，並記錄所說，即為現在通行的《黃檗希運禪師傳心法要》及《宛陵錄》。⓴分說　分辯；辯白。㉑心要　指心性上精要的法義。㉒自從大士傳心印二句　這兩句述傳法有本，身相不凡。大士，菩薩。這裡指黃檗希運。㉓掛錫十年棲蜀水　這句述黃檗希運在高安黃檗山修行十年。掛錫，遊方僧投宿寺院。因投宿時把衣缽錫杖掛在僧堂鉤上，故稱。蜀水，源出高安小界山，向東流五百九十里入南昌漳水。㉔浮盃今日渡漳濱　這句述黃檗希運自江西高安赴安徽宣城，途經南昌。浮盃，小船。濱，水邊，近水的地方。㉕千徒龍象隨高步　這句述黃檗希運德譽遠聞，眾多禪僧隨侍其側。龍象，龍與象。水行中龍力大，陸行中象力大，故佛教用以喻諸阿羅漢中修行勇猛有最大能力者。這裡指傑出的禪宗僧人。高步，超群出眾。這裡指黃檗希運。㉖萬里香華結勝因　這句述黃檗希運至宣城後，世俗人士禮迎，供香花，請結勝因。萬里，指從江西高安至安徽宣城的路程。香華，指供養佛前的香和花。勝因，殊勝的因緣。㉗擬欲侍師為弟子　裴休自述要拜黃檗希運為師。㉘不知將法付何人　裴休自述有繼承禪法的大志。

【語　譯】圜悟克勤評唱：黃檗希運身高七尺，額頭上的肉隆起像圓珠，他天生就懂禪法，曾經和羅漢同行。

當黃檗希運剛到百丈山的時候，百丈懷海說：「你長得身材魁梧，一表人才，從什麼地方來？」黃檗希運回答說：「身材魁梧的我從嶺中來。」百丈懷海又問：「你是為了什麼事情而來呢？」黃檗希運回答說：「並不為別的事。」百丈懷海已經知道他是一個真正的男子漢。第二天，黃檗希運前來向百丈懷海辭行，百丈懷海問：「你要到什麼地方去？」黃檗希運回答說：「去禮拜馬祖大師。」百丈懷海說：「馬祖大師已經圓寂了。」黃檗希運問：「不知馬祖大師平時有什麼言句？」百丈懷海於是舉說他第二次參訪馬祖大師的一段因緣，黃檗希運聽後，不由吃驚地吐出舌頭來了。百丈懷海問：「你以後不是要繼承馬祖大師的禪法嗎？」黃檗希運回答說：「這是哪裡的話？今天聽師父舉說這話頭，得以認識馬祖大師的大機大用。如果繼承馬祖大師的禪法，恐怕今後無法接引我的弟子。」

有一天，黃檗希運又問百丈懷海：「自佛祖釋迦牟尼以來的禪法，如何指點？」百丈懷海一直不作聲。黃檗希運著急地說：「不可讓禪法斷絕在後人手裡啊！」百丈懷海說：「我原來還以為你是個人才！」說完就起身走進方丈室。

黃檗希運曾經和宰相裴休辯論禪法要旨。裴休寫了一首偈讚揚黃檗希運：「自從大士傳心印，額有圓珠七尺身。掛錫十年棲蜀水，浮盃今日渡漳濱。千徒龍象隨高步，萬里香華結勝因。擬欲侍師為弟子，不知將法付何人？」

黃檗住院接人，機鋒❶峭峻❷。臨濟在會❸下，睦州為首座，一日問濟曰：「上座❹，在此多事❺，何不問一轉語❻？」濟云：「教某問什麼得？」座云：「何不去問佛法的的大意❼？」濟便去問，三度❽問，三度著❾打，六十棒。濟便辭首座，座乃去白❿黃檗云：「後生⓫上座，甚不可得，和尚何不指示，穿鑿⓬成一株大樹，與後人為陰涼？」檗云：「吾已知。」濟來辭，檗云：「汝不得向別處去，直向高安⓭灘頭⓮見大愚⓯去。」濟到大愚，遂舉前話：「不知某甲過在什麼處？」愚云：「檗與麼老婆心切⓰，為你徹困，更說什麼有過無過？」濟忽然大悟云：「黃檗佛法無多子⓱！」大愚搊⓲住云：「你適來又道有過，而今卻道佛法無多子！」濟於大愚脅下築⓳三拳。愚拓⓴開云：「汝師黃檗，非干我事。」

一日，檗示眾云：「牛頭橫說豎說，不知有向上關捩子在㉑！」是時石頭㉒、馬祖會下禪和子，浩浩㉓說禪說道，黃檗何故卻恁麼地示眾云：「汝等諸人，盡是噇酒糟漢」？唐時愛罵人作「噇酒糟漢」。如此說話，人多喚作黃檗罵人，具眼者自見他落處。他大意㉔垂一鉤，釣人問。眾中也有不惜身命底禪和子解恁麼，出來問他道：「只如諸方匡徒領眾，又作麼生？」也好與一摻。這老漢，果然分疏不下，便漏逗云：「不道無禪，只是無師。」且道，意在什麼處？他從上宗旨，有擒、縱、殺、活，收來、放去。敢㉕問諸人，作麼生是「禪中師」？山僧恁麼道，已是我鼻孔㉖和頭沒了也。諸人鼻孔在什麼處？良久云：「穿卻了也！」

【注釋】❶機鋒　指問答迅捷銳利、不落跡象、含意深刻的語句。❷峭峻　高峻陡直。❸會　法會，佛教團體。❹上座　對禪僧的尊稱。❺多事　做多餘的事，做不應該做的事。❻轉語　禪宗謂撥轉心機，使之恍然大悟的機鋒話語。在參禪者迷惑不解，進退維谷之際，禪師為使參禪者悟解，猛地翻轉機法而下轉語。有「一轉語」、「三轉語」等稱。❼大意　大概的意思；要義。❽度　量詞。次；回。❾著　被，表被動。❿白　告語；稟報；陳述。⓫後生　年輕。⓬穿鑿　開鑿；挖掘。這裡有「栽培」之意。⓭高安　縣名，在今江西。⓮灘頭　江、河、湖、海邊水漲淹沒、水退顯露的淤積平地。⓯大愚　即高安大愚，唐代禪師，歸宗智常的嗣法弟子。⓰老婆心切　禪林指禪師過度迫切、盡心的教法。⓱無多子　沒有多少；很少。⓲搊　抓；揪。⓳築　打；擊。⓴拓　把東西推開。㉑牛頭橫說豎說二句　意謂禪本無說，禪本無師。牛頭，法名法融（西元五九四～六五七年），唐代僧人，俗姓韋氏，潤州延陵（治今江蘇丹陽西南）人。貞觀十七年（西元六四三年），在金陵（治今江蘇南京）牛頭山幽棲寺北岩下別立茅茨禪室，終日禪坐，專心修行。後至建初寺說法，聽者雲集。世稱其禪法為「牛頭禪」，其後世法系為牛頭宗。㉒石頭　法名希遷（西元七〇〇～七九〇年），唐代禪僧，俗姓陳氏，端州高要（今屬廣東境內）人。參青原行思得法。天寶元年（西元七四二年），至衡山南寺，結庵於寺東石上，時人稱為「石頭和尚」或「石頭希遷」。㉓浩浩　水盛大貌。這裡有「多言」之意。㉔大意　不經意。㉕敢　謙詞。猶冒昧。㉖鼻孔　喻指參禪關鍵之處，禪悟之門徑。

【語譯】黃檗希運後來出任寺院住持後，接引學人，機鋒更加峭峻，與眾不同。臨濟義玄當時在他門下參禪，睦州道明擔任首座。有一天，睦州道明問臨濟義玄：「上座在這裡修行不見成效，為什麼不去向師父請教一些問題，讓他下一句轉語？」臨濟義玄說：「叫我問些什麼問題好呢？」睦州道明說：「你可以問問什麼是佛法的真義？」臨濟義玄便去問黃檗希運什麼是佛法的真義，問了三次，三次都被黃檗希運打了出來，一共挨了六十棒。臨濟義玄失望地向睦州道明辭行，睦州道明進去稟告黃檗希運：「向您問話的那位年輕僧人是一個很難得的人才，師父為什麼不把他培養成像一棵大樹一樣的人才，好讓後人有蔭乘涼呢？」黃檗希運說：「我知道了。」當臨濟義玄前來辭行時，黃檗希運說：「你不要到別的地方去，直接到高安灘頭去參訪大愚禪師。」臨濟義玄到了大愚禪師那裡，把他三次問黃檗希運、三次被打的經過告訴了大愚禪師，並且說：「不知道我錯在什麼地方？」大愚禪師說：「黃檗希運對你就像老婆婆一樣慈悲心切，他想幫助你從困境中徹底解脫出來，你還說什麼有錯沒錯？」臨濟義玄忽然大徹大悟，說：「黃檗希運的佛法原來沒多少啊！」大愚禪師一把揪住他說：「你剛才還說有過錯，現在卻說黃檗希運的佛法沒多少！」臨濟義玄在大愚禪師的肋下打了三拳。大愚禪師推開他說：「你的師父是黃檗希運，不干我的事。」

有一天，黃檗希運對僧眾開示說：「牛頭法融橫說、豎說，卻不知道至極玄妙的禪法的關鍵所在。」當時石頭希遷、馬祖道一門下的一些禪宗僧人，從早到晚都在談禪說道，為什麼黃檗希運卻這樣開示僧眾說「你們這些人通通都像是吃了酒糟的醉漢」呢？唐朝人喜歡用「吃酒糟的醉漢」來罵人。黃檗希運這樣說話，一般人都認為他喜歡罵人，一個獨具法眼的人自然可以看出他的用意。這情形就像隨意垂著鉤子釣著人問話一樣，在僧眾當中也有不惜生命的禪宗僧人能悟解禪機，站出來問：「許多地方都有禪師在訓練弟子，領導徒眾修行，這又該怎麼講呢？」也好與黃檗希運較量一番機鋒。黃檗希運果然被這位僧人的機鋒弄得分辯不清楚，便漏出消息說：「我並不是說沒有禪，只是缺少師徒相契的師父。」你來說說看，他的用意在什麼地方？自古以來禪宗的宗旨，有時奪其思路、有時放任自由、有時斬斷分別妄念、有時復活靈覺真性、有時收來、有時放去。冒昧地問一下各位，到底什麼是「禪中師」？我這樣說，已經是連鼻孔帶腦袋都沒有了。你們各位的鼻孔在什麼地方？沉默了一會兒，說：「我早就把你們的鼻孔給穿住了！」

頌

凜凜孤風不自誇❶，（猶自不知有，也是雲居羅漢❷。）
端居寰海定龍蛇❸。（也要別緇素❹。）
大中天子曾輕觸❺，（說什麼大中天子❻！任大也須從地起❼，更高爭奈有天何❽？）
三度親遭弄爪牙❾。（死蝦蟆❿，多口作什麼？未為奇特，猶是小機小巧⓫。）

【注釋】❶凜凜孤風不自誇　這句頌黃檗希運天性有大機大用，俊發高邁。凜凜，威嚴而使人敬畏的樣子。孤風，孤高的風度、品格。❷雲居羅漢　形容傲慢自負之狀。以雲居山上安置有五百羅漢，其下數百米的道路上行人只覺仰之甚高，羅漢則以傲慢自負之狀睥睨其下的往來行人。故有以「雲居羅漢」比喻自負之人。❸端居寰海定龍蛇　謂黃檗希運坐斷一天四海，有定龍蛇的眼力。端居，謂平常居處。寰海，海內；全國。龍，喻指有機用的禪僧。蛇，喻指無機用的禪僧。❹緇素　黑和白。又指僧俗。僧徒衣緇，俗眾服素，故稱。❺大中天子曾輕觸　謂黃檗希運一直是使用辛辣手段，大中天子就嘗過味道。大中天子，唐朝皇帝，即李忱（西元八一〇～八五九年），西元八四六～八五九年在位。唐憲宗第十三子。在位期間，大興佛教。下令會昌年間所廢寺院，一律重新修復。死後廟號宣宗。❻說什麼大中天子　意謂如果要論黃檗希運的機用，天空都能擊碎，遑論大中天子。❼任大也須從地起　意謂凡有形者莫大於地。❽更高爭奈有天何　謂大中天子雖貴為人主，高高在上，但禪法更在其上，故對黃檗希運的禪悟境界無可奈何。❾三度親遭弄爪牙　指唐宣宗挨過黃檗希運三巴掌。爪牙，人的指甲和牙齒。這裡指黃檗希運的辛辣手段。❿死蝦蟆　喻指唐宣宗沒有鮮活的手段。⓫小機小巧　聰慧靈巧。

【語譯】雪竇重顯頌古：凜凜孤風不自誇，（黃檗希運還不知道自己有如此孤峻的禪風，雪竇重顯是雲居羅漢。）端居寰海定龍蛇。（也要分別僧人和世俗人士。）大中天子曾輕觸，（說什麼大中天子！就是說大也必須從大地說起，大中天子的地位再高，對黃檗希運也是無可奈何？）三度親遭弄爪牙。（大中天子像一隻死蝦蟆，雪竇重顯多嘴做什麼？黃檗希運打大中天子三巴掌還算不上奇特，只能算是小聰明。）

評唱

「凜凜孤風不自誇」，黃檗恁麼示眾，且不是爭人負我、自逞❶自誇。若會得這消息，一任七縱八橫，有時孤峰頂上❷獨立❸、有時鬧市裡橫身❹，豈可僻❺守於一隅❻？愈捨愈不歇、愈去愈尋不見、愈擔荷❼愈沒溺❽。古人道：「無翼飛天下，有名傳世間。」盡情❾捨卻佛法道理、玄妙奇特，一時放下，卻較些子，自然觸處❿現成⓫。

「端居寰海定龍蛇」，入門來，是龍是蛇？便驗取，謂之定龍蛇眼、擒虎兕⓬機。禪月詩云：「孰⓭云我輕薄⓮，石頭如何喚作玉？孰云我是非⓯，隨邪逐惡又爭得⓰？」

【注釋】❶自逞　自我顯示（才能、力量等）。❷孤峰頂上　形容超越一切言語、思維、情識分別的絕對境界，即指本分安住之處。❸獨立　謂超凡拔俗，與眾不同。❹鬧市裡橫身　謂進入世俗社會度生說法。❺僻　偏僻；邊遠。❻一隅　指一個角落。亦泛指事物的一個方面。❼擔荷　承受的壓力或擔負的責任。❽沒溺　沉迷。❾盡情　盡心盡力。❿觸處　到處；隨處。極言其多。⓫現成　表示現前成就之意。即絕對真理不假造作安排，自然呈現，當體即是。⓬兕　古代獸名。皮厚，可以製甲。⓭孰　疑問代詞。誰。⓮輕薄　卑賤；低微。⓯是非　對的和錯的；正確與錯誤。⓰爭得　怎得。

【語譯】圜悟克勤評唱：「凜凜孤風不自誇」，黃檗希運這樣開示僧眾，並不在於與人爭勝負，恃才逞強，自賣自誇。如果明白「凜凜孤風不自誇」的意思，任憑你七縱八橫、自在無礙，有時獨自站立在孤峰頂上，有時縱身在紛擾的塵世間說法，難道能老是守在一個偏僻的角落嗎？雖然想要捨離，可是越捨離卻越放不下；想要尋找安身立命之處，可是越尋找卻越渺茫；想要擔當大法，可是越擔當卻越沉溺。從前的禪師說：「沒有翅膀可以飛天下，有了名聲自然傳世間。」竭盡全力捨離一切佛法道理，玄妙奇特的禪宗大法也一齊放下，這樣做還差不多，自然也就可以處處現成了。

「端居寰海定龍蛇」，參禪者一進門，到底是龍是蛇？黃檗希運立即可以勘驗出來，這叫做「定龍蛇」的法眼、「擒虎兕」的禪機。禪月大師說：「誰說我低賤，石頭怎能叫做玉？誰說我是非，跟隨邪惡又怎行。」

「大中天子曾輕觸，三度親遭弄爪牙。」黃檗不是如今惡腳手，從來如此。

大中天子者，《續咸通傳》❶中載：唐憲宗有二子，一曰穆宗❷，二曰宣宗。宣宗乃大中天子也，年十三，少而敏黠❸，常愛結跏趺坐❹。穆宗在位時，因早朝❺罷，大中乃戲而登龍牀❻，作揖❼群臣勢。大臣見而謂之心風❽，乃奏穆宗。宗見而撫歎曰：「我弟乃吾宗❾之英冑❿也。」穆宗於長慶⓫四年晏駕⓬，穆宗有三子，一敬宗⓭、二文宗⓮、三武宗⓯。敬宗繼父位二年，內臣⓰謀易之。文宗繼位一十四年，武宗即位，常喚大中作「癡⓱叔」。一日，武宗恨大中昔日戲登父位，一頓打殺⓲，致⓳後花園中，以不淨⓴灌而復甦㉑。

遂離父王㉒之邦，潛遁㉓去，到香嚴閑禪師會中，後剃度㉔為沙彌㉕，未受具戒㉖。後與智閑遊方㉗到廬山㉘，因智閑〈題瀑布詩〉云：「穿雲透石不辭勞㉙，遠地方知出處高㉚。」閑用此兩句釣他，看是什麼人？大中續之云：「溪澗豈能留得住㉛，終歸大海作波濤㉜。」閑遂知不是尋常人。後到鹽官㉝會下，請作書記㉞，黃檗作首座。一日黃檗禮佛，大中見而問曰：「不著㉟佛求、不著法求，用禮何為？」檗便掌云：「不著佛求、不著法求，常禮如是。」大中云：「用禮何為？」檗又一掌，大中云：「太麤生㊱！」檗云：「說什麼麤細？」又一掌。大中後繼國位，賜封黃檗作「麤行禪師」。裴休在朝，奏改為「斷際禪師」。雪竇知他血脈㊲來處，用得巧。乃云，如今還有「弄爪牙」底麼？便打！

【注釋】❶續咸通傳　書名。唐代僧人道宣著。❷穆宗　唐朝皇帝，即李恒，唐憲宗第三子。西元八二一～八二四年在位。❸敏黠　聰慧，機靈。❹結跏趺坐　佛教徒坐禪法，即交疊左右足背於左右股上而坐。分降魔坐與吉祥坐兩種：前者先以右趾押左股，後以左趾押右股，手亦左在上，禪宗多傳此坐；後者先以左趾押右股，後以右趾押左股，令二足掌仰放於二股之上，手亦右押左，安仰跏趺之上，相傳即如來成正覺時坐法。❺早朝　早上朝會或朝參。❻龍牀　天子的御座。不在其位，即使太子也不許登龍床。❼作揖　舊時行禮的一種形式。兩手抱拳高拱，身子略彎，表示向人敬禮。❽心風　指癲症。❾宗　宗族；同族。❿英冑　俊秀的後裔。⓫長慶　唐穆宗年號（西元八二一～八二四年）。⓬晏駕　車駕晚出。古代稱帝王死亡的諱辭。⓭敬宗　即李湛，唐朝皇帝，唐穆宗長子。西元八二五～八二六年在位。⓮文宗　即李昂（西元八〇九～八四〇年），唐代皇帝。西元八二七～八四〇年在位。曾發動甘露之變，欲一舉清除宦官勢力，事敗，被軟禁至死。⓯武宗　即李炎（西元八一四～八四六年），唐代皇帝。唐穆宗第五子。西元八四〇～八四六年在位。會昌五年（西元八四五年）禁止佛教，拆毀寺院，令僧尼二十六萬餘人還俗，是中國歷史上最大的一次破壞佛教的事件。⑯內臣　指宦官，太監。⑰癡　不聰慧，愚笨。⑱殺　副詞。用在謂語後面，表示程度之深。⑲致　放置。⑳不淨　指污穢之物。即糞便。㉑甦　復活；蘇醒。㉒父王　王子、公主對帝王的稱呼。㉓潛遁　暗逃。㉔剃度　謂落髮出家而得超度。㉕沙彌　梵語音譯的略稱。已出家而未受具足戒的男佛教徒，俗稱「小和尚」。一般年齡在七歲至二十歲之間。㉖具戒　即具足戒，僧尼所受戒律之稱。意謂戒條圓滿充足，故名。其戒條數量，不盡一致。中國漢族僧尼依據《四分律》受戒，比丘戒有二百五十條，比丘尼戒有三百四十八條。㉗遊方　指僧人或為修行問道或為化緣而雲遊四方。㉘廬山　山名。在今江西九江南，聳立於鄱陽湖、長江之濱。㉙穿雲透石不辭勞　以瀑布喻指大中天子不辭行腳生活之辛苦。㉚遠地方知出處高　謂瀑布從高遠地飛迸而下，這裡喻指大中天子來自宮廷高處，故氣宇超出一般人。㉛溪澗豈能留得住　意謂本非民間之人。高邁氣露句中。溪澗，指山間的水流。㉜終歸大海作波濤　意謂最終要登帝位，統治天下。㉝鹽官　法名齊安（西元？～八四二年），唐代禪僧，俗姓李氏，海門（今屬江蘇境內）人。參馬祖道一得法。法昕在鹽官（治今浙江海寧西南）創建海昌院，請齊安居之，世稱「鹽官齊安」。一時四方參學者翕然聚集，大揚馬祖禪風。唐武宗毀佛後，唐宣宗受鹽官齊安感化，再興佛法。㉞書記　佛教僧職。禪宗寺院西序六頭首之一。執掌文書。㉟不著　不須。著，須。㊱生　形容詞尾。㊲血脈　指師徒之間的法門相承，而以人體血脈相連比喻之，表示不絕之意。

【語　譯】「大中天子曾輕觸，三度親遭弄爪牙。」黃檗希運不是現在才用這樣辛辣的手段，他從來都是這樣。所謂「大中天子」者，根據《續咸通傳》記載：唐憲宗有兩個兒子，一個是唐穆宗，一個是唐宣宗。唐宣宗就是大中天子，他十三歲時就表現得非常機智聰明，喜歡結跏趺坐。唐穆宗在位時，有一天早朝結束之後，頑皮地登上龍床，向大臣們作揖。大臣們看見之後都說他有精神病，於是上奏唐穆宗。唐穆宗撫摸大中天子的頭說：「我的弟弟真是我們李氏家族的傑出人才啊！」唐穆宗在長慶四年逝世，他有三個兒子，一是唐敬宗、二是唐文宗、三是唐武宗。唐敬宗繼承父位僅兩年，就被宦官密謀換上了唐文宗。唐文宗在位十四年。唐武宗即位後，常叫大中天子為「傻叔叔」。一天，唐武宗痛恨大中天子從前曾戲登他父王的御座，把大中天子打了個半死，拖到後花園裡，再用屎尿灌醒。

大中天子只得離開父王之邦，乘機潛逃到香嚴智閑禪師的門下，剃度做了一個小和尚，但未受具足戒。後來大中天子跟隨香嚴智閑行腳到廬山，香嚴智閑作了一首〈題瀑布詩〉：「穿雲透石不辭勞，遠地方知出處高。」香嚴智閑想用這兩句詩來引誘出大中天子的續詩，看他是否有王者氣象。大中天子接下去說：「溪澗豈能留得住，終歸大海作波濤。」香嚴智閑一聽就知道他不是一個普通的人。大中天子後來來到鹽官齊安的門下，被聘請擔任書記一職，黃檗希運當時擔任首座。一天，正當黃檗希運禮拜佛像的時候，大中天子看見之後問：「不必求佛，不必求法，你禮拜佛像求什麼？」黃檗希運舉手打了他一個巴掌，說：「不必求佛，不必求法，就是要經常這樣禮拜佛像。」大中天子又問：「要禮拜幹什麼？」黃檗希運又出手打了他一個巴掌。大中天子說：「你的行為太粗魯了！」黃檗希運說：「你還說什麼粗細？」說完又是一個巴掌打過來。大中天子後來繼承皇位，賜封黃檗希運為「粗行禪師」。裴休在朝廷任職的時候，奏請唐宣宗改封為「斷際禪師」。雪竇重顯知道他們師徒二人的來龍去脈，頌得巧妙。他說，現在還有「弄爪牙」的嗎？該打！

【說　明】從黃檗希運的一番話語中，可以看出禪宗內部令人堪憂的狀況。隨著禪門的興盛，也帶來了虛浮矯偽的弊端。黃檗希運是敢於面對這種現實的禪師，他的語言痛快淋漓，而他對禪門弊病的揭露，更顯示出他的勇氣和清醒。裴休說黃檗希運「其言簡、其理真、其道峻、其行孤」，由此可見一斑。另外在接引學人的態度上，黃檗希運的風格也有所不同，他教人，「不立義解，不立宗主，不立戶牖」。既不講解經卷義理，也不標個什麼大旨，也不告訴人們入道的方便法門，一切皆由自悟，這是離開教說悟宗的「教外別傳」方法。洪州禪從馬祖道一的不立言說發展到黃檗希運的離言教，已經達到了頂峰。

第十二則　洞山三斤

【題解】這是一則顯示盡大地萬事萬物無一不是佛之當體的公案。麻三斤是當時洞山守初眼前之物，洞山守初以此作為答語，用以表示佛法之真實，意謂身旁無論何物均是佛法。因為宇宙萬物是變化無常的，也是無始無終存在著，現象即實在，眼見耳聞都是佛。

示眾

殺人刀，活人劍❶，乃上古之風規，亦今時之樞要❷。若論殺也，不傷一毫❸；若論活也，喪身失命。所以道，向上一路，千聖不傳❹；學者勞形，如猿捉影❺。且道，既是不傳，為什麼卻有許多葛藤公案？具眼❻者，試舉看。

舉

僧問洞山❼：「如何是佛？」（鐵橛子❽，天下衲僧跳不出❾。）

山云：「麻❿三斤。」（灼然⓫！芒草鞋⓬，指槐樹罵柳樹⓭。）

【注釋】❶殺人刀二句　喻指殺活自在的方法。即以刀劍比喻禪師指導學人的自由權巧運作的方法。禪師接引學人時，用強奪、不許的方式，喻為殺人刀；用給與、允許的方式，則喻為活人劍。不偏於任何一方，而能自由運用的方法，則稱為殺人刀、活人劍。❷樞要　關鍵；綱領。❸一毫　一根毫毛。比喻極小或很少。❹向上一路二句　謂真實而絕對的悟境世界，乃諸佛或歷代祖師所不宣說，而有待於禪者親自去參究體得。❺學者勞形二句　意謂歷代祖師所不傳的禪悟境界，參學者始終摸不著。❻具眼　具備法眼，能夠用禪者特有的智慧眼光觀照事物。❼洞山　法名守初（西元九一〇～九九〇年），宋代禪僧，俗姓傅氏，鳳翔（今屬陝西境內）人。十六歲出家，成年後南遊參謁雲門文偃得法，住襄州（治今湖北襄樊）洞山，世稱「洞山守初」。❽鐵橛子　意謂無下手用力之處，喻指真佛無相。❾天下衲僧跳不出　意謂真佛存在於任何地方。❿麻　麻類植物的總名，有大麻、亞麻、苧麻等。古代專指大麻。莖皮纖維長而堅韌，可供紡織等。⓫灼然　明顯貌。⓬芒草鞋　用芒莖外皮編織而成的鞋。亦泛指草鞋。是禪宗僧人行腳所穿的鞋子。⓭指槐樹罵柳樹　比喻明指此而暗罵彼。槐樹，落葉喬木，圓筒形。材質緻密。柳樹，落葉喬木或灌木，枝條柔韌。

【語　譯】圜悟克勤開示：禪家接引學人既有斬除分別妄想的殺人刀，也有復活靈覺真性的活人劍，這是自古以來禪師們的風格，也是目前人們應該把握禪機的關鍵所在。如果要說斬除分別妄想的話，殺人刀卻對本來面目毫無影響，不傷一根毫毛；如果要說復活靈覺真性的話，活人劍卻又足以使聽到的人像喪身失命一樣。所以說，至極玄妙的禪悟境界，歷代祖師並不傳授；參學的人往往像猿猴一樣去捕捉影子，結果徒然弄得身體勞累。你來說說看，既然是不傳授，為什麼卻留下許多文字公案？別具法眼的禪悟者，試舉一則公案看看。

　舉說公案：有一位僧人問洞山守初：「什麼是佛？」（一根鐵棍子，天下的禪宗僧人都跳不出真佛的範圍。）洞山守初回答說：「麻三斤。」（太明白了！芒草鞋，指著槐樹罵柳樹。）

評唱

洞山麻三斤公案，多少人錯會，直是難咬嚼❶，無你下口處。何故？淡而無滋味。古人有多少答佛話？或云：「殿裡底。」或云：「三十二相❷。」又云：「杖林❸山下竹筋鞭❹。」及至洞山，卻道：「麻三斤。」不妨直截。

人多去言句下話會❺道：「洞山是時庫❻下秤麻，有僧問他，所以如此答。」有底道：「洞山問東答西。」有者道：「你是佛，更去問佛，所以洞山遶路答之。」更有一般❼道：「只這麻三斤便是佛。」且喜勿交涉。你若恁麼去洞山言句上尋討，參到彌勒下生❽，也未見得在！

何故？言句只是載道❾之器❿。殊⓫不見古人意，只管去言句上作活計，有什麼巴鼻⓬？不見古人道：「道本無言，因言顯道。」見道⓭即忘言⓮。到這裡，還我第一籌⓯來始得。這「麻三斤」，一似長安大路一條相似。舉足⓰下足，無有不是。這箇話與雲門胡餅⓱，便是一對，不妨難會。五祖先師頌云：「賤賣擔板漢，貼秤麻三斤⓲。千百年滯貨，無處著渾身⓳。」你但打疊⓴得情塵、意想、計較、得失、是非，一時淨盡，自然會去。

【注釋】❶咬嚼　咀嚼。比喻精心琢磨，反覆玩味。❷三十二相　是轉輪聖王及佛之應化身所具足的三十二種殊勝容貌與微妙形相。❸杖林　位於古代印度摩竭陀國王舍城外的林苑。❹竹筋鞭　竹根；竹的地下莖。❺話會　通過語言而交流和領會。❻庫　泛指貯物的屋舍。❼一般　一班。表數量，用於人群。❽下生　出生。❾載道　表達一定的思想、道理。❿器　用具；器具。⓫殊　副詞。竟；竟然。⓬巴鼻　來由；根據。⓭見道　洞徹真理；明白道理。⓮忘言　謂心中領會其意，不須用言語來說明。⓯第一籌　即第一機，指表達玄妙禪義的機鋒。⓰舉足　提腳；跨步。⓱雲門胡餅　禪宗公案名。有一位僧人問雲門文偃：「如何是超佛越祖之談？」雲門文偃回答說：「胡餅。」⓲賤賣擔板漢二句　表面上是說洞山守初不知麻貴賤，一向賤賣了，暗指洞山守初洩露天機。賤賣，低價出售；便宜拍賣。擔板漢，指洞山守初。⓳千百年滯貨二句　表面上說久滯在洞山守初屋裡的麻全部賤賣了，絲毫不留，暗指洞山守初的答話落處無蹤跡。滯貨，積壓的貨物。渾身，謂麻全體。⑳打疊　掃除；收拾。

【語　譯】圜悟克勤評唱：關於洞山守初麻三斤的公案，很多人往往誤解它的意思，因為這則公案很難玩味，幾乎沒有你說話的餘地。為什麼這樣說呢？就是因為它平淡而無味道。從前的禪師到底有多少回答「什麼是佛」的話頭呢？有的禪師回答說：「就在佛殿裡。」有的禪師回答說：「三十二相。」還有的禪師回答說：「杖林山下竹筋鞭。」當輪到洞山守初回答「什麼是佛」的時候，他卻說：「麻三斤。」非常直接了當。

人們往往從言句中去理解洞山守初的用意，有的人說：「這是洞山守初當時在倉庫裡秤麻，有僧人問他，所以就順口這麼回答。」有的人說：「洞山守初故意問東答西。」還有的人說：「你是佛，卻又要另外去問什麼是佛，所以洞山守初故意繞著道兒回答他。」還有一夥人說：「光這麻三斤就是佛。」說得都是牛頭不對馬嘴。你如果這樣從洞山守初的言句中去尋找答案，即使是參到彌勒佛出世，也未必參得出來。

為什麼這樣說呢？言句只是表達思想的工具，絲毫不知道從前禪師的意思，卻只想從他們的言句中求解答，有什麼根據？豈不見從前的禪師說：「『道』本來不在言句上面，借助言句才能把『道』顯示出來。」一位已經悟道的禪者，其思想就不必再通過言句來表達了。如果達到了這個境界，那就請你呈送一句至極玄妙的禪家機鋒給我，看看是否真正進入了這一境界。這則「麻三斤」的公案就好像通往長安的大路只有這一條，你走在這一條大路上，無論你怎樣抬腿下腳，永遠都不會走錯。洞山守初的這句話頭和「雲門胡餅」的話頭天生是一對，非常難以理解。先師五祖法演說：「賤賣擔板漢，貼秤麻三斤。千百年滯貨，無處著渾身。」你只要把俗情塵垢、思維意念、分別計較、得失是非全部掃除得一乾二淨，自然全都明白了。

頌

金烏急❶，（左眼半斤，快鷂趁不及❷，火焰裡橫身❸。）

玉兔❹速，（右眼八兩，姮娥❺宮裡作窠窟。）
善應何曾有輕觸❻？（如鐘在扣，似谷響而應聲❼。）
展事❽投機❾見洞山，（錯認定盤星❿，自是闍黎恁麼見。）
跛鱉盲龜入空谷⓫。（自領出去，同坑無異土⓬，誰打你鷂死⓭？）
花簇簇⓮、錦⓯簇簇，（兩重公案⓰。）
南地竹兮北地木。（依前一般，一狀領過⓱。）
因思長慶陸大夫⓲，（癩兒索伴，雪竇也恁麼、山僧也恁麼，遂呵呵大笑。）
解道⓳合⓴笑不合哭。（阿呵呵！蒼天中更加怨苦。）
咦㉑？（咄！是什麼。）

【注釋】❶金烏急　光陰似箭，故云「急」。金烏，古代神話傳說太陽中有三足烏，因用為太陽的代稱。❷快鷂趁不及　意謂即使快速的鷂鳥拼命追趕也趕不上，禪林以此喻指像電光石火一樣的禪機。這裡指洞山守初的機鋒不涉思惟，間不容髮。趁，追逐；追趕。❸火焰裡橫身　無蹤跡之謂。❹玉兔　古代神話傳說月亮中有白兔，因用為月亮的代稱。❺姮娥　即嫦娥，神話中的月中女神。❻善應何曾有輕觸　頌洞山守初大機圓應，不容易對答，卻像鐘一樣可以隨時敲擊。善應，善於應對。❼如鐘在扣二句　這兩句著語讚美洞山守初胸中無心，自然答得妙應無方。如鐘在扣，謂洞山守初大小圓機無欠，如鐘隨時敲擊，音韻相應。似谷響而應聲，謂山谷本無心，呼之即應。❽展事　行事；辦事。這裡指展開「麻三斤」的事相。❾投機　機機投合之意。指禪師與學人之機，彼此相契。❿錯認定盤星　把秤上的起點認錯了，意為犯了根本性的錯誤。定盤星，秤上的起點星號。⓫跛鱉盲龜入空谷　意謂如果從言句上去認識洞山守初的用意，就像跛腳鱉、無眼龜進入空谷一樣，找不著出路。跛，足瘸。空谷，空曠幽深的山谷。⑫同坑無異土　意謂雪竇重顯與跛鱉盲龜一樣。⑬誰打你鷂死　意謂誰使你像跛鱉盲龜一樣做愚昧漢，使自己俊快的主人公死去。⑭簇簇　一叢叢；一堆堆。⑮錦　有彩色花紋的絲織品。⑯兩重公案　謂「花簇簇、錦簇簇」是開福德賢之語，雪竇重顯再舉說。⑰一狀領過　眾人同罪之意。這裡指洞山守初與開福德賢用意相同。⑱陸大夫　即陸亙，字景山，吳郡（治今江蘇蘇州）人。官至宣歙觀察使加御史大夫。南泉普願的世俗弟子。⑲解道　懂得；知道。⑳合　應該；應當。㉑咦　歎詞。表希望、驚訝等。

【語　譯】雪竇重顯頌古：金烏急，（左眼半斤，飛得再快的鶻鳥也追趕不上，火焰裡橫身。）玉兔速，（右眼八兩，嫦娥宮裡作窠窟。）善應何曾有輕觸？（像隨時可以敲擊的鐘，像山谷中的聲音有回響。）展事投機見洞山，（認錯了定盤星，和尚原來是這樣從言句上參見。）跛鱉盲龜入空谷。（雪竇重顯自己去領會吧，一個坑裡沒有兩樣的土，是誰把你的鷂鷹給打死了？）花簇簇、錦簇簇，（兩重公案。）南地竹兮北地木。（仍舊是一樣，一張狀子把他們記錄在案。）因思長慶陸大夫，（無癩小兒索求同伴，雪竇重顯也是這樣，我也是這樣，於是呵呵大笑。）解道合笑不合哭。（呵呵呵！蒼天之中更加怨苦。）咦？（咄！是什麼。）

評唱

雪竇見得透，所以劈頭❶便道：「金烏急，玉兔速」，與洞山答「麻三斤」，更無兩般。日出月沒，日日如是❷。人多情解，只管道：「金烏是左眼，玉兔是右眼。」才問著，便瞠眼云：「在這裡！」有什麼巴鼻？恁麼會，達摩一宗掃地而盡。所以道：「垂鈎四海，只釣獰龍❸。」格外玄機❹，為尋知己。雪竇出陰界❺底人，豈作這般見解？

雪竇輕輕去扣關擊節處，露此子，教你會，便下箇注腳❻道：「善應何曾有輕觸？」洞山不輕酬這僧，如鐘在扣，如谷應聲，大小隨應，不敢輕觸。雪竇吐出心肝五臟來，呈似你諸人了也。不見雪竇有〈靜而善應頌〉道：「覿面相見❼，不在多端❽；龍蛇易辨，衲子難瞞❾。金鎚影動❿，寶劍光寒；直下來也，急著眼⓫看。」

洞山初見雲門，門問：「近離甚處？」山云：「渣渡。」門云：「夏在甚麼處？」山云：「湖南報慈⓬。」門云：「幾時離彼中⓭？」山云：「八月二十五。」門云：「放你三頓棒，參堂⓮去！」師晚間入室，親近問云：「某甲過在什麼處？」門云：「飯袋子⓯！江西湖南，便恁麼去。」洞山於言下豁然大悟，遂云：「某甲他日向無人煙處，卓⓰箇庵⓱子，不蓄一粒米、不種一莖菜，常接待往來十方大善知識，盡與伊⓲抽卻釘、拔卻楔，拈卻膩脂⓳帽子、脫卻鶻臭⓴布衫，各令灑灑落落㉑地，作箇無事人㉒去！」門云：「身如椰子㉓大，開得許大㉔口！」洞山便辭去。他當時悟處，直下穎脫㉕，豈同小見？

後來出世應機。「麻三斤」語，諸方多用作答佛語，只管於「佛」上作道理會。雪竇道：「你若恁麼作『展事』『投機』會，正似『跛鱉盲龜入空谷』，幾年日月尋得出路去？」

【注　釋】❶劈頭　開頭；起首。❷日出月沒二句　意謂不涉佛法道理，日往月來，恆常不變。❸垂鉤四海二句　謂禪師垂一言半語，只是為了接引像獰龍一樣的禪宗僧人。獰，兇猛。❹格外玄機　指大徹大悟的人超越分別情慮的玄妙機用。❺陰界　即五蘊，梵語意譯。指色、受、想、行、識五者假合而成的身心。色為物質現象，其餘四者為心理現象。佛教不承認靈魂實體，以為身心雖由五蘊假合而不無煩惱、輪迴。❻注腳　解釋字句的文字。這裡指雪竇重顯說道理。❼覿面相見　謂應物間不容髮。覿面，當面；迎面；見面。❽不在多端　謂本是一法所印，何來多種。❾衲子難瞞　善於應對的僧人常靜而無起處，故不得欺騙。衲子，僧人。瞞，隱瞞；欺騙。❿金鎚影動　謂靜而善應一切。⓫著眼　張開眼睛（瞧看），在禪宗著作中多指張開法眼。⓬報慈　寺名，在今湖南長沙，今名開福寺。⓭彼中　猶那裡。⓮參堂　入僧堂參見首座、大眾，並坐禪。行腳僧人正式被禪院接納，即應參堂。⓯飯袋子　比喻只會吃飯而無所作為者。⓰卓　建立；豎立。⓱庵　出家人遠離村莊所居住的房舍。是以草木覆蓋而成的簡陋小屋。⓲伊　他，它。⓳膩脂　喻指無明業識的垢染。膩，肥厚；油膩。脂，油脂。⓴鶻臭　喻指無明業識的垢染。鶻臭，猶狐臭。㉑灑灑落落　赤裸裸地空無一物。㉒無事人　指無為超脫、任運隨緣，除盡俗情妄為的徹悟者。㉓椰子　橢圓形果實，果肉白色多汁，含脂肪，可吃，也可榨油，汁可做飲料。㉔許大　這般大。㉕穎脫　錐芒顯露。比喻充分顯現才華。

【語　譯】圜悟克勤評唱：雪竇重顯對這則公案見得透徹，所以開頭就說：「金烏急、玉兔速」，這跟洞山守初回答說「麻三斤」，並沒有什麼兩樣。太陽出來，月亮落山，天天如此。對於這種自然界很平常的現象，人們卻往往喜歡用俗情妄識來胡亂解釋，只管說：「金烏是左眼，玉兔是右眼。」剛被問著，便瞪著眼睛說：「在這裡。」有什麼根據？如果這樣理解，那麼達摩所傳的禪宗就要蕩然無存了，所以說：「垂鉤四海，只釣獰龍。」這句話的意思是說要用不同尋常的禪機來尋求知音。雪竇重顯是一個從五蘊之中解脫出來了的人，難道會作這種見解嗎？

雪竇重顯又輕輕地敲擊關鍵之處，稍微透露了一些消息，讓你去領會，又下了一個注腳說：「善應何曾有輕觸？」洞山守初不輕易回答這位僧人的問話，他的禪機就像敲鐘一樣，大擊大鳴，小擊小鳴；又像在山谷中發出呼喊聲，大則大應，小則小應，不敢輕觸。雪竇重顯把他的心肝五臟吐出來，呈現在你們各位面前。豈不見雪竇重顯有一首〈靜而善應頌〉：「覿面相見，不在多端；龍蛇易辨，衲子難瞞。金鎚影動，寶劍光寒；直下來也，急著眼看。」

洞山守初第一次去參訪雲門文偃的時候，雲門文偃問：「最近剛離開什麼地方？」洞山守初回答說：「江西渣渡。」雲門文偃又問：「夏天在什麼地方？」洞山守初回答說：「湖南報慈寺。」雲門文偃再問：「什麼時候離開那裡？」洞山守初回答說：「八月二十五日。」雲門文偃說：「我本該打你三頓棒，今天就免了吧，去參堂！」洞山守初晚上來到方丈室，親近雲門文偃，問：「我錯在什麼地方？」雲門文偃說：「你真是飯桶！你就是這樣去江西、湖南行腳參訪的嗎？」洞山守初一聽這話，豁然大悟，於是說：「我以後到那沒有人煙的地方去，搭建一座草庵，不儲存一粒米，不種一棵菜，常常接待往來各地的大善知識，為他們排除疑滯梗塞，摘掉那油漬漬的帽子，脫掉那臊臭的布衫，使他們個個灑灑落落，毫無牽掛，做一個無事的禪宗僧人。」雲門文偃說：「你的身體不過像椰子一樣大小，卻開出如此之大的口！」洞山守初悟道後便向雲門文偃告辭而去。他當時的悟入之處，是即刻脫穎而出，那些小悟的人哪裡能和他相比呢？

後來洞山守初出世接引了許多不同根器的人。各地禪師往往把「麻三斤」當作是回答「什麼是佛」的話來解釋，只知在「佛」字上探索佛教義理。雪竇重顯說：「你如果這樣去理解『展事』與『投機』，就像『跛鱉盲龜入空谷』一樣，要到何年何月何日才能找到解脫的出路呢？」

「花簇簇、錦簇簇」，此是僧問開福德賢和尚：「如何是古佛心？」師云：「花簇簇、錦簇簇。」又問明教❶：「麻三斤意旨如何？」云：「南地竹兮北地木。」雪竇故引作一串，穿破人情見。後人不會，卻轉生情解，道：「麻三斤是孝服，南地竹兮北地木是孝杖，花簇簇、錦簇簇是棺木頭上畫底花草。」還識羞麼？殊不知「南地竹兮北地木」與「麻三斤」，只是阿爺❷與阿爹❸相似。古人答一轉語，決定❹意不如此。正是「金烏急，玉兔速」，自是一般寬曠。只是金鍮❺難辨，魚魯❻參差。

雪竇老老婆婆❼，要破你疑情，更引一箇死話❽：「因思長慶陸大夫，解道合笑不合哭。」若論他頌，只頭上三句，一時頌了。我且問你，都來❾只是箇麻三斤，雪竇為什麼卻有許多葛藤？雪竇慈悲忒煞，所以如此。

陸大夫名亙，作宣州❿觀察使⓫，參南泉⓬。泉遷化，亙聞喪，入院下祭⓭，他卻呵呵大笑。院主問云：「大夫何不哭？」亙云：「道得即哭。」主無對。亙大笑云：「蒼天，蒼天！先師去世久矣。」後來長慶聞云：「大夫合笑不合哭。」雪竇借此意，用大綱⓮道：「你若作這般見解，正好笑，莫哭。」是即是，末後有一箇字，不妨也誵訛。更道：「咦？」雪竇還洗得脫麼？

【注釋】❶明教　即智門師寬，雲門文偃的嗣法弟子，住隨州（治今湖北隨縣）雙泉山，號「明教大師」。❷阿爺　南方人稱「父親」為「爺」。❸阿爹　北方人稱「父親」為「爹」。❹決定　必然；一定。❺鍮　黃銅礦或自然銅。❻魚魯　謂將魚誤寫成魯。泛指文字錯訛。❼老老婆婆　指禪師出自慈悲心腸，接引學人多用言句施設。❽死話　指有意路可通的言句作略。❾都來　總共；共有。❿宣州　州名。治所在今安徽宣城。唐時轄境相當今安徽長江以南，黃山、九華山以北地區以及江蘇溧水、溧陽等地。⓫觀察使　官名。唐乾元元年（西元七五八年）改採訪處置使為觀察處置使，掌考察州縣官吏政績，後兼理民事，管轄的地區為一道。⓬南泉　法名普願（西元七四八～八三四年），唐代禪僧。俗姓王氏。新鄭（今屬河南境內）人。出家後往江西參馬祖道一，嗣其法。貞元十一年（西元七九五年），至池陽南泉山隱居，自建禪齋，三十餘年足不下山，耕收自給。後應眾請出山說法，從此學人雲集，法道大揚。世稱「南泉普願」。⓭祭　祭奠。舉行儀式追悼死者。⓮大綱　總綱；要點。

【語　譯】「花簇簇、錦簇簇」，這是一位僧人問開福德賢和尚：「什麼是古佛心？」開福德賢回答說：「花簇簇、錦簇簇。」僧人又去問明教大師：「麻三斤的意旨是什麼？」明教大師回答說：「南地竹兮北地木。」雪竇重顯故意把它們扯在一起頌出來，其目的是為了破除人們的俗情妄見。後人不理解，又往往把它們變成分別意識的俗情妄解，說：「『麻三斤』是孝服，『南地竹兮北地木』是孝杖，『花簇簇、錦簇簇』是指棺材頭上畫的花草。」這種不懂裝懂的人，我真不知道你們還有羞恥心嗎？竟不知「南地竹兮北地木」與「麻三斤」只是「阿爺」與「阿爹」一樣，都是同義語。從前的禪師在回答一句轉語的時候，他們的意思絕對不會像俗情妄解者所說的那樣。「南地竹兮北地木」正像「金烏急、玉兔速」一樣，其用意無偏私之處，自然是一樣寬廣。只是黃金與黃銅難以分辨，文字之間也會以訛傳訛。

雪竇重顯像老婆婆一樣慈悲心切，為了破除你們的疑惑，更引出一句死話說：「因思長慶陸大夫，解道合笑不合哭。」如果要論他的頌古，開頭三句就把公案的意思一起都頌出來了。我來問問你，不過就是一個「麻三斤」，雪竇重顯為什麼還要說出這麼多的言句？只是因為他太慈悲了，所以要這樣做。

陸大夫名亙，任宣州觀察使時，曾去南泉普願處參禪。南泉普願圓寂之後，陸亙聽說喪事後進入寺院祭奠，不料他卻在南泉普願的靈前哈哈大笑。院主問：「陸大夫為什麼不哭？」陸亙回答說：「院主如果說得出一句，我就哭。」院主不知如何回答。陸亙大笑，說：「蒼天啊！蒼天！先師去世已經很久了。」後來長慶慧稜聽說這件事後，評論道：「陸亙大夫應該笑而不應該哭。」雪竇重顯便借這句話的用意，作了概括性的總結：「你如果產生了這種見解，正好笑，不要哭。」這樣說對倒是對了，只是最後有一個字，確實有錯誤。雪竇重顯又說：「咦？」他還能洗得脫嗎？

【說　明】洞山守初所在的湖北襄州是有名的產麻地，他以眼前之物回答，這既未詭辯，也沒用計謀。當然佛也不限於是「麻三斤」。我們只要一掃心中的俗情妄念，徹悟本來無一物（此是殺人刀），開悟心眼，那麼森羅萬象，一一都是佛（此是活人劍）。

圜悟克勤在開示中比較含蓄地點明了公案的主旨：讓人們不要在文字語言上下功夫，參學者要掃除情解，親自體驗禪境。在對公案的評唱中，圜悟克勤指出許多人的解說都是錯誤的，沒有把握公案中所蘊含的禪理。這則公案裡的麻三斤，沒有理路可尋。洞山守初之所以這樣回答，其用意就是要截斷思路，也就是告訴提問的僧人：你問錯了，趕快別問，不要希求有什麼答案。佛是什麼？不能用文字說，只能回光返照，直探自己的內心，見性成佛。

雪竇重顯頌出了這則公案的妙處：「金烏急，玉兔速。」這是在說日月流轉的迅速。如果說麻三斤是佛，那麼以前的麻三斤與現在的麻三斤，它的內容也有所不同了。如果以後還有僧人再問：「如何是佛？」恐怕洞山守初就不會再回答「麻三斤」了。世界時刻在不斷變化，人的意識也時刻在流轉變動。無論是心還是物，在此世界中都不是固定的。

「善應何曾有輕觸」，「善應」是良好的回答，「輕觸」是輕描淡寫的揶揄之辭，但是洞山守初的「麻三斤」，乃是真正的正確答案，決不是對這位僧人的揶揄之辭。

「展事投機見洞山」，如果鑽牛角尖，以為佛在任何時候都一定是麻三斤，不買賣麻便不知佛，這正如同「跛鱉盲龜入空谷」一樣。不能展事投機的跛鱉盲龜，彷徨在空寂的山谷中，便不可救藥了。

這位僧人對於洞山守初的答語不理解，又去問開福德賢、智門師寬。開福德賢答以「花簇簇、錦簇簇」，智門師寬答以「南地竹兮北地木」。這兩句答語的意思是說，黃花、紅葉、翠竹、樹木無一不是佛。由此類推麻三斤，也自然是佛了。因無常迅速，雪竇重顯想起了長慶慧稜和陸亙大夫，「因思長慶陸大夫，解道合笑不合哭。」在南泉普願圓寂之後，是應該笑，而不應該哭。

圜悟克勤對頌古的每一句都做了考證，其目的就是論證頌古的主旨與公案的主旨相同，都要求參學者不可執著於文字語言本身，不可用理性思維去把握禪理，要掃除俗情妄解，追尋言外之意。

第十三則　巴陵銀碗

【題解】「銀碗裡盛雪」一語，形容不一不二、平等即差別、差別即平等，境界高雅、純淨到了極點。禪就是銀碗中的雪，月光下的白鷺，大雅大潔，清新澄澈，不著一塵。禪就是使人心情開朗的境界。

示眾

雲凝❶大野❷、遍界不藏❸；雪覆蘆花❹、難分朕迹❺。冷處冷如冰雪，細處細如米末；深處佛眼❻難窺，密處外道❼莫測。舉一明三則且致，坐斷天下人舌頭一句，作麼生道？且道，是什麼人分上事？試請舉看。

舉

僧問巴陵❽：「如何是提婆宗❾？」（白鳥入蘆花❿，點，道什麼？）

巴陵云：「銀碗裡盛雪⓫。」（塞卻你咽喉⓬，七花八裂⓭。）

【注釋】❶凝　凝結；凝固；積聚。❷大野　廣大的原野、田野。❸遍界不藏　指絕對真理朗然呈現於一切地方。❹蘆花　蘆絮。蘆葦花軸上密生的白毛。❺朕迹　徵兆；痕跡。❻佛眼　佛經所說五眼之一。佛為覺者，覺者之眼稱佛眼。謂能洞察一切，具有超凡的眼力。❼外道　佛教徒稱本教以外的宗教及思想為外道。❽巴陵　法名顥鑒，五代禪僧。參雲門文偃得悟，嗣其法，為雲門宗傳人。居岳州巴陵（治今湖南岳陽）新開寺，世稱「巴陵顥鑒」。善辯，有「鑒多口」之稱。❾提婆宗　指奉提婆尊者為祖師的宗派。提婆宗是當時禪宗的代名詞。提婆，迦那提婆的略稱。西元三世紀時南印度人，龍樹的弟子，深解空之理法，多次摧破外道邪說，著有《百論》二卷。❿白鳥入蘆花　明一色邊事。蘆花白色，與巴陵顥鑒的答語一致。⓫銀碗裡盛雪　表示二物一體，同中有異，異中有同。⓬塞卻你咽喉　謂以此本分句子使問話的僧人不得出氣。⓭七花八裂　讚揚巴陵顥鑒的答語自在放開，七通八達。

【語　譯】圜悟克勤開示：禪法就像雲彩一樣凝聚在大地之上，無所不至；又像皚皚白雪覆蓋在白色的蘆花上，很難分辨什麼是白雪什麼是蘆花。一個大徹大悟的禪者，他的佛性顯露在一切地方，冷的地方應該是冷若冰霜，細的地方應該像粉末那樣細微；深奧的地方即使是佛的慧眼也很難窺見，綿密的地方更是外道無法猜測。舉示其一、明瞭其三的機語暫且放一放，那使天下的人都不能開口說話的一句機語，要我怎樣說出來才好呢？你來說說看，這是什麼人的本分上的事呢？我試舉說一則公案給你們看看。

舉說公案：有一位僧人問巴陵顥鑒：「什麼是提婆宗？」（白鳥飛進蘆花中，點破，說什麼？）巴陵顥鑒回答說：「銀碗裡盛雪。」（這句話塞住了你的咽喉，真是七通八達，自在無礙。）

評唱

這箇公案，多人錯會道：「此是外道宗。有什麼交涉？」第十五祖提婆尊者❶，曾是外道中一數，因見第十四祖龍樹❷尊者，以針投鉢❸，龍樹大器之，傳佛心印，後繼為第十五祖師。

西天論義❹者，乃奉王敕，於大寺中，聲鐘擊鼓，然後論義。勝者手執赤幡❺，義墮❻者返披袈裟❼，從偏門出。

於是外道於僧寺中，封禁❽鐘鼓，謂之「沙汰❾」。時迦那提婆尊者，知佛法❿有難，遂運神通⓫，自登樓撞鐘，卻擯⓬出外道。外道問：「樓上聲鐘者誰？」提婆曰：「天。」外道曰：「天者誰？」尊者曰：「天者我。」外道曰：「我者是誰？」尊者：「我者你。」外道曰：「你者誰？」尊者曰：「你是狗。」外道曰：「狗是誰？」尊者曰：「狗是你。」外道曰：「你是誰？」尊者曰：「我是天。」外道曰：「天是誰？」尊者曰：「天是我。」如是七返，外道自知義墮負⓭，伏義遂開門。提婆尊者由是從樓上，持赤幡下來。外道曰：「你何不後？」尊者曰：「汝何不前？」外道曰：「汝是賤人⓮。」尊者曰：「汝是良人⓯。」外道又知義墮，提婆尊者手持赤幡，義墮者赤幡下立。外道皆願斬手而謝⓰，提婆尊者止，而皆剃頭度⓱之，於之提婆宗大興。

【注釋】❶尊者　泛指具有較高的德行和智慧的僧人。❷龍樹　古印度大乘佛教中觀學派創始人。約西元三世紀時人，南印度人，屬婆羅門種姓。年青時為著名婆羅門學者，皈依佛教後，精通三藏，曾與外道辯論，皆獲勝利。此後大力傳教，使大乘般若性空學說風靡全印度。❸以針投缽　迦那提婆初為外道，一天，至龍樹處，求相與論議。龍樹欲試其智，命弟子拿滿缽水放在提婆前。提婆見之，投一針於缽中。龍樹大歎其智慧，遂授以至真之妙理。滿缽之水比擬龍樹的智慧周遍，投針則表示提婆欲究其底之意。❹論義　論說義理。❺赤幡　紅色的旗子。在古代印度，佛弟子與外道論義後，勝利的一方往往高舉紅旗，並奏凱歌。幡，旗幟。❻墮　損毀；敗壞。❼返披袈裟　以表為裡，易前歸後。返，同「反」。袈裟，梵文音譯。

原意為「不正色」，佛教僧尼的法衣。佛制，僧人必須避免用青、黃、赤、白、黑五種正色，而用似黑之色，故稱。❽封禁　查封禁止。❾沙汰　淘汰；揀選。❿佛法　佛教教義。⓫神通　梵文意譯。亦譯作「神通力」、「神力」。謂佛、菩薩、阿羅漢等通過修持禪定所得到的神秘法力。⓬擯　排斥；棄絕。⓭墮負　猶言失敗。⓮賤人　地位低下的人。⓯良人　平民；百姓。⓰謝　道歉；認錯。⓱度　使人出家。意謂引其離俗出生死。

【語　譯】圜悟克勤評唱：對於這則公案，很多人往往錯誤地理解道：「提婆宗是外道宗派，與禪宗有什麼關係？」西天禪宗第十五祖迦那提婆尊者曾經是一個外道，因為在遇見西天禪宗第十四祖龍樹尊者時，把一根針投入盛滿水的缽中，從而受到龍樹的大為器重。龍樹把佛教禪法傳授給他，迦那提婆便成為西天禪宗的第十五代祖師。

古代印度佛教與外道辯論法義的時候，必須先遵守國王的敕令，在大的寺院中敲鐘擊鼓，然後開始辯論法義。最後勝利者手上拿著紅旗，失敗者反披袈裟，從側門出去。

於是外道在僧寺中把鐘鼓封存起來，稱之為「淘汰佛教」。當時迦那提婆尊者知道佛法處於危難之中，於是運用他的神通力，登上鐘樓去撞鐘，想把外道趕出去，使他們無立足之地。外道問：「樓上是誰在敲鐘？」提婆尊者回答說：「天。」外道問：「天是誰？」提婆尊者回答說：「天是我。」外道問：「我是誰？」提婆尊者回答說：「我是你。」外道問：「你是誰？」提婆尊者回答說：「你是狗。」外道問：「狗是誰？」提婆尊者回答說：「狗是你。」外道問：「你是誰？」提婆尊者回答說：「我是天。」外道問：「天是誰？」提婆尊者回答說：「天是我。」就這樣經過七問七答，外道自知不是提婆尊者的對手，心服口服地把門打開。提婆尊者於是從樓上拿著紅旗走下來。外道問：「你為什麼不走在後面？」提婆尊者反問：「你為什麼不走在前面？」外道說：「你是賤人。」提婆尊者反唇相譏：「你是良人。」這樣反覆對答，外道又知道自己不是提婆尊者的對手，只得甘拜下風。當時提婆尊者手中拿著紅旗，辯輸了的外道在紅旗下站著。外道都願意砍斷雙手以表示自己失敗了，提婆尊者出面阻止他們這樣做，並勸他們剃髮皈依佛門，因此提婆宗盛極一時。

馬祖云：「《楞伽經》❶云：『佛語心為宗，無門為法門❷。』又云：「凡有言句，皆是提婆宗❸。只是此一箇為主❹。」諸人盡是衲子門下客，還曾究得提婆宗麼？若體究❺得，西天九十六種外道❻，被你諸人一時降伏❼；若體究不得，未免返披袈裟去在。且道，作麼生說？若道言句是，總勿交涉；若道言句不是，也勿交涉。且道，馬大師意在什麼處？

後來雲門道：「馬大師好言句，只是無人問。」時有僧便問：「如何是提婆宗？」門云：「西天九十六種外道，汝是最下一種！」

昔有僧辭大隋❽，隋云：「甚處去？」僧云：「禮拜普賢去。」隋云：「普賢只在這裡。」僧畫一圓相❾，拋向背後而出。隋云：「將茶一貼❿來，與這僧去。」

雲門別⓫云：「西天斬頭截臂，我這裡據款結案。」又云：「赤幡在我手裡。」

雪竇後面用此事而頌之。巴陵，眾中謂之「鑒多口」，縫坐具行腳，被雲門勘之。巴陵後來得雲門腳跟下大事⓬，所以用得奇特。後法嗣雲門，先住岳州巴陵，更不作嗣法書⓭，只將「三轉語⓮」上雲門：「如何是道？」「明眼人落井。」「如何是吹毛劍⓯？」「珊瑚⓰枝枝撐著月。」「如何是提婆宗？」「銀碗裡盛雪。」

雲門道：「他日老僧忌辰⑰，只舉此三轉語，報恩⑱足矣！」自後雲門忌辰，果不設齋⑲，只舉此語。

然諸方答此話，多就事上答。唯巴陵恁麼道，極孤峻，不妨難會，亦不露些子鋒鋩；八面受敵，著著⑳有出身之路、有陷虎之機，脫人情見。若論一色邊㉑事，到這裡，須是自家透脫了，卻須是遇人始得。所以道：「道吾㉒舞笏㉓同人會㉔，石鞏㉕彎弓作者㉖諳㉗。此理㉘若無師印授㉙，欲將何法論玄談㉚？」雪竇隨後，拈提婆宗為人，所以道。

【注釋】❶楞伽經　佛經名。四卷。此經宣說世界萬物皆由心所造，人們認識的事物不在外界而在內心。是代表大乘佛教思想的經典。此經是菩提達摩付囑慧可之書，隨著禪宗的發展，《楞伽經》備受重視，成為傳承的依據。❷法門　修習佛法、禪法的門徑、方法。❸凡有言句二句　意謂提婆以無礙的辯才駁斥外道的議論。❹只是此一箇為主　意謂禪法只在「此一個」——心。❺體究　體會思考。❻九十六種外道　佛祖在世前後出現於印度而異於佛教的九十六種思想流派。❼降伏　降服；制伏。❽大隋　法名法真（西元八七八～九六三年），唐代禪僧，俗姓王氏，梓州（治今四川三臺）人。出家後往南方遊歷，在溈山靈祐門下刻苦修學，終於悟道，嗣其法。住天彭（治今四川彭縣）大隋山木禪庵，影不出山而聲聞於外，四方求學者雲集。世稱「大隋法真」。❾圓相　指真理的圓滿與絕對。禪宗僧人描畫一圓形圖以象徵真如、法性、實相、佛性等。禪宗僧人又常用拂子、如意、拄杖、手指等，在大地或空中畫一圓相，表示真理的絕對性。❿一貼　猶一盞。⓫別　別語，指禪宗僧人在他人對話問答中，就他人既已回答者，另加自己的見識來回答的言語。⓬腳跟下大事　指禪宗僧人的本分大事，即當下悟入、明心見性的大事。⓭嗣法書　已擔任住持的禪師寫給自己師父的信。⓮三轉語　轉語是使人轉迷開悟的語句。當參禪者迷惑不解、進退維谷之時，由禪師猛地翻轉機法，下一語句，使參禪者頓然穎解。所下語句，如為三句，則稱「三轉語」。⓯

吹毛劍　極其鋒利的劍，禪家多用以比喻銳利的機鋒。⑯珊瑚　由珊瑚蟲分泌的石灰質骨骼聚結而成的東西，狀如樹枝，多為紅色，也有白色或黑色的。鮮豔美觀，可做裝飾品。⑰忌辰　舊指父母及其他親屬逝世的日子。因在這一天禁忌飲酒、作樂等事，故稱。⑱報恩　酬報恩德之意。為三福田之一。即報答父母、師僧、三寶、國王等的恩德。⑲設齋　備辦素食。⑳著著　猶言一步一步地；逐漸地。㉑一色邊　「一色」是純一、絕對之意。禪林常用來形容超越差別與相對觀念的平等世界及清淨境界。㉒道吾　法名圓智（西元七六九～八三五年），一作宗智。唐代禪僧。俗姓張氏，豫章（治今江西南昌）人。出家後投藥山惟儼門下，親依數年，得其心印，嗣其法。住潭州（治今湖南長沙）道吾山，禪僧四集，禪風大振，世稱「道吾宗智」。㉓笏　古代大臣朝見君主時手持的狹長板子，用玉、象牙、竹木製成。也叫手板。後世惟品官執之。㉔同人會　謂道常禪師知曉道吾所得，為其印可證明。同人，志同道合的朋友。㉕石鞏　法名慧藏，唐代禪僧。撫州（今屬江西境內）人。本以遊獵為生。大曆（西元七六六～七七九年）年間，馬祖道一居龔公山，慧藏逐鹿從其庵前過，馬祖道一接以禪機，當下頓悟，折毀弓箭，自截其髮，依馬祖道一出家，終獲心印。後入石鞏山結茅而居，世稱「石鞏和尚」。凡有參禪者，即以弓箭擬之，罕有應機者。㉖作者　機用傑出的行家高手，這裡指三平義忠，他曾參石鞏慧藏。石鞏慧藏張弓架箭接機，問答契合。石鞏慧藏贊曰：「三十年張弓架箭，只射得半個聖人。」㉗諳　熟悉；知道。㉘理　指禪道。㉙印授　印可傳授。㉚玄談　指對佛教義理的闡述。

【語　譯】馬祖道一說：「《楞伽經》說：『佛語心為宗，無門為法門。』」又說：「凡有言說都是提婆宗。就是以這一個心作為本宗的主旨。」你們各位都是我的門下弟子，你們曾徹底體究過提婆宗嗎？你如果能徹底體究，那麼印度的九十六種外道都被你一齊擊垮了；如果不能體究，不免要下去反披袈裟。你來說說看，我為什麼要這樣說呢？如果說有言句就是對的，那倒不見得；如果說有言句不對，那也未必是這樣。你來說說看，馬祖大師的用意在什麼地方？

後來雲門文偃說：「馬祖大師解釋得很好，只是沒有人再進一步地請問。」有一位僧人當場就問：「什麼是提婆宗？」雲門文偃回答說：「印度的九十六種外道，你是最差的一種。」

從前有一位僧人向大隋法真辭行，大隋法真問：「你打算到什麼地方去？」僧人回答說：「想去峨眉山禮拜普賢菩薩。」大隋法真說：「普賢菩薩就在這裡。」這位僧人當即畫了一個圓相，然後拋到自己背後，就這樣走出去了。大隋法真說：「拿一杯茶來，給這位僧人去喝。」

雲門文偃下別語說：「印度法戰輸了的外道，往往被斬首截臂，在我這裡只是根據口供結案而已。」他還說：「紅旗在我手裡。」

雪竇重顯後面引用迦那提婆這件事來頌出巴陵顥鑒禪師的行跡。巴陵顥鑒，僧眾都稱他為「鑒多口」，他縫坐具打算去行腳，被雲門文偃勘驗出是一個人才。巴陵顥鑒後來在雲門文偃這裡明心見性，徹悟禪法，所以機鋒用得奇特。當他成為雲門文偃的嗣法弟子後，先住岳州巴陵，從不給雲門文偃寫嗣法書，只是將「三轉語」呈送給雲門文偃：「什麼是道？」「法眼明亮的人掉進井裡。」「什麼是吹毛劍？」「珊瑚枝枝撐著月。」「什麼是提婆宗？」「銀碗裡盛雪。」雲門文偃看了之後說：「以後每逢老僧忌日的時候，只須舉這三轉語，就足夠報答師恩了！」後來巴陵顥鑒果然沒有為雲門文偃設過忌日齋，只是舉這三轉語。

一般禪宗僧人回答這三句話的時候，大多只按照「事境」來回答。而巴陵顥鑒那樣說，就顯得孤危峭峻，很難理解他的意思，他也不透露一點消息。即使受到四面八方的責難，仍然步步都有轉身的出路，彷彿具有使猛虎掉進陷井的機關，使人們擺脫俗情妄見。如果要論一色邊事，那麼就要進入到這一境界，首先必須自己透脫了，然後還需要明師印證才行。所以說：「道吾舞笏同人會，石鞏彎弓作者諳。此理若無師印授，欲將何法論玄談？」雪竇重顯隨後拈說提婆宗度人出家，作了以下一首頌古。

頌

老新開❶，（千兵易得，一將難求❷，多口❸阿師。）

端的別❹，（什麼處端的？頂門上一著❺，夢見也未！）

解道銀碗裡盛雪。（蝦跳不出斗❻，多少人喪身失命❼！兩重公案❽。）
九十六箇應自知❾，（兼身在內，一坑埋卻，闍黎還知麼？）
不知卻問天邊月❿！（遠之遠矣⓫！望空啟告⓬，自領出去。）
提婆宗、提婆宗，（道什麼？滿口含霜！山僧在這裡。）
赤幡之下起清風。（百雜碎，你且去斬頭截臂，卻來者裡！與你道一句，打著了也。）

評唱

「老新開」，新開，山名也。「端的別」，雪竇讚他有分。且道什麼處是「別」處？一切語言，皆是佛法。山僧如此說話，成什麼去就⓭？雪竇微露些子意，道只是「端的別」，後面打開云：「解道銀碗裡盛雪。」更與你下注腳道。「九十六箇應自知」，負墮始得。你若不知，「問取⓮天邊月」！

雪竇頌了，末後有活路⓯，如獅子返擲，更提起與你道：「提婆宗、提婆宗，赤幡之下起清風。」巴陵道：「銀碗裡盛雪」，雪竇為什麼卻道：「赤幡之下起清風」？還知麼？雪竇殺人不用刀⓰！

【注　釋】❶老新開　不舉巴陵顥鑒的名，舉所住山名，並加一「老」字，以示尊重。❷一將難求　意謂像巴陵顥鑒這樣的雄將古今難求。❸多口　善辯之意。❹端的別　謂巴陵顥鑒的答語超逸古今，與眾不同。端的，真的；確實。別，不同。❺頂門上一著　即向上一著，指言絕意斷的正真大道。❻蝦跳不出斗　謂雪竇重顯的頌古跳不出巴陵顥鑒的境界。蝦，節肢動物。生活在水中，會跳躍，捕食小蟲。斗，量器。容量為一斗。❼多少人喪身失命　意謂整個大地的人都被一色邊埋沒。❽兩重公案　巴陵顥鑒的答語，雪竇重顯再頌。❾九十六箇應自知　謂印度的九十六種外道各立異見為本宗，這句「銀碗裡盛雪」的玄旨非口授言說所能知，應該自己辨知。❿不知卻問天邊月　這是古人答提婆宗之語，雪竇重顯用來指玄旨不可言說。⓫遠之遠矣　意謂即使問天邊月，也不可能得到有關玄旨的答案。⓬啟告　啟奏；告知。⓭去就　指符合禮節的行動。猶體統。⓮問取　問，詢問。取，助詞，無義。⓯活路　可通行的道路。⓰殺人不用刀　指禪師用言句巧妙地接引學人。

【語　譯】雪竇重顯頌古：老新開，（千兵易得，一將難求，這是一個善於辯論的禪師。）端的別，（什麼地方是真的？禪法的至極玄妙之處，做夢夢見了嗎？）解道銀碗裡盛雪。（蝦跳不出斗外，多少人喪失生命！兩重公案。）九十六箇應自知，（連自己算在裡面，把外道和雪竇重顯埋在同一個坑裡，和尚還知道嗎？）不知卻問天邊月！（離得太遠了！仰望天空問月亮，自己領出去。）提婆宗、提婆宗，（說什麼？滿口含霜說不得！我在這裡。）赤幡之下起清風。（把外道打得粉身碎骨，你本應該去斬頭截臂，卻來這裡。為你說一句，打中了。）

圜悟克勤評唱：「老新開」，新開是山名。「端的別」，雪竇重顯稱讚巴陵顥鑒與眾不同。你來說說看，巴陵顥鑒在什麼地方與眾不同？一切言語都是佛法。我這樣多嘴多舌，成何體統？雪竇重顯稍微透露了一點意思，只是說「端的別」，後面打開別處說：「解道銀碗裡盛雪。」更是替你為這句話作了注釋。「九十六箇應自知」，一旦法戰輸了就知道了。你如果還不知道，那就去「問取天邊月」吧。

雪竇重顯頌過之後，最後還有活路，就像處在困境之中的獅子反撲一樣，更提起為你說：「提婆宗、提婆宗，赤幡之下起清風。」巴陵顥鑒說「銀碗裏盛雪」，為什麼雪竇重顯卻說「赤幡之下起清風」呢？你還知道嗎？雪竇重顯殺人不用刀！

【說　明】圜悟克勤在開示中論述禪法無處不在。禪法，雖然歷代祖師不用言語傳授，但不為萬事萬物而出現，畢竟不可由外得知。萬事萬物依於因緣結合而生起，無始無終，遍滿宇宙，是禪法自身的絕對存在，所以在萬事萬物的實在的禪法，是無邊廣大，被形容為天不能蓋乃至日月不能照的東西。這樣的禪法，是無形的實在，充滿宇宙，絕無任何障礙而運行著，且遍滿於生死流轉的世界，秩序井然，一絲不亂地存在著。所以它的作用，極大、極小、極高、極低、極冷、極熱，自在地殺活萬物。一望大地，無一不是禪法。禪法，有自在活用，且顯現為萬象，如果能在一草一木上直覺到所活現的絕對的「無」，禪法之全體，也就當場呈現了。

圜悟克勤的著語「白鳥入蘆花」和「銀碗裡盛雪」一樣，是按照不一不二，平等即差別、差別即平等的想法，表示客觀的天地萬物和主觀的自我變成同根一體。

純白的鳥，進入純白的蘆花之中，從外面看當然無法區別。但白鳥進入蘆花之中，就變成了兩個事物，不過從外表看來好像是一個，這就表現了不是一也不是二的意思。

同樣道理，凡人的心也是佛心。對心來說，佛和人本來是一體，是同樣的東西。既然同樣就用不著區分凡人和佛，如能認識到凡人的心本來就是佛心的人，就帶有佛心；沒有這種認識，就是帶著凡人的心。

佛教以「不是一，不是二」來形容佛和凡人的不一不二的關係，而圜悟克勤則將這種不一不二的關係用「白鳥入蘆花」來表現。

雪竇重顯在頌古中稱讚巴陵顥鑒動作敏捷，識見高遠。「銀碗裡盛雪」，言詞清新，境界優美，不是一般人所能說得出來。文如其人，言如其品。這就是提婆宗（禪宗）的本色。九十六箇外道都應該知道這句答語的妙趣。如果再不明白，那就只好去問天邊的明月了。巴陵顥鑒使得提婆宗（禪宗）永遠吹拂著流傳千古、無人能敵的清風。

第十四則　雲門時教

【題　解】釋迦牟尼住世八十年，其中有四十五年說法度眾，故知釋尊一代教說非一時得以述說。雲門文偃答以「對一說」三字，已超出言詮，直指心性，函蓋乾坤，而將顯、密、禪、淨之一代時教包含無遺。如果光是從語言文字或理論義解作揣測，絕對不能探知雲門文偃的真意。故圜悟克勤評唱本則公案，謂人多錯會「對一說」之意。

舉

僧問雲門：「如何是一代時教？」（直至如今不了❶，葛藤窠窟❷。）

門云：「對一說❸。」（放下無孔鐵鎚❹，七花八裂，鼠咬生鐵❺。）

【注　釋】❶了　瞭解；明瞭。❷葛藤窠窟　喻指言語糾纏，嚕嗦不止。❸對一說　意謂佛祖是對機說法，應病與藥，有針對性地進行闡說。❹無孔鐵鎚　意謂雲門文偃的答語像無孔不能加柄的鐵鎚，無處下手。或比喻拘泥於言教而失去開悟的機緣。❺鼠咬生鐵　意謂吞吐不下，比喻僧人對雲門文偃的答語無可奈何。

【語　譯】舉說公案：有一位僧人問雲門文偃：「什麼是佛祖釋迦牟尼一生所說的教法？」（直到現在還不明白，落入言語的窠臼。）雲門文偃回答說：「對一說。」（放下無孔無柄的鐵鎚，這句話把佛祖的教法弄得七劃八裂，老鼠咬生鐵，想吐又吐不出，想吞又吞不下。）

評唱

欲知佛性義，當觀時節因緣，謂之教外別傳，單傳心印，直指人心，見性成佛。釋迦老子四十九年住世❶，三百六十會❷，說法頓、漸、權、實❸，謂之一代時教。這僧拈來問云：「如何是一代時教？」雲門何不紛紜❹與他解說，卻只向他道「對一說」？

雲門尋常道一句中須具三句，謂之「函蓋乾坤❺、截斷眾流❻、隨波逐浪❼」。放去❽收來❾，自然奇特，如斬釘截鐵❿，教人義解⓫他底不得。一大藏教⓬，只消三箇字，四方八面⓭，無你穿鑿⓮處。人多錯會，卻道：「對一說，是對一時機宜之說。」又道：「森羅萬象，皆是一法⓯之所印，謂之對一說。」更有者道：「只說那箇一法⓰。」有什麼交涉？非唯不會，又入地獄如箭⓱。殊不知古人意不如此，所以道，「粉身碎骨⓲，未足酬⓳也。」應難報釋迦恩，不妨奇特。「如何是一代時教？」只消道箇「對一說」，若當頭⓴薦㉑得，便可歸家穩坐㉒；若薦不得，伏聽㉓處分㉔。

【注釋】❶四十九年住世　指佛祖釋迦牟尼在世傳播佛法四十九年。❷三百六十會　形容佛祖釋迦牟尼一生說法的法會之多。❸權實　謂佛法之二教，權教為權宜說，取權宜義，法理明淺；實教為根本大法，顯示真要，法理高深。❹紛紜　多盛貌。❺函蓋乾坤　「雲門三句」之一。意謂真如佛性處處存在，包含一切，萬事萬物無一不是真如妙體。❻截斷眾流　「雲門三句」之一。雲門文偃接引學人時，常用一個字或一句話，驀地截斷一切言語糾纏，使問者斷絕種種轉機，無法意想分別，從而返照自身，回歸心源。❼隨波逐浪　「雲門三句」之一。是雲門宗接引學人的一種原則，即隨緣接物，應病與藥。❽放去　指「隨波逐浪」。❾收來　指「函蓋乾坤，截斷眾流」。❿斬釘截鐵　比喻堅定不移或果斷俐落。亦比喻雄健有力。⓫義解　瞭解意義與義旨。⓬一大藏教　所有的佛教教義。⓭四方八面　到處；各個方面。⓮穿鑿　猶牽強附會。⓯一法　指唯一無二的絕對法，即人人本具的真如佛性。⓰一法　猶言一事一物。⓱入地獄如箭　斥責見解錯誤、未契禪機者，謂其死後迅速墮入地獄。⓲粉身碎骨　身軀粉碎。指犧牲性命。⓳酬　應對；對答。⓴當頭　當面，當即。㉑薦　識；認識。㉒歸家穩坐　以歸家有安穩著落之感，比喻遠離迷妄生活，一念發心，修行佛道，徹求心證。㉓伏聽　謂恭順地聽從。㉔處分　處理；處置。

【語　譯】圜悟克勤評唱：要使一個人認識自己本來具有的佛性，必須觀察時機與因緣，這叫做教外別傳，單傳心印，直指人心，見性成佛。釋迦牟尼老漢一生說法四十九年，講經法會達三百六十次之多，說法頓、漸、權、實，稱之為「一代時教」。這位僧人拿此事來問雲門文偃：「什麼是佛祖釋迦牟尼一生所說的教法？」雲門文偃為什麼不對他一一解說，而是只向他說「對一說」呢？

雲門文偃平常說一句之中必須具備三句話，叫做「函蓋乾坤、截斷眾流、隨波逐浪」。這「雲門三句」放去收來，自然奇特，用這斬釘截鐵般的禪機來接引學人，更使人無法理解他言句中的玄旨。

所有的佛教教義，只需用「對一說」三個字來概括，使你無法從各個方面來牽強附會。人們往往錯誤地理解道：「對一說，是暫時的、權宜的說法。」有人說：「世界上的萬事萬物，都是真如佛性的顯示，這就叫做對一說。」還有的人說：「只說那一樣事物。」這些說法與雲門文偃的旨意有什麼關係？不僅不理解，而且很快就會入地獄。他們竟然不知道前代祖師的旨意不是這樣，所以說：「即使是粉身碎骨，也無法回答。」這樣做應該說很難報答佛祖釋迦牟尼一生說法的恩賜，實在是令人驚異。「什麼是佛祖釋迦牟尼一生所說的教法？」只需說個「對一說」，如果當面能夠認識，就可以回家穩坐；如果當面不能認識，那就老老實實地聽從我的處理。

頌

對一說，（活潑潑地，不妨孤峻，言猶在耳❶。）

太孤絕❷！（傍觀有分❸，豈有恁麼事？何止壁立千仞❹？）

無孔鐵鎚重下楔❺，（錯下也。雲門老漢也是泥裡洗土塊❻，也是雪竇裝飾❼。）

閻浮樹❽下笑呵呵。（四州八縣，不曾見箇漢❾。同道者方知，能有幾人知？）

昨夜驪龍拗角折❿，（非止驪龍⓫，有誰見得來，還有人證明麼？啞！）

別別！（讚嘆有分，須是雪竇始得，有什麼別？）

韶陽老人得一橛。（在什麼處更有一橛⓬？分付阿誰？德山臨濟，也須倒退三千里。那一橛又作麼生？便打。）

【注釋】❶言猶在耳　說的話還在耳邊響。謂記憶猶新或說過不久。❷孤絕　高峻；高聳。❸傍觀有分　稱讚雪竇重顯識破了雲門文偃的玄旨。❹何止壁立千仞　意謂雲門文偃的禪機孤危聳峻，無法窺見其旨意。❺下楔　把楔形物插入或捶打到物體裡面。意謂雲門文偃於不可說破處說了一句。❻泥裡洗土塊　在泥水裡洗土塊，只能越洗越混濁，喻指陷入義理言辭種種糾纏，根本不能達到領悟的目的。❼也是雪竇裝飾　意謂雪竇重顯在雲門文偃泥水混濁的基礎上更添混濁。裝飾，點綴；裝點。❽閻浮樹　原產於印度，四、五月開花，結深紫色果實，種子可作藥用。佛經稱此樹產於閻浮州，故名。❾四州八縣二句　意謂整個大地找不出第二個像雪竇重顯這樣笑呵呵的人。雪竇重顯識破雲門文偃的玄旨，在人跡不到的地方呵呵大笑，可謂千古知音。❿昨夜驪龍拗角折　意謂僧人的機鋒如驪龍戴角，雲門文偃的答語孤危峭峻，超越古今，故能拗折其角。驪龍，黑龍。拗，拉折；折，折斷。⓫非止驪龍　意謂豈止挫折這僧的機鋒，就是天下的禪宗僧人也得忍氣吞聲。⓬櫪　喻指樁狀物。這裡指龍角。

【語　譯】雪竇重顯頌古：對一說，（活潑潑地，非常孤峻，言猶在耳。）太孤絕！（旁觀者清，難道會有這樣的事？豈止是壁立千仞？）無孔鐵鎚重下楔，（錯下了。雲門老漢也是泥水裡洗土塊，雪竇重顯為他裝飾。）閻浮樹下笑呵呵。（四州八縣，也不曾見過這樣的人。同道者才相知，能有幾人是知音？）昨夜驪龍拗角折，（豈止驪龍，有誰見過，還有人證明嗎？啞口無聲！）別別！（讚歎雲門文偃的禪機峻峭，必須得雪竇重顯才行，有什麼別？）韶陽老人得一橛。（在什麼地方還有一隻龍角？交給誰？德山宣鑒、臨濟義玄也應該倒退三千里。那一隻龍角又能做什麼用？舉起就打。）

評唱

「對一說，太孤絕」，雪竇讚嘆他不及。此語獨脫❶孤危❷，光前絕後❸，如萬丈懸崖相似，如百萬軍陣相似，無你入處。

且道，什麼處是孤絕處？天下人奈何不得，這僧也是箇作家，所以如此問，雲門又恁麼答，大似「無孔鐵鎚重下楔」相似。雪竇用文言❹，用得甚巧，「閻浮樹下笑呵呵。」閻浮樹者，須彌❺南畔閻浮樹。所以雪竇自說，他在閻浮樹下笑呵呵。且道，笑箇什麼？笑「昨夜驪龍拗角折」，雪竇只得瞻之仰之❻，讚嘆雲門有分。雲門道：「對一說」，似箇什麼？一似拗驪龍一角在手裡相似。到這裡，若無恁麼事，焉❼能恁麼說？雪竇一時頌了也，末後卻道：「別別！韶陽老人得一橛。」何不道全得？如何只得一橛？且道，那一橛在什麼處？

【注　釋】❶獨脫　獨立，超脫，無所依賴。是禪悟者的機用。❷孤危　謂突兀高峻。❸光前絕後　猶空前絕後。❹文言　華美之言。❺須彌　即須彌山，梵語譯音。有「妙高」、「妙光」、「安明」、「善積」諸義。原為古印度神話中的山名，後為佛教所採用，指一個小世界的中心。山頂為帝釋天所居，山腰為四天王所居。四周有七山八海、四大部洲。❻瞻之仰之　仰慕；敬仰。「之」代指「對一說」。❼焉　疑問代詞。相當於「怎麼」、「哪裡」。

【語　譯】圜悟克勤評唱：「對一說，太孤絕」，雪竇重顯真的是連稱讚雲門文偃都來不及。雲門文偃的答語顯得超然物外，孤危險峻，足以超越前代祖師，就是後人也難以望其項背，既像萬丈懸崖一樣，也像百萬大軍擺開了陣勢，使你無法進入。

你來說說看，什麼地方是高聳入雲之處？天下的人都無可奈何，這位僧人也是一個參禪的行家高手，所以才敢這樣問。雲門文偃也是這樣回答他，就像「無孔鐵鎚重下楔」一樣。雪竇重顯很有文采，表達得也很巧妙，說他在「閻浮樹下笑呵呵。」閻浮樹生長在須彌山的南畔。所以雪竇重顯說自己在閻浮樹下笑呵呵。你來說說看，他到底在笑個什麼？笑「昨夜驪龍拗角折」，對雲門文偃的機鋒崇拜得五體投地，稱讚雲門文偃很有才氣。雲門文偃說「對一說」，像個什麼呢？就像拗斷驪龍的一隻角並且拿在手中一樣。到了這個地步，如果沒有如此峻峭的禪機，怎麼可能說得出這樣的話來？雪竇重顯把這則公案的旨意全都頌出來了，最後卻說：「別別！韶陽老人得一橛。」為什麼不說全部得到？怎麼只得到一隻龍角？你來說說看，那一隻龍角在什麼地方？

【說　明】「對一說」，即「對一說一」。也就是說，在雲門文偃的眼中，佛祖釋迦牟尼的教義，是運用「對機說法」、「應病與藥」的靈活方法，有針對性地進行闡說的。

圜悟克勤對雲門文偃這句話的禪機作了評唱：這句答語可以放，也可以收，顯得寬廣空靈，意味無窮；又如斬釘截鐵一樣，使人不能用思維的方式作哲學思辨，也不能用靈感來捕捉。

雪竇重顯頌古的意思是說，當別人詢問釋迦牟尼的教法時，雲門文偃回答「對一說」，這種機鋒實在是孤危險峻，令人難以企及。這就像用無孔鐵鎚將更重的鐵楔打了進去，一部《大藏經》頓時變得七花八裂。不過，如果站在南閻浮州的中心的那棵古樹下看這一切，又會覺得可笑之極。為什麼這樣說呢？這就好比拗龍的雙角。僧人在提問時是那樣的氣宇不凡，好像昨天夜晚的蒼龍豎起兩角，不可一世，有意一展雄風。可是這位僧人棱角，跟雲門文偃的禪機一遭遇就折斷了。不過，棱角斷是斷了；韶陽老人（雲門文偃）折斷的只是一隻角。還有一隻角在哪裡呢？「韶陽老人得一橛」，這是在讚賞雲門文偃一把鐵鎚在手，殺佛殺祖，把「一代時教」弄得粉碎。

第十五則　雲門機事

【題解】「機」為能觀之心，「事」是所觀之境；心與境即指主觀與客觀。眼前能見之機與事容易分辨，但這位僧人所問者，卻屬於客觀未生、主觀未起之事。故雲門文偃用「倒一說」回答。

示眾

殺人刀，活人劍❶，上古之風規❷，今時之樞要❸。且道，如今那箇是殺人刀、活人劍？試請舉看。

舉

僧問雲門：「不是目前機、亦非目前事時，如何？」（踔跳❹作什麼？倒退三千里。）

雲門云：「倒一說。」（平出❺，款出囚人口❻，不可放過，草裡橫身❼。）

【注釋】❶殺人刀二句　指殺活自在的方法。即以刀劍比喻禪師指導學人自由權巧運作的方法。禪師接引學人時，用強奪、不許的方式，喻為殺人刀；用給與、允許的方式，則喻為活人劍。不偏於任何一方，而能自由運用的方法，即稱為殺人刀活人劍。❷風規　風度品格。❸樞要　關鍵；綱領。❹踔跳　蹦跳。❺平出　相當；對等。此謂問答相應。❻款出囚人口　喻指雲門文偃的答語與問意相一致。囚人，囚犯。❼草裡橫身　謂雲門文偃落草。喻指陷入第二義門，指雲門文偃用言句開示。

【語譯】圜悟克勤開示：殺人刀，活人劍，這是自古以來祖師們的風格，也是現在學人參禪的關鍵所在。你來說說看，現在什麼是殺人刀，活人劍？試請舉一則公案給你們看看。

舉說公案：有一位僧人問雲門文偃：「不是眼前的起心動念，也不是眼前所看見的事物現象，這是怎麼回事呢？」（蹦跳做什麼？倒退三千里。）雲門文偃回答說：「倒一說。」（問答相應，招供出自犯人口，不可放過，雲門文偃躺在草堆裡。）

評唱

這僧不妨是箇作家，解恁麼問頭，是請益問❶，謂之「呈解問❷」，此亦謂之「藏鋒問」。若不是雲門，也不奈這僧何。雲門有這般手腳，他既將問來，不得已而應之，何故？作家宗師❸如明鏡臨臺，胡來胡現、漢來漢現，隨口便答，自然箭鋒相拄。所以古人道：「欲得親切，莫將問來。」何曾有一法為人？那箇有禪道與你？你若不造地獄業❹，自然不招地獄果❺；你若不作天堂福❻，自然無天堂❼報❽。一切業緣❾，皆是自作自受❿。古人分明向你道，若論此事，不在言句上；若在言句上，三乘十二分教，豈是無言句，更何用祖師西來？

前頭道「對一說」，這裡卻道「倒一說」，只爭⓫一字，為什麼卻有萬別千差？

且道，誵訛在什麼處？所以道：「法隨法行，法幢⓬隨處建立。」「不是目前機，亦非目前事時，如何？」只消當頭一點。若是具眼漢，一點也瞞他不得。問處既譊訛，答處須得恁麼。其實雲門當時騎賊馬趕賊⑬。有者錯會道：「本是主家⑭語，卻是賓家⑮道，所以雲門道『倒一說』。」有什麼死急⑯？這僧問得好：「不是目前機，亦非目前事時，如何？」雲門何不答他別語，卻只向他道：「倒一說」？雲門一時打破他底。道正也好肉上剜瘡⑰，道倒也是肉上剜瘡。何故？言迹之興，二途⑱之所由生也。設使一時無言無句，也是不是。你看，「露柱⑲」、「燈籠」，何曾⑳有言句？還會麼？若不會，到這裡也須是轉動㉑，始知落處。

【注釋】❶請益問　直接向禪師問法，請求指導。❷呈解問　學人自呈見解，請求禪師糾正。❸宗師　佛教尊稱傳其宗法者為宗師。❹業　梵文羯磨的意譯。佛教謂業由身、口、意三處發動，分別稱身業、口業、意業。業分善、不善、非善非不善三種，一般偏指惡業，孽。它決定在六道中的生死輪迴。❺果　指由「因」所生出之結果。一切有為法，乃前後相續，故相對於前因，則後生之法，稱為果。❻福　指能夠獲得世間、出世間幸福的行為。❼天堂　某些宗教指人死後靈魂居住的美好地方。跟「地獄」相對。❽報　即報應。指有施必有報，有感必有應，故現在之所得，無論禍福，皆為報應。如行放生、佈施、梵行等善業，即因種善因而招感善報；反之，行殺生、偷盜、邪淫等惡業，即因種惡因而招感惡報。❾業緣　謂苦樂皆為業力而起，善業為招樂果之因緣，惡業為招苦果之因緣。❿自作自受　自己做了錯事，自己承受不良的後果。⓫爭　相差。⓬法幢　寫有佛教經文的長筒形綢傘或刻有佛教經文、佛像等的石柱。亦指說法道場的建立。⓭騎賊馬趕賊　喻指雲門文偃奪過提問者的機鋒。⓮主家　指接引學人的禪師。⓯賓家　指參禪者。⓰死急　人臨死時，手忙腳亂，胡言亂語，謂之「死急」。⓱好肉上剜瘡　比喻沒事找事，效果適得其反。⓲二途　指與頓悟禪法不同的修行方法。⓳露柱　指法堂或佛殿外正面的圓柱。與瓦礫、燈籠等俱屬無生命之物，禪林用以表示無情、非情等意。⓴何曾　何嘗；幾曾。㉑轉動　轉變動作，調撥轉禪機。

【語　譯】圜悟克勤評唱：這位僧人確實是一個參禪的行家高手，知道提出這樣的問題，是請益問，也叫做「呈解問」，或者叫做「藏鋒問」。如果不是雲門文偃，可能就會對這位僧人提出的問題無可奈何？只有雲門文偃才有這樣的手段，這位僧人既然提出了這個問題，雲門文偃不得不如此回答他，為什麼這樣說呢？一位傑出的禪師就像明鏡當臺，胡人來了照出的是胡人，漢人來了照出的是漢人，隨口回答，自然禪機如同箭鋒，迅速準確，互相契中。所以從前的禪師說：「要想與禪法密切相應，不要將問話當問話問。」從前的禪師什麼時候用過某一種固定的方法來接引學人呢？又有哪一位禪師會把禪法送給你？你如果不幹壞事，自然不會導致下地獄的惡果；你如果不幹好事，自然不會有死後上天堂的果報。一切業力產生的因緣都是自作自受。從前的禪師明明是在對你說，如果要論參禪這件事，不在文字語言上；如果在文字語言上，那麼三乘十二分教何處沒有文字語言？達摩祖師又何必前來中國傳授心心相印的禪法？

在前面一則公案中，雲門文偃回答說：「對一說。」而在這一則公案中，雲門文偃卻回答說：「倒一說。」僅僅相差一個字，為什麼這兩句答語的旨意會相差十萬八千里呢？你來說說看，對這兩句答語之間差別的難解之處在哪裡？所以說：「佛法隨著法輪而轉，傳播到各地，佛教道場也隨之建立。」「一念未起時，既不是眼前的起心動念，也不是眼前所看見的事物現象，這到底是個什麼呢？」只要當面點破即可明白。如果是一個具備法眼的人，那是絲毫也不能對他有所隱瞞。這位僧人所提的問題既然是曲折難解，回答的時候，就不能不這樣說，其實雲門文偃當時是騎著盜賊的馬去追趕盜賊。有的人錯誤地理解說：「本應該是由禪師來說的話，反倒由參禪者來說，所以雲門文偃便回答說『倒一說』。」這種說法真是胡說八道。這位僧人問得很好：「一念未起時，既不是眼前的起心動念，也不是眼前所看見的事物現象，那到底是什麼呢？」雲門文偃為什麼不用別的話來回答他，卻只是回答他「倒一說」呢？雲門文偃是在把他的分別心一齊掃除。其實到了這樣的境地，講「正」就像在好好的皮膚上剜瘡一樣，說「倒」也是在好肉上剜瘡。為什麼這樣說呢？因為語言文字產生之後，修行的歧路也就出現了。即使一齊沒有了言句，也是不是。你說說看，「露柱」、「燈籠」什麼時候會有這些言句？你們明白了禪法與語言無關嗎？如果還不明白，必須再一機撥轉，那就知道雲門文偃答語所指的意思了。

頌

倒一說，（放不下，七花八裂。）

分一節❶。（花十八，須彌南畔❷，在君邊、在我邊❸，一半河南、一半河北❹，把手共行❺。）

同死同生為君決❻。（泥裡洗土塊，著什麼來由❼？放過不得。）

八萬四千非鳳毛❽，（羽毛相似，如麻似粟，太煞減威光，漆桶！）

三十三人❾入虎穴❿。（唯我能知⓫，一將難求，野狐精一隊。）

別別⓬！（一任踍跳。）

擾擾忽忽水裡月⓭。（青天白日⓮迷頭認影⓯，著忙作什麼？）

【注釋】❶分一節　喻指雲門文偃的答語如同劈開竹筒一樣，兩面無差異。❷須彌南畔　讚美雲門文偃、雪竇重顯高遠的玄旨。❸在君邊在我邊　意謂恰好相應，兩邊不異。君，對對方的尊稱，猶言您。❹一半河南一半河北　意謂雪竇重顯、雲門文偃的用意無優劣之分。❺把手共行　意謂雪竇重顯、雲門文偃兩人是知音，其禪機同出一轍。把手，手拉著手。❻同死

同生為君決　謂雲門文偃放行的手段自在，學人活則我亦活，學人死則我亦死。❼來由　來歷；緣由。❽八萬四千非鳳毛　意謂靈山法會上八萬四千賢聖不理解釋迦牟尼拈花、迦葉微笑的旨意。八萬四千，乃數量極多之形容詞。鳳毛，鳳凰的羽毛。這裡喻指釋迦牟尼的弟子不似其師。❾三十三人　指印度禪宗的二十八代祖師，加上中國禪宗的五代祖師。❿虎穴　虎所居之洞穴。比喻極危險的地方。⓫唯我能知　意謂禪法自證自悟，非師所能傳授。⓬別別　扭轉之意。⓭擾擾忽忽水裡月　喻指這境界無法稱說。擾擾，紛亂貌；煩亂貌。忽忽，迷糊；恍忽。⓮青天白日　青天和白日。謂天氣晴好。又指大白天。⓯迷頭認影　比喻愚癡者迷失自己的真性，認假相為真。為《首楞嚴經》卷四所載之譬喻，室羅城有一狂人演若達多，不見其頭而在鏡中認其頭中之眉目。

【語　譯】雪竇重顯頌古：倒一說，（雪竇重顯放不下雲門文偃的答語，七通八達。）分一節。（花十八，須彌山南畔，在您那邊，在我這邊，一半在河南，一半在河北，手拉著手一道走。）同死同生為君決。（泥水裡洗土塊，有什麼根據？不可放過。）八萬四千非鳳毛，（凡鳥的羽毛和鳳凰相像，多得來如麻如粟，滅盡八萬四千賢聖的威風光彩，黑漆桶！）三十三人入虎穴。（只有自己才能知道，能入虎穴的一將難求，一群野狐精。）別別！（任其蹦跳。）擾擾忽忽水裡月。（大白天裡認假為真，著忙幹什麼？）

評唱

「倒一說」，雪竇不妨奇特作家，一句下便道「分一節」，分明放過一著❶，與你把手共行。他從來有此放行底手腳，敢與你入泥入水❷。「同生同死為君決」，雪竇恁麼頌，其實無他，只要與人解粘去縛、抽釘拔楔。

如今卻因言句，轉生情解，只如巖頭道：「雪峰雖與我同條生、不與我同條死。」若非全機透脫❸，得大機大用❹底人，焉能與你「同死同生❺」？何故？為他無許多得失是非滲漏❻處，故洞山云：「若要辨認向上之人真偽者，有三種滲漏。一見滲漏❼：機❽不離位❾，墮在毒海；二情滲漏❿：智常向背⓫、見處⓬偏枯⓭；三語滲漏⓮：體妙失宗，機昧始終⓯。此三滲漏，宜自知之。」又有三玄語：句中玄、意中玄、玄中玄。古人到這箇境界，全機大用，遇生與你同生、遇死與你同死。向虎口裡橫身⓰，放得手腳，千里萬里，隨你銜⓱去。何故？還他這一著⓲始得。

【注釋】❶放過一著　意謂退讓一步，寬鬆一次，指禪師接引中下根器的學人時採用的方便法門。❷入泥入水　喻指禪師苦口婆心地啟發引導學人。❸全機透脫　當下即是，達到解脫自在無礙之境地者，稱為全機透脫。機，機用之意。全機，即禪者自在無礙之活動。透脫，超脫；通達。❹大機大用　意指具有極大之作用。如將「大機大用」一詞析為大機、大用，則二者之意義有別，大機明示宗旨之境界，大用則是接引學人的方法。❺同死同生　喻指禪師隨機接引學人，參禪者如在明處，禪師亦入明處；參禪者如在暗處，禪師亦在暗處。❻滲漏　喻指文字、語言等方面的破綻。❼見滲漏　意謂修行者猶有我見，法見不空，則難以去除法執之境地，而不能徹見諸法實相。❽機　禪宗將機認為是禪師心之作用，因為機乃絕言語思慮者，此作用施加於受教者之心，故接受指導的學人必須與禪師之心相應，此即為投機。❾位　謂得悟。❿情滲漏　猶存情識之意，取此捨彼，乃含有彼此對立之思維方法。⓫智常向背　謂識情未盡，故境與智不融會。向背，謂迎合或背棄。⓬見處　見地；見解。⓭偏枯　偏於一方面，照顧不均，失去平衡。⓮語滲漏　滯礙於語句，不知文字僅為了悟真理之工具，徒然用心於文字語言之解說。⓯機昧始終　意謂不能當機透脫自在。昧，暗；昏暗。⓰向虎口裡橫身　意謂任憑如虎之學人去橫咬豎嚼。⓱銜　含在嘴裡；用嘴咬著。⓲一著　本為圍棋用語，引申為「一件事」之謂。

【語　譯】圜悟克勤評唱：「倒一說」，雪竇重顯稱得上是一位非常奇特的機用傑出的大禪師，在一句之下就說「分一節」，分明是故意退讓一步，讓你和他手拉著手一道兒走。他向來就有這種放行的手段，所以才敢用言句為你說出。「同生同死為君決」，雪竇重顯這樣頌出這則公案的旨意，其實沒有別的緣故，只是為人們解除俗情妄念的粘著與束縛，擺脫俗情迷障。

現在有的人卻受言句的影響，反而產生俗情妄解。就像巖頭全豁所說：「雪峰義存雖然和我同根生，卻不和我同根死。」如果不是一個徹底解脫，獲得大機大用的人，怎麼能和你「同死同生」呢？為什麼這樣說呢？因為他沒有很多得失、是非和滲漏的困擾。所以洞山良价說：「如果要辨認一個人的悟道是真是假，可以從三種滲漏來觀察。一是見滲漏，起心動念不離自身所處的情境，心隨境轉，墮入毒海；二是情滲漏，所處境地與能見智慧不相融會，見地偏頗；三是語滲漏，只體究語句，失其宗旨，停滯在語路上，不能發圓應之機。對於這三種滲漏，一個修行者應該自己知道。」洞山良价另外又有三玄的言句，這就是句中玄、意中玄、玄中玄。從前的禪師到了這種境界，能發揮全機大用，遇到生存的機會他會與你同生存，遇到死亡的機會他會與你一道死。即使是橫著身子躺在老虎口裡，也放得開手腳，千裡萬里，管它銜到哪裡去。為什麼這樣說呢？還得教給參禪者這一手段才行。

「八萬四千非鳳毛」者，靈山❶八萬聖眾❷，非鳳毛也。南宋謝超宗❸，陳郡陽夏❹人，謝鳳❺之子，為王府❻常侍❼。王母殷淑儀❽薨❾，超宗作誄❿奏之。武帝⓫見其文，大加嘆賞曰：「超宗殊⓬有鳳毛！」古詩云：「欲知世掌絲綸美，池上如今有鳳毛⓭。」昔日靈山會上，四眾⓮雲集，世尊⓯拈花，唯迦葉⓰一人，微笑親知，餘者罔⑰知是何宗旨，獨許迦葉一人會。雪竇所以道：「八萬四千非鳳毛」。「三十三人入虎穴」者，阿難⑱問迦葉云：「世尊傳金襴袈裟⑲外，別傳何法？」迦葉召阿難，阿難應諾⑳。迦葉云：「倒卻門前剎竿著㉑。」後來祖祖相傳，西天唐㉒土，三十三人，有入虎穴底手腳，古人云：「不入虎穴，爭得虎子？」雲門是這般人，善能同生同死。宗師家為人須至如此，踞㉓曲彔木床㉔上坐。

捨得教你打破，容你捋虎鬚，也須是到這般田地始得㉕。具七事隨身㉖，可以同生同死。高者抑㉗之，下者舉之，不足者與之。在孤峰㉘者，救之令入荒草；落荒草者，救令處孤峰。你若入鑊湯㉙，我亦入鑊湯去。其實無他，只要與你解粘去縛，抽釘拔楔，脫卻籠頭㉚、卸卻角馱㉛。平田和尚㉜有頌最好：「神光不昧㉝、萬古徽猷㉞；入此門來，莫存知解㉟。」「別別！擾擾忽忽水裡月」，不妨有出身之路，亦有活人之機。雪竇拈來，教人自去明悟生機，莫隨他語句。你若隨他語句，正是「擾擾忽忽水裡月」。你作麼生得平穩去？放過一著！

【注釋】❶靈山　印度佛教聖地靈鷲山的簡稱。靈鷲山位於中印度摩揭陀國王舍城東北。山形似鷲頭，又以山中多鷲，故名。❷聖眾　指佛、菩薩、緣覺、聲聞等。❸謝超宗　謝靈運之孫，南朝宋時任新安王國常侍，入齊為黃門郎，後以怨望免官，賜自盡。❹陳郡陽夏　今河南太康。❺謝鳳　謝靈運之子，南朝宋時任鄞縣令。❻王府　這裡指新安王。姓劉名子鸞，是孝武帝最喜歡的一個兒子。❼常侍　官名。帝王的侍從近臣。❽殷淑儀　南郡王劉義宣之女，孝武帝密取之，寵冠後宮，假姓殷氏。淑儀，女官名。晉武帝置。宋、齊、梁、陳各朝因之。❾薨　死的別稱。❿誄　古代列述死者德行，表示哀悼並以之定謚，又指悼念死者的文章。⓫武帝　指宋孝武帝劉駿，西元四五四～四六五年在位。⓬殊　副詞。甚；極。⓭欲知世掌絲綸美二句　此為杜甫的詩句，舉謝超宗事，喻父子繼美。絲綸，指帝王的詔書。池上，指鳳凰池，禁苑中池沼。魏晉南北朝時設中書省於禁苑，掌管機要，接近皇帝，故稱中書省為「鳳凰池」。鳳毛，比喻人子孫有才似其父輩者。⓮四眾　指列座於佛陀說法會上聽法之四類大眾，即：㈠發起眾，指能監知時機發起集會，或發起瑞相、問答等，以安排佛陀說法者。㈡當機眾，指宿緣純熟，適聞正教，而於會座上得度者。即聽聞經法立受證悟之益者。㈢影響眾，指從他方佛土來助佛陀教化之古往諸佛菩薩，隱其圓極之果而示現當機眾之形相，如影之隨形，如響之應聲，以匡輔法王，莊嚴法座。㈣結緣眾，指宿善福薄根機下劣者，雖未獲立即證悟之益，然以見佛聞法之故，已結下將來得度之因緣。⓯世尊　釋迦牟尼的十號之一。即為世間所尊重者之意，亦指世界中之最尊者。⓰迦葉　為佛陀十大弟子之一。西天禪宗第一祖。生於王舍城近郊之婆羅門家。於佛成道後第三年為佛弟子，八日後即證入阿羅漢境地，為佛陀弟子中最無執著之念者。人格清廉，深受佛陀信賴；於佛弟子中曾受佛陀分予半座。佛陀入滅後，成為教團之統率者，於王舍城召集第一次經典結集。禪宗以其為佛弟子中修無執著行之第一人，特尊為頭陀第一。⓱罔　不；不可。⓲阿難　為佛陀十大弟子之一。全稱阿難陀。係佛陀之堂弟，出家後二十餘年間為佛陀之常隨弟子，善記憶，對於佛陀之說法多能朗朗記誦，故譽為多聞第一。佛陀傳法予摩訶迦葉，摩訶迦葉後又傳法予阿難，故阿難為西天禪宗第二祖。⓳金襴袈裟　以金縷織成的袈裟。⓴應諾　答應；承諾。㉑倒卻門前剎竿著　門前的剎竿，是標示寺塔所在之物，亦即表示弘法之所，「倒卻門前剎竿著」即意味停止弘法。阿難一生隨侍世尊聽聞說法，一毫不漏，卻未能領會學佛乃學自己本來的面目，此外更無一物可得。故阿難問以「別傳何法」時，迦葉回答這話，目的是使阿難去除人見法見。剎竿，又作剎竿檫，即木造層塔之中心柱，或指支撐塔上傘蓋之竿。㉒唐　唐朝盛時，聲譽播及邊疆及海外，故後世少數民族地區沿稱中原為唐，國外則逕稱中國為唐。㉓踞　依靠；憑依。㉔曲彔木床　禪師說法時的座椅。曲彔，木頭經雕刻後的曲屈狀。㉕捨得教你打破三句　意謂禪師接引學人，必須得有入虎穴取虎子的用意。要入虎穴，先要捨得性命，然後才能取虎子，禪師接引學人也是這樣，否則無法接得如虎之學人。㉖七事隨身　臨濟宗的優秀禪僧所具備的七種自在力。即：㈠殺人刀，能斬斷學人所具有的一切。㈡活人劍，使學人所具備的一切活現作用。㈢腳踏實地，一切行為契合佛道。㈣

向上關捩子，究盡向上之宗旨。㈤格外說話，離通常人之思量而說佛道。㈥衲僧巴鼻，具有牽轉學人的力量。㈦探竿影草，能分辨學人的真偽。七事隨身，原指將領上陣，身上必須具備七種武器，以衛護自己、攻擊敵人，即：弓、矢、刀、劍、甲、冑、戈。此處引申指禪師所具備的七事。㉗揖　損抑。㉘孤峰　喻指一法不立的向上真境。㉙鑊湯　佛教神話中的地獄酷刑。鑊，大鍋。湯，熱水。㉚籠頭　套在牛馬等頭上用來繫韁繩掛嚼子的用具。與「角馱」一起喻指學解固執偏見。㉛角馱　牲口負物。㉜平田和尚　法名普岸（西元七七〇～八四三年），唐代禪僧，俗姓蔡氏，洪州（治今江西南昌）人。少出家，參百丈懷海得法。後遊天台，宴居林下，苦行清修，眾仰其德，建平田禪院以安之。㉝不昧　不晦暗，明亮。㉞徽猷　美善之道。猷，道。指修養、本事等。㉟知解　謂執著於虛幻事物，強作區分對立的知識見解。禪家認為「知解」是悟道的障礙。

【語　譯】「八萬四千非鳳毛」這句話是說早年在靈山法會上，有八萬聖眾，都沒有得到釋迦牟尼的真傳。南朝宋代的謝超宗，是陳郡陽夏人，謝鳳的兒子，當時擔任新安王府的常侍。新安王的母親殷淑儀去世，謝超宗作了一篇悼念文章進獻給皇上看。宋孝武帝看了這篇悼念文章後，大加讚賞，說：「謝超宗像他父親一樣很有文采！」有一句古詩說：「欲知世掌絲綸美，池上如今有鳳毛。」當年在靈山法會上，四眾雲集，釋迦牟尼手中拿著一枝花，只有迦葉破顏微笑，知道他的用意。其餘的人都不知道這是什麼用意，因而釋迦牟尼只印可迦葉一人傳授禪法，所以雪竇重顯說「八萬四千非鳳毛」。「三十三人入虎穴」頌的是阿難問迦葉說：「世尊除傳金襴袈裟外，另外還傳授了什麼禪法？」迦葉叫了一聲「阿難」，阿難隨即答應。迦葉說：「放倒門前的剎竿。」阿難突然覺悟了。此後禪法由歷代祖師相傳，在印度、中國一共傳了三十三代祖師。他們個個都有深入虎穴的手段。古人說：「不入虎穴，爭得虎子。」雲門文偃就是這樣的人，他擅長與學人同生同死。一個傑出的大禪師必須得有深入虎穴的手段，這樣才能靠在曲彔木床上穩坐。

禪師為接引學人而捨得全身，為的是教導參禪者打破業識，如果要允許參禪者前來摸虎鬚，也應該具有深入虎穴的手段才行。禪師隨身具備七種自在力，可以和參禪者同生同死。對於自視甚高的學人，要用大機大用來制服；對於自視謙卑的學人，要用妙靈語句舉說；對於參禪欠火候者，要幫他補足一些。對於進入悟境的人，要教他積極深入人世間開示法門；對於已經深入人世間的人，也要用迅疾的機鋒使他不住一法。如果你能赴湯蹈火，我也能赴湯蹈火。其實沒有別的緣故，只是為了替參禪者解除俗情妄念的粘著與束縛，擺脫俗情迷障，脫掉身上的一切牢籠而已。平田和尚有一首頌說得最好：「明亮的神光，照耀萬古的美善之道；入此神光之門，不存知解。」「別別！擾擾忽忽水裡月」，確實有解脫的出路，也有接引學人的活潑機用。雪竇重顯拈來教人們從自身中明悟禪機，你們也不要隨著他的語句轉。你們如果隨著他的語句轉，正是「擾擾忽忽水裡月」。那麼現在要怎樣才能平穩呢？我暫且退讓一步。

【說　明】既不是眼下就有機用，也不是眼前就能看見的事物現象，這種時候應該幹什麼呢？如果事物現象在眼前，你可以見機行事；現在事物現象都不見，這時「對一說」就行不通了。這時該如何應對呢？雲門文偃的回答是：修煉自己，做好準備，自己對自己說法，這就是「倒一說」。

俗話說，「君子慎獨」、「服人先服己」、「嚴於律己」，就是要求在眼前無事之時，好好鍾煉自己，提高自身的素養。自己對自己說教，也是禪的一種修行方法。

圜悟克勤的著語「草裡橫身」，其意思是把身分降落在非常下賤的地方。「草裡」，是形容低賤的情形。為了要給眾生帶來慈悲，必須要讓自己的身體低下，沾著俗塵。

通常禪家所指的荒草或草，大多指人類的煩惱而言。的確，凡人本來就是全身躺在煩惱之中，日夜苦惱。「草裡橫身」是指一旦悟道了的人會再度回到這個煩惱的世界之中，為了拯救一切眾生，要特別沾著俗世的塵垢，並且要與眾生同苦、同樂。

雪竇重顯頌古的意思是說：雲門文偃的「倒一說」，正擊中了問話僧人的短處，與僧人的提問節拍合得極為緊湊。雲門文偃決心為僧眾謀求大事，同生共死。僧眾雖有千千萬，懂佛心的只有少數幾位。儘管如此，三十三位祖師都甘心深入虎穴，為普度眾生而風餐露宿，含辛茹苦，不惜拋灑熱血。不過，各位須得小心，可別疏忽過去了。映在水中的月影，隨著水流波生而忽齊忽碎、忽亂忽靜、時明時隱，匆匆忙忙，沒有止息。這水光月影傳遞的就是禪的精髓。

第十六則 鏡清啐啄

【題 解】這則公案說明了參學者和禪師之間只有步調一致，才會有開悟的機緣。也表明了禪宗的教育原則：如果禪師熱心指導，而參學者懶惰的話，則無法參禪悟道；反之，如果參學者熱心參禪，而禪師無能，也無法參禪悟道。

示眾

道無橫徑，立者❶孤危❷；法非見聞❸，言思迥絕❹。若能透過荊棘林中，解開佛祖❺縛，得箇穩密田地❻。諸天❼捧花無路，外道潛❽覷❾無門。終日行而未嘗行，終日說而未嘗說，便可以自由自在，展❿啐啄⓫機、用殺活劍⓬。直饒與麼，更須知有轉身⓭一路，於建化門⓮中，一手抬、一手搦⓯，猶較些子。若於本分事⓰上，直得勿交涉⓱。且道，作麼生是本分事？試舉看。

舉

僧問鏡清⓲：「學人啐，請師啄。」（無風起浪⓳，作什麼？你用許多見解作什麼？）

清云：「還得活也無⑳？」（箚㉑。買帽相頭㉒、將錯就錯㉓。）

僧云：「若不活，遭人怪笑㉔！」（相帶累，草裡漢㉕！今日撥轉㉖一箇，撐天拄地㉗。）

清云：「也是草裡漢。」（果然，自領出去㉘，放過即不可。）

【注釋】❶立者　在論議會上，針對所提出的論題，立義（道理、證明）答覆問者之難（反論）者，稱為立者。❷孤危　孤峰險峻之義。禪林常以孤峰之危然不可攀登，比喻機鋒銳利的向上一著，非言語思慮所能及。❸見聞　謂目見佛，耳聞法。❹迥絕　遠遠隔絕。❺佛祖　佛教稱修行成道者為佛，開創宗派者為祖師，故稱成佛作祖者為佛祖。❻穩密田地　謂遠離一切差別、相對，入於平等一如、安穩親密的境地。即大徹大悟者的境地。❼諸天　指護法眾天神。佛經言欲界有六天，色界之四禪有十八天，無色界之四處有四天，其他尚有日天、月天、韋馱天等諸天神，總稱之曰諸天。❽潛　秘密；暗中。❾覷　窺伺；嚴密注視。❿展　施展；施行。⓫啐啄　雞子孵化時，小雞將出，即在殼內吮聲，謂之「啐」；母雞為助其出而同時齧殼，稱為「啄」。比喻禪師與學人二者之機宜相應投合。學人請求禪師啟發，譬之如啐；禪師啟發學人，譬之如啄。故禪林師徒之間機緣相投，多以「啐啄」一詞喻稱之。而與禪者機鋒相應的機法，則稱為「啐啄機」。⓬殺活劍　喻指接引學人時有自由自在之力。⓭轉身　指轉動學人的心機。⓮建化門　佛祖建立的教化法門。禪家認為建化門並非頓悟妙法，只是適宜於多數中下根器者的方便法門。⓯一手抬一手搦　謂一方面扶持之，一方面又壓抑之。形容禪師指導參禪者時自由無礙的機法。搦，按壓。⓰本分事　禪者本身分內的大事，指獲得禪悟、超脫生死。⓱直得勿交涉　意謂以本分事接引學人，直是全體作用而蓋天蓋地，故與一手抬、一手搦無關。⓲鏡清　法名道怤（西元八六八～九三七年），五代禪僧，俗姓陳氏，永嘉（治今浙江溫州）人。甚受雪峰義存器重，親依數年，嗣其法。後住越州（治今浙江紹興）鏡清寺，世稱「鏡清道怤」。唱雪峰之旨，學僧奔湊。⓳無風起浪　喻平白無故地生出是非；憑空引起事端。這裡指於本分事上論啐啄是使平靜之水起波浪。⓴無　副詞。用於句末，表示疑問，相當於「否」。㉑箚　用竹針刺物。㉒買帽相頭　稱讚答語與問話相應。相，看；觀察。㉓將錯就錯　已知做錯卻順著錯誤做下去。這裡指本無一法，何論啐啄。㉔怪笑　驚怪，嗤笑。㉕草裡漢　因草深而迷路者，引申指陷入第二義門的人。㉖撥轉　轉動；回心轉意。這裡指一經啟發，立刻領會。㉗撐天拄地　猶言頂天立地。這裡形容力量、氣魄極大，足以支撐禪宗門庭。㉘自領出去　方言，意謂誰都不會。

【語譯】圜悟克勤開示：參禪的過程是直截了當的，如果有人想要立義的話，那就如同站在孤危險峻的懸崖面前一樣與禪法無緣；禪法也不是眼見佛、耳聞法，言語、思辨更是與它毫無關係。如果你能衝出佈滿荊棘的叢林，解開諸佛祖師所設下的束縛，就能達到大徹大悟的境地。天神們捧著鮮花前來祝賀，卻無法找到你；外道想暗中窺探你悟道的秘訣，卻摸不著門路。悟道之後的禪者雖然整天都在走路，又好像是從未走過一步；雖然整天都在說話，又好像是一句話也沒有說過；到了這個境界，就可以成為一個自由自在的人，施展啐啄的禪機，揮舞殺人刀、活人劍。即使這樣，還必須知道有轉身一路，在佛祖釋迦牟尼建立的教化學人的法門中，一手往上抬，一手往下按，這樣做還說得過去。不過就悟道的本分大事來說，這樣做還是不行。你來說說看，到底什麼是悟道的本分大事，試舉一則公案給你們看看。

舉說公案：有一位僧人問鏡清道怤：「參禪悟道就像母雞孵小雞一樣，弟子像小雞在蛋殼裡啐，請師父在蛋殼外替我啄開。」（無風起浪，做什麼？你用許多見解做什麼？）鏡清道怤反問：「我就是為你啄開，你真的能脫穎而出嗎？不會悶死在殼裡嗎？」（箚。買帽先看頭的大小，將錯就錯。）僧人說：「如果活不了，你作為師父，就會受到人們的驚怪和嗤笑。」（連累別人，掉在草堆裡的傢伙！今天撥轉一個，頂天立地。）鏡清道怤說：「原來你也是一個掉在草堆裡的傢伙。」（果然放出毒氣，這機鋒沒人懂，自己領出去，不可放過。）

評唱

鏡清承嗣雪峰，與本仁❶、玄沙、疏山❷、太原孚❸輩同時。初見雪峰悟道，鏡清後平生用啐啄之機，凡開發❹後學，善能應機說話。

或時❺示眾云：「大凡行腳人，須具啐啄同時❻底眼，有啐啄同時底用，方稱衲子。」又云：「母啄時子不待致其啐，子啐時母不待致其啄。」曾有僧問：「母啄時子不待致其啐，於和尚分上，成得箇什麼邊❼事？」清云：「好箇❽消息❾！」其僧云：「子啐時母不待致其啄，於學人分上，成得箇什麼邊事？」清云：「露箇面目。」所以鏡清門下，有啐啄之機。

這僧亦是他門下之徒，會得他家裡語話，所以如此問：「學人啐，請師啄。」此問洞下❿謂之「借事明機」，那裡如此？子啐母啄，自然恰好同時⓫。鏡清也好，可謂拳踢相應⓬、心眼相照⓭。便答他道：「還得活也無？」這僧也好，亦知機變。一句下有賓有主、有照有用、有殺有活。僧云：「若不活，遭人怪笑。」清云：「也是草裡漢。」鏡清一等是入泥入水，也不妨惡手腳。這僧既恁麼道，為什麼鏡清卻道「也是草裡漢？」作家眼目，須知如此。所以道，如擊石火、似閃電光，搆⓮得搆不得，未免喪身失命。若恁麼，便見鏡清道「草裡漢」。

南院⓯示眾云：「諸方只是具啐啄同時底眼，不具啐啄同時底用。」有僧便問：「如何是啐啄同時底用？」院云：「作家不啐啄，啐啄同時失！」僧云：「猶是學人問處在。」院云：「作麼生是你問處？」僧云：「失。」院便打，僧不肯，院便趕出。這僧後到雲門會裡，舉前話，有一僧云：「當時南院便棒折那⑯？」這僧豁然大悟。且道，意在什麼處？其僧又卻來見南院，南院已遷化，卻去見風穴⑰。穴才見他來禮拜，便云：「你便是問先師啐啄同時用底僧否？」僧云：「是。」穴云：「會⑱也未？」僧云：「會也。」穴云：「你作麼生會？」僧云：「我當時如在燈影裡行相似。」穴云：「你會也。」且道，是箇什麼道理？這僧都來⑲只道「某當時如在燈影裡行相似」，因什麼風穴便向他道「你會也」？

後來翠巖⑳拈云：「南院雖然運籌帷幄、決勝千里，爭奈土曠人稀㉑，知音者少？」翠巖又出風穴語云：「當時待伊擬開口，劈㉒脊便打，看他作麼生？」若見此公案，便見鏡清與這僧相見處。諸人作麼生免得他道「草裡漢」？雪竇愛他道「草裡漢」，所以頌出。

【注釋】❶本仁　唐代禪僧，參洞山良价得法，住高安（今屬江西境內）白水寺，世稱「白水本仁」。❷疏山　五代禪僧。生卒年不詳。又稱光仁。出家後，參謁洞山良价，嗣其法，住撫州（今屬江西境內）疏山，建疏山寺，舉揚洞山宗風。世稱「疏山匡仁」。❸太原孚　即太原孚上座，唐末五代禪僧，雪峰義存的嗣法弟子。❹開發　啟發；開導。❺或時　有時。❻啐啄同時　指參學者與禪師機鋒相應投合，毫無間隙。❼邊　中；範圍內。❽好箇　表示讚歎的語氣，猶言好一個。❾消息　徵兆；端倪。❿洞下　指曹洞宗門庭之下。⓫自然恰好同時　斥責曹洞宗所談，直示鏡清道怤旨意。所謂自然者，謂不涉造作、功用、借事等。一問一答，真的是機機相應，句句相投。⓬拳踼相應　拳打腳踢，上下無間隙，比喻問答相應。⓭心眼相照　於間不容髮之處，照破來問之機。心眼，謂心如眼，能洞察領悟諸法。⓮搆　明瞭；領悟。⓯南院　法名慧顒（西元八六〇～九三〇年），五代禪僧，河北人。參興化存獎得法。住汝州（治今河南臨汝）寶應禪院南院，因以「南院」為道號。⓰那　語助詞。表疑問。⓱風穴　法名延沼（西元八九六～九七三年），宋代禪僧，俗姓劉氏，餘杭（今屬浙江境內）人。參南院禪師，言下大悟玄旨，遂依止六年，嗣其法。後住汝州（治今河南臨汝）風沼寺，世稱「風穴延沼」。僧眾聞風而集，住持七年，競成叢林。⓲會　指冥合真諦的情態。⓳都來　總共；共有。⓴翠巖　法名守芝，宋代禪僧，太原（今屬山西境內）人，俗姓王。汾陽善昭的嗣法弟子，曾住翠巖。㉑土曠人稀　謂土地廣大，人煙稀少。㉒劈　正對著；衝著。

【語　譯】圜悟克勤評唱：鏡清道怤是雪峰義存的嗣法弟子，與白水本仁、玄沙師備、疏山匡仁、太原孚上座這幾位禪師是同時代人。他第一次參見雪峰義存就悟道了，此後一生都用啐啄的禪機啟發後學，並善於隨機應變，根據不同的根器來說法。

鏡清道怤有時開示僧眾說：「一般說來，行腳僧必須具備啐啄同時的法眼，以及啐啄同時的機用，才稱得上是禪宗僧人。」又說：「就像小雞將要出殼時，母雞在外面啄，小雞同時在裡面啐；小雞在裡面啐時，母雞同時在外面啄。」曾經有一位僧人問：「母雞在外面啄時，小雞同時在裡面啐，在師父看來，能夠成為一件什麼樣的事？」鏡清道怤回答說：「好一個話頭！」僧人又問：「小雞在裡面啐時，母雞同時在外面啄，在參禪者看來，能夠成為一件什麼樣的事？」鏡清道怤回答說：「露出你的本來面目。」所以鏡清道怤門下的弟子都有啐啄同時的禪機。

這則公案中問話的僧人也是鏡清道怤的門下弟子，自然理解鏡清道怤言語中的機鋒，所以這樣問：「弟子像小雞在蛋殼裡啐，請師父在蛋殼外替我啄開。」這樣的問題，曹洞宗稱之為「借事明機」，其實哪裡是這樣？小雞在蛋殼裡啐，母雞在蛋殼外啄，自然恰好同時。鏡清道怤啟發得好，稱得上是拳踼相應，心眼相照。他當時回答說：「這樣一啐一啄，你還活得了嗎？」這位僧人反應也快，知道隨機應變。一句話之下，有賓有主，有照有用，有殺有活。他說：「如果活不了，你作為師父，就會受到人們的驚怪和嗤笑。」鏡清道怤說：「原來你也是一個掉在草堆裡的傢伙。」鏡清道怤同樣是苦口婆心地啟發學人，也確實有辛辣的手段。這位僧人既然這樣說，為什麼鏡清道怤卻說「原來你也是一個掉在草堆裡的傢伙」呢？一位傑出的禪師必須具備這樣的眼力和見識，才知道怎麼樣去做。所以說：如擊石火，似閃電光，不管你理解不理解，在如此俊快的禪機面前，不免都要喪失生命。如果出現這樣的情況，就可以理解鏡清道怤說的「掉在草堆裡的傢伙」這句話的意思了。

南院慧顒開示僧眾說：「各地的禪師只是具備啐啄同時的法眼，並不具備啐啄同時的機用。」當時就有僧人問：「什麼是啐啄同時的機用？」南院慧顒回答說：「和參禪的行家高手在一起，卻沒有啐啄同時，就失去了悟道的機會。」僧人說：「我提出的問題還是沒解答。」南院慧顒問：「你的問題到底是什麼呢？」僧人回答說：「我記不清了。」南院慧顒舉棒就打，僧人不願挨打，結果被南院慧顒趕了出去。這位僧人後來到雲門文偃門下參禪，將這件事告訴雲門文偃，旁邊有一位僧人問：「當時南院慧顒的木棒打斷了嗎？」這位僧人聽後，豁然大悟。你來說說看，南院慧顒的用意在什麼地方？這位僧人又回來參見南院慧顒，不料南院慧顒已經圓寂了，他於是前來參見南院慧顒的弟子風穴延沼。風穴延沼一見他前來禮拜，就問：「你就是問先師啐啄同時機用的那位僧人嗎？」僧人回答說：「是。」風穴延沼再問：「你懂了嗎？」僧人回答說：「懂了。」風穴延沼又問：「你是怎麼樣弄懂的？」僧人回答說：「我當時就像在燈影下走路一樣。」風穴延沼說：「你懂了。」你來說說看，這是一個什麼道理？這位僧人只不過是說了一句「我當時就像在燈影下走路一樣」，為什麼風穴延沼對他說「你懂了」？

後來翠巖禪師拈提這件事說：「南院慧顒雖然運籌帷幄之中，決勝千里之外，無奈地廣人稀，知音很少？」翠巖禪師又舉出風穴延沼的話，說：「當時等他正準備開口說話的時候，就對著他的背脊打過去，看他有什麼反應？」如果能理解這則公案的意思，就能理解鏡清道怤與那位僧人心心相應的地方。各位要怎樣做才能不會被鏡清道怤說成是「掉在草堆裡的傢伙」呢？雪竇重顯喜歡他說的「掉在草堆裡的傢伙」這句話，所以作了這首頌古。

頌

古佛有家風❶，（言猶在耳，古佛榜樣❷，莫瞞釋迦老子好。）
對揚❸遭貶剝❹。（鼻孔❺為什麼在山僧手裡？八棒對十三❻，你又作麼生？
放過一著！）
子母不相知❼，（既不相知，為什麼卻有啐啄？果然。）
是誰同啐啄？（百雜碎❽，老婆心切，切莫錯認。）
啄，覺❾，（道什麼？落在第二頭❿。）
猶在殼⓫，（何不出頭⓬來？）
重遭撲⓭。（錯，打。兩重公案⓮，三重、四重也有。）
天下衲僧徒名邈⓯。（放過了也，不須舉起，還有名邈得底麼？若得名邈，
也是草裡漢。千古萬古黑漫漫⓰，填溝⓱塞
壑⓲。）

【注釋】❶古佛有家風　謂雲門文偃已經在鏡清道怤之前使用啐啄之機。古佛，指佛祖釋迦牟尼。家風，指禪宗宗派的傳統風尚或作風。❷榜樣　式樣；模樣。❸對揚　答問。這裡指雲門文偃先舉揚佛語酬對。❹貶剝　貶斥批駁。剝，通「駁」。這裡指雲門文偃後以毒語罵佛。❺鼻孔　喻指悟道的本分大事。❻八棒對十三　謂以少對多，指雪竇重顯用「對揚遭貶剝」

一語頌盡一則公案大意。❼子母不相知　謂小雞與母雞之間啐啄，事先並不知道。❽百雜碎　粉碎。❾覺　領悟；明白。❿第二頭　指玄妙禪法以外的事理。⓫猶在殼　喻指這位僧人的對機沒有跳出鏡清道怤的圈套。⓬出頭　出；出來。⓭撲　拍打；拍擊。⓮兩重公案　指對一公案重新詮釋，亦即向學人再度提示某公案。這裡作揶揄之語，譏諷雪竇重顯自己無創意，參究禪旨之際，僅知模仿他人的公案，或拈或評，裝模作樣，然皆不出前賢之餘唾。⓯名邈　稱說；描述。⓰黑漫漫　原指水流廣遠，一片漆黑之意；在禪林中，轉指不明是非、善惡的無知狀態。⓱溝　泛指一切通水道。⓲壑　山谷。

【語　譯】雪竇重顯頌古：古佛有家風，（雲門文偃的惡毒言句還在耳旁，說古佛的模樣，不要欺騙釋迦牟尼老漢。）對揚遭貶剝。（佛祖、雲門文偃、鏡清道怤的鼻孔為什麼捏在我手裡？八棒對十三棒，對雲門文偃貶剝古佛你又該怎麼辦？雪竇重顯這樣頌是退讓一步！）子母不相知，（既然事先不知道，為什麼卻有啐啄？果然是天作之合。）是誰同啐啄？（啄得粉碎，雪竇重顯這樣頌就像老婆婆一樣慈悲心切，千萬不要錯認同啐啄者。）啄，覺，（說什麼？落在第二頭。）猶在殼，（為什麼不出來？）重遭撲。（錯，打。兩重公案，三重、四重也有。）天下衲僧徒名邈。（放過了，不須舉起，還有人描繪得出嗎？如果描繪得出，也是落草漢。千古萬古黑漫漫，填滿水溝山谷。）

評唱

「古佛有家風，對揚遭貶剝。」雪竇兩句一時頌了也。凡是出頭來，直是近傍不得。若近著，即萬里崖州❶；才出頭來，便是落草。直饒七縱八橫❷，不消❸一搊。雪竇道：「古佛有家風」，不是而今恁麼也。釋迦老子初生之日，一手指天、一手指地，目顧❹四方，各行七步云：「天上天下，唯我獨尊。」雲門云：

「我當時若見，一棒打殺與狗子喫，貴圖❺天下太平❻。」如此方酬得他恰好。所以啐啄之機，皆是古佛家風❼。若達此道者，便可一拳拳倒須彌山、一踢踢翻大海水。如大火聚相似，近著即燎❽卻面門❾；如太阿劍，擬議則喪身失命。此箇唯是透脫❿，得大自在解脫者，方能如此。其或未然，滯在言句之流，決定⓫搆這般說話不得。

「對揚遭貶剝」，只是一賓一主、一問一答，便有貶剝，謂之「對揚遭貶剝」。雪竇深知此事，所以只向兩句下，一時頌了。

末後只是落草，與你注破。「子母不相知，是誰同啐啄？」母雖啄，不能致子之啐；子雖啐，不能致母之啄，各不相知。當啐啄時，是誰同啐啄？若恁麼會去，也未出雪竇末後句在。何故？不見香嚴道：「子啐母啄，子覺無殼；母子俱忘，應緣不錯⓬；同道⓭唱和⓮，玄妙獨腳⓯。」

雪竇也不妨落草，打葛藤道：「啄！」此一字，頌鏡清答道「還得活也無」。「覺」，此一字頌這僧道：「若不活，遭人怪笑。」雪竇為什麼卻道「猶在殼」？雪竇向石火光中別緇素，閃電光中辨端的。

鏡清道：「也是草裡漢。」雪竇道：「重遭撲」，這難處⓰些子⓱是！鏡清道：

「也是草裡漢。」喚作「鏡清換人眼睛⑱」得麼？這句莫是「猶在㲉」麼？且喜勿交涉，那裡如此？若會得，遶天下走，報恩⑲有分⑳。山僧恁麼說話，也是「草裡漢」。

「天下衲僧徒名邈。」誰不是名邈者？到這裡，雪竇自名邈不出，卻更帶累他天下衲僧。且道，作麼生見鏡清為這僧處？天下衲僧跳不出。

【注　釋】❶崖州　轄境相當於今海南崖縣、保亭、樂東等縣。❷七縱八橫　形容領悟禪法明白徹底，自在運用通暢無礙。❸不消　抵不上；不當。❹顧　回首；回視。❺貴圖　希望；謀求。❻天下太平　意謂不立一法。❼所以啐啄之機二句　意謂世尊初生時已啄破三界、凡聖，露第一機；雲門文偃千年之後酬對世尊，亦是呈第一機。❽燎　被火焰燒焦。❾面門　頭的前部；臉。❿透脫　超脫；通達。⓫決定　必然；一定。⓬應緣不錯　謂不加作意，啐啄之機緣相應。⓭同道　志同道合。亦指志同道合的人。⓮唱和　互相呼應、配合。⓯玄妙獨腳　頌出啐啄的主旨。形容佛法之微妙幽玄。佛法道理之微妙幽玄乃獨立無倚而無任何其他可堪比對。玄妙，形容事理深奧微妙，難以捉摸。獨腳，獨一無二之意。⓰難處　指鏡清道忒「也是草裡漢」一語打破問話僧人的情解，使其轉向本來面目。⓱些子　謂鏡清道忒一機發轉處幽深而難見。⓲鏡清換人眼睛　喻指讓別人具備法眼。⓳報恩　報答恩德。為三福田之一。即報答父母、師僧、三寶、國王等的恩德。⓴有分　有緣分；有一份。謂參與某事。

【語　譯】圜悟克勤評唱：「古佛有家風，對揚遭貶剝。」雪竇重顯兩句話就頌出了整個公案的旨意。凡是已經出頭來的人，不管你如何努力，卻是靠近他不得。你即使想靠近，卻還是像距離在萬里崖州之外一樣；你剛一出頭來，就成了「落草漢」。即使是有自由自在的禪機，也禁不起啐啄之機一個回合的較量。雪竇重顯說：「古佛有家風」，可見古代的諸佛祖師並不是像現在人的這副樣子。相傳釋迦牟尼老漢出生的那天，他一手指天，一手指地，環顧四方說：「天上天下，唯我獨尊。」雲門文偃說：「我當時如果看見這情景，就一棒把他打死，丟給野狗吃掉，從此以後天下有望太平。」這樣的答語最恰到好處。所以啐啄的機用，一向是諸佛祖師的教法。如果掌握了這種方法，就可以一拳擊倒須彌山，一腳踢翻大海水。啐啄的機用也像一團熊熊的烈火，一接近，臉就要被燒焦；又像太阿寶劍，參禪者稍有遲疑，立刻就會喪失生命。不過這必須是已經超脫、得大自在解脫的人，才能做到這樣。如果還是迷惑不解，停留在言句上面，自然無法領會雲門文偃的這番話。

「對揚遭貶剝」，只是一賓一主，一問一答，便有所貶剝，這就叫做「對揚遭貶剝」。雪竇重顯深知這則公案的旨意，儘管只說出兩句頌古，但所有的意思都說出來了。

雪竇重顯最後還是用言句為人們解釋得一清二楚。「子母不相知，是誰同啐啄？」這是說母雞雖啄蛋殼，卻不能致使小雞在蛋殼裡啐；小雞雖然已經在蛋殼裡啐，卻不能致使母雞在蛋殼外啄，各自事先都不知道。當啐啄的時候，是誰在同時啐啄呢？如果你這樣去理解，還是不能透出雪竇重顯的末後句，為什麼這樣說呢？香嚴智閑說：「小雞在蛋殼裡啐，母雞同時在蛋殼外啄，小雞並不覺得蛋殼的存在；小雞母雞都到了渾然忘我的地步，啐啄便隨機緣而互相配合；這樣一來，同道唱和，才會有獨到的玄妙見地。」

雪竇重顯在這裡也同樣用言語說：「啄！」這一字是在頌鏡清道怤「還活得了嗎」這句話的。而「覺」這個字是在頌這位僧人回答的「如果活不了，你作為師父，就會受到人們的驚怪和嗤笑。」雪竇重顯為什麼說「猶在㲉」呢？雪竇重顯是要在石火光中辨別黑白，在閃電光中辨別究竟。

鏡清道怤說：「原來你也是一個掉在草堆裡的傢伙。」雪竇重顯說：「重遭撲」。鏡清道怤的這句答話深奧難解。鏡清道怤說：「你也是個掉在草堆裡的傢伙。」如果把這句話叫做是「鏡清道怤為別人換眼睛」，可以嗎？這句話或許是「猶在㲉」嗎？幸好沒有什麼關係，其實哪裡是這樣？你如果理解了，就可以走遍天下，上報佛恩也有你的分了，其實我這樣說，也是一個「掉在草堆裡的傢伙」。

「天下衲僧徒名邈。」有哪個不是愈扯愈遠的呢？到這個地步，雪竇重顯自己說不出來，卻更加連累了天下的許多禪宗僧人。你來說說看，鏡清禪師向這位僧人說這句話的用意到底是什麼呢？天下的禪僧都陷入其中，跳不出來了。

【說　明】母雞孵蛋二十一天後，蛋裡面的雛雞開始成形，這時雛雞在裡邊嗑蛋殼。與此同時，母雞在外面啄嗑。啐啄同時進行，就會從蛋破處產生新的生命。任何一方早了或遲了，雛雞都有生命危險。參禪悟道也一樣，禪師在啟悟參學者時，也有必要講究啐啄同時的機用。向鏡清道怤問道的僧人也許認為他自己的修行日趨成熟，離大徹大悟只有一層蛋殼之隔，所以想請鏡清道怤提攜一下。鏡清道怤卻不認為如此，便對他說：「我就是為你啄開，你真的能脫穎而出嗎？不會悶死在殼裡嗎？」僧人答道：「如果活不了，你作為師父，就會受到人們的驚怪和嗤笑。」這位僧人確實氣盛。其實，卵都已經壞了，而這瞎子卻不知道。鏡清道怤說：「原來你也是一個掉在草堆裡的傢伙。」意謂你只不過是一個妄心重重而內心空空的酒囊飯袋而已。

圜悟克勤舉說南院慧顒的公案，其用意是為了說明參禪是一個直截了當的過程。

第十七則　香林坐久

【題　解】人人本來就具備佛性，不必向外尋求，越尋求離禪也就越遠。達摩祖師西來的真意，不外「不立文字，教外別傳，直指人心，見性成佛」。簡言之：不依一切說教理論，直指人的本心，一旦認識到了自己本來就具有的佛性，即可得到解脫。香林澄遠因達摩九年面壁坐禪而回答僧人提出的問題：「坐久成勞。」看上去似為嘲諷的語氣，實則為香林澄遠特意說的反語。他要借此反語使參學者徹見各人本來就具有的佛性，不必把精力放在什麼是「祖師西來意」上面。

示眾

斬釘截鐵❶，始可稱本分宗師；避箭隈刀❷，豈是通方作者？針劄不入處❸則且止，白浪滔天❹時如何？試舉看。

舉

僧問香林：「如何是祖師西來意❺？」（大有人疑在，猶有者箇消息❻。）

林云：「坐久成勞❼。」（魚行水濁，鳥飛落毛❽，合取狗口好。作家眼目❾，鋸解秤槌❿。）

【注　釋】❶斬釘截鐵　一刀兩斷，果斷俐落。喻指禪師接引學人的活手段。❷避箭隈刀　謂迴避來敵。❸針劄不入處　喻指禪師把住綿密，是言語思辨不及之處，也是斬釘截鐵而不立賓主問答的境界。此中消息是佛不能窺見，魔不能計算，一點空隙也沒有。❹白浪滔天　喻指禪師放行的鮮活禪機。滔天，彌漫天際。形容水勢極大。「白浪滔天」與「針箚不入」相比，則是積極活潑的境界，顯得與奪縱橫，順逆自在，大用現前。❺祖師西來意　與「佛法的大意」一詞共為表示佛法的奧義、禪理的真髓。禪宗初祖菩提達摩從位於中國西方的印度來到中國弘傳禪法，對「其真意為何？」加以反省考察，以明諸佛列祖悟道的根本精神，是禪宗開悟的機語，古來多用於公案中。❻者箇消息　指未能擺脫知識見解、尚存分別妄心的言句。❼坐久成勞　意在指示學人必須照顧一己眼前之事，速見本來之心性，故託日常的言語動作，以諷刺性的言語說出，欲使學人醒悟。❽魚行水濁二句　謂香林澄遠漏洩禪機。❾眼目　禪機施設，示機、應機的言行。❿鋸解秤槌　俗語，意謂解不得。

【語　譯】圜悟克勤開示：參禪悟道要像斬釘截鐵一樣乾脆俐落，才可以稱得上是一位本色在行的禪宗人師；如果一遭遇艱難挫折，便畏縮退避，怎能算得上是通達禪法的大師呢？參禪遇到了針扎不入的境界暫且不提，當禪師的禪機作略像雪白的波濤排山倒海一樣湧來時，這個時候該怎麼辦呢？試舉一則公案給你們看看。

舉說公案：有一位僧人問香林澄遠：「什麼是達摩祖師前來中國的用意？」（大有人疑在，問話中還有這個本分消息。）香林澄遠回答說：「禪不在坐，坐久了會使身體勞累。」（魚游過之後水變濁，鳥飛過之後落下羽毛，閉上你的狗嘴。行家高手的禪機施設，這句答話無法解釋。）

評唱

舉：「僧問香林：『如何是祖師西來意？』林云：『坐久成勞。』」還會麼？若會得，百草❶頭上，罷卻干戈❷；若也不會，伏聽❸處分❹。

古人行腳，結友同行，為伴為侶，撥草瞻風❺。香林是時聞雲門旺化，從蜀中❻去參，與鵝湖❼、鏡清同時，先參湖南報慈❽，後方至雲門會中，作侍者十八年。在雲門處，親聞親得。他悟達雖晚，不妨是大根器。雲門六、七年來，只喚：「遠侍者！」他常應：「喏。」雲門云：「是什麼？」香林當時，也下語呈見解、弄精魂，終不契。

一日忽道：「我會也。」雲門云：「何不向上道來？」又住數年。雲門室中，垂大機鋒大用，多半為他遠侍者，隨處❾入作。雲門凡有一句兩句，都收在香林處❿。

【注釋】❶百草　各種草類。亦指各種花木。❷干戈　干和戈是古代常用武器，因以「干戈」用作兵器的通稱。又指戰爭。❸伏聽　謂恭順地聽從。❹處分　處理；處置。❺撥草瞻風　謂撥除無明之荒草，瞻望佛祖之玄風。即截斷妄想，參究玄妙處之意。又指跋涉險路，瞻仰善知識之德風。❻蜀中　蜀，古國名，為秦所滅。有今四川中部地。因泛稱蜀地為「蜀中」。❼鵝湖　法名智孚，福州（今屬福建境內）人，雪峰義存的嗣法弟子。住信州（治今江西上饒）鵝湖寺，世稱「鵝湖智孚」。❽報慈　寺院名，位於潭州（治今湖南長沙），五代時楚王馬殷創建。❾隨處　不拘何地；到處。❿雲門凡有一句兩句二句　雲門文偃平常不許弟子錄其法語，香林澄遠暗中記錄下來。

【語譯】圜悟克勤評唱：舉說：「有一位僧人問香林澄遠：『什麼是達摩祖師前來中國的用意？』香林澄遠回答說：『禪不在坐，坐久了會使身體勞累。』」你理解這句話的意思嗎？如果你理解了，平時許多困擾你身心的一切問題都會迎刃而解；如果你還不懂，就請你老老實實地聽我解說。

從前的禪僧在行腳參禪的時候，往往選擇同參的友人，結為伴侶，跋山涉水，瞻仰當時著名禪師的德風。香林澄遠聽說雲門文偃的教化很盛，於是特地從四川前往廣東去參見雲門文偃，他與鵝湖智孚、鏡清道怤結伴，一道先在湖南的報慈寺匡化禪師處參訪，然後才來到雲門文偃的門下，做雲門文偃的侍者達十八年之久。

他在雲門文偃那裡，親自看見了雲門文偃的禪機，親自證得了雲門文偃的禪風。他悟道雖然很晚，但確實是一位具有大根器的禪者。雲門文偃有六、七年的工夫只叫：「遠侍者。」他常常答應：「唉。」雲門文偃只是問：「是什麼？」當時香林澄遠也曾經向雲門文偃呈送過他自以為已經開悟的見解，其實不過是故弄玄虛而已，始終沒有真正契悟禪法。

有一天，香林澄遠忽然說：「我懂了。」雲門文偃問：「你為什麼不把悟道的體會一一從頭說出來？」香林澄遠後來又在雲門文偃那裡住了幾年。雲門文偃在方丈室中開示大機大用，多半是為香林澄遠隨時隨地悟入而作。凡是雲門文偃的一言一句，香林澄遠都記錄並保存了下來。

香林後歸蜀，初住導江❶水晶宮❷，次住青城❸香林。智門祚❹和尚，本浙人，盛❺聞香林道化❻，特來入蜀參禮❼。祚是雪竇之師，雲門雖接人無數，當代旺化者，唯香林一派。歸蜀住四十年，八十歲方遷化。常云：「我四十餘年方打成一片❽。」

常示眾云：「大凡行腳，須先立志。釋迦老子，在因地❾時，發一言一句，皆無有不是志求菩提❿。」後來人問：「如何是室內一盞燈？」林云：「三人證龜成鱉⓫。」又問：「如何是衲衣下事⓬？」林云：「臘月⓭火燒山。」古來答祖意語甚多，如「庭前柏樹子⓮」、「青絹扇⓯子足風涼」，雖數家語，唯香林此一轉語，坐斷天下人舌頭，無你計較處、無你作道理處。何故？問：「如何是祖師西來意？」答：「坐久成勞。」這般公案，言無味、語無味，無味之談，塞斷人口，無你出氣⑯處。要見便見，切忌作解會。香林曾見得作家來，所以有雲門腳手，有三句體調⑰。人多錯會道：「祖師西來，九年面壁，豈不是坐久成勞？」有什麼巴鼻？不見他古人得大自在處。他是腳踏實地⑱，無許多佛法知解道理，臨時⑲應用。所謂法隨法行、法幢隨處建立，雪竇因風吹火⑳，傍指頌出。

【注釋】❶導江　今四川灌縣。❷水晶宮　天王院的別名。香林澄遠初住導江迎祥寺天王院。❸青城　山名。在四川都江堰西南。山形如城，故名。❹智門祚　法名光祚，宋代禪僧，浙江人。至益州（治今四川成都）青城山，參澄遠禪師，得其心印，嗣其法，為雲門宗傳人。初住隨州（今屬湖北境內）雙泉寺，又遷智門寺，大振宗風，世稱「智門光祚」。嗣法弟子有雪竇重顯等三十餘人。❺盛　眾多。❻道化　以某種教義教化之。❼參禮　猶參拜。❽打成一片　指融合一體。即去除一切之情量、計較，而將千差萬別的事物融通一片，不再有你我、彼此、主客等差別情想。禪宗典籍中，常用此語來表示泯絕二元對立的觀念，或融合眾多紛亂的現象、見解等情況境界。❾因地　指修行佛道的階位。❿菩提　梵文音譯。意譯「覺」、「智」、「道」等。佛教用以指豁然徹悟的境界，又指覺悟的智慧和覺悟的途徑。⓫證龜成鱉　喻指混淆、搞錯事理。鱉，甲魚。俗稱團魚。爬行綱動物。形態與龜略同，體扁圓，背部隆起。⓬衲衣下事　指生死解脫的大事。衲衣，僧衣，代稱僧人。⓭臘月　農曆十二月。⓮庭前柏樹子　是唐代趙州從諗的機語，也是著名公案，事見《五燈會元》卷四，趙州從諗禪師：「問：『如何是祖師西來意？』師曰：『庭前柏樹子。』曰：『和尚莫將境示人。』師曰：『我不將境示人。』曰：『如何是祖師西來意？』師曰：『庭前柏樹子。』」此公案用意在啟示學人切勿尋言逐句，不可陷於知識見解、情念意想，應該擺脫一切，當下悟入。後世禪林常有拈提。⓯絹扇　絹面的扇子。絹，平紋的生絲織物，似縑而疏，挺括滑爽。⓰出氣　呼吸；喘氣。⓱體調　猶格調。⓲腳踏實地　腳踏穩在地上，常有站穩義。比喻做事認真踏實。禪宗指一切行為契合佛法。⓳臨時　根據時機，契合時機。⓴因風吹火　借助風勢吹燃火焰，喻指禪師接引學人，順其根器或向善之心，加以開導。

【語　譯】香林澄遠後來回到四川，起初住導江水晶宮，後來改住青城山香林寺。智門光祚和尚，本來是浙江人，反覆多次聽說過香林澄遠的道行，特地前來四川參訪。智門光祚是雪竇重顯的師父。雲門文偃雖然接引了不少人，但在當今能弘化一方的禪師，只有香林澄遠這一系最盛。香林澄遠在四川住持寺院四十年，直到八十歲才圓寂。他常說：「我花費四十多年的功夫才打成一片。」

香林澄遠每當開示徒眾的時候常常這樣說：「大抵說來，行腳參訪，必須先立志。釋迦牟尼老漢在因地修菩薩行時，每說一言一句，無非都是立志以求菩提覺悟。」後來有一位僧人問：「什麼是室內一盞燈？」香林澄遠回答說：「三個人說烏龜是甲魚。」又問：「什麼是行腳僧的本分事？」香林澄遠回答說：「寒冬臘月火燒山。」古來答「祖師西來意」的人很多，如「庭前柏樹子」、「青絹扇子足風涼」，雖然是幾位禪師的答語，但只有香林澄遠這一轉語可以截斷天下人的舌頭，使人沒有思考比較的餘地，也沒有按照通常的義理概念去作推理的餘地。為什麼這樣說呢？那位僧人問：「什麼是達摩祖師前來中國的用意？」香林澄遠回答說：「禪不在坐，坐久了只會使身體勞累。」這樣的公案，可以說是言無味、語無味，無味之談，塞住別人的口，讓人沒處出氣。要悟道的人當場就能悟道，如果還沒悟道，千萬不要用通常的思路去求知解。香林澄遠能遇見雲門文偃這樣的大禪師，所以才具有像雲門文偃一樣的手段，有「雲門三句」的格調。人們往往會錯誤地理解說：「達摩祖師前來中國，在嵩山少林寺面壁九年，難道不是坐久成勞嗎？」這樣講有什麼根據？你可看看從前的禪師得大自在的地方。他們是腳踏實地修行，並沒有許多佛法知解的道理，只是隨機運用。佛法隨法輪而轉，說法的道場也隨處建立。雪竇重顯也是因勢利導，順著香林澄遠的答語，不費氣力地頌出來了。

頌

一箇兩箇千萬箇，（何不依而行之？如麻似粟、成群作隊，作什麼？）

脫卻籠頭❶卸角馱❷。（從今日去，洒洒落落❸，還休得也未？）
左轉右轉隨後來❹，（猶自放不下，影影響響❺，打。）
紫胡❻要打劉鐵磨❼。（山僧拗折拄杖子，不行此令❽，賊過後張弓❾，嶮！）

評唱

雪竇直下，如擊石火、似閃電光，拶著教你見，聊聞❿舉著，直下便會始得。不妨是屋裡兒孫⓫，方能恁麼道。若能直下便與麼會，不妨奇特。

「一箇兩箇千萬箇，脫卻籠頭卸角馱」，洒洒落落，不被生死⓬所染⓭、不被聖解凡情⓮所縛。上無攀仰、下絕⓯己躬⓰，一如香林、雪竇相似，只是千箇萬箇，直得盡天地世界⓱人，悉皆如此；前佛後佛，也皆悉如此。

苟或於言句中作解會，便似「紫胡要打劉鐵磨」相似，其實才舉，和聲便打⓲。紫胡去訪劉鐵磨，云：「莫⓳便是劉鐵磨否？」磨云：「不敢⓴！」胡云：「左轉右轉。」磨云：「莫顛倒㉑。」胡和聲便打。香林答這僧問云：「坐久成勞。」若恁麼會得，「左轉右轉」，隨後來也。且道，雪竇恁麼頌出，意作麼生？

【注釋】❶籠頭　喻指無明業識。❷角馱　喻指知見解會。❸洒洒落落　空無一物，毫無掛礙。禪宗用來形容除盡塵俗知解。❹左轉右轉隨後來　謂不能當即與禪法契合，只能隨語言轉動。紫胡禪師前去拜見劉鐵磨，說：「左轉右轉。」劉鐵磨說：「師父不要顛倒。」話音剛落，紫胡禪師動手就打。❺影影響響　謂認影接響，不能自在灑脫。影響，指佛菩薩的應現。諸佛菩薩為輔助佛陀教化而自在示現，如影之隨形，如響之應聲，以隨機濟度眾生。影，即由本體一時應現之意。❻紫胡　又作子湖，法名利蹤（西元八〇〇～八八〇年），唐代禪僧，俗姓周氏，澶州（今河北清豐西）人。於幽州（治今北京）開元寺出家，依年受具。後入南泉普願禪師之室，得其法，往衢州（今屬浙江境內）馬蹄山，結茅而居。開成二年（西元八三七年），邑人於山下子湖創院安之，世稱「子湖利蹤」。❼劉鐵磨　唐代禪宗尼師，俗姓劉氏。以機鋒峻峭之故，世稱「劉鐵磨」。在距溈山十里處結一小庵。參謁溈山靈祐，並嗣其法。亦曾參謁子湖利蹤禪師，與當時禪客時相往來，盛談禪旨。❽令　指禪機施設，如棒喝等皆是。❾賊過後張弓　喻指行令遲了。❿聊聞　一聽到。⓫屋裡兒孫　雪竇重顯是香林澄遠的法孫。⓬生死　謂流轉輪迴。⓭染　薰染；影響。⓮聖解凡情　指對凡夫與聖者的分別對立，禪家認為這是區別妄心的表現，因為凡夫（指在迷惑中的眾生）所具本性，與聖者（超越迷惑者）所具本性同一無異。故不論凡夫、聖者，他們的生命本質並無區別，僅由於意識活動的迷惑與否而迥異。⓯絕　杜絕；摒棄。⓰躬　身；身體。⓱世界　猶言宇宙。世指時間，界指空間。⓲和聲便打　話音未止，便加責打。⓳莫　副詞。表示揣測。或許；大約；莫非。⓴不敢　謙詞。猶不敢當。㉑顛倒　反反覆覆；重複。

【語　譯】雪竇重顯頌古：一箇兩箇千萬箇，（為什麼不按照這種解脫的方法去做？不明禪法的人多得來如麻如粟，成群結隊，做什麼？）脫卻籠頭卸角馱，（從今天起開始灑脫自在，還放得下嗎？）左轉右轉隨後來，（還是放不下，認影接響，打。）紫胡要打劉鐵磨。（我拗斷拄杖，不實行這樣的禪機施設，盜賊走過之後才拉弓，險！）

圜悟克勤評唱：雪竇重顯當時就像擊石火、閃電光一樣，逼著教你看，使你一聽說舉示公案就能理解，這樣才算可以。雪竇重顯不愧是香林澄遠的法孫，才會這樣說。如果當時就能悟入，確實是一件奇特的事。

「一箇兩箇千萬箇，脫卻籠頭卸角馱」，灑灑落落，不受生死輪迴的影響，也不受那種區分凡夫與聖人的世俗之見的束縛。上無諸佛祖師可追攀仰慕，下無自己的身心可依託，完全和香林澄遠、雪竇重顯一樣，這樣的人只是千個萬個，還要使整個天地世界的人也個個都是這樣，前佛後佛也都是這樣。

如果有人想從言句中去作區別對立的解釋，就像「紫胡要打劉鐵磨」一樣，其實剛一舉說，出聲就打。有一天，紫胡禪師特去參訪劉鐵磨，問：「你就是劉鐵磨嗎？」劉鐵磨回答說：「不敢！」紫胡禪師說：「左轉右轉。」劉鐵磨說：「你不要這樣翻來覆去。」紫胡禪師應聲就打。香林澄遠回答這位僧人提問說：「禪不在坐，坐久了只會使身體勞累。」你如果能夠這樣去理解，那麼也就可以「左轉右轉」地出來了。雪竇重顯這樣頌出，他的用意是什麼呢？

【說　明】在禪宗語錄中，對「如何是祖師西來意」的問答有二百三十餘則，然而禪師回答的都不同？這是因為禪的根本法，是超越了一切的無生法，是遠離形式和概念的，所以它無礙自在，絕不會被任何事物所束縛。可以說不是禪存在於萬有之中，而是萬有存在於禪之中；因為萬有都存在西來意中，任取一物都具有西來意。所以說西來意絕不是一種固定的概念，不能妨礙禪的自由自在的表現。所以古來禪師，各自隨其境，通其機，而自由自在地回答。

在許多「如何是祖師西來意」的答語中，當以香林澄遠的答語「坐久成勞」最為突出，故深為雪竇重顯、圜悟克勤所讚賞。所謂「坐久成勞」，從字面上看，似乎十分平淡，但卻深藏禪機，所以圜悟克勤說它「有雲門腳手，有三句體調」。這麼一答，使人感到有「函蓋乾坤」的隱機，也有「截斷眾流」，使人的思路忽然中止的力量，但同時，又使人有順水推舟，「隨波逐流」那樣飄逸的感受。難怪它受到了眾多禪師的推崇。

雪竇重顯頌古的意思說：一問到「祖師西來意」，一般人便以為達摩從印度帶來了一些什麼禪法似的，其實禪是一塵一法也不立的。但一般人不是這樣理解，總以為達摩祖師帶來了什麼東西。於是乎求法覓禪的人不是一個兩個，而是有千個萬個。那麼多的人在行腳，尋求原本不可求的法，去參不可參的禪。這是何苦呢？人們聽見了香林澄遠的這句答話，似乎自然地會把向來擔在肩膀上的一切問題放下，奔放自在，煩惱菩提一齊脫落，變得灑灑落落。如果還有些患有參禪病、公案病的人，跟在他人後面東奔西跑的話，那麼就要像紫胡禪師打劉鐵磨一樣給他三十棒，促使他從迷夢中醒過來。這就是雪竇重顯頌古的旨意。

從圜悟克勤對雪竇重顯頌古的評唱中可看出在「坐久成勞」這句答語裡，具有一切超越、一切脫落之境；同時也可得知達摩的「廓然無聖」，是否定一切的，也就是在把否定也否定了的絕對否定之處，禪的無礙自在的境地出現了。

第十八則　國師塔樣

【題　解】禪的境界，就像一座無縫塔，是一個整體。無縫塔到底是什麼樣子呢？誰也無法說清楚。「湘之南、潭之北」，這如同惠施所謂天下的中心點在「燕之北、越之南」一樣，在地圖上是不存在的方位。禪的境界也是如此，思維的判斷、分析、綜合等一切手段都不適用於它。要想在思維中把握禪，就如同要造一座無縫塔，或者找「湘之南、潭之北」這樣一個地理位置一樣，無從著手。

舉

肅宗❶皇帝（本是代宗❷，此誤。）問忠國師❸：「百年❹後，所須何物？」（預搔待癢❺，果然起模畫樣❻，老老大大❼，作這般去就！）

國師云：「與老僧作箇無縫塔❽。」（把不住❾。）

帝曰：「請師塔樣。」（好與一拶。）

國師良久❿云：「會麼？」（停囚長智⓫，直得指東劃西⓬，將南作北，直得口似匾擔⓭。）

帝曰：「不會。」（賴值不會，當時好與一拶，教伊滿口含霜，卻較些子。）

國師云：「吾有付法弟子⑭耽源⑮，卻諳⑯此事，請詔問之。」（賴值這漢，不推倒禪牀，放過一著，何不與本分草料⑰，莫摋胡人好⑱。）

國師遷化⑲後，（可惜，果然錯認定盤星⑳。）

肅宗詔耽源問：「此意如何？」（子承父業，落第二第三㉑去也。）

源云：「湘㉒之南、潭㉓之北，」（也是把不住漢，兩兩三三作什麼㉔，半合半開㉕。）

師云：「獨掌不浪㉖鳴。」（一盲引眾盲㉗，果然隨語生解㉘、果然隨邪逐惡㉙。）

「中有黃金充一國。」（上是天、下是地，無這箇消息，是誰本分事？）

師云：「山形拄杖㉚子。」（拗折了也，是起模畫樣。）

「無影樹㉛下合同㉜船㉝，」（祖師喪㉞了也，闍黎道什麼？）

師云：「海晏㉟河清㊱。」（洪波㊲浩渺㊳，白浪滔天，猶較些子。）

「琉璃㊴殿上無知識㊵。」（咄！）

師云：「拈了也。」（言由在耳，賊過後張弓。）

【注釋】❶肅宗　即李亨（西元七一一～七六二年）。唐代皇帝。玄宗子。西元七五六至七六一年在位。天寶十四年（西元七五五年）爆發了安史之亂。次年，玄宗逃往四川，他即位於靈武。他曾任宦官為觀軍容使，因此宦官勢力進一步擴大。寶應元年（西元七六二年），宦官李輔國、程元振殺張后等擁立太子李豫（即唐代宗），他憂驚而死。❷代宗　即李豫（西元七二六～七七九年），唐朝皇帝。西元七六二至七七九年在位。唐肅宗長子。在位時，西有吐蕃侵擾，東有藩鎮割據，他又崇信佛教，寺院多占良田美宅，致使國家政治經濟每況愈下。❸忠國師　法名慧忠（西元？～七七五年），唐代禪僧，俗姓冉氏，諸暨（今屬浙江境內）人。參六祖慧能得法。入居南陽（今屬河南境內）白崖山黨子谷，四十餘年足不出山，學者就之，恆逾百千。上元二年（西元七六一年）赴京，肅宗待以師禮，公卿士庶參叩求法，晝夜不停。代宗繼位，優禮有加。世稱「南陽國師」。國師，帝王封賜僧人的尊號。含有一國民眾之師、帝王之師等意。❹百年　死的婉詞。❺預搔待癢　預先抓搔皮膚，等待發癢，比喻虛妄可笑的行為。❻起模畫樣　指模仿別人、裝模作樣的虛妄言行。❼老老大大　很；非常。❽無縫塔　本指用整塊大石雕成之塔，禪家用來指禪法隱密玄妙，難以用語言表達，也指機鋒縝密，無懈可擊。❾把不住　嘲諷南陽國師漏洩禪機。❿良久　默然；沉默。⓫停囚長智　借停頓的機會思考對付的辦法，此語多使用於機語交鋒之中。禪家推崇敏於接機，要求擺脫情念意想，「停囚長智」自然要受批評，因此帶有貶義色彩。⓬指東劃西　謂說話東拉西扯。⓭口似匾擔　意謂閉口無言，啞口無言。⓮付法弟子　已經傳付禪法的弟子。⓯耽源　法名應真，唐代禪僧。南陽慧忠的嗣法弟子，後住吉州（治今江西吉安）耽源寺。⓰諳　熟悉；知道。⓱本分草料　指棒喝。⓲莫搽胡人好　意謂如果耽源描繪得出無縫塔的模樣，已是縫隙大開了。由耽源來開示，無異作弄唐肅宗。人，指唐肅宗。⓳遷化　指人死。⓴果然錯認定盤星　指唐肅宗又去問耽源應真。㉑第二第三　禪家認為禪法是第一法，唯一法，第二第三均非禪法。㉒湘　水名，即湘江。源出廣西，流入湖南，為湖南最大的河流。㉓潭　指潭州，在今湖南長沙一帶。㉔兩兩三三作什麼　嘲諷唐肅宗、南陽國師、耽源應真相繼談論塔樣。㉕半合半開　表示一半合，一半開，不偏於任何一端。㉖浪　輕易；隨便。㉗一盲引眾盲　嘲諷雪竇重顯說破之處。㉘隨語生解　根據一段話或前後文，對某句話或某個概念做出解釋。這裡嘲諷雪竇重顯下注腳。㉙隨邪逐惡　嘲諷耽源應真、雪竇重顯隨著南陽慧忠的言句轉。㉚山形拄杖　指從山中砍下而不加細工修飾的木杖。這裡喻指禪道。㉛無影樹　指無光影區別的菩提樹。㉜合同　和合齊同；齊心協力。㉝船　指度眾生到彼岸的工具。㉞喪　人死。㉟晏　平靜；安逸。㊱河清　河水變清。多指黃河水清。黃河水濁，少有清時，古人以「河清」為昇平祥瑞的象徵。又古稱黃河千年一清，因以「河清」比喻時機難遇。㊲洪波　波濤；大波浪。㊳浩渺　廣大遼闊；宏大。㊴琉璃　一種有色半透明的玉石。這裡比喻人悟道後的心性。40知識 相識的人；朋友。

【語 譯】 舉說公案：唐肅宗（應該是唐代宗，這裡搞錯了。）問南陽國師：「在你圓寂以後，需要為你準備一些什麼東西呢？」（預先抓皮膚，使其發癢。果然裝模作樣，天下獨尊的皇帝竟然會有這種言行。）南陽國師回答說：「請給老僧造一座無縫塔。」（控制不住。）唐肅宗說：「請國師給一個無縫塔的式樣。」（正好和他較量一番機鋒。）南陽國師沉默了一會兒才說：「你知道什麼式樣了嗎？」（停頓了一會兒，正好思考對策。弄得來指東作西，指南作北，弄得來啞口無言。）唐肅宗說：「我不知道。」（幸虧不知道，唐肅宗當時就應該給他一棒，教南陽慧忠滿口含霜說不出，這樣做還差不多。）南陽慧忠說：「我有一個付法的弟子叫耽源應真，他應該知道做什麼式樣。你可以下詔書請他來說。」（幸虧唐肅宗這傢伙不推倒禪床，退讓一步，為什麼不給他當頭棒喝，南陽慧忠不要胡弄人。）

南陽慧忠圓寂後，（可惜的是唐肅宗一直不會，他果然錯認定盤星。）唐肅宗下詔書請耽源應真來，並問：「南陽國師的用意究竟是什麼？」（弟子繼承師父的事業，唐肅宗這樣問早已經是落在第二機、第三機上面去了。）耽源應真用一首偈來回答唐肅宗：「湘之南、潭之北，」（圜悟克勤評論說：『也是一個控制不住自己的傢伙，兩兩三三做什麼？半合半開。』）雪竇重顯下轉語說：『一個巴掌不亂響。』（圜悟克勤評論說：『一位盲人帶領一群盲人，果然隨語生解，果然隨邪逐惡。』）「中有黃金充一國。」（圜悟克勤評論說：『上是天，下是地，沒這個消息，是誰的本分事？』）雪竇重顯下轉語說：『山形拄杖子。』（圜悟克勤評論說：『拗斷了，這是裝模作樣。』）「無影樹下合同船，」（圜悟克勤評論說：『祖師沒了，耽源應真還有什麼好說的？』）雪竇重顯下轉語說：『大海平靜，黃河變清。』（圜悟克勤評論說：『波濤滾滾，白浪滔天，這還差不多。』）「琉璃殿上無知識。」（圜悟克勤評論說：『咄！』）雪竇重顯下轉語說：『拈了。』（圜悟克勤評論說：『言猶在耳，盜賊走過之後才拉弓。』）

評唱

肅宗、代宗，皆玄宗[1]之子孫。為太子時，常愛參禪[2]。以國有巨盜[3]，玄宗遂幸[4]蜀。唐[5]本都長安[6]，後為安祿山[7]所逐，潛踞[8]長安。肅宗攝政[9]。

是時忠國師，在鄧州[10]白崖山住庵，今香巖[11]是也。四十餘年不下山，道行[12]聞于帝里[13]。上元二年，敕中使[14]詔入內[15]，侍[16]以師禮，甚敬重之。常時[17]入內，與帝演[18]無上道[19]。師退朝[20]，帝自攀[21]車而送之，朝臣見之皆慍色[22]，欲具表奏[23]帝，以為不便[24]。國師乃具他心通[25]，而先見聖[26]，奏曰：「我在天帝釋[27]宮，見粟散天子[28]，如閃電光相似。」帝愈加恭敬。肅宗晏駕[29]後，代宗繼位，敬之如前，止光宅寺[30]十有六載，隨機[31]說法，至大曆[32]十年遷化。

山南[33]府青銼山和尚[34]，是國師同行。國師一日奏帝令詔他，三詔不下山，常罵國師耽[35]名著[36]利、戀著塵間[37]。

國師於他父子二朝中為國師，他家王子王父一時參禪。據史考之，此公案乃代宗所問，後面「十身調御」，卻是肅宗問也。

代宗平生[38]參禪，會[39]他國師說話，帝一日問：「師百年後，所須何物？」只是平常一句話，這老漢無風起浪，卻道：「與老僧作箇無縫塔。」且道，白日青天，如此作什麼？做箇塔便了，為什麼卻更要箇無縫塔？代宗也不妨作家，奇特與他一拶道：「請師塔樣。」國師良久云：「會麼？」奇怪這些子，最難參。大小國師，被他一拶，直得口似匾擔。若不是這老漢，幾乎弄倒了。多少人道：「國師不言處，便是塔樣。」若恁麼時，達摩一宗，掃土㊵而盡。若謂「良久」便是，啞子也會說禪。

豈不見，外道問佛：「不問有言，不問無言。」世尊良久。又如維摩詰㊶問文殊：「云何是仁者㊷入不二法門㊸？」文殊一一說了，卻問維摩詰，維摩詰默然。多少人只去「良久」處會，有什麼巴鼻？

五祖先師拈云：

「前面是真珠㊹瑪瑙㊺，後面是瑪瑙真珠；東邊是觀音勢至㊻，西邊是普賢文殊。中有一首幡㊼，被風吹著，道：胡盧㊽胡盧。」

【注釋】❶玄宗 即李隆基（西元六八五～七六二年），又稱唐明皇，唐代皇帝，西元七一二至七五六年在位。他後期任用李林甫、楊國忠執政，官員貪污，政治腐敗，導致「安史之亂」。❷參禪 參入禪道之意。指在禪師的指導下坐禪修行，引申為在禪定中參究真理。❸國有巨盜 指「安史之亂」，唐安祿山、史思明發動的叛亂。開元天寶之際，政治日趨腐敗，社會矛盾尖銳，中央集權削弱，藩鎮割據勢力相繼而起，玄宗天寶十四年（西元七五五年）冬，平盧、范陽、河東三鎮節度使安祿山以誅楊國忠為名，在范陽（治今北京）起兵叛亂，擊敗唐軍，攻下洛陽。次年稱帝，進入長安。同時使其部將史思明占有河北十三郡地。玄宗逃往四川，肅宗在靈武（今屬寧夏）即位。代宗廣德元年（西元七六三年），叛亂平定。前後歷時七年多，嚴重破壞了生產。唐朝統治從此由盛而衰，出現藩鎮割據的局面。❹幸　舊指帝王親臨。❺唐　朝代名（西元六一八～九〇七年）。李淵及其子李世民所建。❻長安　古都城名。漢高祖七年（西元前二〇〇年）定都於此。此後東漢獻帝、西晉湣帝、前趙、前秦、後秦、西魏、北周、隋、唐皆於此定都。❼安祿山　唐營州柳城（治今遼寧朝陽南）胡人，發起「安史之亂」，稱雄武皇帝，國號燕。至德二年（西元七五七年）春，其子安慶緒謀奪帝位，把他殺死。❽潛踞　同「僭踞」。僭據；僭占。僭，超越本分，冒用在上者的職權、名義行事。踞，占據。❾攝政　代國君處理國政。❿鄧州　州名。在今河南鄧縣。⓫香巖　即香巖寺，位於河南鄧縣西北白崖山中。原為唐代一行、虎茵二師所草創。後一行示寂於長安，肅宗親往送葬，山中突然飄香，經月餘不止，遂定寺名為香巖寺。⓬道行　僧人修行的功夫。⓭帝里　猶言帝都，京都。⓮中使　宮中派出的使者。多指宦官。⓯內　帝王所居之處；皇宮。⓰侍　陪從或伺候尊長、主人。⓱常時　時常；常常。⓲演　推演；闡發。⓳無上道　指最上無比大道之佛道。如來所得之道，沒有出其上者，故稱無上道。具體稱為菩提。⓴退朝　古代君臣朝見，禮畢而退。㉑攀　牽挽；抓住。㉒慍色　怨怒的神色。㉓表奏　表文章奏。泛指臣下進呈帝王的文書。㉔不便　不方便；不適宜。意謂不是王者所為。㉕他心通　即證得他心智，能如實了知他人心中差別相的神通力。㉖聖　猶言神聖的。封建時代稱頌帝王或與帝王有關的事物之詞。㉗天帝釋　又稱帝釋天。本為印度教之神，釋尊成道後，帝釋天成為釋尊的守護神。佛陀升於忉利天為母說法時，帝釋天手持寶蓋，任佛陀的侍從，其形像，通常呈天人形，乘白象，右手執三鈷杵、左手置於胯上。㉘粟散天子　小國的天子數量眾多，猶如粟散，故名。㉙晏駕　車駕晚出。古代稱帝王死亡的諱辭。㉚光宅寺　位於長安朱雀街西光宅坊，唐代儀鳳二年（西元六七七年）建成，長安二年（西元七〇二年），於寺中置七寶臺。寺中佛像雕刻精妙。㉛隨機　謂隨眾生之根機而方便設教，利益眾生。㉜大曆　唐代宗年號（西元七六六～七七九年）。㉝山南　古時泛指太華、終南兩山以南之地。㉞青銼山和尚　六祖慧能的嗣法弟子。青銼山，在今陝西南鄭西南五十里，山頂一石如銼，故名。㉟耽　玩樂；沉湎。㊱著　貪戀。㊲塵間　猶言人間；俗世。㊳平生　平素；往常。㊴會　連詞。相當於「與」、「同」、「和」。㊵掃土　舉境；全境。㊶維摩詰　梵語音譯，意譯為「淨名」或「無垢稱」。佛經中人名。《維摩詰經》中說他和釋迦牟尼同時，是毗耶離城中的一位大乘居士。嘗以稱病為由，向釋迦牟尼派來問訊的舍利弗和文殊師利等宣揚教義。為佛典中現身說法、辯才無礙的代表人物。後常用以泛指修大乘佛法的居士。㊷仁者　佛教用於對人的尊稱。㊸不二法門　不用語言文字傳示，直接以心印受的法門，在禪語裡多指禪法。「不二」還包括一切事理平等如一，沒有差異對立的意思。㊹真珠　即珍珠。形圓如豆，乳白色，有光澤，是某些軟體動物（如蚌）殼內所產。為珍貴的裝飾品，並可入藥。㊺瑪瑙　礦物名。玉髓的一種。

品類甚多，顏色光美，可製器皿及裝飾品。㊻勢至　大勢至菩薩的省稱，為「西方三聖」（彌陀、觀音、勢至）之一，阿彌陀佛的右脅侍。㊼幡　旗幟。㊽胡盧　喉間的笑聲。

【語　譯】圓悟克勤評唱：唐肅宗、唐代宗都是唐玄宗的子孫。他們在做太子時，就經常喜歡參禪。後來由於國家出現了巨盜，唐玄宗只得逃往四川。唐朝的首都原本在長安，後來安祿山的軍隊長驅直入，占據了長安。這時唐肅宗開始代理國政。

當時南陽慧忠住在鄧州白崖山的一座草庵裡，也就是現在的香巖寺。南陽慧忠四十多年從來沒有下過山，於是他的道行傳到京城。上元二年（西元七六一年），唐肅宗派遣使者前往鄧州，迎請南陽慧忠入京，十分虔誠恭敬地把他當做自己的老師來侍候，對他非常敬重。南陽慧忠常常進入皇宮，為唐肅宗演說菩提覺悟之道。每當南陽慧忠退朝的時候，唐肅宗親自扶車送他回去，朝廷的大臣們看在眼裡都很不高興，認為唐肅宗這樣做很不合適，準備上表奏事，想勸阻唐肅宗。南陽慧忠有他心通，於是先朝見唐肅宗，上奏說：「我在天帝釋宮看見粟散天子，就像閃電光一樣迅速。」唐肅宗對他更加虔誠恭敬。後來唐肅宗逝世，唐代宗即位，對南陽慧忠仍舊是畢恭畢敬，讓他在光宅寺住了十六年，隨機說法，直至大曆十年（西元七七五年）圓寂。

山南府青銼山和尚從前和南陽慧忠一道修行。一天，南陽慧忠曾奏請皇上詔他進京，三次下詔，青銼山和尚都不下山，他常罵南陽慧忠國師貪求名利，眷戀人世間的榮華富貴。

南陽慧忠在唐肅宗、唐代宗兩朝出任國師，唐肅宗、唐代宗都曾一度參禪。根據史書記載，這則公案是唐代宗所問，後面的「十身調御」公案才是唐肅宗所問。

唐代宗平時喜歡參禪，常常和南陽慧忠交談。一天，唐代宗問：「國師圓寂以後，希望我為你準備一些什麼東西呢？」這本來是很平常的一句話，南陽慧忠這老漢卻無風起浪，說：「替老僧造一座無縫塔吧。」你來說說看，青天白日之下，這樣回答的用意是什麼？造一座塔也就算了，為什麼還要造一座無縫塔？唐代宗也稱得上是一個機用傑出的行家高手，與南陽慧忠較量起機鋒來了，他出語奇特：「請國師說說塔的式樣。」

南陽慧忠沉默了一會兒才說：「你懂了嗎？」奇怪就奇怪在這一點上，最難參究。天下獨尊的南陽慧忠國師被唐代宗逼拶得啞口無言。如果不是南陽慧忠這老漢，幾乎就要被唐代宗難倒了。很多人說：「南陽慧忠國師不說明的地方就是塔的式樣。」如果按照這樣的說法，達摩所傳的禪宗法系就要蕩然無存了。如果說「沉默」就是禪，那麼啞巴也會說禪。

曾經有一位外道問佛祖釋迦牟尼：「不問有言，不問無言。」釋迦牟尼只是沉默不言。又如維摩詰居士問文殊菩薩：「什麼是仁者入不二法門？」文殊菩薩一一說出之後，又反過來問維摩詰居士，維摩詰居士只是沉默不言。人們想從「沉默不言」中得到解釋，這有什麼根據呢？

我的師父五祖法演拈提說：「前面是珍珠、瑪瑙，後面是瑪瑙、珍珠，東邊是觀音、勢至，西邊是文殊、普賢，中間有一面旗子，被風吹拂著，好像在說：胡盧、胡盧。」

國師云：「會麼？」帝曰：「不會」，卻較些子。且道，這箇「不會」，與梁武帝「不識」，是同是別？雖然似則也似，是則不是。

國師云：「吾有付法弟子耽源，卻諳此事，請詔問之。」代宗不會則且止，耽源還會麼？只消箇「請師塔樣」，盡大地人不奈何。五祖先師拈云：「你是一國之師，為什麼自不道，卻推與弟子？」國師遷化後，帝詔耽源問：「此意如何？」耽源便來為國師胡言漢語❶說道理，自然會他國師說話。只消❷呈此一頌子：「湘之南、潭之北，中有黃金充一國，無影樹下合同船，琉璃殿上無知識。」

耽源名應真，在國師處作侍者，後住吉州❸耽源寺。時仰山來參耽源，性氣❹境界❺惡❻，住不得。仰山先❼去參性空和尚❽，因❾問：「如何是祖師西來意？」空云：「如人在千尺井中，不假❿寸繩出得，方與你道。」仰山道不得。一日耽源有喜色⓫顏⓬悅，遂問：「如人在千尺井中，不假寸繩，如何得出？」耽源咄云：「誰在井中？」仰山不契⓭。後又將此問溈山，山云：「寂子！」仰山云：「喏⓮。」溈山云：「出了也。」仰山大悟，云：「我在耽源處得體⓯，溈山處得用⓰也。」

只是這箇頌子，引人邪解不少。多只道：「『湘』是相見、『潭』是談論；中有一箇無縫塔，所以道『中有黃金充一國』。帝與師對答，便是『無影樹下合同船』；帝不會，所以道『琉璃殿上無知識』。」又有底指：「河北，湘州之南、潭州之北，『中有黃金充一國』，只管眨眼顧視⓱者，便是『無影樹下合同船』。『琉璃殿上無知識』，頌帝不會。」若恁麼會，總不出情見。

只如雪竇下四轉語⓲，又作麼生會？今人殊不知古人落處，且道，此頌作麼生會？本來一句一問，作麼生有如許多說？若恁麼見得，不妨慶快平生⓳。「湘之南、潭之北」，雪竇道：「獨掌不浪鳴」。雪竇不獲已，而為你說。「中有黃金充一國」，雪竇道：「山形拄杖子。」古人道：「識得拄杖子⑳，一生參學事㉑畢。」「無影樹下合同船」，雪竇道：「海晏河清」，一時豁開戶牖，八面玲瓏。「琉璃殿上無知識」，雪竇道：「拈了也」，一時為你說了也，不妨難見。見得也好，只是有些子錯認處，隨語生解。至末後道「拈了也」，卻較些子。雪竇分明一時下語了也，後面單頌箇無縫塔。

【注釋】❶胡言漢語　喻指為南陽國師竭力解說。❷只消　只須；只要。❸吉州　州名。在今江西吉安。❹性氣　性情脾氣。❺境界　境況；情景。❻惡　粗劣；不好。❼先　當初；先前。❽性空和尚　百丈懷海的嗣法弟子，後住潭州（治今湖南長沙）石霜山。❾因　副詞。就；於是。❿假　憑藉；依靠。⓫喜色　欣喜的神色。⓬顏　面容；臉色。⓭契　合；投合。⓮喏　應諾聲。⓯體　即體性，不變的真理實相，沒有分別。⓰用　即作用，差別現象的具體表現。⓱顧視　轉視；回視。⓲轉語　禪宗謂撥轉心機，使之恍然大悟的機鋒話語。⓳慶快平生　意謂一生慶幸喜悅。形容禪悟者的愉悅舒暢心情。⑳識得拄杖子　拄杖子，乃禪宗僧人行腳之時，賴以輔助行腳的杖子，故亦引申為禪宗僧人究明自己心性的伴侶，禪宗僧人不僅視拄杖子為伴侶，並使之與自己融合成一體，如此才得以徹底修行，此乃禪宗僧人的本懷。故所謂「識得拄杖子」，即徹底修行之意。㉑一生參學事　謂盡此生涯，究極生死大事，即證悟之意。

【語譯】南陽慧忠問：「你懂了嗎？」唐代宗回答說：「不懂。」這樣的回答還像個樣子。你來說說看，這句「不懂」，與梁武帝所說的「不知道」是一樣還是不一樣呢？雖然說像倒是很像，但畢竟還是不一樣。

南陽慧忠說：「我有付法弟子耽源應真，他就知道塔的式樣，皇上可以下詔問他。」唐代宗聽不懂也就算了，耽源應真難道就懂了嗎？只要唐代宗說一句：「請國師說說塔的式樣。」整個大地的人對此也是無可奈何。先師五祖法演拈提說：「南陽慧忠是一國之師，為什麼不自己講，卻推給弟子？」南陽慧忠圓寂後，唐代宗下詔請耽源應真入宮，問：「國師的用意是什麼？」耽源應真於是為南陽慧忠的用意胡言亂語說一通，自然就是南陽慧忠所要講的話。他只需呈送一首頌就行了：「湘之南、潭之北，中有黃金充一國，無影樹下合同船，琉璃殿上無知識。」

耽源的法名叫應真，曾任南陽慧忠的侍者，後來住持吉州耽源寺。當時仰山慧寂來參訪他，由於耽源應真的性情脾氣暴躁，當地的環境也不好，仰山慧寂不想住下去了。在此之前，仰山慧寂參訪過性空和尚，曾問：「什麼是祖師西來意？」性空和尚回答說：「好比有人掉進千尺深的井中，你能不用一寸繩子把他救出，我就回答你的問題。」仰山慧寂回答不出來。一天，耽源應真和顏悅色，面帶笑容，仰山慧寂問：「好比有人掉進千尺深的井中，不用一寸繩子，怎麼樣才能把他救出來呢？」耽源應真大聲喝斥：「誰掉進井裡了？」仰山慧寂不能契合耽源應真的禪機。後來又將此事去問溈山靈祐，溈山靈祐大聲喊道：「慧寂！」仰山慧寂應聲回答：「在。」溈山靈祐說：「你已經從井底爬出來了。」仰山慧寂因此而大徹大悟，說：「我在耽源應真那裡得到了體性，在溈山靈祐那裡得到了機用。」

就是這首頌誤導人們產生了很多錯誤的見解。一般人往往會說：「『湘』是相見的意思，『潭』是談論的意思。中間有一個無縫塔，所以說『中有黃金充一國』。唐代宗與南陽慧忠對答，就是『無影樹下合同船』。唐代宗聽不懂，所以說『琉璃殿上無知識』。」也有人說：「河北，湘州之南，潭州之北，『中有黃金充一國』，只管眨眨眼睛，然後四周張望的人，就是『無影樹下合同船』。『琉璃殿上無知識』，說唐代宗不懂南陽慧忠的用意。」如果這樣理解，那麼永遠也跳不出俗情妄見。

至於雪竇重顯在耽源應真的頌詞中所下的四句轉語，那又該怎麼樣解釋呢？現在的人竟然不知道從前禪師的用意，你來說說看，對這首頌又該怎麼樣解釋呢？本來一句一問，為什麼會有這麼多解說？如果就這樣直接理解了，那確實是一生中最痛快的事。

「湘之南、潭之北」，雪竇重顯下轉語說：「一個巴掌不亂響。」他這是不得已而為你說破。「中有黃金充一國」，雪竇重顯下轉語說：「山形拄杖子。」從前的禪師說：「認識了『拄杖子』，一輩子參禪悟道的這件大事就算完成了。」「無影樹下合同船」，雪竇重顯下轉語說：「大海平靜，黃河變清」，一齊敞開了門窗，八面玲瓏。「琉璃殿上無知識」，雪竇重顯下轉語說：「拈提了」，一齊為你說出來了，確實也有難懂的地方。即使你自以為全懂了，還是難免有些誤解的地方，不免望文生義。到最後說「拈提了」，這樣說還差不多。雪竇重顯分明都說出來了，後面只頌一個無縫塔。

頌

無縫塔，（這一縫大小❶，道什麼❷？）
見還難，（非眼所見❸，瞎！）
澄潭不許蒼龍蟠❹。（有麼有麼？直得洪波浩渺，蒼龍不在這裡。）
層落落❺，（眼花作什麼？）
影團團❻，（通身是眼❼，落七落八❽，兩兩三三舊路行，左轉右轉隨後來❾。）
千古萬古與人看。（見麼？瞎漢作麼生看，闍黎還見麼？）

評唱

「無縫塔，見還難」，雪竇當頭❿道此一句，雖然獨露⓫無私，則是要見時還難。雪竇忒⓬煞慈悲，更向你道「澄潭不許蒼龍蟠」。五祖道：「雪竇《頌古百則》⓭，獨有此一句，猶較些子。」多少人去「國師良久」處作活計⓮，若恁麼會，一時錯了也。

不見道：「臥龍⑮不鑒止水，無處有月波澄⑯，有處無風浪起⑰。」又云：「臥龍長怖⑱碧潭清。」若是箇漢，直饒洪波浩渺、白浪滔天，亦不許在這裡蟠。雪竇到此頌了，後面著些子眼目⑲，琢⑳出一箇無縫塔。隨後道：「層落落、影團團，千古萬古與人看。」且道，作麼生看？即今在什麼處？直饒向這裡見得，且莫錯認定盤星。

【注釋】❶這一縫大小　意謂一涉言語，縫隙大露。大小，謂大小的程度。❷道什麼　責備雪竇重顯用言句說出。❸非眼所見　意謂無縫塔無相狀。❹澄潭不許蒼龍蟠　澄潭，清澈而不流動的水潭。這裡比喻南陽慧忠的沉默不言，人們多從這裡去理解無縫塔的用意，竟不知活龍不會停留在死水裡。蒼龍，比喻南陽慧忠的玄旨。❺層落落　雪竇重顯形容無縫塔高大的樣子。落落，形容多而連續不斷的樣子。❻影團團　謂塔影出現在塵世，如環無端，無聲無味。❼通身是眼　形容禪宗僧人機思敏捷、眼目明亮。這裡指無縫塔身。❽落七落八　陷入第七第八。禪法是第一法、唯一法，「落二落三」已非禪法，「落七落八」離禪法更遠。這裡嘲諷雪竇重顯用言句來描繪無縫塔的樣子。❾左轉右轉隨後來　謂雪竇重顯都是跟隨在無縫塔後面而頌，言不能盡理，只論其表面形式。❿當頭　為首；帶頭。⓫獨露　形容佛法大道超越時間、空間，常獨立而顯露。此即超越一切時空之意；禪林中常用此類概念來表示佛法真理，非時空所可干涉局囿者。⓬忒　副詞。太；過於。⓭頌古百則　書名。雪竇重顯著。選編一百則公案，在每一則公案後用偈頌發揮其禪旨，其用意是要參禪者攝取公案的禪機，達到直指人心、見性成佛的目的。「頌古」是以韻文體的形式對公案作讚頌性的解釋。⓮作活計　本指為謀生而幹活，這裡喻指依循俗情、妄解妄作。⓯臥龍　喻隱居或尚未嶄露頭角的傑出人材。這裡指活龍。⓰澄　清澈而不流動。⓱有處無風浪起　喻指活龍有生氣。⓲怖　驚懼；害怕。這裡有厭惡、埋怨、不滿之意。⓳眼目　猶面目；臉面。亦喻外表。⓴琢　泛指雕刻加工。

【語譯】雪竇重顯頌古：無縫塔，（縫隙露出來了，說什麼？）見還難，（這無縫塔不是人的肉眼所能看見的，瞎漢！）澄潭不許蒼龍蟠。（有嗎？有嗎？弄得波濤滾滾，蒼龍不在這裡。）層落落，（眼花繚亂作什麼？）影團團，（無縫塔全身是眼，雪竇重顯這樣頌是落入第七第八，兩兩三三走老路，左轉右轉隨後來。）千古萬古與人看。（看見了嗎？瞎漢怎麼看得見，和尚還看見了嗎？）

圜悟克勤評唱：「無縫塔，見還難」，雪竇重顯開頭就說這一句，雖然獨露無私，但要完全理解卻很困難。雪竇重顯非常慈悲，還為你說：「澄潭不許蒼龍蟠。」五祖法演說：「雪竇重顯的《頌古百則》，只有『澄潭不許蒼龍蟠』這一句，算是比較好的。」許多人只是用俗情來妄解「國師沉默不言」，如果一直是這樣理解的話，那就完全錯了。

有人曾經說：「活龍不會停留在死水裡，無龍之處波濤不起，有龍之處無風起浪。」還有人說：「活龍常恨碧潭清。」如果真是一個男子漢，即使波濤滾滾，白浪滔天，也不許盤踞在這裡。雪竇重顯到此都頌出來了，後面弄了點花樣，雕琢出一個無縫塔。隨後說：「層落落，影團團，千古萬古與人看。」你來說說到底應該怎樣看？目前又在什麼地方？即使你在這裡看得很清楚了，還是千萬別認錯了定盤星。

【說　明】戰國時的哲學家惠施曾說天下的中心在越國之南，燕國之北。惠施的命題可移來比說「湘之南、潭之北。」在平面上確定一個點，要有縱向、橫向座標的參照。湘在潭南，潭在湘北，如說湘之北，潭之南，「中有一國」的「國」，是可以找到的，但現在說湘南、潭北。這個地方就是無法找到的。這正是以超越時空的觀點說空間，黃金雖多，卻是超出世間的。就像「無縫塔」一樣。人為之塔總得有縫，圓融妙道、超越現實的靈塔不就可以無縫嗎？有樹就有光影，但這只是世間樹，有光影的分別；菩提之樹，哪裡有光影呢？船是渡河之具，大乘小乘之乘，也是運度之具，船正可以比作度眾生之具。大覺大悟之人，雖處在皇宮之中，卻心無所住，正如琉璃瓦上的光亮一樣，通明體透，照物而不染物，這正是體道之人的心性。

第十九則 俱胝一指

【題解】宇宙所有森羅萬象，均以真如為體，故論其體性即平等一如，一現象的實體即為萬象的實體，萬象的實體不外一現象的實體。俱胝和尚的一根手指，就是全宇宙；全宇宙的山河大地，森羅萬象，盡入這一根手指之內。

示眾

一塵❶舉大地收，一花開世界❷起。只如塵未起、花未開時❸，如何著眼❹？所以道：「如斬一綟絲❺，一斬一切斬；如染一綟絲，一染一切染。」只如今便葛藤將截斷，運出自己家財❻，高低普應、前後無差、各各現成❼。儻或❽未然，看取下文。

舉

俱胝和尚❾凡有所問，（有什麼消息？鈍根❿阿師⓫！）只豎一指。（者老賊，也要坐斷天下人舌頭！寒，則普天寒；熱，則普天熱⓬。）

【注釋】❶一塵　一粒微塵。常比喻事物的微小。佛教指物質的最小單位。❷世界　猶言宇宙。世指時間，界指空間。❸塵未起花未開時　意謂未說心性迷悟時。❹著眼　（從某方面）考慮；觀察。❺如斬一綟絲　謂頓悟。一綟絲，以一束絲比喻眾生迷妄之根源，即煩惱。緺，指緺草。以緺草為染料，染成黑而近淺綠之線，稱為緺絲。❻自己家財　比喻本來具有的自性，亦即佛性。❼現成　在禪語中，表示現前成就之意。即絕對真理不假造作安排，自然呈現，當體即是。❽儻或　假若。❾俱胝和尚　法名神暄（西元七四一～八一七年），唐代禪僧，俗姓留氏，建陽（今屬福建境內）人。恆持七佛俱胝真言，人稱俱胝和尚，居金華山行頭陀法。❿鈍根　根器愚鈍。⓫阿師　對僧人的稱呼。阿，字首。⓬寒四句　喻指上天入地，只是這一指頭禪。普天，遍天下。

【語　譯】圜悟克勤開示：一粒微塵飛起，整個大地都收入其中；一朵鮮花綻開，整個世界也隨之出現了。如果一粒微塵還未飛起，一朵鮮花還未綻開的時候，又應該怎樣著眼呢？所以說：「悟道就像斬一束絲線一樣，一刀斬下去，一束絲線都切斷了；也像漂染一束絲線一樣，顏料染上去，一束絲線都染上了顏色。」現在將一切言語全都截斷，拿出自己參禪悟道的見解，對各種不同的根器都能隨機說法，前後一致，各自現成。如果做不到這一步，就請你看下面的文字。

舉說公案：每當有人向俱胝和尚問法的時候，（有什麼消息？根器愚笨的和尚！）他只是豎起一根手指頭。（這個老賊，也要截斷天下人的舌頭！寒冷，則整個天下寒冷；炎熱，則整個天下炎熱。）

評唱

俱胝和尚凡有所問，只豎一指。若向指頭上會，辜負俱胝❶；若不向指頭上會，生鐵鑄就❷。會也恁麼去，不會也恁麼去；高也恁麼去，低也恁麼去；是也恁麼去，非也恁麼去。所以道：「一塵才起，大地全收；於一毛頭❸獅子❹，百億毛頭獅子齊現。」且道，是什麼物，得恁麼奇怪❺？若也識得，不消一捏；若識不得，礙塞⑥殺⑦人。

俱胝和尚，乃婺州⑧金華山人⑨。初在天台⑩住庵⑪時，有一尼⑫名實際⑬，到庵不下笠⑭。持錫遶禪床三匝⑮，云：「道得⑯即下笠！」三問，俱胝無對，尼便行。俱胝曰：「天勢稍⑰晚，且留一宿。」尼曰：「道得即宿。」俱胝又無對，尼便行。胝嘆曰：「我雖處丈夫⑱之形，而無丈夫之氣。」遂發憤⑲要明此事，擬棄庵，往諸方參請⑳，打疊㉑行腳。其夜，山神㉒告曰：「不須㉓離此。來日㉔有肉身菩薩㉕來，與和尚說法，不須去！」次日，果然天龍和尚㉖至，胝乃迎禮，具陳㉗前事，天龍只豎一指而示之㉘，俱胝忽然大悟。是他當時鄭重㉙專志㉚，所以桶底易脫㉛。後來凡有所問，只豎一指。

長慶稜云：「美食不中飽人喫㉜。」玄沙云：「我當時若見，拗折指頭！」玄覺㉝云：「玄沙恁麼道，意作麼生？」雲居㉞云：「只如玄沙恁麼道，是肯伊㉟是不肯伊？若言肯伊，何言拗折指頭？若言不肯伊，俱胝過在什麼處？」先曹山云：「俱胝承當處莽鹵㊱。只認得一機一境，一種㊲是拍手拊掌㊳，見他西園㊴用得奇怪。」玄覺又云：「且道，俱胝還悟也未？為什麼承當處莽鹵？若不悟，又道：『用一指頭禪不盡』。」且道，曹山意在什麼處？

【注釋】❶若向指頭上會二句　意謂第一機不在指頭上。❷若不向指頭上會二句　意謂不向指頭上作解會，直透真源，就像生鐵鑄成的漢子，天下人都要對他無可奈何。❸毛頭　頭髮披垂。❹獅子　猛獸名。體大雄壯，吼聲很大，有「獸王」之稱。❺奇怪　稀奇特異，不同一般。❻礙塞　阻塞不通。謂處於迷界之中。❼殺　副詞。用在謂語後面，表示程度之深。❽婺州　州名。在今浙江金華。❾山人　僧人。❿天台　山名。在今浙江天台北。山勢從東北向西南延伸，由赤城、瀑布、佛隴、香爐、華頂、桐柏諸山組成。佛教天台宗發源於此。⓫庵　出家者遠離村落所居住的房舍。是用草木覆蓋而成的簡陋小屋。⓬尼　比丘尼的省稱。俗稱尼姑。⓭實際　唐代比丘尼。為馬祖道一的嗣法弟子。籍貫、年壽不詳。她來此的目的是為了激勵俱胝和尚，使其有企慕大乘佛法之心。⓮笠　笠帽，用竹篾、箬葉或棕皮等編成，可以禦暑，亦可禦雨。⓯持錫遶禪床三匝　繞三圈是佛家禮儀，表示尊敬之意。不取下斗笠卻不符合禮儀。錫，即錫杖，僧人所持的禪杖。其制：杖頭有一鐵卷，中段用木，下安鐵纂，振時作聲。梵名隙棄羅，取錫錫作聲為義。禪床，坐禪之床。比一般的座椅略大。床，古代的坐具。匝，周；圈。⓰道得　針對「戴斗笠走三圈」，作出契合禪機的問答。⓱稍　副詞。漸；逐漸。⓲丈夫　男子。指成年男子。下一「丈夫」猶言大丈夫。指有所作為的人。⓳發憤　勤奮；決心努力。⓴參請　拜見請益之意。㉑打疊　收拾；安排。㉒山神　主管某山的神靈。㉓不須　不用；不必。㉔來日　明日；次日。㉕肉身菩薩　指生身菩薩。即以父母所生之身而至菩薩深位者。㉖天龍和尚　法名志賢，唐代禪僧，大梅法常的嗣法弟子，住杭州天龍寺。㉗具陳　備陳；詳述。㉘只豎一指而示之　萬法歸一之意，一切矛盾、差別，盡歸入這「一指」所示的自性機用之中。㉙鄭重　慎重；認真嚴肅。㉚專志　專心。㉛桶底易脫　原謂桶底脫落；禪林中，轉指達到大悟而絲毫無惑無疑的境地，猶如桶底脫落，桶中之物隨而泄地，不再留有任何殘物。㉜美食不中飽人喫　儘管是精美食品，已飽之人也是不想吃的，比喻各人佛性本來具足，無須向外尋求、到處參問。㉝玄覺　法名行言，法眼文益的嗣法弟子，得法後住金陵報慈寺。㉞雲居　法名清錫，宋代禪僧，泉州（今屬福建境內）人。法眼文益的嗣法弟子，住南康軍（治今江西星子）雲居山，世稱「雲居清錫」。㉟伊　他，它。㊱莽鹵　粗疏；馬虎；模糊不明。㊲一種　一樣；同樣。㊳拊掌　拍手；鼓掌。表示歡樂或憤激。㊴西園　法名曇藏（西元七五八～八二七年），唐代禪僧。初得禪法於馬祖道一之門，後謁石頭希遷，受其心印。貞元二年（西元七八六年），入衡山峰頂隱居，後移至西園精舍，世稱「西園曇藏」。禪僧聞名來歸，參請叩答，成就者眾。

【語　譯】圜悟克勤評唱：每當有人向俱胝和尚問法時，他只是豎起一根手指頭。如果你想從手指頭上去理解俱胝和尚的意思，那就太對不起他了；如果不從手指頭上去理解他的意思，那就是一條生鐵鑄成的漢子。不管參禪者懂不懂，俱胝和尚只是豎起一根手指頭；不管參禪者是高在孤峰頂上、還是低在荒草堆裡，俱胝和尚還是豎起一根手指頭；不管參禪者是處在順境還是逆境，俱胝和尚仍舊是豎起一根手指頭。所以說：「一粒微塵一升起，整個大地都收入其中；一頭毛茸茸的獅子出現了，一百億頭毛茸茸的獅子也同時出現了。」你來說說看，到底是什麼東西能夠做到這樣奇特？如果你認識到了，識破這一指禪真是易如反掌；如果你認識不到，參禪悟道難免窒礙不通。

俱胝和尚是婺州金華的僧人。他當初在天台山住庵修行時，有一位女尼名叫實際，走進俱胝和尚住的草庵裡，笠帽也不脫，手裡拿著錫杖，繞著禪床走了三圈，說：「你如果回答得出來，我就脫下頭上的笠帽。」一直問了三遍，俱胝和尚都沒有回答。女尼準備走了，俱胝和尚說：「天色已經暗下來了，你就留下來住一晚吧。」女尼又說：「你如果回答得出來，我就留下來過夜。」俱胝和尚還是回答不出來，女尼於是走了。俱胝和尚感歎地說：「我雖然是一個男子漢，但缺乏男子漢的氣概。」於是下決心去努力明瞭解脫大事，便打算拋棄草庵，收拾行李到各地去行腳參訪。當天晚上，山神告訴他說：「你不必離開此地，明天會有一位肉身菩薩來向你說法。不要走。」第二天，果然天龍和尚來了。俱胝和尚具禮迎接天龍和尚，將以往發生的事詳細地說了一遍，天龍和尚只是豎起一根手指頭給他看，俱胝和尚忽然大徹大悟。這是由於他當時鄭重其事，專心致志，所以就像桶底容易脫落一樣，能夠徹悟禪機。後來凡是有人前來問法，他也只是豎起一根手指頭。

長慶慧稜說：「再美味可口的食物，對於吃飽的人來說是引不起食欲的。」玄沙師備說：「我如果看見他豎起手指頭，當場就會把他的手指頭拗斷。」玄覺禪師說：「玄沙師備這樣說的用意是什麼呢？」雲居清錫說：「玄沙師備這樣講，是肯定他呢？還是不肯定他呢？如果說是肯定他，為什麼說要拗斷他的手指頭？如果說不肯定他，那麼俱胝和尚的過錯在什麼地方？」曹山本寂說：「俱胝和尚在承受禪法時顯得魯莽，他只認得一機一境，同樣是拍手鼓掌，你看西園曇藏用的就很奇特。」玄覺禪師又說：「你來說說看，俱胝和尚到底徹悟了沒有？為什麼他在承受禪法時顯得魯莽？如果說他還沒有徹悟，他又說一指禪平生受用不盡。」你來說說看，曹山本寂的用意在什麼地方？

當時俱胝，實是一物不會；乃至他悟後，都來❶只豎一指頭，因什麼千人萬人，牢籠❷不住、撲❸他不破？你若用指頭會，決定不見古人意。這般禪易參，只是難會。如今人才問著，他也豎一指一拳，只是弄精魂。也須是徹骨徹髓，見得透得始得。

俱胝庵中，有一童子❹，於外被人詰❺曰：「和尚尋常以何法示人？」童子豎起指頭，歸而舉似❻師，俱胝以刀斷其指，童子叫喚走出。俱胝召一聲，童子回首，俱胝卻豎起指頭，童子豁然❼領解❽。且道，他見什麼道理？

及至遷化，示眾云：「我在天龍和尚處，得一指頭禪，平生用不盡，要會麼？」豎起指頭，便行。後來明招獨眼龍❾，問國泰深❿禪師云：「古人道，俱胝只念三行咒⓫，便得名⓬超一切人，作麼生與他拈卻三行咒⓭？」深亦豎起一指頭。招云：「不因今日，爭識得這瓜州客⓮？」且道，意作麼生？

秘魔⓯平生，只用一扠⓰；打地和尚⓱凡有所問，只是打地一下。後被人藏卻棒，卻問：「如何是佛？」他只張口，亦是一生用不盡。無業⑱云：「祖師觀此土眾生，有大乘⑲根器⑳，唯傳心印、指示㉑迷情㉒，得之者不揀㉓賢之與愚、凡之與聖，且多虛㉔不如少實㉕，大丈夫漢，即今直下休去歇去，頓息萬緣㉖去，超生死流㉗，迥出㉘常格㉙。」又云：「莫妄想㉚。」所以道：「一處透，千處萬處一時透；一機明，千機萬機一時明。」

如今人總不恁麼，只管恣情㉛，不看他古人省要㉜處。他豈不更有機關㉝轉換處？為什麼只用一指頭？須知俱胝到這裡，有深密㉞為人處，要會得好，還㉟他圓明㊱道：「寒則普天普地寒，熱則普天普地熱。森羅萬象，徹下孤危；大地山河，通上嶮絕。什麼處得指頭禪來㊲？」

【注釋】❶都來　總是；老是。❷牢籠　包羅；容納。❸撲　擊；打。❹童子　四歲或八歲以上，未滿二十歲，且尚未剃髮得度的男子。❺詰　追問；詢問。❻舉似　奉告。❼豁然　倏忽，頓然。❽領解　領悟理解。❾明招獨眼龍　法名德謙，唐代禪僧，羅山道閑的嗣法弟子，住婺州（治今浙江金華）明招山，左目盲，故稱「明招獨眼龍」。說法四十年，座下龍象輩出。❿國泰深　法名道深，唐代禪僧，玄沙師備的嗣法弟子，住婺州國泰院。⓫咒　梵語陀羅尼。意譯為咒或真言。謂持善法而不散，伏惡法而不起的力用。⓬得名　獲得美名；有名氣，聞名。⓭作麼生與他拈卻三行咒　謂怎樣為俱胝和尚去除持咒的束縛。⓮瓜州客　讚美俱胝和尚的風儀雅麗。瓜州，鎮名。在江蘇邗江南部、大運河分支入長江處。與鎮江隔江斜對，一向為長江南北水運交通要衝。⓯秘魔　唐代禪僧，永泰靈湍的嗣法弟子，住五臺山秘魔岩。平生接引學人，每用一根木杈壓在參問者的脖子上，並問：「哪個魔魅教汝出家？哪個魔魅教汝行腳？道得也叉下死，道不得也叉下死。速道！」⓰扠叉狀的用具。⑰打地和尚　唐代禪僧。參馬祖道一得法後，自隱其名，凡參學者致問，只以棒打地示之，故謂之「打地和尚」。⑱無業　唐代禪僧，俗姓杜氏（西元七六〇～八二一年），商州上洛（治今陝西商縣）人。出家後謁馬祖道一，得傳心印。住汾州（治今山西汾陽）開元寺。唐憲宗屢召，皆辭疾不赴。卒諡「大達國師」。⑲大乘　梵文意譯。西元一世紀左右逐步形成的佛教派別。在印度經歷了中觀學派、瑜伽行派和密教這三個發展時期。北傳中國以後，又有所發展。「大乘」強調利他，普度一切眾生，提倡以「六度」為主的「菩薩行」，如發大心者所乘的大車，故名「大乘」。⑳根器　指人的稟賦、氣質。㉑指示　猶指點，指引。㉒迷情　迷惑的眾生。㉓不揀　不管；不論。㉔多虛　指所有的佛教教義。㉕少實　指單傳心印的禪宗法門。㉖萬緣　指一切因緣。㉗生死流　生死能使人漂沒，故稱「生死流」。㉘迥出　高出；超過。㉙常格　慣例；通例。㉚妄想　謂妄為分別而取種種之相。㉛恣情　縱情。㉜省要　簡單扼要。㉝機關　指禪師為使學人得悟，而順應其根機所設之機法。亦即所謂公案、話頭，或棒喝等。禪師常以古則公案、一喝一棒接引學人，稱為機關。㉞深密　深奧隱秘。㉟還　相當於「如其」。㊱圓明　德山緣密的法號。㊲來　語助詞。用在句末，表示疑問語氣。

【語　譯】當時的俱胝和尚實在是一點也不懂，他開悟以後，老是只豎起一根手指頭，為什麼千人萬人都拿他沒辦法，無法擊破他的禪機？你如果僅僅從手指頭方面來理解，肯定不會理解從前禪師的用意。這種禪容易參，但是很難領會。現在有人只要一被問著，也豎起一指一拳，其實只是故弄玄虛而已。參禪悟道應該是徹骨徹髓，見得透徹才行。

俱胝和尚的庵中，有一個小和尚，一天，在外面有人問他：「你的師父平常用什麼方法開示學人？」小和尚豎起一根手指頭。他回到庵裡，把這件事情告訴俱胝和尚。俱胝和尚拿刀就把小和尚豎起的手指頭砍斷了，小和尚痛得呼天叫地，跑出去了。俱胝和尚喊了一聲，小和尚回頭一看，只見俱胝和尚豎起一根手指頭，小和尚突然覺悟了。你來說說看，小和尚認識到了什麼道理？

當俱胝和尚快要圓寂的時候，對弟子們開示說：「我在天龍和尚那裡得到了一指頭禪，一輩子受用不盡，你們要學會它嗎？」說完，豎起一根手指頭就圓寂了。後來明招獨眼龍問國泰道深：「從前的禪師說俱胝和尚只念三行咒，他的聲名便超過了所有的人，怎樣使他不念三行咒就能做到聲名超過所有的人呢？」國泰道深也是豎起一根手指頭。明招獨眼龍說：「如果沒有你今天的示機，我怎麼可能認識這瓜州客呢？」你來說說看，明招獨眼龍的言外之意是什麼呢？

秘魔和尚平時接引學人，常用一根木叉抵住參學者的頸部；另外有一位打地和尚，凡是有人前來請教，他只是拿起木棒打地一下。後來有人把木棒藏了起來，然後問他：「什麼是佛？」打地和尚就把口一張，這也同樣是一輩子受用不盡。無業禪師說：「達摩祖師遙望中國，得知中國有具備大乘根器的人，於是前來中國，單傳以心印心的禪法，開示那些處在迷惑之中的人們，傳法的對象不分賢人與愚夫、凡人與聖人。與其求多而空疏，不如求少而實在，男子漢大丈夫，應該做到當即大徹大悟，頓息萬緣，超越生死的流轉，超越常規。」又說：「不要妄想。」所以說：「一處透徹了，千處萬處一齊透徹；一機明白了，千機萬機一齊明白。」

現在的人卻不是像前人那樣努力參究，只顧用分別意識作妄解，不明白前代祖師簡明扼要的法門。俱胝和尚難道沒有機鋒轉變自在的地方嗎？為什麼只豎起一根手指頭？你們應該知道俱胝和尚到了用一指頭禪的地步，接引學人自有其深奧隱秘的地方，要能夠懂得他的用心之處，就像德山圓明所說：「寒冷則整個天下都寒冷，炎熱則整個天下都炎熱。宇宙世界各種事物展現出的萬千氣象，往下通到最深而又危急的地方；大地山河，往上通到最高而又最險的地方。什麼地方可得到這一指頭禪呢？」

頌

對揚深愛老俱胝❶，（癩兒索伴❷，同道相憐，不免是一機一境❸。）

宇宙空來更有誰❹？（兩箇三箇，更有一箇，也須打殺❺。）

曾向滄溟❻下浮木，（莫是這箇。是則是，太孤峻❼！破草鞋❽有甚用處？）

夜濤相共接盲龜⑨。（撈天摸地，有什麼了期？接得，堪作何用？據令而行⑩，趕向無佛世界⑪，接得一箇瞎漢⑫。）

評唱

「對揚深愛老俱胝」，看他雪竇，文章四六⑬，七通八達。凡是誵訛奇特公案，偏愛頌出。「對揚深愛老俱胝，宇宙空來更有誰？」對今時學者，舉揚古時人，忽賓忽主，一問一答，當面提持，有如此為人處，所以道：「對揚深愛老俱胝」。且道，雪竇愛他作什麼？自天地開闢已來，更有何人？只是老俱胝一箇。若是別人須參雜⑭，唯俱胝老，只用一指頭，直至遷化。時人多邪解道：「山河大地也空、人也空、法也空，直饒宇宙一時空來更有誰？只是一箇。」且喜勿交涉。

「曾向滄溟下浮木」，如今謂之生死海⑮。眾生在此業海⑯之內，頭出頭沒⑰，不明自己，無有出期。俱胝老垂慈接物⑱，於生死海中，用一指頭接人，似下浮木接盲龜相似⑲，令一切眾生⑳得到彼岸㉑。

「夜濤相共接盲龜」，《法華經》㉒云：「譬如一眼之龜，值㉓浮木孔，永無沒溺㉔之患㉕。」善知識，得箇如龍似虎底漢，教他向有佛世界，互為賓主；無佛世界，坐斷要津㉖。接得箇盲龜，堪作何用㉗？

【注　釋】❶對揚深愛老俱胝　意謂於賓主問答酬對舉揚之處，俱胝和尚一向以本分事接人，故雪竇重顯非常喜歡他的手段。❷癩兒索伴　喻指尋覓知音。癩兒，猶無賴，指狡詐蠻橫之徒。❸一機一境　嘲罵禪宗僧人拘泥於悟道軌則的貶諷語。❹宇宙空來更有誰　讚賞俱胝和尚高標不涉多途，一向以那一機接物利生。宇，指無限空間。宙，指無限時間。空，謂萬物從因緣生，沒有固定，虛幻不實。❺也須打殺　是禪師接引弟子所用的嚴格機鋒，以之驅除學人的惡見妄想。❻滄溟　大海。❼太孤峻　太，甚之義。孤峻，孤峰險峻之義。禪林中，每以孤峰之危然不可攀登，比喻機鋒銳利之向上一著，非言語思慮所能及。❽草鞋　用稻稈或草莖等編製的鞋。❾夜濤相共接盲龜　謂俱胝和尚在業海中用一指頭禪接引暗昧眾生。夜濤，比喻無明業識如波濤洶動奔騰不止。❿據令而行　謂痛加棒打。⓫無佛世界　指現在佛釋迦牟尼既已入滅，而未來佛彌勒尚未出世的中間時期。這一時期，地藏菩薩出世以教化眾生。⓬瞎漢　原指目盲愚癡之人，比喻對法無見識者。⓭四六　文體名。駢文的一體。因以四字六字為對偶，故名。駢文以四六對偶者，形成於南朝，盛行於唐宋。唐以來，格式完全定型，遂稱「四六」，也稱四六文或四六體。⓮若是別人須參雜　意謂俱胝和尚純一而不雜他事，如果是別人在接引學人時還會使用種種言說，種種手段。別人，指各地禪師。參雜，混合；夾雜。⓯生死海　謂眾生沉淪於生死迷界而輪迴無窮，猶如大海無邊際。⓰業海　謂世間種種惡因如大海，故稱「業海」。⓱頭出頭沒　語本《五燈會元·濠州思明禪師》：「問：『如何是清潔法身？』師曰：『屎裡蛆兒，頭出頭沒。』」後用以比喻追隨世俗。⓲接物　謂與人交往。這裡指接引眾生。⓳用一指頭接人一句　意謂這一指頭禪難明難透，如同盲龜難遇浮木的洞孔一樣。浮木接盲龜，指盲龜遇浮木甚難，比喻得人身、遇佛聞法之不易。《雜阿含經》卷一五：「世尊告諸比丘：『譬如大地悉成大海，有一盲龜壽無量劫，百年一出其頭，海中有浮木，止有一孔，漂流海浪，隨風東西。盲龜百年一出其頭，當得遇此孔不？』阿難白佛：『不能，世尊！所以者何？此盲龜若至海東，浮木隨風，或至海西，南、北四維圍繞亦爾，不必相得。』」佛告阿難：『盲龜浮木，雖復差遠，或復相得。愚癡凡夫漂流五趣，暫復人身，甚難於彼。』」此譬喻頗為著名，經論中記載甚多。又所謂盲龜，係指一眼之龜，並非兩眼均瞎。⓴眾生　泛指人和一切動物。㉑彼岸　佛家以有生有死的境界為「此岸」；超脫生死，即涅槃的境界為「彼岸」。㉒法華經　佛經名。後秦鳩摩羅什譯。八卷。原二十七品，後增加為二十八品。稱釋迦牟尼成佛以來，壽命無限，現各種化身，「以種種方便，說微妙法」。

重點弘揚「三乘（指聲聞、緣覺、菩薩）歸一（指佛乘）」，調和大小乘的各種說法。以為一切眾生，都能成佛。是佛教天台宗所依據的主要經典。㉓值　遇到；碰上。㉔沒溺　沉沒。㉕患　憂慮；擔心。㉖要津　重要的津渡。亦比喻要害之地，要路。㉗接得箇盲龜二句　意謂大禪師要用自在手段接引活漢。

【語　譯】雪竇重顯頌古：對揚深愛老俱胝，（癩兒尋找同伴，同修相互憐愛，不免拘泥於一機一境。）宇宙空來更有誰？（像這樣的人不只兩個三個，還有一個，也必須打死。）曾向滄溟下浮木，（莫非是這個。是則是，太孤峻！破草鞋有什麼用處？）夜濤相共接盲龜。（這盲龜撈天摸地，有什麼出頭之日？即使接引到了這隻盲龜又能作什麼用？實行正宗本色的禪機施設，趕向無佛世界，接引到一個瞎漢。）

圜悟克勤評唱：「對揚深愛老俱胝」，看他雪竇重顯擅長寫作四六駢體文，文筆流暢。凡是聱牙艱深的奇特公案，他特別喜歡頌出旨意。「對揚深愛老俱胝，宇宙空來更有誰？」對現在的參學者，讚揚前輩祖師，有時從參禪者的立場說，有時從禪師的立場說，一問一答，當面提攜，接引學人有這樣細緻周密的手段，所以說：「對揚深愛老俱胝。」你來說說看，雪竇重顯喜歡他做什麼？自從開天闢地以來，還會有誰只喜歡老俱胝一個人。如果是換了別人，那就把各種手段混雜在一起了，唯有俱胝和尚這老漢平生只用一根手指頭接引學人，一直到圓寂。當時有很多人誤解了雪竇重顯的用意，說：「山河大地也空，人也空，法也空。即使整個宇宙都空了，還有誰呢？只剩下俱胝和尚一個人。」這種說法幸好和雪竇重顯的用意沒有關係。

「曾向滄溟下浮木」，現在把它叫做生死海。一切眾生都生活在業海中，頭出頭沒，這裡死，那裡生；這裡生，那裡死，不能明瞭自己的本來面目，永遠也無法脫離業海。俱胝老和尚慈悲地接引眾生，在生死海中用一指頭禪接引眾生出離生死，就像放下浮木接引盲龜一樣，他要使一切眾生得以達到涅槃的彼岸。

「夜濤相共接盲龜」，《法華經》說：「譬如獨眼之龜，遇上浮木的洞孔，永遠沒有沉沒的憂患。」大禪師要能接引一條如龍似虎的漢子，教他向有佛的世界去互為賓主，或向無佛的世界去截斷要路。如果只接引到一隻盲龜，能有什麼用呢？

【說　明】禪家認為，萬殊一本，一本萬殊，千差萬別的萬事萬物都來自同一個本源，所以一指在禪師眼中是一切真理。

俱胝和尚豎起一指的意思並不在於手指，而是在於手指所表現的真理，所體現的禪的精神，因為言句只是行為的記號而已。行為比言句更能深入的表現，也就是能表現斷絕對立和辨別絕對的世界，表示天地宇宙能納入在一指之中。

一隻手指表示什麼呢？當然是表示佛心、人心，由於認為有山，所以在心中才會出現山；認為有河，才會在心中出現河。佛教認為天地宇宙的一切都是由人心創造的，為了表示這件事，所以俱胝和尚經常豎起一隻手指。

但模仿他的小和尚只知道豎起一指，並不知道豎起一指與不知道理而模仿豎起一指之間有天地之別，為了斷絕這種模仿的禪，所以俱胝和尚故意砍斷小和尚的一隻手指來教訓他的模仿。

這則公案引起了很多禪師的爭論，圜悟克勤引了幾位禪師的看法，都帶有貶意。長慶慧稜所謂「美食不中飽人喫」，是指俱胝和尚的一指禪只能供未通禪理的人去受用。曹山本寂則直截了當地認為俱胝和尚的做法非常粗陋，只執著於一機一境，不能變通。這種豎一根指頭，和西園曇藏的喜歡拍手撫掌一樣，並沒有什麼更奇特之處。

雪竇重顯的頌古卻是在讚美俱胝和尚的手法。為什麼一褒、一貶？事實上，問題不在俱胝和尚本身，而是在後人如何去承當。俱胝和尚豎一指示人，這和趙州從諗的「無」、秘魔和尚的用木杈，方法都相同。但後人如果執著於他們的方法，正像小和尚一樣也豎一指，便是盲目的模仿。

圜悟克勤在評唱這則公案時，引用了秘魔和尚、打地和尚、無業禪師的言行，說明禪不是口頭禪，也不是妄想、空想，更不是非實際的東西，而是要除去妄念，從不脫離現實。

第二十則 翠微過板

【題解】這則公案表示出禪的根本法，現成的就是絕對無，因為一滯礙在差別、平等、否定、肯定的任何一邊，便失去了自在的作用；如果超越了這些兩邊，把這些自在地運用起來，就是禪的真實義。翠微無學、臨濟義玄之所以要打龍牙居遁，就是因為「祖師西來意」是不落言詮的絕對真實，必須得親自證悟才能瞭解。

示眾

堆山積岳❶，撞牆磕壁❷；佇顧停機❸，一場苦屈。或有箇漢出來，掀翻大海、踢倒須彌；喝散白雲、打破虛空。直下向一機一境，坐斷天下人舌頭，有什麼近處？且道，從上來是什麼人？曾恁麼來？試舉看。

舉

龍牙❹問翠微❺：「如何是祖師西來意？」（諸方舊話子，舊時公案，也要勘破。）

微云：「與我過❻禪板❼來！」（用禪板作什麼？嶮！洎合放過。）

牙過禪板與翠微，（也是把不住。駕與青龍不解騎❽，可惜許！當面不承當。）

微接得，便打。（著。打得箇死漢❾，濟甚麼事？落在第二頭❿。）

牙云：「打即任打，要且⓫無祖師意！」（這漢落在第二頭，賊過後張弓⓬。）

又問臨濟：「如何是祖師西來意？」（諸方舊公案，再問將來⓭，不直半分錢！）

濟云：「與我過蒲團⓮來！」（「曹溪波浪如相似⓯，無限平人被陸沉⓰。」一狀領過⓱、一坑埋卻⓲。）

牙取蒲團與臨濟。（依前⓳把不住，依前不伶俐。依稀越國，髣髴揚州⓴。）

濟接得，便打。（著。可惜許！打著死漢，依模脫出㉑。）

牙云：「打即任打，要且無祖師意。」（灼然！在鬼窟裡作活計，將謂得便宜？）

【注釋】❶岳　泛指高山。❷撞牆磕壁　意謂彌漫一切處。❸佇顧停機　意謂陷於分別思量而欠缺機靈自由之狀。亦即勞於思慮分別，使心神疑惑呆滯，難以迅速悟解而當機立斷。❹龍牙　法名居遁（西元八三五～九二三年），唐代禪僧，俗姓郭氏，南城（今屬江西境內）人。出家後遊歷諸方，初參翠微無學、臨濟義玄，俱不契，又謁洞山良价，言下豁然大悟，依住多年，遂嗣其法。楚王馬氏聞其德譽，請居遁於龍牙山妙濟寺說法，學侶四至，宗風大振，世稱「龍牙居遁」。❺翠微　法名無學，唐代禪僧。師事丹霞天然禪師，頓悟玄旨，通徹心源。後居終南山翠微寺，世稱「翠微無學」。❻過　傳遞。❼禪板　僧眾坐禪時，為消除疲勞，用以安手或靠身之板。一般長五十四公分，寬六公分，厚約一公分，上穿小圓孔。用繩貫穿小圓孔，縛在繩床後背的橫繩，使板面稍斜，可以倚身；安手時，則把禪板橫放在兩膝上。❽駕與青龍不解騎　喻指龍牙居遁不會使用禪板。青龍，指駿馬。❾死漢　指執著於空寂之處，因而失去自由運作的人。亦指槁木死灰之徒。❿落在第二頭　指翠微無學在龍牙居遁初問時不打。⓫要且　終是，實在。⓬賊過後張弓　挨打後才說祖師西來無意，已經是太遲了。⓭將來　下來；起來。⓮蒲團　用蒲草編成的圓形墊子。多為僧人坐禪和跪拜時所用。其後亦有用綾錦包成者。種類頗多，厚者稱厚圓座，菅草編成者稱菅圓座，又有中央開洞而呈環狀者。⓯曹溪波浪如相似　意謂只是相似而不是真正得到的禪法。波浪，指法脈。⓰無限平人被陸沉　意謂只學相似的禪而無實際證悟，無數平穩人沉溺於邪路，永無出頭之日。無限，猶無數。謂數量極多。陸沉，愚昧迂執，不合時宜。⓱一狀領過　眾人同罪之義。這裡指翠微無學、臨濟義玄的手法一樣。⓲一坑埋卻　乃徹底剝奪學人知見之謂。將一切言語、論斷埋在一個坑裡，從此便絕是非之論，不為其惑亂。⓳依前　照舊；仍舊。⓴依稀越國二句　越國在江南，揚州在江北，其地雖異，人物、風土卻一樣；喻指禪板、蒲團，其器雖異，翠微無學、臨濟義玄接引學人的手段卻是一樣。依稀，相像；類似。㉑依模脫出　喻指臨濟義玄與翠微無學的手段一樣。

【語　譯】圜悟克勤開示：祖師傳授的禪法大意既像堆山積嶽一樣頂天立地，也像撞牆碰壁一樣無處不在；當你在接受禪法時陷入思慮分別，就會錯過禪機，白白遭受一場痛苦和屈辱。如果能有一條漢子出來掀翻大海，踢倒須彌山，喝散白雲，打破天空。當即對著每一個心念，每一個情境，都能有所把握，讓天下所有的人都開不出口，使人沒有靠近他的地方。你來說說看，自古以來有誰曾經這樣做過？試舉一則公案給你們看看。

舉說公案：龍牙居遁問翠微無學：「什麼是祖師西來意？」（各地禪師常舉的老話頭，老公案，也要勘破。）翠微無學說：「給我把禪板拿過來！」（用禪板幹什麼？險！幾乎放過。）龍牙居遁拿禪板給翠微無學，（也是一個控制不住自己的人。就是讓他駕馭青龍馬，他也不知道怎樣騎，太可惜了！當面錯過禪機。）翠微接過禪板就朝龍牙居遁打過來。（打著了。打著一個死漢，能夠成就什麼事？落在第二頭。）龍牙居遁說：「要打隨你打，還是沒有說出什麼是祖師西來意！」（這傢伙落在第二頭，盜賊過後才拉弓。）龍牙居遁又去問臨濟義玄：「什麼是祖師西來意？」（各地禪師常舉的老公案，再去問過來，不值半分錢！）臨濟義玄說：「給我把蒲團拿過來。」（「曹溪波浪如相似，無限平人被陸沉。」他們作案的手法完全一樣，把他們埋在同一個土坑裡。）龍牙居遁拿起蒲團遞給臨濟義玄。（仍舊控制不住自己，仍舊不聰明。好像是在越國，又好像是在揚州。）臨濟義玄一接過蒲團就打龍牙居遁。（打著了。太可惜了！臨濟義玄用大活的手段打著一個死漢，他和翠微無學都是一個模子鑄出來的。）龍牙居遁說：「要打隨你打，還是沒有說出什麼是祖師西來意。」（非常明顯！在俗情妄念的鬼窩裡亂搞一通，還自以為占了便宜。）

評唱

翠巖芝和尚❶云：「當時如是，今時衲子皮下還有血麼❷？」大溈喆云：「翠微臨濟，可謂本分❸宗師；龍牙一等是撥草瞻風，與後人為規為鑑。」住院後，有僧問云：「和尚當時還肯❹二老宿❺麼？」牙云：「肯則肯，要且無祖師西來意。」龍牙瞻前顧後❻，應病與藥。大溈則不然，待伊問：「和尚當時還肯二尊宿麼？」明不明，劈脊便打。非唯扶豎翠微、臨濟，亦不辜負他來問。

石門聰❼云：「龍牙無人挨著猶可，被箇衲子挨著，失卻一隻眼。」雪竇云：「翠微臨濟，只解把住，不解放行。我當時若作龍牙，待伊索禪板、蒲團，拈起劈脊便打。」五祖戒❽云：「和尚得❾恁麼面長❿！」或云：「祖師土宿⓫臨頭。」黃龍心云：「龍牙驅耕夫之牛、奪飢人之食，既明則明矣，因什麼卻無祖師西來意，會麼？」棒頭有眼明如日，要識真金火裡看。大凡敷揚⓬要妙⓭、提唱⓮宗乘，向第一機下明得，可以坐斷天下人舌頭。儻⑮或躊躇⑯，落在第二。這二老漢，雖然打風打雨⑰、驚天動地⑱，要且⑲不曾打著箇明眼漢。

古人參禪，多少⑳辛苦？立大丈夫志氣，經歷山河，參見尊宿。龍牙參翠微、臨濟、德山，後參洞山，問山：「如何是祖師西來意？」山云：「待洞水逆流，即向汝道。」便大悟。他根性㉑聰敏，擔一肚皮禪行腳，直向長安翠微山㉒參禪，便問：「如何是祖師西來意？」他致箇問端，不妨要見他曲彔木牀上老漢，亦要明自己一段大事因緣，可謂言不虛設、機不亂發，出在做工夫處。

【注釋】❶翠巖芝和尚　法名守芝，宋代禪僧。汾陽善昭的嗣法弟子，後住翠巖。❷皮下還有血麼　意謂是否還有骨氣。❸本分　意謂在接引學人時，當可放時而放之，當可收時而收之，殺活並行。❹肯　推許某人、相信某人已省悟或者贊同某種禪機言行都稱作「肯」。❺老宿　老年禪師。❻瞻前顧後　兼顧前後。形容慮事周密，做事謹慎。❼石門聰　法名蘊聰（西元九六五～一〇三二年），宋代禪僧。南海（今屬廣東境內）人，俗姓張氏。出家後，參禮首山省念，大悟。景德三年（西元一〇〇六年），住襄州石門山，天禧四年（西元一〇二〇年），移住谷隱山太平興國禪寺，兩山徒眾多達千人。❽五祖戒　法名師戒，宋代禪僧。嗣雙泉師寬之法，住蘄州（治今湖北蘄春）五祖山，龍象海會，大振祖風，世稱「五祖師戒」。晚年住高安（今屬江西境內）大愚山，倚杖談笑而化，年壽不詳。❾得　表示疑問語氣，相當於「怎」。❿恁麼面長　不伶俐之相。⓫土宿　即土星。中國古代五行星之一。古人認為這是兇惡之星，歲運當之，災難最深。⓬敷揚　傳播宣揚。⓭要妙　精深微妙。⓮提唱　提舉禪法宗旨或公案機緣加以闡述評議。⓯儻　倘若；假如。表示假設。⓰躊躇　猶豫，遲疑不決。⓱打風打雨　喻指禪法的俊機超逸。⓲驚天動地　形容發生的事情極不尋常，令人震驚。這裡謂禪法的大機大用。⓳要且　然而，卻，表示轉折語氣。⓴多少　歎詞。多麼。㉑根性　根器、稟性。指在接受、傳承佛法方面的素質、稟賦。㉒翠微山　終南山的一座山峰，山上有翠微寺。

【語　譯】圜悟克勤評唱：翠巖守芝和尚說：「這就是當時龍牙居遁參禪問道的情景，現在的禪宗僧人皮膚下面還有血氣嗎？」大溈慕喆說：「翠微無學、臨濟義玄稱得上是一個出色的禪宗法師。龍牙居遁同樣是撥開像荒草一樣的愚昧無知之後瞻望祖師禪風的這一類人，可以作為後人參禪問道的準則和教訓。」龍牙居遁擔任寺院住持以後，有一位僧人問他：「師父當時贊同翠微無學、臨濟義玄兩位老禪師嗎？」龍牙居遁回答說：「贊同是贊同，只是沒有說出什麼是祖師西來意。」龍牙居遁善於觀察瞭解根器不同的參禪者，因材施教。大溈慕喆就不是這個樣子，當你問他：「師父當時贊同兩位老禪師嗎？」他不管你懂不懂，對著你的背脊就打。這樣做不僅是扶持翠微無學、臨濟義玄的禪風，同時也對得起前來問法的人。

石門蘊聰說：「龍牙居遁如果沒有人與他較量機鋒那還算好，如果與某一位禪宗僧人較量一番機鋒，或許就要失去一隻眼睛。」雪竇重顯說：「翠微無學、臨濟義玄只知道用把住的接引方式，卻不知道用放開的接引方式。我當時如果是龍牙居遁的話，當他們要我拿禪板、蒲團的時候，我就會拿起禪板、蒲團對著他們的背脊打過去。」五祖師戒說：「師父的臉怎麼這樣長？」又說：「祖師要大難臨頭了。」黃龍祖心說：「龍牙居遁這樣做是趕跑正在幫農夫耕地的牛，奪走饑餓者手中的食物。他們悟倒是悟了，為什麼卻說沒有祖師西來意呢？你懂了嗎？」這就是所謂「棒頭有眼明如日，要識真金火裡看」。一般說來，傳授玄妙的禪法，評論禪門宗旨，只要明白了至極玄妙的第一機，就可以讓天下的人都說不出話來。如果稍一猶豫，就落在第二機上了。翠微無學、臨濟義玄這兩位老漢雖然打風打雨，驚天動地，卻不曾打著一個法明眼亮的傢伙。

從前的禪師參禪問道多麼辛苦？他們立下男子漢大丈夫的志氣，為了參得禪的真義，跋山涉水，千里迢迢去參訪德高望重的老禪師。龍牙居遁先參訪翠微無學、臨濟義玄、德山宣鑒，後又去參訪洞山良价，他問洞山良价：「什麼是祖師西來意？」洞山良价回答說：「等到洞水倒流，然後才對你說。」龍牙居遁當即大徹大悟。他根性聰明敏捷，帶著一肚皮的禪行腳參訪，直奔長安翠微山參禪，一到就問：「什麼是祖師西來意？」龍牙居遁提個問題發問，就是想要看看坐在曲彔木床上的那位老漢的禪機如何，同時也想明瞭自己的一段生死大事因緣，稱得上是「言不虛設，機不亂發」，這出自平時的修煉工夫。

不見五洩❶參石頭云：「一言相契即住，一言不契即去。」石頭據座，洩拂袖而出。石頭呼之云：「闍黎！」洩回顧，石頭云：「從生至死，只是這箇❷，回頭轉腦，更莫別求！」洩於言下大悟。

又麻谷❸見章敬❹，持錫遶禪床三匝，振錫一下，卓然而立❺。敬云：「是是。」又到南泉，亦遶禪床三匝、振錫一下，卓然而立。泉云：「不是不是。」谷云：「章敬道是，和尚為什麼道不是？」泉云：「章敬即是，是汝不是。此是風力所轉，終成敗壞。」看他古人也不妨要提持❻此事，如今人問著，全無些子用工夫處。今日也只恁麼，明日也只恁麼，盡未來❼際也未有了日。須是抖擻❽精神，始得有少分相應。

你看龍牙當時取禪板時，豈不知要打他？也不會道箇不會，為什麼卻過禪板與他？且道，當機承當時，合作麼生？他不向活水處用，卻去死水裡作活計。一向主張道：「打即任打，要且無祖師意。」又走去河北，見臨濟，依前恁麼問。

濟云：「與我過蒲團來！」牙取蒲團與臨濟，濟接得便打。牙亦云：「打即任打，要且無祖師意！」此二尊宿又不是同法嗣，為什麼答處相似、用處一般？須知古人一言一句，不亂施設❾為❿。

他後來住院，有僧出問：「和尚當時肯二尊宿不肯？」云：「肯即肯，要且無祖師意。」爛泥裡有刺⓫，放過與人，久落在第二。這老漢把不定，只做箇洞下尊宿。若是德山臨濟門下，須知別有生涯⓬。若山僧即不然，只向他道：「肯即未肯，要且有祖師西來意。」不見僧問大梅⓭：「如何是祖師西來意？」梅云：「西來無意。」鹽官聞云：「一箇棺材⓮，兩箇死漢⓯！」玄沙聞云：「鹽官是作家。」雪竇云：「三箇也有。」只如這僧問祖師西來意，卻向他道：「西來無意。」你若恁麼會，墮在無事界中。所以道：「須參活句，莫參死句。活句下薦得，永無忘失；死句下薦得，自救不了。」

龍牙恁麼道，不妨奇特，盡善盡美。古人道：「相續⓰也大難。」他古人一言一句，不亂施為⓱；前⓲後⓳相照、有權⓴有實㉑、有照有用，有賓有主、互換縱橫㉒。若要辨其親切㉓，龍牙雖不昧㉔宗乘㉕，爭奈落在第二頭？當時二老索禪板蒲團，牙不可不知他意，是他要用他胸襟中事。雖然如是，不妨用得太嶮。龍牙恁麼問，二老宿恁麼答，為什麼卻無祖師西來意？到這裡，須知有箇奇特處始得。

【注　釋】❶五洩　法名靈默（西元七四七～八一八年），唐代禪僧，俗姓宣氏，毗陵（治今江蘇常州）人。初習儒業，偶遇馬祖道一，言下契心，遂得披剃受具。後謁石頭希遷，豁然省悟，充侍者二十年。後住諸暨（今屬浙江境內）五洩山，學者四集，世稱「五洩靈默」。❷這箇　自性。❸麻谷　法名寶徹，唐代禪僧。師事馬祖道一，悟其道，嗣其法。後出居蒲州（治今山西永濟西）麻谷山，舉揚禪風，世稱「麻谷寶徹」。❹章敬　法名懷暉（西元七五六～八一五年），唐代禪僧，俗姓謝氏，泉州（今屬福建境內）人。參馬祖道一，頓明心要。苦於禪僧請問繁雜，不得靜修，遂上中條山禪隱。學者循跡而至，如影附形。後奉詔入章敬寺上院，為人說禪要，朝廷名士日來參問，世稱「章敬懷暉」。❺持錫遶禪床三匝三句　這是呈送禪機的動作。卓然，突然。❻提持　為禪林中禪師引導學人的方法。即禪師接引學人時，破除學人原有的見解，而示予向上之契機，以「把住」的手法，否定學人的我見。❼未來　指來生，來世。❽抖擻　振作；奮發。❾施設　禪師為接引後學而採取的措施。❿為　助詞。⓫爛泥裡有刺　意謂祖師西來無意，是龍牙居遁被刺之處。⓬生涯　生路；活路。⓭大梅　法名法常（西元七五二～八三九年），唐代禪僧，俗姓鄭氏，道號大梅，襄陽（治今湖北襄樊）人。有志於禪，往參馬祖道一，嗣其法。後隱居鄞縣（今屬浙江境內）大梅山靜修。法譽大彰，學者四至，師道益著。⓮一箇棺材　喻指見解一樣。⓯兩箇死漢　指大梅法常與問話的僧人。⓰相續　指佛法的前後連續無間斷。⓱施為　同「施設」。舉措作為。⓲前　指「與我過禪板來」、「與我過蒲團來」。⓳後　指「接得便打」。⓴有權　謂「與我過禪板來」、「與我過蒲團來」是方便假設之法。㉑有實　謂「接得便打」是不立一法，是諸法之實。㉒縱橫　謂自在無礙、無所顧忌的禪機。㉓親切　與禪法協合相應。㉔不昧　不忘。㉕宗乘　禪法。

【語　譯】五洩靈默在參訪石頭希遷之前，心想：「如果言語相契，我就住下來；言語不相契，我就立即離開。」當時石頭希遷端坐在法座上，五洩靈默見此情景，拂袖而去。石頭希遷喊了一聲：「和尚！」五洩靈默回頭一看，石頭希遷說：「一個人從生到死，只是這個本有真性，不用回頭轉腦再去求別的東西。」五洩靈默聽了這話，突然大徹大悟。

又有一位麻谷寶徹禪師去參訪章敬懷暉，到了那裡，拿著錫杖繞著禪床走了三圈，然後揚了揚錫杖，卓然而立。章敬懷暉說：「對，對。」麻谷寶徹後來又去參訪南泉普願，仍舊是繞著禪床走了三圈，揚了揚錫杖，然後站著，南泉普願說：「不對，不對。」麻谷寶徹說：「章敬懷暉說我這樣做對，師父為什麼說我這樣做不對？」南泉普願說：「章敬懷暉對，可是你卻不對。這不過是身體所轉，即使煉成了最終還是會壞掉。」看他從前的禪師也確實要提舉此事，現在的人參禪問道，一點工夫也不下。今天也是這樣不用工夫，明天也是這樣不用工夫，即使是來生來世也還是那樣不用工夫，那麼永遠也不會有解脫之日。參禪必須振奮精神，才會有少許的相應。

你看龍牙居遁常時拿禪板的時候，難道不知道翠微無學要打他？也不會說自己不懂，他為什麼要拿禪板給翠微無學？你來說說看，當禪機面臨之時，應該怎樣應付？他不用靈活的方法應付，卻用死板的方法來應付。他一直固執地說：「要打隨你打，還是沒有說出什麼是祖師西來意。」後來又去河北，參訪臨濟義玄，仍舊是那樣問臨濟義玄。臨濟義玄說：「給我拿蒲團過來。」龍牙居遁拿起蒲團給臨濟義玄，臨濟義玄也是接過就打。龍牙居遁還是那樣說：「要打隨你打，還是沒有說出什麼是祖師西來意。」翠微無學、臨濟義玄兩位老禪師並不是同一個師父教出來的，為什麼回答龍牙居遁的方式卻相似，風格也一樣？要知道前代祖師的一言一句是不會隨便使用的。

龍牙居遁後來住持寺院，一天，上堂時，有一位僧人站出來問：「師父當時贊同翠微無學、臨濟義玄兩位老禪師嗎？」龍牙居遁回答說：「贊同是贊同，只是沒有說出什麼是祖師西來意。」翠微無學、臨濟義玄的機鋒就像爛泥巴裡有刺，如果放過給了別人，那早已落在第二機了。龍牙居遁這老頭控制不住自己，只能做一個曹洞宗的老禪師。如果是在德山宣鑒、臨濟義玄的門下，那就更有一番作為了。如果要我回答就不是這樣，只對他說：「贊同就是不贊同，只是有祖師西來意。」有一位僧人問大梅法常：「什麼是祖師西來意？」大梅法常回答說：「祖師西來無意。」鹽官齊安聽說這公案後，說：「一口棺材裡裝了兩個死人。」玄沙師備聽後，說：「鹽官齊安是參禪的行家高手。」雪竇重顯說：「三個死人也有。」就像這位僧人問祖師西來意，卻對他說：「祖師西來無意。」你如果這樣理解，就會墮在無事的境界中。所以說：「參禪必須參活句，不要參死句。在參活句之下悟道的人，永生永世也忘不了；在參死句之下得到的所謂認識，自己救不了自己。」

龍牙居遁那樣說確實奇特，盡善盡美。從前的禪師說：「在一問一答之間，禪法能夠相續是很難的。」前代祖師的一言一句是不隨便使用的。前後互相照應，有權有實，有照有用，有賓有主，禪師與參禪者之間互換機鋒，得心應手。如果一定要分辨真切的話，雖然龍牙居遁不忘禪宗要義，無奈還是落在第二頭？當時翠微無學、臨濟義玄兩位老禪師要他拿禪板、蒲團的時候，龍牙居遁不可能不知道他們的用意，他們是要龍牙居遁知道自己心裡頭的本分大事。雖然如此，他們的禪機也實在是用得太險峻了。龍牙居遁那樣問，翠微無學、臨濟義玄兩位老禪師也是那樣回答，為什麼卻沒有祖師西來意？到了這個地步，還必須知道有個奇特之處才行。

頌

龍牙山裡龍無眼❶，（瞞天下人即得，泥裡洗土塊，天下人總知。）
死水何曾振古風❷？（忽然活時不奈何，累及天下人，出頭不得。）
禪板蒲團不能用❸，（教阿誰說❹，你要禪板蒲團作什麼❺？莫是分付❻與闍黎麼？）
只應分付與盧公❼。（也分付不著❽，漆桶❾！莫作這箇見解❿。）

評唱

雪竇據款結案。他雖恁麼頌，且道，意在什麼處？什麼處是無眼處？什麼處是死水裡？到這裡，須是有通變[11]始得。所以道：「澄潭不許蒼龍蟠」，死水清如何藏得龍？不見道：「死水不藏龍」，若是活底龍，須向洪波浩渺、白浪滔天處去。而龍牙走入死水裡去，被人打，他卻道：「打即任打，要且無祖師意。」招得雪竇點檢道：「死水何曾振古風？」雖然如是，且道，雪竇是扶持伊？是滅他威光？

人多錯會道：「為什麼『只應分付與盧公』，不曾分付與人？」若道分付與人便打人，卻成箇什麼去？殊不知，卻是龍牙分付與人。大凡參請[12]，須是向機上辨別[13]，方見他古人相見處。「禪板蒲團不能用」，翠微云：「與我過禪板來！」牙取禪板與翠微，豈不是死水裡作活計？分明「駕與青龍」，只是他不解騎，是不能用也。「只應分付與盧公」，往往喚作六祖會去[14]，遠之遠矣！昔雪竇自呼為盧公，〈題晦迹[15]自貽[16]〉云：「圖畫[17]當年愛洞庭[18]，波心七十二峰青[19]；而今高臥[20]思前事[21]，添得盧公倚石屏[22]。」雪竇要去龍牙頭上行，又恐人難會，所以別頌，要翦[23]人疑情[24]。雪竇復云：

【注　釋】❶龍牙山裡龍無眼　意謂死水裡沒有活龍眼。指龍牙居遁沒有活手段。❷死水何曾振古風　謂龍牙居遁無翻天覆地的手段。何曾，何嘗；幾曾。古風，指達摩所傳授的禪風。❸禪板蒲團不能用　謂龍牙居遁不知道用禪板、蒲團應對禪機，是向死水裡弄活計。❹教阿誰說　龍牙居遁不用禪板、蒲團應對禪機是他自知境界，別人無法知道。❺你要禪板蒲團作什麼　圜悟克勤的用意是奪去要禪板、蒲團的念頭，不立一塵一法。❻分付　交給。❼盧公　雪竇重顯自稱「盧公」。❽分付不著　意謂禪法的傳授是心心相印，無法分付。❾漆桶　指雪竇重顯。❿莫作這箇見解　意謂禪法豈能分付。圜悟克勤指責雪竇重顯有「分付」的念頭。⓫通變　猶變通。不拘常規，適時變動。⓬參請　弟子向禪師請問並受教。⓭向機上辨別　在機鋒轉發上有行第一頭者，如翠微無學、臨濟義玄的機鋒就是；有行第二頭者，如龍牙居遁的機鋒就是。⓮往往喚作六祖會去　六祖慧能俗姓盧。⓯晦迹　謂隱居匿跡。⓰貽　通「怡」。怡悅之意。⓱圖畫　繪畫。⓲洞庭　山名，在今江蘇吳縣境內。雪竇重顯曾住洞庭山翠峰。⓳波心七十二峰青　謂七十二座山峰浮在水波中，水光山色，上下一碧。⓴高臥　安臥；悠閒地躺著。㉑前事　指昔日畫洞庭山之事。㉒石屏　壁立如屏的山石。㉓翦　斬斷；除去。㉔疑情　指心生疑念而不能安定的狀態。

【語　譯】雪竇重顯頌古：龍牙山裡龍無眼，（騙得過天下的人，卻騙不了我圜悟克勤。泥水裡洗土塊，天下的人都知道龍牙居遁無龍眼。）死水何曾振古風？（突然活過來了的時候，又對他無可奈何，還要連累天下的人不得出頭。）禪板蒲團不能用，（誰都說不出龍牙居遁為什麼不能用禪板、蒲團，你要禪板蒲團幹什麼？龍牙居遁不用禪板、蒲團，是不是要把它交給雪竇重顯？）只應分付與盧公。（這些東西無法交付，漆桶！不要有這種念頭。）

圜悟克勤評唱：雪竇重顯根據公案作了判斷。他雖然是這樣頌，你來說說看，他的用意在什麼地方？什麼地方是無眼之處？什麼地方是在死水裡？到這裡，必須得知道變通才行。所以說：「澄潭不許蒼龍蟠」，死水清澈，如何藏得住龍？不見有人說：「死水不藏龍」，如果是一條活的龍，應該向波濤滾滾、白浪滔天的地方游去。而龍牙居遁卻走進死水裡，被人打了，他還說：「要打隨你打，還是沒有說出什麼是祖師西來意。」引來雪竇重顯的責備說：「死水何曾振古風？」話雖然這樣講，你來說說看，雪竇重顯是在扶持他呢？還是在滅他的威風光彩呢？

人們往往錯誤地理解了雪竇重顯的用意，說：「為什麼『只應分付與盧公』，而沒有交給其他人？」如果說交給他人就要挨他人的打，那還成個什麼樣子？他們竟然不知道正是龍牙居遁交給他人的。一般說來，參禪問道必須從機鋒上來辨別，才能看出從前的禪師心心相印的地方。「禪板蒲團不能用」，翠微無學說：「給我拿禪板來。」龍牙居遁拿起禪板就給他，這難道不是在死水裡面亂攪一番嗎？分明是給他一匹青龍駿馬，他卻不知道怎麼樣騎，所以不會用禪板、蒲團。「只應分付與盧公」，人們往往把「盧公」理解為六祖慧能，其實相差十萬八千里！雪竇重顯曾自稱「盧公」，他在〈題晦迹自貽〉詩中說：「圖畫當年愛洞庭，波心七十二峰青；而今高臥思前事，添得盧公倚石屏。」雪竇重顯要在龍牙居遁的頭上實行正宗本色的禪機施設，又恐怕人們難以理解，所以另外寫了一首別頌，要去除人們的疑惑。雪竇重顯又頌道：

後頌

這老漢，也未得勦絕❶，復成頌：（灼然！能有幾人知？賴值有末後句，自知較一半❷。）

盧公付了亦何憑❸？（盡大地討恁麼人也難得❹，教誰領話❺？）

坐倚休將繼祖燈❻。（草裡漢❼！打入黑山❽下坐，落在鬼窟裡作活計。）

堪對暮雲歸未合❾，（一箇半箇，舉著即錯，果然出不得。）

遠山無限碧層層❿。（塞卻你眼、塞卻你耳⓫，沒溺深坑⓬，更參三十年。）

評唱

「盧公付了亦何憑？」有何憑據，直須向這裡怎麼會去？更莫守株待兔⑬，髑髏前一時打破⑭，無一星事在胸中。放教⑮淨裸裸赤灑灑地，何必要憑？或坐或倚，不消作佛法道理⑯。所以道：「休將繼祖燈⑰」，雪竇一時拈了也，他更有轉身處，末後自露消息，有些子好處，道：「堪對暮雲歸未合。」且道，雪竇意作麼生？「暮雲歸未合」，未合之時，你道作麼生？「遠山無限碧層層」，依舊打入鬼窟裡去。且道，是文殊境界？是普賢境界？是觀音境界？是什麼人分上事⑱？到這裡，得失是非，一時坐斷。灑灑落落，無一星事，始較些子。莫道山僧與你說！

【注釋】❶勦絕　消滅；滅絕。❷自知較一半　謂雪竇重顯雖然是再頌出，還有言語不到之處，故自知不全。較，相差。❸盧公付了亦何憑　針對有人根據「只應分付與盧公」作出的俗情妄解，雪竇重顯認為禪法是無法之法，禪板、蒲團不能作為付法的憑據。❹盡大地討恁麼人也難得　讚揚雪竇重顯掃蕩人們的知解。討，尋覓；訪問。❺教誰領話　意謂無憑據的地方恐怕也無人領會。❻坐倚休將繼祖燈　雪竇重顯認為坐蒲團、倚禪板，是假相表信之分；世尊拈花、迦葉微笑而領悟玄旨才是自覺聖智。休，莫；不要。祖燈，喻指祖師相傳的禪法如燈火相續不斷。❼草裡漢　謂雪竇重顯慈悲心切，有落草之談。❽黑山　在南贍部洲之北，其地暗黑，為惡鬼棲息之處。禪林轉喻執著情識與分別作用，有如陷入黑山中的暗穴，無法動彈。❾堪對暮雲歸未合　形容祖師西來以前的玄境。堪，能夠；可以。❿遠山無限碧層層　喻指此玄境無法描述。這句與「堪對暮雲歸未合」構成一幅壯觀的景象：日落時分，暮雲璧合，把遠山繚繞在半空中；山色是一層一層的，由青而紫，最後化為一抹藍色。⓫塞卻你眼塞卻你耳　俗語，遍一切處無間隔之意。⓬沒溺深坑　喻指雪竇重顯投入大無心的境界。沒溺，沉沒。⓭守株待兔　株，喻指禪板、蒲團；兔，喻指祖師西來意。⓮髑髏前一時打破　喻指佛法、世法一齊打破。⓯放教　使；令。⓰不消作佛法道理　這是遠離無相加行障，修行圓滿的境界。道理，指正確之理，即事物之存在、變化必須依據的法則。⓱休將繼祖燈　意謂不作佛法道理，故不要繼祖燈。⓲是什麼人分上事　意謂使人知本分向上玄路。

【語譯】圜悟克勤評說：雪竇重顯這老漢，知道還沒有完全滅絕人們的俗情妄解，又作了一首頌古。（顯然！如果不是雪竇重顯，能有幾人知道未剿絕之處？幸虧有最後兩句，雪竇重顯知道的只有一半。）雪竇重顯頌古：盧公付了亦何憑？（整個大地都很難找到這樣的人，有哪個能領會這話的含義呢？）坐倚休將繼祖燈。（落草漢！打入黑山下坐，掉進鬼窩裡亂搞一通。）堪對暮雲歸未合，（進入這個境界的有一個半個，舉著就錯，雪竇重顯在這個境界裡果然出不來。）遠山無限碧層層。（蒙住你的眼睛，塞住你的耳朵，陷進深坑，要想證知這個境界，還要再參三十年。）

圜悟克勤評唱：「盧公付了亦何憑？」如果要問有什麼憑據的話，你只要從這裡頭去瞭解，千萬不要守株待兔，在髑髏前一齊打破，胸中沒有任何掛礙，真正做到了灑灑落落，何必要什麼憑據？有時坐蒲團，有時靠禪板，不用再作佛法道理，所以說：「休將繼祖燈。」雪竇重顯一齊都說出來了，他更有一個轉身自在的地方，最後自己透露出消息，有點兒好處，他說：「堪對暮雲歸未合。」你來說說看，雪竇重顯的用意是什麼呢？「暮雲歸未合」，雲彩將合而未合的時候，你說這是一種什麼樣的境界呢？「遠山無限碧層層」，仍舊打入鬼窩裡去。你來說說看，這是文殊菩薩的境界呢？是普賢菩薩的境界呢？還是觀音菩薩的境界呢？這是什麼人的本分大事呢？到了這個境界，得失是非，一齊截斷，灑灑落落，沒有任何掛礙，這樣才算說得過去。不要說是老僧為你說的。

【說明】對於龍牙居遁提出的問題，翠微無學說「給我拿禪板來」，臨濟義玄說「給我拿蒲團來」。這似乎是在提示出超越了否定與肯定的禪，可是龍牙居遁不理解，依照兩位老禪師的話遞過去禪板和蒲團，卻被兩位老禪師打了一頓。這不過是一種接引學人的手段，但龍牙居遁仍舊不理解。嚷著打即任你打，我要的是西來意的「無」。原來龍牙居遁把禪專門理解為否定一邊，以為「無」就是禪，只把達摩說的「無聖」片面理解為禪，不理解那「廓然」的意義，只是將「無」義的否定方面來應用。但翠微無學與臨濟義玄，都是將超越了否定和肯定，差別和平等的「無」為禪，欲提示非禪道，非佛道，超越聖凡的向上一著，故說「過禪板來」，「過蒲團來」。圜悟克勤評唱說：「大凡敷揚要妙、提唱宗乘，向第一機下明得，可以坐斷天下人舌頭。」這是在說翠微無學、臨濟義玄兩人的機用；「儻或躊躇，落在第二」，這是在評龍牙居遁的作略。圜悟克勤又說：「且道，當機承當時，合作麼生？他不向活水處用，卻去死水裡作活計。一向主張道：『打即任打，要且無祖師意。』」這是在評說龍牙居遁當時遞過禪板和蒲團的立場。所謂「死水裡」者，是指墮在平等的一面而沒有差別的作用。圜悟克勤又引用同類公案說：「不見僧問大梅：『如何是祖師西來意？』梅云：『西來無意。』鹽官聞云：『一箇棺材，兩箇死漢！』」這是評之為墮在無事無為中去，沒有活用的意思。

如果再來看翠微無學和臨濟義玄的手段，似乎要試探龍牙居遁的作略，這是假設的，也就是所謂「權」；接得便打，這是所謂「實」。以權實自在得用，禪才會活潑潑地跳動。換一句話來說，將否定、肯定、放行、把住都超越過，而且拿這些來自由運用著，這就成為「禪機」。對龍牙居遁這樣墮入在否定一面之中的人，更必須打破這個死窠窟而使他具有活潑潑的機用。

雪竇重顯頌古說：「龍牙山裡龍無眼，死水何曾振古風？禪板蒲團不能用，只應分付與盧公。」這是說龍牙居遁原來打算對翠微無學和臨濟義玄張牙舞爪，不料卻成為一條掉進死水裡，而且是沒有眼睛的瞎龍。死水，是說沒有那種像翻天倒地般的怒濤的活力，無法振起達摩的禪風。怎麼知道龍牙居遁是瞎眼龍是死水呢？因為他不會使用禪板蒲團。雪竇重顯的意思是說：如果那禪板蒲團到了我的手裡，就要大大地顯示大機大用。雪竇重顯的第二首頌古則以美妙的景色，象徵擺脫煩惱之後的禪悟境界。

第二一則　智門蓮華

【題解】這則公案通過智門光祚與僧人之間的問答，顯示一切眾生皆有佛性之義。據《法華玄贊》所載，蓮花具有二義，一出水義，謂所詮之理，出離二乘泥濁汙水；二開敷義，謂以勝教言而開真理。這位僧人分別因果之隱顯，就蓮花之未出水、已出水，而問未悟、已悟之兩時。智門光祚則以因隱則果顯，而答蓮花；果顯則因隱，而答荷葉。智門光祚是以因果不二、隱顯無礙，即因非因、果非果、隱即顯、顯即隱之本來面目而作說示。亦即以一切眾生皆有佛性之立場，否定僧人的二見，使其悟知一切眾生皆有佛性之真義。

示眾

大方❶無外❷，細若鄰虛❸；擒縱❹非他，卷舒❺在我。若欲解粘去縛，直須削迹吞聲❻。人人坐斷要津，箇箇壁立千仞。且道，是什麼境界？舉看。

舉

僧問智門：「蓮花❼未出水時如何？」（鉤在不疑之地❽，泥裡洗土塊，那裡得這箇消息？）

智門云：「蓮花。」（一二三四五六七❾，疑殺天下人。）

僧云：「出水後如何？」（莫向鬼窟裡作活計，又恁麼去？）

智門云：「荷葉⑩。」（幽州⑪猶自可，最苦是崖州；笑殺天下人，兩頭三面⑫。）

【注　釋】❶大方　指大地。又指世界。❷無外　猶無窮，無所不包。❸鄰虛　極細微的物質，近於虛無。❹擒縱　禪師根據學人根器的不同，採用不同的手段加以引導，忽而放開，忽而收緊，擒縱與奪，靈活自在。❺卷舒　禪林中，禪師接引學人的兩種機法。卷，意即收，與「把住」同義，屬於「打破否定」的接引方法。舒，意即放，與「放行」同義，屬於「攝受肯定」的接引方法。❻削迹吞聲　意謂本分事上絕名相語言，故截斷一切，不留蹤跡。❼蓮花　夏天開放，為紅色或白色，有清香。❽不疑之地　指智門光祚這裡不可問之疑念。❾一二三四五六七　指隨時隨地皆可出現之普通事，亦即理所當然，連孩童亦能知曉之事。❿荷葉　蓮花即荷花。⓫幽州　州名。漢武帝所置十三部刺史之一。東漢治所在薊縣（今北京城西南）。轄境相當今河北北部及遼寧等地。⓬兩頭三面　對宗旨不得要領，一回說此，一回說彼，或將相同之問題重複提出者，則嘲笑為兩頭三面。這裡指智門光祚一會兒說蓮花，一會兒說荷葉。

【語　譯】圜悟克勤開示：世界之大，一切事物都包容其中；如果說小的話，它又小到像極細小的微塵。如果要說接引學人的方式，除了一擒一縱之外再沒有其他的了，卷舒收放全在我的手中。如果想要解粘去縛，必須先做到不留下任何痕跡。人人截斷要路，個個壁立千仞。你來說說看，這是什麼人才能達到的境界呢？試舉一則公案給你們看看。

舉說公案：有一位僧人問智門光祚：「蓮花還沒有生出水面時是什麼樣子？」（鉤在不疑之地，泥水裡洗土塊，蓮花還在水裡，怎麼可能知道它的形狀？）智門光祚回答說：「還是蓮花。」（一二三四五六七，天下的人對此都非常疑惑。）僧人又問：「蓮花生出水面以後又是什麼樣子？」（不要向鬼窩裡亂搞一通，看你還要問些什麼？）智門光祚回答說：「變成了荷葉。」（幽州還可以，最苦是崖州；笑死天下人，兩頭三面。）

評唱

智門若是應機接物，猶較些子；若是截斷眾流，千里萬里。且道，蓮花未出水與出水，是一是二？若恁麼見得，許你有箇入處。雖然如是，若道是一，顢頇❶佛性❷、儱侗❸真如❹；若道是二，心境❺未忘、落在解路❻上走，有什麼歇時？且道，古人意作麼生？其實無許多事，所以投子道：「你但莫著名言❼數句，若了諸事，自然不著，即無許多位次不同❽。你轉一切法❾，一切法轉你不得。」本無得失夢幻❿，如許多名目⓫，不可強與他安立名字⓬。誑謼⓭你諸人得麼？你諸人問故，所以有言；你諸人若不問，教我向你道箇什麼即得？一切事皆是你將來⓮，都不干我事。

古人道：「欲知佛性義，當觀時節因緣。」不見雲門舉僧問靈雲⓯云：「佛未出世⓰時如何？」雲豎起拂子。僧云：「出世後如何？」雲亦豎起拂子。雲門云：「前頭打著，後頭打不著⓱。」又云：「不說出與不出，何處有伊問時節也？」古人一問一答，應時應節，無許多事。你若尋言逐句⓲，了無交涉。若能言中透言⓳、意中透意⓴、機上透機㉑、境上透境，放教閑閑㉒地，方見智門答話處。雲門道：「從古至今，只是一段事，無是無非、無得無失、無生無死。」到這裡，古人放一線道，便有出入；若是未了底人，扶籬摸壁、依草附木㉓，或教他放下㉔，或莽莽蕩蕩㉕，荒然處去。若是得底人，二六時中㉖，不依倚一物；雖然不依附一物，若露一機一境，作麼生摸索他？

這僧問智門：「蓮花未出水時如何？」智門云：「蓮花。」便只攔㉗問一答，不妨奇特。諸方皆謂之「顛倒㉘話」，那裡如此？不見巖頭道：「常貴未問已前，猶較些子。」古人露機處，正是漏逗㉙不少。如今學者，不省古人答處，只管去理會出水未出水，有什麼交涉？不見僧問智門：「如何是般若㉚體？」門云：「蚌含明月㉛。」「如何是般若用？」「兔子懷胎㉜。」看他如此對答，天下人討他智門語脈㉝，答處不見。

或有人問山僧：「蓮花未出水時如何？」只答他道：「露柱㉞燈籠。」「出水後如何？」答云：「杖頭挑日月，腳下太泥深。」你道是不是？且莫錯認定盤星。雪竇忒煞慈悲，打破人情見，所以頌出。

【注釋】❶顢頇　糊塗而馬虎。❷佛性　謂眾生覺悟之性。❸儱侗　渾然無分別；模糊而不具體。❹真如　梵文意譯。謂永恆存在的實體、實性，亦即宇宙萬有的本體。與實相、法界等同義。❺心境　指意識與外物。❻解路　產生知見情解的途徑，通常的思維、解析過程。❼名言　名詞言句及其概念意義。❽無許多位次不同　意謂無凡聖等階位名次。位次，依次排定的位置。❾一切法　包含一切事物、物質、精神，以及所有現象的存在。❿夢幻　夢中幻境。多喻空妄。⓫名目　名稱；名義。⓬不可強與他安立名字　禪宗強調要絕名相。⓭誑諕　謊騙。⓮將來　帶來；拿來。⓯靈雲　法名志勤，五代禪僧，俗姓許氏，長溪（治今福建霞浦）人。參長慶大安得法。初住大溈山，因見桃花而悟道，禪林稱為「靈雲見桃明心」、「靈雲桃華悟道」。後住福州靈雲山，故道號稱「靈雲」。⑯出世　出生；產生。⑰前頭打著二句　謂前面的問話全機全用，後面的問話機不離位。⑱尋言逐句　尋求、拘泥言語文句的意義。這是禪家反對的一種參學方式。⑲言中透言　玄言本無言，要透得無言之言。此無言之言無所不言。⑳意中透意　玄意本無意，要透得無意之意。此無意之意無所不至。㉑機上透機　玄機本無機，要透得無機之機。此無機之機包括始終，無不盡其理。㉒閑閑　從容自得的樣子。㉓依草附木　本指人死後生緣未定之際，精靈無法獨立自存，必須依附草木而住。禪宗轉指參學者被語言文字所拘束，無法頓然達到絕對自由自在的悟境。㉔放下　謂拋下手中之物。即指離棄一切邪念、妄執，達到解脫自在、了無牽掛的境界。㉕莽莽蕩蕩　遼闊無際。㉖二六時中　整天，每時每刻。古代一天分為十二時辰，故稱「二六」。㉗攔　當，正對。㉘顛倒　謂違背常道、正理，如以無常為常，以苦為樂等反於本真事物的妄見。㉙漏逗　年高體弱之意。禪家多用來形容「老婆心切」，意謂像老婆婆溺愛孫子那樣，有一顆慈悲心。㉚般若　梵語的譯音。意譯「智慧」。佛教用以指如實理解一切事物的智慧，為表示有別於一般所指的智慧，故用音譯。大乘佛教稱之為「諸佛之母」。㉛蚌含明月　般若體遍一切處，猶如月光一樣。蚌，軟體動物。有兩個可以開閉的多呈橢圓形介殼，殼內有珍珠層，或能產珠。㉜兔子懷胎　兔子感月光而懷胎。㉝語脈　語言的脈絡；文理。㉞露柱　四周顯露的柱子，位置在殿堂的東西兩壁之間。

【語　譯】圜悟克勤評唱：智門光祚這樣回答，如果是應對禪機，接引學人，還算過得去；如果是截斷眾流，那就相差十萬八千里了。你來說說看，蓮花未生出水面和生出水面是一樣還是兩樣？如果能認識這個道理，我就同意你有個悟入之處。儘管這樣，如果說它是一樣，那就犯了「顢頇佛性，儱侗真如」的過錯；如果說它是兩樣，那就是心境未忘，墮在知解的邪路上走，永遠也沒有停止的時候。你來說說看，從前禪師的用意是什麼呢？其實沒有許多事，所以投子禪師說：「你只要不執著名相言句，明瞭一切事物的真相，自然就不會再執著，也不會有許多階位名次的不同。你能主宰世界上的一切事物，而世界上的一切事物卻對你無可奈何。」做到這一步，就可知道人生本來就沒有什麼得失，一切都像夢幻一樣，很多東西也沒有必要勉強地去取個什麼名字。只要認識到了這一點，其他人又如何能欺騙得了你們呢？由於你們問了的緣故，所以我才說給你們聽；你們如果不問的話，那要我對你們說些什麼呢？所以一切事都是你們弄起來的，都不干我的事。

從前的禪師說：「如果想知道佛性的含義，那就應當注意時機因緣。」雲門文偃曾經舉了這樣一則公案：有一位僧人問靈雲志勤：「佛祖釋迦牟尼沒出生時是什麼樣子？」靈雲志勤豎起拂子。那位僧人又問：「佛祖釋迦牟尼出生後又是什麼樣子？」靈雲志勤還是豎起拂子。雲門文偃評論說：「前面的一個問題是打著了，後面的一個問題沒有打著。」又說：「不說出，也不說不出，哪裡有他開口發問的時機？」從前的禪師在一問一答之間，完全是針對時機因緣，並沒有其他的事。你如果想從前輩禪師的言句中去尋求意義，那是與禪法背道而馳的。你如果能從言句中參透出無言之言，從文意中參透出無意之意，從禪機中參透出無機之機，從境界中參透出無境之境，那就可以悠閑自在地認識智門光祚答話的用意了。雲門文偃說：「從古到今，只是一段本分大事，無是無非，無得無失，無生無死。」從前的禪師到了這個地步之後，往往故意放開一線之道，讓人有路可出入；如果是沒有悟道的人，還需要扶著籬笆、摸著牆壁，依附草木，當有人教他放下一切的時候，卻又陷入空空蕩蕩的地方。至於一個已經悟道的人，從早到晚，可以不依附任何事物；如果他有時露出一機一境，那又要怎樣去探索他的用意呢？

這位僧人問智門光祚：「蓮花沒出水時是什麼樣子？」智門光祚回答說：「蓮花。」這只是針對他的問話來回答，顯得非常奇特。各地禪師都認為這樣的答話顛顛倒倒，其實他哪裡是這個意思？巖頭全豁說：「常貴沒問之前，意思還差不多。」從前的禪師應時說法，顯露機鋒，用意早已是慈悲心切。現在的參學者不理解從前禪師的用意，只管去理解出水與沒出水有什麼關係？又有一位僧人問智門光祚：「什麼是般若的本體？」智門光祚回答說：「蚌含明月產珍珠。」那位僧人又問：「什麼是般若的作用？」智門光祚回答說：「兔子懷胎孕玉子。」你看他這樣回答，天下的人如果拘泥於答句的表面意思，就會與他的真意失之交臂。

也許會有人問我：「蓮花沒出水時是什麼樣子？」我就這樣回答他：「露柱上的燈籠。」僧人又問：「蓮花出水後又是什麼樣子？」我就這樣回答他：「杖頭挑著日月，腳下陷入泥灘。」你說我這樣回答對不對？千萬不要認錯了定盤星。雪竇重顯非常慈悲，為了打破人們的俗情妄見，所以寫了以下的一首頌古。

頌

蓮花荷葉報君知，（老婆心切，見成公案，文彩已彰。）
出水何如❶未出時？（泥裡洗土塊，分開也好，不可便儱侗去也。）
江北江南問王老❷，（主人公在什麼處❸？你自踏破草鞋❹，闍黎又問山僧作什麼。）
一狐疑了一狐疑❺。（一坑埋卻❻，自是你疑情未息。打！還會麼？）

評唱

智門本是浙江人，入川參見香林；既參得徹，後住智門。雪竇是他的子，得他好處。直道：「蓮華荷葉報君知，出水何如未出時」，這裡要人直下便會得。你且道，出水是什麼時節？未出水是什麼時節？若向這裡見得，許你親見智門。

雪竇道：「你若見不得，『江北江南問王老，一狐疑了一狐疑』。」雪竇意道，只管去江北江南，問尊宿出水與未出水。江北添兩句，江南添兩句，一重添一重，展轉❼生疑。且道，如何得不狐疑❽去也？是野狐過海，乃獸中最疑之物。每過冰河，兩度佇聽❾，一餉❿三步佇聽，一餉過徹即休矣。為此物多疑，故雪竇云：「一狐疑了一狐疑。」

【注 釋】❶何如　何似，比……怎麼樣。❷王老　代指禪師。南泉普願俗姓王，曾自稱王老師。❸主人公在什麼處　謂尋問王老的僧人失去了自己心中的主宰。主人公，指自己的本來面目。❹踏破草鞋　指行腳僧人到處遊方參問。❺一狐疑了一狐疑　意謂去江北、江南尋訪徒增知解，如野狐之多疑。❻一坑埋卻　喻指徹底剝奪學人的知見。將一切言語、論斷埋在一個坑裡，從此便絕是非之論，不為其惑亂。❼展轉　重複貌。形容次數多。❽狐疑　猜疑；懷疑。❾佇聽　謂凝神傾聽。❿一餉　片刻。餉，用同「晌」。

【語 譯】雪竇重顯頌古：蓮花荷葉報君知，（像老婆婆一樣慈悲心切，現成公案，文彩已經顯露出來了。）出水何如未出時？（泥水裡洗土塊，把出水與未出水分開也好，不可把它們混為一談。）江北江南問王老，（主人公在什麼地方？你自己到處行腳，磨破草鞋，和尚又問山僧做什麼。）一狐疑了一狐疑。（把他們埋在同一個坑裡，自然是你的疑情沒有止息。打！還會嗎？）

圜悟克勤評唱：智門光祚本是浙江人，特地去四川參見香林澄遠，參禪參到大徹大悟之後，又來到智門寺任住持，雪竇重顯就是他的嗣法弟子，所以直說：「蓮花荷葉報君知，出水何如未出時」，這句話的意思是要人們當即就能悟道。你來說說看，蓮花生出水面是什麼時候？蓮花未出水面又是什麼時候？你如果能從這裡悟入，我就印可你親自認識到了智門光祚的禪機。

雪竇重顯說：「你如果不能從這裡悟入，那就只好『江北江南問王老，一狐疑了一狐疑』。」雪竇重顯這句話的意思是說：你儘管走遍江北江南，去問出水與未出水。江北問得兩句，江南問得兩句，問了一次又一次，疑惑也越問越多。你來說說看，要到什麼時候才能不再疑惑？狐狸是野獸中疑心最重的，每次走過結冰的河流，先是兩次仔細地聽冰層底下是否有流水的聲音，然後每走幾步都要仔細地聽冰層底下是否有流水的聲音，其實只要直接過去就行了。由於狐狸多疑，所以雪竇重顯說：「一狐疑了一狐疑。」

【說 明】蓮花未出水時，指的是徵兆未萌發之前的「絕對無」的空的平等的世界，出水之後即日常的充滿了差別的世界，即色與有的世界。禪師並不把色與空、差別與相對割裂為二，總是一直認為世界是平等一如的世界。因此，禪師總是問此答彼。當問「未出水時」（平等），則回答「蓮花」（差別）；當問「出水時」（差別），本來應該回答「蓮根」（平等），或者從常識的角度似乎也應該回答「蓮花」（差別A），然而智門光祚卻回答「荷葉」（差別B）。空即是色，空和色都源於相同的「空」與平等之所，因此是自他不二的。空與色互相構成了一個圓融無礙的世界，智門光祚的第二句答語非常形象地展示了這一禪理。

雪竇重顯頌古的意思是說：蓮花就是荷葉，荷葉就是蓮花；佛就是凡夫，凡夫也就是佛，這就是智門光祚向你傳達的禪的真理。你也比較一下蓮花出水後與出水前的情形看看。如果還不明白，即使遍訪江北江南，去問各地的老禪師，也不會有所收獲。未悟之人，向外求佛，整天捉摸不定，一疑未解，一疑又生。這時千萬不要向外尋求，如果你不返回自身，永遠沒有解開疑難之日，永遠只是一隻見風吹草動就疑慮不決的野狐狸。

第二二則　雪峰看蛇

【題解】雪峰義存對門人舉鱉鼻毒蛇為例，看他們是否具備「通方眼」，以勘辨迷悟之落處。長慶慧稜、玄沙師備、雲門文偃皆為雪峰義存門下，各自借鱉鼻蛇以顯示自己參禪的體會。鱉鼻毒蛇，比喻為本來真面目，或指雪峰義存自身。長慶慧稜表示全身皆體悟其威力；玄沙師備以蛇的毒氣遍在宇內，故不必用南山，直接看取其遍法界之相；雲門文偃顯示其活用，於當下露現鱉鼻蛇全體。

示眾

建法幢、立宗旨，錦上鋪花❶；脫籠頭，卸角馱，太平時節❷。忽若辨得格外句❸，舉一明三。其或未然，依舊伏聽❹處分❺，舉看。

舉

雪峰示眾云：「南山有一條鱉鼻蛇❻，（見怪不怪，其怪自壞❼。大小❽怪事不妨令人疑著！）汝等諸人，切須❾好看！」（囮！一場敗闕❿。）長慶出云：「今日堂中，大有人喪身失命。」（兼身在內，以己方人⓫，普州人送賊⓬。）

僧舉似玄沙。(同坑無異土⑬，奴見婢⑭慇懃⑮，同病相憐⑯。)沙云：「須是稜兄始得。雖然如此，我即不與麼。」(不免野狐精見解⑰，是什麼消息？毒氣傷人！)僧云：「和尚作麼生？」(也好與一拶，這老僧著。)沙云：「用南山作什麼？」(只這野狐精，猶較些子。釣魚船上謝三郎⑱，喪身失命也不知！)雲門以拄杖攛⑲向雪峰面前，作怕勢。(怕他作什麼？一子親得⑳，一等是弄精魂，汝等諸人試辨看。)

【注釋】❶錦上鋪花　比喻美上加美，好上加好。❷太平時節　意謂本來無真可求，無妄可除，一片清靜，即可歸家穩坐。❸格外句　指超越常格的語句。❹伏聽　謂恭順地聽從。❺處分　處理；處置。❻鱉鼻蛇　長得像甲魚鼻子的蛇。鱉，甲魚。❼見怪不怪二句　此語從本分上說過來，原來不立一事，變則有，不變則無。見怪不怪，謂遇見怪異現象而不自驚異。❽大小　偌大；如此大。❾切須　務必。❿敗闕　受挫，挫敗。⓫以己方人　長慶慧稜已中蛇毒，故說大有人喪身失命。方，比擬；比喻。⓬普州人送賊　謂長慶慧稜善知雪峰義存的用意，同道唱和，是賊識賊。普，全。州，古代的行政區劃。⓭同坑無異土　喻指玄沙師備與長慶慧稜都是雪峰義存的嗣法弟子，故知道雪峰義存的用意。⓮奴見婢　奴、婢，舊時指喪失自由、為主人無償服勞役的人。其來源有罪人、俘虜及其家屬，亦有從貧民家購得者。通常男稱奴，女稱婢。後亦用為男女僕人的泛稱。⓯慇懃　情意懇切。⓰同病相憐　比喻有同樣不幸的遭遇者相互同情。這裡有同道相知之意。⓱不免野狐精見解　意謂玄沙師備的言句裡有其他事。⓲釣魚船上謝三郎　稱讚玄沙師備不動本際而奪雪峰義存示眾的禪機。玄沙師備俗姓謝氏，排行為第三，幼年喜歡在南臺江上釣魚。⑲擸　抛擲。⑳一子親得　稱讚雲門文偃抓著雪峰義存的癢處。

【語譯】圜悟克勤開示：建立佛教的道場，確立弘揚佛法的宗旨，這是一件錦上添花的事；掙脫籠頭，卸去角馱，身心自然一片清靜。到了這個境界，有的人可以分辨出超越常格的言句之外的玄意，能夠舉一明三，觸類旁通。如果有的人還不能做到這樣，那就老老實實地聽我的開示，試舉一則公案給你們看看。

舉說公案：雪峰義存對僧眾開示說：「南山有一條鱉鼻蛇，（見到怪異的事物而不奇怪，這種怪異的事物自然也就消失了。這麼大的怪事確實使人產生疑惑。）你們各位千萬要好好地看清楚。」（咄！一場挫敗。）長慶慧稜站出來說：「今天在法堂中喪身失命的人，一定大有人在。」（連自己也算在裡面，長慶慧稜這是在推己及人，整個福州的人都來為這個賊送行。）有一位僧人將這件事告訴玄沙師備。（一個坑裡沒有兩樣的土，奴僕見到奴僕，非常親切，同病相憐。）玄沙師備說：「這只有長慶慧稜師兄才說得出來。儘管長慶慧稜說得對，但我不會像他這樣說。」（不免野狐精見解，這是什麼消息？最後一句話真是毒氣傷人！）那位僧人問：「師父怎麼說？」（也好與他較量一番機鋒，這老和尚被捋著了。）玄沙師備回答說：「用南山做什麼？」（這野狐精還算可以。在船上釣魚的謝三郎，喪失了生命也不知道。）雲門文偃把拄杖抛向雪峰義存面前，做出一副害怕的樣子。（怕他幹什麼？一個嗣法弟子親自證悟了，同樣是弄鬼弄神，你們各位試著辨別看看。）

評唱

夾山❶云：你若平展❷，一任平展；你若打破，一任打破。雪峰與巖頭、欽山同行，至鼇山❸，二人俱睡，唯雪峰宴坐❹。巖頭云：「何不睡去？每日牀上恰似深村裡土地❺相似。」峰以手指胸云：「我這裡未穩！」頭云：「我將謂你是箇人，元來如此。你所有從前見解悟由，一一說來。」峰說了，忽然大悟，遂云：「今日始⑥在鰲山成道⑦。」後入閩住象骨巖，凡上堂說話，蓋天蓋地，更不說玄說妙，亦不說心說性，突然獨露⑧。如大火聚，近之則燎卻面門；似舞太阿劍相似，衝之則喪身失命。若也佇思停機，則勿交涉！

如大雄山下虎⑨，如趙州喫茶去⑩，如紫胡狗⑪。只如他道「南山有一條鱉鼻蛇」，正當恁麼時，作麼生祇對？不躡前蹤⑫，試道看。到這裡，也須是會格外句始得。才舉將來，便知落處。看他恁麼示眾，且不與你說行解⑬，還將識情⑭測度⑮得麼？若見他家兒孫，自然道得恰好。所以古人道：「承言須會宗，勿自立規矩。」言言須有骨格⑯、句句透玄關⑰。若是語不離窠，道焉能脫體⑱？雪竇恁麼示眾，可謂無味之談，塞斷人口。

長慶、玄沙，皆是他屋裡人，方會他說話。只如他道「南山有一條鱉鼻蛇」，諸人還知落處麼？到這裡，須是具通方眼⑲始得。不見真淨⑳道：「打鼓弄琵琶㉑，相逢兩會家㉒；雲門能唱和㉓，長慶解隨邪㉔。古曲無音韻㉕，南山鱉鼻蛇。何人知妙訣㉖？端的是玄沙。」

只如長慶恁麼祇對，且道，意作麼生？到這裡，如擊石火、似閃電光，方可搆得。若有纖毫去不盡，便搆他底不及。長慶悟道後，王大王㉗建寺請住。開堂㉘日，雪峰在座下證明㉙云。可惜許，多少人去長慶言下生解道：「堂中才有聞處，便是喪身失命。」有者道：「元本無事，白地㉚上說得這般話。」人聞他道「南山有一條鱉鼻蛇」，你便疑，且得勿交涉。只去他語上作活計。不恁麼，又作麼生會？

後來有僧舉似玄沙。沙云：「須是稜兄始得。雖然如此，我即不與麼。」僧云：「和尚作麼生？」沙云：「用南山作什麼？」看他玄沙語中，有出身處。他云：「用南山作什麼？」若不是玄沙，也大難酬。只如他恁麼道，且道，鱉鼻蛇在什麼處？到這裡，須是向上人，方會恁麼說話。古人道：「釣魚須是釣鯤㉛鯨㉜，不愛南山鱉鼻。」

卻到雲門，以拄杖攛向雪峰面前作怕勢。雲門有弄蛇底手腳，不犯鋒鋩。明頭也打著，暗頭來也打著。他尋常為人如此，似舞太阿劍相似。有時飛向人眉毛眼睫上，有時飛向二三千里外取人頭㉝。雲門以拄杖攛向雪峰面前，又不是弄精魂，他莫也是喪身失命？作家宗師，終不去一言一句上作活計。雪竇只愛他雲門契得徹雪峰意，所以頌出。

【注釋】❶夾山　在湖南石門，圜悟克勤曾住持夾山寺，故自稱。❷平展　為禪師引導學人的方法。「提持」的對稱。如實呈現原貌之意，轉指禪師接引學人時，所用的「放行」手法。即禪師肯定學人的境地見解，並令其自由發展悟道之機。❸鰲山　在今湖南常德北部。❹宴坐　佛教指坐禪。❺土地　指土地神，掌管、守護某個地方的神。❻始　副詞。才；剛。❼成道　猶成佛。謂領會佛道而得證正果。❽獨露　意謂在過去無始，在未來無終，卓爾不群。❾大雄山下虎　公案，黃檗希運與其師百丈懷海之間的機語問答。百丈懷海問黃檗希運：「你從哪裡來？」黃檗希運回答說：「大雄峰下采菌子來。」百丈懷海問：「你看到老虎嗎？」黃檗希運便發出虎叫的聲音，百丈懷海舉起斧頭做出砍殺的樣子。黃檗希運便打了百丈懷海一巴掌。百丈懷海回寺便升座說法：「大雄峰下有一隻大老虎，你們各位要好好地看清楚，老僧今天被他咬了一口。」這則公案反映了黃檗希運敏於接機、隨處作主以及百丈懷海對他的首肯。❿趙州喫茶去　公案。每當有僧人來訪的時候，趙州從諗便問：「你曾到過這裡嗎？」有的說來過，有的說沒來過。趙州從諗總是回答說：「喫茶去！」院主有一天問他：「師父平常遇到有僧人來的時候，就問他們來過這裡或沒來過這裡，最後總是說：『喫茶去！』這是什麼意思呢？」趙州從諗說：「院主！」院主應諾；趙州從諗又說：「喫茶去！」趙州從諗要僧人從吃茶等日常生活中參禪悟道，同時也啟示學人對於事物不可生分別妄念。⓫紫胡狗　公案。紫胡利蹤的門下立著一塊牌子，上面寫著：「紫胡這裡有一條狗，上取人頭，中取人心，下取人腳，稍有遲疑，立刻就喪身失命。」有新到的一位僧人，剛一抬頭看牌，紫胡利蹤大聲一喝：「看狗！」僧人一回頭，紫胡利蹤便回到方丈室。此公案強調禪機迅疾易逝，不容遲疑考慮，否則就會陷入情念妄解。⓬不躡前蹤　謂不依長慶慧稜等人的軌道。躡，踩；踏。⓭行解　為「行」與「解」的並稱。行，修行之意，即依循教理而實踐躬行。解，知解、智解、認知，即從各種見聞學習而領解教理。通常多稱為解行，為佛教各宗派欲達佛果聖道的二大基本法門。⓮識情　妄識俗情。⓯測度　猜測；料想。⓰骨格　比喻詩文或其他事物的骨架或主體。⓱玄關　佛教稱入道的法門。⓲脫體　全身。⓳通方眼　通達十方之眼。⓴真淨　法名克文（西元一〇二五～一一〇二年）。宋代禪僧，俗姓鄭氏，陝府（治今河南陝縣）人。參黃龍慧南並嗣其法。後住隆興（治今江西南昌）寶峰。開堂說法，大為精進。賜號「真淨」。㉑打鼓弄琵琶　謂雪峰義存示眾之時，長慶慧稜、玄沙師備等人互相酬唱。㉒相逢兩會家　謂師徒相會。㉓唱和　以詩詞相酬答。㉔長慶解隨邪　謂長慶慧稜隨雪峰義存之邪語而奏邪曲。此為反語。㉕音韻　抑揚頓挫的和諧聲音。㉖妙訣　靈妙的訣竅。㉗王大王　即王審知（西元八六二～九二五年），五代十國時閩國的建立者。固始（今屬河南境內）人。字信通。唐昭宗時為福州武威軍節度使，封琅邪王，後受後梁太祖封為閩王。致力於佛教的建設，如造佛像、建塔、寫經等，更能厚遇僧眾，如雪峰義存等，遂造成福建地區佛教的隆盛。㉘開堂　指開壇說法。㉙證明　對參禪悟道的情況給予鑑定、印證。禪家認為新悟入者應由得道禪師給予證明。㉚白地　平白地；無緣無故地。㉛鯤　古代傳說中的大魚。㉜鯨　水棲哺乳綱動物。體形長大，外形似魚，小約一米，大至三十米。㉝飛向二三千里外取人頭　喻指雲門文偃的機鋒出人意外。

【語　譯】圜悟克勤評唱：夾山禪師說：你如果想用「放行」的接引方式，那就任其放行好了；你如果想用「把住」的接引方式，那就任其「把住」好了。雪峰義存和巖頭全豁、欽山文邃三人一道行腳，至鰲山，巖頭全豁與欽山文邃都睡覺了，只有雪峰義存一人還在坐禪。巖頭全豁說：「為什麼還不睡覺？你每天坐在床上，活像偏僻山村裡的土地神一樣。」雪峰義存指著自己的胸口說：「我這裡還不安穩。」巖頭全豁說：「我本來以為你是條漢子，原來也不過如此。把你以前所有的見解及其悟入的緣由，一一說出來吧。」雪峰義存說出來之後，忽然大徹大悟，說：「我今天才算是在鰲山成道。」雪峰義存後來回到福建，住在象骨巖。每逢上堂說法，他的言句都是蓋天蓋地，更不說玄說妙，也不說心說性，往往是突如其來，與眾不同。就像熊熊燃燒的大火，靠近他，臉部就要被燒傷；又像揮舞太阿寶劍一樣，撞上他，立即就會喪失生命。如果陷入分別思考，不能當機立斷，那就與禪法毫無關係。

這則公案的機鋒就像「大雄山下虎」、「趙州喫茶去」、「紫胡狗」等公案一樣。上述這三則公案正像雪峰義存所說：「南山有一條鱉鼻蛇」，你如果正好遇到這樣的問題，該怎麼回答？不要走其他人走過的路，人云亦云，你自己試著說說看。到了這個地步，也必須會從言句中參透出言外之意才行。只要公案一舉說起來，就知道它的用意是什麼？你看雪峰義存那樣開示僧眾，並不對你說行說解，還會讓你用俗情妄識推測得到嗎？只要是他的徒子徒孫，自然說得恰到好處。所以從前的禪師說：「要想瞭解他的言句，必須懂得他那一宗的旨意，不要自己立規矩。」字字要有骨格，句句參透玄關。如果言語不離窠窟，禪機怎麼可能脫穎而出？雪峰義存這樣開示僧眾，言語稱得上是平淡無味，但絕意路，足以塞斷人們的口舌，使人說不出話來。

長慶慧稜、玄沙師備是雪峰義存的嗣法弟子，所以才知道他說話的用意是什麼。就像他所說的「南山有一條鱉鼻蛇」，你們各位知道他的用意是什麼嗎？到了這個地步，要想知道他的用意，必須具備通達十方的法眼才行。真淨克文有一首頌說：「打鼓弄琵琶，相逢兩會家；雲門能唱和，長慶解隨邪。古曲無音韻，南山鱉鼻蛇。何人知妙訣？端的是玄沙。」

至於長慶慧稜那樣對機，你來說說看，他的用意是什麼？到了這裡，必須得像擊石火、閃電光一樣，才能理解他的用意。如果還有一絲一毫的俗情妄識沒有去除乾淨，就無法真正理解他的用意。長慶慧稜悟道後，閩王王審知建造了寺院，請他住持。開堂說法的那天，雪峰義存在法座下為他印證。非常可惜的是，不少人往往對長慶慧稜那句話生出許多俗情妄解，有人說：「在法堂中一聽見，就要喪失生命。」還有人說：「原來並沒有什麼事，長慶慧稜莫名其妙地說出這樣的話。」人們聽他說：「南山有一條鱉鼻蛇」，便疑神疑鬼，說出這樣的話來，幸好與他的原意沒有什麼關係，這只是從他的言語上望文生義。既然這樣理解不對，那又該怎樣理解呢？

後來有一位僧人把這些話告訴玄沙師備。玄沙師備說：「這只有長慶慧稜師兄才說得出來。儘管長慶慧稜說得對，但我不會像他這樣說。」那位僧人問：「師父怎麼說呢？」玄沙師備回答說：「用『南山』兩字做什麼？」看他玄沙師備說出來的話，就知道他有解脫的出路。他說：「用『南山』兩字做什麼？」如果不是玄沙師備這樣的禪師，也很難酬唱對答。就像他這樣說，你來說說看，鱉鼻蛇在什麼地方？我想這必須是認識到自己的本來面目的人，才知道這樣說話。從前的禪師說：「釣魚須是釣鯤鯨，不愛南山愛鱉鼻。」

輪到雲門文偃應機了，他把拄杖抛向雪峰義存面前，做出一副害怕的樣子。雲門文偃有弄蛇的手段，又不犯鋒芒，明的也打著，暗的也打著。他平常接引學人就是這樣，其機鋒就像揮舞著太阿寶劍一樣，有時飛到人們的眉毛和眼睫毛上，有時又飛到二、三千里外的地方去獵取人頭。雲門文偃把拄杖抛向雪峰義存面前，還不至於弄鬼弄神，他是不是也喪失生命了？一個傑出的禪師，終究不會從一言一句上去望文生義。雪竇重顯只是因為喜歡雲門文偃的應機與雪峰義存的用意完全契合，所以才寫出了以下一首頌古。

頌

象骨巖高人不到❶，（非公❷境界，千人萬人摸索不著。）
到者須是弄蛇手。（是精識精、是賊識賊❸，成群作隊作什麼❹？須是同火人始得❺。）
稜師備師不奈何，（一狀領過，猶自放過一著。）
喪身失命有多少❻？（罪不重科❼，帶累他人。）
韶陽知，（猶較些子。這漢只具一隻眼！）
重撥草❽，（落草裡有什麼用處？果然，在什麼處？便打。）
南北東西無處討。（有麼有麼？看闍黎眼瞎。）
忽然突出❾拄杖頭，（高著眼看❿。）
拋對雪峰大張口。（自作自受，吞卻千箇萬箇，濟什麼事？天下衲僧摸索不著。）
大張口兮同閃電，（兩重公案，賴他有末後句，果然。）
剔起眉毛⓫還不見。（蹉過了也。五湖四海⓬覓這箇人不得，如今在什麼處？）
如今藏在乳峰⓭前，（向什麼處去？大小雪竇作這箇去就！夾山前日，也有人親遭一口。)

來者一一看方便⑭。(瞎！闍黎腳跟著一口了也，不知痛癢漢。)

師高聲喝云：「看腳下！」(賊過後張弓，第二頭第三首，重言不當吃。)

【注釋】❶象骨巖高人不到　喻指雪峰義存的機鋒高峻，一般人不可企及。❷公　一般的敬稱。❸是精識精是賊識賊　喻指雪竇重顯知道雪峰義存的用意。精，精靈；靈魂。❹成群作隊作什麼　諷刺弄蛇不得者。❺須是同火人始得　稱讚長慶慧稜、玄沙師備、雲門文偃三人的禪風一樣。同火，古代兵制，十人共灶同炊，稱為「同火」。後泛指共同參加某種組織，從事某種活動者。❻喪身失命有多少　表面上說被蛇所害者多，言外之意則是悟道者多。❼科　審理獄訟；判刑。❽重撥草　意謂知道鱉鼻蛇的所在之處，撥草而弄蛇。❾突出　竄出；衝出。❿高著眼看　謂此拄杖不是佛，不是心，不是物，必須用超越世俗的眼光看才行。⓫剔起眉毛　意謂睜大眼睛。剔起，豎起。禪師勸學人振作精神頓悟禪旨的習語。⓬五湖四海　古人泛稱分佈於中國廣大地區的幾個大湖為「五湖」，又以為中國四面為海環繞。因以「五湖四海」泛指全國各地。⓭乳峰　雪竇山的一座山峰，有兩條溪流自山頂流下，如雙乳，故名。⓮方便　謂以靈活方式因人施教，使悟佛法真義。

【語譯】雪竇重顯頌古：象骨巖高人不到，(不是您所能達到的境界，千人萬人都摸索不著。)到者須是弄蛇手。(只有精怪才認識精怪，只有盜賊才認識盜賊。成群結隊做什麼？必須得同道者才行。)稜師備師不奈何，(一張狀紙把兩人的罪狀記錄在案，尚可退讓一步。)喪身失命有多少？(已判過罪，故不再判決，連累他人。)韶陽知，(還算可以。這傢伙只有一隻眼！)重撥草，(掉進草堆裡，有什麼用處？果然，在什麼地方？便打。)南北東西無處討。(有嗎？有嗎？看雪竇和尚的眼睛瞎了。)忽然突出拄杖頭，(高著眼看。)拋對雪峰大張口。(自作自受，吞去千個萬個，能成什麼事？天下的禪宗僧人都摸索不著。)大張口兮同閃電，(兩重公案，幸虧他有末後句，果然。)剔起眉毛還不見。(錯過了。走遍全國各地也找不著這個人，如今在什麼地方？)如今藏在乳峰前，(到什麼地方去？雪竇大禪師也有這種舉動。夾山禪師前天也被人咬了一口。)

來者一一看方便。（瞎！和尚的腳跟被咬了一口，不知痛癢的傢伙。）雪竇重顯高聲大喝：「看腳下！」（盜賊過去之後才拉開弓箭，落在第二頭、第三頭，與其重複地說，還不如不說。）

評唱

「象骨巖高人不到，到者須是弄蛇手」，說雪峰有象骨巖，雪峰機鋒高峻，罕有人到。雪竇是他屋裡人，毛羽❶相似，同聲相應❷、同氣相求❸，也須是通方作者，相共證明。鱉鼻蛇也不妨難弄。須是解弄始得。若不解弄，反被蛇傷。五祖常說，似此鱉鼻蛇，須是有不傷手腳底機，於七寸❹上一捉捉住，便與老僧把手共行。長慶、玄沙有這般手腳。雪竇道：「稜師備師不奈何」，人多只道：「長慶、玄沙不奈何，雪竇獨美雲門」，且喜勿交涉。殊不知三人中，機無得失，只是有親疏❺。且問諸人，什麼處是稜師、備師不奈何處？「喪身失命有多少？」此頌長慶道：「今日堂中，大有人喪身失命。」到這裡，須是有弄蛇手，子細始得。

雪竇出雲門，所以一時撥卻，獨存雲門一箇，道：「韶陽知，重撥草。」雲門蓋為知他雪峰道「南山有一條鱉鼻蛇」落處，所以重撥草。雪竇頌到這裡，更有妙處。「南北東西無處討」，你道在什麼處？「忽然突出拄杖頭」，元來卻在這裡。你不可便去拄杖頭上作活討去也。「拋對雪峰大張口」，此頌雲門以拄杖攛向雪峰面前作怕勢。雲門便能用拄杖作鱉鼻蛇用，有時卻云：「拄杖子化為龍，吞卻乾坤了也。」只是一條拄杖子，有時作龍，有時作蛇，為什麼如此？到這裡，方知古人❻道：「心隨萬境轉，轉處實能幽❼；隨流❽認得性，無喜亦無憂。」

頌道：「拋對雪峰大張口。」雪竇有餘才，拈出雲門毒蛇云，只這「大張口兮同閃電」，你若擬議，則喪身失命。「剔起眉毛還不見」，向什麼處去？雪竇頌了，須將活處為人，將雪峰蛇，自拈自弄❾，不妨殺活臨時❿。要見麼？云：「如今藏在乳峰前」，乳峰乃雪竇山名也。雪竇有頌云：「石窗四顧滄溟⓫窄，寥寥⓬不許白雲白。」長慶、玄沙、雲門，雖弄得了不見，卻云：「如今藏在乳峰前，來者一一看方便。」雪竇涉廉纖⓭在，不云便用，卻高聲喝云：「看腳下！」從上來有多少人，恁麼會者拈弄？且道，還曾傷著人，不曾傷著人？拈棒便打！

【注釋】❶毛羽　獸毛和鳥羽。羽，鳥翼上的長毛。這裡比喻禪風。❷同聲相應　比喻志趣相同者互相呼應。❸同氣相求　比喻志趣相同或氣質相類者互相吸引、聚合。❹七寸　指蛇身距蛇頭七寸左右的地方，是其心臟所在之處。❺親疏　與禪法協合相應為「親」，隔離不合為「疏」。❻古人　這首偈為西天二十二祖摩拏羅尊者圓寂前所說，見《五燈會元》卷一。❼心

隨萬境轉二句　這兩句意謂人心被世界萬物所迷惑，像走馬燈一樣不斷地變化；如果處在無我的境界，才是自由無礙、幽妙微玄的心境。❽隨流　謂眾生隨順三界、六道生死之流，而輪轉於迷界。❾自拈自弄　禪師向學人拈提禪門綱要。❿殺活臨時　時而斬斷分別妄想，時而復活靈覺真性，機鋒運用，根據具體的時機。⓫滄溟　蒼天，高遠幽深的天空。⓬寥寥　廣闊；空曠。⓭廉纖　細小；細微。

【語　譯】圜悟克勤評唱：「象骨巖高人不到，到者須是弄蛇手」，這句話的意思是說雪峰山上有象骨巖，雪峰義存的機鋒如同象骨巖一樣高峻，很少有人能和他對機，就像幾乎沒有人能夠登上象骨巖一樣。雪竇重顯是雪峰義存的後世法脈，禪風相似，自然同聲相應，同氣相求，不過也一定要有通達禪法的大禪師的共同證明。只是這「鱉鼻蛇」也確實難弄，必須懂得玩弄才行；如果不懂得玩弄，反而會被蛇咬傷。五祖法演常說：「要玩弄這鱉鼻蛇，必須得有不傷手腳的機鋒，在蛇的七寸之處一把抓住，有這樣的本事，就可以和老僧手拉著手一道走了。」長慶慧稜、玄沙師備都具有這樣的本事。雪竇重顯又說：「稜師備師不奈何」，人們往往這樣理解道：「長慶慧稜、玄沙師備兩人對雪峰義存的禪機都無可奈何，雪竇重顯只稱讚雲門文偃。」這樣講與雪竇重顯的用意幸好沒有什麼關係。他們竟然不知道長慶慧稜、玄沙師備、雲門文偃三人只是有親疏的不同，並不存在誰得誰失的問題。我且問問各位，什麼是長慶慧稜、玄沙師備的無可奈何之處？「喪身失命有多少？」這句頌長慶慧稜所說的「今日堂中，大有人喪身失命。」到了這一步，必須得有弄蛇的本事，再加上小心仔細才行。

雪竇重顯是雲門宗的傳人，所以把長慶慧稜、玄沙師備一道放在旁邊，只剩下雲門文偃一個，說：「韶陽知，重撥草。」因為雲門文偃知道雪峰義存說的「南山有一條鱉鼻蛇」這句話的用意所在，所以才「重撥草」。雪竇重顯頌到這裡，更有他玄妙的地方。「南北東西無處討」，你說在什麼地方？「忽然突出拄杖頭」，原來卻在這裡。不過你可不要從「拄杖頭」上下工夫。「拋對雪峰大張口」，這句頌雲門文偃把拄杖拋向雪峰義存面前，裝出一副害怕的樣子。雲門文偃就是用拄杖做鱉鼻蛇用的，他有時卻說：「拄杖化為龍，吞掉了整個天地。」只是一根拄杖，有時化作龍，有時化作蛇，為什麼能夠這樣？到了這一地步，才能真正理解從前禪師所說的偈：「心隨萬境轉，轉處實能幽；隨流認得性，無喜亦無憂。」

雪竇重顯又頌道：「抝對雪峰大張口。」他很有才氣，拈出雲門文偃丟下的這條毒蛇，就這「大張口兮同閃電」，你如果稍有遲疑就喪失生命了。「剔起眉毛還不見」，到什麼地方去了呢？雪竇重顯把意思都頌出來了，你必須靈活地應對禪機，把雪峰義存的這條鱉鼻蛇拿出來玩弄玩弄，要殺要活，隨機應變。你想看看那條鱉鼻蛇嗎？雪竇重顯說：「如今藏在乳峰前」，乳峰是雪竇山的一座山峰。雪竇重顯有頌說：「石窗四顧滄溟窄，寥寥不許白雲白。」雖然長慶慧稜、玄沙師備、雲門文偃把蛇弄得不見了，雪竇重顯還是說：「如今藏在乳峰前，來者一一看方便。」雪竇重顯雖然很細緻，但還有一點沒有說出，便拿來運用，只見他高聲一喝：「看腳下。」自古以來有多少人能夠知道這樣玩弄鱉鼻蛇？你來說說看，這條鱉鼻蛇是曾經咬傷過人，還是不曾咬傷過人？舉棒就打。

【說　明】對於圜悟克勤的開示應該倒過來讀：脫去了坐禪的籠頭，卸去了公案的重載，這只是自利之行的太平時節；還應該建法幢，立宗旨，打開利他之行願，才是錦上添花。圜悟克勤認為雪峰義存就是一個這樣的人。

雪峰義存無端說出南山下有一條鱉鼻蛇，其用意是在考驗弟子們的悟性。三位弟子的表現各不相同。長慶慧稜是見頭知尾，抄近路行，乾脆以不應為應，所以說一句，不知多少人被這鱉鼻蛇咬得喪了命，便轉身出去了。雲門文偃的反應則是機心相對，你說毒蛇，馬上揮起杖子。作毒蛇猛撲之勢，這是在應和雪峰義存說這話頭的本意。你說蛇，我就做出害怕的架勢，也是機心活潑，雷擊閃電般的迅捷，有弄蛇的手腳。而且應對中，即有做蛇之勢，又有害怕之情，從人蛇雙方去動作，這是所謂「明頭也打著，暗頭也打著」。玄沙師備對這話頭的應對則與前二人不同，他說用南山作什麼，是在表達南山與我不相干的意思。南山的蛇是南山的事，我有我的一自性，毫不相干，所以不為所動。

第二三則　保福遊山

【題　解】這則公案說的是保福從展、長慶慧稜、鏡清道怤三人一挨一拶以發揚宗風的故事。保福從展與長慶慧稜一日遊山時，保福從展指山中之地為妙峰頂。妙峰頂出自《華嚴經》，用以喻顯宇宙本體的圓滿平等。保福從展的用意是指眼前所見就是妙峰頂，無須求諸遠方，以徹見本來面目。而長慶慧稜答以是則是，但可惜妙峰頂如今已崩壞。鏡清道怤稱讚此言，說若非長慶慧稜，則天下參禪之人將視活活潑潑的妙峰頂為冷冷清清的死物。保福從展乃據向上之所見，提起圓滿平等之全相；長慶慧稜向下立點，以顯生生無盡之活用；此即鏡清道怤之所以稱讚長慶慧稜之故。此三人一挨一拶，畢竟顯示同拈同用、同唱同和的境界。

示眾

玉將火試❶，金將石試❷，劍將毛試❸，水將杖試❹。至於衲僧門下❺，一言一句、一機一境、一出一入、一挨一拶❻，要見淺深、要見向背❼。且道，將什麼試？舉看：

舉

保福、長慶遊山次❽。（這兩箇漢，落草去也。）

保福以手指云：「只這裡便是妙峰頂❾。」（平地起骨堆❿，切忌道著，掘地深埋。）

慶云：「是則是，可惜許⑪！」（若不是鐵眼龍睛，幾乎被他茶胡⑫，兩箇一坑埋卻，同病相憐⑬。）

師著語⑭云：「今日共這漢遊山，圖什麼？」（不妨減人斤兩⑮，猶較些子！傍人按劍⑯。）

復云：「百千年後不道無，只是少。」（小賣弄，也是雲居羅漢。）

後舉似鏡清。清云：「若不是孫公，便見髑髏遍野⑰。」（同道方知，大地茫茫⑱愁殺人，奴見婢殷懃。）

【注釋】❶玉將火試　以火燒玉石，其色潤而不變，則為真玉。❷金將石試　以試金石檢驗黃金的真偽。試金石為一種礦物，是含炭質的石英和蛋白石等的混合物，緻密而堅硬，黑色或灰色，可用以檢驗黃金的純度。❸劍將毛試　將毛放在劍刃上，一吹，變成兩截，則為利劍。❹水將杖試　用木杖試探水的深淺。❺門下　猶閣下。對人的尊稱。❻一挨一拶　叢林中，學人與禪師互相用言語、動作，或輕或強，推擠問答，作為勘驗對方悟道的深淺。與挨拶同義。後轉為相較技量，或與人應對之義。❼向背　指切合與不切合。又謂迎合或背棄。❽次　置於動詞或動詞結構之後，表示行為動作正在進行或持續。❾妙峰頂　即須彌山。是佛教宇宙觀中，聳立在一小世界中央金輪上的一座高山。在禪林中，用「妙峰」一詞形容超絕一切言語、思惟、情識分別的絕對境界，即指本分安住之處。❿平地起骨堆　意謂做沒有埋死人的假墳，喻指虛妄徒勞的行為。平地，平白無故地，無端地。骨堆，墳墓。⓫可惜許　意謂不能說出，一說出就要落在第二第三。⓬茶胡　作弄，折騰。⓭同病相憐　喻指保福從展與長慶慧稜是同道知音。⓮著語　即置評語之意。禪林中，對公案本則、頌等所加的短評。⓯斤兩斤和兩。計算重量的單位。因亦借指重量，分量。⑯傍人按劍　謂雪竇重顯語意辛辣，聞者如遇夜光珠而驚按劍。夜光珠，傳說中夜間能放光的寶珠。⑰若不是孫公二句　意謂幸虧有長慶慧稜在，救了許多人。否則像保福從展那樣的人一多，則世上都是死人。孫公，長慶慧稜俗姓孫。⑱茫茫　廣大而遼闊。

【語　譯】圜悟克勤開示：要鑑定玉石的真假，用火燒過之後，看它的顏色就可以見分曉；要辨別黃金的真假，用試金石一磨，也立刻可以涇渭分明；要判斷一把劍是否鋒利，拿毛髮放在劍刃上一吹，也很快就能一目了然；要試探水的深淺，只要用木棒一插就可以知道。至於對禪宗僧人們來說，要從他們的一言一句、一機一境、一出一入、一挨一拶中看出他們悟道的深淺，與禪法是否相應。你來說說看，要拿什麼來試探呢？我舉一則公案給你們看看。

舉說公案：保福從展和長慶慧稜兩位禪師一起在山中遊覽。（這兩個傢伙，落草去了。）保福從展用手指著一座山峰說：「這裡就是妙峰頂。」（平白無故地出現一座墳墓，千萬不要說著，挖地深埋。）長慶慧稜說：「你這樣說，對倒是對，可惜還不完美。」（如果不是鐵眼龍睛，幾乎要被他作弄一番，把兩個人埋在同一個坑裡，同病相憐。）雪竇重顯評論道：「長慶慧稜今天和這傢伙進山遊覽，想說個什麼呢？」（確實減去了人身上的重量，還算可以。傍人受驚按劍。）雪竇重顯又說：「長慶慧稜這類人物，千百年之後還說不上不會沒有，只是太少了。」（小賣弄，也是雲居羅漢。）後來有僧人把這件事告訴鏡清道怤，鏡清道怤說：「如果不是孫公的話，就會出現遍地髑髏。」（只有同道才相知，大地茫茫愁死人，奴僕見到奴僕，十分親切。）

評唱

保福、長慶、鏡清，總承嗣雪峰。他三箇同得同證、同見同聞、同拈同用，一出一入、遞相❶挨拶❷。蓋為他同條生底人❸，舉著則便知落處。在雪峰會裡，居常❹問答，只是他兩三箇。古人行住坐臥❺，皆以此道為念，所以舉著便知落處。一日遊山次，保福以手指云：「只這裡便是妙峰頂。」如今禪和子，遭恁麼問，口似匾擔！賴得是長慶。你道，保福恁麼問，圖箇什麼？古人如此，便要驗人有眼無眼，是他家屋裡人，自然知落處，便對他道：「是即是，可惜許。」且道，長慶恁麼道，意旨如何？不可一向恁麼去也。似則似，罕有等閑❻無一星事，須是長慶識破他始得。

雪竇著語云：「今日共這漢遊山，圖什麼？」且道，落在什麼處？又云：「百千年後，不道無，只是少。」雪竇解點胸❼，正似黃檗道：「不道無禪，只是無師。」雪竇任恁麼道，也不妨嶮峻。若不是同聲相應，爭得如此孤危奇怪？此謂之著語。落在兩邊❽，而不住兩邊❾。

後舉似鏡清。清云：「若不是孫公，便見髑髏遍野。」孫公即長慶俗姓也。

不見僧問趙州：「如何是妙峰頂？」州云：「老僧不答話。」僧云：「為什麼不答話？」州云：「若答，只落在平地裡。」

引教中說妙峰頂：德雲比丘❿，從來不下妙峰頂。善財⓫去訪，七日不逢。一日卻在別峰相見⓬。及乎見了，卻與他說一念三世⓭，一切諸佛⓮智慧光明普見法門。德雲比丘從來不下山，為什麼卻在別峰相見？若道他下山，教中道：德雲比丘從來不曾下山，常在妙峰頂。到這裡，德雲與善財，的的⑮在那裡？後來李長者⑯，打葛藤⑰打得好！道：「妙峰頂，只是一味⑱平等⑲法門。一一皆真、一一皆全，向無得無失處獨露，所以善財不見。」

到稱性⑳處，如眼不自見、如耳不自聞、如刀不自割、如火不自燒、如水不自濕。到這裡，教中大有老婆相為處。所以放一線道，於第二法門立賓立主、立機立境、立問立答。所以道，諸佛不出世，亦無有涅槃；方便度眾生，故現如斯事。且道，畢竟作麼生，識得鏡清、雪竇恁麼道去？當時不能的的相應，盡大地髑髏遍野㉑，鏡清恁麼道得證將來，那兩箇恁麼用證將來？雪竇後面頌處，甚是顯煥㉒。

【注釋】❶遞相 互相。❷挨拶 挨，即強進。拶，即逼迫之意。禪家問答應酬互相交換意見知識，以期相互勘驗悟道知見的深淺，作為向上之資。❸同條生底人 三人同出一門，如同一棵樹上生長出的枝條。❹居常 平時；經常。❺行住坐臥 即四威儀。乃人類生活起居的四種基本動作，引申為日常的生活舉止。佛教為誡比丘、比丘尼慎其行狀，令勿放逸懈怠，故有三千威儀、八萬細行，以規定行、住、坐、臥的儀則。❻等閑 尋常；平常。❼點胸 自我炫耀的動作，顯得很高傲。❽兩邊 兩個方面。禪林指對待之二見，如善惡、是非、有無等，這裡指賓主。❾不住兩邊 意謂雖然語帶兩邊意，但由於截斷根源，故不在兩邊。❿德雲比丘 又稱功德雲比丘、吉祥雲比丘，善財最初受文殊示教，往勝樂國妙峰山，參詣德雲比丘，請教如何學菩薩行，及如何於普賢行疾得圓滿，德雲比丘乃為其解說「憶念一切諸佛境界智慧光明普見法門」。比丘，梵語的譯音。意譯「乞士」，以上從諸佛乞法，下就俗人乞食得名，為佛教出家「五眾」之一。指已受具足戒的男性，俗稱和尚。⓫善財　佛教菩薩名。《華嚴經・入法界品》載，福城長者子有五百童子，其一名善財，因「生時種種珍寶自然湧出」而得名。後受文殊菩薩教化，南行參訪五十三位名師，最後遇到普賢菩薩，實現成佛「行願」。是大乘佛教用來宣傳「即身成佛」的例證。⓬別峰相見　禪宗公案名。出自善財與德雲比丘在別峰相見的因緣。德雲比丘的不下山，表示德雲不離本來真如之玄域，此乃善財所無法窺知之境地。因此德雲在七日之後，下第二門，在別峰現身，應善財之求而開示法門。⓭一念三世　謂三世古今始終不離常念。一念，一動念間；一個念頭。指極短促的時間。三世，佛家以過去、現在、未來為三世。⓮一切諸佛　指過去、現在、未來等三世的眾多諸佛。⓯的的　真實；確實。⓰李長者　即李通玄（西元六三五～七三〇年），唐王室。佛教華嚴宗學者。開元七年（西元七一九年），隱居在太原府壽陽方山，參究新譯《華嚴經》。居山中數年，每日僅以棗顆、柏葉餅為食，世稱棗柏大士。後宋徽宗賜號「顯教妙嚴長者」。⓱打葛藤　講說。指李通玄所著的《新華嚴經論》四十卷、《華嚴經會釋論》十四卷等書。⓲一味　指所有一切事（諸現象）理（本質）均平等無差別。⓳平等　佛教認為宇宙本質皆同一體，萬事萬物本無差別。⓴稱性　謂契合於法界之真性。華嚴宗以《華嚴經》所說無不契合於法界真性。㉑盡大地髑髏遍野　意謂如果不是長慶慧稜等向上提起，整個大地的人就會拍盲地作無事會，全變成死漢。㉒顯煥　猶顯明。

【語　譯】圜悟克勤評唱：保福從展、長慶慧稜、鏡清道怤都是雪峰義存的嗣法弟子，他們三個人稱得上是同得同證、同見同聞、同拈同用，乃至於一出一入，互相挨拶。這是因為他們師出同門，好比是同一棵樹上長出的枝條，一提起話頭，對方便知道他的用意在哪裡。在雪峰義存的門下，平常的一問一答，只是他們兩三個人而已。從前禪師的行、住、坐、臥，時時刻刻以道為念，所以一舉起話頭，便知道他的用意。一天，保福從展、長慶慧稜一起在山中遊覽，保福從展用手指著一座山峰說：「這裡就是妙峰頂。」現在的禪宗僧人，被這麼一問，就會啞口無言，不知如何回答。幸虧是長慶慧稜，才知道如何應答。你來說說看，保福從展這樣說，是為了求個什麼呢？他之所以那樣說，是為了勘驗他人是否具備法眼。長慶慧稜與他是師兄弟，自然知道他的用意，便對他說：「這樣講對倒是對，可惜還不完美。」你來說說看，長慶慧稜那樣說，他的用意是什麼？我們可不能一直像長慶慧稜這樣說「可惜還不完美」。說這樣的話語句相同，用意卻隔絕了，因為很少有人能夠像長慶慧稜那樣保持一顆平常心，沒一點事，所以只有長慶慧稜才能識破保福從展的用意。

雪竇重顯評論這則公案說：「長慶慧稜今天和這個傢伙遊山，是為了說個什麼呢？」你來說說看，這句話的用意到底是什麼呢？雪竇重顯又說：「長慶慧稜這類人物，千百年之後還說不上不會沒有，只是太少了。」雪竇重顯知道他們唯我獨尊的用意，正像黃檗希運所說：「不說沒有禪法，只是沒有禪師。」雪竇重顯這樣說，機鋒也確實險峻。如果不是同聲相應的知音，怎麼能說出這樣孤危奇怪的話？他這兩句話稱之為「著語」，落在兩邊，卻又不在兩邊。

後來有僧人把這件事告訴鏡清道忞。鏡清道忞說：「如果不是孫公的話，就會遍地出現髑髏。」孫公就是長慶慧稜的俗姓。曾經有一位僧人問趙州從諗：「什麼是妙峰頂？」趙州從諗說：「老僧不回答你這句話。」僧人又問：「為什麼不回答？」趙州從諗說：「我如果回答你，恐怕你會掉到平地上。」

《華嚴經》是這樣說妙峰頂的：德雲比丘住在妙峰頂，從來不下山。善財童子去參訪他，一連七天都沒有遇到。一天，卻在別的山峰相見。見面之後，德雲比丘為他說一念就可以涵蓋過去、現在、未來三世，以及一切諸佛的智慧光明普見法門。德雲比丘從來不下山，善財童子為什麼卻在別的山峰見到他呢？如果說他下山，《華嚴經》卻說他從來不曾下山，常年住在妙峰頂上。到了這無賓主的境界，德雲比丘和善財童子的相見之處到底在哪裡呢？

後來有一位華嚴宗學者李通玄，對此事論述得好：「妙峰頂只是一味平等法門。一一皆真，一一皆全，在那無得無失的地方獨自出現，所以善財童子見不到。」

到了稱性之處，就像眼睛不能見到本身是眼睛，耳朵不能聽到耳朵在聽聲音，刀子不能切割刀子本身，火不能以火燒火，水不能以水洗水。到了這個境界，就是佛教其他宗派的人也大有像老婆婆一樣慈悲心切地想要相助一番。所以開方便法門，在第二義門立賓立主，立機立境，立問立答，以便接引學人。所以說，諸佛沒有出世，也沒有涅槃；只是為了方便救度眾生，所以才以本願力示現自在法。你來說說看，到底要怎麼樣才能認識鏡清道怤、雪竇重顯機緣語句？當時如果不能與他們唱拍相隨，那麼整個大地都是髑髏了。鏡清道怤就是這樣把他的證悟說出來了，保福從展、長慶慧稜是怎樣把他們的證悟說出來的呢？雪竇重顯下面的頌古說得非常明白。

頌

妙峰孤頂草離離❶，（和❷身沒卻，腳下深數丈。）

拈得分明付與誰❸？（作什麼？大地沒人知，乾屎橛❹，堪作何用？拈得鼻孔失卻口❺。）

不是孫公辨端的，（錯！看箭。已著賊了也❻。）

髑髏著地❼幾人知？（更不再活，如麻似粟，闍黎拈得鼻孔失卻口。）

評唱

「妙峰孤頂草離離」，草裡輥❽有甚了期？「拈得分明付與誰？」什麼處是分明處？頌保福道「只這裡便是妙峰頂」。「不是孫公辨端的」，孫公見箇什麼道理，便云：「是則是，可惜許」？只如「髑髏著地幾人知」，汝等諸人還知麼？瞎。

【注釋】❶離離　盛多貌；濃密貌。❷和　連帶。❸拈得分明付與誰　由於無賓主真域，故沒有可付與的人。分明，明確；清楚。❹乾屎橛　即廁籌。拭糞的小竹木片。又謂乾糞便。佛家比喻至穢至賤之物。❺拈得鼻孔失卻口　指「拈得分明付與誰」這句話有得有失，即肯定一方時，則相對地否定他方。❻已著賊了也　謂長慶慧稜吐奇言妙句，早已是失去家當了。❼著地　滿地。❽輥　躺。

【語　譯】雪竇重顯頌古：妙峰孤頂草離離，（雪竇重顯自己的身體也埋在草叢裡，腳跟下的草叢有幾丈深。）拈得分明付與誰？（做什麼？整個大地沒有人知道，乾屎橛，能夠派什麼用場？拈得鼻孔失去了嘴巴。）不是孫公辨端的，（錯！看箭。家中失竊了。）髑髏著地幾人知？（真的不想活了，死漢多得來如麻如粟，和尚拈得鼻孔失去了嘴巴。）

圜悟克勤評唱：「妙峰孤頂草離離」，躺在草堆裡，會有出頭之日嗎？「拈得分明付與誰」？你說什麼是分明之處？這句話是在頌保福從展說的「這裡就是妙峰頂」。「不是孫公辨端的」，長慶慧稜到底看出了什麼道理，他說：「你這樣說對倒是對，可惜還不完美。」至於「髑髏著地幾人知」，這句話是什麼意思？你們各位還知道嗎？不知道的就是瞎漢。

【說　明】妙峰頂是德雲比丘隱居的山，代指平等如一、真空無相的悟境。禪就是這樣一種自他不二、一相平等的境界，也就是所謂大死一番、絕對無意識的心境。如果停滯在這絕對無的境地，不能由此脫出，那將是一種可怕的禪病。可見到了妙峰頂，好是好，如果僅僅到此為止，便是死人禪，即「髑髏遍野」的境地。真空無相即真空妙用，得道之人必須去濟度眾生。所以長慶慧稜說，「你這樣說，對倒是對，可惜還不完美。」

禪是實際的禪。經過刻苦的錘煉，到達了禪的悟境，是可喜的，如果僅僅停留在此，受悟境的束縛，便是傷了禪，毀了悟，只能算是到達禪境的半路。禪境好比「百尺竿頭」，必須更進一步。帶著悟的心，到煩惱的塵世間去，濟度眾生，這種禪才是活人禪。只可惜古今如此大徹大悟者太少了。

第二四則 溈山牸牛

【題解】溈山自稱是水牯牛，並稱劉鐵磨為老牸牛，乃與其自稱相對，而讚許劉鐵磨有不同尋常的機鋒。對劉鐵磨提出的問題，溈山「放身臥」而不答，表示沒有心中的活處；劉鐵磨出去，則顯示歸家穩坐的落處。二人在問答之間，皆自守本分，往來無礙，顯示二人是同得同證的知音。

示眾

高高峰頂立，魔外❶不能知；深深海底行，佛眼❷覷不見。直饒眼似流星❸、機如掣電❹，不免靈龜曳尾❺。且道，作麼生？舉看。

舉

劉鐵磨到溈山。（不妨難湊泊。這老婆不守本分！）

山云：「老牸❻牛，汝來也。」（探竿影草，不能長。點！向什麼處見誵訛？）

磨云：「來日臺山❼大會齋❽，和尚還去麼？」（箭不虛發、言不虛設。大唐打鼓，新羅人上堂❾。放去太遲，收來太速。）

山放身❿臥，（中也。你向什麼處見溈山？誰知遠煙浪，別有好思量⓫。）

磨便出去。（過也！見機而作⑫。）

【注釋】❶魔外　天魔與外道。魔，梵文音譯，「魔羅」的略稱。佛教把一切擾亂身心，破壞行善者和一切妨礙修行的心理活動均稱作「魔」。❷佛眼　佛經所說五眼之一。佛為覺者，覺者之眼稱佛眼。謂能洞察一切，具有超凡的眼力。❸流星　星際空間分佈的叫做流星體的細小物體飛進地球大氣層，跟大氣摩擦，燃燒發光而形成流星。通常所說的流星是指這種短時間發光的流星體。這裡比喻頓機靈利。❹掣電　閃電。這裡形容禪機迅疾。❺靈龜曳尾　比喻留有痕跡。靈龜，神龜。曳，牽引；拖。❻牸　雌性牲畜或獸類。❼臺山　即五臺山，中國佛教四大名山之一。在今山西五臺東北。五峰聳峙，峰頂如壘土之臺，故稱五臺。山無炎暑，又名清涼山。漢永平年間，始建寺廟，歷代增修，蔚為大觀，遂有文殊道場之稱。❽大會齋　指廣設齋食以供養僧眾及諸佛、菩薩、人、天、神、鬼等的大法會。上至佛、菩薩，下至地獄、餓鬼、畜生等，乃至於人中，不分賢愚、凡聖、上下、道俗等，皆須以財、法二施，平等供養。❾大唐打鼓二句　謂劉鐵磨與溈山靈祐的禪機問答配合得很好。禪院在上堂前要擊鼓。❿放身　謂不受拘束。⓫誰知遠煙浪二句　謂溈山靈祐的境界如大海廣大無邊，在煙波之中別有一番情趣。煙浪，猶煙波。指煙霧蒼茫的水面。思量，志趣和器量。⓬見機而作　謂事前明察事物細微的變化，抓住有利時機而有所動作。

【語譯】圜悟克勤開示：一個悟道之後的禪師有時就像巍然屹立在高山頂上，連天魔、外道都無法知道他的底細；有時就像在深深的海底行走，哪怕就是憑藉佛的慧眼也看不出他的禪機。即使他的法眼像流星一樣明亮，機鋒像閃電一樣迅速，還是不免像靈敏的烏龜仍舊拖著尾巴一樣。你來說說看，進入這種境界的人會是怎麼樣的一個人呢？我舉一則公案給你們看看。

舉說公案：一天，劉鐵磨到溈山去參見溈山靈祐。（確實難契合。這老太婆不守本分！）溈山靈祐一見劉鐵磨就說：「老母牛，你來了。」（勘驗來機，不能長。點破！到什麼地方去見混淆訛誤？）劉鐵磨說：「明天五臺山舉行大會齋，師父還會去嗎？」（箭不虛發，言不虛設。大唐國的人打鼓之後，新羅國的人接著上堂。放去的手段太慢，收來的手段太快。）溈山靈祐隨身一倒，躺在禪床上，（中了劉鐵磨的箭。你到什麼地方去見溈山靈祐？誰知遠煙浪，別有好思量。）劉鐵磨便走出去了。（過去了。見機而作。）

評唱

劉鐵磨如擊石火，似閃電光，搆得搆不得，未免喪身失命。禪道若得他要處，那裡有許多事？他作家相見，如隔牆見角，早知是牛；隔山見煙，便知是火。拶著便轉，擦著便動❶。溈山自云：「我百年❷後，向山前檀越❸，作一頭水牯牛❹，脅下書五字云：『溈山僧某甲』。」正當恁麼時，喚作溈山僧、喚作水牯牛，畢竟喚作什麼？

劉鐵磨乃尼也。久已參飽，機鋒峭峻，人號為鐵磨，去❺溈山三五里卓庵。一日訪溈山，山云：「老牸牛，汝來也。」磨云：「來日臺山大會齋，和尚還去麼？」山放身臥，磨便出去。你看他一似說話相似，也不是禪，又不是道，喚作無事會得麼？溈山去臺山，自隔五千餘里。劉鐵磨因什麼卻令他去齋，此意如何？如今人見他臥亦不會。他一見便出去，這老婆會他，絲來線去❻，一放一收，互相酬唱，如兩鏡相照，無影象可觀❼，機機相副❽，句句相投。如今人，三搭不回頭❾，作麼生搆得？這老婆一點也瞞他不得。這箇卻不是世諦❿情見事，如明鏡當臺、如明珠在掌，胡來胡現、漢來漢現。是他知有向上事，所以如此。今時人只管作無事會！

四祖⓫道：「莫將有事為無事，往往事從無事生。」你若參得透去，見他恁麼說話，如尋常相似。多被言句隔礙⓬，人所以不會。唯是知音，方會他底。如紫胡接人，常立一牌：「紫胡有一隻狗，上取人頭、中取人心、下取人足，擬議則喪身失命。」雪竇拈云：「紫胡要打劉鐵磨。」又乾峰⓭示眾云：「舉一不得舉二，放過一著，落在第二。」雲門出眾云：「昨日有人從天台來，卻往南岳去」，乾峰下座云：「典座⓮來日不要普請⓯。」看他兩人，雙收⓰雙放⓱，為仰下謂之境致⓲。風塵草動，悉皆辨得。亦謂之隔身句⓳，意通而語隔。到這裡，須是左轉右轉⓴，方是作家。

【注釋】❶拶著便轉二句　指劉鐵磨的機鋒轉動自在，不守一隅。❷百年　死的婉詞。❸檀越　梵語音譯。施主。❹牯牛　閹割過的公牛。多泛指牛。❺去　距離，離開。❻絲來線去　喻指禪機相投，如針路不相差。❼如兩鏡相照二句　比喻劉鐵磨、溈山靈祐兩人胸中無瑕翳。❽機機相副　指禪師與參學者的心地相契冥合。機機，指禪師之機與參學者之機。相副，相稱；相符。❾三搭不回頭　比喻愚癡遲鈍。搭，擊；打。❿世諦　「二諦」之一。謂有關世間種種事相的真理。又指世俗之見。⓫四祖　即四祖法演，桂州（治今廣西桂林）人。黃龍慧南的嗣法弟子，住蘄州（治今湖北黃梅）四祖山。⓬隔礙　隔離阻礙。⓭乾峰　洞山良价的嗣法弟子，住越州（治今浙江紹興）。⓮典座　寺院職事僧，主管總務。⓯普請　集中寺院僧人參加勞動。⑯雙收　指溈山靈祐的「放身臥」與劉鐵磨的「便出去」。⑰雙放　指溈山靈祐所說的「老牸牛，汝來也」與劉鐵磨所說的「來日臺山大會齋，和尚還去麼？」⑱境致　以境顯玄旨。⑲隔身句　指無法用語言文字充分表達的語句。⑳左轉右轉　禪師左轉，參禪者右轉，轉身自在之意。

【語譯】圜悟克勤評唱：劉鐵磨的禪機就像擊石火、閃電光一樣迅速，不管你能理解還是不能理解，稍一遲疑，就免不了要喪失生命。參禪問道如果得到了他的關鍵之處，哪裡還會有許多事？那些機用傑出的禪師相見，就如同隔牆看到牛角，便知道牆外必然有牛在那裡；隔著山看到遠方有煙嫋嫋上升，就知道那裡有火在燃燒。一撥就轉，一擦就動。溈山靈祐曾經親口說過這樣的話：「老僧圓寂後，要投向山前的施主家，去做一頭公水牛，脅下寫五個字：『溈山僧人靈祐』。」正當溈山靈祐這樣說的時候，你是叫他溈山僧人呢？還是叫他公水牛呢？到底叫他做什麼呢？

劉鐵磨是一位女尼，在長期參禪之後，機鋒顯得險峻，所以人們叫她「鐵磨」。她在離溈山三、五里外的地方搭建了一間草庵。一天，劉鐵磨前來參見溈山靈祐。溈山靈祐一見劉鐵磨就說：「老母牛，你來了。」劉鐵磨說：「明天五臺山舉行大會齋，師父還會去嗎？」溈山靈祐隨身一倒，躺在禪床上，劉鐵磨便走出去了。你看他們的行為就像說話一樣，既不是禪，也不是道，把它叫做「無事」，這樣理解行嗎？溈山離五臺山有五千多里的路程，劉鐵磨為什麼叫溈山靈祐去參加大會齋呢？她的用意是什麼呢？現在的人對溈山靈祐躺在禪床上並不理解。劉鐵磨參見溈山靈祐，只說了一句話就走出去了，這老太婆已經理解了溈山靈祐的禪機，兩人絲來線去，一放一收，互相酬唱，就像兩面明鏡互相對照，看不到任何影像，禪機相稱，言句相契。如果換了現在的人，即使打他三下，他仍舊不回頭。要怎樣領悟才行呢？這老太婆一點也騙不了她。他們的言行並不是世俗的情識妄見，而是像明鏡當臺、明珠在掌一樣展示他們的禪機，所以能夠做到胡人來了，出現的是胡人；漢人來了，出現的是漢人。由於溈山靈祐知道禪門玄旨，所以才這樣躺在禪床上。現在的人卻把溈山靈祐躺在禪床上，當作「無事」來理解。

四祖法演說：「莫將有事為無事，往往事從無事生。」你如果參得透，就可以看出他這樣說話，就像平常說話一樣。很多人受言句的障礙，所以不能理解。只有知音才能明白他的意思。像紫胡禪師接引學人，經常樹立一塊牌子，上面寫著：「紫胡有一條狗，上取人頭，中取人心，下取人腳，稍一遲疑，就要喪失生命。」雪竇重顯拈評說：「紫胡要打劉鐵磨。」乾峰和尚開示僧眾說：「只能舉一，不得舉二，退讓一步，就落在第二了。」雲門文偃從僧眾中站出來說：「昨天有一位僧人從浙江天台山來，又往湖南衡山去了。」乾峰和尚說：「典座明天不要普請。」看劉鐵磨與溈山靈祐兩人，要收就一起收，要放就一起放，溈仰宗的僧人把這種情景叫做「境致」。即使是風起塵飛、草木搖動，也都要仔細分辨才行。這也叫做「隔身句」，所以儘管意思通了，但還有語言上的障礙。到這裡必須左轉右轉，才稱得上是一位機用傑出的禪師。

頌

曾騎鐵馬入重城❶，（慣戰作家，塞外將軍❷，七事❸隨身。）
敕下傳聞六國清❹。（狗銜❺赦書❻，寰中天子❼，爭奈海宴河清❽？）
猶握金鞭問歸客❾，（是什麼消息？一條拄杖兩人扶❿，相招同往又同來。）
夜深誰共御街⓫行？（君向瀟湘⓬我向秦⓭。且道，行作什麼？）

評唱

雪竇頌，諸方以為極則。一百頌中，這一頌最具理路⓮，就中極妙，貼體分明頌出。「曾騎鐵馬入重城」，頌劉鐵磨任恁麼來；「敕下傳聞六國清」，頌溈山與麼問；「猶握金鞭問歸客」，頌劉鐵磨云：「來日臺山大會齋，和尚還去麼」；

「夜深誰共御街行」，頌溈山放身臥，磨便出去。

雪竇有這般才調⑮，急切處向急切處頌、緩慢處向緩慢處頌，所謂「高高峰頂立，魔外不能知；深深海底行，佛眼覷不見」。看他一箇放身臥，一箇便出去。若更周周遮遮⑯，一時討⑰路不見！雪竇前面頌意最好。若不是同得同證底人，焉能恁麼？且道，得箇什麼？

【注　釋】❶曾騎鐵馬入重城　比喻劉鐵磨到溈山。鐵馬，配有鐵甲的戰馬。重城，古代城市在外城中又建內城，故稱。❷塞外將軍　塞外將軍面臨軍機敵情，有臨時處理一切事務的權利。塞外，邊塞之外。泛指中國北邊地區。這裡比喻劉鐵磨。禪師常以「寰中天子，塞外將軍」啟示學人領悟自心是佛、以我為主的禪旨。❸七事　唐代武官隨身佩帶的七件東西。喻指禪宗僧人應具備的七種自在力。❹敕下傳聞六國清　已入重城，聞六國絕煙塵，有清平之敕誥。敕，特指皇帝的詔書。六國，比喻六根。❺銜　含在嘴裡；用嘴咬著。❻赦書　頒佈赦令的文告。❼寰中天子　即皇帝，具有至高無上的權利。這裡比喻溈山靈祐。❽海宴河清　指天下太平。比喻溈山靈祐德化四海，將軍動干戈不得。宴，安定；平靜。河清，黃河水濁，少有清時，古人以「河清」為昇平祥瑞的象徵。❾猶握金鞭問歸客　謂劉鐵磨雖已知溈山靈祐的用意，但為了窮盡其深奧，又問上一句，如同將軍問歸客，審其治亂。歸客，旅居外地返回家的人。❿一條拄杖兩人扶　謂禪師所拿的一根拄杖，可作二位學人的依憑。引申為佛弟子同證同悟之意。「扶」有支撐、依憑之義。就學人言，無論其人數多寡，凡是佛弟子，均可同證同悟。⓫御街　京城中皇帝出行的街道。⓬瀟湘　湘江與瀟水的並稱。多借指今湖南地區。⓭秦　陝西地區的簡稱。春秋時，秦國土大多在今陝西地區，故名。⓮理路　思路；條理。⓯才調　猶才氣。多指文才。⓰周周遮遮　囉嗦，多餘累贅。⓱討　尋找。

【語　譯】雪竇重顯頌古：曾騎鐵馬入重城，（習慣法戰的行家高手，塞外將軍，隨身佩帶七樣東西。）敕下傳聞六國清。（狗嘴裡含著赦書，寰中天子，無奈天下太平？）猶握金鞭問歸客，（這是什麼消息？一根拄杖兩個人扶著，相邀同往又同來。）夜深誰共御街行？（你去湖南地區，我去陝西地區。你來說說看，在御街行走幹什麼？）

圜悟克勤評唱：雪竇重顯的頌古，各地的禪師都奉為最高準則。不過在這一百首頌古中，要算這首最有條理，能把其中的奧妙，恰如其分地頌出來。「曾騎鐵馬入重城」，頌劉鐵磨從她所住的草庵特地來到溈山。「敕下傳聞六國清」，頌溈山靈祐問劉鐵磨。「猶握金鞭問歸客」，頌劉鐵磨問溈山靈祐：「明天五臺山舉行大會齋，師父還會去嗎？」「夜深誰共御街行」，頌溈山靈祐隨身一倒，躺在禪床上，以及劉鐵磨走出去。

雪竇重顯有很高的才氣，急切處便向急切處頌出，緩慢處便向緩慢處頌出，所謂「巍然屹立在高山頂上，連天魔、外道都無法知道他的底細；在深深的海底行走，哪怕就是憑藉佛的慧眼也看不出他的禪機」。看他倆一個是隨身一倒，躺在禪床上，一個便走出去了。如果他們刻意準備對機的言句，那就連禪的邊際也摸不到。雪竇重顯上面頌古的用意最好。如果不是同證同悟的人，怎麼可能這樣相契呢？你來說說看，他得到了一個什麼東西？

【說　明】劉鐵磨之所以稱之為「鐵磨」，是講她的禪機非常銳利，就像能把穀物碾成粉末的鐵磨一樣。在禪語中，老母牛常常代指功底不凡的女尼。男僧女尼，一個是公水牛，一個是老母牛，正逢對手，必有一場精彩的法戰。劉鐵磨見溈山靈祐挑戰，便說：「明天五臺山舉行大會齋，師父還會去嗎？」只是那五臺山在山西，溈山在湖南，恐怕怎麼也來不及吧。看樣子這下要為難溈山靈祐了。

溈山靈祐聽完劉鐵磨的問話後，當場躺下就睡。意謂老僧睏了就睡，餓了就吃，不需要什麼齋供，也不用到五臺山去，老僧寢食之處就是人間勝境。這就是圜悟克勤在開示中所說「高高峰頂立，魔外不能知；深深海底行，佛眼覷不見」的境地。劉鐵磨見狀，一聲不吭地離開了。你靜我動，你來我去，幾個回合之間，公水牛和老母牛都互不相讓，高低難分，真是一場好戰。

第二五則　蓮花拄杖

【題解】蓮花峰祥庵主所說的「這裡」，指的是平等如一的悟境。不肯住在「這裡」，是因為他們在差別之路中，得到了大力量、大智慧，而不願意僅僅憑藉拄杖（開悟）的幫助來自善其身。所以他們就橫著擔起縱向伸長的拄杖，直入千峰萬壑，直入人世間的十字街頭，把這種智慧用來普濟眾生，這才是真正的禪。

示眾

機不離位❶，墮在毒海；語不驚群❷，陷於流俗❸。忽若擊石火裡別緇素、閃電光中辨殺活，可以坐斷十方❹、壁立千仞，還有與麼❺時節麼？試舉看。

舉

蓮花峰庵主❻，拈拄杖示眾云：（看頂門上具一隻眼，腦後見腮❼，莫與往來。）

「古人到這裡，為什麼不肯住？」（不可向虛空裡釘橛❽，權❾立化城❿。）

眾無語。（千箇萬箇，如麻似粟，卻較些子。可惜許！一棚俊鶻⓫。）

自代云：「為他途路⓬不得力。」（若向途中辨，猶較半月程；設使得力，堪作什麼？豈可全無一句？）

復云：「畢竟如何？」（千箇萬箇向這裡坐卻，一人兩人會。）

又自代云：「楖栗橫擔⑬不顧人，卻入千峰萬峰去。」（好與三十棒，只為擔板⑭，也是時人⑮窠窟。）

【注釋】❶機不離位　謂只守舊窠，無轉變之禪機。❷語不驚群　語句平淡，沒有令人震驚的地方。❸流俗　平庸粗俗。❹十方　為四方、四維、上下的總稱。即指東、西、南、北、東南、西南、東北、西北、上、下。❺與麼　如此；這樣。❻蓮花峰庵主　《五燈會元》為蓮花峰祥庵主，是奉先深禪師的嗣法弟子，住天台山蓮花峰。庵主，創建庵寺之人。❼腮　兩頰的下半部。❽向虛空裡釘橛　往天空中打入木樁，喻指虛妄的行為。❾權　權宜，變通。❿化城　《法華經》中說，佛在引導眾生走向「寶所」——大乘最高境界，即成佛的過程中，瞭解眾生因路途遙遠險惡而產生疲累退卻之心，於是在中途幻化出一座大城，讓眾生休息，消除疲累，並心生歡喜，然後佛又滅去此「化城」，促使眾生走向「寶所」。此「化城」即喻小乘涅槃境界，眾生修行，比較容易達到。⓫一棚俊鶻　反語，諷刺眾人無飛騰氣。棚，用竹、木等材料搭起的篷架或簡陋小屋。俊鶻，矯健之鶻。⓬途路　謂旅行途中。⓭楖栗橫擔　指僧人行腳。楖栗，指禪宗僧人所用拄杖，此拄杖在外出行腳時也常用來挑行李。按「楖栗」係樹木名，可製作拄杖，故有此借代義。⓮擔板　呆板。⓯時人　當時的人；同時代的人。

【語譯】圜悟克勤開示：機鋒沒有變化，就會成為毒害世間的源流；說法時語不驚人，不免要陷入平庸粗俗。所以機鋒要快得像在敲擊石火的光亮中就能分出黑白，在閃電光中就能決定殺活，這樣就可以截斷十方，屹立在萬丈懸崖之上。還有這樣的禪機嗎？試舉一則公案給你們看看。

舉說公案：天台山蓮花峰祥庵主拿著拄杖向僧眾開示說：（看他額頭上具備一隻法眼，從腦袋後面能看見他的腮幫的怪人，不要與他來往。）「從前的禪師來到這裡，為什麼不肯住下呢？」（不可向天空中釘木樁，暫時立一座化城。）僧眾啞口無言，無人回答。（千個萬個，多得來如麻如粟，還說得過去。太可惜了！一棚矯健的鶻鷹。）蓮花峰祥庵主於是就自己代擬答語說，「這是因為他還在行腳途中，修行還不得力的緣故。」（如果要說在行腳途中修行得力，那還相差半個月的路程；即使修行得力，又有什麼用？豈可全無一句？）他又說：「那到底應該怎麼樣？」（千個萬個都被他的機鋒弄得暈頭轉向，只有一、二個人理解。）又自己代擬答語說：「橫挑著拄杖，不回頭看他人，一直向千山萬壑中走去。」（饒他三十棒，只是因為呆板，也是當時人的窠臼。）

評唱

諸人還辨得庵主麼？腳跟未點地❶！他在國初❷時，在廬山蓮花峰卓庵。古人既得道之後，茆茨❸石室❹中，折腳鐺❺子裡，煮野菜過日。且不求名利、放曠❻隨緣❼，垂一轉語，且要報佛祖恩，傳佛心印。纔❽見僧來，拈拄杖云：「古人到這裡，為什麼不肯住？」前後凡三十年，終無人道得。只這一句中，有權有實、有照有用，若是得他圈圚，不消一捏。你且道，因什麼，二三十年如此問？既是宗師為人，為什麼只守一橛？若向這裡見得，自然不向情塵上走。凡三十年中，有多少人與他平展下語呈解，做盡伎倆❾？設有道得，也不到他極則處。況此事雖不在言句中，若非言句，卻不能辨。不見道：「道本無言，因言顯道。」所以驗人端的處，下口便知音❿。古人垂一言半句，亦無他，只要見你知有⓫不知有。

他見無人會，所以自代云：「為他途路不得力。」看他道出來，自然契理應機，豈曾失卻宗旨？古人道：「承言須會宗，勿自立規矩。」如今人只管撞將去便了，得則得，爭奈顢頇佛性、儱侗真如？若到作家漢，將三要印⑫，印空⑬印水⑭印泥⑮驗你，便見方木逗圓孔⑯，無下落處。到這裡，討一個同得同證，臨時向什麼處求？若是知有底人，開懷⑰通箇消息，有何不可？若不遇人，且卷而懷之⑱。且問你諸人，拄杖子是衲僧尋常用底，因什麼卻道：「為他途路不得力？」古人到這裡不肯住，其實是金屑雖貴，落眼成翳⑲。

石室行者善道和尚⑳，當時遭沙汰㉑，常以拄杖子示眾云：「過去諸佛也恁麼，現在諸佛也恁麼，未來諸佛也恁麼？」雪峰一日，僧堂㉒前拈拄杖云：「者拄杖只為中下之機。」時有僧出問云：「忽遇上上之機來時如何？」峰舉起拄杖。雲門在後道：「我不似雪峰打破狼藉。當時若是老僧，劈脊便打！」

【注　釋】❶腳跟未點地　意謂未明悟心地。❷國初　王朝建立初期。❸茆茨　同「茅茨」。茅草蓋的屋頂。亦指茅屋。❹石室　岩洞。❺鐺　古代的鍋。有耳和足。用於燒煮飯食等。以金屬或陶瓷製成。❻放曠　豪放曠達，不拘禮俗。❼隨緣　順應機緣，不加勉強。❽纔　方始；剛剛。❾伎倆　手段，花招。❿下口便知音　於吐一言處，便知其人悟不悟。⓫知有　知道；知曉。⓬三要印　即宗門三印，禪宗用以顯示佛法平等的三項譬喻。⓭印空　表示佛法平等無差別；猶如以印印於無形之「空」中，自然不現任何紋彩形象。⓮印水　表示自平等一如、絕對唯一而沒有差別的佛法顯現差別相：猶如於同一之水（鏡），可印現各種不同的姿彩形貌。⑮印泥　亦表示自佛法絕對唯一之本體，可顯現各種差別之相；猶如於同一之泥，可印現各種不同的形跡。⑯方木逗圓孔　用方形木頭去嵌圓形孔洞（無法嵌入）。逗，嵌入。比喻方法錯誤，無法達到目的。⑰開懷　心中無所拘束，十分暢快。⑱卷而懷之　謂藏身隱退，收心息慮。⑲金屑雖貴二句　金子的屑粒雖然貴重，但不能放在眼睛裡。喻指佛法說教對於禪悟是多餘甚至是有害的。翳，目疾引起的障膜。⑳善道和尚　唐代禪僧。參石頭希遷得法，尋值沙汰，乃作行者，居潭州（治今湖南長沙）石室，四方參謁者眾，誨人不倦，世稱「石室道」、「石室行者」。㉑沙汰　原義為淘汰，佛教文獻中此詞常指中國朝廷對於佛教、僧尼的限制和打擊。與禪宗關係較大的一次沙汰（又稱滅佛）發生在唐武宗會昌年間。㉒僧堂　指禪林中僧眾日常修禪起臥的堂舍。禪宗七堂伽藍之一。凡在禪剎掛搭者，悉依戒臘而安排位次，舉凡坐禪，起臥、飲食，皆在此堂，兼有古代僧房及食堂的功用。

【語譯】圜悟克勤評唱：你們各位認得蓮花峰祥庵主嗎？我看你們一點也沒有真參實證的功夫。宋朝初年，他在廬山蓮花峰建了一座草庵，住在庵中修行。從前的禪師在悟道之後，便到荒山野嶺搭一間茅蓬，或者找一個岩洞，弄一隻斷了腳的鍋子，煮些野菜吃吃，天天過的就是這樣的日子。況且不求名利，豪放曠達，順應機緣，有時向人們開示一句機鋒轉語，這樣做是為了報答諸佛祖師的恩德，傳授佛教以心印心的法門。蓮花峰祥庵主一看見有僧人來，就舉起拄杖說：「從前的禪師來到這裡，為什麼不肯住下呢？」這個問題問了三十年之久，始終沒有人能夠回答得出來。就在他的這一句問話中，有權有實，有照有用，如果知道他這句話所圈定的範圍是什麼，那回答起來真是不費吹灰之力。你來說說看，蓮花峰祥庵主二、三十年來一直是這樣問？既然是禪宗法師，接引學人為什麼老是用一種方法？如果從這裡能夠悟道，自然不會跟著俗情的塵垢外緣走。三十年來，不知有多少人通過種種方式要向他呈見解、較量機鋒，使盡渾身解數。即使有人能夠說出他的悟道體會，也還是沒有達到他的最高準則。何況悟道大事雖然不在言句之中，但不通過言句，又無法分辨。不是有人說過「道本無言，因言顯道」嗎？所以要勘驗一個人是否真的悟道，只要你一開口他就知道了。從前的禪師往往開示一言半句，沒有別的，只是為了看你知道不知道。

蓮花峰祥庵主看到僧眾當中沒有人回答，因而自己代擬答語：「只因為還在行腳途中，修行不得力的緣故。」你看他說出來，自然契合禪理，也契合禪機，何曾失去宗旨？從前的禪師說：「要理解一位禪師所說的禪語，必須先得知道他這一宗派的旨意，千萬不要自立規矩。」現在的參禪者只管闖過去，就算會了。無奈在什麼是佛性上還是糊裡糊塗，在什麼是真如上也是含含糊糊。如果到一位機用傑出的大禪師面前，他用三要印，即印空、印水、印泥來勘驗你，立即看出好比是用方形木頭去嵌圓形孔洞，一點也不能相契。到了這一步，得找一個同得同證的人，但臨時到哪裡去尋找呢？如果遇到知曉禪法的人，只要他痛痛快快地通個消息，這樣做有什麼不可以呢？如果沒有遇到知曉禪法的人，那就暫且放在心上。我來問問你們各位，拄杖是禪宗僧人日常所用的東西，為什麼卻要說：「只因為還在行腳途中，修行不得力的緣故。」從前的祖師到這裡不肯住下來，就好比黃金的屑末雖然貴重，可是如果掉進人的眼睛，反而會變成遮障眼睛的東西。

石室行者善道和尚遭到沙汰的時候，常常用拄杖開示大眾說：「過去的諸佛是這樣過來的，現在的諸佛也是這樣過來的，未來的諸佛也是這樣過來的。」雪峰義存有一天也在僧堂前舉起拄杖開示僧眾說：「這拄杖只是為中下等根機的人而設置的。」當時有一位僧人站出來問：「忽然有上等根機的人來了，那又該怎麼辦呢？」雪峰義存只是舉起拄杖。此後，雲門文偃說：「我不會像雪峰義存那樣讓人摸不著頭腦。當時如果是我，對準他的脊梁骨就打。」

大凡參禪，也無許多事。你若外見有山河大地、內見有見聞覺知[1]，上見有諸佛、下見有眾生，直須向十二時中，行住坐臥，打成一片。雖在一毛頭[2]上，寬若大千世界[3]。雖在鑊湯爐炭中，還同安樂國[4]土。雖在七珍八寶[5]之中，如在茆茨之下[6]。這般事若是通方作者，到古人實處，自然不費力。

他見無人搆得，復徵❼云：「畢竟如何？」又奈何不得。又自云：「楖栗橫擔不顧人，卻入千峰萬峰去。」恁麼道，這箇意又作麼生？且道，指什麼處為地頭❽？不妨句中有眼、言外有意，自起自倒、自收自放❾。

昔嚴陽尊者❿，路逢一僧，拈起拄杖云：「是什麼？」僧云：「不識。」尊者云：「拄杖一條也不識！」復以拄杖劄一下云：「還識麼？」僧云：「不識。」尊者云：「土窠箇也不識。」復以拄杖擔云：「會麼？」僧云：「不會。」尊者云：「楖栗橫擔不顧人，卻入千峰萬峰去。」古人到這裡，為什麼不肯住？雪竇有〈至人⓫不器⓬頌〉云：「誰當機⓭，舉⓮不賺⓯，亦還稀。摧殘峭峻，銷鑠玄微⓰。重關⓱曾巨闢⓲，作者未同歸⓳。玉兔⓴乍圓乍缺、金烏㉑似飛不飛。盧老㉒不知何處去？白雲流水共依依㉓。」因什麼夾山道「腦後見腮，莫與往來」？纔作計較，便入黑山鬼窟裡作活計。若見得透、信得及，千人萬人自然撈籠㉔不住、奈何不得。動著拶著，自然有殺有活。雪竇知得他意，道：「直入千峰萬峰去。」方始頌，要知落處麼？看他頌。

【注　釋】❶見聞覺知　泛指人的「六識」（眼、耳、鼻、舌、身、意）對世界萬物產生的感覺認識，佛教認為這些感覺認識都是虛幻不實的。❷毛頭　皮毛衣服上的長毛。❸大千世界　為古代印度人的宇宙觀。古代印度人以四大洲及日月諸天為一小世界，合一千小世界為小千世界；合一千小千世界為中千世界；合一千中千世界為大千世界。後亦以指廣闊無邊的世界或世間紛紜萬象。❹安樂國　佛經中指阿彌陀佛所居住的國土，俗稱西天。佛教徒認為居住在這裡，就可獲得一切歡樂，擺脫人間一切苦惱。❺七珍八寶　泛指各種珍寶。七珍即七寶，七種珍寶。佛經中說法不一，《法華經》以金、銀、琉璃、硨磲、碼碯、真珠、玫瑰為七寶。❻如在茆茨之下　意謂打成一片則離內外見，忘識情，故不被一切境縛。❼徵　質問；詢問。❽地頭　終點；目的。❾自起自倒自收自放　自起、自放指「畢竟如何」句，是放去的手段；自倒、自收指「楖栗橫擔」等二句，是收來的手段。❿嚴陽尊者　法名善信，趙州從諗的嗣法弟子，住洪州（治今江西南昌）新興寺。尊者，泛指具有較高德行、智慧的僧人。⓫至人　指超凡脫俗，達到無我境界的人。⓬不器　不像器皿一般。意謂用途不局限於一個方面。後用以稱讚人的全才。⓭當機　契合禪機。⓮舉　總括；總計。⓯不賺　與「不器」意同。⓰摧殘峭峻二句　謂至人無所不至，故能至孤危峭峻之處而摧毀之，亦能銷毀玄妙幽微。銷鑠，熔化。⓱重關　險要的關塞。⓲闢　開闢；開拓。⓳作者未同歸　謂至人不與物同歸。作者，至人。⓴玉兔　古代神話傳說月亮中有白兔，因用為月亮的代稱。㉑金烏　古代神話傳說太陽中有三足烏，因用為太陽的代稱。㉒盧老　雪竇重顯的自稱。㉓依依　依戀不捨的樣子。㉔撈籠　控制；籠罩。

【語　譯】大抵說來，參禪問道其實也很簡單。如果你往外看，見到的是山河大地，往內看，見到的是自己的見聞覺知，往上看，見到的是諸佛，往下看，見到的是眾生。你只有對這一切視而不見，然後必須在每天二十四小時的行、住、坐、臥中，以等同的眼光看待萬事萬物，達到物我不分的境界。即使是一根毛髮，在悟道後的禪者看來，卻寬廣得像大千世界一樣；即使是置身在大鍋沸水、爐中炭火之中，卻像生活在安樂國土一樣；即使處在有許多珍寶的豪華住宅之中，卻像棲居在草庵茅屋裡一樣。這種事對於一個通達禪法的行家高手來說，要達到前輩禪師所達到的境界，自然是不費吹灰之力的。

蓮花峰祥庵主見沒人能理解他的用意，又問：「到底該怎麼辦呢？」無可奈何之下，他見僧眾無人回答，只好自己代擬答詞說：「橫挑著拄杖，不回頭看別人，直接向千山萬壑走去。」他這樣說的用意又是什麼呢？你來說說看，他指著什麼地方作為目的地呢？蓮花峰祥庵主的這些話確實稱得上是言句之中有法眼，言句之外有捉摸不到的玄意，自起自倒，自放自收。

從前嚴陽尊者有一天在路上遇見一位僧人，舉起拄杖就問：「這是什麼東西？」那位僧人回答說：「不知道。」嚴陽尊者說：「難道你連一根拄杖都不知道嗎！」嚴陽尊者又把拄杖往地下一戳，問：「還知道嗎？」那位僧人仍舊回答說：「不知道。」嚴陽尊者說：「你難道連一個土窟窿也不知道嗎！」嚴陽尊者再把拄杖扛在肩上問：「你懂了嗎？」那位僧人還是那樣回答：「不懂。」嚴陽尊者說：「橫挑著拄杖，不回頭看別人，一直向千山萬壑走去。」前代祖師進入悟道的境界以後，曉得用佛法做拄杖，為什麼不肯就此停留下來？雪竇重顯作有〈至人不器頌〉說：「誰當機，舉不賺，亦還稀。摧殘峭峻，銷鑠玄微。重關曾巨闢，作者未同歸。玉兔乍圓乍缺、金烏似飛不飛。盧老不知何處去？白雲流水共依依。」為什麼夾山禪師說「從腦袋後面能看見他的腮幫的怪人，不要與他往來」？一旦產生區別、比較，就好比進入黑山的鬼洞裡亂搞一通。如果參禪見得透、悟道信得過，千千萬萬的人都牢籠控制不了他，對他無可奈何。這樣的人一動一拶，自然有時斬斷分別妄想，有時復活靈覺真性，機鋒撥轉自在。雪竇重顯曉得蓮花峰祥庵主的用意，所以說：「一直向千山萬壑走去。」然後才開始頌古。你要想知道得更明白一些嗎？請看下面的頌古。

頌

眼裡塵沙耳裡土，（懞懞懂懂三百擔❶，鶻鶻突突❷有甚數？更有恁麼漢❸。）

千峰萬峰不肯住。（你向什麼處去？且道是箇什麼消息？）

落花流水❹太茫茫❺，（好箇消息。閃電之機，徒勞佇思❻。左顧千生❼、右顧百劫❽。）

剔起眉毛何處去❾？（腳跟下更贈一對眼❿，元來只在這裡。雖然如是，實到這箇田地始得，見麼？打云：為什麼只是這裡？還截得蓮花峰庵主腳跟也未⑪？）

【注釋】❶懵懵憧憧三百擔　謂事理不分，是非曲直不別。三百擔，謂背負極重。以比喻業識茫茫而極其癡鈍暗昧。❷鶻鶻突突　不明白事理。❸更有恁麼漢　此語實為稱讚真正無心的漢子。❹落花流水　形容殘春的景象。❺茫茫　紛繁；紛雜；眾多。❻佇思　沉思；凝思。❼千生　猶言生生世世。❽劫　梵文音譯，「劫波」的略稱。意為極久遠的時節。古印度傳說世界經歷若干萬年毀滅一次，重新再開始，這樣一個週期叫做一「劫」。「劫」的時間長短，佛經有各種不同的說法。一「劫」包括「成」、「住」、「壞」、「空」四個時期，叫做「四劫」。到「壞劫」時，有水、火、風三災出現，世界歸於毀滅。❾剔起眉毛何處去　謂睜大眼睛尋找蓮花峰祥庵主言句的用意。❿腳跟下更贈一對眼　針對隨著語句尋求其旨意而言，圜悟克勤要人們知道其旨意就在腳跟之下。如果沒有看腳跟之下的眼睛，則送你一對眼睛。⓫還截得蓮花峰庵主腳跟也未　謂人們對蓮花峰祥庵主的機鋒無可奈何，為什麼不反過來與他較量機鋒，逼得他無路可走呢？

【語譯】雪竇重顯頌古：眼裡塵沙耳裡土，（迷迷糊糊地背著三百擔的東西，糊裡糊塗地連有多少數量都不知道。竟然還有這樣的傢伙。）千峰萬峰不肯住，（你到底要去什麼地方？且說說看這是一個什麼徵兆？）落花流水太茫茫，（好一個徵兆。像閃電一樣的禪機，苦苦思索，真是白費心機。就在從左看到右的一瞬間，早已是相差千年萬世。）剔起眉毛何處去？（送你一雙看自己腳跟下的法眼，原來就在這裡。儘管這樣，也確實應該修行到蓮花峰祥庵主的這種境界才行，認識到了嗎？邊打邊說：為什麼只是在這裡？還能截斷蓮花峰祥庵主的腳跟嗎？）

評唱

雪竇頌得奇特。有轉身去處，不守一隅❶。便道：「眼裡塵沙耳裡土」，此一句頌蓮花庵主示眾。衲僧家到這裡，上無攀仰、下絕己躬。於一切時中，如癡[2]如兀[3]。不見南泉云：「學道之人，癡鈍[4]者難得。」禪月詩云：「長憶[5]南泉好言語，如斯[6]癡鈍者還稀。」法燈[7]云：「誰人知此意，令我憶南泉。」南泉又云：「黃梅七百高僧[8]，盡是會佛法底人，唯有盧行者[9]不會佛法，不會方得他衣鉢[10]。」雪竇拈古云：「趙州三轉語[11]：泥佛不度水，神光[12]照天地，立雪[13]如未休，何人不雕偽[14]？金佛不度爐，人來訪紫胡，牌中數箇字[15]，清風何處無？木佛不度火，常思破竈墮[16]，杖子忽擊著，方知辜負我。」正是這般生鐵鑄就底漢。何故？或是惡境界、或遇奇特境界，到他面前，悉皆如夢相似，不知有六根[17]、不知有日夕[18]。直饒到這般田地，切莫守寒灰[19]死火，打入黑漫漫[20]處去，也須有轉身一路[21]始得。

不見古人道：「坐卻白雲宗不妙[22]。」所以蓮花峰庵主道：「為他途路不得力，直入千峰萬峰去始得。」且道，喚什麼作「千峰萬峰去」？雪竇為愛他道「楖栗橫擔不顧人，直入千峰萬峰去」，所以頌出。且道，向什麼處去？還有知落處去底麼？「落花流水太茫茫」，落花紛紛、流水茫茫，同閃電之機，眼裡是什麼？「剔起眉毛何處去」，雪竇為什麼不知去處？只如山僧適來舉拂子，即今在那裡？

你諸人若見得，與蓮花峰庵主同參㉓；其或未然，三條椽下、六尺單前，試去參看！

【注釋】❶不守一隅　指先形容奇異漢。一隅，指一個角落。亦泛指事物的一個方面。❷癡　迷戀；入迷。❸兀　癡迷不動。❹癡鈍　愚笨遲鈍。這裡指萬念止息。❺長憶　經常想到；時常想念。❻如斯　如此。❼法燈　法名泰欽（西元？～九七四年），五代禪僧。魏府（治今河北大名）人。參清涼文益禪師得法，為法眼宗傳人。居洪州（治今江西南昌）雙林院，又應南唐後主之請，住持金陵（治今江蘇南京）清涼大道場。辨才無礙，海內禪眾歸之，皆曰敏匠。署號「法燈禪師」。❽黃梅七百高僧　五祖弘忍曾住持湖北黃梅東山寺，座下有七百弟子。❾盧行者　指六祖慧能，俗姓盧。他在黃梅五祖弘忍處帶髮修行，故稱「行者」。❿衣缽　佛教僧尼的袈裟與飯盂。佛家以衣缽為師徒傳授的法器，因引申指師傳的思想、學問、技能等。⓫趙州三轉語　趙州從諗以機轉之三轉語句接引學人，開示真佛之所在，使人人徹見本來面目。他說：「金佛不度爐，木佛不度火，泥佛不度水，真佛內裡坐。」意謂金佛如果放進熔爐之中就會熔解，木佛如果放進火中就會燒毀，泥佛如果放進水中就會渾身爛壞，自性本然之真佛內裡端坐，不被水火所壞。此即表示一心不生之處即等同於「萬法一如」之至理。度，授與；給與。⓬神光　神異的靈光。這裡指禪宗二祖慧可，他初名神光。⓭立雪　中國禪宗二祖慧可向初祖菩提達摩求法的故事。南北朝北魏時，達摩在嵩山少林寺，慧可為了求得禪法，於隆冬雪夜站在達摩的門外，徹夜堅立大雪中，及曉，積雪過膝，又「潛取利刃，自斷左臂」，終於感動了達摩，從他那裡接受了禪宗衣法。後遂以「立雪」為僧人精誠求法的典故。⓮雕偽　矯飾，做作，浮華。⓯人來訪紫胡二句　紫胡利蹤曾在門下立牌曰：「紫胡有一隻狗，上取人頭，中取人心，下取人足。擬議即喪身失命。」⓰破竈墮　指唐代嵩山破竈墮和尚。不稱姓氏，言行難測，師事嵩嶽慧安禪師，隱居嵩嶽。山中有廟甚靈，殿中唯安一竈，遠近祭祀不輟，烹殺物命甚多。破竈墮一日領僧入廟，以杖擊竈三下，說：「咄！此竈只是泥瓦合成，聖從何來？靈從何起？這麼烹宰物命。」又打三下，竈乃傾破墮落。不久有一青衣峨冠之人投拜破竈墮前。破竈墮問：「是什麼人？」答：「我本此廟竈神，久受業報，今日蒙師說無生法，得脫此處，生在天中，特來致謝。」破竈墮說：「是汝本有之性，非吾強言。」神再禮而沒。破竈墮素不稱名，由此事之因緣，故號為「破竈墮」。⓱六根　指眼、耳、鼻、舌、身、意的六種感覺認識。根為能生之意，眼為視根，耳為聽根，鼻為嗅根，舌為味根，身為觸根，意為念慮之根。⓲旦夕　早與晚。⓳

寒灰　猶死灰。物質完全燃燒後留剩的灰燼。比喻不生欲望之心或對人生已無任何追求的心情。⑳黑漫漫　形容漆黑一片，沒有邊際。㉑轉身一路　指言絕意斷的道路。㉒坐卻白雲宗不妙　此句出自大陽警玄的〈兼中到頌〉。坐卻，截斷；截除。坐卻白雲，指進入無心的境界。㉓同參　意謂所得相同。

【語　譯】圜悟克勤評唱：雪竇重顯的這首頌古頌得不同尋常，有轉身的出路，不偏向任何一邊。他說：「眼裡塵沙耳裡土」，這一句頌蓮花峰祥庵主開示僧眾。一個禪宗僧人進入這個境界之後，往上沒有諸佛祖師可供攀援，往下也看不見自己的身心，不管什麼時候都能保持兀立不動，像一個愚癡的人。南泉普願說：「在參禪學道的人當中，一念不生的人特別難得。」禪月貫休有詩曰：「長憶南泉好言語，如斯癡鈍者還稀。」法燈泰欽說：「誰人知此意，令我憶南泉。」南泉普願又說：「黃梅東山寺五祖弘忍門下有七百位高僧，個個都是精通佛法的人，只有六祖慧能不懂佛法。正是由於不懂佛法，所以才能夠繼承五祖弘忍的衣缽。」雪竇重顯拈古曰：「趙州三轉語：泥佛不度水，神光照天地，立雪如未休，何人不雕偽？金佛不度爐，人來訪紫胡，牌中數箇字，清風何處無？木佛不度火，常思破竈墮，杖子忽擊著，方知辜負我。」正是這種生鐵鍛鑄而成的漢子。為什麼這樣說呢？因為在修行過程中，有時會遇到很差的境界，有時會遇到不同尋常的境界，對這種人來說完全就像夢幻一樣，不知道有眼、耳、鼻、舌、身、意六根的存在，也不知道時間的早晚。即使你進入了這樣的境界，千萬不要守著寒灰死火，被打入到黑漫漫的地方，還必須再找出一條轉身的出路才行。

從前的禪師說：「坐卻白雲宗不妙。」所以蓮花峰祥庵主說：「只因為他修行途中不得力的緣故，所以得一直朝著千山萬壑走去才行。」你來說說看，什麼叫做「朝著千山萬壑走去」？雪竇重顯由於喜歡蓮花峰祥庵主「橫挑著拄杖，不回頭看別人，朝著千山萬壑一直走去」這句話，所以創作了這首頌古。你來說說看，朝著什麼地方走去？還有人知道他去的目的地嗎？「落花流水太茫茫」，落花紛紛，流水不斷，像閃電一樣的機鋒，你眼前看見的是什麼東西呢？「剔起眉毛何處去？」雪竇重顯為什麼不知道他要去哪裡？就像剛才我舉起拂子，而現在拂子又在哪裡？你們各位如果認識到這一點，就與蓮花峰祥庵主具有相同的參禪心得；如果看不出來，你就得坐在僧堂裡禪床上下死功夫，一直參下去。

【說　明】蓮花峰祥庵主所說的「這裡」，指的是悟道後的境地。如果停滯在這一境地，就會墮入毒海。從前的禪師悟道後，到達孤峰頂上，都不肯安住在「這裡」。他們不願到深山老林中去靜坐養心，而是到各地去創立寺院，傳授禪法。

第二六則　百丈獨坐

【題解】這是百丈懷海借獨坐大雄峰拈提禪門要旨的公案。獨坐，有獨立於宇宙，乃至「天上天下，唯我獨尊」之意。獨坐大雄峰，謂百丈懷海多年在大雄峰的坐禪生涯既是獨立於宇宙的最上修行，也是平常無奇，舉凡行住坐臥語默動靜都是禪理禪行的禪者生涯。故百丈懷海特以「獨坐大雄峰」回答「如何是奇特事」之問，乃收放自如、掃蹤滅跡的靈活機法。這位僧人當即禮拜，則表示善於以機投機、以意通意，完全領會了百丈懷海的機法，但反遭百丈懷海的棒打。這是因為百丈懷海知道這位僧人既已領會，還想施禮欲求更上之事，故用棒警示他在體會、領解之餘，還須修行實踐。

舉

僧問百丈：「如何是奇特❶事？」（言中有響、句裡呈機，有眼不曾見，驚殺人！）

丈云：「獨坐大雄峰❷。」（凜凜威風四百州❸，坐者立者二俱敗缺❹，還見麼？）

僧禮拜，（伶俐衲僧，也有恁麼人，要見恁麼事。）

丈便打。（作家宗師❺，何故來言不豐❻？令❼不虛行！）

【注　釋】❶奇特　原指佛祖釋迦牟尼有三種奇特：神通奇特、慧心奇特、攝受奇特。禪宗僧人常以有佛的智慧、能明心開悟為奇特。❷大雄峰　即百丈山，位於江西奉新西北，靠近洞山。馮水從山上一瀉而下，高達千尺，故稱百丈。又以山勢超群，而稱之為「大雄峰」。唐興元元年（西元七八四年），懷海入山，營建法堂、僧堂，創建百丈寺，舉揚禪風。❸凜凜威風四佰州　讚美百丈懷海威伏世界的大機大用。凜凜威風，形容聲勢氣派令人敬畏。四佰州，宋時天下有州三佰多，後湊其整數「四佰州」指中國全土。❹坐者立者二俱敗缺　僧人擔奇特事來問，百丈懷海則全露奇特事，圜悟克勤對二人均有責備。敗缺，受挫，挫敗。坐者，指百丈懷海。立者，指問話的僧人。❺宗師　為眾所崇仰，堪稱師表之人。❻豐　盛多。❼令禪機施設。

【語　譯】舉說公案：有一位僧人問百丈懷海：「什麼是悟道的奇特事？」（禪機露在言語之中，言句中顯示機鋒，從未見過這樣不同凡響的僧人，使人大吃一驚。）百丈懷海回答說：「獨自坐在大雄峰頂。」（在神州大地上威風凜凜，坐著的人與站著的人都有過錯，你們還看得出來嗎？）這位僧人向百丈懷海行禮致敬，（機智聰明的禪宗僧人，也有這樣的僧人，要參見這樣奇特的事。）百丈懷海動手就打這位僧人。（機用傑出的禪宗大師，為什麼言語不多？禪機沒有白費。）

評唱

臨機具眼，不顧危亡❶。所以道：「不入虎穴，爭得虎子❷？」百丈尋常如虎插翅❸相似。這僧也不怕生死，敢撩虎鬚❹。便問：「如何是奇特事？」這僧也具眼❺，百丈與他擔荷❻，向他道「獨坐大雄峰」，僧便禮拜，丈便打。衲僧家須是別未問已前意始得。這僧禮拜，與尋常不同，也須是具眼始得。莫教平生❼

心膽❽向人傾，相識還如不相識❾。者二人恁麼，放去❿則一時俱放，收來⓫則掃蹤滅迹。且道，他禮拜意旨如何？若道是，百丈又打他什麼？若道不是，他禮拜有甚不得處？到這裡，須是識休咎、別緇素，向千峰頂上立、深深海底行，方始見得。這僧禮拜，似捋虎鬚相似，只爭⓬轉身處⓭。賴值百丈頂門具眼、肘下有符，照破四天下⓮、深辨來風⓯，所以便打。若是別人，無奈他何。者僧以機投機、以意遣意⓰，所以禮拜。

如南泉云：「文殊普賢，昨夜起佛見法見⓱，每人打二十棒，貶向二鐵圍山⓲去也。」時趙州出眾云：「和尚棒教什麼人喫？」泉云：「王老師⓳有什麼過？」州便禮拜。宗師家等閑不見他受用⓴處。纔到當機拈弄處，自然活潑潑㉑地。五祖老師常說道：「如馬前相撲相似㉒，你但常教見聞聲色一時坐斷㉓，把得定、作得主，始見他百丈。」且道，放過時作麼生？

【注釋】❶危亡　危急，滅亡。❷不入虎穴二句　喻不冒風險，就不能取得大的成功。爭，猶怎。❸如虎插翅　好像老虎生出翅膀。比喻因增加新助力，強者愈強，惡者愈惡。❹撩虎鬚　猶捋虎鬚。謂冒犯虎威，擔受風險。❺這僧也具眼　稱讚他所問具有禪機。❻百丈與他擔荷　謂百丈懷海全身心為這僧。擔荷，承當。❼平生　一生；此生；有生以來。❽心膽　心志。❾相識還如不相識　謂這僧知道百丈懷海的旨意，卻不傾心膽說出來，似不會而禮拜。❿放去　指僧人問，百丈懷海答。⓫收來　指僧人禮拜，百丈懷海打他。⓬爭　指這僧轉身處自欲急著用，故謂之「爭」。⓭轉身處　指一機發轉上。⓮四天下即四大洲，古印度傳說，謂須彌山四方鹹海中有四大洲，為人類居住的地區。其說為佛教所採用，傳來中國後，因佛經譯本不一，洲名也各不相同。通稱為：東勝身洲、南贍部洲、西牛貨洲、北俱盧洲。⑮深辨來風　謂這僧如果不是遇上百丈懷海這樣法眼明亮的禪師深辨來機，也許要空手而歸。來風，指僧人所問。⑯以意遣意　以意通意。遣，發送；打發。⑰佛見法見　指執著於對佛的見解與執著於對法的見解。禪宗否定一切執著，即使對佛、對法抱持一定看法，亦屬偏執，皆應排斥。⑱鐵圍山　佛教認為南贍部洲等四大部洲之外，有鐵所成之山，周匝如輪，故名鐵圍山。⑲王老師　南泉普願俗姓王，自稱王老師。⑳受用　一般指享用，謂靈活運用禪機。㉑活潑潑　謂不費心力，應變自在。㉒如馬前相撲相似　謂禪宗大師拈弄此事處，間不容髮，稍有遲疑，即錯過禪機。相撲，中國傳統體育項目之一。古稱角觝，猶今之摔跤。現日本仍有此種競技。㉓常教見聞聲色一時坐斷　謂不被眼、耳、鼻、舌、身、意所感覺認識到的色、聲、香、味、觸、法這六種境界所繫縛。

【語譯】圜悟克勤評唱：具備法眼的人在面對禪機時才能隨機應變，從不顧慮生死存亡，所以說：「不入虎穴，怎得虎子。」百丈懷海平常就像插上翅膀的猛虎一樣。而這位僧人也把生死置之度外，所以敢去摸猛虎的鬍鬚，開口就問：「什麼是悟道的奇特事？」這位僧人已經具備法眼了，百丈懷海為了他的開悟而全神貫注，對他說：「獨自坐在大雄峰頂」，於是這位僧人便向百丈懷海行禮致敬，百丈懷海反而動手打他。作為一個禪宗僧人，必須分辨「未開口問話以前的旨意是什麼」才行，這位僧人向百丈懷海行禮致敬與平常人的行禮致敬不一樣，也必須得具備法眼看透百丈懷海的機鋒才行。不要讓一生的心聲向人傾訴，雖然認識卻像不認識一樣。你看他們二人這樣，放去就索性通通放去，收來則收拾得乾淨俐落，不留痕跡。你來說說看，這位僧人向百丈懷海行禮致敬的旨意是什麼呢？如果做得對，百丈懷海為什麼卻要打他？如果做得不對，他向百丈懷海行禮致敬又有什麼不得當的地方呢？對僧人向百丈懷海行禮致敬反而挨打的機用，必須得認識好壞，辨別黑白，屹立在高高的千峰頂上，行走在深深的海底，才能看得出來。這位僧人的行禮致敬，就像去摸猛虎的鬍鬚一樣，非常危險，這是他搶先一步，爭奪轉身之處。幸虧百丈懷海額頭上具備法眼，脅下具有護身符，照穿四大洲，深辨他的來意，所以動手就打。如果換了別人，對他就會無可奈何。這位僧人以禪機回報禪機，以玄意溝通玄意，所以才向百丈懷海行禮致敬。

南泉普願說：「文殊菩薩與普賢菩薩，昨天夜晚執著於對佛與法的見解，每人各打二十棒，並貶謫他們到二鐵圍山去。」當時趙州從諗從僧眾中站出來說：「師父要讓什麼人來吃棒？」南泉普願說：「我王老師這樣講有什麼不對嗎？」趙州從諗便向他行禮致敬。禪宗大師們靈活運用禪機的地方，一般人是輕易看不出來的。一到契合禪機、舉說公案的時候，自然活潑潑地表現出來。先師五祖法演常說：「這就像馬前相撲一樣，只要把你的見聞聲色，一齊截斷，把得定自我，作得了自己的主人，就能看透百丈懷海的大機大用。」你來說說看，放他通過時又會怎麼樣呢？

頌

祖域交馳天馬駒❶，（千箇萬個、一人半人，五百年一間生❷，子承父業❸。）

化門❹舒卷❺不同途❻。（已在言前❼，渠儂❽得自由，還他作家手段。）

電光石火❾存機變，（劈面來也❿。還見百丈為人處麼？）

堪笑人來撩虎鬚⓫。（好與三十棒，重賞之下必有勇夫⓬。不免喪身失命⓭，放過闍黎一著⓮。）

【注釋】❶祖域交馳天馬駒　這句頌百丈懷海於列祖域中得化門自在，其機用七縱八橫，出群超逸，如天馬駒遠途跋涉，奔跑迅速，無人追趕得上。交馳，交相奔走，往來不斷。天馬，駿馬的美稱。駒，二歲的馬。泛指少壯的馬。❷間生　間氣所鍾而生出。間氣指英雄偉人，上應星象，稟天地特殊之氣，間世而出。❸子承父業　指百丈懷海繼承了馬祖道一的大機大用。❹化門　教化的法門，方便法門。❺舒卷　舒，與「放行」同義。卷，與「把住」同義。禪師根據參禪者的根機，採用不同的教法，或收或放，予奪自在，靈活運用。❻不同途　不守一隅。❼已在言前　以前的一問一答，已是卷舒自在的手段。❽渠儂　方言。他，她。指百丈懷海。❾電光石火　比喻稍縱即逝或稍縱即逝的事物。這裡指僧人向百丈懷海行禮致敬。❿劈

面來也　稱讚這位僧人機鋒變化的迅速。劈面，迎面。⑪堪笑人來撩虎鬚　謂這位僧人雖然具備一些機鋒變化，但在百丈懷海面前爭轉身處撩虎鬚，實在好笑。堪笑，可笑。⑫重賞之下必有勇夫　謂用重金懸賞，就會有勇於出來幹事的人。⑬不免喪身失命　謂撩虎鬚者必遭咬殺。⑭放過闍黎一著　圜悟克勤原準備給雪竇重顯一棒，因為他不行正令，現在又饒過他。

【語　譯】雪竇重顯頌古：祖域交馳天馬駒，（在一千個、一萬個人當中，會有一個半個，五百年之間出一個聖人，弟子繼承了師父的事業。）化門舒卷不同途。（在僧人問話之前，百丈懷海就有了舒卷自如的手段，他得到了自由自在，還給他舒卷自如的手段。）電光石火存機變，（迎面而來的機鋒。還看得出百丈懷海接引學人的地方嗎？）堪笑人來撩虎鬚。（饒他三十棒，重賞之下，必有勇夫。不免喪失生命，饒了雪竇重顯一棒。）

評唱

雪竇見得他，方乃頌出。天馬駒，一日行千里，橫行豎走、奔駃❶如飛，方名「天馬駒」。雪竇頌百丈於祖域之中，東走❷西走、一來一往、七縱八橫，殊❸無少礙，如天馬駒相似，善能交馳❹，方見自由處，這箇自是得他馬祖大機大用❺處。不見僧問馬祖：「如何是佛法大意？」祖便打云：「我若不打你，天下人笑我去在。」又問：「如何是祖師西來意？」祖云：「近前來向你道。」僧近前，便劈耳掌云：「六耳不同謀❻。」看他恁麼得大自在❼！於建化門中，或舒或卷，有時舒不在舒處、有時卷不在卷處、有時舒卷俱不在。所以道：「化門舒卷不同途」。

此頌百丈有這般手腳。雪竇道：「電光石火存機變」，頌這僧如石火電光，只有些子機變。巖頭道：「逐物❽為下，卻物❾為上。」若論戰也，箇箇立在箭鋒。雪竇道：「機輪曾未轉，轉必兩頭走。」若轉不得，有什麼用處？大丈夫漢，也須是識些子機變。如今人只管供他款❿，被他穿卻鼻孔，有什麼了期？者僧於電光石火中，能存機變，便禮拜。雪竇道：「堪笑人來捋虎鬚」，百丈似一箇大蟲⓫相似，堪笑者僧去捋虎鬚！

【注釋】❶駃 同「快」。❷走 疾趨；奔跑。❸殊 副詞。竟；竟然。❹交馳 交相奔走，往來不斷。❺大機大用 意指具有極大的作用。大機明示宗旨的境界，大用則是接引學人的方法。❻六耳不同謀 意謂三人在場，不便密謀。其義轉為禪家教導弟子的警語，意謂言句無益於道。❼大自在 謂進退無礙，心離煩惱。後多用指自由自在、無掛無礙的境界。❽逐物 追求外物。指下等根機的人被物所轉。❾卻物 指上等根機的人轉物而不被物所轉。❿供他款 指向禪師供情款，全不知用機變。款，招供；供認。⓫大蟲 指老虎。

【語譯】圜悟克勤評唱：雪竇重顯對百丈懷海的禪法見得透，所以這樣頌出。天馬駒一天可以行走千里，縱橫馳騁，奔跑起來，快得就像飛一樣，所以叫做「天馬駒」。雪竇重顯頌百丈懷海在祖師的境域之中，東奔西跑，一來一往，七縱八橫，竟然沒有遇到任何障礙，就像天馬駒一樣，善於交相馳騁，這樣才可以看出他自由自在的地方，這個自然是他得自其師父馬祖道一的大機大用禪法的體現。有一位僧人問馬祖道一：「什麼是佛法大意？」馬祖道一動手就打，並說：「我如果不打你，天下的人就會笑我。」這位僧人又問：「什麼是達摩祖師來中國弘傳禪法的大意？」馬祖道一說：「你到我面前來，我告訴你。」這位僧人走到馬祖道一面前，馬祖道一當面打了他一個耳光，說：「三個人在一起，從不密謀他事。」你看馬祖道一就是這樣獲得了大自在。百丈懷海在接引學人的方便法門中，有時放行，有時把住，有時放行不在放行的地方，有時把住不在把住的地方，有時放行、把住都不用，所以說：「化門舒卷不同途。」

這裡頌百丈懷海有這樣的手段。雪竇重顯又說：「電光石火存機變」，這是頌這位僧人像擊石火，閃電光，有一點機鋒變化。巖頭全豁說：「被萬事萬物所繫縛的人是下等根機，主宰萬事萬物的人是上等根機。」如果要論法戰的話，個個站立在箭鋒之上。雪竇重顯說：「機鋒的輪子不曾轉動，如果要轉動的話必然走兩邊。」如果不能轉動，又有什麼用處呢？男子漢大丈夫也應該認得一些機鋒的變化。現在的人只知道回答禪師的話，被禪師穿住鼻子，這樣什麼時候才會有出頭之日呢？這位僧人在閃電光、擊石火的一剎那間，能出現機鋒的變化，便向百丈懷海行禮致敬。雪竇重顯說：「堪笑人來撩虎鬚」，這是說百丈懷海就像一頭猛虎一樣，可笑的是，這位僧人竟敢去摸猛虎的鬍鬚。

【說　明】對禪者來說，「奇特的事」就是悟道，即《楞伽經》中所說的「自覺聖智境涯」。聖智就是般若的智慧，表現為主觀與客觀相統一、身心如一的高尚境界。所以，當有人問道時，禪師們往往只說「我坐在這裡」。並不是禪師要故意這麼標榜，而是這樣講解，使人更感親切、平易。

雪竇重顯在頌古中對百丈懷海極力稱讚，「祖域交馳天馬駒」，稱讚百丈懷海成為禪宗的棟梁之材後，在祖師的境地中自在無礙地奔馳，為禪宗的發展奠定了基礎。般若多羅尊者曾預言：「向後足下出一馬駒，蹋殺天下人。」據說指的就是馬祖道一，而馬祖道一門下的百丈懷海，雪竇重顯亦稱之為「天馬駒」。「化門舒卷不同途」，說的是百丈懷海濟度眾生、自由自在的活手段，與平庸的禪師相比，不可同日而語。「電光石火存機變」，稱讚百丈懷海面對突如其來的問題，毫不遲疑地回答「獨坐大雄峰」，在電光石火之中，應機處變，顯得非常老練。「堪笑人來撩虎鬚」，指的是問話的僧人不知百丈懷海的大機大用，以為不入虎穴，焉得虎子，誰知在百丈懷海這頭猛虎面前受到了重創。

第二七則　雲門金風

【題解】「樹凋葉落」的禪意是：生死煩惱的枝幹已經枯萎了，菩提涅槃的葉片也隕落在地。到了這種「身心脫落」的妙境時，禪宗僧人應該怎樣更進一步？雲門文偃的答語「體露金風」仍舊是再現了雲門宗高雅簡潔、不凡不俗的宗風，顯得一言九鼎，千鈞之重。圜悟克勤下的評語「撐天拄地、斬釘截鐵、平步青霄」，使人確有同感。「體露金風」指的是枝殘葉落的樹木本體在秋風中顯露出來，蕭條的秋風吹拂著一切脫盡的樹。

示眾

問一答十❶、舉一明三❷；見兔放鷹❸、因風吹火❹。不惜眉毛❺，則且致，深入虎穴時如何？試舉看。

舉

僧問雲門：「樹凋❻葉落時如何？」（是什麼時節？家破人亡❼！）

門云：「體露金風❽。」（撐天拄地❾、斬釘截鐵，平步青霄❿。）

【注釋】❶問一答十　形容所知甚多或口齒伶俐。這裡指禪師的機鋒。❷舉一明三　舉示其一則明瞭其三，意謂知解敏銳，精明靈悟，能夠觸類旁通。禪林以此語顯示伶俐的機用。❸見兔放鷹　原謂做事時，善能見機行事，靈活運作，猶如遊獵之時，一見兔之蹤跡，即刻放出飛鷹追逐之。在禪林中，轉指禪師臨機接待學人，善能應機說法，隨機應變，善巧靈活，針對目標，準確、迅速地啟發、接引學人。❹因風吹火　意謂以隨順風向而吹火之便易，比喻教導學人時，應察其根機之所向而用相應之方法。這裡喻指雲門文偃接引學人不費氣力。❺不惜眉毛　意謂不顧惜因使用言辭說教而遭受懲罰。禪林有不合禪法、眉鬚墮落的傳說。❻凋　植物枯敗脫落。又指使草木凋謝零落。❼家破人亡　家庭破產，家人死散。這裡喻指人境俱忘。❽體露金風　體露，全體露現而顯出事物的真貌。金風，指秋風。秋風吹落樹葉，現出樹之實體，如同人們滅卻分別妄想，本真即全體露現。❾撐天拄地　猶言頂天立地，這裡指一片秋風彌漫天地，則「體露金風」是「函蓋乾坤」句。❿平步青霄　比喻境遇突然變好，順利無阻地一下子達到很高的地位。平步，平常之舉步。比喻輕易。青霄，青天；高空。這裡稱讚雲門文偃真性獨露。

【語　譯】圜悟克勤開示：禪師在回答參禪者提出的問題時，有時可能會觸類旁通，回答他更多的相關知識，有時可能會舉一反三；回答的言句有時可能針對問題，恰到好處，就像在野外打獵時，看到野兔奔跑，便放出獵鷹去追逐；有時就像借助風勢來吹火一樣，根據參禪者的根器而採取相應的接引方式。有時為了參禪者的悟道而不得不使用言辭說教，即使眉毛掉光也在所不惜，至於深入虎穴時會出現什麼情況呢？試舉一則公案給你們看看。

舉說公案：有一位僧人問雲門文偃：「樹木凋謝落葉的時候，會出現什麼樣的情況？」（這是什麼季節？人境俱忘！）雲門文偃回答說：「身體裸露在秋風之中。」（頂天立地，斬釘截鐵，一步登天。）

評唱

且道，雲門是答話？是唱和❶？若道是答話，錯認定盤星；若道是唱和，且喜勿交涉。既不恁麼，畢竟如何？你若道見得透，衲僧鼻孔不消一捏❷；其或未然，依舊打入鬼窟裡作活計去。

大凡扶豎宗教，也須是全身擔荷，不惜性命；向虎口裡橫身，任他橫拖倒拽❸。若不如此，爭能為得人❹？者僧致箇問端，也不妨嶮峻。若以尋常事看他時，只似箇管閑事底僧相似。若據衲僧門下，去命脈❺裡觀時，不妨有妙處❻。且道，樹凋葉落時，是什麼人境界？十八問❼中，此謂之辨主問❽，亦謂之借事問❾。雲門不移易一絲毫，只向他道：「體露金風。」答得妙！不辜負他問。你問處有眼、答處端的。

古人道：「若欲得親切❿，莫將問來。」若是知音底人，舉著便知落處。你若去雲門語脈⓫裡尋討，即錯了也。只是雲門語句中，多惹人情解。若作情解會，未免喪我兒孫⓬。雲門愛恁麼騎賊馬趁賊⓭，不見有僧問他道：「如何是非思量⓮處？」他答道：「識情難測。」這僧問：「樹凋葉落時如何？」答道：「體露金風。」句中不妨把斷要津⓯、不通凡聖⓰。須會他舉一明三、舉三明一。你若去他三句覓，則如腦後拔箭。他一句中須具三句：函蓋乾坤句、隨波逐浪句、截斷眾流句，自然恰好。且道，雲門三句中，以那句接人？試辨看。

【注釋】❶唱和　以詩詞相酬答。這裡指以「體露金風」對「樹凋葉落」。❷衲僧鼻孔不消一捏　意謂天下禪宗僧人的生命都掌握在他的手中。消，禁受；經受。❸橫拖倒拽　謂用暴力強拖硬拉。拽，拉扯；用力拉。❹得人　指領悟禪法者。❺命脈　生命與血脈。常比喻關係極重大的事物。❻妙處　神奇美妙的所在。這裡指問句中有人境俱忘的妙趣。❼十八問　宋代禪師汾陽善昭把學人的問話分為十八種。又作汾陽十八問。❽辨主問　為「偏僻問」的別稱。主，指禪師。學人為試驗禪師而提出質問，稱為辨主問。在汾陽十八問中，其中第五項即偏僻（辟）問，偏，偏於一邊之意；僻，緊逼之意。學人建立偏於一端的見解，急迫地向禪師質問，以勘驗禪師，稱為偏僻問。❾借事問　借事例或比喻而問。❿親切　與禪法協合相應。⓫語脈　語言的脈絡；文理。⓬兒孫　子孫。這裡指後世法脈。⓭騎賊馬趁賊　指取其問話，塞住行路，使其無近旁處。趁，追逐；追趕。⓮思量　考慮；忖度。⓯把斷要津　禪家的一種機緣施設：不立文字，扼斷語路，使無可用心，無路可循。其目的在於蕩盡胸中的種種學解知見、妄情俗念。要津，重要渡口。⓰凡聖　謂凡夫與聖者。佛家小乘初果以上，大乘初地以上，皆為聖者；自此而下，未斷惑證理之人，皆是凡夫。

【語　譯】圜悟克勤評唱：你來說說看，雲門文偃這樣說，是回答僧人的問話呢？還是互相唱和呢？如果說是回答僧人的問話，你就像認錯了秤上的定盤星一樣，犯了根本性的錯誤；如果說是與他互相唱和，這種說法幸虧與雲門文偃的旨意沒有什麼關係。既然不是這樣，那到底應該怎樣講才對呢？你如果參見得透徹，天下禪宗僧人的鼻孔都經不起你的一捏；如果看不出這則公案的旨意，仍舊要被打入鬼窩裡去幹活，永無出頭之日。

大抵說來，一個扶持禪宗事業的人，也應該是全身承擔起傳授禪法的重任，甚至不惜付出自己的生命。即使是處於橫著身子躺在虎口之中那樣的危險境地，也無所畏懼，任憑它強拖硬拉。如果沒有這種大無畏的氣魄，怎麼可能稱得上是一位大徹大悟的禪師呢？這位僧人提出問題也非常險峻。如果當他提出的只是一個平常的問題，那麼這位僧人也就像一個管閒事的僧人。對一個禪宗僧人來說，如果從關鍵之處去觀察，在自己的命脈上達到這個地步，確實有奇妙的地方。你來說說看，樹木凋謝落葉的時候，這是什麼樣的人才能達到的境界呢？在汾陽十八問中，這種問法叫做「辨主問」，也叫做「借事問」。雲門文偃的回答完全是針對他的問題，絲毫沒有轉移目標，只對他說：「身體裸露在秋風之中。」雲門文偃回答得很巧妙，沒有讓那位僧人失望。可見那位僧人的問話稱得上具有法眼，雲門文偃的回答也是非常準確。

從前的禪師說：「如果想與禪法契合相應，不要提什麼問題。」如果是一個心心相印的知音，只要一舉說公案，便知道旨意在哪裡。你如果想順著雲門文偃回答的言句裡的脈絡去探索旨意，那就大錯特錯了。只是在雲門文偃回答的言句中，常常容易挑起人們的俗情妄解。如果按照通常情理去解釋雲門文偃語句中的旨意，不免要斷絕我的後世法系。雲門文偃喜歡這樣騎著盜賊的馬去追趕盜賊，例如有一位僧人問：「什麼是非思量處？」雲門文偃說：「就是俗情妄識難以測知。」這位僧人問：「樹木凋謝落葉的時候，會出現什麼樣的情況？」雲門文偃回答說：「身體裸露在秋風之中。」言句中確實守住了要害之地，不論是聖人還是凡夫，都無法通過。必須懂得他舉示其一明瞭其三、舉示其三明瞭其一的接引方法。你如果從他的雲門三句中去尋求旨意，那就像從腦袋後面拔箭一樣易如反掌。雲門文偃的一句話中必定具備三句：函蓋乾坤句、隨波逐浪句、截斷眾流句，這樣自然能夠做到恰到好處。你來說說看，在雲門三句之中，用哪一句來接引學人？試著辨別看看。

頌

問既有宗❶，（箭不虛發，言不虛設❷。）
答亦攸同❸。（豈有兩般，如鐘待扣❹，工不浪施❺。）
三句可辨❻，（上中下❼，如今是第幾句？須是向三句外薦取始得。）
一鏃遼空❽。（箭過新羅國，築著磕著❾。）
大野❿兮涼飆⓫颯颯⓬，（普天匝地⓭，還覺寒毛卓豎麼？放行去。）
長天⓮兮疏⓯雨濛濛⓰。（風浩浩⓱、水漫漫⓲，頭上漫漫，腳下漫漫。）

君不見，少林久坐未歸客⑲，（更有不唧嚠漢。）
靜依熊耳一叢叢⑳。（開眼也著，合眼也著。眼瞎耳聾㉑，誰人到者境界？鬼
窟裡作活計，不免打折你板齒㉒。）

【注　釋】❶問既有宗　問話具備宗眼（禪宗教義）。❷箭不虛發二句　每一枝箭都命中目標，每一句話都說到點子上。稱讚雪竇重顯頌得恰到好處。❸答亦攸同　答話也具備宗眼。攸，助詞。所。❹如鐘待扣　謂不辜負來問，回答如鐘隨時可以敲擊而發出聲音。扣，敲擊。❺工不浪施　功夫沒有白費。浪，副詞。徒然；白白地。❻三句可辨　謂可以辨別雲門文偃的一句話中具有三句。「體露金風」與「樹凋葉落時如何」問答相合，恰到好處，是「函蓋乾坤」；在此一擊之下，打破了這位僧人的斷空偏見，是「截斷眾流」；從言句的語調來看，又好像是互相酬唱，是「隨波逐流」。❼上中下　謂雲門三句各居其位。❽一鏃遼空　謂如果能辨別雲門一句中具備三句，便了知雲門一句中有遼遠深旨。一鏃，喻雲門一句。鏃，箭頭。又借指箭。遼空，遼闊的天空。❾築著磕著　（突然地）撞著碰著，隱指頓時領悟禪法。築，打；擊。磕，敲擊；碰撞。❿大野　廣大的原野、田野。⓫涼飈　秋風。飈，指風。⓬颯颯　疾速的樣子。⓭普天匝地　謂秋風無處不到。匝地，遍地。⓮長天　遼闊的天空。⓯疏　稀疏；稀少。⓰濛濛　迷茫的樣子。⓱浩浩　風勢強勁的樣子。⓲漫漫　廣闊無邊的樣子。⓳少林久坐未歸客　指菩提達摩。⓴靜依熊耳一叢叢　喻指菩提達摩的禪法如同熊耳峰的叢叢草木長存人間。熊耳，即熊耳峰，在今河南盧氏西南五十里處。山之兩峰並峙如熊耳，故稱。菩提達摩的墓塔建於此山。㉑眼瞎耳聾　指面壁坐禪的狀態。㉒板齒　指門牙。

【語　譯】雪竇重顯頌古：問既有宗，（射出去的箭百發百中，說出來的話也是一語中的。）答亦攸同。（難道會有兩種用意，就像鐘懸掛在那裡隨時可以敲擊一樣，沒有白費功夫。）三句可辨，（雲門三句依次為上中下，現在這「體露金風」是第幾句？必須從雲門三句外認識才行。）一鏃遼空。（一箭飛過新羅國，撞著碰著。）大野兮涼飈颯颯，（鋪天蓋地，還覺得汗毛豎起來了嗎？放行去。）長天兮疏雨濛濛。（大風吹得呼呼響，大

水茫茫不見邊，頭上是秋風漫漫，腳下也是秋風漫漫。）君不見，少林久坐未歸客，（還有一個不機靈的傢伙。）靜依熊耳一叢叢。（不論你開眼也罷，閉眼也罷，依舊是一派好風光。有眼看不見，有耳聽不見，除了達摩，誰還能到達這種境界？在鬼窩裡亂搞一通，弄不好要打斷你的門牙。）

評唱

「問既有宗」，古人道：「承言須會宗，勿自立規矩。」古人言不虛設，所以道，大凡問箇事，也須是識些好惡。若不知尊卑❶良賤❷、不識淨觸❸，信口❹亂道，有什麼利濟❺？凡出一言半句，須是如鉗❻如鋏❼、有鉤有鎖，也須是相續不斷始得。者僧問處有宗旨❽，雲門答處亦然。雲門尋常以三句接人，此是極則也。雪竇頌這公案，與頌大龍公案相類❾。「三句可辨」，一句中具三句，若辨得，則可透出三句外。

「一鏃遼空」，鏃者，箭鏃也。射得太速生，須是急著眼❿始得。若也見得分明，可以一句之下，開展大千沙界⓫。到這裡頌了，看他雪竇有餘才，所以展開頌出：「大野兮涼飆颯颯，長天兮疏雨濛濛。」且道，是心是境、是玄是妙？古人道：「法法不隱藏，古今常堂堂⓬。」他問：「樹凋葉落時如何？」雲門道：「體露金風。」雪竇意只是作一境。只如眼前，見雨濛濛、風弗弗⓭地，不是東南風、便是西北風，直須⑭便恁麼會始得。你若更作禪道會，更勿交涉。「君不見，少林久坐未歸客」，達摩未還西土時，九年面壁⑮，靜悄悄地。且道，是樹凋葉落？且道，是體露金風？若向者裡薦得，盡大地、乾坤、古今、凡聖打成一片，方見雲門、雪竇的的⑯為人處。「靜依熊耳一叢叢」，前山也千叢萬叢、後山也千叢萬叢。諸人向什麼處出？見雪竇為人處麼？也是靈龜曳尾。

【注釋】❶尊卑　貴賤；位分的高低。❷良賤　良民和賤民。❸淨觸　淨，淨潔。觸，觸穢之意。凡水分淨、觸，瓶有兩隻，淨者皆用瓦瓷，觸者任意兼用銅鐵；淨水擬於非時之飲用，觸水乃便利所須；淨者須淨手方能持之，必須安著淨處，觸者觸手隨時可執，可於觸處置之。禪寺之浴室亦設有淨竿以懸掛淨衣，觸竿則用以懸掛觸衣。後引申指心地淨潔之人為淨，惡心邪念之人為觸。❹信口　隨口。謂出言不加思索。❺利濟　救濟；施恩澤。❻鉗　鉗持；緘禁。❼鋏　夾取東西的金屬工具。❽宗旨　禪宗意旨，禪法。❾與頌大龍公案相類　指本書第六十六則頌古。❿著眼　張開眼睛（瞧看），在禪宗著作裡多指張開法眼。⓫大千沙界　同「大千世界」。⓬堂堂　光耀；明亮。⓭弗弗　風疾速的樣子。⓮直須　應當；應。⓯面壁　面對牆壁。後稱坐禪，謂面向牆壁，端坐靜修。⓰的的　真實；確實。

【語　譯】圜悟克勤評唱：「問既有宗」，從前的禪師說：「要瞭解一位禪師的話，必須知道他所屬宗派的旨意，不要望文生義、自立規矩地妄加推測。」從前的禪師講一句話必有所指，絕不會亂說。所以說，凡是要問一件事，也首先得知道些好壞。不論是地位高貴的人，還是地位低下的人，不知道乾淨與骯髒，隨口胡說，這樣做能對眾生普施恩澤嗎？凡是說出一言半句，必須連鎖相接，就像先用鐵鉗、鐵鋏夾住，然後再加上鐵鉤、鐵鎖，總之要能連續不斷才行。這位僧人的問話是有用意的，雲門文偃的回答同樣也有用意。雲門文偃平常用函蓋乾坤、截斷眾流、隨波逐浪三句話接引學人，這是他的至極妙理。雪竇重顯頌這則公案和頌「大龍法身」那則公案是相類似的。「三句可辨」這句話的意思是說一句話中必須具備三句話的旨意，你如果能分辨一句，就可以參透三句話之外的玄意了。

「一鏃遼空」，鏃就是箭頭。箭射得非常之快，必須得趕緊睜大眼睛去看才行。如果能看得清楚，就可以在一句話之中展開大千世界。雪竇重顯很有才氣，所以又展開頌詞：「大野兮涼飈颯颯，長天兮疏雨濛濛。」你來說說看，這兩句說的是心呢？還是境呢？是玄呢？還是妙呢？

從前的禪師說：「佛法不隱藏，古往今來亮堂堂。」僧人問：「樹木凋謝落葉的時候，會出現什麼樣的情況呢？」雲門文偃回答說：「身體裸露在秋風之中。」雪竇重顯這段對話只看做是一個境界。就像眼前看見大雨迷濛白茫茫，大風吹得呼呼響，不是東南風，就是西北風，應該這樣理解才行。你如果還要作為禪法來理解，那就太離譜了。「君不見，少林久坐未歸客」，這是說達摩祖師在沒回印度之前，在少林寺面壁九年，靜悄悄地沒有聲音。你來說說看，他這樣坐禪是像樹木凋謝落葉呢？或者說像身體裸露在秋風之中呢？你如果能從這方面來認識這則公案，那麼整個天地、古今、凡夫與聖人都會打成一片，這樣就能看出雲門文偃、雪竇重顯接引學人的確切用意。「靜依熊耳一叢叢」，前山的草木是千叢萬叢，後山的草木也是千叢萬叢，各位從什麼地方出來呢？你們現在看出了雪竇重顯接引學人的禪機嗎？其實他也只不過是像神龜拖著一條尾巴而已。

【說　明】樹葉凋零後，樹木呈現出光禿禿的景色，這種情形好像消除了是非善惡，以及憎愛的分別心，然後出現無心的佛心。用美麗的秋風來表現這種境界的話語，就是「體露金風」。可以說「秋風」是一種佛法的比喻，它可以像吹散落葉那樣，純淨人的心靈。

雪竇重顯頌古的大意為：問得巧，答亦妙，好比那箭過長空，使人難以望其項背。秋落熊耳峰頭，卻不見達摩祖師歸來。只有那壯闊的自然景色：寬廣無垠的曠野之中，蕭蕭涼風起，無邊無際的蒼天之下，朦朧的細雨織就出一幅飄渺迷濛的妙境。達摩祖師安睡了，而他的真意仍舊長存在秋風秋雨之中。

第二八則　南泉不說

【題解】心心相印的禪法，只有具有高度悟性的人才可體會。禪法在說與不說之上，它超越了語言。語言是表達表層意識的工具，而佛性（自性）屬於人的深層意識，要自證自悟才能認識到。

舉

南泉參百丈涅槃和尚❶。丈問：「從上諸聖，還有不為人說底法麼？」（和尚合❷知，壁立千仞，還覺齒冷麼❸？）

泉云：「有。」（落草了也。孟八郎❹作麼，便有恁麼事？）

丈云：「作麼❺生是不為人說底法？」（看他手亂腳忙❻，將錯就錯，試問看。）

泉云：「不是心，不是佛，不是物❼。」（漏逗不少，果然敗缺。）

丈云：「說了也。」（不合與麼❽注破，從他錯一生。）

泉云：「某甲只與麼，和尚作麼生？」（賴值有轉身處，與長則長、短則短。）

丈云：「我又不是善知識，爭知有說不說？」（藏身露影，去死十分❾，不覺腳忙手亂。）

泉云：「某甲不會。」（乍可❿恁麼，賴值者漢恁麼⓫，賴值不會，會則打破你頭。）

丈云：「我太煞為汝說也。」（雪上加霜，龍頭蛇尾⓬作什麼？）

【注　釋】❶涅槃和尚　即法正禪師，百丈懷海的嗣法弟子。曾誦《涅槃經》，不言姓名，人稱「涅槃和尚」。據《五燈會元》所載，與南泉普願對話的應為百丈惟政，馬祖道一的嗣法弟子，得法後住百丈山，世稱「百丈惟政」。❷合　應該；應當。❸還覺齒冷麼　謂百丈和尚的問話隱晦曲折。齒冷，恥笑。因笑則張口，牙齒會感到冷，故稱。❹孟八郎　指不依道理行事者。孟，孟浪。八郎，乃排行之次序。禪林中常用孟八郎形容強橫暴戾的粗漢。❺作麼　怎麼；為什麼。❻手亂腳忙　形容做事慌亂而無條理。❼不是心三句　意謂禪法不可言說，超越一切名詞概念，不是心，不是佛，也不是物，這是就「即心即佛」一語而說的。❽與麼　指現在所述說事物的狀態與已實現的狀態。意即這麼，如此。❾十分　副詞。猶全部。❿乍可　怎可。⓫賴值者漢恁麼　意謂如果南泉普願懂了，就不會答話，或行棒喝，或拂袖而去，對百丈和尚來說，不免是一場難堪。⓬龍頭蛇尾　比喻做事起初聲勢浩大，後來勁頭很小，有始無終。這裡指百丈和尚起初有揮刀上陣之勢，最終還是臨陣脫逃。

【語　譯】舉說公案：南泉普願禪師參訪百丈和尚。百丈和尚問南泉普願：「自古以來，諸佛祖師還有秘而不宣的佛法嗎？」（和尚應該知道，站在千丈懸崖陡壁之上，還能感覺到人們的嘲笑嗎？）南泉普願回答說：「有。」（用言句來傳授禪法。這個粗魯莽撞的傢伙怎麼了，還有這樣的事？）百丈和尚問：「什麼是秘而不宣的佛法？」（看南泉普願手忙腳亂，將錯就錯，問他試試看。）南泉普願回答說：「不是心，不是佛，不是物。」（像老婆婆一樣慈悲心切，果然被打敗了。）百丈和尚說：「你都說出來了。」（不應該這樣說穿，讓南泉普願錯一輩子。）南泉普願說：「我只是這樣認為，師父的看法怎樣？」（幸虧有轉身自在的地方，能長能短，隨方就圓。）百丈和尚說：「我又不是博學的得道高僧，怎麼知道有該說和不該說的佛法呢？」（藏住自己的身子，不料露出了影子，死得乾脆徹底，不覺手忙腳亂。）南泉普願說：「我不懂你的意思。」（怎麼能這樣做，幸虧這傢伙這樣做，幸虧南泉普願不懂，如果懂了就會打破百丈和尚的頭。）百丈和尚說：「我已經竭盡全力地為你說過了。」（雪上加霜，龍頭蛇尾做什麼？）

評唱

南泉參百丈，者裡也不消心即佛❶、也不消即心不即佛、也不消非心非佛❷。直下❸從頭至足，眉毛一莖也無，猶較些子。即心非心，壽禪師❹謂之表詮❺遮詮❻。此是涅槃和尚惟政禪師也❼，舊日在百丈作西堂❽，開田❾說大義❿者。是時南泉已見馬祖了，只是往諸方決擇⓫。百丈致此一問，也大難酬：「從上諸聖，還有不為人說底法麼？」若是山僧，只掩耳而去，教他一場懡㦬。若是作家漢，見他恁麼問，便識破得他。南泉只據他所見，便道「有」，也是孟八郎。百丈便將錯就錯，隨後道：「作麼生是不為人說底法？」泉云：「不是心，不是佛，不是物。」這漢貪觀天上月，失卻手中橈⓬。丈云：「說了也。」可惜！與他注破。當時但劈脊便打，教他知痛癢。

雖然如是，且道，什麼處是說處？據南泉見處，「不是心、不是佛、不是物」，那裡是不曾說著？是也若道南泉說了，他語下又無蹤迹；若道他不說，百丈為什麼卻恁麼道？南泉是變通⓭底人，便隨後一拶云：「某甲只與麼，和尚作麼生？」若是別人，未免分疏不下；爭奈百丈是作家，答處也不妨奇特，更道：「我又不是善知識，爭知有說不說？」南泉便道箇不會。他是會來道不會？真箇不會來道不會？百丈云：「我太煞為汝說也。」且道，什麼處是為他說處？若是弄泥團漢⓮時，兩個鶻鶻突突；若是二俱作家，如明鏡當臺。其實前頭二俱作家，後頭二俱不作家。若是具眼漢，分明驗取。

【注釋】❶心即佛　無論凡夫心、佛心，其心之體與佛無異，此心即是佛。❷非心非佛　意謂禪法不可言說，不可用任何名詞術語表達，不是心也不是佛，這是就「心即佛」一語而談的。❸直下　徑直趨赴。❹壽禪師　即永明延壽（西元九〇四～九七五年），五代禪僧，俗姓王氏，字仲玄，號抱一子。錢塘（治今浙江杭州）人。三十歲出家。後往天台山參謁德韶國師，嗣其法，為法眼宗傳人。吳越王請延壽主持重建杭州靈隱寺工作，達十五年之久，接化大眾，世稱「永明大師」。倡禪淨雙修之道，弟子有一千七百餘人。❺表詮　表者，顯其所是；詮者，具說事理。即從正面對事理作肯定的表述，以顯示事物自身的屬性而詮釋其義。❻遮詮　從反面作否定的表述，排除對象不具有的屬性，以詮釋事物之義。❼此是涅槃和尚惟政禪師也　涅槃和尚與惟政禪師為兩人，非一人。❽西堂　指曾在其他寺院任住持，而今客居於本寺者。❾開田　墾荒為田。❿大義　要義；要旨。這裡指第一義。⓫決擇　抉擇；選擇。指判明事理，斷除疑惑。決，通「抉」。選取。⓬失卻手中橈　謂失去了主動權。橈，船槳。⓭變通　指不拘常規，因地、因時制宜。這裡指轉變自在，通達無礙。⓮弄泥團漢　對陷於種種糾纏、不能當下頓悟的參禪者的斥語。

【語譯】圜悟克勤評唱：南泉普願參見百丈和尚，這裡不用說心就是佛，也不用說心不是佛，更不用說不是心也不是佛。直接從頭頂到腳底，連一根眉毛都沒有了，這樣還差不多。心就是佛與心不是佛，永明延壽禪師把這叫做正面對事理作肯定的表述與反面對事理作否定的表述。百丈和尚從前在百丈山任西堂，他要僧眾先去開墾荒田，然後再說禪法。儘管當時南泉普願已經參見過馬祖道一了，但他還是常常去參訪各地有名的禪師，以提高自己的禪學水平。百丈和尚提出的這一問題，也是很難回答。他說：「自古以來，諸佛祖師還有不為人們說的佛法嗎？」當時如果是我的話，他一問，我就捂住耳朵走開，叫他一場難堪。如果是參禪的行家高手，聽見他這樣問，就會識破他的手段。南泉普願只是根據自己的證悟，便說「有」，這也是一個粗魯莽撞的傢伙。百丈和尚便將錯就錯，隨後問：「什麼是不為人們說的佛法？」南泉普願回答說：「不是心，不是佛，不是物。」南泉普願這傢伙真是貪看天上的明月，卻失去了手中的船槳。百丈和尚說：「你都說出來了。」可惜為他說破了。如果是我的話，當時只管對著他的脊梁骨就打，讓他知道痛癢。

儘管這樣，你來說說看，南泉普願什麼地方說出來了？根據南泉普願的見解，「不是心，不是佛，不是物」，哪裡說出過什麼？如果說南泉普願說出來了，他的語句又無蹤跡可尋；如果說他不曾說出來，為什麼百丈和尚卻說「你都說出來了」？南泉普願是一個知道臨機應變的人，他隨後便與百丈和尚較量起機鋒來了，說：「我只是這樣認為，師父的看法怎樣？」如果換了別人，不免應付不來，不料百丈和尚是個參禪的行家高手，回答得確實不同尋常，他說：「我又不是博學的得道高僧，怎麼知道有該說和不該說的佛法呢？」南泉普願便說不懂。這是他懂了卻故意說不懂呢？還是真的不懂呢？百丈和尚說：「我已經竭盡全力地為你說過了。」你來說說看，什麼地方是為他說出來的呢？如果是拖泥帶水、不能直接悟道的人，那麼這兩個人都是糊裡糊塗，不明白事理；如果兩個人都是參禪的行家高手，那就像明鏡當臺，是好是壞，一一分明。在這則公案中，前面兩人都是互相把住，具有行家高手的機鋒；後面兩人的機鋒都不險峻，不像一個行家高手。如果是一個別具法眼的人，顯然可以勘驗出來。

頌

祖佛從來不為人❶，（有條依條，無條依例，各自守本分。記得元字腳在心❷，入地獄如箭射。）

衲僧今古競頭❸走。（踏破草鞋❹，拗折拄杖，高掛缽囊❺。）

明鏡當臺列像殊❻，（墮也破也，打破鏡來，與你相見。）

一一面南看北斗❼。（還見老僧騎三門❽入佛殿內麼？新羅上堂、大唐打鼓❾。）

斗柄垂❿，（落處也不知，作麼生？在什麼處？）

無處討⓫，（瞎！可惜許。碗子落地，楪子⓬成七八片。）

拈得鼻孔失卻口。（那裡得這箇消息來？果然，便打。）

【注釋】❶祖佛從來不為人　意謂佛祖釋迦牟尼和歷代祖師從不為人們說法論道。❷記得元字腳在心　意謂有俗情妄念。元字腳，即八字腳。❸競頭　紛紛；爭搶著。❹踏破草鞋　指行腳僧人到處遊方參問。❺缽囊　僧人盛放缽盂以便於攜行的袋子。❻明鏡當臺列像殊　謂不說的佛法照耀古今卻無形無跡。列像，眾像。殊，差異；不同。❼一一面南看北斗　謂自古以來諸佛祖師都是面向南方看望北斗星，感受其光而不究其形，你們各位也應該這樣。北斗，即北斗星，在北天排列成斗形的七顆亮星，屬大熊星座。其名稱為：一天樞、二天璇、三天璣、四天權、五玉衡、六開陽、七瑤光。這裡指本分玄境，是自證自悟的境界，很難用言語表達。「面南看北斗」是消除了分別對立妄心的禪悟境界。❽三門　寺院大門。❾新羅上堂大唐打鼓　喻指南泉普願與百丈和尚尋求的是同一境界。❿斗柄垂　使人知直下分明之處。斗柄，北斗柄。指北斗的第五至第七星。天將亮時，斗柄垂直。⓫無處討　謂無蹤跡可尋。討，尋覓。⓬楪子　器皿名。底平淺，比盤子小。多用於盛食物。後多作「碟子」。

【語譯】雪竇重顯頌古：祖佛從來不為人，（有條例就依照條例，沒有條例就按照舊規慣例，各自安分守己。記得八字腳在心，死後馬上墮入地獄。）衲僧今古競頭走。（四處行腳，磨破了一雙雙草鞋，折斷手杖，把盛裝缽盂的袋子高高掛起。）明鏡當臺列像殊，（墮落下來摔破了，打破鏡子，與你相見。）一一面南看北斗。（還看見老和尚騎著馬兒通過寺院大門進入佛殿裡面嗎？新羅國裡上堂，大唐國裡打鼓。）斗柄垂，（連悟道的門徑都不知道，到底是怎麼一回事？在什麼地方？）無處討，（睜眼瞎！可惜的是雪竇重顯說過頭了。碗掉在地上，碟子也摔成七、八片。）拈得鼻孔失卻口。（從哪裡得來的這個消息？果然這樣，舉棒就打。）

評唱

「祖佛從來不為人」，釋迦老子出世後，始從光耀土❶中，至跋提河❷，四十九年中，未嘗說一字。恁麼道，是說是不說？如今滿龍宮❸盈海藏❹，你作麼生道是不說？不見修山主❺道：「諸佛不出世，四十九年說；達摩不西來，少林有妙訣❻。」又道：「諸佛不出世，亦無一法與人，但能隨病施藥、接物利生，遂有三乘十二分教。其實祖師自古至今，不曾為人說。」只這不為人，正好參取。所以山僧常說：「若是添一句，甜蜜蜜地，正是毒藥❼；若是劈脊便棒、驀❽口便摑❾，推將出去，方始親切為人。」

「衲僧今古競頭走」，到處是❿也只管問、不是也只管問，問佛問祖、問向上⑪問向下⑫。雖然如此，若未到這般田地，也少不得。如「明鏡當臺列像殊」，只消一句，可辨明白。古人道：「萬象森羅，一法之所印。」又道：「森羅及萬象，總在鏡中圓。」秀大師⑬道：「身是菩提樹，心如明鏡臺，時時勤拂拭，莫使惹塵埃。」大滿⑭云：「他只在門外。」雪竇恁麼道，且道，在門外？在門內？汝等諸人，有一面古鏡⑮，森羅萬象、長短方圓，一一於中顯現。你若去長短處會，卒摸索不著。所以雪竇道：「明鏡當臺列像殊」，卻須是「一一面南看北斗。」既是面南，為什麼卻看北斗？若恁麼會，方見百丈、南泉相見處。此兩句頌百丈挨拶處。丈云：「我又不是善知識，爭知有說不說？」雪竇到此，頌得落在死水裡，恐人錯會，卻自提起云：即今目前「斗柄垂」，你更向什麼處討？卻道「無處討」。你才「拈得鼻孔失卻口」，拈得口失卻鼻孔了也。

【注　釋】❶光耀土　毗盧遮那佛（釋迦牟尼的報身或法身）放大光明，照遍十方，所住之處稱之為「光耀土」。❷跋提河　古代中印度拘屍那揭羅國境內阿利羅跋提河的省稱。因佛祖釋迦牟尼在此河西岸涅槃而著稱。❸龍宮　佛經故事：海龍王詣靈鷲山，聞佛說法，信心歡喜，欲請佛至大海龍宮供養。佛許之。龍王即入大海化作大殿，佛與諸比丘菩薩共涉寶階入龍宮，受諸龍供養，為說大法。見《海龍王經．請佛品說》。因以「龍宮」指佛寺。佛寺為講經說法之所。❹海藏　傳說中大海龍宮的寶藏。這裡比喻佛教經典。❺修山主　法名紹修，五代禪僧，福建人。參羅漢桂琛得法，住撫州（今屬江西內）龍濟山。博學能文，不務聚徒，而參學者奔至，世稱「龍濟紹修」。山主，寺院的住持。❻妙訣　靈妙的訣竅。這裡指禪宗以心印心的法門。❼若是添一句三句　謂參學者聽到了涉及知識義理的言辭，去求知解，是死路一條。❽驀　當，正對著。❾摑　用巴掌拍打；打耳光。❿是　認為正確；肯定。⓫向上　指由下至上，從末至本。⓬向下　指從上至下，從本至末。⓭秀大師　即神秀（西元六〇六～七〇六年），唐代禪僧，禪宗北宗創始人。俗姓李氏，汴州尉氏（今屬河南境內）人。出家後至蘄州（治今湖北蘄春）雙峰山東山寺參見弘忍。九十多歲時奉詔入京，為武則天、唐中宗、唐睿宗所尊崇，號稱「三帝國師」。在北方弘揚禪法，其法系被稱為禪宗北宗。⓮大滿　即禪宗五祖弘忍，唐代僧人（西元六〇二～六七五年），俗姓周氏，蘄州黃梅（今屬湖北境內）人。七歲從四祖道信出家，後定居於黃梅雙峰山東山寺，聚徒講習，門人甚眾，世稱「東山法門」。圓寂後，唐代宗敕諡「大滿禪師」。⓯古鏡　鏡的功能為映現一切萬物，無有差別，故禪宗用它比喻佛性。

【語　譯】圜悟克勤評唱：「祖佛從來不為人」，釋迦牟尼老漢成道以後，從光耀土一直到跋提河西岸圓寂，四十九年當中，不曾說過一個字。這麼說來，你看到他到底是說過法呢還是沒有說過法？現在的佛教寺院裡就收藏了很多記載佛祖釋迦牟尼說法的經典，你怎麼能說釋迦牟尼沒有說過法呢？例如龍濟紹修說：「諸佛並未出家成道，卻說法四十九年；達摩祖師也沒來過中國，卻在少林寺傳授禪宗心心相印的法門。」又說：「諸佛不曾出家成道，也沒有給過人們任何一種方法，只是善於觀察世間眾生的心態，根據不同的根機而採取相應的接引方法，就像醫生根據不同的病情而給予不同的藥物一樣。諸佛接引學人，造福眾生，於是就有了度脫眾生的三種方法和十二類佛教經典。其實諸佛祖師自古至今，從來也沒有為人們說過法。」光是這不為人們說法，就值得你們各位好好地參究。因此我常常這樣說：「如果是增加一句話，看上去甜甜蜜蜜，可是好好地想一想，覺得這正是毒藥；如果是對著脊梁骨一棒打下去，他一開口就對著他的嘴巴打一巴掌，然後推出門外，這樣接引學人才算是符合禪法。」

「衲僧今古競頭走」，這句話意思是說一個人所到之處，有把握的事只管問，沒把握的事也只管問，問諸佛、問祖師，既問如何從迷境進入悟境，又問如何順應迷界而顯現自在的妙用。儘管這樣，如果沒有達到這種境界，也少不得要東問西問。

就拿「明鏡當臺列像殊」這句話來說吧，只須用這一句話就可以分辨清楚。前輩禪師說：「天地間紛然羅列的各種事物和現象，都是自己本性的反映。」又說：「天地間紛然羅列的各種事物和現象，都可以在明鏡中得到圓滿無缺的反映。」神秀大師說：「此身是菩提之樹，此心如明鏡之臺，時時刻刻勤加擦拭，別讓身心留有塵埃。」五祖弘忍評論說：「他還沒有入門。」而雪竇重顯這樣說「明鏡當臺列像殊」，你來說說看，他到底是入了門呢？還是沒有入門呢？你們各位都有如同古鏡一樣的佛性，天地間紛然羅列的各種事物和現象，無論長短方圓，都一一在上面顯示。你如果從長短上面求知解，最終還是摸不到頭腦。所以雪竇重顯說「明鏡當臺列像殊」，還必須要「一一面南看北斗」。既然是臉朝著南方，為什麼還能看到北斗星呢？如果這樣理解，就能看出百丈和尚與南泉普願較量機鋒的地方。這兩句頌百丈和尚在南泉普願的逼迫之下而不得不說出來的那句話。百丈和尚說：「我又不是博學的得道高僧，怎麼知道有該說和不該說的佛法呢？」雪竇重顯頌到這裡，已經掉進死水裡了，他恐怕引起人們錯誤的理解，接著又提示說：「斗柄垂」，你還要向什麼地方去尋求？卻說「無處討」。你才「拈得鼻孔失卻口」，但依我看來卻是拈得口失去了鼻孔。

【說　明】在悟道禪師看來，佛法不可言，它不是說給人聽的，只能自知自用，如人飲水，冷暖自知，南泉普願回答「有」，表示不是佛法，因而說「不是心，不是佛，不是物」。然而南泉普願此時犯了自相矛盾的錯誤：既然佛法不是說給人聽的，但南泉普願無意中又說了出來，執著一邊。因為佛法即心、即佛，又非心非佛。所以百丈和尚以子之矛，攻子之盾，說：「你都說出來了。」南泉普願不領會，只好說：「我只是這樣認為，師父的看法怎樣？」百丈和尚機鋒迅捷，馬上改換爭論的大前提，說：「我又不是博學的得道高僧，怎麼知道有該說和不該說的佛法呢？」南泉普願仍不解，說：「我不懂你的意思。」百丈和尚回答說：「我已經竭盡全力地為你說過了。」說過什麼？百丈和尚沒有明說，顯然也用不著說明。

第二九則　大隋劫火

【題解】大隋法真以劫火起而破壞大地為因，展示了脫離迷悟凡聖相對的妄執而主張人人本具佛性。大隋法真以心、境一致，壞時全壞，不壞時全不壞，不可執著，應該泯絕相對妄執而了悟心地，故回答「隨他去」。

示眾

魚行水濁、鳥飛毛落❶；明辨❷始終，洞分❸緇素。直似當臺❹明鏡、掌內明珠，漢現胡來❺、聲彰色顯❻。且道，為什麼如此？試舉看。

舉

僧問大隋❼：「劫火❽洞然❾，大千俱壞❿，未審這箇壞不壞？」（這一句，天下衲僧摸索不著，預搔待癢，者箇是什麼物？）

隨云：「壞。」（無孔鐵槌當面擲，沒卻鼻孔。）

僧云：「與麼則隨他去也？」（未開口已前，勘破了也！沒量大人⓫被語脈裡轉卻了也！果然錯認定盤星。）

隋云：「隨他去。」（前箭猶輕後箭深⑫，只者箇，多少人摸索不著？水長船高⑬、泥多佛大⑭。）

【注釋】❶魚行水濁鳥飛毛落　喻指問話的僧人不明禪法，始終追尋言語的蹤跡，故應機接物皆有蹤跡。❷明辨　明確地分辨；辨別清楚。❸洞分　清楚地分開。❹臺　凡高於地面而上平的物體均可稱臺。❺漢現胡來　謂明鏡無所不現。❻聲彰色顯　謂明珠聲色俱辨。彰，明顯；顯著。❼大隋　法名法真（西元八七八～九六三年），唐代禪僧，俗姓王氏，梓州（治今四川三臺）人。出家後至溈山靈祐門下刻苦修煉，終於悟道，後成為長慶大安的嗣法弟子。歸天彭（治今四川彭縣），住持大隋山木禪庵十餘年，影不出山而聲聞於外，四方參學者雲集，世稱「大隋法真」。門風淳厚溫雅，禪機秀逸。❽劫火　謂壞劫之末所起的大火。火災中燒盡一切物的情況，稱為劫火洞然。禪林中，常以劫火中是否尚有殘餘未被燃燒之物，作為禪話提示之一。❾洞然　火熊熊燃燒的樣子。❿壞　謂了無一物，既無眾生，也無佛無法。⓫沒量大人　徹底大悟而超出凡人所執著的凡聖、迷悟、有無、得失等分別情量的大人物。這裡以嘲笑的語氣指問話的僧人。⓬前箭猶輕後箭深　喻指大隋法真第一次回答用意較淺，第二次回答用意深密，千眼難見。⓭水長船高　比喻事物隨著所憑藉的基礎的提高而提高。長，同漲。⓮泥多佛大　泥，喻指學人、眾生。佛，喻指禪師的機略作用。比喻附益者越多則成就越大。在禪林中，謂禪師對應參學者的根機而自在接引的機用。

【語譯】圜悟克勤開示：魚兒在水中游來游去，水就會變得混濁不堪；鳥兒在空中飛翔，地上就會有掉落的羽毛。具備法眼，就能辨別清楚一切事物的本末，仔細地觀察其真象，看它是黑還是白。就像放在臺子上的明鏡，漢人來了就出現漢人的影像，胡人來了就出現胡人的影像；也像放在手掌中的明珠，色澤晶瑩，落在盤中的聲音也非常清晰。你來說說看，為什麼能夠這樣？試舉一則公案給你們看看。

舉說公案：有一位僧人問大隋法真：「當大火熊熊燃燒的時候，整個世界被燒得一塌糊塗，一切事物都會遭到毀滅，不知道這個東西會不會受到毀滅？」（這一句話，天下的禪宗僧人都摸不著頭腦，預先抓搔皮膚，等待發癢，這個東西是什麼玩意？）大隋法真說：「會受到毀滅。」（沒有洞孔的鐵錘當面拋擲，埋沒了鼻孔。）

僧人說：「既然這樣，那會跟隨大千世界一起毀滅嗎？」（還沒開口之前，就已經看出了悟道的程度。大徹大悟的人隨著言語的脈絡轉。果然認錯了秤上的定盤星。）大隋法真說：「會跟隨大千世界一起毀滅。」（前面射出去的箭用力較輕，後面射出去的箭用力重，就這句答話，多少人摸不著頭腦？水漲船高，泥巴越多，塑造的佛像也就越高大。）

評唱

大隋法真和尚，法嗣大安❶禪師，乃東川鹽亭❷縣人也。他參見六十餘員善知識，舊日在溈山會裡作火頭❸。一日溈山問云：「子在此數年，不解致箇問來看如何？」隋云：「令某問箇什麼即得？」山云：「你便不解，問：『如何是佛？』」隋以手掩溈山口。山云：「你有片瓦蓋頭❹，已後覓箇掃地人也無❺。」

後歸川，於堋口❻路次❼，煎茶❽接待往來人，凡三年。後來出世，開山❾住大隋，有僧問：「劫火洞然，大千俱壞，未審這箇壞不壞？」這僧只據教意來問，引教中成住壞空❿，說三災⓫劫起，壞至三禪天⓬。這僧元來不知話頭落處⓭，且道，「這箇」是什麼？人多情解道：「者箇是眾生本性⓮。」隋云：「壞。」僧云：「與麼則隨他去也。」隋云：「隨他去。」只者箇，多少人摸索不著！若道隨他去，在什麼處？若道不隨他去，又作麼生？

不見道：「欲得親切，莫將問來」。後來有僧問修山主：「劫火洞然、大千俱壞，未審這箇壞不壞？」主云：「不壞。」僧云：「為什麼不壞？」主云：「為同於大千，壞也礙塞⑮殺⑯人、不壞也礙塞殺人。」這僧既不會大隋說話，是他也不妨以此事為念。卻持此問，直往舒州投子山⑰。投子問：「近離甚處？」僧云：「西蜀大隋。」投云：「大隋有何言句？」僧遂舉前話。投子云：「西川有古佛⑱出世，汝且速回彼懺悔。」其僧復回大隋，隋已遷化了，者僧一場懡㦬！

後有唐僧景遵，題大隋塔云：「了然無別法，誰道印南能⑲？一句『隨他』語，千山走衲僧⑳。蛩寒鳴砌葉，夜靜禮龕燈㉑；吟罷孤窗月，徘徊恨不勝㉒！」所以雪竇後面引此兩句頌出。如今也不得作壞會，亦不得作不壞會。畢竟作麼生會？急著眼看。

【注釋】❶大安　唐代禪僧，俗姓陳氏，號懶安（西元七九三～八八三年）。福州（今屬福建境內）人。幼年出家，參百丈懷海得法。曾住持溈山三十年，後歸閩候（今屬福建境內）怡山創立長慶院，世稱「長慶大安」。❷鹽亭　縣名，以近鹽井得名，當時屬梓州，今屬四川。❸火頭　禪院中負責燒飯的職事僧。或指負責點燈的職事僧。❹片瓦蓋頭　指禪宗僧人住持寺院。❺已後覓箇掃地人也無　謂大隋法真的機鋒峻烈，無人敢來，故寺門前草深數丈。❻堋口　地名，在今四川彭縣天彭鎮。❼路次　路途中間。❽煎茶　烹茶。❾開山　在山谷幽靜處創立寺院。亦指首任住持。❿成住壞空　謂世界變化的四個階段，即四大劫：成劫，產生時期；住劫，存在時期；壞劫，毀壞時期；空劫，空無時期。⓫三災　佛教謂劫末所起的三種災害。刀兵、疫癘、饑饉為小三災，起於住劫中減劫之末；火、風、水為大三災，起於壞劫之末。⓬三禪天　佛教謂色界的第三禪天。此天名定生喜樂地。其為僅有之意識，有樂、舍二受與之相應。此地意識怡悅之相，至極靜妙，故立樂受。包括色界十八天中的少淨、無量淨、遍淨等三天。⓭這僧元來不知話頭落處　謂這位僧人只依據佛經中文字，不知禪話意。⓮本性　本有之性，即人人具備的佛性。⓯礙塞　阻塞不通。⓰殺　副詞。用在謂語後面，表示程度之深。⓱投子山　位於安徽潛山。唐宋時期，此地稱舒州。山中有投子寺。⓲古佛　對先佛或古德的尊稱。禪林中用以尊稱有德高僧。⓳了然無別法二句　這句意謂世上一切事物都不存在，這是非常明白的道理，誰說這只是印證了六祖慧能的法門？南能，即六祖慧能。⓴一句隨他語二句　意謂一句「隨他去」的話頭，使得禪宗僧人們奔走於千山萬水之間。㉑蛩寒鳴砌葉二句　意謂在寒冷的冬天，臺階上盡是落葉，只聽見蟋蟀的鳴叫；夜深人靜之時，禮拜塔院中佛龕前的長明燈。蛩，蟋蟀的別名。砌，臺階。龕燈，佛龕、神龕前的長明燈。龕，供奉神佛或神主的石室或小閣子。㉒吟罷孤窗月二句　意謂吟詠完畢，只見窗外一輪孤月；來回走動著，留下了無窮無盡的遺憾。恨，遺憾。

【語　譯】圜悟克勤評唱：大隋法真和尚是長慶大安禪師的嗣法弟子，他是川東鹽亭縣人。大隋法真先後參見過六十多位大禪師，曾經有一段時間在溈山靈祐門下擔任火頭。一天，溈山靈祐問他：「你在這裡好幾年了，也不知道提個問題來看看你悟道的程度如何？」大隋法真說：「你要我問個什麼問題才算是悟道了呢？」溈山靈祐說：「你還是不懂，不會問『什麼是佛』嗎？」大隋法真用手掩住溈山靈祐的口。溈山靈祐說：「你以後去做寺院住持，即使是想找一個掃地的人，也是一件很難的事。」

大隋法真後來回到四川，在堋口山路旁燒茶水，招待過往的行人，達三年之久。後來才出世傳法，創立寺院，住持大隋山木禪庵。有僧人問：「當大火熊熊燃燒的時候，整個世界被燒得一蹋糊塗，一切事物都會遭到毀滅，不知道這個東西會不會受到毀滅？」這位僧人只是根據經教的意思來問，引用經教中的成、住、壞、空，說劫末所起的三種災害，會壞到色界的第三禪天。這位僧人本來就不知道大隋法真言語中的旨趣。你來說說看，「這個東西」是指什麼？人們往往產生俗情妄解，說：「『這個東西』是指眾生的本性。」大隋法真說：「會受到毀滅。」僧人問：「既然這樣，那麼會跟隨大千世界一起毀滅嗎？」大隋法真說：「會跟隨大千世界一起毀滅。」就這句答話，不知有多少人都摸不著頭腦？如果說「會跟隨大千世界一起毀滅」，那麼在什麼地方？如果說「不隨他去」，那又該怎麼辦？

例如，有一位禪師這樣說：「如果想和禪法契合相應，不要提什麼問題。」後來，有一位僧人問龍濟紹修山主：「當大火熊熊燃燒的時候，整個世界被燒得一蹋糊塗，一切事物都遭到毀滅，不知道這個東西會不會受到毀滅？」龍濟紹修山主回答說：「不會受到毀滅。」僧人問：「為什麼不會受到毀滅？」龍濟紹修山主回答說：「因為和大千世界一樣，說它受到毀滅是非常不通，說它沒受到毀滅也是非常不通。」這位僧人不理解大隋法真說話的用意，於是他時時刻刻把這個問題放在心上。又帶著這個問題，直奔舒州投子山去參訪大同禪師。投子大同問：「近來你剛離開什麼地方？」這位僧人回答說：「西川大隋山。」投子大同又問：「大隋法真有什麼言句？」這位僧人於是把上述這件事告訴他。投子大同說：「西川有古佛出世，你還是趕緊回到大隋法真那裡去，向他懺悔。」這位僧人又回到大隋山，這時大隋法真已經圓寂了。這位僧人來回數千里，一無所得，只留下了一番愧疚。

後來有一位唐代的詩僧景遵，在禮拜了大隋法真的墓塔之後，題了一首詩說：「了然無別法，誰道印南能？一句『隨他』語，千山走衲僧。蛩寒鳴砌葉，夜靜禮龕燈；吟罷孤窗月，徘徊恨不勝！」所以雪竇重顯後面引用這兩句頌出。現在我們對大隋法真的答語，既不可把他當作「壞」來理解，也不可把他當作「不壞」來理解。到底應該怎麼理解呢？請你趕快睜大眼睛看。

頌

劫火光中立問端❶，（道什麼？有麼有麼？已錯了也。）

衲僧猶滯兩重關❷。（坐斷此人如何起得❸？腳頭腳底，百匝千重❹。）

可憐一句隨他語❺，（天下衲僧作這箇計較❻，千句萬句也不消得，有什麼難截他腳跟處❼？）

萬里區區獨往還❽。（業識茫茫❾，蹉過也不知，自是你踏破草鞋。）

評唱

雪竇當機頌，句裡有出身❿處，「劫火光中立問端，衲僧猶滯兩重關」，這僧問處，先懷壞與不壞，是兩重關。若是得底人，道「壞」有出身處，道「不壞」也有出身處。

「可憐一句隨他語，萬里區區獨往還」，頌者僧持此問投子，又復回大隋，可謂千里萬里區區，獨往還也。

【注釋】❶劫火光中立問端　指僧人提問。劫火，謂壞劫之末所起的大火。問端，問題。❷兩重關　禪林中對迷悟、有無、因果、凡聖等二重見解。這裡指禪宗僧人停滯在「壞」與「不壞」之間。❸坐斷此人如何起得　意謂即使是佛手，也救不得這位僧人。坐斷，占據；把住。❹腳頭腳底二句　意謂這位僧人豈止是兩重關，舉足下足皆是重重關。匝，周；圈。千重，千層；層層疊疊。❺可憐一句隨他語　謂「隨他去」的答語妙絕古今，雪竇重顯非常喜歡。可憐，可愛。❻天下衲僧作這箇計較　與這位僧人一樣作「隨他去」的知解。❼有什麼難截他腳跟處　意謂人們往往隨大隋法真的語脈轉，故不得超脫，其實識破大隋法真的用意並不難。❽萬里區區獨往還　意謂這位僧人不懂大隋法真的玄旨，白白往返萬里路途。區區，謂奔走盡力。區，通「驅」。❾業識茫茫　謂這位僧人無明厚重，無本可據。業識，謂依根本無明之惑而始動本心者，即指有情流轉的根本識。茫茫，紛繁；紛雜；眾多。❿出身　指出於生死之身，比喻不滯於迷悟二邊，了達無礙的作用。

【語　譯】雪竇重顯頌古：劫火光中立問端，（說什麼？有嗎？有嗎？已經錯過大隋法真的玄旨了。）衲僧猶滯兩重關。（即使拉住這位僧人，又怎麼能使他起死回生？他只要一抬腳，遇到的都是關隘。）可憐一句隨他語，（天下的禪宗僧人都作這種區別計較，大隋法真的這一句答語光前絕後，足以抵當一千句，一萬句，其實與他較量機鋒，截斷他的腳跟，讓他進退不得，並不難做到。）萬里區區獨往還。（進入茫茫業識之中，也不知道錯過了禪機，從此你磨破草鞋，白費功夫。）

圜悟克勤評唱：雪竇重顯的頌古，無一不是契合前輩祖師的禪機，言句中有引導人悟道的作用。「劫火光中立問端，衲僧猶滯兩重關」，這位僧人提出這個問題的時候，心中先存有「壞」與「不壞」的分別念頭，這就是「兩重關」。如果是已經悟道的人，對他說「壞」，自然會進入大徹大悟的境界；對他說「不壞」，也會進入大徹大悟的境界。

「可憐一句隨他語，萬里區區獨往還」，頌這位僧人帶著這一句「隨他去」去問投子大同，然後又回到大隋山，獨自一人往返於千里、萬里路途之中，真可稱得上不辭辛苦。

【說　明】「這個東西」指的是自己的本性，亦即佛性。如果大千世界全都毀了，「皮之不存，毛將焉附」，佛性的存在也是沒有意義的。

趙州從諗曾說：「世界未生之初，早已有這種性；世界滅亡之時，這種性也不會滅亡。」也許向大隋法真提問的僧人期待的答案是：靈魂永遠不滅，大千世界毀了，佛性也不會滅。而大隋法真自有一家之見，認為佛性與大千世界同時毀滅。

禪師要有修煉並達到靈魂不滅的決心，但又不必迴避滅亡的命運。人死之後，誰還知道自己的本性是壞了還是未壞呢？臨死之際，一個真正的禪者是坦然迎接死亡的，任何雜念都不存在。面對著大千世界，面對著無限的時空，每一個人只要在有生命時活出了生命的價值，便可如同真正的禪師一樣堅信靈魂的高貴價值並坦然地面對死亡。

第三十則　趙州蘿蔔

【題　解】趙州從諗是南泉普願的嗣法弟子，曾跟隨南泉普願學禪達四十年之久，這是廣為人知的事。但在這則公案中，趙州從諗顧左右而言他，對原本簡單而又容易回答的問題裝做不知道，他的本意是直指應當看取眼前真切的生活，否則即使是說出了南泉普願的教法，也不如鎮州出產的大蘿蔔頭來得真切有用。

舉

僧問趙州：「承聞和尚親見南泉，是否？」（千聞不如一見。眉分八字❶，拶！）

州云：「鎮州❷出大蘿蔔❸頭。」（撐天拄地、斬釘截鐵❹，箭過新羅國，腦後見腮，莫與往來❺。）

【注　釋】❶眉分八字　眉毛為八字形，此為當然之事，禪林常用「眉分八字」表示「當然」之意。❷鎮州　在今河北正定一帶。❸蘿蔔　二年生或一年生草本植物。主根肥大，圓柱形或球形，俗稱「蘿蔔頭」。❹斬釘截鐵　喻指趙州從諗的機用凜凜，不立一法。❺腦後見腮二句　謂趙州從諗的言句中漏出本色禪機，與此異人往來，必有不測之風險。

【語　譯】舉說公案：有一位僧人問趙州從諗：「聽說師父曾親眼見過南泉普願，有這回事嗎？」（與其聞名千次，不如見面一次就能分辨真偽。就像眉毛分為八字形那樣肯定，這機鋒要逼得趙州從諗無路可走。）趙州從諗回答說：「鎮州出產大蘿蔔頭。」（頂天立地，斬釘截鐵，禪機就像箭一樣飛過新羅國，不見蹤影。像趙州從諗這樣從腦袋後面能看見腮幫的異人，最好不要與他往來。）

評唱

這僧也是久參底人，問中不妨有眼。爭奈趙州是老作家，便答他道：「鎮州出大蘿蔔頭。」可謂無味之談，塞斷人口。者漢似白拈賊❶相似，你才開口，便換卻你眼睛❷。若是特達❸英靈漢，直下向擊石火裡、閃電光中，才聞舉著，剔起眉毛便行。苟或❹佇思停機，不免喪身失命。江西澄散聖❺判❻謂之「問東答西」，喚作「不答話，不上人圈繢」。若恁麼會，爭得？更帶累趙州去在！

有者道：「『鎮州出大蘿蔔頭』，天下人皆知；趙州從來❼參南泉，天下人亦皆知。這僧卻更問他：『承聞和尚親見南泉，是否？』所以趙州向他道：『鎮州出大蘿蔔頭。』」且喜勿交涉。都不恁麼會，畢竟作麼生？他家自有通霄路❽。

不見僧問九峰❾：「承聞和尚親見延壽❿，是否？」峰云：「山前麥熟也未？」者話亦對得趙州答者僧話。師云：「兩個無孔鐵槌⓫。」趙州老漢，是箇大無事底人⓬，你才輕輕問著，便換卻你眼睛。若是知底人，細嚼來嚥⓭；若是不知底人，一似渾崙吞箇棗⓮相似。

【注　釋】❶白拈賊　徒手盜物而不留形跡者。禪林藉以指打消學人妄想執著於無形中的禪師。❷換卻你眼睛　意謂助人開佛知見，別具法眼。❸特達　特出；突出。❹苟或　假如；如果。❺澄散聖　法名靈澄，宋代禪僧。巴陵顥鑒的嗣法弟子，住洪州（治今江西南昌）泐潭。外貌如狂人，性灑脫不羈。散聖，比喻放曠不羈、自由閒散的人。❻判　決定；斷定。❼從來　歷來；向來。❽通霄路　即向上一路，指言絕意斷的正真大道。❾九峰　法名道詮（西元九三〇～九八五年），五代禪僧，俗姓梅氏，安福（今屬江西境內）人。至延壽慧輪處參學十年，嗣其法。南唐主請住九峰隆濟院，世稱「九峰道詮」。❿延壽　法名慧輪，五代禪僧。保福從展的嗣法弟子，住潭州（治今湖南長沙）延壽寺，世稱「延壽慧輪」。⓫兩個無孔鐵槌　謂趙州從諗、九峰道詮的答話穿鑿不得。槌，捶擊的器具。⓬無事底人　指無為超脫、任運隨緣、除盡俗情妄為的徹悟者。⓭細嚼來嚥　謂細嚼知其味，則消萬劫之饑，更蕩除佛病、祖病。⓮渾崙吞箇棗　整個地吞下棗子。比喻籠統地接受，不加分析，食而不化。

【語　譯】圜悟克勤評唱：這位僧人是一個長期在各地參禪的禪宗僧人，他的問話很能抓住要害，無奈的是，趙州從諗是一個大機大用的老禪師，回答他說：「鎮州出產大蘿蔔頭。」這句話回答得平淡無味，卻使人無法回答。趙州從諗接引學人的機鋒就像一個手段高超的神偷，迅速敏捷，不留痕跡，只要你一開口，就會換掉你的眼睛。至於一個根器特別猛利的傢伙，直接在像擊石火、閃電光一樣迅速的禪機中領悟，一聽到這句答話，豎起眉毛就走。如果陷入分別思考而欠缺機靈自由的狀態，免不了要喪失生命。江西有一位不拘形跡的靈澄禪師，判定這句答語，把它叫做「問東答西」，或者叫做「不回答就不會上問話僧人的圈套」。如果這樣理解，不僅無法領略趙州從諗的玄旨，反而更連累了趙州從諗。

有人說：「鎮州出產大蘿蔔頭，這是天下的人都知道的；趙州從諗在南泉普願身邊參學了二十年，這也是天下的人都知道的。這位僧人反而這樣問他：『聽說師父曾親眼見過南泉普願，有這回事嗎？』所以趙州從諗才回答他說：『鎮州出產大蘿蔔頭。』」這種說法根本就不沾邊。如果都不做這樣的理解，那麼到底應該怎樣說呢？一個悟道的人，自然有他進入大徹大悟境界的路徑。

曾經有一位僧人問九峰道詮：「聽說師父曾親眼見過延壽慧輪，有這回事嗎？」九峰道詮回答他說：「山前的麥子熟了嗎？」這句答話與趙州從諗回答僧人的問話是天生一對。師父說：「這是兩個沒有洞孔的鐵槌。」趙州從諗這老漢是一個大徹大悟的禪者，你剛剛輕聲問他，他就要換掉你的眼睛。如果是一個知道禪法的人，可以細細地咀嚼玩味；如果是一個不知道禪法的人，那就像囫圇吞棗一樣，不知道趙州從諗的禪意禪味了。

頌

鎮州出大蘿蔔，（天下人知，切忌❶道著。千箇萬箇、一箇半箇。）
天下衲僧取則❷。（爭奈不恁麼，誰用閑言長語❸？）
只知自古自今，（半合半開❹，自古也與麼、自今也恁麼，如麻似粟。）
爭辨鵠白烏黑❺？（全機穎脫❻，長者長、短者短。）
賊賊❼！（識得者賊。）
衲僧鼻孔曾拈得。（穿過了也，裂轉！）

評唱

「鎮州出大蘿蔔」，你若取他為極則，早錯了也。古人把手共上高山，不免傍觀者哂❽。人皆知道這箇是極則句，卻畢竟不知極則處。所以雪竇道：「天下衲僧取則」，「只知自古自今，爭辨鵠白烏黑？」雖知古人恁麼答、今人也恁麼答，何曾❾分得緇素來？雪竇道：「也須去石火電光中，辨其鵠白烏黑始得。」

公案到此頌了，雪竇自出意，向活潑潑❿處，更向你道：「賊賊！衲僧鼻孔曾拈得。」三世諸佛也是賊，歷代祖師也是賊。善做賊偷人眼睛，不犯⓫手腳，獨許趙州。且道，什麼處是做賊處？「鎮州出大蘿蔔頭」。

【注釋】❶切忌　務必避免。儆戒之辭。❷天下衲僧取則　意謂天下的禪宗僧人取趙州從諗的這句答語作為答話的最高標準。❸閑言長語　議人長短的嘮叨話。❹半合半開　禪林常用此語表示一半合，一半開，不偏於任何一方。❺爭辨鵠白烏黑　謂古今參禪者不知道趙州從諗這句答話的玄旨就是鵠白烏黑，各呈家風。鵠，通稱天鵝。羽毛潔白。烏，烏鴉。羽毛全部或大部分黑色。❻全機穎脫　意謂當下即是，達到解脫自在無礙的境地。全機，禪者自在無礙的活動。穎脫，錐芒顯露。比喻充分顯現才華。❼賊賊　謂趙州從諗的禪機迅速，像手段高超的老賊。❽哂　譏笑。❾何曾　何嘗；幾曾。用反問的語氣表示未曾或並不。❿活潑潑　充滿生機之意。⓫犯　用；費。

【語譯】雪竇重顯頌古：鎮州出大蘿蔔，（天下的人都知道，千萬別說著。雖然有一千個、一萬個，其實只有一個半個。）天下衲僧取則。（儘管天下的禪宗僧人都以趙州從諗的答話作為最高準則，無奈的是，他們都達不到趙州從諗的境界。誰用這閒言閒語？）只知自古自今，（一半合閉，一半打開，自古以來沒有人像趙州從諗這樣，從今以後也沒有人像趙州從諗這樣，學得走了樣的人多得來如麻如粟。）爭辨鵠白烏黑？（很快進入大徹大悟的境界，長的東西自然長，短的東西自然短。）賊賊！（認識這老賊。）衲僧鼻孔曾拈得。（穿過各位的鼻孔，裂開轉動。）

圜悟克勤評唱：「鎮州出大蘿蔔」，你如果把它當作答話的最高準則，那就不對了。從前的禪師有手拉著手一道登上高山的本事，還是免不了要讓旁觀的人嘲笑。人們都知道趙州從諗的答話是很高妙的一句話，卻不知道他高妙的地方在哪裡？所以雪竇重顯說：「天下衲僧取則，只知自古自今，爭辨鵠白烏黑。」雖然知道古時候的人是這樣回答，現在的人也是這樣回答，他們什麼時候分辨過黑與白呢？雪竇重顯說：「也必須在石火電光中辨別出白天鵝與黑烏鴉才行。」

公案頌到這裡，其旨意算是全都頌出來了，雪竇重顯又把自己的旨意引到生機盎然的地方去，又對你說：「賊賊！衲僧鼻孔曾拈得。」三世諸佛是竊賊，歷代祖師也是竊賊。而善於作賊，偷掉別人的眼睛，卻又不用動手動腳，我想只有趙州從諗才有這樣的本事！你來說說看，什麼地方是趙州從諗善於作賊的地方？「鎮州出大蘿蔔頭」。

【說明】趙州從諗是南泉普願的嗣法弟子，這是天下皆知的事實，這位僧人為什麼明知故問呢？大概是想以此試一試趙州從諗的功底，因為不論回答「是」或者「不是」都是邊見。遇到這種場合，如果是臨濟義玄，肯定會像對待定上座一樣，當場抓住他，打上一頓之後再推開。不過，趙州從諗的禪風卻不是這個樣子，他被人們稱之為「嘴皮子上放光和尚」，能在極其平凡的日常會話中，截斷天下人的舌頭，所以回答說：「鎮州出產大蘿蔔頭。」言外之意：聽說是一種傳言，但傳言畢竟是傳言，如果自己沒有親自看見，則不可信。然而相信與不相信，又與風聲傳言無關，重要的是自己如何去把握。

禪的問答，就是在某時某地向某人提出問題，然後由對方來回答。始終是個別對話的形式。正因為完全是個別的，所以含有與任何地方都相通的普遍性。不是在普遍之理中取消個別，而是在個別之中發現生動活潑的普遍性。這段問答，就是禪機問答最好的例子。因為大蘿蔔是活生生的。

第三一則 麻谷振錫

【題 解】麻谷寶徹、章敬懷暉、南泉普願三人都是馬祖道一的弟子，這是在麻谷寶徹尚未徹悟之前，希望獲得法兄章敬懷暉、南泉普願的印可而產生的公案。章敬懷暉對麻谷寶徹的遶床振錫、卓然而立等機用，雖然給予「是」的肯定，實則是章敬懷暉立在更高的立場而以「放行」的接引機法給予同情的肯定，亦即以放任自由、因應隨順的態度及手法來引導麻谷寶徹開悟。南泉普願對麻谷寶徹同樣動作的反應，則以嚴格的「把住」機法來否定，即以嚴峻的手法及態度來驅除麻谷寶徹心中的妄見、執著。麻谷寶徹從章敬懷暉的肯定回答中認為已得到印可，對南泉普願的否定回答則產生了迷惑。南泉普願說「此是風力所轉，終成敗壞」，意謂遶床振錫、卓然而立等不過是肉體的運動而已，而肉體亦無非地、水、火、風等四大所構成的色法，終有落謝敗壞之日，而絲毫無關乎開悟解脫的宏旨，故欲以嚴厲手法提撕麻谷寶徹，希望他能超越「是」與「不是」而體會真正的禪旨與機用。

示眾

動則影現，覺❶則冰❷生。其或不動不覺，不免入野狐❸窠窟。透得徹、信得及，無一絲毫障翳❹，如龍得水、似虎靠山。放行也瓦礫❺生光，把住也真金失色。古人公案，未免周遮❻。且道，即今評論是什麼事？

舉

麻谷持錫⑦到章敬，遶繩床⑧三匝，振錫一下，卓然而立。（曹溪樣子⑨，依模脫出，直得驚天動地。）

章敬云：「是是。」（泥裡洗土塊，賺殺一船人⑩。什麼語話？）

師著語云：「錯。」（不可放過，猶較一著在⑪。）

麻谷又到南泉，遶繩床三匝，振錫一下，卓然而立。（依前弄泥團⑫，再運前來⑬，蝦跳不出斗⑭！）

泉云：「不是不是。」（何不承當？殺人不眨眼，是什麼語話？）

師著語云：「錯！」（放過不可，放過兩著。）

谷當時云：「章敬道是，和尚為什麼道不是？」（主人公⑮在什麼處？者漢元來取人舌頭，漏逗了也。）

泉云：「章敬即是，是汝不是。（也好殺人須見血⑯，為人須為徹，瞞殺多少人。）

此是風⑰力所轉，終成敗壞。」（果然被人籠罩⑱，爭奈自己何？）

【注釋】❶覺　為心、心所的總名。以心、心所乃緣對境而覺知之故。❷冰　比喻俗情妄解。❸野狐　即狐狸。這裡指慮識。❹障翳　遮蔽。又泛指遮蔽視線之物。❺礫　小石；碎石。❻周遮　嚕囌；嘮叨。❼錫　錫杖，在杖頭上裝有錫製尖塔形物的手杖，又裝有數個錫環，揮動時可發出聲音。❽繩床　一種可以折疊的輕便坐具。以板為之，並用繩穿織而成。❾曹溪樣子　意謂永嘉玄覺前往曹溪寶林寺參見六祖慧能時也是如此。❿賺殺一船人　謂很多人依照「是是」語而認這影像，不僅是麻谷寶徹一人錯。賺殺，誑騙；折騰。⓫猶較一著在　謂雪竇重顯的著語不是全提正令，如果是我圜悟克勤，早就一棒打過去了。一著，指武術的一個招數。比喻一個計策或手段。在，句尾助詞。表示行為動作的持續或情況的存在。⓬弄泥團　責罵禪宗僧人出現煩惱妄執的情形。⓭再運前來　謂麻谷寶徹還是以前的手法。⓮蝦跳不出斗　謂跳不出以前的見解。⓯主人公　禪家提倡自心是佛，自我為主，因稱自心為「主人公」。⓰殺人須見血　比喻接引之徹底。⓱風　四大之一，本質為動性，而有生長作用者，稱為「風大」。動轉屬風大。⓲籠罩　謂擒拿，擒獲。

【語　譯】圜悟克勤開示：身體動則影子隨之而現，心念動則妄想隨之而生。如果有人既不動也不覺，難免就會墮入俗情妄識的窠臼裡，反之，如果能夠悟得透徹，信得過，對一切事物的真相都看得明明白白，沒有絲毫遮蔽，那就如同蛟龍得水，猛虎靠山一樣自由自在。有了這樣的悟道境界，如果稍加寬縱，給予入門方便，那就連石頭瓦片也會產生光輝；如果截斷語路，使對方無所用心，那就連真金也相形失色。前輩禪師的公案不免有累贅、囉嗦之處。你來說說看，現在評論的是什麼呢？

舉說公案：一天，麻谷寶徹手持錫杖前來參見章敬懷暉，他圍繞著禪床走了三圈，振動了一下錫杖，突然站在那兒。（當年永嘉玄覺在曹溪參見六祖慧能時，也是這副樣子。麻谷寶徹與永嘉玄覺就像是一個模子鑄出來的，弄得來驚天動地。）章敬懷暉說：「對，對。」（泥水裡洗土塊，很多人都受騙上當。這是什麼話語？）雪竇重顯評論說：「錯。」（不可放過，雪竇重顯還相差一招。）麻谷寶徹又去參見南泉普願，同樣圍繞著禪床走了三圈，振動了一下錫杖，突然站在那兒。（仍舊是捏弄泥團，還是老一套。蝦跳不出斗外。）南泉普願說：「不對，不對。」（麻谷寶徹為什麼不承受機緣，領悟南泉普願的玄旨？毫不留情地殺滅分別妄想。這是什麼話語？）雪竇重顯評論道：「錯。」（不可放過，退讓兩步。）麻谷寶徹當場就說：「章敬懷暉說對，師父為什麼說不對？」（跟著別人的言語轉，自己的主宰在什麼地方？這傢伙原來有不少疏漏。）南泉普願說：「章敬懷暉說的對，是你不對。（南泉普願殺滅分別妄想非常徹底，接引學人就應該這樣一針見血，這話殺滅了不少人的分別妄想。）你的這些行為被風力所轉，不是出於自己的證悟，最終還是要敗壞的。」（麻谷寶徹果然被人捉住要害了，南泉普願自己又該怎麼辦呢？）

評唱

古人行腳，遍歷諸方，立箇志量❶，以此事為念。要驗他曲彔床上老漢具眼不具眼？不見古人，一言相契則住、一言不契則去。看他麻谷持錫到章敬，遶繩床三匝，振錫一下，卓然而立。章敬云：「是是。」殺人刀、活人劍，須是本分作家。雪竇道：「錯」，落在兩邊。你若去兩邊會，不見雪竇意。他卓然而立，你道，他為什麼事？雪竇卻道「錯」，什麼處是錯處？章敬云「是是」，什麼處是錯處？雪竇與麼道，如坐讀判語❷。

麻谷擔箇「是」，便去見南泉，依前如此伎倆，卓然而立。泉云：「不是！不是！」殺人刀、活人劍，須是本分宗師。雪竇云：「錯！」且道，章敬道「是」，南泉道「不是」，是同是別？前頭道是，為什麼也錯？後頭道不是，也道錯，為什麼如此？若向章敬言句下薦得，自救不了！若向南泉句下薦得，可以與祖師為師。雖然恁麼，衲僧家須是自肯始得，莫只一向取人口辯❸！

他問既一般，為什麼一箇道是、一箇道不是？若是通方作者，得大解脫底人，必須別有生涯；若是機境未脫底人，畢竟滯在這兩邊。若要明辨古今，截斷天下人舌頭，須是明取者兩錯始得。及至後頭，雪竇也只頌者兩錯，要提活潑潑處，所以如此。若是皮下有血底漢，自然不向言句裡作解會、不向繫驢橛上作道理。

有者道，雪竇代麻谷下者兩錯，有什麼交涉？殊不知古人著語，鎖斷要關，者邊也是、那邊也是，畢竟不住在者兩邊。慶藏主道：「持錫遶繩床，如是❹如是、不如是不如是，俱錯！」其實亦不在此。

你不見永嘉❺見六祖，更不燒香❻禮拜，便遶禪床三匝、振錫一下，卓然而立。祖師曰：「夫沙門❼具三千威儀、八萬細行❽，行行無虧❾。大德❿從何方而來，生大我慢⓫？」此箇也不說是、也不說不是。是與不是，都繫驢橛，唯有雪竇下兩錯，猶較些子。

【注釋】❶志量　志向和抱負。❷判語　猶今之判決書。❸口辯　能言善辯之才。❹如是　印可、許可之辭。❺永嘉　法名玄覺（西元六六五～七一三年），唐代禪僧，俗姓戴氏，字道明，永嘉（治今浙江溫州）人。八歲出家，博探三藏，尤精天台止觀圓妙法門。參謁六祖慧能時，與其一問一答之間，即了悟頓教思想，得其印可。旋即告辭，慧能留其住一宿，被人稱為「一宿覺」。❻燒香　舊俗禮拜神佛的一種儀式。禮拜時把香點著插在香爐中，表示誠敬。❼沙門　原為古印度反婆羅門教思潮各個派別出家者的通稱，佛教盛行後專指佛教僧侶。❽三千威儀八萬細行　為佛弟子持守日常威儀的作法。坐作進退有威德儀則，稱為威儀。比丘所應持守二百五十戒，配以行住坐臥四威儀，合為一千戒，循轉三世，即成三千威儀。再配以身口七支（殺、盜、淫、兩舌、惡口、妄言、綺語）則為二萬一千，再配貪瞋癡三毒及等分之四種煩惱，共成八萬四千。諸經舉其大數，但稱八萬細行。❾無虧　沒有欠缺；沒有損害。❿大德　佛家對年長德高僧人或佛、菩薩的敬稱。這裡是一般的敬稱。⓫我慢　謂執我見而倨傲。

【語譯】圜悟克勤評唱：從前的禪宗僧人行腳參訪，往往走遍天下的禪院，立下遠大的志向，時時刻刻只想著明心見性這件事。他們往往先判別一下高坐在木雕禪床上的老禪師是不是真正具備了法眼？所以這些禪宗僧人只要一句話能夠與禪師相互契合就住下來；如果一句話不能相互契合，就立刻離去。看他麻谷寶徹手持錫杖前來參見章敬懷暉，繞著禪床走了三圈，振動了一下錫杖，突然站在那兒。章敬懷暉說：「對，對。」這話像刀一樣能夠斬除分別妄想，也像劍一樣能夠復活靈覺真性，這必須得出色的行家高手才能夠做到這樣。雪竇重顯說「錯」，顯然是說參禪者與禪師都錯了。你如果從這方面去理解，肯定看不出雪竇重顯的旨意。麻谷寶徹突然站在那兒，你來說說看，他為什麼要這樣做？雪竇重顯卻說「錯」，麻谷寶徹什麼地方做錯了？章敬懷暉說「對對」，他什麼地方說錯了呢？雪竇重顯這樣說，就好像坐在那裡宣讀判決書。

麻谷寶徹帶著章敬懷暉所說的「對」，便去見南泉普願，仍舊是繞著禪床走三圈，振動了一下錫杖，突然站在那兒。南泉普願說：「不對，不對。」這話像刀一樣能夠斬除分別妄想，也像劍一樣能夠復活靈覺真性，這必須得出色的行家高手才能夠做到這樣。雪竇重顯說「錯」，你來說說看，章敬懷暉說「對」，南泉普願說「不對」，這究竟是一樣還是不一樣呢？前面章敬懷暉說「對」，為什麼雪竇重顯評論他說錯了？後面南泉普願說「不對」，雪竇重顯也評論他說錯了？為什麼要評論他倆都說錯了呢？如果從章敬懷暉的言句下領悟到了某些東西的話，那是自己救不了自己；如果從南泉普願的言句下領悟到了某些東西的話，那就可以做祖師的師父。儘管這樣，一個禪宗僧人必須自證自悟、自我印可才行，不要老是去拾取人家的一言半語來炫耀自己的口才。

麻谷寶徹既然問得都是一樣的問題，為什麼一個說對，一個說不對？如果是一個通曉禪法的行家高手，得到了大解脫的人，肯定另有活路；如果心機與外境不能兩忘的人，必然會停滯在這兩邊。如果要明辨古今，截斷天下人的舌頭，叫他們啞口無言，就得明白雪竇重顯所說的這兩個「錯」才行。後來雪竇重顯也只是頌這兩個「錯」，他為的是要指出活活潑潑的悟道的門徑，所以才這樣做。如果是一個生機勃勃的漢子，自然不會在言句上按照通常的思路去理解，也不會按照通常的邏輯關係去思考，因為這樣做就像驢子被綁在木樁上一樣。

有的人說，雪竇重顯代替麻谷寶徹說這兩個「錯」，有什麼關係？竟然不知道前輩禪師下評語是要鎖斷重要的關口，這邊也是，那邊也是，最終都不停留在這兩邊上。慶藏院主說：「手持錫杖繞著禪床走三圈，說他對也好，說他不對也好，其實兩者都錯。」不過他真正的本意並不在此。

例如，永嘉玄覺到曹溪去參見六祖慧能，並不燒香禮拜，只是繞著六祖慧能的禪床走了三圈，振動了一下錫杖，然後站在那兒。六祖慧能說：「一位僧人應該具備三千威儀，八萬細行，每一樣都不可缺少。大德來自什麼地方，怎麼會有這樣大的我慢。」這個既不說對，也不說不對。究竟怎樣才對呢？我的意思是說，對與不對都像驢子被綁在木樁上，只有雪竇重顯說的這兩個「錯」，還算說得過去。

麻谷云：「章敬道是，和尚為什麼道不是？」南泉道：「章敬則是，是汝不是。」這老漢不惜眉毛，漏逗不少。南泉可謂見兔放鷹。慶藏主云：「南泉忒煞郎當，不是便休，更與他道『此是風力所轉，終成敗壞』。」持錫遶繩床，既是風力所轉，畢竟明心宗❶底事？在什麼處？到這裡，也須是生鐵鑄就底漢始得。

舉：昔有一官人❷參見徑山，凡有所問，俱答云「無」；卻來參西堂藏禪師，凡有所問，俱答云「有」。官人云：「和尚不是！」大凡宗師，要與人解粘去縛、抽釘拔楔，不可守向一邊，左撥右轉、右撥左轉❸。

舉：仰山到中邑❹處謝戒❺，曹溪模子脫去底話❻。又龍牙示眾云：「大凡參學之人，須是透過祖佛始得。新豐和尚❼云：『見佛教祖教，如生冤家，始有參學分。』若透祖佛不得，即被祖佛瞞去；若透得去，始體得祖師與佛意。」時有僧問云：「祖佛還有瞞人底心也無？」龍牙云：「汝且道，江湖還有礙人之心也無❽？」又問云：「如何得不被祖佛瞞去？」牙云：「卻須自悟去始得。」到者裡，為人須為徹、殺人須見血，南泉、雪竇是這般人。

【注釋】❶心宗　即禪宗。禪宗以不立文字、直指人心為宗旨，故稱。❷官人　對男子的敬稱。❸左撥右轉右撥左轉　謂參學者認「是」來則以「不是」語撥之，認「有」來則以「無」撥之。❹中邑　法名洪恩，唐代禪僧，師事馬祖道一，得其密傳。出居朗州（治今湖南常德）中邑，人稱「中邑恩」。每見僧來，拍口作和和聲。❺謝戒　禪林中，沙彌得度受戒後，至戒師處的拜謝禮，稱為謝戒。❻曹溪模子脫去底話　仰山慧寂到中邑洪恩那裡去向他謝戒，中邑洪恩在禪床上拍手說：「和尚。」仰山慧寂就先在他東邊站著，然後又走到西邊站著，再到中間站著，謝戒之後，才退到後面站著。中邑洪恩問：「你是從哪裡得到這三昧的？」仰山慧寂回答說：「從曹溪六祖大師禪法的印模中脫出來的。」中邑洪恩問：「你說曹溪六祖大師用這三昧接引過什麼人？」仰山慧寂回答說：「接引過像永嘉玄覺那樣住一夜便大徹大悟的人，人們稱他為『一宿覺』。」然後仰山慧寂問中邑洪恩：「師父是從哪裡得到這三昧的？」中邑洪恩回答說：「我是從馬祖道一那裡得到這三昧的。」❼新豐和尚　洞山又名「新豐山」，故洞山良价又名「新豐和尚」。❽江湖還有礙人之心也無　意謂江河湖海雖然沒有阻礙行人行走之心，只是行人過不去，所以江河湖海就成為障礙。同理，祖師、佛祖雖然沒有欺騙別人的心思，只是後人自己透不過去，祖師、佛祖的言教就如同欺騙人一樣。

【語　譯】麻谷寶徹說：「章敬懷暉說對，師父為什麼說不對？」南泉普願說：「章敬懷暉說的對，是你不對。」這老漢如此使用言辭說教，看來即使是眉毛全部掉光也在所不惜，就像老婆婆一樣非常慈悲。南泉普願就像是見到兔子、立即放出獵鷹一樣，能夠準確、迅速地接引參禪者。慶藏院主說：「南泉普願太囉嗦了，說『不對』也就算了，還要對他說『你這個動作只是被風力所轉，終究是要敗壞的』。」手持錫杖繞著禪床走，既然是被風力所轉，到底什麼是說明禪宗的事？在什麼地方？到這個地步，必須得像生鐵鑄成的硬漢才行。

舉說公案：從前有一位世俗人士參見徑山和尚，每次提出問題，徑山和尚都回答說「無」；他又前來參訪西堂智藏禪師，每次提出問題，西堂智藏都回答說「有」。世俗人士說：「師父不對。」大抵說來，禪宗法師要替人解除俗情妄念的粘著與束縛，驅除俗情迷障，澄清疑念妄想，拔釘抽楔，不可只守一邊，要能左撥右轉、右撥左轉地靈活運用。

舉說仰山慧寂到中邑洪恩那裡謝戒，自稱是從曹溪六祖大師禪法的印模裡脫出來的話頭。又舉說龍牙居遁開示僧眾說：「大抵說來，一個參禪學道的人，必須得透過祖師、佛祖才行。新豐和尚說：『看見佛祖的言教、祖師的言教就像看見冤家，才有參禪學道的分。』如果透不過祖師、佛祖，就會被祖師、佛祖騙過去了；如果透得過祖師、佛祖，才能體究到祖師與佛祖的旨意。」當時有一位僧人問：「祖師、佛祖還會有欺騙別人的心思嗎？」龍牙居遁說：「你來說說看，江河湖海還會有阻礙人們行走的心思嗎？」僧人又問：「怎樣才能不會被祖師、佛祖欺騙過去？」龍牙居遁說：「只要自證自悟就可以了。」到這裡，接引學人就應該這樣一針見血，殺滅分別妄想也應該像這樣徹底，南泉普願、雪竇重顯就是這樣的人。

頌

此錯彼錯❶，（借取眉毛，天上天下唯我獨尊、據令❷而行。）

切忌拈❸卻❹。（兩個無孔鐵槌，直饒千手大悲❺拈不起。或若拈去，闍黎喫三十棒。）

四海浪平❻，（天下人不敢動著。東西南北，一等家風❼，近日多雨水❽。）

百川❾潮❿落。（淨裸裸、赤灑灑。且得自家安穩⓫，直得海晏河清。）

古策風高十二門⓬，（何似⓭者箇？切忌向拄杖頭上作活計。棒頭有眼明如日，要識真金火裡看！）

門門有路空蕭索⓮。（一物也無⓯，賺⓰你平生，覷著則瞎。）

非蕭索，（果然，賴有轉身處，已瞎了也，打！）

作者好求無病藥。（一死更不再活。你二六時中⓱為什麼瞌睡？撈天摸地作什麼⓲？）

【注釋】❶此錯彼錯　意謂截斷「是」與「不是」兩頭。❷令　即正令，正宗本色的禪機施設。指雪竇重顯下兩「錯」字，坐斷十方。❸拈　舉說公案並加以評議。❹卻　助詞。用在動詞後面，表動作的完成。❺千手大悲　即千手觀音。觀世音在過去無量劫，聽千光王靜住如來說「廣大圓滿無礙大悲心陀羅尼」，發誓要利益一切眾生，於是長出千手千眼。寺院一般造型是兩眼兩手下，左右各具二十手，手中各有一眼，共四十手四十眼，各配所謂二十五「有」（三界中二十五種有情存在環境，包括四洲、四惡趣、六欲天等），而成千手千眼。大悲，指觀世音菩薩。救人苦難之心，謂之悲；佛菩薩悲心廣大，故稱大悲。❻

四海浪平　意謂下雨「錯」字，世界安平，四海不起波浪。四海，古以中國四境有海環繞，各按方位為「東海」、「南海」、「西海」和「北海」，但亦因時而異，說法不一。❼家風　指禪師、法會、門派的宗旨與風格特點。❽近日多雨水　比喻雪竇重顯的仁澤遍世界。❾百川　江河湖澤的總稱。❿潮　海水受日月引力而定時漲落的現象。江河因海潮上溯，其下游亦有此現象。⓫安穩　即安樂而平穩無事之意。若達到不為任何煩惱所惑的境地，而身安心穩，猶如涅槃一樣寂靜無為，五濁不障者，亦稱為安穩。⓬古策風高十二門　此頌麻谷寶徹手持錫杖，這錫杖頭上的清風超出一切，高過帝王的朱門。策，手杖；拐棍。這裡指錫杖。十二門，古代京城四面各有三座城門，總計有十二門。⓭何似　如何；怎樣。⓮門門有路空蕭索　謂京城的十二門雖然通十方，但由於戒備森嚴，故來往的人不多。喻指悟道的大門洞開，但入門者甚少。蕭索，疏散；稀少。⓯一物也無　指蕭索的境界。⓰賺　誤；貽誤。⓱二六時中　整天，每時每刻。按：古代一天分為十二時辰，故稱「二六」。⓲撈天摸地作什麼　謂麻谷寶徹欠神藥，故到章敬懷暉、南泉普願處撈摸。

【語　譯】雪竇重顯頌古：此錯彼錯，（愛惜眉毛，天上天下唯我獨尊，依據正宗本色的禪機而行事。）切忌拈卻。（這兩個「錯」字就像兩個無孔鐵槌，讓人無法拈說評議，即使是千手千眼的觀世音菩薩也拈不起。如果拈去，和尚吃三十棒。）四海浪平，（天下的人都不敢動著。東西南北，一樣的家風，近來雨水多。）百川潮落。（一絲不掛赤條條，點塵不著潔白白。且得自己安穩無事，弄得大海平靜，黃河變清。）古策風高十二門，（這根錫杖怎麼樣？千萬不要向柱杖頭上作俗情妄解。棒頭有眼像太陽一樣明亮，要辨別真正的黃金，只有經過火煉才看得出來。）門門有路空蕭索。（一樣東西也沒有，耽擱你一輩子，眼睛看到就會瞎掉。）非蕭索，（果然向活處頌去，幸虧有悟道的門徑，已經瞎眼了，打！）作者好求無病藥。（死去不再活來。你從早到晚為什麼打瞌睡？上天入地幹什麼？）

評唱

這一箇頌，正似德山見溈山頌相似。先將公案著兩轉語，穿作一串，然後頌出。「此錯彼錯，切忌拈卻」，雪竇意道，此處一錯、彼處一錯，切忌拈卻，拈卻即乖❶。須是如此著者兩錯，直得四海浪平、百川潮落，可煞❷清風明月。你若向兩錯下會得，便沒一星事。山是山、水是水，長者長法身、短者短法身❸。三日一風、五日一雨❹。所以四海浪平、百川潮落。後面頌麻谷持錫，所以道「古策風高十二門」，到者裡七顛八倒❺，於一切時中得大自在。「門門有路空蕭索」，門雖有路，只是空蕭索。雖然如是，也有非蕭索處，任他作者無病時，先須討些子藥❻喫始得。

【注　釋】❶乖　背離；違背。❷可煞　表示極甚之辭。猶言非常。❸長者長法身短者短法身　表示理所當然之事。雖然形狀不同，但都有佛性。法身，謂證得清淨自性，成就一切功德之身。「法身」不生不滅，無形而隨處現形，也稱為佛身。❹三日一風五日一雨　喻指太平時期的景象。❺七顛八倒　讚賞自在通達無障礙的狀態。❻藥　比喻佛法。

【語　譯】圜悟克勤評唱：雪竇重顯的這首頌古正像德山宣鑒參見溈山靈祐那則公案的頌古，他先對這則公案下兩句轉語，穿成一串，然後頌出來。「此錯彼錯，切忌拈卻」，雪竇重顯的意思是說，章敬懷暉這裡一錯，南泉普願那裡一錯，千萬不要評說，一評說就違背原意了。必須這樣下兩個「錯」，直弄得「四海浪平，百川潮落」，清風明月也是非常宜人。你如果能從這兩個「錯」字中懂得禪法，那就沒有一點事。山依然是山，水依然是水；長的東西有法身，短的東西也有法身。三日一風，五日一雨。自自然然，所以四海浪平，百川潮落。後面頌麻谷寶徹手持錫杖這件事，所以說：「古策風高十二門」，達到了這個境界，無論何時何地都能得大自在。「門門有路空蕭索」，門雖然有路可通，只是入門的人太少。儘管這樣，也有人很多的地方。即使那些機用傑出的禪宗法師沒有生病時，也得先討些藥吃吃才好。

【說　明】說「是、是」是章敬懷暉的自由，說「不是、不是」是南泉普願的自由，把兩者都否定成「錯」是雪竇重顯的自由，只是被自由所限制了的麻谷寶徹，卻顯得非常可憐。只有去除了分別心，才能自由地揮舞殺人刀、活人劍，殺活自在。自由是禪的生命。

古策即禪杖，是禪法的象徵，通常禪杖杖頭繫著十二隻金環，所以雪竇重顯頌古的意思是說高風雅節的禪杖有十二扇門，每一扇門都是一路涅槃門，是超越時空時時皆通、處處皆達的空門，那麼蕭索空寂。不過，仔細檢點，這並不是真的蕭索境地。尚殘有空無之病。所以真正的禪師，應當求無病藥，從只濟自己、缺乏活路的死人禪中超脫出來。

第三二則　臨濟佛法

【題解】臨濟義玄的禪風嚴峻辛辣，當定上座前來問佛法大意時，他突然走下禪床，一個巴掌打了過來，意謂這就是佛法大意當體現前之相。但定上座不能體會這一妙境，茫然佇立，通過旁邊僧人的示意，才知問答已畢，禮拜之餘，頓然開悟。這是通過禮拜的一剎那，身心脫落，真正獲得了利己利他的大自由。一切本然現成，只須悟得就是。

示眾

十方坐斷、千眼❶頓開；一句絕流、萬機寢削❷。還有同生同死❸底麼？見成公案，打疊❹不辨；古人葛藤❺，試請舉看。

舉

定上座❻問臨濟：「如何是佛法大意？」（多少人向此茫然，訝郎當❼作什麼？言猶在耳。）

濟下繩床，擒住，與一掌，便托開❽。（今日捉敗❾，天下衲僧跳不出❿，老婆心切。）

定佇立⓫。（已落鬼窟裡⓬，蹉過了也。未免失卻鼻孔⓭。）

傍僧云：「定上座何不禮拜？」（冷地⑭裡有人覷破，東家人死，西家人助哀⑮，全得他力。）

定方禮拜，（將勤補拙⑯。）

忽然大悟。（如暗得燈行，曾夢見，將錯就錯了也。）

【注釋】❶千眼　指禪師具備照破差別的種種法眼。❷一句絕流萬機寢削　意謂剛吐一句話就截斷眾流，萬機息滅。述臨濟義玄禪法的大機大用。❸同生同死　意謂與臨濟義玄共存，同暗同明，同得同證。❹打疊　收拾；安排。❺葛藤　指臨濟義玄接引學人的靈活手段。❻定上座　生卒年不詳，約西元九世紀下半葉前後在世，是臨濟義玄的嗣法弟子。❼訝郎當　驚詫；疑怪。❽托開　脫離開。謂不相關涉。❾捉敗　謂被捉拿而敗露行跡。❿天下衲僧跳不出　謂臨濟義玄的大機大用籠罩天地，無人跳得出。⓫佇立　泛指站立。⓬已落鬼窟裡　謂定上座無活的手段。鬼窟，指情識意想、虛妄不實之處。⓭失卻鼻孔　喻指失去了參禪的主動權。⓮冷地　冷僻處所。這裡指旁側之地。⓯東家人死二句　謂定上座無鮮活的禪機，猶如死去一樣，旁邊的僧人教他禮拜，猶如助哀一樣。⓰將勤補拙　以勤奮彌補笨拙。這裡指以禮拜之勤，補茫然之拙。

【語譯】圜悟克勤開示：當一位禪宗法師的法眼突然打開，達到在第一機上截斷一切的時候，只須用一句話就可以截斷眾流，一切心機意識的遷流現象也都止息。還有與以上這位禪師同生同死的禪宗僧人嗎？在歷代祖師不假造作而現成的公案中，都安排不下這個問題。我現在就從前輩禪師的鮮活的禪機中，試舉一則公案給你們看看。

舉說公案：定上座問臨濟義玄：「什麼是佛法的主要旨意？」（多少人對這個問題感到茫然不解，你對佛法的主要旨意還有疑惑嗎？言猶在耳。）臨濟義玄走下禪床，抓住定上座，打了他一個巴掌，然後把他推開。（今天抓住一條漢子，展示了臨濟義玄的大機大用，天下的禪宗僧人都跳不出臨濟義玄禪機的圈套，臨濟義玄像老婆婆一樣慈悲心切。）定上座呆呆地站在那兒。（已經掉進俗情妄識的鬼窩裡，挨了一個巴掌還未覺悟，早就錯過禪機了。不免失去了自己的鼻孔。）旁邊的僧人說：「定上座為什麼不向師父禮拜呢？」（旁觀者清，看穿了臨濟義玄的禪機，東邊的人家死了人，西邊的人家跑去助哀，全靠侍者的扶持之力。）定上座這才向臨濟義玄禮拜，（以勤補拙。）突然大徹大悟。（就像在黑暗中得到了一盞明燈，可以繼續向前行進，曾經在夢中見過這情景，已知做錯卻要順著錯誤做下去。）

評唱

定上座問臨濟，意直出直入、直往直來❶，乃是臨濟正宗❷，有恁麼作用❸。若透得去，翻天作地❹，自得受用❺。定上座是這般漢，被臨濟一掌，禮拜起來，便知落處。他是向北❻地人，最樸直。他既得之後，不出世，後來全用臨濟機，也不妨峭峻❼。

一日路逢巖頭、雪峰、欽山三人同行，巖頭乃問：「甚處來？」定云：「臨濟。」頭云：「和尚萬福❽否？」定云：「近日已遷化❾了。」頭云：「和尚尋常有何言句為人？」定舉無位真人話❿。欽山云：「何不道『非無位真人』？」定便搊住云：「無位真人與非無位真人，相去⓫多少？道道。」欽山無語，巖頭諫⓬之，定云：「若不是者老漢諫我，𡎺殺者尿牀鬼子⓭！」

又一日過橋，見三講僧⓮方誦法義⓯，定倚杖⓰聽之。講者戲問之曰：「禪者，如何是禪河⑰窮到底？」定捉住，欲投置水中，二人哀告。定曰：「若不是汝輩諫我，且教者漢窮到底。」則箇⑱臨濟宗旨，貴⑲直下便見，不復留情。定公所用，舒卷自在，如明珠走盤，不留影迹。

【注釋】❶直出直入直往直來　謂出入往來直接走本分大路，不涉小徑，是截流的禪機。❷臨濟正宗　指臨濟宗的嫡傳禪法。臨濟宗為中國禪宗「五家」之一，屬「南嶽」系。創始人為唐代的臨濟義玄禪師，因臨濟義玄住持河北臨濟禪院，故稱「臨濟宗」。該宗門風峭峻，其接引學人，行棒行喝，猛烈痛快，照用並行。臨濟宗的後世法系極為繁盛，至北宋又分出黃龍、楊岐二派，法脈延續，直至當代。❸作用　禪家應機接物的作為舉措，機緣運用。❹翻天作地　猶言翻天覆地。形容鬧得很凶。這裡指作用很大。❺受用　猶受益，得益。❻向北　北方。❼峭峻　高峻陡直；剛勁挺拔。❽萬福　多福。祝禱之詞。❾遷化　指人死。❿定舉無位真人話　臨濟義玄有一天上堂說：「你們每個人的赤肉團上有一位『無位真人』，常從你們各位的面孔出入，還沒證得的人，希望能好好參究。」有一位僧人站出來問：「什麼是『無位真人』呢？」臨濟義玄一把抓住他說：「你說！你說！」那僧稍一遲疑，臨濟義玄便推開他說：「『無位真人』就是乾屎橛。」說完了便回到方丈室去了。無位真人，指超越一切修行階位、擺脫一切塵染妄執之人，亦即超越凡聖、迷悟、上下、貴賤等分別，而無所滯礙，可得解脫之人。是臨濟義玄對於真我、自心佛的稱呼。⓫相去　相距；相差。⓬諫　諫諍；規勸。⓭尿牀鬼子　禪家對於言行荒唐可笑者的斥罵語。⓮講僧　講經的僧人。⓯法義　佛法之義理。⓰倚杖　拄著手杖。⓱禪河　即禪定。因禪定之水，能滅心火（煩惱），故喻之為河，而稱「禪河」。累積禪行，次第澄心，能消滅心火。⓲則箇　語氣助詞，用法略表示委婉或商量、解釋的語氣。⓳貴　崇尚；重視；以為寶貴。

【語譯】圜悟克勤評唱：在定上座問臨濟義玄的這則公案中，可以看出臨濟義玄是那樣地直出直進，直往直來，這正是他所創立的臨濟宗的門風，所以有這樣的禪機運用。你如果能參透出他的禪機玄旨，就可以把天翻作地，得到很大的受益。定上座就是這樣一個從臨濟義玄那裡得到受益的人，他被臨濟義玄打了一巴掌，向臨濟義玄禮拜之後突然就知道了臨濟義玄的禪機玄旨。定上座是北方人，生性非常樸實率直，他在得到了臨濟義玄的禪機玄旨之後，並不出世說法，後來才完全運用臨濟義玄的大機大用，其機鋒也是非常陡峭險峻。

定上座有一天在路上遇見一道行腳的巖頭全豁、雪峰義存、欽山和尚三人。巖頭全豁問：「你是從什麼地方來的？」定上座回答說：「是從臨濟義玄那裡來的。」巖頭全豁問：「臨濟和尚的身體如何？」定上座回答說：「他不久前已經圓寂了。」巖頭全豁又問：「臨濟和尚平常用什麼言句接引學人？」定上座於是舉臨濟義玄有關無位真人的話頭。欽山和尚說：「為什麼不回答說『非無位真人』呢？」定上座一把揪住欽山和尚說：「無位真人和非無位真人相差多少？快說！快說！」欽山和尚一時語塞，不知說什麼好。巖頭全豁上前央求定上座原諒欽山和尚。定上座說：「如果不是這位老漢求情，我就打死你這尿床鬼子。」

又有一天，定上座走過一座橋，只見三位講僧正在誦讀佛教經義。定上座拄著手杖聽他們誦讀。一位講僧帶著嘲笑的口氣問定上座：「什麼是禪河的盡頭，如何窮究到底呢？」定上座一把揪住他，準備把他拋到河水裡去。另外兩位講僧連忙上前苦苦哀求。定上座說：「如果不是你們二位說情，我就叫這傢伙到河裡去窮究到底。」你看他這樣的手段，完全是臨濟宗的活活潑潑的禪風，重視的是當即認識自己的本來面目，不再留下任何俗情妄念。定上座所用的禪機，或收或放，予奪自在，就像明珠在盤子中溜過，不留蹤影痕跡。

頌

斷際全機繼後蹤❶，（子承父業，黃河從來頭上濁來也❷。）
持來何必在從容❸？（在什麼處，有如此人？無手人還得也無❹？）
巨靈❺抬手無多子❻，（打一拂子，更不再勘。赫❼殺人，少賣弄。）
分破華山千萬重❽。（乾坤大地，一時破也，墮也！）

評唱

「斷際全機繼後蹤，持來何必在從容？」黃檗大機大用，惟臨濟獨繼其蹤，拈得將來❾，不容擬議。或若躊躕❿，便落陰界⓫。「巨靈抬手無多子，分破華山千萬重。」巨靈神長大⓬，劈開太華⓭，放出水，流入黃河。定上座疑團⓮如太華，被臨濟一掌，直得分裂⓯，如冰消瓦解⓰也。

【注　釋】❶斷際全機繼後蹤　意謂能夠繼承黃檗希運禪法的只有臨濟義玄一人。斷際，黃檗希運卒諡「斷際禪師」。❷黃河從來頭上濁來也　喻指黃檗希運具有大機大用，其法子臨濟義玄也是如此。黃河的河水中泥沙多，故顯得渾濁。❸持來何必在從容　意謂臨濟義玄繼承了黃檗希運的全機之後，其接引手段不是平和而是辛辣。從容，舉動悠閒舒緩，不慌不忙。❹無手人還得也無　謂幸虧臨濟義玄有辛辣的手段，否則無法得到黃檗希運的全機。❺巨靈　神話傳說中劈開華山的河神。這裡喻指臨濟義玄。❻無多子　沒多少，很少。❼赫　通「嚇」。嚇唬；使害怕。❽分破華山千萬重　意謂定上座的疑情就像華山的峰嶽重重相積，臨濟義玄一巴掌打下去，使定上座的萬劫迷情當即蕩盡，就像巨靈用手劈開華山，使積水流入黃河一樣。分破，分離；分開。華山，山名。五嶽之一。在今陝西華陰南，北臨渭河平原，屬秦嶺東段。古稱「西嶽」。❾將來　過來；帶來；拿來。❿躊躕　躑躅，徘徊不進；猶豫，遲疑不決。⓫陰界　指五陰、十八界。五陰，指色、受、想、行、識五者假合而成的身心。色為物質現象，其餘四者為心理現象。佛教不承認靈魂實體，以為身心雖由五陰假合而不無煩惱、輪迴。十八界，佛教以人的認識為中心，對世界一切現象所作的分類。或說，人的一身即具此十八界。包括能發生認識功能的六根（眼界、耳界、鼻界、舌界、身界、意界），作為認識事物的六境（色界、聲界、香界、味界、觸界、法界）和由此生起的六識（眼識界、耳識界、鼻識界、舌識界、身識界、意識界）。⓬長大　體貌高大壯偉。⓭太華　華山又稱「太華山」。⓮疑團　若干疑念的匯集。⓯分裂　分割；割裂；使整體的事物分開。⓰冰消瓦解　比喻事物消失或崩潰。

【語　譯】雪竇重顯頌古：斷際全機繼後蹤，（弟子繼承了師父的事業，黃河從源頭上就是渾濁的。）持來何必在從容？（在什麼地方，還有這樣的人？沒有手段的人還能得到黃檗希運的禪法嗎？）巨靈抬手無多子，（打他一拂子，更不在勘驗。唬死人，少賣弄。）分破華山千萬重。（乾坤大地，一齊破開了，墮落了。）

圜悟克勤評唱：「斷際全機繼後蹤，持來何必在從容」，這兩句的意思是說黃檗希運的大機大用，只有臨濟義玄才能繼承並發揚光大。臨濟義玄拈起一句話就不容別人再去推理尋思，如果稍一猶豫，就會落在五陰、十八界的迷場之中。「巨靈抬手無多子，分破華山千萬重」，這兩句的意思是說巨靈神身材魁梧，可以用手劈開太華山，使積水流入黃河之中。定上座的種種疑念堆成一團，就像太華山一樣，後來被臨濟義玄打了一巴掌，種種疑念被擊得支離破碎，最終消失得無影無蹤了。

【說　明】這則公案，大致和「百丈野鴨子」公案旨意相同，但又特具臨濟義玄獨自的宗風，不像馬祖道一那樣地依次追究而導之以入悟。率直簡捷，是臨濟義玄凜烈嚴峻的禪風。但臨濟義玄也是馬祖道一的法孫，所以兩則公案不過是同工異曲而已。如果說有什麼不同，也不過是同中之異。

定上座是臨濟義玄門下弟子中的上座，由此可推知其禪學素養一定進入了相當的境界。他問臨濟義玄：「什麼是佛法大意？」當年臨濟義玄在黃檗希運門下時，曾經三次提這個問題，三次被打。所以臨濟義玄接引定上座的手段，也完全按照黃檗希運的禪風，直下禪床，抓住定上座，給他一巴掌，隨手推開。這是臨濟義玄最得意的手段，是把住、放行、照、用同時，這可稱之為「全體作用」。事實上，胸中一法不存，完全出自無分別智的當體驀地顯露。這種鮮活的作略，後人稱之為「大機大用」。圜悟克勤在此下一著語云：「天下衲僧跳不出。」意思是說臨濟義玄的大機大用，涵蓋天地，所以任何人也不能從這圈子裡跳出來。

定上座當時不能理解臨濟義玄的大機大用，茫然佇立。但這個佇立不是一般的佇立。就像處在天將亮而夜色尚深的狀態，是佇立在大死一番的三昧境上。於是旁邊的僧人，看出臨濟義玄接機的活作用，要定上座禮拜，使他從三昧境上飛躍起來。定上座果然在禮拜時向著活路飛躍突進，忽然大徹大悟，正像旭日東昇照破朦朧的夜色，進入大光明的世界。沒有這活機的飛躍，是不會有大悟的。由於這一飛躍而顯現自己的生命真相。所謂大悟，就是指把握到這一剎那飛躍的大機。定上座經過這麼一番大悟之後，和百丈懷海同樣顯現他的圓轉自在的作用，但他的禪風自有不同之處，他是繼承著臨濟義玄的家風。從圜悟克勤在公案評唱中所舉的兩則公案，可略窺一斑。

第三三則　陳操隻眼

【題　解】 這則公案表明陳操只有自覺之眼，沒有覺他之眼。因為圓相正是「主客圓融」的大智（自利）大悲（利他）的象徵。

示眾

東西不辨、南北不分❶，從朝至暮。道伊瞌睡，有時眼似流星；道伊惺惺❷，有時呼南作北。且道，是有心❸是無心❹？是道人❺是常人❻？若向者裡透得過，知得落處，方識古人恁麼卻不恁麼、不恁麼卻恁麼。且道，是什麼時節？試舉看。

舉

陳操尚書看資福❼。福見來，便畫一圓相。（是精識精、是賊識賊。若不蘊藉❽，爭鑒得者漢？還見金剛圈❾麼？）

陳操云：「弟子恁麼來，早是不著便❿，更畫圓相！」（今日撞箇瞌睡漢⓫，者老漢！）

福便掩卻門。（賊不打貧兒家，已入他圈繢了也。）

師云：「陳操只具一隻眼⓬。」（雪竇頂門具眼。且道，雪竇意在什麼處？也好一圓相，灼然！龍頭蛇尾⓭，當時便與一摑，教他退亦無門、進亦無路。且道，更與什麼一著？）

【注釋】❶東西不辨南北不分　喻指禪師處在無心境界的狀態。❷惺惺　清醒的樣子。❸有心　謂懷有某種意念或想法。❹無心　指離妄念的真心。這種無心並不是無心識，而是遠離凡聖、善惡、美醜、大小等分別情識，處於不執著、不滯礙的自由境界。❺道人　得道之人，禪悟者。❻常人　守常道不變的人。平常的人。❼資福　法名如寶，五代禪僧。至袁州（治今江西宜春）仰山西塔師事光穆禪師，嗣其法，為溈仰宗傳人。居吉州（治今江西吉安）資福寺，世稱「資福如寶」。❽蘊藉　寬厚而有涵養。❾金剛圈　喻指禪家機語、古人公案。這是宋代禪僧的習用詞語，反映了此時禪風的變化：重視參公案，看話頭。❿不著便　未得便宜，不走運，倒楣，不切時機。⓫瞌睡漢　指愚鈍糊塗者。⓬一隻眼　不夠全面、深刻的眼光，與「兩隻眼」相對。⓭龍頭蛇尾　意謂陳操前面的答話有似龍戴角之勢，但對資福如寶的關門卻無可奈何，似蛇尾無勢。

【語譯】圜悟克勤開示：當一個人參禪參到無心的境界時，往往分辨不出東西南北，也搞不清楚從早到晚的時間變化。處在這種無心的境界之中，如果說他迷迷糊糊像打瞌睡一樣的話，可是有時他的眼睛卻又像流星那樣明亮；如果說他心地明明白白、頭腦清清楚楚的話，可是有時他又會把南方叫做是北方。對這種情形，你來說說看，他這是有心還是無心呢？他是大徹大悟的禪者呢？還是平常的人？你如果能從這裡參得透，就會知道悟道的門徑，才會認識從前的禪師為什麼有時用這樣的手段卻不用那樣的手段，有時不用這樣的手段卻用那樣的手段。你來說說看，這是什麼時候會出現的一種現象？試舉一則公案給你們看看。

舉說公案：陳操尚書去參見資福如寶。資福如寶看見他來了，就畫了一個圓相。（這只有自己是精怪，才識得他人是精怪；也只有自己是竊賊，才識得他人是竊賊。如果陳操不是寬宏大量，溫文爾雅，怎麼可能鑑別資福如寶這傢伙呢？還知道資福如寶畫圓相的用意嗎？）陳操說：「弟子這次來，已經是不走運了，師父還要畫圓相來迎接我。」（今天碰上一個懵懵懂懂的傢伙，這老漢。）資福如寶便關上方丈室的門。（竊賊不進窮人家，已經進入他的圈套了。）雪竇重顯說：「陳操只有一隻眼。」（雪竇重顯的腦門上還具備一隻法眼，你來說說看，雪竇重顯的用意在什麼地方呢？這句判語，也是好一個圓相，非常明白。陳操真是龍頭蛇尾，當時就好與資福如寶較量機鋒，教他退也沒門，進也無路。你來說說看，給他怎樣的一招才好？）

評唱

陳操尚書，與裴相、李翱❶同時，凡見僧來，便請喫茶，䞋❷三百文，須是勘辨❸。一日在樓上見打包❹僧過，叫云：「上座！」僧仰頭看，操云：「勘破❺了也。」

又在江州❻，請雲門齋❼。相見便問：「儒書❽中即不問，三乘❾十二分教，自有座主❿，作麼生是衲僧行腳事？」門云：「曾問幾人來？」操云：「即今問上座。」門云：「即今且止，作麼生是教意⓫？」操云：「黃卷赤軸⓬。」門云：「者箇文字語言，作麼生是教意？」操云：「口欲談而辭喪，心欲緣而慮亡⓭。」門云：「『口欲談而辭喪』，為對有言；『心欲緣而慮亡』，為對妄想⓮。畢竟作麼生是教意？」操無語。門云：「見說⓯尚書看《法華經》，是否？」書云：「是。」

門云：「經中道：『一切治生⑯產業⑰，皆與實相⑱不相違背』，且道，非非想天⑲，有幾人退位⑳？」書無語。門云：「尚書且莫草草㉑。十經五論㉒，師僧㉓拋卻；特入叢林㉔十年二十年，尚不奈何，尚書又爭得會？」尚書禮拜云：「某甲罪過㉕！」唯有雲門，他勘不得。

他曾參睦州，來勘資福。福乃溈山下尊宿，尋常以境致㉖接人。見陳操來，便畫圓相。爭奈陳操是作家，不受人瞞，解自點檢㉗，便云：「弟子恁麼來，早是不著便，更畫圓相！」福便掩卻門。者般公案，謂之言中有響㉘、句裡呈機。雪竇道：「陳操只具一隻眼」，雪竇可謂頂門有眼。且道，意在什麼處，也好與一圓相？若總恁麼地，衲僧如何為人？且問諸人，當時若是諸人作陳操尚書時，堪下得什麼語，免得雪竇道「他只具一隻眼」？所以雪竇踏翻頌出云。

【注釋】❶李翺（西元七七二～八四一年）唐代居士，字習之，隴西成紀（治今甘肅秦安西北）人。官至山南東道節度使。師從韓愈，文章見稱當時。向藥山惟儼詢問禪理，有所悟，歸作〈復性書〉。接受禪宗「見性成佛」觀點，其說對後代理學深有影響，開宋明理學引禪入儒之先聲。❷嚫　佈施；施與。❸勘辨　禪師判別修行者的力量，或參學者探問禪師的邪正。❹打包　為行腳時裝納三衣的袋子。即僧尼行乞或行腳時，垂掛於頸前，裝置隨身物品的袋囊。跋涉山野時，恐為塵土污染三衣，故作袋納之。衣袋之中，常用之衣多放在上面，不常用者則放在下面。❺勘破　看破、識透之意。看透了互相比較、試驗、質問的對手。❻江州　州名。在今江西九江。❼齋　以食物供養僧人。❽儒書　儒家經籍。儒，即儒家，崇奉孔子學說的重要學派。❾三乘　一般指小乘（聲聞乘）、中乘（緣覺乘）和大乘（菩薩乘）。三者均為淺深不同的解脫之道。亦泛指佛法。❿座主　即一座之中，學德兼具，堪作座中之上首者；或指一山之指導、住持者。⓫教意　因教禪相對，故天台、華嚴等諸家之意，稱為教意。⓬黃卷赤軸　指佛教經卷。將經文書寫在黃紙上並用朱軸卷起，故稱。⓭口欲談而辭喪二句　出自《肇論》。謂至理離言語故辭喪，非心念之境故欲緣慮亡。緣，塵緣的簡稱。謂心識所緣色、聲、香、味、觸、法六塵之境。⓮妄想　謂妄為分別而取種種之相。⓯見說　猶聽說。⓰治生　經營家業；謀生計。⓱產業　指私人財產，如田地、房屋、作坊等等。⓲實相　指宇宙事物的真相或本然狀態。⓳非非想天　又作非想非非想天，就此天之禪定而稱之。此天之定心，至極靜妙，已無粗想，故稱非想；尚有細想，故稱非非想。⓴退位　不退位的對稱。菩薩行佛道時，既證見一分真理，即為不退位；在此之前則為退位。㉑草草　匆忙倉促的樣子。㉒十經五論　泛指佛教經典中的經藏與論藏。㉓師僧　堪為人師之僧。又為眾僧之敬稱。禪林稱能自立、自行承擔的禪僧。㉔叢林　佛教多數僧眾聚居的處所。後泛稱寺院為叢林。㉕罪過　謙詞。表示愧不敢當，受之有罪。㉖境致　景象；情境。㉗點檢　辨識；判別。㉘響　回聲。

【語譯】圜悟克勤評唱：陳操尚書和裴休宰相、李翱是同時代的人。每當看到有僧人來的時候，陳操便請他們吃茶並佈施三百文錢，同時勘驗一番。一天，陳操在樓上看見背著衣袋的行腳僧經過，便喊了一聲：「上座！」僧人抬頭一看，陳操說：「看破了。」

陳操在江州時，曾請雲門文偃吃齋飯。一見面，他就問雲門文偃：「儒家的經典我不問你，佛家的三乘十二分教自有座主指導，我問你到底什麼才是禪宗僧人行腳參訪的大事？」雲門文偃反問：「這個問題你問過幾個人了？」陳操回答說：「到目前為止，我只問過您一人而已。」雲門文偃說：「現在暫且不談這個問題。我問你什麼是教意？」陳操回答說：「黃卷赤軸的佛教經典就是教意。」雲門文偃說：「佛教經典只是文字語言，還不能說是教意。我要你回答什麼是教意？」陳操回答說：「口欲言而辭喪，心欲緣而慮亡。」雲門說：「『口欲言而辭喪』這句話是針對言語的，『心欲緣而慮亡』這句話是針對妄想的，這怎麼能說是教意呢？到底什麼是教意呢？」陳操回答不出來。雲門文偃又問：「聽說尚書在看《法華經》，有這回事嗎？」陳操回答說：「是的。」雲門文偃問：「《法華經》說『一切謀生的個人財產，都和實相不相違背』，你來說說看，在非想非非想天的天人，現在有多少人退墮呢？」陳操又是回答不出來。雲門文偃說：「由此看來，你千萬不要對經文匆匆看過就算了事。那些有主見的禪宗僧人，拋棄佛教經論，特地住進禪林，即使十年、二十年還不能明瞭自己的本分大事，尚書你又怎麼可能知道呢？」陳操聽了這番話後，便向雲門文偃禮拜說：「禪師的指教，我真是受之有愧。」只有雲門文偃，陳操無法勘驗。

陳操曾去參訪過睦州陳尊宿，後又勘驗資福如寶。資福如寶是溈仰宗的一位出色的禪師，平常喜歡用形象的東西來接引學人。他看見陳操來了，便畫了一個圓相。不料陳操是一個參禪的行家高手，並不受他人的欺騙，具有自我判斷是非的能力，便說：「弟子這次來，已經是不走運了，師父還要畫圓相來迎接我。」資福如寶便關上方丈室的門。這種公案，叫做話語之中藏有玄旨，言句之中顯示機鋒。雪竇重顯說：「陳操只有一隻眼。」雪竇重顯稱得上是腦門上還有一隻法眼。你來說說看，雪竇重顯的用意在什麼地方？也好為他畫一個圓相。如果老是這樣畫圓相，那麼禪宗僧人怎樣去接引學人呢？我再問你們各位，當時如果你們是陳操尚書的話，你能下一句什麼樣的機語，免得讓雪竇重顯說「他只有一隻眼」呢？所以雪竇重顯踏翻陳操的窠窟，偏頌圓相。

頌

團團珠繞玉珊珊❶，（三尺杖子攪黃河❷，須是碧眼胡僧始得，生鐵鑄就。）

馬載驢馱上鐵舡❸。（用許多作什麼❹？且與闍黎看，有什麼限？）

分付海山❺無事客❻，（有人不要。若是無事客，者裡也不消得。）

釣鼇時下一圈攣❼。（恁麼來、恁麼去❽，一時出不得。蝦蜆螺蚌❾，怎生奈何？）

師復云：「天下衲僧跳不出⑩。」（兼身在內，一坑埋卻，闍黎還跳得出麼？）

【注釋】❶團團珠繞玉珊珊　謂無數珠玉團團圍繞，此頌圓相。珊珊，晶瑩的樣子。❷三尺杖子攪黃河　意謂探不到底。喻指雪竇重顯的頌古未探出資福如寶的底裡。❸馬載驢馱上鐵舡　謂無數珠玉由馬、驢運載上鐵船。❹用許多作什麼　謂只消用一個圓相就行了。❺海山　指絕消息本分玄境。❻無事客　指無為超脫、任運隨緣、除盡俗情妄為的徹悟者。❼釣鼇時下一圈攣　謂資福如寶用大器的手段接引大器的參禪者。鼇，傳說中海中能負山的大鱉或大龜。圈攣，喻指禪師接引伶俐禪僧時，用以釣引、把持之餌。圈攣，原指卷絞鉤繩之轆轤，或以「圈」為豢養禽獸之檻，「攣」指用繩綁物或垂鉤之具。禪林轉指禪師接引根機高、悟性強的禪徒時，所使用的特別機法，以為釣引、把持之用，猶如垂釣者以善餌釣引大魚，又如獵戶以堅實之檻豢養猛獸，都是防範禪徒習性或狂或狷，飄忽無定而錯失良才。此類情形，禪師最常用的機法為「圓相」，即用手或拂子、如意、拄杖等在空中或地上畫一圓形，表示真如、佛性、實相、法性等絕對真理，以之為接引之餌，而引發學人開悟之機。❽恁麼來恁麼去　謂只將圓相釣來釣去。❾蝦蜆螺蚌　喻指小智小見的參禪者。蜆，軟體動物。介殼圓形或心臟形，表面有輪狀紋。螺，具有迴旋形貝殼的軟體動物。蚌，軟體動物。有兩個可以開閉的多呈橢圓形介殼，殼內有珍珠層，或能產珠。❿天下衲僧跳不出　意謂整個大地的人都被囊括在圓相裡面。

【語譯】雪竇重顯頌古：團團珠繞玉珊珊，（用三尺拄杖去攪動黃河的水，始終探不到底。如果只是珠玉，只須達摩祖師就可以辨別。這些珠玉像是用生鐵鑄成，堅硬無比，歷劫不壞。）馬載驢馱上鐵舡。（要這麼多珠玉幹什麼？將要給和尚看，有什麼限制嗎？）分付海山無事客，（有人不要這珠玉。如果是無事客，也不能要這珠玉。）釣鼇時下一圈攣。（這樣來，也這樣去，一時出不去。蝦蜆螺蚌，對這圈攣也是無可奈何？）雪竇重顯又說：「天下的禪宗僧人都跳不出。」（包括自己在內，把陳操尚書、資福如寶、雪竇重顯埋在同一個坑裡，和尚還跳得出嗎？）

評唱

「團團珠繞玉珊珊，馬載驢馱上鐵舡。」雪竇當頭只頌箇圓相。若會得去，如虎帶角❶相似。者箇些子，須是桶底脫、機關❷盡淨，得失是非一時放下，更不要作道理會，也不得作玄妙會。畢竟作麼生會？這箇須是「馬載驢馱上鐵舡」，者裡看始得，別處即不可分付。須是將去分付海上無事底客。你若肚裡有些子事，即承當不得。者裡須是有無二事、逆順❸兩途、若佛若魔，奈何他不得底人，方可承當。若有禪可參，有道可學，有凡有聖，決定❹承當他底不得。承當得了，作麼生會？

他道「釣鼇時下一圈攣」，釣鼇須是一圈攣始得。不見風穴道：「慣釣鯨鯢澄巨浸，卻嗟蛙步碾泥沙❺。」海上有三山，三山者即是方壺山❻、圓嶠山❼、蓬萊山❽。古人云：「巨鼇❾莫載三山去，吾欲蓬萊頂上行。」雪竇復云：「天下衲僧跳不出」，你若是巨鼇，終不作衲僧見解；你若是衲僧，終不作巨鼇見解。

【注釋】❶如虎帶角　形容禪悟者威風暢快的精神狀態。❷機關　計謀；心機。謂離言語而心機獨行。❸逆順　指因緣化益等事皆各有其隨順、違逆兩種分別。❹決定　必然；一定。❺慣釣鯨鯢澄巨浸二句　意謂本想用一言半句接引像鯨鯢一樣的參禪者，不料卻釣得像青蛙一樣的小智小見者。鯢，俗稱娃娃魚，體長約一米。澄，澄清，使清明。巨浸，大水，指大海。

這裡指禪海。碾，撣；趕。❻方壺山　傳說中的神山名，在勃海中。❼圓嶠山　傳說中的仙山。常指隱士、神仙所居之地。❽蓬萊山　神山名。相傳為仙人所居之處。亦常泛指仙境。❾巨鼇　為經論中多處記載的海中能負山的大鱉或大龜。被視為與鱷、鯊魚、海豚同類。

【語　譯】圜悟克勤評唱：「團團珠遶玉珊珊，馬載驢馱上鐵舡。」雪竇重顯開頭這兩句話，只頌公案中的「圓相」。你如果能瞭解這個意思，就如同老虎帶角一樣自在無礙，更添威風。不過要達到這一境地，必須得像桶底脫落那樣驅除妄見，心機意識斷盡，得失、是非一齊放下，不要按照通常的義理概念去思考，也不能把它理解為玄妙。那麼到底應該怎樣理解呢？這就必須看透「馬載驢馱上鐵舡」這句話，才能理解資福如寶畫圓相的玄意。至於別的道理，也就無從對你說起。只能講給那些住在大海之上的「無事客」聽，他才會理解。如果你的肚子裡還稍微存有一絲一毫的俗情妄解，那就無法承受機緣。不管有事也罷，無事也罷，順行也罷，逆行也罷，佛祖也罷，惡魔也罷，都對他無可奈何，這個圓相的機緣必須得這樣的人才能承受。一個人如果想有禪可參，有道可學，只是心中還有凡夫與聖人的區別，那是肯定不能承受資福如寶所畫圓相的機緣。要做到承受機緣，領悟禪法，那又該怎樣理解才行呢？

雪竇重顯說「釣鼇時下一圈攣」，釣鼇必須得一圈攣才行。例如，風穴延沼說：「本想在澄靜的大海之中釣鯨鯢，令人嗟歎的是在泥沙中釣到一些小東西。」大海之中有三座神山，這三座神山是方壺山、圓嶠山、蓬萊山。從前的禪師說：「巨鼇不要把三座神山背去，我還想在蓬萊山頂上走一走。」雪竇重顯說：「天下的禪宗僧人都跳不出」，這就是說，你如果是巨鼇的話，終究不會作禪宗僧人的見解；你如果是禪宗僧人的話，終究不會作巨鼇的見解。

【說　明】在印度佛教產生之前，就有了曼荼羅。曼荼羅至今仍存留在佛教中，尤其是在密教中有曼荼羅圖流傳著。曼荼羅原是使用於建築水庫之時，在上方燒著護摩，作用是不讓天上的神來到地上神聖的地方。這種思想與當時印度人的宇宙觀有關。

禪宗主張排除一切多餘的東西，認為在曼荼羅中所畫的各種神像本來也都是空的，因此要把這些畫像全部排除，所以就用圓形來表現宇宙的全體像。唐朝的禪宗僧人經常利用圓形來表現宇宙本來的狀況。這種圓表示無缺也無多餘之處，完全圓滿之意。

圓相也可以表示一切空的意思。雖然說是一切空，但空是虛空，所以無形、無狀，當然也不能用繪畫來表現。可是，如果要用繪畫來勉強表現這種無形的世界，就一定會變成一圓相。

第三四則　仰山落草

【題　解】到廬山而不遊廬山的名勝五老峰，則不能說是真正遊過廬山。故知這位僧人是一個無法眼的行腳僧。禪師每當遇到這類無眼漢，不是靜默不語，就是棒喝交加，但仰山慧寂還是用「闍黎不曾遊山」一語耐心指點他。故雲門文偃批評仰山慧寂「有落草之談」。在這則公案中，是以遊山一事寓禪旨一大事於其內，使參學者得見真正遊戲三昧的境地，這是本公案的要點。

舉

仰山問僧：「近離甚處？」（天下衲僧一般，也要問過，不可作常程❶。）

僧云：「廬山。」（實頭❷人難得。）

仰山云：「曾到五老峰❸麼？」（何曾蹉過，因風吹火❹。）

僧云：「不曾到。」（移一步，面赤不如語直，也似忘前失後。）

仰山云：「闍黎不曾遊山。」（太多事生，惜取眉毛❺好。這老漢得恁麼死急？）

雲門云：「此語皆為慈悲之故，有落草之談❻。」（殺人刀、活人劍，要知山上路，但問去來人❼，兩箇三箇。）

【注　釋】❶常程　通常的程式；日常的，一般的。❷實頭　謂心眼不夠靈活。❸五老峰　江西省廬山東南部名峰。五座山峰如同五位老人並肩聳立，故稱。❹因風吹火　比喻順勢行事，用力不多。禪林喻指接引學人時，應察其根機之所向而採用相應的方法。❺惜取眉毛　意謂言句不要太多，不要違背不立文字的禪門宗旨。這裡指仰山慧寂反覆用語言引誘僧人了知本來面目。❻落草之談　指落於第二義之談，或指隨順現世情況而苦口婆心教化一般人之說。禪宗一向標榜言語道斷、心行處滅的忘言境界，不在於把話說破說盡，所以雲門文偃說仰山慧寂有落草之談。❼要知山上路二句　謂雲門文偃是上過山的人，故知山頂有出草之勝境。

【語　譯】舉說公案：一天，仰山慧寂問一位前來參訪的僧人：「你最近剛離開什麼地方？」（天下的禪宗僧人勘驗人的用語都一樣，不可不問從什麼地方來，也不可按照通常的思路去理解。）這位僧人回答說：「剛從廬山下來。」（這位僧人心眼太實，很難理解仰山慧寂的用意。）仰山慧寂又問：「那麼你曾經到過五老峰嗎？」（仰山慧寂從未錯過禪機，借風吹火，不費吹灰之力。）這位僧人回答說：「不曾到過。」（移動一步，與其紅著臉兒說謊，還不如老老實實說真話，也像忘前失後。）仰山慧寂說：「和尚，你從未遊覽過廬山。」（仰山慧寂的話太多了，話還是少一點好。仰山慧寂這老漢怎麼這樣急吼吼？）雲門文偃說：「仰山慧寂之所以說了這麼多的話，都是因為他太慈悲的緣故，所以話才說得這麼直率。」（這句判語像刀一樣能斬斷分別妄念、像劍一樣能復活靈覺真性，要知山上的路，只管去問上過山的人，有兩三個。）

評唱

仰山問僧：「近離甚處？」驗人端的處，下口便知音❶。古人道：「沒量大人，向語脈裡轉卻；若是頂門具眼底漢，舉著便知落處。」看他一問一答，歷歷❷分明。雲門為什麼卻道：「此語皆為慈悲之故，有落草之談」？古人到這裡，如明鏡當臺、明珠在掌，胡來胡現，漢來漢現，一箇蠅子也過他鑑不得❸。且道，作麼生是「慈悲之故」、「落草之談」處？也不妨嶮峻。到這裡田地，也須是箇人始得。溈山喆云：「仰山可謂光前絕後❹。」雲門雖然提綱❺，要鉗鎚❻天下衲僧，爭奈無風起浪？諸人還識者僧親從廬山來麼？

又舉：溈山問仰山：「諸方若有禪客來，汝將什麼驗他？」仰山云：「某甲有驗處。」溈山云：「子試舉看。」仰山云：「某見他來，舉拂子向他道：『諸方還有者箇麼？』待他有語，向他道：『這箇且致，如何是那箇？』」溈山云：「此是從上宗門爪牙❼。」

又馬祖問百丈云：「什麼處來？」丈云：「山下來。」祖云：「路上還逢著一箇人麼？」丈云：「不曾逢著。」祖云：「為什麼不曾逢著？」丈云：「若逢著即舉似和尚。」祖云：「那裡得者箇消息來？」丈云：「某甲罪過。」祖云：「卻是老僧罪過。」仰山問僧話，正似此。當時待他道「曾到五老峰麼？」這僧若是箇漢，但向他道：「禍事❽。」卻道：「不曾到。」這僧既不作家，仰山何不據令而行，免見後面許多葛藤？卻云：「闍黎不曾遊山。」所以雲門道：「此語皆為慈悲之故，有落草之談。」若是出草之談❾，則不恁麼。

【注　釋】❶下口便知音　謂仰山慧寂從這位僧人的第一句答話中就知道他不具備法眼。❷歷歷　逐一；一一。❸一箇蠅子也過他鑑不得　喻指明眼人見來機照徹無礙。蠅子，蒼蠅。鑑，鏡子。❹光前絕後　形容俐落而不留痕跡。❺提綱　提綱唱要之意。即禪師向參學者拈提宗門綱要。❻鉗鎚　鐵鉗和鐵錘。謂剃落頭髮，錘打身體。比喻禪師教導弟子的嚴格訓練，嚴厲教誨。❼爪牙　人的指甲和牙齒。❽禍事　凶事；危害性很大的事情。❾出草之談　宣說超出世俗的宗旨奧義，或提示佛法第一義。草，比喻世間、俗眾。超出世俗，稱為出草。

【語　譯】圜悟克勤評唱：仰山慧寂問一位前來參訪的僧人：「你最近剛離開什麼地方？」要勘驗一個人是否達到悟道的境界，只須一開口就知道了。從前的禪師說：「超越種種分別的人，尚且在言句裡轉來轉去；如果是腦門上具備一隻法眼的人，一舉話頭，就知道他的旨意。」你看仰山慧寂與這位僧人之間的一問一答，都是歷歷分明。雲門文偃為什麼還要說「仰山慧寂之所以說了這麼多的話，都是因為他太慈悲的緣故，所以話才說得這麼直率」？從前的禪師到了這個地步，就像明鏡當臺、明珠在掌，胡人來了在明鏡、明珠中出現的是胡人，漢人來了在明鏡、明珠中出現的是漢人，就連像蒼蠅那樣細微的東西也別想逃過明鏡、明珠的光照。你來說說看，到底什麼是「慈悲的緣故」，什麼是「所以話才說得這麼直率」的地方呢？這也是非常險峻的機鋒。到了這個地步，必須得悟道的人才能明白。溈山慕喆說：「仰山慧寂稱得上是乾淨利索。」雲門文偃雖然是在拈提禪門要旨，但要嚴格訓練天下的禪宗僧人，對於無風起浪還是無可奈何。各位還知道這位僧人是親自從廬山下來的嗎？

又舉說公案：溈山靈祐有一天問仰山慧寂：「如果有其他禪院的僧人前來參訪，你拿什麼來勘驗他們呢？」仰山慧寂回答說：「我自有辦法勘驗。」溈山靈祐說：「你試舉一則例子看看。」仰山慧寂說：「我看到有僧人前來，就舉起拂子對他說：『別的禪院還有這個嗎？』等他開口要說的時候，就對他說：『這個暫且放下，那個是什麼？』」溈山靈祐說：「這是自古以來禪門得道高僧的手法啊。」

又舉說馬祖道一問百丈懷海：「你從什麼地方來？」百丈懷海回答說：「從山下來。」馬祖道一又問：「路上還遇到過一個可以接引的人嗎？」百丈懷海回答說：「不曾遇到過。」馬祖道一問：「為什麼不曾遇到過？」百丈懷海回答說：「我如果遇到過，立刻就會告訴師父。」馬祖道一問：「你是從哪裡得來這個消息的呢？」百丈懷海回答說：「這麼說來，那是弟子的罪過了。」馬祖道一說：「倒是老僧的罪過。」仰山慧寂問那位僧人的情形，正與這段對話相似。當時等仰山慧寂問「你曾到過五老峰嗎」時，這位僧人如果是條漢子的話，只管對他說：「禍事。」不料他卻說：「不曾到過。」這位僧人既然不是參禪的行家高手，仰山慧寂為什麼不行棒行喝，免得後面又牽扯出這麼多言語？仰山慧寂說：「和尚不曾遊過山。」所以雲門文偃說：「仰山慧寂之所以說了這麼多的話，都是因為他太慈悲的緣故，所以話才說得這麼直率。」如果是宣講超塵脫俗的玄旨，就不會這樣了。

頌

出草入草❶，（頭上漫漫、腳下漫漫❷，半合半開❸，我也恁麼。）
誰解尋討❹？（頂門具一隻眼，闍黎不解尋討。）
白雲重重❺，（千重❻萬匝❼，頭上安頭❽。）
紅日杲杲❾。（破也。瞎！舉眼即差❿。）
左顧無瑕⓫，（瞎漢⓬，無一星事，作許多見解作什麼⓭？）
右盼已老⓮。（一念百千年⓯。）
君不見寒山子⓰，（癩兒索伴⓱。）
行太早⓲。（也不早。）

十年歸不得，（即今在什麼處？）

忘卻來時道。（渠儂⑲得自由，放過一著，莫作這忘前失後，便打。）

【注釋】❶出草入草　向上把住的玄談，稱為「出草」，屬佛法的究竟義；向下放行的接引方法，稱為「入草」，屬佛法的方便法。這裡指雲門文偃的向上拈判，仰山慧寂的向下說示。❷頭上漫漫腳下漫漫　意謂出草之談撐著天，入草之談拄著地，其把住、放行的方法雖然各異，其目的都是一樣的。❸半合半開　謂出草入草不偏不倚。❹誰解尋討　謂雲門文偃的出草與仰山慧寂的入草都無蹤跡可尋。尋討，尋究探討。❺白雲重重　指圍繞五老峰的層層白雲，古也無心去，今也無心來。重重，猶層層。❻千重　千層，層層疊疊。❼匝　周；圈；環繞；圍繞。❽頭上安頭　意謂禪宗意旨應該頓悟，一切思量分辨猶如「頭上安頭」都是累贅重複，多此一舉。後用來比喻累贅多餘。❾杲杲　明亮的樣子。❿舉眼即差　意謂在明亮的太陽之下，看到的是人境各立。⓫左顧無瑕　意謂進入大無心境界的人，左顧右盼，盡絕瑕翳。瑕，玉上的斑點或裂痕。比喻事物的缺點或人的過失、毛病。⓬瞎漢　謂左顧右盼，不見一法。⓭作許多見解作什麼　謂雪竇重顯改換語句，重重頌出，故責備之。⓮老　指超出凡人的境界。⓯一念百千年　指一念即百千年，百千年即一念。乃表示捨離長短等相對概念的絕對語句。義同「一即一切」。謂在一念心中收攝百千年的歲月而無遺。⓰君不見寒山子　謂寒山子是真遊山者。寒山子，唐代詩僧。大曆（西元七六六～七七九年）年間，住天台山寒岩中，因不詳其姓氏，故稱「寒山」。好吟詩唱偈，常契佛禪之理。其詩自然流暢，語言淺顯，為唐代白話詩的代表。⓱癩兒索伴　喻指雪竇重顯與寒山子是知音。⓲行太早　謂行不生不滅之路太早。⓳渠儂　他，她。這裡指寒山子。

【語譯】雪竇重顯頌古：出草入草，（頭頂藍天，腳踏大地，半合半開，我也這樣。）誰解尋討？（腦門上具備一隻法眼，和尚不懂得尋討。）白雲重重，（千層萬層，像頭上安頭一樣多此一舉。）紅日杲杲。（看破現成勝境。太陽出現在半夜，一睜眼就看錯。）左顧無瑕，（瞎了眼的傢伙，沒一點事，你作這麼多見解幹什麼？）右盼已老。（一念千百年。）君不見寒山子，（就像無賴之徒尋求伴侶一樣。）行太早。（也不早。）十年歸不得，（如今在什麼地方？）忘卻來時道。（寒山子得自由了，退讓一步，不要這樣忘前失後，要打得他滅絕念頭。）

評唱

「出草入草，誰解尋討」，雪竇知他落處，者裡便一手抬一手搦❶。「白雲重重、紅日杲杲」，大似「草茸茸、煙羃羃」，到這裡，無一毫末❷屬凡、無一毫末屬聖，遍界不曾藏❸，一一覆蓋不得。所謂無心境界，空不同空、寒不同寒、熱不同熱，都盧❹只是箇大解脫門❺。

「左顧無瑕，右盼已老」，如唐時有僧，名懶瓚和尚❻，居衡山❼頂石窟中。德宗聞其名，遣使召之。使至宣詔，瓚方撥牛糞火，取煨❽芋❾喫，寒涕垂膺❿，使臣勸令拭之。瓚云：「有甚工夫為俗人拭涕？」此乃古人不弄光陰如是。

又有石室行者⓫，踏碓⓬供眾。杏山和尚⓭，一日往問行者：「曾遊五臺麼？」者云：「曾遊。」山云：「見文殊麼？」者云：「見。」山云：「文殊向你道什麼？」者云：「道和尚生身父母，落在青草裡。」臨濟云：「沒溺深坑⓮。」又法眼和尚〈頌圓成實性⓯〉道：「理極忘情謂，如何有喻齊⓰？到頭霜夜月，任運落前溪⓱。果熟兼猿重，山長似路迷⓲。舉頭殘照在，元是住居西⓳。」

「君不見寒山子」，有詩云：「欲得安身處，寒山可長保⑳。微風吹幽松，近聽聲愈好㉑。下有班白人，喃喃讀黃老㉒。十年歸不得，忘卻來時道㉓。」永嘉道：「心是根㉔、法是塵㉕。」到這裡，如癡如兀㉖，方見此公案。

【注釋】❶搊　按壓。❷毫末　毫毛的末端。比喻極其細微。❸遍界不曾藏　意指絕對真理朗然呈現於一切處。❹都盧　全部；統統。❺解脫門　得入解脫境界之門，即稱解脫門，指脫離三界之苦而令得悟之門。❻懶瓚和尚　法名明瓚，唐代禪僧。初參嵩山普寂，默證心契，嗣其法。閒居衡山，眾僧營作，明瓚獨自休息，即使被指責，亦無愧色。人稱「懶瓚」、「懶殘」。好食眾人的殘食，逐之則所出言語皆契佛理，世人疑是彌陀應身。天寶元年（西元七四二年），至南嶽寺執役，夜止群牛之下，如此達二十年之久。❼衡山　山名。古稱南嶽，為五嶽之一。位於湖南中部，有七十二峰。❽煨　把生的食物放在帶火的灰裡使燒熟。❾芋　即芋艿。又泛指薯類植物。❿膺　胸。⓫石室行者　唐代禪僧善道在唐武宗毀佛時離僧位而為行者，住在磨坊中，但不忘舉揚佛法，故禪林中稱為「石室行者」、「石室道」。⓬踏碓　踩踏杵杆一端使杵頭起落舂米。碓，舂米的工具。最早是一臼一杵，用手執杵舂米。後用柱架起一根木杠，杠端繫石頭，用腳踏另一端，連續起落，脫去下面臼中穀粒的皮。⓭杏山和尚　法名鑒洪，雲巖曇晟的嗣法弟子，後住涿州（治今河北涿縣）杏山，世稱「杏山鑒洪」。⓮沒溺深坑　謂本心契合真實無心境界。⓯圓成實性　唯識宗所立三性之一。指真如（諸法所依之體性）具有圓滿、成就、真實等三種性質。圓滿指真如的妙理可周遍四處；成就指真如的實體常住，無生滅作用；真實指真如之性常住遍通。⓰理極忘情謂二句　意謂獲得了至高無上的真如之理後就會忘記情量語言，怎樣才能把圓成實性比喻得恰如其分呢？⓱到頭霜夜月二句　意謂寒夜之中的月亮，最終自然而然地要降落到前溪。到頭，直到最後，最後。霜夜，結霜的夜晚；寒夜。任運，指非用造作以成就事業。亦即隨順諸法之自然而運作，不假人之造作之義。與「無功用」同義。一般以七地及七地以前為有功用，八地以上則為無功用而任運自然。⓲果熟兼猿重二句　意謂果實成熟加上猿猴眾多，山路長遠使人迷路。⓳舉頭殘照在二句　意謂抬頭看見落日的餘輝還在，原來居住在西面。⓴欲得安身處二句　意謂如果想得到一個安身之處，寒山倒是可以長期居住。㉑微風吹幽松二句　意謂微風吹拂著幽靜的青松，走近松樹風聲更添奇趣。㉒下有班白人二句　意謂松樹之下有頭髮斑白的長者，正在喃喃地讀著《黃庭經》和《老子》。班，同斑。喃喃，象聲詞。讀書聲。黃，指《黃庭經》。道教的經典著作。以七言歌訣述養生修煉原理，為歷代道教徒及修身養性者重視。老，指《老子》，本為先秦道家的重要著作，道教奉為主要經典著作。為春秋時期思想家、道教的創始人老聃所著，又名《道德經》。㉓十年歸不得二句　意謂這樣怡然自得的生活一直過了十年還不想回去，連來時的道路都忘記了。㉔根　佛家指能產生感覺、善惡觀念的機體或精神力量。如眼、耳、鼻、舌、身、意為六根。㉕塵　世間一切虛幻不實的事物和妄念，能污染真性，故稱之為塵。㉖如癡如兀　形容陶醉的精神狀態。

【語譯】圜悟克勤評唱：「出草入草，誰解尋討」，雪竇重顯知道這則公案的旨意，這裡便是一手抬，一手按。「白雲重重，紅日杲杲」，這兩句話很像「草茸茸，煙冪冪」。進入這個無心境界，便沒有一絲一毫的凡情，也沒有一絲一毫的聖解，佛法真趣脫體現成，自古至今從未隱藏過，一一覆蓋不得。所謂無心境界，空不同於世俗的空，寒不同於世俗的寒，熱不同於世俗的熱，總而言之是使人進入了解脫的大門。

「左顧無瑕，右盼已老」，這兩句話可以舉下面兩件事來說明：唐朝有一位僧人，名叫懶瓚和尚，隱居在衡山頂上的石洞之中。唐德宗聞其大名之後，派遣了一位使者去召請他入京。使臣來到懶瓚和尚居住的石洞之中宣佈詔書，懶瓚和尚正在撥動牛糞火，從中取出煨熟的芋頭吃。由於天寒，他的鼻涕一直流到胸脯。使臣勸他擦去鼻涕。懶瓚和尚說：「我哪裡有閑功夫替俗人擦鼻涕？」不浪費時間的前輩禪師往往都是這樣。

還有一位石室行者，踏碓舂米，供養大眾。一天，杏山和尚前來問石室行者：「你曾經遊覽過五臺山嗎？」石室行者回答說：「曾經遊過。」杏山和尚問：「見過文殊菩薩嗎？」石室行者回答說：「見過。」杏山和尚問：「文殊菩薩對你說了些什麼？」石室行者回答說：「文殊菩薩說和尚的生身父母，掉在青草裡。」臨濟義玄說：「沉沒在深坑之中。」法眼和尚在〈頌圓成實性〉中說：「理極忘情謂，如何有喻齊？到頭霜夜月，任運落前溪。果熟兼猿重，山長似路迷。舉頭殘照在，元是住居西。」

「君不見寒山子」，寒山子有一首詩這樣說：「欲得安身處，寒山可長保。微風吹幽松，近聽聲愈好。下有班白人，喃喃讀黃老。十年歸不得，忘卻來時道。」永嘉玄覺說：「心生萬物是根機，萬事萬物是塵垢。」只有達到了心物兩忘的境界，才會如醉如癡，也才能看出這則公案的旨意。

【說　明】仰山慧寂假託遊山登峰，返照禪宗僧人腳下就是安樂之地。仰山慧寂所說的遊山到底指的是什麼呢？指的就是悠悠自得、出神入化的遊戲三昧境界。

雪竇重顯頌古說：「出草入草，誰解尋討？」雲門文偃把仰山慧寂的問答批評為慈悲的「落草之談」。這是「落草之談」呢？還是授受第一義門的問答呢？對不瞭解的人來說是入草之談，對瞭解的人來說則是出草之談。

臨濟義玄將人生觀、世界觀分為四種，而洞山良价則排列成五位，說到底不外平等與差別、絕對與相對的兩面而已。洞山良价主張的正位與偏位，就是臨濟義玄的人境俱奪和人境俱不奪的兩面。

從正位立場和人境俱奪的境地來看，是「白雲重重」。一切男女、山河、花鳥，都是無相平等，沒有彼此分別的界限。

從偏位的立場和人境俱不奪的境地來看，則男是男，女是女，山川大地，花鳥魚蟲是一目了然，這正是「紅日杲杲」。

我們有時穩坐在「白雲重重」的絕對境界裡，有時打入到「紅日杲杲」的相對境界裡。能體驗到這兩面的人生，豈不是一大樂事。人生應當超越相互對立的雙方，時時去遨遊那「白雲重重」的佳境，這就是「十年歸不得，忘卻來時道」。

第三五則 文殊三三

【題解】 這則公案，是表現差別智的無著文喜與表現根本智的文殊菩薩的對話。少奉戒律，三百、五百的數量，這些是差別智的世界。凡聖同居，沒有龍（開悟者）、蛇（未開悟者）的區別，超越了前三三與後三三的數量感，這些是根本智的世界。公案中的文殊菩薩是一位毫無分別心、執著心的大徹大悟者，出言吐語均與禪宗旨意契合相應。

示眾

定龍蛇❶，分玉石❷；別緇素，決猶豫❸。若不是頂門上具眼、肘臂下有符，往往當面蹉過。卻即今見聞不昧❹、聲色純真❺，且道是皂❻是白❼、是曲是直，作麼生辨？試舉看。

舉

文殊問無著❽：「近離甚處？」（不可借問❾，又也有者箇消息❿。）

著云：「南方。」（草窟裡出來⓫，何必擔向眉毛上⓬？大方無外，為什麼卻有南方？）

殊云：「南方佛法，如何住持⓭？」（若問著即禍生，猶掛脣齒⓮在。）

著云：「末法⑮比丘，少奉戒律⑯。」（實頭人難得，果然果然。）

殊云：「多少眾？」（當時便好與一喝，一挨一拶。）

著云：「或三百或五百。」（盡是野狐精⑰，可惜！果然漏逗。）

著問：「此間如何住持？」（拶著，回轉槍頭也。）

殊云：「凡聖同居，龍蛇混雜。」（敗闕不少，手忙腳亂。）

著云：「多少眾？」（還我話頭來⑱，也不得放過。）

殊云：「前三三，後三三⑲。」（千手大悲數不足，顛言倒語碧眼胡⑳也。數不足，且道是多少？便打，放過即不可。）

【注釋】❶龍蛇　龍，比喻具備法眼的僧人。蛇，比喻不具備法眼的僧人。❷玉石　玉，比喻伶俐的僧人。石，比喻頑鈍的僧人。❸猶豫　遲疑不決。❹見聞不昧　謂本智照徹古今。不昧，不損壞；不湮滅。❺聲色純真　謂真如遍一切，六塵性空。純真，純正；純一。❻皂　黑色，比喻愚笨。❼白　比喻智慧。❽無著　法名文喜（西元八二一～九〇〇年），唐代禪僧，俗姓朱氏，嘉禾語溪（治今浙江崇德東南）人。咸通三年（西元八六二年），至洪州（治今江西南昌）觀音院參仰山慧寂，頓了心契，遂嗣其法。後住杭州龍泉廨署，吳越王賜號「無著禪師」。❾借問　猶詢問。❿也有者箇消息　就問來處試本分之眼目。⓫草窟裡出來　謂不依本分正路而走小路。⓬何必擔向眉毛上　謂不一定都要用向上宗旨來回答。⓭住持　久住護持佛法的意思。⓮唇齒　議論；說閒話。⓯末法　正法絕滅之意。指佛法的衰微時期。⓰戒律　佛教禁止教徒某些不當行為的法規。如五戒、十戒、二百五十戒等。⓱盡是野狐精　謂三百、五百都是識情紛紛。⓲還我話頭來　意謂踏人言跡，無自己的見識。⓳前三三二句　隱示不拘泥數量比較，是超越數量概念的機語。⓴碧眼胡　古代指西、北方少數民族。這裡指文殊菩薩。

【語　譯】圜悟克勤開示：判定龍、蛇，分辨玉、石；區別黑白，決斷疑情。如果不是腦門上具備一隻法眼，肘臂之下有護身符，往往會當面錯過禪機。如果我們當前眼睛所看到的一切形形色色的事物，耳朵所聽見的各種各樣的聲音，一切都是絲毫不差，一一都是純正真切，那麼請你說說看，這一切是黑是白，是邪是正，應該怎樣分辨呢？試舉一則公案給你們看看。

舉說公案：文殊菩薩有一天問無著文喜：「你最近剛離開什麼地方？」（不可過問，還有這個消息。）無著文喜回答說：「從南方來。」（從草窩裡出來，何必舉到眉毛上？法界一相，本無南北，為什麼要回答南方？）文殊菩薩問：「南方的佛法如何修行？」（問這樣的話會闖禍，還掛在口頭上。）無著文喜回答說：「處在佛教衰落時期，奉守戒律的比丘很少。」（實心眼的人很難得到鮮活的禪法，果然，果然。）文殊菩薩問：「有多少僧眾？」（當時就好大喝一聲，與他較量一番機鋒。）無著文喜回答說：「有些地方三百人，有些地方五百人。」（都是一些野狐精，可惜，果然疏漏。）無著文喜問文殊菩薩：「這裡的佛法如何修行？」（開始較量機鋒了，掉轉槍頭了。）文殊菩薩回答說：「凡夫與聖人同居，龍蛇混雜在一起。」（受到不少挫折，手忙腳亂。）無著文喜問：「有多少僧眾？」（還我話頭，不得放過。）文殊菩薩回答說：「前三三，後三三。」（請千手觀音來數，還是遠遠不夠他數，文殊菩薩真是胡言亂語。不夠數，且說到底是多少？舉手就打，不可放過。）

評唱

無著遊五臺，至中路❶荒僻處，文殊化一寺接他宿。文殊問無著云：「近離甚處？」著云：「南方。」殊云：「南方佛法，如何住持？」著云：「末法比丘，少奉戒律。」殊云：「多少眾？」著云：「或三百、或五百。」無著卻問文殊：「此間如何住持？」殊云：「凡聖同居，龍蛇混雜。」著云：「多少眾？」殊云：「前三三，後三三。」卻喫茶，文殊舉起玻璃盞子❷，問：「南方還有這箇麼？」著云：「無。」殊云：「將什麼喫茶？」著無語，遂辭去。文殊令均提童子❸送出門首。著問童子云：「適來大聖❹道『前三三，後三三』，是多少？」童子云：「大德！」著應「喏❺」，子云：「是多少？」著又問：「此謂何寺？」童子指金剛❻背後，著回首，化寺乃隱沒，童子亦不見，只是空谷。後來彼處謂之金剛窟。

後有僧問風穴：「如何是清涼山❼正主？」穴云：「一句不遑❽無著問，迄今猶作野盤僧❾。」若要參透，平平實實❿、腳踏實地⓫，向無著言下薦得，自然居鑊湯⓬中亦不聞熱、居寒冰中亦不聞冷。如要參見孤危峭峻，若金剛王寶劍，向文殊言下薦取，自然水灑不著、風吹不入。

漳州地藏⓭問僧：「近離甚處？」僧云：「南方。」藏云：「彼中⓮佛法，如何商量⓯？」僧云：「商量浩浩地⓰。」藏云：「何似我者裡種田博飯喫？」且道，與文殊答處，是同是別？有底道：「無著答得不是，文殊答得也有龍、也有蛇，有凡有聖。」有什麼交涉？還有人辨得麼？「前三三，後三三」，前箭由輕後箭深⑰。且道，是多少？若向者裡透得，千句萬句，只是一句。若向此句下，截得斷、把得定，不妨慶快平生，相次⑱到這境界。

【注　釋】❶中路　半路。❷盞子　杯子。❸均提童子　文殊菩薩的侍者。童子，兒童；未成年的男子。❹大聖　佛教稱佛、菩薩。❺喏　古代男子之禮，口出「喏」聲以示敬順。喏，表示同意、遵命的答應聲。❻金剛　指寺院山門內所塑的天王像。❼清涼山　五臺山的別稱。五臺山盛夏氣候涼爽，故稱。❽不遑　無暇，沒有閒暇。❾野盤僧　奔走四方而無閒暇的村野僧，或指露宿山野的行腳僧。野盤，盤旋草野之意。❿平平實實　平常、穩實。⓫腳踏實地　腳踏穩在地上，常有站穩義。比喻做事認真踏實。⓬鑊湯　喻水深火熱的處境。鑊，鍋子。湯，沸水；熱水。⓭漳州地藏　法名桂琛（西元八六七～九二八年），五代禪僧，俗姓李氏，常山（今屬浙江境內）人。參玄沙師備得法。漳州牧於閩城西方石山建地藏院，請桂琛演法，駐錫十八年，世稱「地藏桂琛」。後遷漳州（治今福建漳浦）羅漢院，南北僧人四集，契機開悟者不知其數，世稱「羅漢桂琛」。⓮彼中　猶那裡。⓯商量　原指商販買賣物品時的互相議價，禪林引申為學人參禪辨道時的問答審議。謂審察佛祖之真意，一如商販之量度，使不失於公平，而各得其意。⓰商量浩浩地　形容問答討論激烈盛大的狀況。浩浩，聲音宏大。⓱前箭由輕後箭深　前箭，指「凡聖同居，龍蛇混雜」。後箭，指「前三三，後三三」。⓲相次　依為次第；相繼。

【語　譯】圜悟克勤評唱：無著文喜遊五臺山，走到半山途中，文殊菩薩在荒涼偏僻之處化現了一座佛寺，接待他住宿。文殊菩薩問無著文喜：「你最近剛離開什麼地方？」無著文喜回答說：「從南方來。」文殊菩薩問：「南方的佛法如何修行？」無著文喜回答說：「處在佛教衰落時期，奉守戒律的比丘很少。」文殊菩薩問：「有多少僧眾？」無著文喜回答說：「有些地方三百人，有些地方五百人。」無著文喜反過來問文殊菩薩：「這裡的佛法如何修行？」文殊菩薩回答說：「凡夫與聖人同居，龍蛇混雜在一起。」無著文喜問：「有多少僧眾？」文殊菩薩回答說：「前三三，後三三。」然後文殊菩薩請無著文喜坐下來吃茶，他舉起玻璃杯子問無著文喜：「南方還有這個東西嗎？」無著文喜回答說：「沒有。」文殊菩薩問：「南方人平時用什麼東西吃茶？」無著文喜不知如何回答，便告辭出去。文殊菩薩叫均提童子送無著文喜到門口。出門後無著文喜問均提童子：「剛才大聖說『前三三，後三三』，到底是多少人？」均提童子只是喊了一聲：「和尚！」無著文喜答應了一聲：「在。」均提童子問：「到底是多少人呢？」無著文喜又問：「這裡是什麼佛寺？」均提童子用手指向金剛塑像後面，無著文喜回頭一看，佛寺、均提童子都消失不見了，只見眼前是一片空曠的山谷。後來人們把這個地方叫做「金剛窟」。

後來有一位僧人問風穴延沼：「什麼人是清涼山的主人？」風穴延沼回答說：「無著文喜連一句話都來不及問，直到如今還被看作是置身在空曠山谷的一位僧人。」你如果參透了這則公案，就能夠平穩扎實、腳踏實地，從無著文喜的言句之下領悟禪法，即使置身在熱鍋沸水之中，也不覺得熱；處在寒冷的冰天雪地之中，也不覺得冷。如果要參見孤危峭峻，像揮舞金剛王寶劍那樣自在無礙，就得從文殊菩薩的言句之下領悟禪法，自然水灑不著，風吹不進。

漳州的地藏桂琛問一位行腳僧：「你最近剛離開什麼地方？」行腳僧回答說：「南方。」地藏桂琛問：「那裡怎樣商討佛法？」行腳僧回答說：「商討佛法的聲勢浩大，非常壯觀。」地藏禪師說：「怎比得上我這裡，親自種田以求得一碗飯吃？」你來說說看，這段話和文殊菩薩的答話是一樣呢？還是不一樣呢？有的人說：「無著文喜回答得不對，文殊菩薩的答話有龍也有蛇，有凡也有聖。」這樣的話與禪法有什麼關係？還有人能夠分辨嗎？「前三三，後三三」，文殊菩薩的答話如果用射箭來比喻的話，那就是前面射出去的箭程度輕，後面射出去的箭程度深。你來說說看，到底有多少人？如果能從這裡參透，千句萬句，實際上只是一句。如果又能從這句之下截得斷，把得住，肯定一生慶幸快樂，並可逐漸進入文殊菩薩的境界。

頌

千峰盤屈色如藍❶，（還見文殊麼？腦後蹉過。）
誰謂文殊是對譚❷？（蹉過了也，設使普賢亦不相顧。）
堪笑清涼多少眾❸，（且道，笑箇什麼？已在言前。）
前三三與後三三。（試請子細腳跟下看，爛泥裡有刺❹，便打。）

評唱

「千峰盤屈色如藍」，有者道，雪竇只是重拈一遍，不曾頌。只如僧問法眼：「如何是曹源一滴水？」眼云：「是曹源一滴水。」又僧問瑯琊覺❺和尚：「清淨本然，云何忽生山河大地？」瑯琊覺云：「清淨本然，云何忽生山河大地❻？」如是古人拈提❼，不可也喚作重拈一遍。

明招獨眼龍，亦頌這意，有蓋天蓋地之機。道：「廓周沙界聖伽藍，滿目文殊接話談❽；言下不知開佛眼，回頭只見翠山巖❾。」「廓周沙界聖伽藍」，此指草窟化寺，所謂有權實雙行之機。無著一夜，與文殊言語，不識是文殊；及至出門，只見穴谷，此是文殊、普賢、觀音境界。若從文殊門入者，森羅萬象，一時為汝發機❿；若從普賢門入者，燈籠露柱，為汝發機；若從觀音門入者，蝦蟆⓫蚯蚓⓬，為汝發機。所以道：「森羅萬象，文殊家風；一亙⓭晴空，普賢床榻⓮。」

雪竇只改明招底用，卻有針線⑮。「千峰盤屈色如藍」，不傷鋒犯手。句中也有權有實、有照有用、有事有理⑯。「誰謂文殊是對譚？」一夜對談，不知是文殊。

後來無著在五臺作典座⑰。文殊於粥鍋上現，著遂打云：「直饒釋迦老子來，我亦打。」也是賊過後張弓。當時等他道：「南方佛法如何住持」，劈脊便打，猶較些子。「堪笑清涼多少眾」，雪竇笑中有殺人刀、活人劍，若會得笑處，便見「前三三與後三三」。

【注釋】❶千峰盤屈色如藍　喻指文殊菩薩的境界。盤屈，曲折環繞。❷譚　同「談」。談說；稱說。❸堪笑清涼多少眾　謂本不立凡聖，無著文喜卻問文殊菩薩清涼山有多少僧眾，實在可笑。堪笑，可笑。❹爛泥裡有刺　謂句中示本分活處。❺瑯琊覺　法名慧覺，宋代禪僧，西洛人。汾陽善昭的嗣法弟子，住滁州（今屬安徽境內）瑯琊山，世稱「瑯琊慧覺」。❻又僧問瑯琊覺和尚六句　此為「清淨本然」的公案。以山河大地清淨本然之貌，表示無分別之見，無取捨憎愛之真意。清淨，指遠離惡行與煩惱。❼拈提　舉說古今公案。是禪家說法的一種形式。❽廓周沙界聖伽藍二句　這兩句頌化寺與文殊菩薩，謂風塵草動都是文殊菩薩的境界。廓周，猶範圍。沙界，謂多如恒河沙數的世界。伽藍，梵語僧伽藍摩譯音的略稱。意為眾園或僧院，即僧眾居住的庭園。後因稱佛寺為伽藍。滿目，充滿視野。❾言下不知開佛眼二句　這兩句頌無著文喜錯過文殊菩薩的境界。佛眼，佛經所說五眼之一。佛為覺者，覺者之眼稱佛眼。謂能洞察一切，具有超凡的眼力。喻指以慈悲為懷、寬以待人者之眼。❿發機　顯示機微的跡象。⓫蝦蟆　青蛙和蟾蜍的統稱。⓬蚯蚓　環節動物。體形圓長而柔軟，經常穿穴泥中。⓭亙　橫度；貫穿。⓮牀榻　家具。似椅而長大，可坐可躺。⓯針線　指作品的組織結構，謀篇佈局。這裡喻指綿密不通風。⓰有事有理　凡夫依迷情所見的事相，稱為事；聖者依智見所通達的真理，稱為理。⓱典座　僧寺職事名。掌管大眾齋粥之事。

【語　譯】雪竇重顯頌古：千峰盤屈色如藍，（還見過文殊菩薩嗎？腦後錯過。）誰謂文殊是對譚？（錯過了，即使是遇見普賢菩薩也不會多看上一眼。）堪笑清涼多少眾，（你來說說看，他笑個什麼？其實不用開口就能明白他笑個什麼。）前三三與後三三。（試請仔細看腳下，爛泥裡有刺，舉手就打。）

圜悟克勤評唱：「千峰盤屈色如藍」，有的人說雪竇重顯只是把這則公案重新拈說一遍，並沒有頌出這則公案的旨意。我舉兩則公案為例來說明雪竇重顯並非如此。例如，有一位僧人問法眼文益：「如何是曹源一滴水？」法眼文益回答說：「是曹源一滴水。」又如，另有一位僧人問瑯琊慧覺和尚：「我們本來清淨無染的真心為什麼會突然生出山河大地呢？」瑯琊慧覺回答說：「我們本來清淨無染的真心為什麼會突然生出山河大地？」像這樣前輩禪師的拈提，不可以稱作是重新拈說一遍。

明招獨眼龍也曾頌過這則公案的旨意，有蓋天蓋地的機用。其頌曰：「廓周沙界聖伽藍，滿目文殊接話談；言下不知開佛眼，回頭只見翠山巖。」「廓周沙界聖伽藍」，指的是在荒山野外，文殊菩薩化現了一座佛寺，這就是所謂權宜教法與根本教法並行的機用。無著文喜與文殊菩薩談了一個晚上的話，竟然不知道對面就是文殊菩薩；等到走出寺院大門，只見巖洞與山谷，這就是文殊菩薩、普賢菩薩、觀音菩薩的境界。如果是從文殊菩薩的門進入的人，那麼世界上的萬事萬物，一齊為你們發示禪機；如果是從普賢菩薩的門進入的人，那麼燈籠露柱，一齊為你們發示禪機；如果是從觀音菩薩的門進入的人，那麼蝦蟆蚯蚓，一齊為你發示禪機。所以說：「森羅萬象，文殊家風；一亙晴空，普賢床榻。」雪竇重顯只改變了明招獨眼龍的功用，卻有針線綿密之處。「千峰盤屈色如藍」，既不傷鋒也不犯手。這句話中有權宜教法、也有根本教法；有對客體的認識，也有對主體的認識；有凡夫所見的事物、也有聖人所見的真理。「誰謂文殊是對譚？」這句話是說無著文喜和文殊菩薩面對面談了一個晚上的話，竟然不知道他就是文殊菩薩。

後來無著文喜在五臺山做典座。文殊菩薩常常在飯鍋上現身，無著文喜舉起飯勺一邊打他，一邊說：「即使是釋迦牟尼老漢來，我也要打他。」話雖然這樣說，也像是盜賊過後才架設弓箭，能有什麼用？如果當初文殊菩薩問「南方佛法如何修行」時，便對著他的脊梁骨打幾棒，這樣做還差不多。「堪笑清涼多少眾」，雪竇重顯的笑中有著像刀一樣斬除分別妄念的禪機，也有著像劍一樣復活靈覺真性的禪機，如果懂得了雪竇重顯笑的旨意，就可知道「前三三與後三三」的意思了。

【說　明】前三三後三三的「三三」，按照禪家的說法是表示無限之意。文殊所謂沒有凡人、聖人、善人、惡人的區別，一世都有平等的人格，都是佛法的修行者。

文殊菩薩是智慧的象徵，自覺一切是空的智慧。這些問答就是為了表現一切是空的世界而設立的。前三三後三三，表示前後都相同，也就是前後際斷。是指切斷前與後的邊緣，並拋棄之。例如：時間是過去、現在、未來所架構而成的。稱為「前」的過去，是已經過去的世界，實際上是無一物的。「後」則是指未來，因為未來是還未來臨的世界，所以「後」也是無。存在的只是現在而已，而且，雖然是現在，在認為「現在」的瞬間，「現在」也變成過去而消失了。

連過去、現在、未來都沒有的世界，事實上，是完全無的世界。勉強設置了過去、現在、未來的世界，就是時間的世界，然而這種事都是人所規定的罷了，它本來是完全「無」的，把這種完全「無」用「前三三後三三」來表示。

第三六則　長沙遊山

【題解】這則公案是長沙和尚與首座之間的機緣對話。長沙和尚遊山歸來，二人就此話題相互切磋參究，在隨逐芳草落花之遊賞中，點出春日遊山隨逐芳草落花，遊戲三昧的妙境。長沙和尚借遊山態度喻指生活態度。隨著芳草而去，顯示天地之自然悠哉，無絲毫道理計較；逐落花而回，顯示住於無所住處，去來任運。首座用「大似春意」一語，謂長沙和尚只是追隨春意而已；長沙和尚則答以「也勝秋露滴芙渠」，謂自己已超越秋露滴芙渠之枯淡而受用洋洋之春風。

舉

長沙❶一日遊山，歸至門首。（今日一日只管落草，前頭也落草，後頭也落草❷。）

首座問：「和尚什麼處去來❸？」（也要勘過者老漢。箭過新羅國❹，也不得放過，便打。）

沙云：「遊山來。」（不可落草，敗闕不少❺，草裡漢❻。）

首座云：「到什麼處來？」（搊。若有所至，未免落草，相牽入火坑❼。）

沙云：「始隨芳草去，又逐落花回❽。」（漏逗不少。元來只在荊棘林❾裡。）

座云：「大似春意。」（相隨來也，將錯就錯，一手抬一手搦⑩。）

沙云：「也勝秋露滴芙渠⑪。」（土上加泥⑫，前箭猶輕後箭深，泥裡洗土塊，有什麼了期⑬？）

師著語云：「謝答話⑭。」（一火弄泥團漢⑮，三個一狀領⑯過。）

【注釋】❶長沙　即長沙和尚，法名景岑，又名招賢。參南泉普願得法，初住潭州（治今湖南長沙）鹿苑寺，其後居無定所，隨宜說法，大宣教化，時稱「長沙和尚」而不稱其名。應機喜作大蟲撲噬勢，諸方稱之為「岑大蟲」。❷前頭也落草二句　意謂上山、下山都是走小路，不走大道正路。喻指無佛見法見。❸去來　謂離去而又歸來。❹箭過新羅國　喻指長沙和尚的去來無蹤跡可尋。❺敗闕不少　謂長沙和尚無辛辣的手段。❻草裡漢　因草深而迷路者，引申為陷入第二義門的人。❼火坑　六道輪迴中，以地獄、餓鬼、畜生三惡道受苦最烈，佛經多譬喻為「火坑」。❽始隨芳草去二句　指長沙和尚受用不盡處。「始隨芳草去」是無所住，「又逐落花回」也是無所住。芳草，香草。❾荊棘林　喻指纏縛真性的妄念俗情。❿一手抬一手搦　謂「大似春意」是抬，但句中有不許他出頭之意，是搦。⓫也勝秋露滴芙渠　意謂無心受用只是如此。芙渠，荷花的別名。⓬土上加泥　意謂與「始隨芳草去，又逐落花回」的回答同出一意，且無直截的機鋒。⓭有什麼了期　表面上貶抑長沙和尚無收來的禪機，實際上讚揚他的受用廣漠無比。⓮謝答話　謂雪竇重顯看破長沙和尚的本分受用處，故代首座回答。⓯一火弄泥團漢　意謂長沙和尚、首座、雪竇重顯都沒有除盡俗情妄念，亦無自然灑脫之處，故貶抑之。一火，同「一夥」。指若干人結合成的一群。弄泥團漢，對陷入種種糾纏、不能當下頓悟的禪宗僧人的斥語。⓰領　記錄。

【語譯】舉說公案：長沙和尚有一天到山中盡興漫遊之後，回到寺院門口。（今天一天只管走小路，前面上山是走小路，後面下山也是走小路。）首座問：「師父到什麼地方去了？」（也要勘驗過這老漢。即使一箭飛過新羅國，也不得放過，舉手就打。）長沙和尚回答說：「到山裡漫遊回來。」（不可說走小路，過失不少，陷入俗世之中的傢伙。）首座又問：「遊過哪些地方了？」（首座想探長沙和尚的底細，與他較量起機鋒來了。

如果要去長沙和尚到過的地方，那就不免要走小路，手拉著手跳進火坑。）長沙和尚回答說：「我開頭是隨著一條長滿芳草的路走進去的，然後再沿著一條滿地落花的路走回來。」（像老婆婆一樣非常慈悲。原來只是在荊棘林裡。）首座說：「真是春意盎然啊。」（隨語應答，已經知道做錯了，卻還要順著錯誤做下去，一手抬舉，一手按壓。）長沙和尚說：「也可以說勝過秋天的露珠滴在荷葉上。」（土上加泥，前面的回答程度輕淺，後面的回答抑逼首座的言句，泥水裡洗土塊，有什麼盡頭。）雪竇重顯代首座回答說：「謝謝長沙和尚的答話。」（一群玩弄泥巴的傢伙，一張狀子把三個人記錄在案。）

評唱

長沙鹿苑招賢大師，承嗣南泉，與趙州、紫胡輩同時，機鋒敏峻。有人問教答教，有人要頌便與頌，你若要作家❶相見，與你作家相見。

仰山尋常機鋒，亦得第一。一日同長沙翫月❷次，仰山指月云：「人人盡有這箇❸，只是用那箇不得。」沙云：「請你用那箇。」仰山云：「你試用看。」沙便一踏踏倒。仰山起來云：「老兄❹一似箇大蟲相似。」後來人號為岑大蟲。

因一日遊山歸，首座亦是他會下人，便問：「和尚什麼處去來？」沙云：「遊山來。」座云：「到什麼處來？」沙云：「始隨芳草去，又逐落花回。」也須是坐斷十方底人始得。古人出入❺，未嘗不以此事為念。看他賓主互換，當機直截❻，各不相饒❼。既是遊山，為什麼問他道：「到什麼處來？」若是如今禪和子，便道：「到夾山亭❽來。」看他古人無一絲毫道理計較，亦無住著❾處，所以道：「始隨芳草去，又逐落花回。」首座便隨他意，向他道：「大似春意。」沙云：「也勝秋露滴芙蕖。」雪竇著語云：「謝答話。」後話也落在兩邊，畢竟不在這兩邊❿。

昔有張拙⓫秀才，看《千佛名經》⓬，乃問：「百千諸佛，只聞其名，未審居何國土，還化物⓭也無？」沙云：「崔顥題黃鶴樓後⓮，秀才還曾題麼？」才云：「不曾。」沙云：「得閑，題取一首好！」岑大蟲平生為人，直得珠回玉轉⓯，要人當面便會。頌云：

【注釋】❶作家　原指善用詩文者。禪者亦以詩文舉揚禪旨，為師者若體得真實義，能善巧度眾者，亦稱為作家。❷翫月　賞月。翫，觀賞；欣賞。❸這箇　指真如本體。❹老兄　男性相互之間的尊稱。❺出入　或進或出。比喻變化無定。❻直截　簡單明白。❼相饒　饒恕；寬容。❽夾山亭　圜悟克勤所住處之亭。夾山，在澧州（治今湖南澧縣）。❾住著　止於一處之意。著，為助詞。住在一處而無轉動，亦無進展，即指在事物上有所執著。❿畢竟不在這兩邊　謂吐露出自己的見解。⓫張拙　宋初人。曾舉秀才，後參石霜慶諸，嗣其法。⓬千佛名經　佛經名。又名《三劫三千佛名經》，共三種：《現在賢劫千佛名經》、《莊嚴劫千佛名經》、《星宿劫千佛名經》合稱。記載過去、現在、未來三劫相次出世的三千佛的名稱。⓭化物　化於物。謂被外物所同化。⓮崔顥題黃鶴樓後　喻指佛祖化物已終後。崔顥（西元？～七五四年），唐代詩人。汴州（治今河南開封）人。曾任太僕寺丞、司勳員外郎。所作七律〈黃鶴樓〉一詩，甚受李白推崇。李白在〈登黃鶴樓〉詩中云：「眼前有景道不得，崔顥題詩在上頭。」黃鶴樓，故址在今湖北武漢蛇山的黃鶴磯頭。相傳始建於三國吳黃武二年（西元二二三年），歷代屢毀屢建。⑮珠回玉轉　喻指輾轉自在。

【語　譯】圜悟克勤評唱：長沙鹿苑寺的招賢大師是南泉普願的嗣法弟子，與趙州從諗、紫胡利蹤是同一時代的人。他的機鋒敏捷峭峻，如果有人向他問經教，他就從經教方面來回答；如果有人要他作偈頌，他就為你作一首偈頌；如果有人以出色的機鋒相見，他也以出色的機鋒相見。

仰山慧寂向來也以機鋒敏捷聞名，有時還被稱作是禪林第一。有一天，仰山慧寂同長沙和尚在一起賞月的時候，仰山慧寂用手指著月亮說：「人人都有『這個』，只是使用不得。」長沙和尚說：「請你用用看。」仰山慧寂推辭說：「還是請你試試看。」長沙和尚一腳就把他踢倒在地。仰山慧寂爬起來說：「老兄真像一頭老虎。」後來人們都稱長沙景岑為「岑大蟲」。

長沙和尚有一天到山中盡興漫遊之後，回到寺院門口，首座也是他的門下弟子，問：「師父到什麼地方去了？」長沙和尚回答說：「到山裡漫遊回來。」首座又問：「遊過哪些地方了？」長沙和尚回答說：「我開頭是隨著一條長滿芳草的路走進去的，然後再沿著一條滿地落花的路走回來。」說起這個公案，也必須是除盡一切情識妄見的人才能理解。前輩禪師的機鋒儘管變化多端，但時時刻刻都不忘參禪問道。你看他參禪者與禪師的角色互相轉換，當機截斷，各不相讓。既然是遊山，為什麼卻問他：「遊過哪些地方了？」如果換了現在的禪宗僧人一定會說：「到過夾山亭。」看他前輩禪師對這種問題沒有任何義理概念和分別計較，也不執著任何情境、任何事物，所以長沙和尚回答說：「我開頭是隨著一條長滿芳草的路走進去的，然後再沿著一條滿地落花的路走回來。」首座也順著他的意思說：「真是春意盎然啊。」長沙和尚則說：「也可以說勝過秋天的露珠滴在荷葉上。」雪竇重顯代首座回答說：「謝謝長沙和尚的答話。」這話雖然落在兩邊，到底不在這兩邊。

從前有一位張拙秀才讀了《千佛名經》之後，問長沙和尚：「百千諸佛只聽說過他的名字，卻不知道他住在什麼國土，是否與萬物融為一體？」長沙和尚說：「崔顥題詩黃鶴樓以後，秀才還曾題過詩嗎？」張拙秀才回答說：「我不曾題過。」長沙和尚說：「你有空的話，題一首也好。」岑大蟲平生教人就像珠回玉轉一樣，總要讓人當面就能理解。請再看看雪竇重顯的頌古：

頌

大地絕纖埃❶，（盡少這箇不得，豁開戶牖，當軒❷者誰？天下太平。）
何人眼不開❸？（頂門放光始得❹，撒沙撒土作什麼❺？）
始隨芳草去❻，（漏逗不少，不是一回落草❼，賴值前頭已道了也。）
又逐落花回。（處處全真❽，且喜回來❾，腳下泥深三尺❿。）
羸鶴翹寒木⓫，（左之右之添一句⓬，更有許多閑事在⓭。）
狂猿嘯古臺⓮。（卻因親著力⓯，添一句也不得，減一句也不得。）
長沙無限意⓰，（末後句道什麼？一坑埋卻，墮在魔鬼窟裡，便打！）
咄！（草裡漢，賊過後張弓，更不可放過。）

【注釋】❶大地絕纖埃　喻指除盡心機意識，謂長沙和尚心中全無凡情聖解。纖埃，微塵。❷軒　窗戶。❸何人眼不開　謂自古以來沒有任何一位眾生處在沉睡狀態。❹頂門放光始得　意謂要開法眼，必須具備向上知見才行。❺撒沙撒土作什麼　意謂何必自作昏眼漢。❻始隨芳草去　於物無心，故去賞芳草，是無所執著。❼不是一回落草　責備雪竇重顯重複舉說。❽

全真　保全天性。❾且喜回來　讚揚回歸本來面目。且喜，猶言可喜、幸喜。❿腳下泥深三尺　喻指陷入煩惱的泥坑。⓫羸鶴翹寒木　喻指與萬物融為一體的無心境界。羸，衰病；瘦弱；困憊。翹，向上昂起。寒木，耐寒不凋的樹木，多指松柏之類。⓬左之右之添一句　謂左邊添「狂猿」句，右邊添「羸鶴」句。⓭更有許多閑事在　謂本不消一句，雪竇重顯卻用許多言句，是閒事。⓮狂猿嘯古臺　意謂豈止隨芳草、逐落花，羸鶴、寒木、狂猿、古臺也是欣賞的景物。猿，靈長類動物，似猴而大。嘯，鳥獸長聲鳴叫。⓯卻因親著力　謂雪竇重顯極力頌長沙和尚的禪法實踐，故本分風情顯露於此。親，與禪法協合相應。著力，用氣力，具功力。⓰長沙無限意　謂長沙和尚受用雖涉萬物而用去，盡未來際終無盡期。

【語　譯】雪竇重顯頌古：大地絕纖埃，（都少不得這個，敞開門窗，對著窗子的人是誰？天下太平。）何人眼不開？（得腦門上放大光明才行，撒沙撒土做什麼？）始隨芳草去，（像老婆婆一樣慈悲心切，不是第一回用言句舉說，幸虧前面已經說過了。）又逐落花回。（處處全真，幸好回來，腳跟下的爛泥有三尺深。）羸鶴翹寒木，（左邊添一句，右邊添一句，還有許多閒事在。）狂猿嘯古臺。（雪竇重顯頌得有功力，契合禪法，添加一句不可以，減去一句也不行。）長沙無限意，（最後一句說的是什麼？把他們埋在同一個坑裡，掉進魔鬼窟裡，舉手就打。）咄！（陷入俗世間的傢伙，雖然是盜賊過後才架設弓箭，但不可放過。）

評唱

且道，這公案，與仰山問僧：「近離甚處？」僧云：「廬山。」山云：「曾到五老峰麼？」僧云：「不曾到。」山云：「闍黎不曾遊山。」是同是別？

又僧問：「善財為什麼無量劫❶遊，普賢身中世界不遍？」沙云：「你從無量劫，還曾遊得遍麼？」問：「如何是普賢身？」答云：「含元殿❷裡，更覓長安。」又問：「轉山河國土，歸自己。」沙云：「如何轉得自己，歸山河國土去？」僧云：「不會。」沙云：「湖南城裡好養民，米賤柴多足四鄰。」僧無語。師有頌曰：「誰問山河轉？山河轉向誰？圓通❸無兩畔❹，法性❺本無歸。」

到這裡，須是機關❻盡、意識❼忘，山河大地、草芥❽人畜，無些子漏逗處。若得如此，古人謂之勝妙❾境界。

不見雲門道：「直得山河大地，無纖毫過患❿，猶為轉句。忽若透得，山依舊是山、水依舊是水，各各住自位、各各當本分⓫，如大拍盲人相似⓬。」

趙州道：「雞鳴丑⓭，愁見起來還漏逗⓮。裙子褊衫箇也無⓯，袈裟形相些些有⓰。褌無腰褲無口⓱，頭上青灰⓲三五斗。比望出家利濟人，誰知變作不喞𠺕⓳？」若到這裡境界⓴，「何人眼不開」？一任七顛八倒㉑，一切處都是者箇境界，盡是者箇時節。十方無壁落㉒、四面亦無門，淨裸裸、赤洒洒。

所以道：「始隨芳草去，又逐落花回。」雪竇不妨巧妙，只去他左邊拈一句、右邊拈一句，恰似一首詩相似。「羸鶴翹寒木，狂猿嘯古臺」，雪竇引到這裡，自覺漏逗㉓，驀云：「長沙無限意，咄！」如作夢卻醒相似。雪竇雖下一咄，也未得勦絕㉔。若是山僧，只向「長沙無限意」，掘土一坑埋。

【注　釋】❶無量劫　佛教謂計數不盡的時節。佛經言天地從生成至毀滅為一劫。❷含元殿　唐宮殿名。高宗時所建，本名蓬萊宮。遺址在今陝西西安。❸圓通　謂遍滿一切，融通無礙，指聖者妙智所證的實相之理。由智慧所悟的真如，其存在的本質圓滿周遍，其作用自在，且周行於一切，故稱為圓通。以智慧通達真如的道理或實踐，亦可稱圓通。❹畔　旁邊；邊側。❺法性　真實不變、無所不在的體性。亦指宇宙一切現象所具有的真實不變的本性。❻機關　計謀；心機。❼意識　覺察；感覺。❽芥　小草。❾勝妙　佳妙。❿過患　禍患；不良的後果。⓫本分　指身心自然脫落而現前的人人本具的心性。⓬如大拍盲人相似　在色不見色，可謂大無心境界。⓭丑　十二時辰之一，指凌晨一時至三時，古稱雞鳴時。⓮愁見起來還漏逗　謂外相者不事形骸。⓯裙子褊衫箇也無　謂趙州從諗忘形骸漏逗之體，故無肩上衣，無腰下衣。裙子，一種圍在腰部以下的服裝。褊衫，一種僧尼服裝。開脊接領，斜披在左肩上，類似袈裟。箇，指示代詞。這；那。⓰袈裟形相些些有　袈裟是佛衣，故有些子衣相。形相，相貌；形狀。些些，少許；一點兒。⓱褌無腰褲無口　形骸盡忘，大無心，故如此。褌，滿襠褲。以別於無襠的套褲。⓲青灰　灰塵，塵土。⓳比望出家利濟人二句　謂本想成為善知識利益濟度人，誰知作如此不慧漢，是千聖不得窺測的境界。比，副詞。每。出家，離開家庭，到寺廟裡去做僧尼。利濟，救濟；施恩澤。⓴若到這裡境界　謂如癡如兀時，才是大地絕纖埃。㉑一任七顛八倒　謂舉足下足都是無心妙用。一任，聽憑。㉒壁落　牆壁；藩籬。㉓自覺漏逗　放開頌的原因。㉔也未得勦絕　謂雖滅明相，卻似存暗相。

【語　譯】圜悟克勤評唱：你來說說看，這則公案與「仰山落草」的公案是一樣還是不一樣。仰山慧寂問一位前來參訪的僧人：「你最近剛離開什麼地方？」這位僧人回答說：「剛從廬山下來。」仰山慧寂又問：「那麼你曾經到過五老峰嗎？」這位僧人回答說：「不曾到過。」仰山慧寂說：「和尚，你不曾遊覽過廬山。」

又有僧人問：「善財童子為什麼用無窮無盡的時間也遊不遍普賢菩薩身中的世界？」長沙和尚回答說：「你用無窮無盡的時間，還曾遊得遍嗎？」僧人又問：「什麼是普賢菩薩的身子？」長沙和尚回答說：「在含元殿裡尋找長安城。」僧人又問：「轉動山河大地歸自己。」長沙和尚反問：「怎樣才能轉動自己歸向山河大地？」僧人回答說：「我不懂。」長沙和尚說：「湖南城裡可以養育百姓，米價低，柴草多，足夠四周百姓食用。」僧人無話可說。長沙和尚有頌曰：「誰問山河轉，山河轉向誰？悟道智慧所產生的真如不偏不倚，自在無礙，法性本來就無所謂歸向。」

到這裡，必須是心機斷盡，去除分別意識，山河大地、草芥人畜，沒有一點點疏忽。如果能夠做到這樣，前輩禪師稱之為進入了殊勝淨妙的境界。

例如，雲門文偃說：「直到山河大地沒有絲毫後患，還是轉句。如果忽然悟透了，那麼山仍舊是山，水仍舊是水，各就各位，各自契合自己的本來面目，就像引導盲人找到定位一樣。」

趙州從諗說：「雞在丑時鳴叫，愁見起來還疏忽。裙子褊衫一樣都沒有，袈裟穿在身上還稍微像個樣子。禪無腰來褲無口，頭上青灰三五斗。常常希望出家利益大眾，誰知變成了一個不伶俐的傢伙。」如果進入了這樣的境界，哪裡還會有佛眼不開的道理？任憑縱橫馳騁，所至之處都是這樣的境地，都是這樣的時候。十方世界完全洞開，四面也沒有門可守，一絲不掛赤條條，點塵不著潔白白。

所以說：「始隨芳草去，又逐落花回。」雪竇重顯把這則公案頌得非常巧妙，只在左面拈說一句，右面拈說一句，完全就像一首詩一樣。「羸鶴翹寒木，狂猿嘯古臺」，雪竇重顯說到這裡，自己也覺得用言句透露了太多的消息，於是突然說：「長沙無限意，咄！」就像做夢醒過來了一樣。雪竇重顯雖然喝了一聲，並沒有把他所透露的消息全部掃除掉。如果換了我，只須挖一個坑，把「長沙無限意」這句話埋在裡面。

【說　明】長沙景岑與首座這段極富詩意的對話，處處洋溢著禪的氣息。大好風景，信步而遊，不知自己究竟要到哪裡去，也不知所到之地的山名，只有無邊無際的芳草，青青翠翠鋪開道路，綿綿落花如雨如蝶。這時候，沒有一個「我」故意要去做什麼，只有自自然然的天地萬物，一片生機。這時候，已經把握了完整的禪意的人，所見不僅有春天的美，也不僅有秋露滴荷葉清新的秋意，一切的一切之中最美的，是蘊含於四季輪迴、天地變幻的永恆真意，無言大美，無盡禪心。

第三七則　盤山無法

【題　解】「三界無法，何處求心」為盤山寶積提撕參學者的垂語。「三界無法」中的「無法」，與「無心」、「無事」同義，謂三界的事象，從根源而言，都不存在。這則公案即表明無念無想的存在方式即真實的存在。

示眾

掣電之機❶，徒勞佇思❷；當空霹靂，掩耳難諧❸。腦門上鏺❹紅旗、耳背後輪刀劍，若不是眼辨手親❺，爭能搆得？有般底，低頭佇思，意根下卜度❻，殊不知髑髏前見鬼無數❼！且道，不落意根、不拘得失，或有箇恁麼舉覺❽，作麼生祇對？

舉

盤山❾垂語❿云：「三界⓫無法，（箭既離弦，無返回勢，看中也！月明方見夜行人，識法者恐。）何處求心⓬？」（莫瞞人好，和聲便打，是什麼？）

【注　釋】❶掣電之機　以電光之迅捷，比喻禪師接引學人機用的迅速，不容學人有思慮分別的餘地。❷徒勞佇思　意謂宗師大機，學人不得辨見，故徒勞佇思，無由進前。徒勞，空自勞苦；白費心力。佇思，沉思；凝思。❸當空霹靂二句　謂宗師的大用迅速，學人難以契合，就像遇上當空霹靂，無暇掩耳。當空，在空中。霹靂，響雷；震雷。掩耳，捂住耳朵不聽。諧，和合；協調。❹簸　動搖；顛動。❺眼辨手親　眼光、動作準確而迅速。❻意根下卜度　向意識上圖意旨。意根，為六根中的第六根。謂對於法境而生意識，故名。卜度，推測；臆斷。❼殊不知髑髏前見鬼無數　謂面前卜度見處竟不得活處，意識上死去了。❽舉覺　舉以上輪雙劍等手段曉覺學人。❾盤山　法名寶積，唐代禪僧，馬祖道一的嗣法弟子。後住幽州（治今北京）盤山，學人親依，講說有年，世稱「盤山寶積」。❿垂語　指垂說示眾，禪師對弟子大眾開示宗要。⓫三界　指有情眾生在生死輪迴過程的三種境界：欲界、色界、無色界。⓬何處求心　法指經典以外傳受之法，以心相印證，無法，心也就無處可求。

【語　譯】圜悟克勤開示：面對像閃電一樣迅速的機鋒，你如果一停下來思考，那就錯過禪機了；這種機鋒又像空中的響雷一樣，讓人來不及用手捂住耳朵。禪師在學人的腦門上翻動著紅旗，在耳朵背後揮舞著智慧的刀劍，剷除邪知邪見。參禪者如果不是法眼明亮的人，怎麼能夠領悟禪師的用意呢？有一種人低下頭來沉思，想要用意根來推想猜測，竟不知這正是在髑髏前見到了無數的鬼。你來說說看，不落在意根的推想猜測，也不抱得失之心，或許有一位禪師會舉示種種手段使參禪者覺悟，參禪者要怎樣對答才算恰當呢？

舉說公案：盤山寶積有一天對僧眾開示說：「三界之內空無一物，（就像離弦的箭，沒有返回的勢頭，看中了。月亮明朗才能看見行夜路的人，看得見事物的人應該感到恐懼。）到什麼地方去求心呢？」（不要欺騙人才好，話音未落，就該挨打，是什麼？）

評唱

盤山寶積禪師，馬祖下尊宿，說本末，後來出得普化❶一人。盤山臨遷化，謂眾云：「還有人貌❷得吾真❸否？」眾競寫真❹呈師，師皆打之。弟子普化出曰：

「某甲貌得。」師曰：「何不呈似老僧？」普化乃打斤斗❺而出。師曰：「遮漢向後，如風狂接人去在❻。」

他示眾云：「三界無法，何處求心？四大本空❼，佛依何住？」此是他示眾語。雪竇只拈兩句來用頌，璞玉渾金❽。不見道：「瑳病不假驢馱藥❾」，山僧為什麼卻要「和聲便打」？只為擔枷過狀❿。古人聞聲悟道、見色明心，莫向句外尋、莫向意中求。且道，意作麼生？直得奔流渡刃⓫、電轉星飛，若擬議尋思，千佛⓬出世，也摸索不著。若是深入閫奧⓭、徹骨徹髓，見得底人，盤山一場敗闕⓮；若承言⓯會宗、左撥右轉底人，盤山只得一橛；若是拖泥帶水、聲色堆裡轉，未夢見盤山在。

所以五祖道：「透得那邊⓰，方有自由分。」不見三祖云：「執之失度，必入邪路；放之自然，體無去住⓱。」若向這邊，道無佛無法，又打入鬼窟裡⓲。古人謂之解脫深坑⓳，本是善因，而招惡果⓴。所以道，無為無事人，猶是金鎖難㉑，須是窮到底始得。向無言中卻言得、向行不得處卻行得，謂之轉身處。

「三界無法，何處求心？」你若作情解，只去他言下死卻㉒。雪竇見得七通八透㉓。

【注　釋】❶普化　唐代禪僧，生年不詳，日本禪宗支派普化宗之祖。師事盤山寶積，密受真訣，深入堂奧。後遊化鎮州（治今河北正定），出言佯狂，行為簡放，居處不定。常擕一鈴，於人耳邊振之。咸通元年（西元八六〇年），預知時至，振鈴入棺而化。❷貌　描繪；畫。❸真　畫像；肖像。❹寫真　畫人的真容。❺斤斗　以頭抵地，將身體顛倒翻過去的動作。❻遮漢向後二句　意謂普化不畫師父形象，直呈沒蹤跡的「真」，非常契合師父之意，故盤山寶積下此預言。遮，同「這」。風狂，瘋狂；發瘋。❼四大本空　佛教稱地、水、火、風為四大，認為所有物質都由四大構成，而四大又從空而生，因此世間的一切事物都是空虛的。❽璞玉渾金　未琢的玉和未煉的金。比喻天然美質，純粹渾圓，未加修飾。❾瑳病不假驢馱藥　謂神醫治病，並不需要很多的藥。喻指雪竇重顯不用盤山寶積的全文，只拈兩句，就能治癒佛病、祖病及一切病痛。瑳，同「瘥」。痊癒；使病癒。❿擔枷過狀　謂盤山寶積自擔三界與心，受這罪狀，故打，剿絕其念。⓫奔流渡刃　比喻極其迅速，多指法眼、禪機而言。奔流，急速流淌。⓬千佛　指同時期出現的一千尊佛。⓭閫奧　深邃的內室，比喻學問或事理的精微深奧所在。⓮盤山一場敗闕　意謂盤山寶積的垂語只能接引中下等根機者，對上等根機者則無可奈何。⓯承言　以文字言句來承當佛祖的一大事。⓰那邊　指本分向上之事。⓱執之失度四句　失度，指事情做得過分或不足。之，指心。放之自然，謂不需主觀改造與加工，自然就是符合事物的本來面目，沒有人為做作。因而心體無所住，活潑潑地。圓悟克勤引此數句，就是要使學人知道盤山寶積密語的用處。如果放捨此心，則自然可契合盤山寶積的玄旨。⓲若向這邊三句　意謂無自利利他之行，一向作死漢。這邊，指盤山寶積的示眾語。⓳解脫深坑　執著於解脫而不能圓滿自利利他之行，譬如墜入深坑，故稱解脫深坑。⓴本是善因二句　意謂修行而不悟正道，卻墮入邪見的叢林之中。㉑無為無事人二句　「金鎖難」是針對「鐵鎖難」而言的。鐵鎖指束縛人的煩惱。金鎖指束縛人的菩提覺悟，謂菩提覺悟如同黃金之美，但被他所束縛，就像金鎖一樣。這句鼓勵人們拋棄佛、法之類的念頭，去追求更高層次的自然美好的境界。㉒只去他言下死卻　意謂必須從言外領悟玄旨才行。㉓七通八透　形容悟道透徹明白，運用通暢無礙。

【語　譯】圓悟克勤評唱：盤山寶積禪師是馬祖道一門下的一位大禪師，要說他的法脈，後來只出了一位普化禪師。盤山寶積即將圓寂的時候，對他的弟子們說：「還有人能描畫出我的肖像嗎？」弟子們爭先恐後地為師父描繪肖像，然後把肖像呈送給盤山寶積，不料都挨了盤山寶積的一頓打。弟子普化從人群中走出來說：「我能夠把師父的肖像描畫出來。」盤山寶積問：「你為什麼不把畫像給老僧看看？」普化翻著筋斗出去了。

盤山寶積說：「這傢伙以後一定會以驚世異俗的方法接引學人。」

盤山寶積向僧眾開示說：「三界之內空無一物，到什麼地方去求心呢？世界上的一切都是虛幻不實的，佛祖依靠什麼而停住呢？」這是他開示僧眾的言句。雪竇重顯只拈出這段話的前兩句頌出來，簡直就像渾然未冶煉過的金礦，也像未經琢磨過的玉石。例如有人曾經這樣說過：「治病不用驢馱藥」，我在此為什麼要不等他話音未落，便加責打呢？只因為盤山寶積始終背負著枷鎖，不肯放下，背得太不像話了，所以要打他。從前的禪師如香嚴智閑聽見石頭擊竹的聲音就能徹悟禪法，靈雲志勤看見桃花盛開突然就大徹大悟，不要到盤山寶積言句以外去求禪法，也不要到他的言句的旨意之中去求禪法。你來說說看，盤山寶積的用意是什麼？他的機鋒就像奔流渡刃，電轉星飛，如果揣摩尋思，即使千佛出世也摸不著頭腦。如果能往自己心靈的深處去參究，非常徹底地見透自己心性，在這樣的人面前，盤山寶積的這句話要相形見絀；如果是聽了這句話而領會宗旨、左撥右轉的人，盤山寶積的這句話只是一橛；如果是拖泥帶水，在聲色堆裡轉來轉去的人，我看他連做夢都沒夢見過盤山寶積。

所以五祖法演說：「透過那邊，才有自由自在的分兒。」三祖僧璨也說：「如果作得不合中道，就會陷入邊見，走入邪路。如果按照本來的法則辦事，心體也就無去無住。」如果從這句話中去體會，說什麼無佛無法，又要被打入鬼窟裡去。從前的禪師把這種情形叫做「假解脫的深坑」，本來應該說是善因，卻招致惡果。所以說那些無為超脫、達到無心忘我境界的禪師，還是像帶上金鎖一樣，受到「空」、「悟」境界的束縛，不得解脫自在，參禪必須參到底才行。如果能從「說不得」處開口說出，從「做不得」處放手做去，那就會感受到一番新的境界。

「三界之內空無一物，到什麼地方去求心呢？」你如果作俗情妄解，那就會死在他的言句之下。雪竇重顯是一個得到了自在解脫的大禪師，看得明明白白，所以又說出以下的頌古。

頌

三界無法，(月明方見夜行人，言猶在耳。)

何處求心？(不勞重舉❶，自檢點❷看。打云：是什麼？)

白雲為蓋❸，(千重萬重，頭上漫漫、腳下漫漫。)

流泉作琴❹。(聞麼？相隨來也，耳聽不堪。)

一曲兩曲無人會，(借路經過❺，五音❻六律❼分明，六律五音亦然。)

雨過夜塘秋水深❽。(迅雷不及掩耳❾，直得拖泥帶水，在什麼處？便打。)

【注釋】❶不勞重舉　意謂這兩句話盤山寶積已經說過了。❷檢點　清點；檢查。❸白雲為蓋　謂腳踏無物之地，頭戴白雲之蓋。❹流泉作琴　謂三界無法的人指流泉作一張琴用。❺借路經過　謂借現成路，通本分消息。❻五音　中國古代五聲音階中的五個音級，即宮、商、角、徵、羽。唐以後又名合、四、乙、尺、工。相當於簡譜中的1、2、3、5、6。❼六律　古代樂音標準名。相傳黃帝時伶倫截竹為管，以管之長短分別聲音的高低清濁，樂器的音調皆以此為準。樂律有十二，陰陽各六，陽為律，陰為呂。六律即黃鍾、大蔟、姑洗、蕤賓、夷則、無射。❽雨過夜塘秋水深　意謂一場夜雨，池塘水漲，秋意更濃了。❾迅雷不及掩耳　謂句中玄旨不涉意路，不容擬議，舉心已是千阻萬隔。

【語譯】雪竇重顯頌古：三界無法，(在明亮的月光之下才能看得見行夜路的人，言猶在耳。)何處求心？(不必重複舉說，不要人云亦云，應該自己去體究。邊打邊說：是什麼？)白雲為蓋，(頭頂上的白雲千層萬層，頭上漫漫，腳底漫漫。)流泉作琴。(弦外之音還聽得出嗎？相隨來了，斷腸之曲不忍聽。)一曲兩曲無人會，(借一條路經過，五音六律分明，六律五音也是一樣。)雨過夜塘秋水深。(迅雷不及掩耳，弄得拖泥帶水，在什麼地方？舉手就打。）

評唱

「三界無法，何處求心」，雪竇頌得一似箇華嚴境界❶。有者道，雪竇無中喝出，若是眼皮綻底人，終不恁麼道。雪竇去他傍邊拈兩句道：「白雲為蓋，流泉作琴」，引子瞻❷〈贈東林聰❸禪師詩〉云：「溪聲便是廣長舌❹，山色豈非清淨身❺？夜來八萬四千偈❻，他日如何舉似人？」雪竇借流泉，作一片舌頭。所以頌道：「一曲兩曲無人會」，不見九峰虔❼和尚道：「還識得命❽麼？」流泉是命、湛寂❾是身❿。千波競起，是文殊境界；一亙晴空，是普賢境界。「流泉作琴，一曲兩曲無人會」，者般曲調，須是知音始得。若非其人，徒勞話會。不見古人道：「聾人也唱胡家曲，好惡高低不自聞⓫。」

雲門道：「『舉』不顧，即差互⓬；擬思量，何劫悟？」「舉」是照、「顧」是用。未舉已前、朕兆未分已前⓭見得，坐斷要津⓮；若朕兆才分見得，便是照用；若去朕兆分後見得，落在意根⓯。

雪竇忒煞慈悲，更向你道，卻似「雨過夜塘秋水深」。此一句曾有人論，美雪竇有翰林⑯之才，須急著眼看！更也遲疑，則討不見。

【注　釋】❶華嚴境界　指華嚴宗所說的大乘境界。華嚴，即華嚴宗，中國佛教宗派名。此宗以《華嚴經》為主要法典，出現於南朝陳隋之際。❷子瞻　即蘇軾（西元一〇三七～一一〇一年），宋代居士，字子瞻，號東坡居士，眉山（今屬四川境內）人。多次出任地方官，有惠政。後官至禮部尚書兼端明殿、翰林侍讀兩學士。晚年貶官儋州。蘇軾因政治失意，逐漸從佛教中尋找精神安慰。後人編有《東坡禪喜集》。❸東林聰　法名常總（西元一〇二五～一〇九一年），宋代禪僧。俗姓施氏，字照覺。劍州（治今四川劍閣）人。出家後隨黃龍慧南參究二十年，嗣其法。元豐三年（西元一〇八〇年），敕改廬山東林律寺為禪林，常總奉命駐錫說法，世稱「東林常總」。❹溪聲便是廣長舌　謂山河大地無處不是禪，溪水聲就是在說佛法。廣長舌，為佛三十二大人相之一。諸佛之舌廣而長，柔軟紅薄，能覆面至髮際，如赤銅色。此相具有兩種特徵：語必真實，辨說無窮，非他人所能超越。這裡比喻佛法。❺清淨身　形容佛身清淨，無諸染垢。這裡指自性清淨。❻夜來八萬四千偈　形容很多佛法內容都能徹底領悟。❼九峰虔　法名道虔（西元？～九二三年），五代禪僧，俗姓劉氏，福州（今屬福建境內）人。石霜慶諸的嗣法弟子，後住瑞州（治今江西高安）九峰，世稱「九峰虔」。❽命　指命根。即有情之壽命。❾湛寂　沉寂。❿身　即身根。指觸覺器官的皮膚及其機能。⓫聾人也唱胡家曲二句　此語為如訥禪師所說。胡家，《五燈會元》作「胡笳」，中國古代北方民族的管樂器。⓬差互　錯過時機；差錯。⓭未舉已前朕兆未分已前　謂第一機上，即玄妙禪機。朕兆，徵兆；預兆。⓮坐斷要津　意謂領略玄妙禪法，進入不通凡聖的境地。⓯意根　落入意識分別，會產生無窮無盡的妄見錯解。⓰翰林　謂文翰薈萃之處，猶詞壇文苑。亦指文士。

【語　譯】圜悟克勤評唱：「三界無法，何處求心」，雪竇重顯的這句頌古完全就像華嚴宗的境界。有的人說這是雪竇重顯無意之中頌出的，如果是心眼已開的人便不會這樣說。雪竇重顯在這兩句之下又頌道：「白雲為蓋，流泉作琴」，引蘇東坡〈贈東林聰禪師詩〉說：「溪水聲就是不斷地說法聲，山光水色難道不是清淨佛身嗎？一夜之間悟偈八萬四千首，我真不知道今後怎樣向別人說明此事。」雪竇重顯借用泉水作一片舌頭，所以頌道：「一曲兩曲無人會。」九峰虔和尚說：「你們還知道什麼是命嗎？」泉水是命，沉寂是身。千波竟起是文殊菩薩的境界，晴空萬里是普賢菩薩的境界。「流泉作琴，一曲兩曲無人會」，這種曲調必須得知音才聽得懂；如果不是知音，即使說聽懂了也是白說。從前的禪師曾經這樣說過：「聾子唱一首胡笳演奏的歌曲，音調的好壞高低他是一點也聽不出來。」

雲門文偃說：「面對舉示禪機卻看不見，也就錯過了禪師的玄旨；如果你還想揣摩思考的話，那就不知什麼時候才能開悟？」「舉示」是對主體的認識，「看」是對客體的認識。如果在沒舉示以前、徵兆未分以前見得的人，可以坐斷要津；如果在徵兆剛分的時候見得的人，就是有主體的認識，也有對客體的認識；如果在徵兆分後才見得的人，就會產生千千萬萬的俗情妄解。

雪竇重顯非常慈悲，所以又進一步對你們說「雨過夜塘秋水深」。這一句頌古曾經有人評論過，讚美雪竇重顯很有文人學士的才氣，對「雨過夜塘秋水深」這句話必須趕緊睜開眼睛看，如果一遲疑那就找不到了。

【說　明】對這則公案的解釋，最高妙的莫過於雪竇重顯的頌古了。這首頌古的意思是說：所謂三界無法，實際上是說，三界都是「無之法」，這「無」正是我們的心。當我們俯仰之際，何等暢快！抬頭是白雲悠悠，低頭是流水潺潺。有誰聽得懂這無弦琴奏出的玄妙音樂呢？也許沒有。一場夜雨，池塘水漲，秋水更深了。這就是「無之法」，就是心的本來面目。

第三八則　風穴鐵牛

【題解】河南陝府城外有大鐵牛，傳說是禹王為防黃河泛濫所鑄，是黃河的守護神。風穴延沼用「鐵牛之機」來比喻「祖師心印」，謂其「體」不動、「用」無應跡而自在的大機用。亦用來形容無相之佛心印，謂雖搖不動，卻能自在轉動，是難以意通，難以眼見。

示眾

若論漸❶也，返常合道❷，鬧市裡七縱八橫；若論頓❸也，不留朕跡，千聖也摸索不著。儻或不立頓漸，又作麼生？快人一言❹，快馬一鞭❺，請舉看。

舉

風穴在郢州❻衙❼內，上堂。（依公說禪❽。）

示眾云：（道什麼❾？）

「祖師心印，狀似鐵牛之機。（千人萬人撼不得，誵訛節角在什麼處？三要印開❿，不犯鋒鋩⓫。）

去即印住⓬，住即印破⓭。（再犯不容⓮，看取令行時，拶。）

只如不去不住，印即是？不印即是？」（天下人頭出頭沒有分，文彩已彰。
但請掀倒禪牀、喝散大眾⑮。）

時有盧陂長老⑯，出問：「某甲有鐵牛之機，請師不搭印。」（釣得一箇語
曉得，不妨奇特！好箇話頭，爭奈誵訛？）

穴云：「慣釣鯨鯢澄巨浸，卻嗟蛙步驟泥沙⑰！」（寶網漫空⑱，神駒⑲千里。）

陂佇思，（可惜許，也有出身處。）

穴喝云：「長老何不進語⑳？」（攙旗奪鼓㉑，吵鬧來也。）

陂擬議，（三回死了也，兩重公案㉒。）

穴打一拂子，（好打，這箇令須是恁麼人行始得。）

云：「還記得話頭麼？試舉看。」（雪上加霜。）

陂擬開口，（一死更不再活！）

穴又打一拂子。（這漢鈍置㉓殺人，遭他毒手！）

牧主㉔云：「佛法與王法㉕一般。」（灼然！卻被傍人覷破。）

穴云：「見箇什麼？」（好與一摻，卻回槍頭。）

牧主云：「當斷不斷，返招其亂。」（似則也似，是即不是。東家人死，西

家人助哀㉖。）

穴便下座。（將錯就錯，見機而作，且得參學事畢。）

【注　釋】❶漸　指放行的手段。❷返常合道　意謂暫時違反常道，採用權宜之計，這樣做還是符合道（禪）法的。返，同「反」。❸頓　指把住的手段。❹快人一言　謂如此之人不立頓漸而機鋒俊快，聞一言即可徹悟。❺快馬一鞭　喻指優秀的學人只聽說禪師的一句話即可開悟。快馬，喻指優秀伶俐的根機。❻郢州　州名。在今湖北鍾祥。❼衙　官吏辦事的地方。❽依公說禪　依郢州刺史之公請而說禪，是大法會。❾道什麼　謂本無一法給人。❿三要印開　指一念開悟，真佛具現，以至成佛。三要，指真佛。印開，即開顯佛心印。⓫不犯鋒鋩　意謂不露縫隙。⓬印住　意謂以把定世界的手不許他轉動。⓭印破　不契心印。⓮再犯不容　意謂印住、印破的機鋒都是一樣的。⓯但請掀倒禪牀喝散大眾　意謂只有這樣做才能抓著風穴延沼的癢處，從而進入月白風清的境地。⓰長老　指年齡長而法臘高，智德俱優的大比丘。禪林多稱接引學人的禪師。⓱慣釣鯨鯢澄巨浸二句　意謂本想用一言半句接引像鯨鯢一樣的參禪者，不料卻釣得像青蛙一樣的小智小見者。巨浸，喻禪海。⓲寶網漫空　謂帝釋的寶網佈滿天空，比喻佛法廣大，無處不至。這裡喻指風穴延沼一語籠天罩地，不許盧陂長老出頭。寶網，謂珍寶結成的羅網。⓳駒　二歲的馬。泛指少壯的馬。⓴進語　說話；回答。㉑攙旗奪鼓　喻指乘勢擒敵。攙，搶先；搶奪。㉒兩重公案　指「佇思」與「擬議」。㉓鈍置　折磨；折騰。㉔牧主　即州牧，對一州最高長官的尊稱。㉕王法　國家的法令。㉖東家人死二句　謂盧陂長老死去，牧主助一臂之力。

【語　譯】圓悟克勤開示：如果要論放行的話，像某些禪者七顛八倒的一類行為，這是他們權宜方便所示現的作為，最終都能一一回歸佛法；如果要論把住的話，一切都不留痕跡，歷代祖師也摸不著頭腦。至於不立放行與把住的話，又是怎樣的情形呢？思路敏捷的人，只須一句話的點撥就能大徹大悟，就像疾速如風的駿馬，再加一鞭，更是快不可當，試舉一則公案給你們看看。

舉說公案：風穴延沼在郢州的衙門內上堂說法，（他接受郢州刺史的邀請而講說禪法。）他開示僧俗二眾說（說什麼？）：「祖師的心印就像鐵牛的機用。（千人萬人都搖不動它，訛誤曲折在什麼地方？一念覺悟，立地成佛？不犯鋒芒。）離開它就要被『印住』，靠近它又要被『印破』。（再犯不容，看他實行禪機施設時，與他較量一番機鋒。）至於不離開也不靠近，到底是要印可才對呢？還是不加以印可才對呢？」（天下的人跳不出風穴延沼的圈套，釣竿的禪機已經露出來了。只管推倒禪床，喝散大眾。）當時有一位盧陂長老，走出來問風穴延沼：「我具有鐵牛一樣的機用，請師父不必搭印。」（釣得一個不會佛法的傢伙，非常奇特！好一個話頭，無奈錯訛。）風穴延沼回答說：「我本想用一言半句的機鋒到禪海裡去接引像鯨鯢一樣大根器的人，可是讓我嗟歎的是只釣到你這種青蛙一樣小根器的人來，只會在岸邊的泥沙上爬來爬去！」（寶網佈滿空中，風穴延沼的機鋒像馳騁千里的神馬。）盧陂長老一時語塞，停下來尋思，（太可惜了，也有出身處。）風穴延沼大喝一聲，說：「長老！你為什麼不呈上一句話來看看？」（搶旗奪鼓，吵鬧來了。）盧陂長老思索了一會兒，（已經死過三次了，兩重公案。）風穴延沼用拂子打了他一下，（該打，這樣的禪機施設只有風穴延沼這樣的人才做得出來。）說：「還記得話頭嗎？說出來看看。」（雪上加霜。）盧陂長老還想開口，（一死就活不過來了！）風穴延沼又打了盧陂長老一拂子。（這傢伙把人作弄得好苦，盧陂長老又遭到他的毒手！）郢州刺史說：「佛法和國法是一樣的。」（這話非常正確！反而被旁觀者看穿。）風穴延沼說：「你究竟看出了什麼道理？」（也好和他較量一番機鋒，回轉槍頭。）郢州刺史說：「應該當機斬斷的時候卻不斷斷，反而弄得牽扯不清。」（說像也像，說是也不是。東邊的人家死了人，西邊的人家哭著跑去助哀。）說完這話後，風穴延沼便走下法座。（將錯就錯，見機行事，幸好參學問禪的法會結束了。）

評唱

風穴延沼禪師，乃臨濟下尊宿。昔臨濟栽松次❶，黃蘗問云：「栽許多松樹，作什麼❷？」云：「一與山門作境致，二與後人為榜樣❸。」道了，將鋤打地一下。檗云：「雖然如是，已喫吾二十棒了也。」濟又打地一下云：「噓噓❹！」檗云：「吾宗到汝，大行於世。」

溈山問仰山云：「黃檗當時，只消❺臨濟一人，別更有在？」仰山云：「有，只是年代深遠，不欲舉似和尚。」溈山云：「雖然如是，吾亦要知，但舉看。」仰山云：「一人指南，吳越令行，遇大風即止。」此是仰山讖❻他承嗣。

大溈喆云：「臨濟恁麼，大似平地喫交❼。雖然如是，臨危不變，始稱丈夫。」喆云：「吾宗到汝大興。」大似憐❽兒不覺醜！

他初參雪峰五年，因請益云：「臨濟『東西兩堂，首座齊下喝。誰是賓主？』未審如何會？」雪峰云：「吾昔與巖頭、欽山去見臨濟，途中聞已遷化。汝要會他賓主話，去參他宗下尊宿。」

穴後又見瑞巖❾，常自喚云：「主人公❿。」自云：「諾。」復云：「惺惺著⓫！他後莫受人瞞卻。」穴云：「自拈自弄，有什麼難？」

後在襄州⓬鹿門⓭，與廓侍者同過夏⓮，令他來見南院。風穴初到南院，入門不禮拜。院云：「入門須辨主。」穴云：「端的⓯請師分。」院以手拍右膝上一下，穴便喝。院以手拍左膝一下，穴又喝，似此機鋒峭峻，院亦未辨得他。至次日，院只作平常問云：「你曾見什麼人來⑯？」穴云：「曾與廓侍者同過夏來。」院云：「他向你道什麼？」穴云：「教某甲一向作主。」院云：「這漢卻來這裡，納敗闕！」便打。自此伏膺⑰，在南院會下作園頭⑱。

一日院問：「南方一棒，你作麼生商量？」穴云：「作奇特商量。」卻問云：「和尚此間，如何商量？」院云：「棒下無生忍，臨機不讓師⑲。」穴於此豁然大悟。

【注釋】❶次　置於動詞或動詞結構之後，表示行為動作正在進行或持續。❷栽許多松樹二句　黃檗希運以不立一法為懷，故以此問來勘驗臨濟義玄。❸榜樣　樣子；模樣；楷模。❹噓噓　象聲詞。❺只消　只須；只要。❻讖　指將來要應驗的預言、預兆。❼平地喫交　平白無故地摔跤，無端地遭受挫折，形容愚鈍糊塗。喫交，摔跤；跌倒。❽憐　喜愛，疼愛。❾瑞巖　法名師彥，五代禪僧，俗姓許氏，閩中人。幼年出家，後參巖頭全豁得法，出住台州（治今浙江臨海）丹丘瑞巖院，世稱「瑞巖師彥」。威德凜若嚴霜，糾正僧尼，無容姍誤。❿主人公　喻指人人本具的佛性。⓫惺惺著　小心些；機警點。⓬襄州　州名，在今湖北襄樊。⓭鹿門　寺院名。位於湖北襄陽東南鹿門山。⓮過夏　即夏安居，謂佛教徒在夏天，從四月十六日至七月十五日，禁止外出，而專心坐禪修學。又稱坐夏。⓯端的　細委；詳情。⓰來　置於句尾，表示行為動作已經出現過。⓱伏膺　謂從學；師事。⓲園頭　管理寺院菜地的僧人。⓳棒下無生忍二句　「無生忍」是「無生法忍」的略稱。謂觀諸法無生無滅之理而諦認之，安住且不動心。這兩句的意思是說一棒打下去，可以使人得無生法忍，打空了所有的念頭就是臨機見性，此時眼前沒有師父與學生的分別，只有自性的顯現。與南方的「奇特商量」不同，南院慧顒這裡重在實踐，一棒打出個自性來。

【語譯】圓悟克勤評唱：風穴延沼禪師是臨濟宗門下的一位大禪師。話說臨濟義玄當年在黃檗希運門下栽種松樹的時候，黃檗希運問：「深山裡栽種了這麼多松樹幹什麼？」臨濟義玄回答說：「一來可以為寺院山門增添幽美的景致，二來可以給後人作榜樣。」說完用鋤頭掘地一下。黃檗希運問：「儘管這樣，你已經吃了我二十棒。」臨濟義玄又用鋤頭掘地一下，說：「噓！噓！」黃檗希運說：「我的禪法傳到你的手裡，將來會在世上盛行。」

溈山靈祐曾問仰山慧寂：「黃檗希運當時是說只須臨濟義玄一個人就行了，另外還有別人嗎？」仰山慧寂回答說：「有的，只是年代久遠，不想告訴師父。」溈山靈祐說：「儘管這樣，但我還是想知道，你舉出來看看。」仰山慧寂說：「一人指南，吳越令行，遇大風即止。」這句話的意思就是預言風穴延沼將會弘揚臨濟義玄的禪法。

大溈慕喆曾說：「像臨濟義玄那樣莫名其妙地摔了一跤，還能夠做到臨危不亂的人，才稱得上是真正的大丈夫。」他還說：「我的禪法傳到你們手裡，一定會大興於世。」就像疼愛小孩而不感覺到他的醜陋一樣。

風穴延沼起初參訪雪峰義存，在那裡住了五年。一天，向雪峰義存請教，問：「臨濟義玄曾說『東西兩堂的首座一起大聲一喝，誰是賓？誰是主？』我不知道這句話的旨意是什麼？」雪峰義存回答說：「我從前和巖頭全豁、欽山禪師準備去參見臨濟義玄，不料在半路就聽說他已經圓寂了。如果要想瞭解他的四賓主的話頭，必須去參訪臨濟宗門下的大禪師。」

風穴延沼後來又去參見瑞巖師彥，只見瑞巖師彥經常自己喊自己：「主人公。」然後自答：「在！」又自言自語地說：「頭腦清醒點！免得今後受別人的矇騙。」風穴延沼見此情景，說：「自問自答，這有什麼難呢？」

風穴延沼後來在襄州鹿門寺與廓侍者一起過夏安居，廓侍者告訴他應該去參見南院慧顒。風穴延沼初到南院慧顒處，入門也不行見面禮。南院慧顒說：「進門應該先知道誰是主人。」風穴延沼說：「請師父分辨清楚。」南院慧顒先用手拍右膝一下，風穴延沼便大喝一聲；南院慧顒再用手拍左膝一下，風穴延沼又是大喝一聲。像這樣峻峭的機鋒，南院慧顒無法辨別他的來歷。第二天，南院慧顒不帶機鋒，只對風穴延沼提一些日常的問題。他問：「你曾見過什麼人？」風穴延沼回答說：「曾經和廓侍者一起過夏安居。」南院慧顒問：「他對你說過些什麼話呢？」風穴延沼說：「他始終只教我自己要能做得了主。」南院慧顒說：「這傢伙卻到這裡來自找苦吃。」說完動手就打風穴延沼。風穴延沼從此心悅誠服，在南院慧顒門下作園頭。

一天，南院慧顒問風穴延沼：「南方的僧人怎樣評論棒打的作用？」風穴延沼回答說：「認為奇特。」他又反過來問南院慧顒：「師父這裡怎樣評論棒打的作用？」南院慧顒回答說：「棒打之下大徹大悟，面對禪機不讓其師。」風穴延沼聽了這話，突然大徹大悟。

此時五代❶離亂❷。時在郢州，牧主請度夏。是時臨濟宗大盛，他凡是問答垂示，不妨語句尖新❸，攢❹花簇❺錦，字字皆有下落❻處。一日牧主請師上堂，示眾云：「祖師心印，狀似鐵牛之機，去即印住，住即印破，只如不去不住，印即是？不印即是？」時有盧陂長老，出問：「某甲有鐵牛之機，請師不搭印。」何故不似木馬❼石人❽之機，直下似鐵牛之機，無你撼動處？你才去即印住，你才住即印破，教你百雜碎❾；只如不去不住，印即是？不印即是？看他恁麼垂示，可謂鉤頭有餌❿。是時座下有盧陂長老，亦是臨濟下尊宿，敢出來與他對機，便轉他話頭⓫，道：「某甲有鐵牛之機，請師不搭印。」此箇問端，不妨奇特。爭奈風穴卻是作家，便云：「慣釣鯨鯢澄巨浸，卻嗟蛙步驟泥沙」，言中有響⓬。

梁山⑬道：「垂鉤四海，只釣鯨鯢；格外⑭清規⑮，為尋知己」，此語且⑯無玄妙道理計較。古人道：「若向事⑰上覷，即易；若向意下⑱卜度，則勿交涉。」盧陂佇思，見之不取，千載難逢，可惜許！所以道，「直饒講得千經論⑲，一句臨機下口難」。其實盧陂要討好語去對他，爭奈討不著；被穴先用攙旗奪鼓之機，一句逼將去，只得不奈何。俗諺⑳云：「陣敗㉑不如搖菷㉒掃。」盧陂當時更要討鎗法敵他，等你討得鎗法，即頭落了也㉓。

牧主，亦久參風穴。或云：「佛法與王法一般。」穴云：「見箇什麼？」牧主云：「當斷不斷，返招其亂。」風穴渾㉔是一團㉕精神，如水上按葫蘆㉖相似，捺著便轉、按著便動㉗，解隨機說法㉘。若不隨機，翻成妄語㉙。穴便下座。

有僧問慈明㉚：「『一喝分賓主、照用一時行』時，如何？」慈明便喝。

又雲居弘覺㉛禪師示眾云：「譬如獅子捉象亦全其力㉜，捉兔亦全其力。」時有僧問：「未審全什麼力？」雲居云：「不欺之力。」看他雪竇頌出。

【注釋】❶五代　五個朝代。宋以後稱後梁、後唐、後晉、後漢、後周為五代。❷離亂　變亂。常指戰亂。❸尖新　猶新穎；新奇。❹攢　簇聚；聚集。❺簇　叢集；聚集。❻下落　著落；歸屬。❼木馬　木製的馬沒有思慮念度的作用，故禪林常以「木馬」比喻無心無念的解脫當相。❽石人　喻指遠離情識，天真無作的妙用。❾教你百雜碎　以上四個「你」字皆指諸人。雜碎，雜亂零碎；亦指雜碎的事物。❿餌　釣魚或誘捕其他禽獸的食物。⓫轉他話頭　謂轉「印住」、「印破」、「印即是」等語，說「有鐵牛之機，請師不搭印」是翻轉話頭之處。⓬言中有響　謂盧陂長老擔來的見地，風穴延沼一句話就把他擊碎，很有力度。⓭梁山　法名緣觀，宋代禪僧。師事同安志禪師，嗣其法，為曹洞宗傳人。居鼎州（治今湖南常德）梁山，世稱「梁山緣觀」。⓮格外　格，意指規格、法則、規定等，引申為世間之尺度。禪林常以「格外」表示超出常格之外，非比尋常之謂。⓯清規　謂供人遵循的規範。⓰且　表示轉折語氣，相當於「卻」。⓱事　指宇宙間千差萬別的現象。⓲意下　心中。⓳經論　佛教指三藏中的經藏與論藏。亦泛稱佛教典籍。⓴俗諺　民間流傳的，有較固定句型的，通俗淺顯的格言式短語。㉑陣敗　戰敗。㉒搔菷　即掃帚。菷，同「帚」。㉓等你討得鎗法二句　喻指風穴延沼的機鋒迅疾，間不容髮。㉔渾全；整個。㉕一團　表數量。一股。㉖葫蘆　植物名。果實像重疊的兩個圓球，乾老後可作盛器或供玩賞。㉗捺著便轉按著便動　謂轉處自在，無住著處。捺，用手向下按。㉘隨機說法　指相應受教者（機）的能力、根機，而施以各種說教。㉙妄語　謊言，虛妄不實的話。㉚慈明　即石霜楚圓，卒諡「慈明禪師」。㉛雲居弘覺　即雲居道膺，卒諡「弘覺禪師」。㉜力機能、能力之意。

【語　譯】這時正是五代戰亂頻繁的時期，風穴延沼當時在郢州。郢州刺史請他到衙門內過夏。此時正是臨濟宗的禪法非常盛行之時，凡是風穴延沼的問答、開示語句都顯得非常新穎奇特，攢花簇錦，字字都能直指禪法的奧義。一天，郢州刺史請風穴延沼上堂，他開示僧俗二眾說：「祖師的心印就像鐵牛的機用，離開它就要被『印住』，靠近它又要被『印破』。至於不離開也不靠近，到底是要印可才對呢？還是不加以印可才對呢？」當時有一位盧陂長老，走出來問風穴延沼：「我具有鐵牛一樣的機用，請師父不必搭印。」為什麼不像木馬石人的機鋒，當下就像鐵牛的機鋒，沒有你能夠搖動的地方？你離開它就要被「印住」，靠近它又要被「印破」，教你左右為難；至於不離開也不靠近，到底是要印可才對呢？還是不加以印可才對呢？看他這樣開示，真稱得上是誘人上鉤的釣餌。當時法座下有一位盧陂長老，也是臨濟宗的大禪師，敢於站出來與他較量機鋒，便翻轉風穴延沼的話頭，說：「我具有鐵牛一樣的機用，請師父不必搭印。」這個問題非常奇特。無奈風穴延沼是參禪的行家高手，他回答說：「我本想用一言半句的機鋒到禪海裡去接引像鯨鯢一樣大根器的人，可是讓我嗟歎的是只釣到你這種青蛙一樣小根器的人來，只會在岸邊的泥沙裡爬來爬去！」真是擲地有聲。梁山緣觀說：「垂鉤四海，只釣鯨鯢；格外清規，為尋知己」，這話卻沒有玄妙的義理概念和區別計較。從前的禪師說：「如果從事物現象上看，則較為容易；如果從主觀意識方面按照世俗常情去理解，則毫無關係。」盧陂長老一時語塞，停下來尋思，看見一個千載難逢的禪機卻不趕快抓住，真是太可惜了！所以說：「即使有人會說千經萬論，可是當他面對禪機時，卻連一句話也說不出來了。」其實盧陂長老是想找一句恰到好處的話來應對風穴延沼，無奈的是還沒想好，卻被風穴延沼先用搶旗奪鼓的機鋒，一句話逼過去，只得無可奈何地敗下陣來。俗話說：「敗兵不如掃帚掃。」盧陂長老當時是想找一種槍法來對付風穴延沼，等他找到了一種槍法，腦袋早就落地了。

郢州刺史也是在風穴延沼門下長期參禪的人，他說：「佛法和國法是一樣的。」風穴延沼問：「你到底看出了什麼道理？」郢州刺史說：「應該當機斬斷的時候卻不斬斷，反而弄得牽扯不清。」其實風穴延沼完全是一種精神，好像用手往下按浮在水面上的葫蘆一樣，按著它便在水面轉動，很懂得隨機說法。如果不是隨機說法，就會變成妄語了。風穴延沼走下法座。

有一位僧人問石霜楚圓：「『一喝分賓主、照用一時行』的時候，怎麼樣？」石霜楚圓只是大喝了一聲。另外雲居道膺禪師曾開示僧眾說：「參禪就好像獅子捉象時要用盡力氣，捉兔子時也同樣要用盡力氣。」當時有一位僧人問：「我卻不知道用盡什麼力氣？」雲居道膺說：「就是不要欺騙自己的力氣。」以下再看看雪竇重顯的頌古。

頌

擒得盧陂跨鐵牛❶，（千箇萬箇中，也要呈巧藝，敗軍之將不再斬❷。）

三玄戈甲未輕酬❸。（當局者迷❹，受災如受福。）
楚王城❺畔朝宗❻水，（作麼生？活活❼衝天衝地，說什麼「朝宗水」？任是❽四海也須倒流，打！）
喝下曾令卻倒流❾。（不是你這一喝，截斷你舌頭，咄！驚走陝府鐵牛，嚇殺嘉州大象❿。）

評唱

「擒得盧陂跨鐵牛，三玄戈甲未輕酬」，雪竇知風穴有這般宗風，便頌出者兩句。三玄者，臨濟下有三玄三要⓫，一句中具三玄、一玄中具三要。僧問臨濟：「如何是第一句？」濟云：「三要印開朱點窄，未容擬議主賓分⓬。」「如何是第二句？」濟云：「妙解豈容無著問？漚和爭負截流機⓭。」「如何是第三句？」濟云：「但看棚頭弄傀儡，抽牽全是裡頭人⓮。」風穴一句中，便具三玄戈甲者，七事隨身⓯，不輕酬他。若不如此，爭奈盧陂跨鐵牛何？後面雪竇要出臨濟下機鋒。莫道是盧陂，假饒楚王城畔，洪波浩渺、白浪滔天，盡朝宗去，只消一喝，也須「倒流」去！

【注　釋】❶擒得盧陂跨鐵牛　頌風穴延沼全機之處。❷敗軍之將不再斬　意謂不必再舉說盧陂長老。❸三玄戈甲未輕酬　謂風穴延沼將臨濟義玄的三玄戈甲全機提持，不欺來敵。三玄，臨濟義玄接引學人的方法：㈠體中玄，指語句全無修飾，乃依據所有事物的真相與道理而表現的語句；㈡句中玄，指不涉及分別情識的實語，即不拘泥於言語而能悟其玄奧；㈢玄中玄，又作用中玄，指離於一切相待論理與語句等桎梏的玄妙句。戈甲，戈和鎧甲。亦泛指武器裝備。❹當局者迷　謂身當其事者反而糊塗。❺楚王城　指郢州。楚文王曾建都於此。❻朝宗　比喻小水流注大水。❼活活　水流聲。一說水流貌。❽任是　即便是；即使是。❾喝下曾令卻倒流　一喝立即使朝宗水倒流，喻指臨濟宗風。❿嘉州大象　即樂山大佛，在嘉州（治今四川樂山）凌雲山西壁，面臨岷江、青衣江、大渡河三江合流處。唐開元元年（西元七一三年）名僧海通始造，貞元十九年（西元八〇三年）鑿成。為依凌雲山棲鸞峰斷崖鑿成的一尊彌勒坐像，又稱「凌雲大佛」，通高七十一公尺，為世界上最大的石雕佛像。⓫三要　臨濟義玄接引學人的方法，第一要為言語中無分別造作，第二要為千聖直入玄奧，第三要為言語道斷。⓬三要印開朱點窄二句　這兩句指言語以前真實的意味。三要印開，謂一念覺悟，真佛具現，以至成佛。朱點，用紅筆圈點。亦指用紅筆作的圈點。⓭妙解豈容無著問二句　這兩句教示第一句真佛具現之絕對解了會得。此解了會得係屬絕對，不容有任何方便。漚和為梵語方便的音譯，截流機指斷滅煩惱而得解脫，即以各種方便法而求絕對之解脫。此句即具體說明真佛具現之絕對。妙解，依見聞學習而領解教理。無著，古印度大乘佛教瑜伽行派創始人之一。為北印度富婁沙富羅國人。從彌勒菩薩受大乘空觀，研習《瑜伽師地論》，盡領解其義。對《華嚴經》等大乘經義，皆能通達理解。⓮但看棚頭弄傀儡二句　這兩句係專對求道者中不通第一句、第二句的鈍根而設立的各種方便法門，有如傀儡師所表現的各種神頭鬼面。傀儡，指木偶戲。抽牽，提木偶牽線。裡頭人，耍木偶者。⓯七事隨身　原指將領上陣，身上必須具備七種武器，以保護自己、攻擊敵人，即：弓、矢、刀、劍、甲、冑、戈。這裡引申指臨濟宗的優秀禪僧所具備的七種自在力：㈠殺人刀，能斬斷學人所具有的一切。㈡活人劍，使學人所具有一切活現的作用。㈢腳踏實地，一切行為契合佛道。㈣向上關捩子，究盡向上之宗旨。㈤格外說話，離通常人之思量而說佛道。㈥衲僧巴鼻，具有牽轉學人的力量。㈦探竿影草，能分辨學人的真偽。

【語　譯】雪竇重顯頌古：擒得盧陂跨鐵牛，（盧陂長老從僧眾之中站出來，也要向風穴延沼呈送巧妙的禪機作略，這個敗軍之將不必再斬首。）三玄戈甲未輕酬。（當局者迷，遭受災難就如同接受天地神明的降福。）楚王城畔朝宗水，（到底要幹什麼？流水衝撞天地，說什麼「朝宗水」？即使是四大海也要倒流，打！）喝下曾令卻倒流。(不是你這一喝，截斷你的舌頭，咄！驚跑了陝府的鐵牛，嚇死了嘉州的大佛。)

圜悟克勤評唱：「擒得盧陂跨鐵牛，三玄戈甲未輕酬」，雪竇重顯知道風穴延沼有這樣的宗風，便頌出這兩句。所謂三玄是臨濟義玄有「三玄」、「三要」之說，就是一句中須具備「三玄」、一玄之中須具備「三要」。有一位僧人問臨濟義玄：「什麼是第一句？」臨濟義玄回答說：「三要印開朱點窄，未容擬議主賓分。」僧人又問：「什麼是第二句？」臨濟義玄回答說：「妙解豈容無著問？漚和爭負截流機。」僧人再問：「什麼是第三句？」臨濟義玄回答說：「但看棚頭弄傀儡，抽牽全是裡頭人。」風穴延沼一句話中便具備「三玄的戈甲，身上具備七種自在力，不輕易回答他。如果不這樣，對盧陂長老跨鐵牛的禪機又有什麼辦法？後面雪竇重顯要指出臨濟宗的機鋒。別說是盧陂長老，即使是楚王城畔，波濤滾滾，白浪滔天，都流向大海，但只要大聲一喝，便足以使浪濤倒流！

【說　明】鐵牛之機是形容祖師世代相傳的心印密意離不得，近不得。禪林中稱風穴延沼「語句尖新」，由此可見一斑。祖師心印既然是真實而又恍忽，難以把捉，那麼如何得其密意呢？是用還是不用呢？這樣的問話在臨濟宗的「四賓主」中，屬於「主看賓」的一種。禪師先端出一個「膠盆子」一樣糾纏不清的問題讓對方回答，對方不論答什麼，都是錯，參學者認不出這是圈套，硬往裡鑽，於是病入膏肓，成為不治之症。按照圜悟克勤下的評語，對這樣的問話，說是說非都落邊見，被問者只消大喝一聲，推倒禪床，一了百了，乾乾淨淨。

當時在場的人沒有誰這樣做，卻有位名叫盧陂的僧人站出來，問：「我具有鐵牛一樣的機用，請師父不必搭印。」盧陂長老也是臨濟宗的老禪師，他的答話照說也不算不巧妙，但仍成了被「看」的「賓」，被風穴延沼譏笑為是隻青蛙。

盧陂長老一開始就被風穴延沼奪了旗鼓，接著又挨了他兩拂子，只有一敗塗地，一「死」再「死」了。其實一開始盧陂長老就明白風穴延沼上堂提問的意思，卻苦於沒有採取斷然措施，反被粘在「膠盆子」裡了。

第三九則　雲門獅子

【題解】對於僧人所問「如何是清淨法身」，雲門文偃漫不經心地回答：「花藥欄。」意謂清淨法身遍一切處，故答案不僅限於「花藥欄」。雲門文偃之所以回答「花藥欄」，只是因為他當時正好在庭院前眺望花壇。這句答語看似漫不經心，實際上有雷霆萬鈞之力。

示眾

途中受用❶底，似虎靠山；世諦❷流布底，如猿在檻❸。欲知佛性義，當觀時節因緣；欲鍛百煉真金，須是作家爐鞴❹。且道，大用現前底人，將什麼驗？舉看。

舉

僧問雲門：「如何是清淨法身❺？」（塩❻圾❼堆頭❽，現丈六金身，斑斑駁❾，是什麼？）

門云：「花藥欄❿。」（問處不真，答來鹵莽⓫；築著磕著⓬，曲不藏直⓭。）

僧云：「便與麼去時如何？」（渾崙吞箇棗⓮，放憨⓯作什麼？）

門云：「金毛獅子⑯。」（也有褒⑰有貶⑱，兩彩一賽⑲，將錯就錯，是什麼心行⑳？）

【注釋】❶受用　享受；享用。❷世諦　「二諦」之一。謂有關世間種種事相的真理。❸如猿在檻　意謂不自在。檻，關動物的大籠子、柵欄。❹欲鎚百煉真金二句　意謂欲求實悟，須憑藉明師鉗錘。真金，純金；真正的金子。爐鞴，火爐鼓風的皮囊。亦借指熔爐。❺清淨法身　形容佛身清淨，無諸染垢。❻壒　灰塵；塵埃。❼圾　塵埃積聚之所。❽堆頭　指聚集在一起的人或物。❾斑斑駁駁　色彩錯雜貌，引申為不純，瑕疵。意謂恐不是清淨身。❿花藥欄　芍藥之欄。泛指花欄。以竹木圍之。⓫鹵莽　粗疏；魯莽。⓬築著磕著　突然地撞著碰著。謂花藥欄的意遍一切處。⓭曲不藏直　意謂現成公案不覆藏。⓮渾崙吞箇棗　意謂這僧如同不細吃一口棗就吞下一樣，不知雲門文偃答話的深味。⓯放憨　做出傻樣子。⓰金毛獅子　為文殊菩薩的坐騎。禪林問答中多用為得道僧人的戲稱，如稱「大蟲」相似。⓱褒　嘉獎；稱讚。⓲貶　給予低的評價。跟「褒」相對。⓳兩彩一賽　彩，即賭博得勝。賽，即競爭比賽。兩彩一賽，原指一場競賽之後，竟有兩人得彩，意謂雙方棋逢對手，難分勝負。在禪林中，轉指禪僧之間，相互勘辨較量機鋒的雙方，其參禪修學之境界兩俱優勝而不分高下。⓴心行　心內的作用、活動、狀態、變化。所謂「言語道斷心行處滅」，指既無法用語言表達，亦不能以心思加以計度，如有關心的活動，心的喜愛、喜好等。

【語譯】圜悟克勤開示：一個禪者在修行過程中所得到的受用，就像猛虎靠近大山一樣自由自在；通過世俗真理的傳播所瞭解的道理，就像猿猴被關在柵欄一樣，並不能得到真正的解脫自在。要讓人們瞭解一切眾生皆有佛性的道理，必須懂得觀察時節因緣；要想培養一個如同百煉真金一樣的禪宗僧人，必須經過行家高手的熔爐鍛煉才行。你來說說看，當一個禪者在現時現刻運用禪機的時候，應該拿什麼來勘驗呢？試舉一則公案給你們看看。

舉說公案：有一位僧人問雲門文偃：「什麼是清淨法身？」（灰塵堆積在一起，出現高一丈六尺的金身佛像，斑斑駁駁，是什麼東西？）雲門文偃回答說：「就是用竹木圍著芍藥的花藥欄。」（問得不真，回答得也魯莽；不知不覺地就碰著了，曲不藏直。）這位僧人又問：「用這清淨法身再一路直接上去時又會怎麼樣？」（渾崙吞個棗，做出一副傻呵呵的樣子幹什麼？）雲門文偃回答說：「就會變成一頭金毛獅子。」（有稱讚也有貶抑，棋逢對手，將錯就錯，這是什麼心態？）

評唱

諸人還知這僧問處，與雲門答處麼？若知得，兩口無一舌❶；若未知，不免顢頇❷。僧問玄沙：「如何是清淨法身？」沙云：「膿❸滴滴地。」具金剛眼睛❹者，試辨看。雲門不同別人，有時把住，壁立千仞，無你湊泊❺處；有時通一線道，同死同生❻。雲門三寸甚密❼，有者道：「信彩❽答去。」若恁麼會，雲門落在什麼處？

這箇是屋裡事❾，莫向外卜度。所以百丈道：「森羅萬象，一切語言，皆歸自己分上，令轉轆轆❿地，向活潑潑處便道⓫。若擬議尋思，便落第二⓬。」古人道：「法身覺了無一物，本源自性天真佛⓭。」雲門驗這僧。這僧是他屋裡人，自是久參，進云⓮：「便與麼會時如何？」門云：「金毛獅子。」且道，是肯他不肯他？是褒他是貶他？巖頭道：「若論戰也，箇箇立在箭鋒。」又道：「他參活句，不參死句。活句下薦得，永劫不忘；死句下薦得，自救不了⓯。」

有僧問雲門：「佛法如水中月⑯，是否？」門云：「清波無透路。」僧云：「和尚從何而得？」門云：「再問復何而來？」僧云：「便恁麼去時如何？」門云：「重疊關山路⑰」，須知此事，不在言句上。何故？如擊石火、似閃電光，搆得搆不得，未免喪身失命。

【注　釋】❶兩口無一舌　意謂說不得。❷顢頇　糊塗而馬虎。❸膿　瘡口潰爛所化的黏液。❹金剛眼睛　指禪悟者的智慧眼、法眼，有辨別學人優劣的能力。❺湊泊　附著。❻同死同生　意謂你如果入地獄，我與你一道墮入地獄；你如果進天堂，我也與你一道進天堂。❼雲門三寸甚密　意謂雲門文偃言語綿密，不露縫隙。三寸，指舌頭，亦含有言句、話語之意。❽信彩　不留思慮。❾屋裡事　自己的本分大事。這裡指雲門宗的宗旨。❿轆轆　轉動的樣子。這裡有圓轉自在之意。⓫便道　猶即行。⓬第二　指玄妙禪法以外的事理。⓭法身覺了無一物二句　這兩句出自永嘉玄覺的〈證道歌〉。意謂一切法是破執，所以通達一切法，本來無一物。返本求源，都是自信天真佛。佛是覺，本來是覺，佛以自信見，自己就是，無修無證，人人本身具足。法身，梵語的意譯。謂證得清淨自性，成就一切功德之身。「法身」不生不滅，無形而隨處現形，也稱為佛身。本源，指自性清淨心。亦即根本之處。眾生的自性本來清淨，然為後起之客塵煩惱所污染。得聞聖法之賢者了知此事，即精勤修習心性，還其清淨而得解脫。⓮進云　又問；又說。⓯他參活句六句　應為德山緣密的語句。「活句下薦得，永劫不忘」原無，依文意，據張本補之。活句，禪宗指含意深刻，非從言外之意深參而不能了悟的語句。死句，禪宗稱通常的有意路可通的言句作略。⓰水中月　大乘十喻之一。水中之月是月之影現，並無月之實體，以此比喻諸法無自性，凡夫妄執心水中所現我我所之相，而著於諸法，實則諸法了無實體。⓱重疊關山路　遠而又遠，這句是「截斷眾流」句。關山，關隘山嶺。

【語　譯】圜悟克勤評唱：你們各位還知道這位僧人所問和雲門文偃所答的旨意嗎？你們如果知道了，他們兩人的嘴裡，都沒了一片舌頭；你們如果還不知道，那也就未免太糊塗無知了。曾經有一位僧人問玄沙師備：「什麼是清淨法身？」玄沙師備回答說：「膿液一滴一滴地掉落。」已經具備了金剛眼睛的禪者，請你試著分辨看。雲門文偃的機鋒和別人不同，有時把住，如同屹立在萬丈懸崖上，讓人依附攀援不得；有時又會放開一線之道，讓人有路可循，同死同生。雲門文偃的言句周密，有人說：「這是雲門文偃隨口回答。」如果這樣理解，那就錯了，雲門文偃的旨意落在什麼地方呢？

參禪問道應該從自己的心靈深處去下功夫，不要往身心之外去下功夫。所以百丈懷海說：「宇宙間一切事物和現象，一切言語，都一一轉歸自己，要使它轉動自如，向活潑潑的地方走去。你如果揣摩尋思，那便落在玄妙禪法之外了。」永嘉玄覺也說：「法身覺了無一物，本源自性天真佛。」雲門文偃勘驗的這位僧人是他的門下弟子，自然是一位長期參禪的僧人，於是這位僧人又進一步問道：「用這清淨法身再一路直接上去時，又會怎麼樣？」雲門文偃回答說：「就會變成一頭金毛獅子。」你來說說看，雲門文偃這樣回答是印可他呢，還是不印可他？是稱讚他呢，還是貶抑他？巖頭全豁說：「如果要論法戰的話，個個都能立在箭頭之處。」又說：「參禪要參活句，不要參死句。從活句中領悟到的禪法，永遠也不會忘記；從死句中去領悟禪法，自己救不了自己。」

有一位僧人問雲門文偃：「佛法就像映在水中的月亮，對嗎？」雲門文偃回答說：「清澈的水流無透路。」僧人又問：「師父是從什麼地方得到禪法的呢？」雲門文偃回答說：「你怎麼又再問從什麼地方得到禪法？」僧人問：「就這樣一路上去時會怎麼樣？」雲門文偃回答說：「有重重疊疊的關卡和山路。」你們必須知道參禪這件事並不在言句上。參禪應該像擊石火、閃電光一樣迅速契悟禪機，否則你明白也好，不明白也好，難免都要喪失生命。

頌

「花藥欄」，（拶，言猶在耳。）

莫顢頇，（如麻似粟，也有些子，自領出去。）
星在秤兮不在盤❶。（太葛藤，不免說道理❷，各自向衣單下返觀❸。）
便與麼，（渾崙吞箇棗。）
太無端❹。（自領出去，灼然！莫鈍置他雲門。）
金毛獅子大家看。（放出一箇半箇，也只是箇狗子❺，雪竇也是普州人送賊❻。）

評唱

雪竇相席打令❼、動絃別曲❽，一句一句❾判❿將去。此一頌，不異拈古之格式。「花藥欄，莫顢頇」，人皆道：「雲門信彩道」，總作情解會他底。所以雪竇下本分草料⓫，便道：「莫顢頇。」蓋雲門意，不在「花藥欄」處，所以雪竇道：「星在秤兮不在盤。」這一句忒煞漏逗。水中元無月，月在青天。如星在秤上，不在盤中⓬。且道，那箇是秤？若辨明得出，不辜負雪竇。

古人到這裡⓭，也不妨慈悲。分明向你道：「不在這裡，在那邊⓮去。」且道，那邊是什麼處？此頌頭邊⓯一句了也。後面頌這僧道：「便恁麼去時如何」，雪竇道，者僧也「太無端」。且道，是明頭合、暗頭合？是會來恁麼道、不會來恁麼道？

「金毛獅子大家看」，還見獅子麼？瞎！

【注　釋】❶星在秤兮不在盤　意謂本分事不在言句上，如同星在秤而不在盤。星，指秤桿上點狀的記號。❷道理　闡揚稱說某種教義。❸各自向衣單下返觀　意謂不要去追逐言句，應該向自己返照。衣單，衣指衣缽；單指書寫人名的小紅紙片。僧堂中，各人座席的壁上皆貼有名單，稱之為單位，其上可掛置衣缽。❹太無端　意謂這位僧人不知道禪宗玄旨並不在言句上，卻做出一副理解的樣子。無端，不像話；沒意思。❺也只是箇狗子　指問話的僧人。❻雪竇也是普州人送賊　謂雪竇重顯是賊中賊，把這僧自在輕弄。普州人送賊，賊弄賊之意。❼相席打令　看風使帆之意，謂雪竇重顯圓器安圓蓋，方器安方蓋，恰如其分地頌出。❽動絃別曲　撥動絲弦就能識別曲調，比喻十分敏捷領會、契會禪機。這裡謂雪竇重顯聞雲門文偃高調，便能辨別本分妙曲。❾一句一句　雲門文偃一句，這僧一句。❿判　區別比較彼與此而使其明瞭。⓫所以雪竇下本分草料　謂雪竇重顯自根源上說過來，打破俗情妄解的窠窟，其手段要高過棒喝。⓬水中元無月四句　「月」與「星」比喻雲門文偃的玄旨，「秤」與「天」比喻本來面目。⓭這裡　指花藥欄處。⓮那邊　指本來面目。⓯頭邊　前邊。

【語　譯】雪竇重顯頌古：「花藥欄」，（拶，言猶在耳。）莫顢頇，（糊塗無知的人多得來如麻如粟，也有一些人不糊塗，自己領出去。）星在秤兮不在盤。（言語太多了，不免說道理，各自返照自身。）便與麼，（渾崙吞下一個棗子。）太無端。（自己領出去，雪竇重顯說得很明確。不要折磨他雲門文偃。）金毛獅子大家看。（放出一頭半頭金毛獅子，看來也不過是一條狗，雪竇重顯也是賊中高手，把問話的僧人隨意耍弄。）

圜悟克勤評唱：雪竇重顯恰到好處地頌出來，是雲門文偃的知音，他一句一句地判過去。這一首頌古與拈古的格式沒什麼兩樣。「花藥欄，莫顢頇」，一般人都說：「這只是雲門文偃隨口回答」，這種說法都是用俗情妄解來理解雲門文偃的用意。所以雪竇重顯要從根源上說：「莫顢頇。」因為雲門文偃的用意不在「花藥欄」這裡，所以雪竇重顯又說：「星在秤兮不在盤。」這句話透露出雪竇重顯就像老婆婆一樣慈悲心切。水中原來是沒有月亮的，水中的月亮只是天空中的月亮所映現出來的。就如同星在秤桿上而不在秤盤中。你來說說看，哪個是秤？你如果能分辨得出。也就不會辜負雪竇重顯的一番用意了。

雪竇重顯頌到這裡，顯得非常慈悲，他分明在對你說：「不要老是參『花藥欄』，應該返觀自己的本來面目。」你來說說看，本來面目在什麼地方？「星在秤兮不在盤」頌前面的「花藥欄」句。接下來頌這位僧人問「用這清淨法身一路直接上去時會怎麼樣？」雪竇重顯認為這位僧人的提問「太無端」。你來說說看，這位僧人是明白了呢，還是沒有明白？他是懂了才會那麼問呢，還是不懂才會那麼問？

「金毛獅子大家看」，你還看見了金毛獅子嗎？在我看來你們都是一群瞎子而已。

【說　明】雲門文偃的答語與問話似乎風馬牛不相及，其實這是雲門文偃使用的「殺人刀」，即一刀將問話僧人對「清淨法身」的迷執砍斷，叫他莫妄想。因為本體自性的清淨心是不能向外尋求的，更不可涉理路，落言詮。如果雲門文偃一一向問話僧人講解什麼是清淨法身，既違背禪法宗旨，同時也會使問話僧人陷入知解，終究還是不能自己體悟本源心性。當這位僧人又問「便與麼去時如何？」雲門文偃又使出「活人劍」想復活這位僧人的禪機妙用，所以回答「金毛獅子」。

雪竇重顯頌古的意思是說：雲門文偃回答了一句「花藥欄」，這位僧人似乎就領會到了法身的樣子，擺出顢頇的面孔，其實他大錯特錯！要知道星不在秤盤上。這樣囫圇吞棗地便告辭出去，真是「太無端」，太糊塗了事。這位僧人是不是「金毛獅子」呢？大家仔細端詳。這裡是說雲門文偃的意趣，不是在花藥欄上。權衡輕重的星，是刻在秤桿上，不是在秤盤上。也暗示出人們應該去發現自己的本來面目。

第四十則　南泉指花

【題　解】對於陸亙所參問的「天地與我同根，萬物與我一體」一語，南泉普願指著庭院前的牡丹，指點他應融會萬物為一己。當主體（人）和客體（牡丹花）未發生聯繫前，花是花（一種外在主體的客觀存在）；一旦主體與客體發生聯繫，花非花（即進入心靈後的虛幻表像）；最後主體心性完全了悟後，花還是花（即佛教認為的真實存在）。這便是從物我分離到物我兩忘，最後到物我為一。花如夢，夢如花，也就是一種超越人生的精神自由。

示眾

休去歇去❶，鐵樹❷生花；有麼？有麼？點兒❸落節❹。直饒七縱八橫，不免穿過鼻孔。且道，誵訛❺在什麼處？試舉看。

舉

陸亙大夫❻，與南泉語話次。陸云：「肇法師❼道：『天地與我同根，萬物與我一體❽』，也甚奇怪❾。」（鬼窟裡作活計，畫餅豈可充肚飢❿？也是草裡商量⓫。）

南泉指庭⓬前花，（鴛鴦⓭繡了從⓮君看，不把金針度與人⓯，引得黃鸝下柳條⑯，且莫寐語好。）

召大夫云：「時人見此一株花，如夢相似。」（道什麼？經有經師⑰、論有論師⑱，且不干山僧事⑲，咄！）

【注　釋】❶休去歇去　停止。這裡指悟道後的境界。❷鐵樹　一種常綠喬木。葉聚生於莖的頂端，花不常開。❸黠兒　聰慧的兒童。❹落節　吃虧。❺譊訛　意謂言事不分明。❻大夫　對任官職者的稱呼。❼肇法師　即僧肇（西元三八四～四一四年），東晉僧人。俗姓張氏，京兆（治今陝西西安）人。鳩摩羅什弟子之一。原崇信老莊，及讀《維摩詰經》，倍加欣賞，因而出家，以擅長般若學著稱。鳩摩羅什譯出三論後，僧肇與道融、僧睿、僧導、曇影等常常講習，被稱為「解空第一」。著有《肇論》。❽天地與我同根二句　「天地」、「萬物」為境，「我」為心，既云「同根」、「一體」，則本無二樣。一體，謂關係密切或協調一致，猶如一個整體。❾奇怪　覺得奇異、驚奇。❿畫餅豈可充肚飢　比喻以空想自慰。這裡謂無實證實悟，豈能解脫。⓫也是草裡商量　意謂陸亘大夫引用《肇論》，別無向上所談。⓬庭　堂前地，院子。⓭鴛鴦　鳥名。似野鴨，體形較小。舊傳雌雄偶居不離，古稱「匹鳥」。⓮從　任憑；聽憑。⓯金針度與人　因謂把某種技藝的秘法、訣竅傳授給別人。度，授與；給與。⓰引得黃鸝下柳條　意謂南泉普願用一句話使陸亘大夫從理性窟裡的睡夢中醒來。黃鸝，鳥名。身體黃色，叫的聲音很好聽，常被飼養作籠禽。⓱經師　指精通佛教經藏的僧人，亦稱善於讀誦經文的法師。⓲論師　指精通論藏或論釋佛教經義的僧人。⓳不干山僧事　謂禪門無一法與人，南泉普願的開示與我無關。

【語　譯】圜悟克勤開示：一個禪者達到了大徹大悟的境界，即使是鐵樹也會開花；你想會出現這種現象嗎？禪者會有知音嗎？在大徹大悟的禪者面前，即使你再聰明，也別想占便宜。即使縱橫自在，免不了也會被他穿住鼻孔。你來說說看，含糊不清在什麼地方？試舉一則公案給你們看看。

舉說公案：一天，宣州刺史陸亘大夫正在和南泉普願談論禪法，陸亘大夫說：「僧肇法師說：『天地與我同根，萬物與我一體。』這真是妙極了。」（鬼窩裡亂搞一通，畫一個餅難道就能填飽肚子嗎？這話並未涉及禪法。）南泉普願指著庭院中的花，（繡隻鴛鴦給你看，不把金針送他人，引得黃鸝從柳枝上飛下來，大白天不要說夢話。）叫陸亘大夫看，並說：「世上的人，就是看見了這棵花，也只像在夢中看見一樣。」（說什麼？誦讀經典有經師，解釋論藏有論師，我無法解釋南泉普願的禪機，咄！）

評唱

陸亘大夫，久參南泉，尋常留心於理性[1]，游泳[2]《肇論》[3]。一日坐次，遂拈此兩句，以為奇特。問南泉云：「肇法師道：『天地與我同根，萬物與我一體』，也甚奇怪。」

肇法師者，晉[4]時高僧，與生[5]、融[6]、睿[7]法師同時。幼年好讀《莊》、《老》[8]，後因寫古《維摩經》[9]有悟，方知《莊》、《老》猶未盡善，故綜諸經，乃造此論。莊周[10]意謂，天地形之大也，我形亦爾，同生於虛無[11]。莊生[12]大意，只論齊物[13]；肇法師大意，論萬法皆歸自己。不見他論中道：「夫至人[14]空洞[15]無象[16]，而萬物無非我造。會萬物為自己者，其唯聖人乎！雖有神、有人、有賢[17]、有聖[18]各別[19]，亦皆同一性[20]一體。」

古人道：「盡乾坤大地，只是箇自己。寒則普天普地寒，熱則普天普地熱；有則俱有，無則俱無；是則是，非則非[21]。」法眼云：「渠渠渠，我我我，南北東西皆可可㉒。可可不可可㉓？但唯我無不可。」所以道：「天上天下，唯我獨尊。」

石頭和尚亦因看《肇論》，至「會萬物為自己」處，豁然大悟，遂作《參同契》㉔：「竺土㉕大僊㉖心，東西密相付」云云，出在《傳燈》㉗。看他恁麼問，你且道：「同什麼根？同那箇體？」到這裡也不妨奇特。豈同他常人，不知天高、不知地厚？

【注釋】❶理性　指屬於判斷、推理的思想活動，與感性相對。❷游泳　涵濡；浸潤。❸肇論　佛書名。東晉僧肇著，一卷。為僧肇的佛學論文集。卷首載〈宗本義〉，概括全書大意。後載四篇論文：〈物不遷論〉、〈不真空論〉、〈般若無知論〉、〈涅槃無名論〉。❹晉　朝代名。西元二六五年，司馬炎代魏稱帝，國號晉，都洛陽，史稱西晉。西元三一七年，司馬睿即位建康，保有江南之地，史稱東晉。❺生　即道生（西元？～四三四年），亦稱竺道生。東晉僧人，巨鹿（治今河北平鄉）人。幼依竺法泰出家，十五歲便登座講經。後赴廬山學法於慧遠，又到長安師事鳩摩羅什，並輔助羅什譯大小品般若等經。❻融　即道融，後秦僧人，汲郡（治今河南汲縣西南）人。十二歲出家，通佛儒二家之學。至關中參見鳩摩羅什，參與譯經。後住彭城（治今江蘇徐州），徒眾三百。問學者達千餘人。❼睿　即僧睿，後秦僧人，魏郡長樂（治今河南安陽東）人。十八歲出家，博通經論，曾師事道安，後赴長安師事鳩摩羅什，參與譯場助譯，為羅什門下高徒之一，甚得後秦主姚興崇敬。❽莊老　《莊子》和《老子》。為道家、道教的經典著作。❾維摩經　佛經名。全稱《維摩詰所說經》，亦稱《維摩詰經》。後秦鳩摩羅什譯。三卷。說維摩詰是毗耶離（吠舍離）城富有的居士，深通大乘佛法。通過描述他與文殊師利等人共論佛法，宣揚達到解脫不一定過嚴格的出家修行生活，關鍵在於主觀修養。❿莊周　即莊子（約西元前三六九～前二八〇年），戰國時思想家。宋國蒙（今安徽蒙城）人。做過漆園（在今渦河北岸）吏。他繼承和發展了老聃、楊朱學說，把「貴生」、「為我」引向「達生」、「忘我」，歸結為天然的「道」、「我」合一。從老子「道法自然」出發，他認為「道」是無限的，超絕時空的，不可感知的。⑪虛無　道家用以指「道」的本體。謂道體虛無，故能包容萬物；性合於道，故有而若無，實而若虛。⑫莊生　即莊周。⑬齊物　春秋、戰國時老莊學派的一種哲學思想。認為宇宙間一切事物，如生死壽夭，是非得失，物我有無，都應當同等看待。這一思想，集中反映在莊子的〈齊物論〉中。⑭至人　指超凡脫俗、達到無我境界的人。⑮空洞　空無所有；空虛。⑯無象　沒有形跡；沒有具體形象。⑰賢　指有德行或有才能的人。⑱聖　泛稱佛、菩薩等得道者。⑲各別　各自分別；各不相同。⑳一性　指正因佛性。謂一切眾生皆具此性，但背覺合塵，常為煩惱之所覆障。若順性而修，則能超脫生死，悟入涅槃，與佛所證，無二無別。㉑古人道九句　此為德山緣密語句。謂與天地萬物一性一體，生隨諸法生，滅隨諸法滅。普天普地，滿天遍地；普天下。㉒南北東西皆可可　謂同性同體，故無違逆者。㉓可可不可可　謂由於是一性一體，故無所謂可不可。㉔參同契　佛書名。唐石頭希遷著。一卷。是由五言四十四句二百二十字組成的古詩，詮明萬法交參無窮，由本同契，熔融涉會之義。㉕竺土　指天竺國。即古印度。㉖大僊　指佛祖釋迦牟尼。㉗傳燈　即《景德傳燈錄》，三十卷。宋僧道原撰。略稱《傳燈錄》。為禪宗史書之一。集錄歷代禪宗祖師共一七〇一人的傳燈法系，內容包括行狀、機緣等。傳燈，傳法。佛法猶如明燈，能破除迷暗，故稱。

【語　譯】圜悟克勤評唱：陸亙大夫長期在南泉普願處參禪，平時留心於理論思辨，曾深入研究過《肇論》。一天，他和南泉普願坐在一起談論禪法，於是拈出這兩句，認為奇特，並問南泉普願：「僧肇法師說：『天地與我同根，萬物與我一體。』這真是妙極了。」

僧肇法師是晉朝的高僧，他和道生、道融、僧睿法師同時。他幼年時喜歡讀《莊子》、《老子》，後來因為抄寫古本《維摩詰經》而有覺悟，才知道《莊子》、《老子》的學說還不夠完善，所以便綜合大乘經論的奧義寫出了這部《肇論》。莊子認為天地是物質世界中形體最大的，人的身體也是物質世界中的一個個體，都是從虛無之中產生出來的。莊子的大意只講齊物，而僧肇法師的大意則講萬物都歸自己。他在《肇論》中說：「至人空無一物，破除一切象，天地間的萬事萬物，沒有不是我創造的。懂得萬物歸自己的人，或許只有聖人才做得到吧！雖然有神仙、有凡人、有賢人、有聖人，各自不一樣，但都是同一性一體。」

從前的禪師說：「整個乾坤大地只是一個自己。如果自己覺得寒冷的話，那麼普天之下都寒冷；如果自己覺得炎熱的話，那麼普天之下都炎熱。如果自己有一物，那麼普天之下也都有；如果自己無一物，那麼普天之下都沒有。如果自己認為對，那麼普天之下都對；如果自己覺得不對，那麼普天之下都不對。」法眼文益禪師說：「他他他，我我我，南北東西皆可可，可可不可可？只有我無不可。」所以說：「天上天下，唯我獨尊。」

石頭希遷因為讀《肇論》讀到「會萬物於自己」這句話時，突然大悟，於是寫了《參同契》，第一句就是這樣說：「佛祖釋迦牟尼的心法，不管是在印度還是在中國，都是秘密傳法相付的。」等等，這篇《參同契》最早出現在《傳燈錄》中。看陸亙大夫這樣問，你來說說看：「同什麼根？同哪個體？」到這裡也非常奇特。難道同他們平常人一樣，不知天有多高，地有多厚嗎？

陸大夫恁麼問，奇則奇，只是不出教意❶。若道教意是極則，何故世尊更拈花，迦葉微笑，祖師更泛海西來？南泉答處，用衲僧巴鼻❷，與他拈病❸、破他窠窟。遂指庭前花，召大夫云：「時人見此一株花，如夢相似。」者箇語句，如引你向萬丈懸崖上，推一推，令他命根❹斷。你若只去平地裡推倒，彌勒下生，也未會在。亦如人在夢，欲覺不覺，喚令教惺❺相似。南泉若是眼目❻未到者田地❼，必定被他搽糊將去。看他與麼說話，也不妨難會。若是活底人，聞得如醍醐上味。若是死底人，翻成毒藥。

古人道：「若於事上見，則易墮在常情；若於意根❽下卜度，則污染❾佛祖。」

不見巖頭道：「此是向上人❿活計⓫，只露目前些子，如同電拂⓬。」南泉意如此，有擒虎兕⓭、定龍蛇⓮底手脚，到這裡也須是自會始得。不見道：「向上一路，千聖不傳；學者勞形，如猿捉影」？

【注釋】❶教意　天台、華嚴等諸家之意。❷巴鼻　根源；本分。❸與他拈病　謂昧著理性，是陸亙病處。❹命根　謂由前世之業所決定的維持今生壽命的依據。也泛指壽命。❺惺　清醒。❻眼目　禪機施設，示機、應機的言行。❼田地　猶地步，程度。❽意根　為六根中的第六根。謂對於法境而生意識，故名。❾污染　謂人受五欲六塵的影響，而使自性不得清淨。❿向上人　能徹底體得諸佛境界的人。⓫活計　猶工夫。這裡指南泉普願就眼前事顯示禪機。⓬電拂　空中電閃。⓭虎兕　泛指猛獸。兕，古代獸名。皮厚，可以製甲。⓮龍蛇　喻桀驁不馴、兇橫暴虐之人。

【語譯】陸亙大夫這樣問，奇特倒是很奇特，只是沒有超出經教的旨意。如果說經教的旨意是最高的法則，那麼，釋迦牟尼在靈山法會上為什麼要手拿一朵花，摩訶迦葉又為什麼要發出會心的微笑呢？達摩祖師為什麼要渡過大海，從印度到中國來幹什麼呢？南泉普願回答陸亙的話是根據禪宗僧人的本分事，指出他參禪的弊病所在，以破除他理性的窠窟。於是南泉普願指著庭院中的花，叫陸亙大夫看，並說：「世上的人，就是看見了這棵花，也只像在夢中看見一樣。」這句話就像把人領到萬丈懸崖之上，然後推他一下，這樣才能斬斷他的命根。你如果只是在平地上把他推倒，即使等到彌勒佛誕生還是無法使他理解。這也如同有人在睡夢當中，想要醒卻又醒不過來，把他叫醒一樣，南泉普願的禪法如果不是達到了相當高的程度，一定會被陸亙的理性之談糊弄過去。你們看南泉普願這樣說話好像很難理解。如果是靈活的人聽見，就好像喝到了醍醐美味；如果是呆板的人聽到，反而變成一帖毒藥了。

從前的禪師說：「如果從事境上看，就很容易墮在常人的俗情妄識之中；如果從意根下去思索，就會污染佛祖釋迦牟尼。」巖頭全豁說：「這是大徹大悟之後的禪者的境界，只露出眼前一點兒，就好像閃電突然掠過一樣。」南泉普願有擒拿虎兕、把定龍蛇的手段，當他顯露禪機時，必須得開悟的人才能明白。從前的禪師說：「大徹大悟的境界，歷代祖師都不傳授；參學者往往就像猿猴捉影一樣，僅僅是白忙一陣而已，沒有什麼收穫。」

頌

聞見覺知非一一❶，（森羅萬象無有一法。七花八裂，眼耳鼻舌身意，一時是無孔鐵鎚❷。）

山河不在鏡中觀❸；（我者裡無者箇消息❹。長者長法身、短者短法身，青黃赤白，你向什麼處觀？）

霜天❺月落夜將半，（引你入草❻了也。遍界不曾藏，切忌向鬼窟裡坐❼，打！）

誰共澄潭照影寒❽？（有麼有麼？若不同床睡，焉知被底穿❾？愁人莫向愁人說，說向愁人愁殺人。）

【注　釋】❶聞見覺知非一一　此翻轉同根一體之見，謂見同根，見一體，則心與境各立，不到宗源。❷眼耳鼻舌身意二句　謂眼是眼，耳是耳，法法住法位，故更無所撼動。❸山河不在鏡中觀　謂山河各在其方位，不在鏡中，在鏡中者，皆為影像。❹我者裡無者箇消息　意謂不見一法是真見，我何必去觀山河。❺霜天　深秋的天空。❻入草　向下放行的接引方法，屬佛法的方便法。草，比喻世間。這裡指雪竇重顯洩漏本分事。❼切忌向鬼窟裡坐　針對學人從言句參禪的現象，圜悟克勤要他們轉向活處。❽誰共澄潭照影寒　謂聲影、蹤跡、機境全無，到此境界，才能談同根一體。❾若不同牀睡二句　謂如果不是知音，怎麼可能知道這樣的境界。

【語譯】雪竇重顯頌古：聞見覺知非一一，（儘管宇宙世界各種事物展現出萬千氣象，但在禪者看來其實一樣事物也沒有。七劃八裂，眼、耳、鼻、舌、身、意，一齊是無孔鐵錘。）山河不在鏡中觀；（我這裡沒有這個消息。長者長法身，短者短法身，青黃紅白，既然不能在鏡中觀看，你到什麼地方去觀看？）霜天月落夜將半，（把你帶到俗世間。任何地方都會出現禪法，千萬不要坐在鬼窟裡，打！）誰共澄潭照影寒？（有人到過這樣的境界嗎？如果不是同床睡過，怎麼可能知道被底有洞？心懷憂愁的人不要對心懷憂愁的人說憂愁，說給心懷憂愁的人聽更要愁死人。）

評唱

南泉小睡語❶，雪竇大睡語❷，雖然作夢，卻作好夢。前頭說一體，這裡說不同。「聞見覺知非一一，山河不在鏡中觀」，若道在鏡中觀，然後方曉了❸，則不離鏡處。山河大地樹木叢林，莫將鏡鑑❹。若將鏡鑑，便為兩段❺。但只可山是山、水是水，是法住❻法位❼，世間相常住❽。「山河不在鏡中觀」，且道，向什麼處觀，還會麼？

到這裡❾，向「霜天月落夜將半」者邊，與你打併❿了也，那邊你自相度⓫。還知雪竇以本分事為人處麼？「誰共澄潭照影寒」，不要澄潭、不待霜天月落，即今作麼生？為復⓬獨自箇照、為復共人照？須是絕機絕解，方到這箇境界。

【注　釋】❶南泉小睡語　謂南泉普願只說根源而言語甚少。睡語，說夢話，胡說。❷雪竇大睡語　謂雪竇重顯頌古的言語更多。❸曉了　通曉，明瞭。❹鏡鑑　照鏡子。❺若將鏡鑑二句　謂山河與鏡中所現影像有兩處，明白了萬物與己一體，則是心鏡所現影像。所取境與能了心各立，故為兩段。❻法住　真如妙理，必住於一切諸法中，故稱「法住」。❼法位　為真如的異稱。真如為諸法安住之位，故稱「法位」。❽世間相常住　為表示「俗諦常住」的用語。在諸經論中，為重要偈語之一。《法華經・方便品》：「是法住法位，世間相常住；於道場知已，導師方便說。」謂真如常住，世間之相亦常住，一切有為變化的現象都蘊含真如不變之理。若離世間現象之相，則無常住不變之理。此種「性相如如」、「事理不二」之道理，乃大乘究極之說。若僅見世間相常住，而不知無常者，為凡夫的牛羊眼；僅見世間相無常，而不知常住者，為小乘偏空之僻眼；若能在無常中見其常住之理，又能在常住中見其無常之理者，則為菩薩的實相眼。❾到這裡　謂不在鏡中觀處。❿打併　收拾；整理。⓫那邊你自相度　謂自證自悟的境界必須各位冥符神契才能進入。⓬為復　猶還是，抑或。

【語　譯】圜悟克勤評唱：南泉普願只是在說小夢話，雪竇重顯卻是在說大夢話，他們雖然都在做夢，但做的都是一個好夢。前面說是一體，這裡卻又說不同。「聞見覺知非一一，山河不在鏡中觀」，如果說要在鏡中觀看山河，然後才能曉得的話，那麼山河從來就不在鏡子當中。山河大地，草木叢林，別拿著鏡子來照。如果用鏡子照，便成兩段，必須得山是山，水是水，法住法位，世間相常住才對。「山河不在鏡中觀」，你來說說看，要向什麼地方觀看？你懂了嗎？

雪竇重顯頌到這裡，從「霜天月落夜將半」這邊為你們說盡了，那邊的境界要你們自證自悟才能進入。你們知道這是雪竇重顯用修行的本分事在為人說法嗎？「誰共澄潭照影寒」，如果不要「澄潭」也不等到「霜天月落」，那麼現在又會怎麼樣呢？這是獨自照呢，還是和別人共照呢？這必須得斷除心機意識的作用，才能達到這個境界。

【說　明】明瞭真實的自己，就是成佛。即證得萬法，使自己的身心及他人的身心脫落。這裡的自己就是自我，他人是他我，二者都是一個我。真實的自己是絕對的無。其實不只是無，而是接受全世界為我，與之共哭共笑，這就是無，也就是絕對無向絕對有的飛躍。圜悟克勤對這一飛躍開示說：「休去歇去，鐵樹生花。」

天地間萬象，自其異的方面看，沒有一樣事物是相同的；就其同的方面看，在萬象之間自然有著共同普遍的原理，秩序整然地有著一絲不亂的相狀。為什麼會這樣呢？這是因為依著大自然的法則為根本，從那個根本上生起萬象的緣故。所以說「天地與我同根」。又從自然大法以觀萬物的生起，那末，萬物都是法的顯現，都是同體的。所以說「萬物與我一體」。

雪竇重顯頌曰：「聞見覺知非一一，山河不在鏡中觀；霜天月落夜將半，誰共澄潭照影寒？」這裡所說的「一一」，是「一之二」義。一是數之始，物之極。老子說：「道生一，一生二」，所以一是指絕對的，故《淮南子》曰：「一者，萬物之本也，無敵之道也。」現在映在我們感官上的見聞覺知的物象，不是事物自身的極致真相；山河大地映在我們眼簾上的姿態，是鏡中之影，而不是山河本身的原形。蘇東坡有詩曰：「橫看成嶺側成峰，遠近高低各不同；不識廬山真面目，只緣身在此山中。」我們的見聞覺知，由於立腳點不同，所得觀感也不同；所以僅憑見聞覺知，想達到事物的真相極致，那是辦不到的，就像觀察廬山一樣，由於立腳點不同，得到的觀感也不一樣。從平等的觀點來看萬物，萬物與我為一體；從差別的觀點來看萬物，萬物都是各自獨立存在著的。然而之所以不知其真面目者，就像身在廬山之中，與萬物存在於同一世界的緣故。如果想達到「天地與我同根，萬物與我一體」的境界，那麼就應該進入雪竇重顯頌古中後二句所說的境地：立在萬籟沉寂無聲的半夜的絕塵之境上，心境如同澄靜的潭水一樣。「誰共澄潭照影寒」，是說進入了這樣的清澈之境，有誰來相與欣賞呢？

第四一則　趙州問死

【題解】這則公案通過趙州從諗與投子大同之間的問答，表明不執著於死、活等無用的言語，就能顯示全機全現的活眼。投子大同認為趙州從諗提出的問題，還是執著在死、活等言語葛藤上面，故以黑夜行路比喻，意謂必須在天亮之時，直接照了玄底，才可達到「生也全機現，死也全機現」的真面目。

示眾

是非交結處❶，聖亦不知；逆順縱橫❷時，佛亦莫辨。唯絕世❸超倫❹之士❺，顯逸群大士之能❻，向冰凌上行，劍刃上走❼，直下如麒麟角❽，似火裡蓮❾，宛❿見超方⓫，始知同道⓬。誰是好手者？試舉看。

舉

趙州問投子：「大死底人⓭，卻活時如何？」（有恁麼事？賊不打貧兒家⓮，慣曾作客方憐客⓯。）

投子云：「不許夜行，投明⓰須到。」（看樓打樓⓱，是精識精，是賊識賊⓲，若不同床睡，焉知被底穿⓳？）

【注釋】❶是非交結處　指難以判定是非善惡的狀況。交結，互相連接。❷逆順縱橫　謂不論遭遇順境、逆境，都能任運自在，而心不動搖。逆順，指逆境、順境。❸絕世　冠絕當世。❹超倫　超群；出眾。❺士　成年男子的通稱。這裡指禪師。❻顯逸群大士之能　謂已具大人之器，亦顯大人之能。逸群，超群；出眾。大士，對菩薩、高僧的敬稱。❼向冰淩上行二句　比喻「逸群」的作略。謂雖然在逆順中顯「逸群」之能，卻一點也不留蹤跡，不涉思維。冰淩，冰；冰柱。❽麒麟角　比喻稀罕而又可貴的人才或事物。麒麟，古代傳說中的一種動物。形狀像鹿，頭上有角，全身有鱗甲，尾像牛尾。古人以為仁獸、瑞獸，拿牠象徵祥瑞。❾火裡蓮　火中生蓮花，比喻稀有之事。表示菩薩的妙用，雖受五欲，亦複行禪，於此等相逆之行中尚能出沒自在，變幻莫測，恰如火中生蓮，為稀有之事。禪家常以此語來指真如佛性，因為通常語句無法表說。❿宛　猶彷彿。⓫超方　超脫於通常規式，多指禪悟者的眼力、膽識非同一般。⓬同道　猶同行。⓭大死底人　指無念無作之人。這種人遠離一切見聞覺知、情識分別，不為世與出世、順與逆等相對性見解所局限。⓮賊不打貧兒家　謂具法眼者問著具法眼者。⓯慣曾作客方憐客　趙州從諗曾經死中得活，故以此試問投子大同。慣曾，猶經常。憐，喜愛，疼愛。⓰投明　破曉；黎明。⓱看耬打耬　意謂問答恰好相應。耬，即耬車，一種畜力條播機。由牲畜牽引，後面有人扶，可同時完成開溝和下種兩項工作。⓲是精識精二句　謂趙州從諗與投子大同是知音。精，妖怪。⓳若不同牀睡二句　謂兩人機機相投，互知其意。

【語譯】圜悟克勤開示：如果參禪者死中得活，活來同死，錯綜複雜，那麼連聖人也無法知道；如果無論是處在順境還是逆境，都能自由自在，那麼連佛祖也不能判斷什麼時候是順境，什麼時候是逆境。只有超群脫俗的禪者，才會表現出菩薩卓越的才能，就像在冰淩或者在劍刃上行走一樣，又能當即成為像鳳毛麟角、火中蓮花那樣稀有難得，宛若非同一般的超人。能有這樣的手段，然後才知道在一道學禪的同參當中，誰是真正的好手。試舉一則公案給你們看看。

舉說公案：趙州從諗問投子大同：「一個參禪的人參到大死一番之後，當他再活過來的時候會怎麼樣？」（有這樣的事嗎？盜賊不去窮人家打劫，時常作客才會喜歡客人。）投子大同回答說：「這就好比要走一段遙遠的路程，卻不允許你夜晚行走，但又限定你必須在天亮前到達。」（看著耬車打耬車，這好比是妖怪賞識妖怪，又好比是盜賊賞識盜賊，如果不是睡在同一床上，怎麼可能知道被底穿了一個洞。）

評唱

趙州問投子：「大死底人，卻活時如何？」者箇公案，且道，是什麼時節？無孔笛❶撞著氈拍版❷，謂之驗主問，亦謂之心行問❸。投子、趙州，諸方皆謂之得逸群之辯。二老雖承嗣不同❹，看他機鋒相似。

投子一日為趙州，置茶筵❺相待，自過蒸餅❻與趙州，州不管❼；投子令行者❽過糊餅❾與趙州，州禮行者三拜❿。且道，他意如何？看他盡是向根本上，提此本分事為人。凡有僧問道便答道、問佛便答佛，問：「金鎖未開時如何？」答云：「開也⓫。」又問：「金雞⓬未鳴時如何？」答云：「無這箇音響。」僧云：「鳴後如何？」答云：「各自知時。」他總如此直截。

看趙州問他道：「大死底人，卻活時如何？」便對云：「不許夜行，投明須到。」如擊石火、似閃電光，還他向上人始得。大死底人都無佛法道理、玄妙得失、是非長短。到這裡，只恁麼休去。古人謂之平地上死人無數，過得荊棘林是好手，也須是透過那邊始得。雖然如是，如今人到這般田地，早是難得。忽若依舊，有依倚⓭、有解會⓮、有道理，則勿交涉。喆和尚謂之「見不淨⓯潔」，五祖道：「命根不斷，須是大死一番卻活始得。」

不見浙江永光⑯道：「言鋒若差，鄉關⑰萬里。直須⑱懸崖撒手，自肯承當，絕⑲後再甦⑳，欺君不得。非常之旨，人焉㉑廋㉒哉？」趙州問意如此，投子作家宗師，亦不辜負他所問，只是絕塵迹㉓，不妨難會。只露目前些子。所以古人道：「欲得親切，莫將問來。」何故？問在答處，答在問端。若非投子，被趙州一問，也大難酬。蓋他是作家，舉著便知落處。

【注釋】❶無孔笛　無孔竅的笛子不能吹出曲調，喻指深密幽玄、不可表述的禪機。亦指禪宗悟境無法用心思或言語來表達。這裡喻指趙州從諗的問話。❷氈拍版　一種不能發出聲音的樂器。這裡喻指投子大同的答話。氈，羊毛或其他動物毛經濕、熱、壓力等作用，縮製而成的塊片狀材料。有良好的回彈、吸震、保溫等性能。拍版是一種樂器，以氈為上衣，則拍之無聲。❸心行問　以我徹悟之事試問他人。❹二老雖承嗣不同　趙州從諗屬南嶽系，投子大同屬青原系。❺筵　宴席。❻蒸餅　食品名。即饅頭。❼不管　不接受；置之不理。❽行者　方丈的侍者，及在寺院服雜役尚未剃髮的出家者。❾糊餅　即胡餅，猶今之燒餅。❿州禮行者三拜　趙州從諗不分賓主尊卑。三拜，長跪後兩手相拱至地，俯首至手為拜。重複三次，謂之三拜。佛教以三拜表示身、口、意三業歸敬。⓫開也　意謂原來不曾閉塞。⓬金雞　傳說中的一種神雞。《神異經・東荒經》：「蓋扶桑山有玉雞，玉雞鳴則金雞鳴，金雞鳴則石雞鳴，石雞鳴則天下之雞悉鳴，潮水應之矣。」後為報曉雄雞的美稱。禪宗用以比喻達摩的讖語。謂佛法東來。⓭依倚　倚靠；依傍。⓮解會　理解；領會。這裡指執著於虛幻事物、強作區別對立的見解或解釋。⓯不淨　污穢、鄙陋、醜陋、過罪等的總稱。⓰永光　即永光真禪師，雲居道膺的嗣法弟子，住蘇州永光院。⓱鄉關　猶故鄉。這裡指本來面目。⓲直須　應當；應。⓳絕　滅亡；死亡。⓴甦　復活；蘇醒。㉑焉　疑問代詞。相當於「怎麼」、「哪裡」。㉒廋　藏匿；隱藏。㉓塵迹　猶陳跡；舊跡；遺跡。

【語譯】圜悟克勤評唱：趙州從諗問投子大同：「一個參禪的人參到大死一番之後，當他再活過來的時候會怎麼樣？」這個公案，你來說說看，是什麼時節？是無孔笛撞著了氈拍版，趙州從諗的這種問法叫做「驗主問」，也可以叫做「心行問」。投子大同和趙州從諗這兩位禪師，各地的禪宗僧人都讚揚他們深得超群出眾的機辯。他們兩人傳承的法系雖然不一樣，不過看他們的機鋒卻很相像。

投子大同有一天設置茶點招待趙州從諗，他親自拿饅頭給趙州從諗吃，趙州從諗置之不吃；投子大同又叫侍者拿燒餅給趙州從諗吃，趙州從諗向那位侍者行禮三拜。你來說說看，他的用意是什麼呢？你看他完全是從無賓主的境界上提修行的本分事來接引學人。凡有僧人問：「什麼是道？」趙州從諗就回答說：「道。」又有僧人問：「什麼是佛？」趙州從諗就回答說：「佛。」僧人又問：「金鎖未開時會怎麼樣？」趙州從諗回答說：「開了。」僧人又問：「金雞未鳴叫時怎麼樣？」趙州從諗回答說：「沒有這樣的聲音。」僧人又問：「鳴叫之後又會怎麼樣？」趙州從諗回答說：「各自知道時辰。」他的回答總是這樣直截了當。

你看趙州從諗問投子大同：「一個參禪的人參到大死一番之後，當他再活過來的時候會怎麼樣？」投子大同回答說：「這就好比要走一段遙遠的路程，卻不允許你夜晚行走，但又限定你必須在天亮前到達。」這句話就像擊石火、閃電光，只有他們這些大徹大悟的禪者才說得出這樣的話。那些參禪的人參到大死一番以後，都沒有什麼佛法、道理、玄妙、得失、是非、長短之類的計較思量。到了大死一番後就這樣通通休去、歇去。從前的禪師把這種情形叫做「平地上死了無數人」，能夠走過這段佈滿荊棘的叢林，才稱得上是參禪學道的好手，不過也必須透過「活過來」那一邊才可以。儘管這樣，現在的人如果能夠達到大死一番的地步，已經是稀罕難得的了。如果仍舊依靠什麼禪道佛法之類的東西，有知見解會，有什麼道理可以尋思，那就與悟道沒有什麼關係了。大溈慕喆和尚把這種情形叫做「見地不夠乾淨清潔」，五祖法演稱這種情形為「命根不斷」，所以參禪必須得大死一番之後再活過來才行。」

浙江的永光真禪師說：「只要言語機鋒有一絲一毫的偏差，那就與本來面目相隔萬里之遠，一定要參到像在懸崖上撒手不管一樣，自己能承受禪法，死後再蘇醒過來，無論是誰都欺騙不了你，經過這種非同尋常的鍛煉，誰能奈何得了呢？」趙州從諗所問的用意就是這樣，投子大同是一位機用傑出的禪宗法師，也沒有對不住趙州從諗的提問，只是說得不留蹤跡，使人很難理解。他只稍微露出面前的一點點影子。所以從前的禪師說：「要想與禪法協合相應，不要拿問題來問。」為什麼這樣說呢？因為問題本身就是答案，答案就在問話中。如果不是投子大同，突然被趙州從諗這樣一問，也是很難回答的。只因為投子大同是一位機用傑出的禪師，所以只要一舉起話頭，便知道旨意的所在。

頌

活中有眼還同死❶，（兩不相知❷，翻來覆去❸，若不蘊藉❹，將來❺爭辨緇素。）

藥忌何須鑒作家❻？（若不驗過，爭辨端的，也要問過。看試與一勘又何妨❼？）

古佛尚言曾未到❽，（賴值這一半，千聖也不傳，山僧亦不知。）

不知誰解撒塵沙？（即今也不少。開眼也著、合眼也著，闍黎恁麼舉，落在什麼處？）

評唱

「活中有眼還同死」，雪竇是知有❾底人，所以頌者一句。古人道，他參活句，不參死句。活中有眼，還同死人，何曾死？死中具眼，如同活人。古人道：「殺盡死人，方見活人；活盡活人，方見死人。」趙州是活底人，故作死問驗投子，如藥性所忌之物，故意將去試驗相似。雪竇頌道：「藥忌何須鑑作家」，此頌趙州問處，後頭顯投子，古佛尚言曾未到，只這大死底人卻活處，古佛亦不到，天下老和尚亦不到，任是釋迦老子、碧眼胡僧，也須再參始得。所以道，只許老胡知，不許老胡會。

雪竇道：「不知誰解撒塵沙？」不見僧問長慶：「如何是正法眼⑩？」慶云：「有願不撒沙。」保福云：「不可更撒也。」天下老和尚，踞曲彔床上，行棒行喝，豎拂⑪敲禪床，現神通⑫、作主宰⑬，盡是撒塵沙。且道，如何免得？便下座。

【注　釋】❶活中有眼還同死　這句頌趙州從諗是大活現前的禪師，故意致死問勘驗投子大同，所以說「活中有眼」。❷兩不相知　意謂忘絕死活兩頭。❸翻來覆去　謂活同死，死同活。❹蘊藉　寬厚而有涵養。❺將來　下來。❻藥忌何須鑒作家　意謂趙州從諗勘驗投子大同的禪機就像用藥性所忌之物來試驗藥性一樣，但機用傑出的禪師用不著鑑別。鑒，照察；審辨。❼何妨　無礙；不妨。❽古佛尚言曾未到　意謂諸佛、達摩只是自知。古佛，對先佛或古德的尊稱。即指古時之佛、過去七佛，或指辟支佛、釋迦、盧舍那佛等，或對有德高僧的尊稱。❾有　存在；生存。❿正法眼　禪者觀察事物、認識真理的智慧眼光。⓫豎拂　豎起拂子，是禪師常用來示機、應機的動作。⓬神通　謂佛、菩薩、阿羅漢等通過修持禪定所得到的神秘法力。⓭主宰　指我、自己。即其體常一而有主宰事物之作用者。

【語　譯】雪竇重顯頌古：活中有眼還同死，（兩不相知，翻來覆去，雪竇重顯如果不具備寬廣的見識，接下來怎麼可能辨別出趙州從諗本分與現成並行。）藥忌何須鑒作家？（如果不勘驗一遍，怎麼可能辨別得出投子大同的深淺，也要問過。看機用傑出的禪師勘驗一遍也沒有什麼關係。）古佛尚言曾未到，（幸虧這默契神遇之處歷代祖師不傳，我也不知道。）不知誰解撒塵沙？（雪竇重顯這樣說，也是撒了不少塵沙。睜眼也罷，閉眼也罷，仍舊是一片本分風光，雪竇重顯這樣說的用意是什麼呢？）

圜悟克勤評唱：「活中有眼還同死」，雪竇重顯是一個「知有」的人，所以頌出這句話。從前的禪師說：「他參活句，不參死句。」雪竇重顯這句話的意思是說大死一番之後再蘇醒過來的人「別具一隻法眼」，雖然和死人相似，但何嘗又是死了呢？所以大死的人如果能別具一隻法眼，就如同活人一樣。從前的禪師說：「殺盡了大死的人，才能看見大活的人；讓大活的人都活過來，才能看見大死的人。」

趙州從諗是大活的人，故意提出大死的問話來勘驗投子大同，這就像藥物所禁忌的東西，明明已經知道了，卻還要故意去做試驗一樣。所以雪竇重顯說「藥忌何須鑒作家」。這句話就是在頌趙州從諗的問話，底下那句卻是頌投子和尚的。「古佛尚言曾未到」，這句話的意思是說，大死的人卻找到了大活的路，這一點連古佛也都未曾做到，天下的老和尚也沒有一個做到。即使是釋迦牟尼老漢、菩提達摩也應該重新提起話頭再參才行。所以說：「只許老胡自證自悟，不許老胡用語言來解釋。」

雪竇重顯又說：「不知誰解撒塵沙？」我舉一個例子來說明：有一位僧人問長慶慧稜：「什麼是禪者的法眼？」長慶慧稜回答說：「有願不撒沙子。」保福從展說：「不可再撒沙子了。」天下的老和尚高高地坐在禪床上又是棒打，又是大喝一聲；有時豎起拂子、有時敲擊禪床，展示神通、作主宰，其實他們都是在撒沙子。你來說說看，如何才能免於這樣呢？只有走下法座。

【說　明】趙州從諗這裡所說的死活，不是生理意義上的生與死，而是指心的迷與悟。禪師常言，小疑小悟、大疑大悟、不疑不悟。非得大死一回，在走投無路的絕境中，才會尋得自家寶藏，認識生命的底蘊，轉活過來。趙州從諗這裡還是把迷、悟、生、死分成兩截，不明白在生死中求活路的道理，所以投子禪師以「不許夜行，投明須到」回答。意在告訴趙州從諗，欲擺脫生死而求解脫，就像不經過夜行而天亮必須到達一樣，是顯然作不到的。

這一公案正好印證了「死而後生就是禪道」。在禪師看來，禪經驗指的是「大死一番，絕後蘇息」的體驗。又名「大死一次，大活現成」。大死是徹底否定，大活就是大徹大悟。大徹大悟是飛躍，不是「步行」。

第四二則　龐老好雪

【題　解】好雪片片在眼前飄落，當下僅須盡情領略天地一片瀟灑風光，而不容許有絲毫思辨計度，如全禪客自囿於落不落別處的迂愚妄想，早已對當前好雪片片視而不見（眼見如盲），雖能口吐言句，然亦始終纏縛於言句之中，不能對禪法的旨趣有真正心領神會的一言半語（口說如啞），故一再被挨巴掌，還是不能體得其中的意趣。

示眾

單提❶獨弄❷、帶水拖泥❸；敲喝俱行❹、銀山鐵壁❺。擬議則見鬼見神❻、思量則黑山下打坐❼。明明❽杲❾日麗❿天、颯颯⓫清風匝地，且道，古人還有誵訛處也無？舉看。

【注　釋】❶單提　禪者之參習，不拘泥語言知解，不執著俗情妄念，直截指向本心根源稱為「單提」。❷獨弄　指龐蘊居士自己拈弄的玄機。❸帶水拖泥　喻指陷入言辭義理，不乾脆爽利。❹敲喝俱行　敲，指學人叩禪師之門以問道。喝，指禪師回答以接引學人。學人、禪師之間親密無隙，即稱敲喝俱行。❺銀山鐵壁　原指銀鐵堅硬，難以鑽研，山壁險峻，難以攀越。禪林轉指一般凡情或分別知所難以徹底明瞭，而無法如實表達者。又以此比喻本具之靈性孤峻獨絕。❻見鬼見神　喻指故弄玄虛，虛妄作為。❼打坐　佛教修行方法的一種。閉目盤腿，手放在一定的位置上，斷除妄想。❽明明　明亮。❾杲　日出明；光明。❿麗　附著；依附。⓫颯颯　象聲詞。

【語譯】圜悟克勤開示：自拈自弄的人，真正遇到事情的時候，往往就表現得拖泥帶水；參禪者與禪師之間互相較量機鋒，其險峻就像銀山鐵壁一樣。如果想要揣摩推理，那他就像看見了虛妄的鬼神一樣毫無收穫；如果他要思來想去，那就像在黑山下打坐一樣，永遠也去除不了妄想。明亮的太陽高掛在天空，清風颯颯吹拂著大地。你來說說看，從前的禪師還會有含糊不清的地方嗎？我舉一則公案給你們看看。

舉

龐居士❶辭藥山❷，（這老漢作怪❸也。）山命十人禪客❹，相送至門首。（也須是識端倪❺底衲僧始得，也不輕他❻，有什麼境界。）

士指空中雪云：「好雪片片，不落別處。」（無風起浪，指頭有眼❼、言中有響，須是端的衲僧始得。）

時有全禪客云：「落在什麼處？」（中也，果然上鉤，隨後來也❽。）

士打一掌。（著，果然勾賊破家。）

全云：「居士也不得草草。」（棺木裡瞠眼❾。）

士云：「汝恁麼稱禪客，閻老子❿未放汝在。」（第二杓惡水潑⓫，何止⓬只是閻老子？山僧者裡亦不放過。）

全云：「居士作麼生？」（是要喫棒，初心⑬未斷，者僧從頭至尾，只是不著便⑭。）

士又打一掌。（果然，雪上加霜，喫棒了呈款⑮。）

云：「眼見如盲、口說如啞。」（更有斷和⑯句，更與他讀判語。）

師別云：「初問處但握雪團便打。」（是則是，賊過後張弓⑰，漏逗不少⑱。雖然如是，要見箭鋒相拄，爭奈落在鬼窟裡了也。）

【注釋】❶龐居士　即龐蘊，唐代居士。字道玄。衡陽（今屬湖南境內）人。初謁石頭希遷，豁然有所省悟，後參馬祖道一，言下頓領玄旨，從此機辨迅捷。元和年間（西元八〇六～八二〇年）中，北遊襄陽（治今湖北襄樊），攜其妻女躬耕鹿門山下，訪道者日至，所談皆機鋒語，其妻女因之徹悟。太和年間（西元八二七～八三五年）歿。後世譽稱為「襄陽龐大士」。居士，梵語意譯。佛教用以稱呼受過「三歸」、「五戒」的在家佛教徒。❷藥山　法名惟儼（西元七五一～八三四年），唐代禪僧。俗姓韓氏。絳州（治今山西新絳）人。出家後依石頭希遷，密證心法，得其衣缽。又謁馬祖道一，言下契悟，侍奉三年。復還石頭希遷處。出居澧州（治今湖南澧縣）藥山，廣開法筵，徒侶雲集，禪風大振，世稱「藥山惟儼」。❸作怪　猶離奇古怪。❹禪客　禪院公開為施主、官民說法時，預先挑選善辯僧人，與說法禪師問答應酬，這些善辯僧人亦稱「禪客」，是一種職事僧。❺端倪　頭緒；跡象。❻也不輕他　謂藥山惟儼接待龐居士的禮甚重。❼指頭有眼　形容言語之敏銳。指頭，手指；指端。亦指腳趾。❽隨後來也　謂全禪客隨龐居士之語轉來。❾棺木裡瞠眼　謂全禪客死在龐居士的言句之下，沒有活的手段。❿閻老子　即閻羅，梵語的略譯，佛教稱主管地獄的神。通稱閻王。⓫第二杓惡水潑　謂第二回使用惡辣手段。杓，舀東西的器具。舀物部分大體作半球形，有柄。⓬何止　哪裡止。以反問的語氣表示不止。⓭初心　起初的心意；原初的信仰。⓮

不著便　未得便宜；不走運；倒楣；不切時機。⑮款　招供；供認。⑯斷和　有仲裁、和事佬之意。即雙方爭執不下時，由第三者居中調解，使雙方和解。這裡指龐居士自收惡辣手段，為全禪客說「好雪」之落處。⑰賊過後張弓　放馬後炮之意。張弓，弦拉緊的弓。⑱漏逗不少　謂「握雪團便打」其機不俊快。

【語　譯】舉說公案：龐蘊居士曾經到藥山住了一段時間，當他向藥山惟儼告辭的時候，（龐蘊這老漢有點怪異。）藥山惟儼叫了十位禪客為他送行，走到寺院大門時。（也必須得看得出頭緒的禪宗僧人才行，藥山惟儼也不看輕龐居士，有什麼境界。）龐蘊居士用手指著天空中正飄著的雪說：「真是一場好雪啊！片片雪花都落在該落的地方。」（無風起浪，手指頭有法眼，言辭鋒利，擲地有聲，必須得真正本色的禪宗僧人才能理解。）當時有一位全禪客問：「落在什麼地方？」（上當了，果然上鉤，圍著龐蘊居士的言語轉。）龐蘊居士打了他一巴掌。（好一個巴掌，果然引賊入室，偷光家產。）全禪客說：「居士不要草率了事。」（睡在棺材裡，睜大著眼睛。）龐蘊居士說：「像你這樣的人也配稱是一位禪客？閻王老子是不會放過你的。」（第二杓髒水潑過來了，豈止是閻王老子？我這裡也不會放過他。）全禪客問：「居士怎麼樣呢？」（真的是要挨棒打，原來的執著妄想並未斷除，這位僧人從開頭到結束，始終處在挨打的地位。）龐蘊居士又打了他一巴掌。（果然又挨了一巴掌，真是雪上加霜，打過之後得老實交代。）說：「眼睛雖然看得見，卻像是瞎子一樣；嘴巴雖然在說話，卻像是啞巴一樣。」（還有調和的言句，還可以為他讀判語。）雪竇重顯提到這則公案時又另外加了一句話：「當他開口要問的時候，只管抓起一團雪就打過去。」（對倒是對，盜賊跑過去之後才拉弓，還有不少疏漏。儘管這樣，本想使像箭鋒一樣的禪機迅速準確地互相契合，無奈的是掉進鬼窩裡去了。）

評唱

居士乃久參馬祖、石頭兩處，為他作家，列剎❶相望❷。一日到藥山，盤桓❸

既久，而辭去。山乃命十人禪客相送。是時值雪下，士指雪云：「好雪片片，不落別處。」時有全禪客，出云：「落在什麼處？」士便掌。他既不能行令❹，龐公令行一半。士云：「汝恁麼稱禪客？閻老未放汝在。」全禪客恁麼酬對❺他？也不是不知落處，各有機鋒❻，舒卷❼不同。然不到居士處❽，所以落他架下❾，以此難出他彀中❿。居士打了，更與他說道：「眼見如盲、口說如啞。」雪竇別前語云：「初問處，但握雪團便打。」雪竇恁麼道，也不辜負他問端，只是機遲。慶藏主道：「龐公機如掣電⓫，等你握雪團對他，到是幾時，便好和聲打，方始⓬勦絕。」雪竇自頌他打處。

【注　釋】❶列剎　眾寺院。剎，指佛寺。❷望　瞻視，景仰。❸盤桓　徘徊；逗留。❹行令　指施行禪機施設。❺酬對　應對；對答。❻機鋒　指問答迅捷銳利、不落跡象、含意深刻的語句。❼舒卷　「舒」謂放行，是全禪客用的機鋒；「卷」謂把住，是龐居士用的機鋒。❽然不到居士處　意謂全禪客的機鋒不及龐居士的機鋒。❾架下　在相撲中，指負者的手腳不及勝者的手段。架，相撲雙方所作的架勢。❿彀中　箭射出去所能達到的有效範圍，喻指牢籠之中；圈套之中。⓫掣電　閃電。也用來形容迅疾。⓬方始　副詞。猶才，方才。

【語　譯】圜悟克勤評唱：龐蘊居士曾在馬祖道一和石頭希遷的門下長期參禪，從而成為一個機用傑出的大宗師，天下的名山大寺都很推重他。一天，龐蘊居士來到藥山，住了一段時間，然後告辭而去。藥山惟儼叫了十位禪客為他送行。當時正下著雪，龐蘊居士用手指著天空中正飄著的雪說：「真是一場好雪啊！片片雪花都落在該落的地方。」當時有一位全禪客問：「落在什麼地方？」龐居士打了他一巴掌。全禪客不會行棒行喝，龐蘊居士的禪機也只施展了一半。龐蘊居士說：「像你這樣的人也配稱是一位禪客？閻王老子是不會放過你的。」全禪客那樣回答，並不是他不知道龐蘊居士的旨趣，而是各有機鋒，放行與把住的方法不同。但他還是沒有達到龐蘊居士的境界，所以招架不住，跳不出龐蘊居士的圈套。龐蘊居士又打了他一巴掌，還要對他說：「眼睛雖然看得見，卻像是瞎子一樣；嘴巴雖然在說話，卻像是啞巴一樣。」雪竇重顯提到這則公案時又另外加了一句話：「當龐蘊居士開口提出問題的時候，只管抓起一團雪就打過去。」雪竇重顯那樣說，就是為了不辜負他的開口問話，只是機鋒稍微慢了一些。慶藏院主說：「龐蘊居士的機鋒快如風馳電掣，等你抓起雪團對著他時，那不知要到什麼時候，你只管話音未落，動手就打，才能打殺得一乾二淨。」雪竇重顯底下又頌出他說「打」的用意。

頌

雪團打雪團打，（爭奈落在第二機❶，不勞拈出。頭上漫漫、腳下漫漫，面上也漫漫❷。）

龐老機關沒可把❸。（往往有人不知❹，只恐不恁麼❺。）

天上人間不自知❻，（是什麼消息？又恁麼即得，又雪竇還知麼❼？）

眼裡耳裡絕瀟灑❽。（箭鋒相拄，眼見如盲、口說如啞。）

瀟灑絕，（作麼生，向什麼處見得雪竇龐公？）

碧眼胡僧難辨別。（達摩出來，你向他道什麼？一坑埋卻。打云：闍黎是什麼？）

評唱

「雪團打雪團打，龐老機關沒可把」，雪竇要在居士頭上行。古人以雪明「一色邊❾事」。雪竇意道，當時若握雪團打時，居士縱有如何機鋒，亦難過得。雪竇自誇他打處，殊不知有落節處。「天上人間不自知，眼裡耳裡絕瀟灑」，眼裡也是雪、耳裡也是雪，正住在一色邊事，亦謂之普賢境界。一色邊事，亦云：「打成一片」。

雲門道：「直得盡乾坤大地，無纖毫過患，猶為轉句。」不見一色，始是半提❿之說；若要全提⓫，須是知有向上一路始得。到這裡，直是自家大用現前、針劄不入，莫聽他人處分⓬。所以道，他參活句、不參死句。古人道：「一句合頭語⓭、萬劫繫驢橛⓮。」有什麼用處？

雪竇到此頌殺了，復轉機道，只此「瀟灑絕」，直饒「碧眼胡僧難辨別」，更教山僧說箇什麼？

【注釋】❶爭奈落在第二機　意謂在龐蘊居士指雪之前就把他推倒在地，這才能算是第一機。❷頭上漫漫二句　意謂展開一色邊事。漫漫，遍佈貌。❸龐老機關沒可把　意謂當我抓起雪團連續打龐蘊居士時，即使他有俊快的禪機，也對我無可奈何。機關，謂玄機密轉，間不容髮。❹往往有人不知　意謂「沒可把」處，於此人不知，於他人也不知。❺只恐不恁麼　謂雪竇重顯雖然自誇其用雪團打，但龐蘊居士不會坐以待斃，會另尋生路。❻天上人間不自知　頌「好雪」旨意。謂天上人間如有知者，必須得「眼見如盲，口說如啞」才行。❼雪竇還知麼　意謂如果是不自知真域，雪竇重顯也不得而知。❽眼裡耳裡絕瀟灑　謂眼中耳中奇絕瀟灑。瀟灑，灑脫不拘、超逸絕俗貌。❾一色邊　「一色」乃純一、絕對之意。禪林常用來形容超越差別與相對觀念的平等世界及清淨境界。❿半提　非完全徹底的禪法提示，相對於「全提」而言。⓫全提　完全徹底的提示，這是超越言句義理的、直指人心的禪機施設。⓬莫聽他人處分　謂必須得住佛眼窺不得境界，不受他人判斷。處分，處理；處置。⓭一句合頭語　意謂契合本來面目。合頭，瞭解；體會；相應；相符合。⓮萬劫繫驢橛　意謂如果執著於「一句合頭語」，則反而失去自由，構成困擾。萬劫，佛經稱世界從生成到毀滅的過程為一劫，萬劫猶萬世，形容時間極長。

【語　譯】雪竇重顯頌古：雪團打，雪團打，（無奈的是落在第二機上，不必拈說出來。頭頂雪花漫漫，腳底雪花漫漫，臉上也是雪花漫漫。）龐老機關沒可把。（往往有人不知道，只恐怕不是像雪竇重顯說的那樣簡單。）天上人間不自知，（是什麼消息？就這樣行了，雪竇重顯還知道嗎？）眼裡耳裡絕瀟灑。（禪機就像箭鋒一樣迅速準確，互相契中。眼睛雖然看得見，卻像是瞎子一樣；嘴巴雖然在說話，卻像是啞巴一樣。）瀟灑絕，（做什麼，到什麼地方去見雪竇重顯、龐蘊居士？）碧眼胡僧難辨別。（達摩出現了，你對他說什麼？把龐蘊居士、雪竇重顯埋在同一個坑裡。邊打邊說：雪竇重顯這和尚算個什麼東西？）

圜悟克勤評唱：「雪團打雪團打，龐老機關沒可把」，這是雪竇重顯想要踏在龐蘊居士的頭頂上行走，讓他永世不得出頭。從前的禪師往往用「雪」來比喻「一色邊事」。雪竇重顯的意思是說當時如果抓起一把雪團打過去的時候，龐蘊居士即使有什麼機用也很難再使出來。雪竇重顯自己誇自己打得對，竟然不知道還有失利的地方。「天上人間不自知，眼裡耳裡絕瀟灑」，這就是說，如果眼睛裡也是雪，耳朵裡也是雪，就是達到了「一色邊事」的境界，也叫做「普賢菩薩的境界」，「一色邊事」也叫做「打成一片」。

雲門文偃說：「即使整個乾坤大地，沒有絲毫過失與憂患，還必須再下一句轉句。」不見一色，才只是「半提」之說；如果要「全提」，必須得知道有禪法的至極玄妙之處才行。達到了這個境界，那就即刻可以接受禪法，連針也扎不進去，不受別人言行的影響。所以說他參活句，不參死句。從前的禪師說：「一句合頭語，萬劫繫驢橛。」有什麼用處呢？

雪竇重顯頌到這裡，已經把意思都頌得非常明白了，然後再機鋒一轉，說：就這「瀟灑絕」，即使是「碧眼胡僧難辨別」。這樣一來，我也沒有什麼好說的了？

【說　明】禪的玄旨是不能用語言來表達的，正如雪片不能預料落在自己該落的地方那樣，對於禪的修行也不應該執著特有的目標。

龐居士說雪片「不落別處」，這是說的大道自然，不用計較、心慮，所以落在哪裡都一樣，就沒有此處、彼處的分別。全禪客卻沒有理會到這一層，還問落在什麼地方，這就是分別心在作怪，所以要挨巴掌。等挨了龐居士說他還得去閻王爺那裡報到的數落，全禪客還在問「是什麼」問題，仍在執迷。禪家認為，用是什麼、不是什麼的知見之心得出的見識都是虛幻不實的東西，所以龐居士說他眼瞎口啞。第二次給他一巴掌，仍是在警告全禪客有妄念。可見，沒有對人生、宇宙的大徹大悟，就只能是看山仍舊是山，看水仍舊是水；大徹大悟之後，就是看平常的事物也會透出其中的靈光。

第四三則　洞山寒暑

【題解】這則公案是洞山良价借寒暑以示學人超脫生死之事。洞山良价以寒暑喻生死，謂寒時安住於寒處，熱時安住於熱處，沒有分別，始得自由；即提示在生死中得解脫的妙處。

示眾

定乾坤句❶，萬世❷共遵；擒虎兕機❸，千聖難辨。直下更無纖翳❹，全機❺隨處❻齊彰❼。要明向上鉗鎚❽，須是作家爐鞴。且道，從上來諸聖，還有恁麼家風也無？試舉看。

舉

僧問洞山和尚：「寒暑到來，如何迴避❾？」（不是這箇時節❿，劈頭劈面⓫，在什麼處⓬？）

山云：「何不向無寒暑處去⓭？」（天下人尋不得⓮，躲身露影，蕭何賣卻假銀城⓯。）

僧云：「如何是無寒暑處？」（賺殺一船人⓰，隨他轉，也一釣便上⓱。）

山云：「寒時寒殺闍黎，熱時熱殺闍黎⑱。」（真不掩偽，曲不藏直⑲；踏翻大海，踢倒須彌⑳，臨崖看虎眼，特地一場愁㉑。）

【注　釋】❶定乾坤句　謂佛法力量所及之處，自然泯除貪、瞋、癡等煩惱，而使天上天下無一不定。❷萬世　很多世代。多形容時代久遠。❸擒虎兕機　喻指活的機用。❹直下更無纖翳　謂無纖翳故能妙用縱橫，不觸忌諱。纖翳，微小的障蔽。多指浮雲。❺全機　指禪者自在無礙的活動。❻隨處　不拘何地；到處。❼彰　顯揚；表彰。❽向上鉗鎚　禪師所用以接引、錘煉學人的第一義諦。❾寒暑到來二句　「寒暑到來」是偏，「迴避」是正，此問是「偏中正」。迴避，避讓；躲開。特指避離塵世。❿時節　時光；時候。⓫劈頭劈面　謂世界到處都是迴避寒暑的地方。⓬在什麼處　圜悟克勤自謂從來不知道寒暑的到來。以上著語是「兼中到」。⓭何不向無寒暑處去　此語是「偏中正」。「無寒暑處」是正，其他為偏。⓮天下人尋不得　謂洞山良价的答話圓融而遍一切處，不墮時人機，其落處無法尋求。⓯蕭何賣卻假銀城　蕭何是漢初丞相，曾欺騙蠻人，說要將銀城賣給他們。當時漢地並無銀城，蕭何是設計欺敵。這裡以「銀城」喻指洞山良价所說的「無寒暑處」。⓰賺殺一船人　謂這位僧人不但自誤，而且還連累了很多人。賺殺，折騰；欺騙。⓱也一釣便上　謂貪「無寒暑」香餌，早掛上洞山良价的釣頭。⓲寒時寒殺闍黎二句　此語是正不在正，故就偏明正。洞山良价的用意是「兼中到」，謂進入體用都泯除的境界，遇寒不知寒，遇熱不知熱。⓳真不掩偽二句　謂正中有偏，偏中有正。⓴踏翻大海二句　喻指洞山良价的活機用。㉑臨崖看虎眼二句　喻指洞山良价答話的旨意。特地，突然；忽然。

【語　譯】圜悟克勤開示：一位禪師所開示的佛法，具有平定天下的作用，人們世世代代都會共同遵循；一位禪師如果具有擒拿猛獸的機用，即使千佛出世也很難辨別。因為他時時刻刻都沒有絲毫的障礙，真正本色的禪機隨時隨地都可以彰顯出來。至於要熟知禪師錘煉學人的道理，那就要具備行家高手的手段。你來說說看，自古以來的祖師還有這樣的家風嗎？我試舉一則公案給你們看看。

舉說公案：有一位僧人問洞山良价：「當寒冷和炎熱到來的時候，應該怎樣躲避？」（問的不是時候，到處都是避寒避暑的地方，寒冷和炎熱在什麼地方？）洞山良价回答說：「為什麼不到那沒有寒冷和炎熱的地方去呢？」（天下的人都尋找不到洞山良价答話的旨意，藏起身子，露出影子，蕭何賣掉了一座假銀城。）這位僧人又問：「什麼是沒有寒冷和炎熱的地方？」（連累了一船的人，隨著洞山良价的言句轉，洞山良价一釣就上鉤。）洞山良价回答說：「那地方寒冷的時候會冷得你受不了，炎熱的時候會熱得你吃不消。」（真不掩偽，曲不藏直。一腳踏翻大海，踢倒須彌山，面臨懸崖看見老虎的眼睛，突然引起一場憂愁。）

評唱

黃龍新和尚❶云：「洞山袖頭打領，腋下剜襟❷，爭奈這僧不甘❸。」如今有箇出來問黃龍：「且道，如何支遣❹？」良久云：「安禪不必須山水❺，滅得心中火自涼。」諸人且道，洞山圈繢，落在什麼處？若向者裡明得去，方始到無寒暑處。洞山下五位君臣❻接人，他到者箇向上境界❼，方能如此。五位❽回互❾正偏，不消安排，自然恰好，五位全具。

遠錄公以此公案，為五位格式❿。若會得者箇公案，餘者自然易會。巖頭道：「如水上按葫蘆相似，捺著便轉⓫，殊不消絲毫氣力。」

曾有僧問：「文殊、普賢來參時如何？」山⓬云：「趕向水牯牛群裡去！」

僧云：「和尚入地獄如箭射。」山云：「全得他力。」洞山道：「何不向無寒暑處去？」有者道：「大好⑬無寒暑。」有什麼巴鼻？古人道：「若向劍刃上走則快⑭，若去情解上見則遲。」

翠微接青平⑮時，平即問：「如何是祖師西來意？」微云：「待無人向你道。」平云：「即今無人也。」微便起去竹林邊。平又云：「即今無人也，請和尚道。」微指竹云：「這一竿竹，得恁麼長；那一竿竹，得恁麼短。」平便大悟。又曹山⑯問僧：「時節恁麼熱，向什麼處迴避？」僧云：「向鑊湯爐炭裡迴避。」山云：「鑊湯爐炭裡如何迴避？」僧云：「眾苦⑰不能到。」看他屋裡人，自然會他說話。雪竇用他家裡事頌出。

【注釋】❶黃龍新和尚　法名悟新（西元一〇四四～一一一五年），宋代禪師，俗姓王氏，韶州（治今廣東韶關）人。好面爭是非，參黃龍祖心，談辯得悟，嗣其法。晚年住持黃龍山，自號「死心叟」，世稱「死心悟新」。❷洞山袖頭打領　一句喻指洞山良价就正明偏，偏正回互恰好。袖頭，袖口。打，盤算；估算。剜，刻；挖。襟，指衣的前幅。❸不甘　不情願；不甘心。❹支遣　處置；安排。❺安禪不必須山水　謂坐禪不受環境的支配，一心自由無礙，並不局限於閑靜的山間水畔。安禪，安住於坐禪之意。❻五位君臣　是曹洞宗祖師洞山良价與曹山本寂對於禪法的闡述系統，也是該宗接引學人的特殊方法，用君位（正位）和臣位（偏位）的五種配合，說明不同的禪法認識及參禪的情況。據《五位功勳圖》：㈠正中偏是君位，㈡偏中正是臣位，㈢正中來是君視臣，㈣偏中至是臣向君，㈤兼中到是君臣合。❼向上境界　指從迷境直入悟境。❽五位　對於心的狀態，禪宗分為五位。洞山良价為舉示修行者，而提出五位之主張，稱洞山五位。可分為正偏五位與功勳五位二種。

正偏五位，指正中偏、偏中正、正中來、偏中至、兼中到等五位。正是陰，意即真如之本體；偏是陽，意即生滅之現象。正中偏指平等中存有差別；偏中正指差別即平等。基於此，作靜中之動之修行工夫，則謂正中來，動中之靜則為偏中至。兼以上二者，達到自由自在的境界，即謂兼中到。對此，曹山本寂以君臣為例而說明之。功勳五位，指向、奉、功、共功、功功等五者。即知眾生本具佛性，求達佛果（向），為證佛性而修行（奉），見佛性（功），雖已達自由之覺位，尚有其作用（共功），最後更超越前者，而達自由自在之境界（功功）。❾回互　指事物之間相互涉入，相依相存，無所區別。❿格式　一定的規格樣式。⓫如水上按葫蘆相似二句　喻指洞山良价的回互禪機圓轉自在。⓬山　指洞山守初。⓭大好　很好；極好。⓮若向劍刃上走則快　謂不涉俗情妄識。⓯青平　法名令遵（西元八四五～九一九年），五代禪僧，東平（治今山東境內）人。參翠微無學得法，後住鄂州（治今湖北武漢）清平山安樂院，世稱「清平令遵」。⓰曹山　指曹山慧霞，他是曹山本寂的嗣法弟子。⓱眾苦　諸種煩惱、苦難。

【語　譯】圜悟克勤評唱：黃龍悟新和尚在評論這則公案的時候說：「洞山良价平時的禪機就像裁剪服裝一樣，有時在袖口的地方謀算一條領子，有時在腋下挖一幅衣襟，無奈的是這位僧人不懂。」當時就有一位僧人站出來問黃龍悟新：「你來說說看，應該怎樣處理？」沉默了好一會兒之後，黃龍悟新才說：「坐禪不一定要在寧靜的山水之間，只要能進入無心的境地，即使在火中，也感覺涼爽。」你們各位說說看，洞山良价的圈套設在什麼地方？你如果從這裡明白了並由此入手，才能到達沒有寒冷和炎熱的地方。洞山良价及其嗣法弟子們都用五位君臣接引學人，由於他們都進入了大徹大悟的境界，所以才能這樣。五位、回互、正偏，不必再刻意造作，一切都自然地恰到好處，五位全具。

浮山法遠把這則公案稱之為五位君臣的典型格式。如果理解了這則公案，其餘的公案就自然而然地容易瞭解了。巖頭全豁說：「就像水上按葫蘆一樣，一按著葫蘆它就轉動，根本就不需要用什麼力氣。」

曾經有一位僧人問洞山守初：「文殊菩薩、普賢菩薩來參訪時，應該怎樣做？」洞山守初回答說：「把他們趕到一群水牛當中去。」那位僧人說：「師父這樣講，我看你死後很快就會墮入地獄。」洞山守初說：「全靠這群水牛的力氣。」

洞山良价說：「為什麼不到沒有寒冷和炎熱的地方去？」有的僧人說：「好一個沒有寒冷和炎熱的地方。」有什麼根據？從前的禪師說：「如果在劍刃上跑就很容易悟入，如果帶著俗情妄解去參禪，就會遲遲不能開悟。」

翠微無學接引青平令遵時，青平令遵問：「什麼是達摩祖師西來中國傳法的旨意？」翠微無學回答說：「等到沒有人的時候，我會告訴你。」青平令遵說：「現在這裡就沒人。」翠微無學並不答話，起身走進竹林裡。青平令遵說：「現在這裡沒有人，請師父說說看。」翠微無學指著竹子說：「這一根竹子長得那麼長，那一根竹子卻又長得那麼短。」青平令遵聽後，忽然大悟。曹山慧霞問一位僧人：「天氣這麼熱，到什麼地方去躲幾天呢？」那位僧人回答說：「就到熱鍋中的沸水裡或者爐中的炭火裡去躲幾天吧。」曹山慧霞問：「在熱鍋中的沸水裡和爐中的炭火裡怎樣迴避炎熱？」那位僧人回答說：「各種煩惱都不會有啦。」由此可知，曹洞宗的僧人自然都懂得曹洞宗的家風。雪竇重顯用自己的家風說出以下的頌古。

頌

垂手還同萬仞崖❶，（不是作家，誰能辨得？王敕既行，諸侯避路❷，何處不圓融❸？）

正偏何必在安排❹？（若是安排，何處有今日？風行草偃❺，兩頭不涉❻，又作麼生？）

琉璃古殿照明月，（圓陀陀地❼，切忌認影，切莫當頭❽。）

忍俊❾韓獹❿空上階。（不是這回，蹉過了也。逐塊⓫作什麼？打云：你與者僧同參。）

【注　釋】❶垂手還同萬仞崖　「垂手」是偏，「萬仞崖」是正，「垂手」即「萬仞崖」，「萬仞崖」即「垂手」，偏正回互。萬仞，極言其高。仞，古代長度單位。七尺為一仞。一說，八尺為一仞。❷王敕既行二句　謂雖是垂手，卻是尊貴位，故無人當其機。敕，皇帝的詔書。諸侯，古代帝王所分封的各國君主。在其統轄區域內，世代掌握軍政大權，但按禮要服從王命，定期向帝王朝貢述職，並有出軍賦和服役的義務。亦喻指掌握軍政大權的地方長官。避路，舊時禮節。遇尊長於路，避退一旁，以示敬畏。❸何處不圓融　謂偏正回互，無欠無餘。圓融，破除偏執，圓滿融通。❹正偏何必在安排　謂在用正偏回互之處，不須安排，自然恰好符合。安排，謂施以心思人力。與純任自然、不加干預相對而言。❺偃　倒伏。❻兩頭不涉　指超越是非、善惡、有無等兩邊，全無對立障礙者。兩頭，指對待之二見。❼圓陀陀地　形容物之圓形。禪家以此形容心體的宛轉自在。❽切忌認影二句　圜悟克勤告誡問話的僧人。認影，比喻不理解真實而追求幻想。《首楞嚴經》卷四記載：室羅城有一狂人演若達多，不見其頭而於鏡中認其頭中之眉目。❾忍俊　含笑，忍笑。❿韓獹　戰國時韓國良犬，色墨。⓫逐塊　謂向狗投土塊，狗竟誤認土塊為食物，遂盲目追逐之。禪林轉指禪宗僧人並無自己真正的見解，僅僅在言句上詮解，或執著於事物的形跡、捕捉枝葉末節等，而欲了達事物之真相，可謂徒勞無功。

【語　譯】雪竇重顯頌古：垂手還同萬仞崖，（如果不是機用傑出的行家高手，誰又能辨別得出？）皇上的敕令下達之時，諸侯避讓路旁，洗耳恭聽，何處不圓滿無缺呢？）正偏何必在安排？（如果用分別、計較安置排列，何處有了悟之時？風吹過之處，草自然隨之倒伏，超越區別、計較的兩頭，又該怎樣做呢？）琉璃古殿照明月，（圓陀陀地，千萬不要把虛幻的影子當做真實的東西。）忍俊韓獹空上階。（這位僧人錯過洞山良价的禪機已經不是第一回了。光追逐言句有什麼用？打過雪竇重顯之後再說：你與這位僧人是同參。）

評唱

云：「垂手還同萬仞崖」，此句有出世❶不出世、有垂手❷不垂手。若不出世，目視雲霄❸；若出世，灰頭土面❹。目視雲霄，即是萬仞峰頭；灰頭土面，即是垂手邊事。有時灰頭土面，即在萬仞峰頭；有時萬仞峰頭，即是灰頭土面。其實入廓垂手❺，與孤峰頂上獨立一般。歸源性❻與差別智❼無異，切忌作兩橛會！所以道：「垂手還同萬仞崖」，無你湊泊處❽。

「正偏何必在安排？」若到用時，自然如此，不在安排。此兩句頌洞山答了，後面道：「琉璃古殿照明月，忍俊韓獹空上階。」此正頌這僧逐言語走。洞山答道：「何不向無寒暑處去？」如月照琉璃古殿，似有圓影。又問：「如何是無寒暑處？」一似韓獹逐塊，連忙上階，捉其月影相似。山云：「寒時寒殺闍黎、熱時熱殺闍黎。」到這裡，這僧恰如韓獹，不得月影❾。韓獹乃出《戰書》❿，云：「韓⓫氏之獹，俊⓬犬也；中山⓭之兔，狡兔也。」是其犬方能尋得其兔，喻這僧如此。

【注　釋】❶出世　禪師於自身修持功成後，再度歸返人間教化眾生。❷垂手　喻指禪師接引學人時如同父母垂下雙手撫摸幼兒，親切慈祥。❸雲霄　天際，高空。❹灰頭土面　原為頭臉被灰土所汙之意。禪林形容修行者悟道之後，為濟度眾生而甘願投身於人群之中，不顧塵世的汙濁。❺入廓垂手　形容禪師根據學人根機的高下，特以第二義門權巧接引的情形。廓，通「郭」。外城。❻歸源性　即根本智，與「後得智」相對，是諸智之根本，以其能契證真如之妙理，平等如實，無有差別，故亦稱無分別智。❼差別智　即後得智，是根本無分別智後所得之智，故名。此智乃根本智所引，能了達依他如幻之境。❽無你湊泊處　謂無著意路之處。湊泊，附著。❾這僧恰似韓獹二句　喻指問話的僧人不懂洞山良价的玄旨。❿戰書　即《戰國策》，書名。戰國時遊說之士的策謀和言論的彙編。《戰國策・齊策三》：「韓子盧者，天下之壯犬也；東郭逡者，海內之狡兔也。韓子盧逐東郭逡，環山者三，騰岡者五，兔極於前，犬疲於後，犬兔俱罷，各死其處。」⓫韓　古國名。西元前十一世紀周分封的同姓諸侯國。其地在今山西河津東北。西周、春秋間為晉所滅。⓬俊　雄健；英武。⓭中山　古國名，春秋末年鮮虞人所建，在今河北定縣、唐縣一帶，後為趙所滅。

【語　譯】圜悟克勤評唱：雪竇重顯說：「垂手還同萬仞崖」，這句話有出世不出世，有垂手不垂手的旨意。如果不出世說法，眼睛望著天空；如果出世說法，便是滿臉灰塵。望著天空，就是在萬仞峰頂之上修行；滿臉灰塵，就是在世俗間慈悲地接引學人。有時滿臉灰塵，就是在萬仞峰頂；有時在萬仞峰頂，就是滿臉灰塵。其實在俗世間慈悲地接引學人和獨自屹立在孤峰頂上修行是一回事。差別智是在根本智之後產生的，所以它們也沒有什麼不同，千萬不要把它們看作是兩回事。所以說：「垂手還同萬仞崖」，這句話的意思已經說得很明白了，使你沒有執著意念的地方。

「正偏何必在安排」，這句話的意思是說如果到了要用正偏回互的時候，自然如此，不再刻意安排。這兩句話是在頌洞山良价回答這位僧人的那句話。後面又說：「琉璃古殿照明月，忍俊韓獹空上階。」這裡正是在頌這位僧人隨著洞山良价的言句轉。洞山良价回答說：「為什麼不到沒有寒冷和炎熱的地方去？」這就如同一輪明月照著琉璃古殿，似乎還有圓圓的影子。這位僧人聽了之後，又問：「哪裡是沒有寒冷和炎熱的地方？」完全就像戰國時代韓國人豢養的駿狗韓獹追逐土塊，又急急忙忙奔上臺階去捕捉月亮的影子一樣。洞山良价回答說：「那地方寒冷的時候會冷得你受不了，炎熱的時候會熱得你吃不消。」到這裡，這位僧人還是抓不住洞山良价的禪機，就像韓獹捉不到月亮的影子一樣。韓獹出自《戰國策》，該書說：「韓國人養的狗是駿狗，中山國人養的兔子是狡兔。」由於這條狗能尋找到兔子，所以用來比喻這位僧人。

【說 明】這裡所說的「無寒暑」，是指沒有寒與暑的對立，如同苦與樂、幸與不幸、健康和疾病的對立一樣。如果沒有這種對立關係，它們的含意就可給予同一化。

「何不向無寒暑處去」。人活著而為疾病所苦，為寒熱所苦，是身心確實存在的現象，也是不可避免的現象。

但是，人們應認清這種嚴酷的命運本質，亦即緣起空無我的真理，如此真理就會變成為我所有，意即讓我與寒暑合為一體。

這位僧人不明白洞山良价的真意，反而又問：「如何是無寒暑處？」對於這個問題。洞山良价回答說：「寒時寒殺闍黎，熱時熱殺闍黎。」

諸如：酷暑、寒冷、疾病、死亡等，這一切都是自己的生命本身，既然如此，只好安於命運的安排，就好像人們常說：「乾脆死掉算了。」殊不知，以這種「大死一番」的坦然來面對人生，反而會有「大活現成」的生命力出現。

所以說，以視同死亡的心情來接受命運，才能使真正的生命力復活。

第四四則　禾山打鼓

【題解】禾山無殷對於學人的參問，四次都用「解打鼓」來回答，開示真正的解脫只在於領會此一包含所有事實而始終同一之「解打鼓」。或謂「解打鼓」，即響在後面之意，亦即寓玄旨於言外之意。真正體會諸佛悟境之人，視無味之言語，無關於慧解；若能於此理會，則當下猶如桶底脫落，情識盡除而驀然開悟。

舉

禾山❶垂語云：「習學❷謂之聞❸，絕學謂之鄰❹。（天下衲僧跳不出，無孔鐵鎚，橛子❺一箇。）過此二者，是為真過❻。」（作什麼？頂門上具一隻眼。）

僧出問：「如何是真過？」（道什麼❼？一筆勾下❽，鐵橛子❾一箇。）

山云：「解打鼓❿。」（鐵橛子，鐵蒺藜⓫，確。）

問：「如何是真諦？」（道什麼？兩重公案，又有一箇鐵橛子。）

山云：「解打鼓。」（鐵橛子，鐵蒺藜，確。）

問：「即心即佛即不問，如何是非心非佛？」（道什麼？三段不同，又有一箇鐵橛子，蒺藜，確。）

山云：「解打鼓。」問：「向上人來時如何接？」（道什麼？遭第四杓惡水潑了也。又有一箇鐵橛子。）

山云：「解打鼓。」（鐵橛子，鐵蒺藜，道什麼？落在什麼處？朝到西天，暮歸唐土⑫。）

【注　釋】❶禾山　法名無殷（西元八八四～九六〇年），五代禪僧，俗姓吳氏，福州（今屬福建境內）人。七歲從雪峰義存出家，後遊學四方，在九峰虔禪師處得悟，嗣其法，住吉州（治今江西吉安）禾山大智院，世稱「禾山無殷」。❷習學　有學二乘位。❸聞　耳聽。與思、修合稱三慧。❹絕學謂之鄰　絕學是無學位。如菩薩十住、十行、十向到七地為有學，八地以上雖是無學，實是到等覺，始稱絕學，未證妙覺位，故云鄰。鄰，近覺滿之意。❺橛子　短木樁。❻過此二者二句　謂過習學、絕學二者則為無上正真之道，冥契不二，謂之大覺果滿。真過，真正通過了修行的歷程邁入菩薩乘。❼道什麼　圜悟克勤不要真過。❽一筆勾下　全部取消之意。❾鐵橛子　鐵樁。❿解打鼓　會打鼓。解，理解；懂得。⓫鐵蒺藜　蒺藜狀的尖銳鐵器。戰時置於路上或水中，用以阻止敵方人馬前進。蒺藜，一年生草本植物。果皮有尖刺。⓬朝到西天二句　喻指「解打鼓」的自由自在。西天，中國古代對印度的通稱。印度古稱天竺，因在中國之西，故稱。

【語　譯】舉說公案：禾山無殷對僧眾開示說：「有學的聲聞、緣覺二乘位叫做『聞』，證得無學的聖位叫做『鄰』。（天下的禪宗僧人都跳不出這二乘位，禾山無殷的開示就像無孔鐵錘一樣無下手處，也像一根木樁。）超越了這兩者，那就是『真過』。」（做什麼？腦門上別具一隻法眼。）有一位僧人站出來問：「什麼是『真過』？」（說什麼？一筆勾消，一根鐵棍子。）禾山無殷回答說：「我只知道打鼓。」（鐵棍子，鐵蒺藜，的的確確。）那位僧人又問：「什麼是佛教真理？」（說什麼？兩重公案，又有一根鐵棍子打過來。）禾山無殷回答說：「我只知道打鼓。」（鐵棍子，鐵蒺藜，的的確確。）僧人又問：「我不問心就是佛，只問什麼是非心非佛？」（說什麼？三段問話都不一樣，又會有一根鐵棍子、鐵蒺藜打過來，的的確確。）禾山還是回答說：「我只知道打鼓。」僧人又問：「大徹大悟的人來參學的時候，應該怎樣接引他呢？」（說什麼？禾山無殷的第四杓髒水又要潑過來了，還會有一根鐵棍子打過來。）禾山無殷仍舊回答說：「我只知道打鼓。」（鐵棍子，鐵蒺藜，說什麼？落在什麼地方？早上到達印度，晚上回到大唐國。）

評唱

禾山垂此一則語，出《寶藏論》❶。學至無學，謂之絕學。所以道：「淺聞深悟，深聞不悟，謂之絕學。」及至絕學，方可與道❷相近。直得過此習學、絕學二者，是為真過。

其僧便拈此語問他：「如何是真過？」他答云：「解打鼓。」所謂言無味、語無味。欲明這箇公案，須是向上人，方能見。此話不涉理性、無議論處，直下便會，如桶底脫相似，方是衲僧穩密處❸，方能契證祖師西來意。

雲門道：「雪峰輥毬❹，禾山打鼓，國師水碗❺，趙州喫茶，盡是向上提持者。」僧又問：「如何是真諦？」山云：「解打鼓。」真諦不立一法❻、俗諦萬法❼俱備。真俗不二，是乃第一義。又問：「即心即佛即不問，如何是非心非佛？」

山云：「解打鼓。」即心即佛即易求，非心非佛則難，少有人到。又問：「向上人來時，如何接？」山云：「解打鼓。」向上人即是透脫❽洒落❾底人，此四問，諸方謂之「四打鼓」。

鏡清有六失利。舉，清問荷玉❿：「什麼處來？」玉云：「天台來。」清云：「我豈是問汝天台來？」玉云：「和尚何得⓫龍頭蛇尾⓬？」清云：「鏡清今日失利」云云。

舉：淨果⓭大師有三懡㦬⓮。僧問：「鶴立枯松時如何？」師曰：「地下底一場懡㦬。」問：「會昌沙汰⓯時，護法善神⓰向甚麼處去？」師曰：「三門前兩箇一場懡㦬。」問：「滴水滴凍⓱時如何？」師曰：「日出後一場懡㦬。」其他如保福四瞞人⓲、投子四漆桶⓳……皆是從上宗師，各出深妙之旨，接人之機。雪竇後面引一落索⓴，依雲門示眾，頌出此公案。

【注釋】❶寶藏論　佛書名，一卷，後秦僧肇撰。內容闡說法性真如之體用等，常被洞山良价、雲門文偃等禪師所引用，足證其受禪家之倚重。❷道　達成佛教終極目的的修行法則。❸穩密處　謂遠離一切差別、相對，入於平等一如、安穩親密的境地。即大徹大悟者的境地。❹雪峰輥毬　禪宗公案名，事見《五燈會元》卷七〈雪峰義存禪師〉：「一日升座，眾集定。師輥出木毬，玄沙遂捉來安舊處。」輥，滾動。毬，即球。這是禪家無義施設，旨在截斷學人的語路意路，不可憑情識意想去猜測理解。❺國師水碗　禪宗公案名。是南陽慧忠國師用一碗水加進七粒米，上置一雙筷子，以測驗紫璘供奉是否解得佛意。這則公案表明會佛經者，不一定會得佛意，須離相對的分別見解，始可稱是會得佛意。❻一法　猶言一事一物。❼萬法　語同「諸法」。總賅萬有事理之語。即色、心所亙及之一切差別之法。與一般所說萬象、萬事、萬物等語相當。❽透脫　謂不拘泥成規、書本。亦泛指靈活，不呆板。❾洒落　瀟灑；飄逸；豁達。❿荷玉　法名光慧，五代禪僧，號玄悟，曹山本寂的嗣法弟子，住荷玉山（即曹山，今江西宜黃境內），世稱「荷玉光慧」。⓫何得　怎能；怎會。⓬龍頭蛇尾　比喻首盛尾衰。⓭淨果　即守澄禪師，疏山匡仁的嗣法弟子，住隨州（治今湖北隨縣）護國院。⓮懡㦬　慚愧；恥辱。⓯會昌沙汰　即會昌法難。唐武宗李炎（西元八四一～八六六年在位）本好道教，他即位時期，因前朝歷經內戰，徭役日重，人民多逃避於寺院，寺院經濟擴張，與政府在經濟上的矛盾已很尖銳。在信道教的宰臣李德裕和道士趙歸真等的鼓動下，唐武宗決意滅佛興道。從會昌二年（西元八四二年）起，先勒令僧尼戒行不檢者還俗，查點外國僧人，詔禁供養佛牙，毀內道場的經像。會昌五年（西元八四五年），下敕毀全國佛寺，寺產沒官，僧尼還俗。詔行之後，全國共拆毀大寺四千六百餘所，小寺四萬餘所，僧尼被迫令還俗者二十六萬餘人，改寺院奴婢為兩稅戶十五萬人，收回寺院田地數千萬頃，對佛教打擊沉重。⓰護法善神　護持佛法的善神。即對佛法信樂守護的梵天、帝釋、金剛力士、四天王、護世八方天、十羅剎女、十二神將、十六善神、二十八部眾、三十番神、三十六神王、伽藍十八善神等諸天、龍王、鬼神的總稱。⓱凍　冰。⓲保福四瞞人　保福從展問一位僧人：「殿裡供奉的是什麼佛？」僧人回答說：「師父好好地看看。」保福從展說：「釋迦牟尼那老頭。」僧人說：「你還是不要欺瞞別人。」保福從展說：「倒是你欺瞞了我。」又問僧人：「你叫什麼名字？」僧人回答說：「我叫成澤（取恩澤廣被之意）。」保福從展問：「恩澤有時像水乾涸的時候會怎麼樣？」僧人反問：「誰是乾涸的人？」保福從展說：「我。」僧人說：「師父不要欺瞞別人。」保福從展說：「這是你欺瞞我。」又問僧人：「你做什麼工作，怎麼吃得那麼胖？」僧人說：「師父也不瘦。」保福從展作出蹲的姿勢，僧人說：「師父不要欺瞞別人。」保福從展說：「倒是你欺瞞了我。」有一回保福從展又問浴主：「浴盆有多寬？」浴主說：「請師父自己量量看。」保福從展做了一個測量的動作，浴主說：「師父不要欺瞞別人。」保福從展說：「倒是你欺瞞我。」保福從展與人的這四次問答，各地的禪者稱之為「保福四瞞人」。⓳投子四漆桶　投子大同與雪峰義存的禪機問答。投子大同指著庵前的一塊石頭，說：「三世諸佛都在裡面。」雪峰義存說：「還有不在裡面的。」投子大同說：「你這禪機不快的漆桶。」一天與雪峰義存往遊龍眼，前面出現了兩條路，雪峰義存問：「哪條是去龍眼的路？」投子大同隨便用手杖指了一下，雪峰義存問：「是東面的一條道，還是西面的一條道？」投子大同說：「你這禪機不快的漆桶。」雪峰義存又問：「一棰就可敲定時怎麼樣？」投子大同說：「不是性燥漢。」雪峰義存問：「不用一棰敲定時會怎麼樣？」投子大同說：「你這禪機不快的漆桶。」雪峰義存問：「這裡還有人參禪嗎？」投子大同給了他一把鋤頭，雪峰義存說：「我就在這裡挖土了。」投子大同說：「你這禪機不快的漆桶。」⑳落索　連串不斷的樣子。

【語　譯】圜悟克勤評唱：禾山無殷開示僧眾的這一句話是出自《寶藏論》。修行到證得「無學位」時，就叫做「絕學」。所以說：「聞道不多的人大悟，聞道很多的人不悟，這就叫做『絕學』。」當達到「絕學」的時候，才開始與道相近，只要能通過習學、絕學這二者，那就是「真過」。

　　這位僧人便提出這問題來問：「什麼是『真過』？」禾山無殷回答說：「我只知道打鼓。」這句話真是言無味、語無味。要想明白這則公案的旨意，必須得大徹大悟的人才能理解。這句話不需要用什麼推理去思索，也沒什麼道理好議論的，當即就能理解，就像桶底脫落一樣，這才是禪宗僧人安身立命的境地，也才能契合證悟「祖師西來意」。

　　雲門文偃說：「雪峰輥毬、禾山打鼓、國師水碗、趙州吃茶，通通都是對至極玄妙禪法的提示。」這位僧人又問：「什麼是佛教真理？」禾山無殷回答說：「我只知道打鼓。」佛教真理就是不立一事；俗世間的真理就是萬物具備。佛教真理與俗世間的真理其實就是一回事，這就是至極玄妙的禪義。這位僧人又問：「我不問什麼是心就是佛，只問什麼是非心非佛？」禾山無殷回答說：「我只知道打鼓。」談到「心就是佛」這個問題時比較容易理解，談到「非心非佛」時那就難了，因為很少有人能達到這個境地。這位僧人又問：「大徹大悟的人來參禪的時候，應該怎樣接引他呢？」禾山無殷回答說：「我只知道打鼓。」大徹大悟的人就是一種自由自在的人。禾山無殷的這四句答話，各地的禪師稱之為「禾山四打鼓」。

　　鏡清道怤有「六失利」之說。舉說：鏡清道怤曾經問荷玉光慧：「你從什麼地方來？」荷玉光慧回答說：「我從天台山來。」鏡清道怤說：「我難道是問你從天台山來嗎？」荷玉光慧說：「師父怎麼能龍頭蛇尾？」鏡清道怤說：「老僧今天失利。」這樣的答話有六次，所以說「六失利」。

　　舉說淨果大師的「三慚愧」：一位僧人問：「白鶴站立在乾枯的松樹之上時，會怎麼樣？」淨果大師回答說：「地面上的一場慚愧。」僧人又問：「唐武宗毀佛，造成會昌法難的時候，護持佛法的善神到哪裡去了？」淨果大師回答說：「寺院大門前那兩個漢，一場慚愧。」僧人又問：「滴水滴在冰凍上會怎麼樣？」淨果大師回答說：「太陽出來後一場慚愧。」其他如保福從展的「四瞞人」、投子大同的「四漆桶」，都是自古以來的禪宗宗師各自提出他們深奧微妙的旨意，作為接引學人的機用。雪竇重顯後面又引出一條線索，用雲門文偃開示僧眾的話，頌出這則公案。

頌

一拽❶石，（寰中天子敕❷，癩兒索伴❸，向上人曾恁麼❹。）

二般❺土。（塞外❻將軍令，一狀領過❼，同病相憐❽。）

發機❾須是千鈞弩❿。（不可輕酬。若是千鈞也未穿得。豈為者箇死蝦蟆⓫？）

象骨老師⓬曾輥毬，（也有人曾恁麼來⓭，又有一箇無孔鐵槌，阿誰不知⓮？）

爭似禾山解打鼓⓯？（鐵橛子⓰，須還這老漢，一子親得。）

報君知⓱，（雪竇又作麼生？雪上加霜⓲，你還知麼？）

莫莽鹵⓳。（有些子，侗侗儱儱⓴。）

甜者甜兮苦者苦。（謝答話。錯下注腳，好與三十棒㉑，喫棒得也未？打！）

【注釋】❶拽　同「曳」。牽引；拖；拉。❷寰中天子敕　謂歸宗智常的禪機圓應如王敕。寰中，宇內；天下。❸癩兒索

伴 喻指雪竇重顯引用歸宗智常的言句。❹向上人曾恁麼 稱讚歸宗智常的禪機。❺般 同「搬」。❻塞外 邊塞之外。泛指中國北邊地區。❼一狀領過 意謂歸宗智常與木平和尚的禪機一般高下，無優劣之分。❽同病相憐 謂禾山無殷、歸宗智常、木平和尚病痛相同，同是知音。❾發機 撥動弩弓的發矢機。機，古代弩上發箭的裝置。❿千鈞弩 喻指禾山無殷、歸宗智常、木平和尚的全機大用。千鈞，三十斤為一鈞，千鈞即三萬斤。常用來形容器物之重或力量之大。弩，用機械發箭的弓。⓫豈為者箇死蝦蟆 謂不可為死漢發。⓬象骨老師 指雪峰義存，他曾住福州象骨山。⓭也有人曾恁麼來 謂歸宗智常、木平和尚之外，還有雪峰義存的全機大用。⓮阿誰不知 謂雪峰義存的手段自古以來人人皆知。阿，語氣詞。用在句首或句中。無義。⓯爭似禾山解打鼓 謂歸宗智常、木平和尚、雪峰義存雖然都是全機大用，但不如禾山無殷不費絲毫英氣。⓰鐵橛子 喻指禾山無殷的機用撼動不得，穿鑿不得。⓱報君知 謂報告參禪者知道。⓲雪上加霜 喻指雪竇重顯重重說示。⓳莽鹵 粗疏；馬虎；模糊不明。⓴侗侗儱儱 指不加雕琢不成器的頑固不化的傢伙。侗儱，未成器。㉑好與三十棒 意謂收歸無言說的境界。

【語譯】雪竇重顯頌古：一拽石，（歸宗智常的禪機就像皇帝的敕令，雪竇重顯把歸宗智常引為伴侶，大徹大悟的人也曾經這樣做過。）二般土。（木平和尚的指令就像塞外將軍的命令，一張狀子把歸宗智常、木平和尚記錄在案，同病相憐。）發機須是千鈞弩。（應該為有力量的大根器而發。即使是千鈞之弩也射不透這幾位大禪師。難道能為這個死蝦蟆而發嗎？）象骨老師曾輥毬，（也有人曾經這樣來過，又有一個無孔鐵鎚使人下手不得，還會有人不知道雪峰義存的手段嗎？）爭似禾山解打鼓？（鐵柱子，應該還給這老漢，禾山無殷得到了一個知音。）報君知，（雪竇重顯又在做什麼？已經是雪上加霜了，你還知道嗎？）莫莽鹵。（有點兒，不打不成器。）甜者甜兮苦者苦。（謝答話。下錯了注腳，饒了雪竇重顯三十棒吧，雪竇重顯吃過棒嗎？打。）

評唱

歸宗一日，普請拽石。問維那❶云：「什麼處去？」那云：「拽石去。」宗云：「拽石即不管，莫教動著中心樹子❷。」

又木平和尚❸，凡有新到至，先令搬三擔土。木平有頌，示眾道：「東山路側西山低，新到莫辭三擔泥❹。嗟汝在途經日久，明明不曉卻成迷。」後有僧問：「三轉內則不問，三轉外事作麼生？」答云：「鐵輪天子寰中旨❺」，僧無語，平便打。所以道：「一拽石、二般土，發機須是千鈞弩。」雪竇以千鈞弩喻此話，要顯他為人處。三十斤為鈞，千鈞則三萬斤也。若是蛟龍❻猛獸，方用此弩；若是小小之物，豈可當此？所以道：「千鈞之弩，不為鼷鼠❼而發機」。

「象骨老師曾輥毬」，即雪峰一日見玄沙來，三箇木毬一齊輥，玄沙便作斫❽牌勢，雪峰深肯之。雖然總是全機大用處，俱不如禾山打鼓，多少徑截❾。故云：「爭似禾山解打鼓」，卻難會。雪竇恐人只在話頭上作活計，不知來處，則管莽莽鹵鹵地去。所以道：「報君知，莫莽鹵，」須是實到者般田地始得。若要不莽鹵，「甜者自甜，苦者自苦。」雪竇雖然如此，畢竟也跳不出！

【注　釋】❶維那　佛寺中一種僧職。管理僧眾事務，位次於住持。❷莫教動著中心樹子　不讓中心軸子轉動，暗示自心不能隨境而住。❸木平和尚　法名善道，五代禪僧。至蟠龍山師事可文禪師，嗣其法，後住袁州（治今江西宜春）木平山，世稱「木平和尚」。南唐中主聞其道譽，迎請供養，待以師禮。❹新到莫辭三擔泥　喻指自證自悟。❺鐵輪天子寰中旨　意謂何處不是法王本分令。鐵輪天子，四輪王之一。據《俱舍論》稱：于人壽兩萬歲時出世，統治南閻浮州。❻蛟龍　古代傳說的兩種動物，居深水中。相傳蛟能發洪水，龍能興雲雨。❼鼷鼠　鼠類最小的一種。古人以為有毒，齧人畜至死不覺痛，故又稱甘口鼠。❽斫　用刀斧等砍或削。❾多少徑截　意謂不涉玄妙理性，直截根源。多少，歎詞。多麼。徑截，猶便捷。

【語　譯】圜悟克勤評唱：廬山歸宗寺有一天集合僧眾去推石磨，歸宗智常便問維那：「你們到什麼地方去？」維那回答說：「推石磨去。」歸宗智常說：「石磨可以讓你們推，就是不可讓石磨中間的樹軸轉動。」

凡是新到的僧人，木平和尚總是先叫他搬運三擔土，並寫了一首頌，開示僧眾說：「東山路側西山低，新到莫辭三擔泥。嗟汝在途經日久，明明不曉卻成迷。」

後來有僧人問：「我不問挑三擔土之內的事，挑三擔土之外的事是怎麼回事？」木平和尚回答說：「鐵輪天子寰中旨。」僧人無言可答，木平和尚舉手就打。所以雪竇重顯頌說：「一拽石，二般土，發機須是千鈞弩。」雪竇重顯用「千鈞弩」譬喻禾山無殷的「四打鼓」，要顯示他的接引學人之處。三十斤為一鈞，千鈞就是三萬斤。一位禪師必須得遇到了像蛟龍猛獸那樣大根器的人，才用得著像千鈞弩的機鋒去接引他，至於那種小根器的人，那就不值得對他使用像千鈞弩一樣的禪機。所以說：「千鈞之弩，不為鼷鼠而發機。」

「象骨老師曾輥毬」，指的是雪峰義存有一天看到玄沙師備來了，拿了三個木球一起滾動，玄沙師備作出要砍木牌的姿勢，雪峰義存對玄沙師備的禪機作了充分的肯定。雖然他們兩人所表現的都是全機大用，但都比不上禾山無殷的「我只知道打鼓」那樣來得直接了當。所以雪竇重顯說：「爭似禾山解打鼓」，還是使人難以理解。雪竇重顯又恐怕人們在話頭上挖空心思，思來想去總是不明白它的意趣，結果對禪法還是模糊不清。所以他接著又說：「報君知，莫莽鹵。」這必須得確實達到了這個境界才能對禪法不模糊。只要明瞭自心，「甜者自甜，苦者自苦。」雪竇重顯雖然這樣拈評這則公案，畢竟他自己也跳不出去。

【說　明】「習學謂之聞」，是指向老師學習，眼見耳聞，從外界吸收知識。「絕學謂之鄰」，這裡的「絕學」

又稱之為「無學」，並非中途放棄不學。阿羅漢又譯為「無學」，是應學者都已學盡之意，至此之上再沒有可學的境地。對所學者皆已消化淨盡，已無有學之痕跡，這就叫做「無學」或「絕學」。這則公案所說的既不是習學，也不是絕學，既不經過學的手續，也不是忘學而不學，而是不學而知，說忘而不忘。這不能稱之為聖，也不能稱之為佛，只能暫稱之為「真」。這是禪宗的極致，禾山無殷得意之餘，拿來開示僧眾。

第四五則 趙州布衫

【題 解】形形色色的存在（多—差別—個體）都統一限定在一個空間（一—平等—整體）中。多歸於一（多即一）。整體（空）又是個體（色）。自己不存在時一切都是自己（一即多）。所以當人問及「萬法歸一，一歸何處」時，一般的僧人只會回答「一歸萬法」。但趙州從諗卻拋開了深奧的理論，回答得非常精彩。這就是禪。嚴格地說，禪不是哲學，不是理論，不是概念，而是一種實踐。

示眾

要道便道❶，舉世無雙❷；要行即行❸，全機不讓。如擊石火、似閃電光；疾焰過風❹、奔流度刃。拈起向上鉗鎚，未免亡鋒結舌❺；放一線道，試請舉看。

舉

僧問趙州：「萬法歸一❻，一歸何處？」（拶著者老漢，切忌向鬼窟裡❼，堆山積嶽❽。）

州云：「我在青州❾作一領❿布衫⓫，重七斤。」（果然，七縱八橫，拽卻漫天網⓬，還見趙州麼？衲僧鼻孔曾拈得。）

【注 釋】❶要道便道　意謂趙州禪只在口頭上，道是也得，道不是也得，自由自在。❷舉世無雙　全世界再沒有第二個。

形容稀有，很難找到。這裡有唯我獨尊之意。❸要行即行　不須思惟之意。❹疾焰過風　比喻禪機極為迅速，過目即失。❺拈起向上鉗鎚二句　指禪師使用把住手段，參學者出手吐言不得。向上鉗鎚，禪師所用以接引、鎚煉參學者的第一義諦。結舌，不敢講話。❻一　表示平等、絕對之意。❼切忌向鬼窟裡　意謂如守「一」不放，則是鬼家活計。❽堆山積嶽　意謂放開「一」歸處，令諸位看。❾青州　今山東益都一帶。❿一領　表數量。用於衣甲、席、氈等，猶言一件、一張。⓫布衫　布製的單衣。衫，古代指無袖頭的開衩上衣。多為單衣。⓬拽卻漫天網　張開漫天大網，無人可逃得脫。禪林喻指禪師接引學人時的周到縝密。這裡指蓋住來問的機鋒，使他不得出頭。

【語譯】圜悟克勤開示：趙州從諗禪法的特點就是想說就說，想做就做，其言辭的透脫，是舉世無雙的；當他做事的時候，往往都是真正本色的禪機，一點也不辭讓。這樣的禪機就像擊石火閃電光那樣稍縱即逝，也像猛烈的火焰，經風一吹，漫延得更為迅猛，更像奔騰的急流渡過刀口那樣迅速。禪師應用鍾煉學人的把住手段，往往使得參禪者失去鋒芒，張口結舌；如果禪師放開一線之道，讓學人有路可循，那參禪者又該怎樣做呢？我試舉一則公案給你們看看。

舉說公案：有一位僧人問趙州從諗：「萬事萬物歸於一，一又歸入哪裡呢？」（與這老漢較量起機鋒來了，千萬不要在鬼窩裡亂搞一通，堆起一座高大的山峰。）趙州從諗回答說：「我在青州做了一件布衣衫，重七斤。」（果然自由自在，拉起蓋天大網，還看得見趙州從諗嗎？曾經捏得住禪宗僧人的鼻孔嗎？）

評唱

趙州布衫，若向者裡一擊，便行處❶會。天下老和尚鼻孔一時穿卻，不奈你何。自然水到渠成❷。苟或躊躕❸，你在老僧腳跟底。佛法省要❹處，不在多言、不在繁語，只如者僧問州：「萬法歸一，一歸何處？」他卻答道：「我在青州，作一領布衫，重七斤。」若向語上辨，錯認定盤星；不向語上辨，爭奈他何恁麼道？者公案，雖難見卻易會，雖易會卻難見。難見卻似銀山鐵壁，易會直下惺惺❺，無你計較是非處。此話與普化道「來日大悲院裡有齋」話，更無兩般。

一日僧問趙州：「如何是祖師西來意？」答云：「庭前柏樹子。」僧云：「和尚莫將境示人。」州云：「老僧不曾將境示人。」僧云：「如何是祖師西來意？」州云：「庭前柏樹子。」看他恁麼，向極則轉不得處轉得，自然蓋天蓋地；若轉不得，觸途成滯❻。且道，他有佛法商量也無？若道有，他又不曾說心、說性、說玄、說妙；若道無，又不辜負你來問。豈不見僧問木平：「如何是佛法大意？」平云：「冬瓜許來❼大。」又僧問古德❽：「深山裡還有佛法也麼？」答云：「石頭大底大，小底小❾。」看他者般公案，誵訛在什麼處？

【注　釋】❶行處　走過的地方。❷水到渠成　比喻順著自然趨勢，條件成熟，事情自然會成功。❸躊躕　躑躅，徘徊不進；猶豫，遲疑不決。❹省要　簡單扼要。❺惺惺　清醒的樣子，又指聰明機靈。❻觸途成滯　處處是障礙，處處不通暢，指領悟困難。❼許來　宋元時口語。猶如許；這般。❽古德　對古昔有德高僧的尊稱。❾石頭大底大二句　意謂法法住自位，個個露家風。

【語　譯】圜悟克勤評唱：趙州從諗的布衣衫，如果對著他這句答話一擊，就可以從他間不容髮的機鋒中尋找蛛絲馬跡，從而領悟趙州從諗的禪法。如果你參透了「一」，那麼天下老和尚的鼻孔通通都被你穿住了，而且他們拿你一點辦法也沒有，到那時候自然水到渠成，不費吹灰之力。否則，只要稍一猶豫，你就被老和尚踩在腳底下。至於談到佛法的簡要之處，不在多言多語，就像這位僧人問趙州從諗：「萬事萬物歸於一，一又歸入哪裡呢？」趙州從諗卻回答說：「我在青州做了一件布衣衫，重七斤。」你如果想從語句上去推理辨析，就像認錯了秤上的定盤星一樣誤解了這句話的旨意；如果不從語句上去推理辨析，對他這樣回答的旨意卻又是無可奈何，無從說起。這則公案，雖然很難見其落腳之處，卻容易理解；雖然容易理解，卻又很難見其落腳之處。說它難見就是難在它像一座銀山鐵壁，無下手之處；說它容易，是因為當即就能使人明白，不讓你有區別是非的餘地。趙州從諗的這句答話和普化和尚說的「明天大悲院裡有齋會」那句話沒有什麼兩樣。

有一天，一位僧人問趙州從諗：「什麼是達摩祖師來中國弘揚佛法的大意？」趙州從諗回答說：「庭院前的柏樹。」僧人說：「師父不要拿外境給人看。」趙州從諗說：「老僧從來不拿外境給人看。」僧人又問趙州從諗：「什麼是達摩祖師來中國弘揚佛法的大意？」趙州從諗仍舊回答說：「庭院前的柏樹。」你看他這樣從最高妙的轉身不得的地方卻轉過來了，自然可以蓋天蓋地；如果轉不過來，舉手抬腳之間，到處都是障礙。你來說說看，趙州從諗有佛法可以討論嗎？如果說他有佛法，他又不曾說心、說性、說玄、說妙；如果說他沒有佛法，他又不曾對不住向他問話的人。曾經有一位僧人問木平和尚：「什麼是佛法大意？」木平和尚回答說：「冬瓜那麼大。」又有一位僧人問一位得道高僧：「深山老林裡還會有佛法嗎？」這位得道高僧回答說：「深山裡的石頭大的大，小的小。」你看這類公案深奧難懂的地方在哪裡？

頌

編辟❶曾挨老古錐❷，（拶著向什麼處去❸？何必拶著這老漢也？）

七斤衫重幾人知？（再來不直半分錢，卻被贏得一籌❹，直得口似匾擔。）

如今拋擲西湖裡，（也須是雪竇始得，山僧也不要。）
下載清風付與誰？（一子親得❺，自古自今。且道，雪竇與他酬唱？與他下注腳？打！）

評唱

「編辟曾挨老古錐」，萬法是編辟，教歸一致，問挨拶趙州，趙州也不妨作家，向轉不得處，出身❻開大口，向他道：「我在青州作一領布衫重七斤。」雪竇道：「七斤衫重，能有幾人知？」「如今拋擲西湖裡」，萬法歸一，一亦不要，七斤布衫亦不要，擲向西湖裡。雪竇住洞庭❼翠峰，有西湖也。

「下載清風付與誰」，此是趙州示眾：「你若向北來，我與你上載❽；你若向南來，與你下載❾；你若從雪峰來，也只是箇擔板漢。」雪竇道：「如此清風，付與誰人？」上載者，與說心、說性、說玄、說妙，種種方便，接引初機。若下載，無許多義路❿。有底擔一擔禪，到趙州前，一點也使不著，一時與他下載打疊，教洒洒落落，無一星事，謂之「悟了還同未悟時」。如今有者盡作無事會，便道：「無迷、無悟、無思、無惟⓫，不要更求，只如佛未出世時、達摩未西來時」，不可不恁麼，用佛出世作什麼？祖師西來作什麼？須是大徹大悟始得。然後山依舊是山，水依舊是水，乃至一切萬法，皆只依舊，方始為無事底人。不見龍牙道「學道先須有悟由」云云？趙州這「七斤布衫」話，古人與麼道，可謂如金玉⑫。山僧與麼說、諸人恁麼聽，總是上載。作麼生是下載？

【注釋】❶編辟　學人建立偏於一端之見解，以之質問禪師。偏，偏於一邊之意。辟，緊逼之意。意指偏於一端而又急迫地對禪師提問。❷老古錐　喻指趙州從諗的機鋒尖銳。錐，尖端銳利用來鑽孔的工具。❸拶著向什麼處去　意謂還知落腳之處嗎。❹一籌　猶一著。❺一子親得　謂雪竇重顯能頌出趙州從諗的內心真情。❻出身　超脫；徹悟。❼洞庭　山名。在江蘇太湖中。有東西二山，東山古名莫厘山、胥母山，元明後與陸地相連成半島。西山即古包山。❽你若向北來二句　北是無物，不立一法，故趙州從諗用放行建立法接引來者，為他說佛法禪道，心性玄妙。❾你若向南來二句　南是生長方，有佛法禪道心性玄妙等種種理談，趙州從諗用掃蕩法奪之，使他灑灑落落。❿義路　指道理的程式、步驟。⓫惟　思考；思念。⓬金玉　黃金與珠玉，比喻珍貴和美好。

【語譯】雪竇重顯頌古：編辟曾挨老古錐，（挨了趙州從諗鋒利語言的一刺之後到什麼地方去？何必與趙州從諗這老漢較量機鋒呢？）七斤衫重幾人知？（雪竇重顯再頌也就不值半分錢了，問話的僧人沒想到被趙州從諗贏得了一招，弄得啞口無言。）如今拋擲西湖裡，（也必須是雪竇重顯才會這樣做，我也不要。）下載清風付與誰？（趙州從諗得到了一位知音，自古至今，只有這清風還在。你來說說看，是雪竇重顯與趙州從諗互相酬唱呢？還是雪竇重顯為趙州從諗下注腳？打！）

圜悟克勤評唱：「編辟曾挨老古錐」，萬事萬物是「編辟」，使萬事萬物趨歸於「一」，這位僧人要與趙州從諗較量機鋒，趙州從諗也不愧是一個機用傑出的大禪師，從不能轉身的地方找到超脫的出路，所以敢開大口對他說：「我在青州做了一件布衣衫，重七斤。」雪竇重顯說：「這件七斤重的布衣衫，能有幾人知道？」又說：「如今拋擲西湖裡」，意思是說，萬事萬物歸於一，一也不要，七斤重的布衣衫也不要，把它們統統拋到西湖裡。雪竇重顯當時住在洞庭山翠峰，旁邊有一西湖。

「下載清風付與誰」，這是指趙州從諗開示僧眾說：「你如果從北方來，我就給你上載；你如果從南方來，我就給你下載；你如果從雪峰來，也只是一個執著一端、不能開悟的擔板漢。」雪竇重顯說：「如此清風付給誰？」遇到上載者，趙州從諗就為他說心、說性、說玄、說妙，並開示種種方便法門，以接引初學禪法者。如果是遇到下載者，那就沒有這麼多的義理玄妙。有的人滿肚子都存著禪的知見，就像全身挑著一擔的禪，來到趙州從諗這裡，一點也用不上。趙州從諗一齊都給他收拾得一乾二淨，讓他沒有絲毫束縛，沒有一點兒事，這叫做「悟了還同未悟時」。現在有些人往往把它當作「無事」來理解。也有人說：「本來就沒有迷，也沒有悟，沒有思，也沒有想，不必再去求悟。就像佛祖釋迦牟尼沒有出世說法的時候，也像達摩祖師沒來中國的時候。」如果這樣是正確的話，那麼佛祖釋迦牟尼出世說法的目的是什麼？達摩祖師到中國來的用意又是什麼？所以一位禪者在大徹大悟以後，依舊見山是山，見水是水，乃至見到一切萬事萬物，仍舊是原貌，這樣才談得上是一個無事的人。龍牙居遁說過「參禪學道必須先從悟開始」之類的話。趙州從諗這句「七斤布衣衫」的話頭，從前的禪師能夠這樣說，可謂如金如玉。我這樣說，你們各位這樣聽，都是上截。那麼怎麼樣才是下截呢？

【說　明】僧人問「萬法歸一，一歸何處」，事實上提出了一個超越萬象之上的神的存在的問題。雪竇重顯在頌古中表示要拋棄這個超越萬象之上的神。這首頌古的大意是說現在問話的僧人是抱著「一」的歸處的偏見來問趙州從諗，但趙州從諗「一領布衫重七斤」的旨意有誰知道呢？對於「一」的歸處，趙州從諗也曾經認為是一個重大的問題。一般人都把「一」的歸處看作是尋找那超越萬象之上的神。實際上，這也不過是無始劫來無明的一念而已。因為這無明的一念，很多人便以為：在萬象之外別有本體。雪竇重顯就是要把這念頭拋到西湖裡去，揚帆趁著萬法即神的順風下了揚子江。且說，到底把這順風付給誰呢？雪竇重顯認為現象即神、萬法即佛的真理，是很不容易理解的。

圜悟克勤認為「上載」指的是悟入佛法的途徑，是禪師們接引初學者的方便法門，所以禪師說心、說性、說玄、說妙，都是為人指出月亮所在的手指。至於「下載」，則「無許多義路」。這裡的「義路」是指上載的心性玄妙等理性的思考，「無許多義路」，則指修證透脫，不假他物，與語言文字無關圜悟克勤認為參禪不能以意想來分解說明，如果向語言文字上摸索，則永遠和禪法沾不上邊。他指出：悟道沒有任何的方便，只須力行實踐，親自參悟。禪的精神，是實際的生活、實際的體驗。

第四六則 鏡清雨滴

【題解】 通常人皆持人境之見，認為境（客物）處在人（主觀）的對立面，實際上，這種把人與境、主觀與客觀分解成二物加以對立的看法本身便是一種謬誤。禪師則不是這樣。在他們看來，人應與境合一，物我相忘，沒入蓋天蓋地的雨聲裡。此時二而為一，便能體會到真人（真正的主觀）與真如（真正的客觀），進入化境。

舉

鏡清問僧：「門外什麼聲？」（等閑垂一釣，不患耳聾麼❶？問作什麼？）

僧云：「雨滴聲。」（不妨實頭，好箇消息。）

清云：「眾生顛倒❷，迷己逐物❸。」（慣得其便❹，鐃鉤搭索❺，還他本分手腳，事生也。）

僧云：「和尚作麼生？」（果然納敗闕❻。鎗頭一轉，不妨難當，卻把鋒頭倒刺人。）

清云：「洎不迷己❼。」（咄！卻回鎗頭，直得分疏不下。）

僧云：「洎不迷己，意旨如何？」（逼殺❽人，拶殺這老漢，前箭猶輕後箭深。）

清云：「出身❾猶可❿易，脫體⓫道應難。」（直得分疏不下，養子之緣。雖然如是，德山臨濟向什麼處去？不喚作雨滴聲，喚作什麼聲？向什麼處？）

【注　釋】❶不患耳聾麼　意謂分明是雨聲。患，指生病。❷眾生顛倒　指眾生不明自性，逐妄迷真，隨順妄惑而造妄業，由此妄業輾轉相生，輪轉三界，不能返妄歸真。眾生，指人及一切有情識的生物。❸迷己逐物　迷真性之己，逐聲塵之物。❹慣得其便　謂這位僧人因逐聲塵而失，鏡清道怤卻得其利。慣，習慣；經常。便，指利益、好處。❺鐃鉤搭索　謂被一句包括，轉身不得。鐃，一種打擊樂器。形制與鈸相似，唯中間隆起部分較小，其徑約當全徑的五分之一。以兩片為一副，相擊發聲。大小相當的鐃與鈸，鐃所發的音低於鈸而餘音較長。鉤，鉤子。用於鉤取、連結或懸掛器物的工具。❻果然納敗闕　意謂沒有超乎尋常的手段。❼洎不迷己　砥礪自我，不使本心迷失。洎，浸潤；浸泡。❽殺　副詞。用在謂語後面，表示程度之深。❾出身　指禪宗僧人從迷亂的世界中撥出身子。❿猶可　尚可；還可以。⓫脫體　指擺脫塵世煩惱，得悟真諦的境界。

【語　譯】舉說公案：鏡清道怤問一位僧人：「門外是什麼聲音？」（隨隨便便垂一釣，鏡清道怤是不是耳朵聾了？問人做什麼？）僧人回答說：「是下雨的聲音。」（的確是個實心眼的人，下雨聲是一個好消息。）鏡清道怤說：「這就是一般眾生的顛倒妄想，迷失了自己清淨的本性，去外界追逐俗物。」（鏡清道怤一向是占上風，這句話使人動彈不得，還給他本色手段，本分事就會發生。）僧人問：「師父的意思怎麼樣？」（果然占下風。槍頭一轉，確實難以抵擋。這位僧人卻把槍頭倒過來對準人。）鏡清道怤回答說：「磨練自我，不迷失自己的清淨本性。」（咄！卻回轉槍頭，弄得分辨不出高下。）僧人問：「磨練自我，不迷失自己的清淨本性。這句話的用意是什麼？」（這機鋒咄咄逼人，逼得鏡清道怤這老漢無路可走。這僧前面的提問機鋒輕淺，後面的提問機鋒峻烈。）鏡清道忞回答說：「從這個迷亂的世間脫出身來還算比較容易，但要用語言把這種出世、解脫的心境如實地表達出來，那就很困難了。」（弄得分辨不出高下，鏡清道忞太慈悲了。儘管這樣，喜歡行棒行喝的德山宣鑒、臨濟義玄到什麼地方去了？不叫做下雨的聲音，叫做什麼聲音？到什麼地方去？）

評唱

古人垂一機一境，只要接人。鏡清問僧云：「門外什麼聲？」僧云：「勃鳩❶聲。」清云：「欲得不招無間業❷，莫謗如來❸正法輪❹。」又有時問：「門外什麼聲？」僧云：「蛇吞蝦蟆聲。」清云：「將謂眾生苦，更有苦眾生❺。」與者般公案無異。衲僧家若於此透得去，於聲色中，不妨自在；若透不得，便被聲色所拘。

這般公案，南方謂之「煅煉語」。若是煅煉語，只成心行❻，不見他古人為人處。亦喚作「透聲色」，一明道眼❼，二明聲色，三明心宗❽，四明忘情❾，五明展演❿。然不妨子細，爭奈有窠臼！

鏡清恁麼問：「門外什麼聲？」僧云：「雨滴聲。」清卻道：「眾生顛倒，迷己逐物。」人多錯會，喚作故意轉人，且得勿交涉。鏡清有為人底手腳，膽大不拘一機一境，忒煞不惜眉毛。他豈不知是雨滴聲？何消⓫更問？你須知古人以探竿影草要驗人，者僧便挨拶道：「和尚作麼生？」直得鏡清橫身⑫，入泥入水向他道：「洎不迷己。」其僧迷己逐物則故是，鏡清為什麼道：「迷己逐物」？須知驗他句中，便有出身處。這僧太懞懂⑬，要勦絕此語，更問道：「只這『洎不迷己』，意旨如何？」若是德山、臨濟門下，棒喝以行。鏡清通一線道，隨他打葛藤道：「出身猶可易，脫體道應難。」雖然恁麼，古人道：「相續也大難」，一句與他明腳跟下事⑭。

【注　釋】❶勃鳩　鳥名。天將雨時其鳴甚急，俗稱水鵓鴣。❷無間業　指犯五逆罪者所作之業，導致受無間地獄苦果。犯五逆罪者，臨終之際，必定墮入地獄而無間隔，故稱無間業。❸如來　佛的別名。梵語意譯。「如」，謂如實。「如來」即從如實之道而來，開示真理的人。又為釋迦牟尼的十種法號之一。❹正法輪　指佛法。❺將謂眾生苦二句　意謂苦中有苦。❻心行　於心所起之分別意識、妄想、計較分別。❼道眼　指觀道之眼；徹見妙道之眼。❽心宗　謂心性根源。❾忘情　無喜怒哀樂之情。❿展演　展開演說，即說法。⓫何消　猶何須。意謂用不著。⓬橫身　挺身，置身。⓭懞懂　迷糊；糊塗。⓮腳跟下事　禪宗僧人的本分事，即當下悟入、明心見性的事。

【語　譯】圜悟克勤評唱：從前的禪師向人開示一機一境，主要是為了接引後學。有一天鏡清道怤問一位僧人：「門外是什麼聲音？」僧人回答說：「鵓鳩鳴叫的聲音。」鏡清道怤說：「你如果想要不造作下無間地獄的罪業，就不要譭謗如來佛祖的正法。」有時鏡清道怤會問：「門外是什麼聲音？」僧人回答說：「是蛇咬蝦蟆的聲音。」鏡清道怤說：「我本來以為眾生苦惱，誰知還有更苦惱的眾生。」這段話和上述那則公案沒有什麼兩樣。禪宗僧人如果能從這裡參透出去，即使處在聲色的環境之中，也是非常自由自在；如果參透不出去，就會被聲色的環境所束縛。

這類公案，南方的禪師叫做「磨煉禪宗僧人的語句」。如果是磨煉禪宗僧人的語句，反而容易成為計較分別，而不瞭解從前的禪師接引學人的用意。此外，也叫做「透聲色」，那就是一明道眼，二明聲色，三明心宗，四明忘情，五明展演。可是還要非常仔細，不要落在前人的窠臼之中。

鏡清道忲這樣問一位僧人：「門外是什麼聲音？」僧人回答說：「是下雨的聲音。」鏡清道忲說：「這就是一般眾生的顛倒妄想，迷失了自己清淨的本性，去外界追逐俗物。」人們往往會錯誤地理解他的用意，認為鏡清道忲故意轉移別人思考的方向。其實這種說法與鏡清道忲的用意一點也沒有關係。鏡清道忲有接引學人的手段，膽識過人，從來不拘泥一機一境，不惜使用言辭說教，即使眉毛掉光也不怕。鏡清道忲難道會不知道是下雨的聲音嗎？何必再問？你應該知道從前的禪師是用探竿影草的手段來勘驗僧人，這位僧人也喜歡較量機鋒，便說：「師父的意思怎麼樣？」他這一問真叫鏡清道忲放下架子，苦口婆心地啟發他說：「磨練自我，不迷失自己的清淨本性。」這位僧人聽了仍舊是迷失了自己清淨的本性，仍舊去外界追逐俗物，鏡清道忲為什麼說「迷失自己清淨的本性，而去外界追逐俗物」？須知鏡清道忲在勘驗僧人的話中自有他轉身的出路。這位僧人太茫然無知了，想要破除這個問題的疑惑，更進一步問：「就這『磨練自我，不迷失自己的清淨本性』的用意是什麼？」如果在德山宣鑒、臨濟義玄的門下，早就棒喝交加了。鏡清道忲為了讓他有路可循，於是放開一線之道，順著他的話題說：「從這個迷亂的世間脫出身來還算比較容易，而要用語言把這種出世、解脫的心境如實地表達出來，那就很困難。」儘管這樣，從前的禪師說：「相連也很難」，鏡清道忲這句話已經向那位僧人指出了明心見性的本分大事。

頌

虛堂①雨滴聲，（從來無間斷，大家在這裡。）

作者難酬對❷。（果然不知，有權實❸放收、殺活縱擒，山僧從來不作家。）
若謂曾入流❹，（倚勢欺人，也不得草草。）
依前還不會❺。（山僧幾曾❻問你？這漆桶，還我無孔鐵鎚來！）
會不會？（兩處坐斷❼，兩處不分，不在兩邊。）
南山北山轉霶霈❽。（頭上腳下，若喚作雨滴聲則瞎；若不喚作雨滴聲，喚作什麼聲❾？到這裡，須是腳跟踏實地❿始得。你莫喚作雨滴聲，便打。）

【注釋】❶虛堂　高大的廳堂，大堂。❷作者難酬對　意謂如果作雨聲，則心外見法；如果不作雨聲，則破諸法相，故難以酬對。❸權實　謂佛法之二教，權教為小乘說法，取權宜義，法理明淺；實教為大乘說法，顯示真要，法理高深。❹入流　小乘四果的第一果。謂初入聖人之流。❺依前還不會　謂不是雨滴聲，則破法位，故云不會。❻幾曾　何曾；哪曾。❼兩處坐斷　能超越是非、善惡、有無等兩邊，全無對立障礙。❽霶霈　大雨。霶，雨雪盛貌。霈，雨雪充沛貌。❾若不喚作雨滴聲二句　意謂應該仔細參究，超出這兩頭，才能知道歸處。❿腳跟踏實地　意謂明悟心地。

【語譯】雪竇重顯頌古：虛堂雨滴聲，（這雨聲從古至今不間斷，大家在這裡。）作者難酬對。（果然不知道，這句頌古有權教、實教，也有放行、把住；有殺活，也有擒拿、放縱，我從來就不是一個機用傑出的行家高手。）若謂曾入流，（仗勢欺人，也不得草草了事。）依前還不會。（我何曾問過你？這漆桶，還給我無孔鐵鎚！）會不會？（截斷會與不會的念頭，會與不會其實是一回事，不在這兩邊。）南山北山轉霶霈。（頭上腳下都是雨水，如果叫做下雨聲就是瞎子，如果不叫做下雨聲，那又應該叫做什麼聲音？到這裡，必須得腳跟踏實地才行。你不叫做下雨聲，就該挨打。）

評唱

「虛堂雨滴聲，作者難酬對」，若喚作雨滴聲，則是迷己逐物；若不喚作雨滴聲，又如何轉變❶？到者裡，任是作者也難酬對。古人道：「見與師齊，減師半德；見過於師，方堪傳受❷。」德山棒下，臨濟喝中，具無生忍❸。

「若謂曾入流，依前還不會」，故教中道：「初於聞中，入流忘所❹，所入既寂❺，動靜二相❻，了然❼無生❽」。若道是雨滴聲，也不是❾；若道不是雨滴聲，也不是❿。前頭頌睦州兩喝與三喝話，正類此頌。若道入聲色之流，也不是；若喚作聲色，依前還不會他意。譬如以指指月⓫，月不是指。會與不會，「南山北山轉霶霈」也。

【注釋】❶轉變　泛指諸法的轉化變異之相。❷見與師齊四句　這是禪林稱讚、鼓勵弟子超過師父的習語。禪師接引弟子時，如弟子的見解、智慧不凡，有超越其師之處，則禪師常用此語表示對此弟子的激賞、首肯。德，德教；教化。見過於師二句，謂弟子之智見超越師父之時，才具備授予禪師的資格。❸無生忍　謂通達無生無滅之理而不動心。❹所　指言教音聲。❺寂　涅槃的別稱。指度脫生死、寂靜無為的境地。❻動靜二相　為事物所具有的二種相狀。動為活動的一面，靜為止息的一面。❼了然　明瞭。❽無生　謂諸法之實相無生無滅。❾若道是雨滴聲二句　意謂被聲塵所轉。❿若道不是雨滴聲二句　意謂不達聲塵之實相。⓫月　喻指真性。

【語　譯】圜悟克勤評唱：「虛堂雨滴聲，作者難酬對」，你如果把它叫做下雨聲，那就迷失了自己清淨的本性，去外界追逐俗物；如果不叫做下雨聲，那又該怎樣轉化變異呢？面對這種情形，即使是機用傑出的大禪師，也很難酬答應對。所以從前的禪師說：「見與師齊，減師半德；見過於師，方堪傳授。」在德山宣鑒的大棒之下，在臨濟義玄的大喝聲中，具無生忍。

「若謂曾入流，依前還不會」，所以《楞嚴經》說：「最初在聞性中修，入流就逐漸忘記了所聞的聲音，所進入耳中的聲音既然已經消失，那就寂然不動，動和靜二種現象，一時都不存在，再不生出。」如果說它是下雨聲，顯然不對；如果說不是下雨聲，也不對。前面「睦州三喝」的頌古中的「兩喝與三喝」，正像這首頌古一樣，如果說入聲色之流，那是不對的；如果叫做聲色，仍舊還是不理解它的意思，這就像用手指頭指著月亮，月亮卻不是手指頭。至於要說懂還是不懂，還是看「南山北山轉霶霈」。

【說　明】「出身猶可易，脫體道應難。」出身——從這個迷亂的世間拔出身來——獲得解脫的境地還算是比較容易的；而通過語言把這一出世、解脫的心境如實地、形象地表現出來可就很困難了。也就是說如實再現體驗所獲得的東西比體驗本身還難。要獲得這種體驗，僅僅達到主張「我從不迷失自己的清淨本性」的小乘羅漢的境界的人是絕對不可能的。「和光同塵」——把自己所悟得的光柔和地投射到塵世即眾生顛倒癡妄的迷亂世界中，與這種迷世合一，而且還要堅持不懈地進行努力，使自身悟得的真理，好好地、真正地在這個世界、在這些迷倒眾生身上再現出來。鏡清禪師把這種化境表達為「洎不迷己」，這句話真是意味深長。

第四七則　雲門六不

【題解】「六」指六根、六境、六大、六合等佛教用以概括諸法實相的基本法數（名相）；「收」，收攝包含之義。法身為真如法性之理體，廣如太虛，縱極三際，橫涉十方，乃一絕對之本體，故非六根等相對世界所能收攝包含。雲門文偃所回答的「六不收」，既充分顯露出法身的鮮活，亦以之示導學人，如欲直下承當生死迷悟之津梁，究盡「六不收」的本源，只有自己去開拓不可思量、不可言說的境地。

示眾

「天何言哉❶？四時❷行焉。地何言哉？萬物生焉❸。」向四時行處，可以見體；於萬物生處，可以見用。且道，向什麼處見衲僧？離卻❹言句動用❺、行住坐臥，閉卻咽喉唇吻❻，還道得麼？試請舉看。

舉

僧問雲門：「如何是法身❼？」（多少人疑？千聖跳不出❽，漏逗不少。）

門云：「六不收❾。」（斬釘截鐵❿，八角磨盤空裡走⓫，靈龜曳尾⓬。）

【注釋】❶哉　語氣助詞。表示疑問。❷四時　四季。❸焉　兼有介詞加代詞的功能，相當於介詞「於」加代詞「此」或「是」。❹卻　助詞。用在動詞後面，表動作的完成。❺動用　使用。❻咽喉唇吻　借指言詞，口舌，口才。咽，消化和呼吸的通道，位於鼻腔、口腔的後方，喉的上方。喉，人和陸棲脊椎動物呼吸道的前端部分，上通咽，下接氣管，兼有通氣和發音的功能。也叫喉頭。唇吻，指口；嘴。❼法身　即自性身，這是成就佛法的身體，這身體不以物理言，而是精神意義。一切眾生皆有佛性，這佛性若在隱位，或潛存狀態，為如來藏；若這如來藏顯現出來，則為法身。所謂「隱名如來藏，顯名法身」。這是法身最明顯的特性，具有常住義。它不隨人的色身敗滅而消失，可長存於天地間。大乘佛法人士能證得法身，其生命即有永恆意義，不必如小乘一樣灰身滅智。因法身不同於色身，它是常住不滅的。❽千聖跳不出　因為法身涉過去、現在、未來三際，遍十方。❾六不收　意謂不受六根門戶的局限，而能超越六根、六識的限制和六塵的障礙。即通過參禪的大死一番之後，捨棄自我，直接體驗「空」與「自我」的境界。六，指六根、六識、六塵。❿斬釘截鐵　意謂「六不收」是「截斷眾流」句。⓫八角磨盤空裡走　意謂雲門文偃的答語無蹤跡可尋。⓬靈龜曳尾　謂雲門文偃涉及語言。

【語譯】圜悟克勤開示：上天默默無語，而一年四季寒暑的變化，晝夜的更迭卻在不停地進行著；大地也是默默無語，而地面上的萬物卻在不聲不響中生長著。你可以從一年四季的變化、晝夜的更迭中看見法身的「體」，也可以從萬物的生長中看見法身的「用」。你來說說看，從什麼地方去認識一個真正有道行的禪宗僧人呢？如果捨棄了言語動作的運用、行住坐臥的威儀，甚至連發出聲音的咽喉、嘴唇都用不著，你還說得出嗎？試舉一則公案給你們看看。

舉說公案：有一位僧人問雲門文偃：「什麼是法身？」（天下不知有多少人懷疑這法身？歷代祖師都跳不出法身的圈套，這個問題有不少疏漏。）雲門文偃回答說：「六不收。」（斬釘截鐵，八角磨盤在天空中奔跑，神龜拖著一條尾巴。）

評唱

雲門道：「六不收。」向朕兆未生時，構得去，是第二頭❶；朕兆生後構得去，是第三首❷；若向言句上辨認，卒摸索不著。且道，畢竟如何是法身？若是作家，聊聞[3]舉著，踢起便行[4]；苟或佇思停機，且伏聽處分。

你不見太原孚上座講《維摩經》，至法身義處，一禪客在座下聽，乃問座主[5]：「適來講者是諸佛法身，那箇是座主法身？」主云：「法身之理，豈有異耶？」者云：「如人說食，終不濟飢；欲了心源[6]，以悟為則。」孚云：「某甲說法身義只如此，卻請道者[7]為我說。」者云：「且罷講數日，於空室[8]中靜坐[9]，體取法身。」孚一依言，端居[10]靜坐，早辰聞鼓角[11]聲，忽然大悟。乃云：「始知本來無物，洎合[12]空過一生。」

《金光明經》[13]云：「法身無相[14]，應物現形。」僧問夾山[15]：「如何是法身？」山云：「法身無相。」僧云：「如何是法眼[16]？」山云：「法眼無瑕[17]。」

這僧問：「如何是法身？」雲門卻道：「六不收。」有者道：「只是六根、六塵[18]、六識[19]，皆從法身生。六根等一十八界[20]收他不得，喚作六不收。」且喜勿交涉！你若恁麼會，帶累他雲門。要見便見，無你穿鑿處。不見經中道：「是法非思量分別之所能解。」他雲門答話，多惹人情解，更不辜負人問頭。應時應節、一言一句、一點一畫，不妨有出身處。故云：「一句透，千句萬句一時透。」

【注　釋】❶第二頭　指玄妙禪法以外的事理。❷第三首　逐末失本之意。❸聞　略微；絲毫。❹踢起便行　謂早領玄旨而去。踢，同「惕」。疾速。❺座主　禪林常稱從遠方來參問的講經僧為「座主」。❻心源　指心性，亦指真如。心為一切萬有之根源，故稱。❼道者　謂修行佛道者，後指禪林中的行者，或投佛寺求出家尚未得度者。❽空室　淨室。❾靜坐　排除雜念，閉目安坐。是學佛人的一種修養方法。❿端居　謂平常居處。⓫鼓角　戰鼓和號角，兩種樂器。軍隊亦用以報時、警眾或發出號令。⓬洎合　幾乎。⓭金光明經　佛經名。北涼曇無讖譯。四卷。與《法華經》、《仁王經》同為鎮護國家的三部經。說誦讀流佈此經的國土，將受到四天王諸神的保護。⓮無相　無形相之意。⓯夾山　法名善會（西元八〇五～八八一年），唐代禪僧。廣州峴亭人，俗姓廖氏。出家後參謁船子德誠，遂嗣其法。後住澧州（治今湖南澧縣）夾山，大揚禪風，世稱「夾山善會」。⓰法眼　指徹見佛法正理的智慧眼。⓱瑕　玉上的斑點或裂痕。比喻事物的缺點或人的過失、毛病。⓲六塵　即色、聲、香、味、觸、法。與「六根」相接，便能染污淨心，導致煩惱。⓳六識　佛教所稱之眼識、耳識、鼻識、舌識、身識、意識。謂眼、耳、鼻、舌、身、意六根，對色、聲、香、味、觸、法六塵，而生見、聞、嗅、味、覺、知六種認識作用。⓴一十八界　佛教以人的認識為中心，對世界一切現象所作的分類。或說，人的一身即具此十八界。包括能發生認識功能的六根（眼界、耳界、鼻界、舌界、身界、意界），作為認識對象的六境（色界、聲界、香界、味界、觸界、法界）和由此生起的六識（眼識界、耳識界、鼻識界、舌識界、身識界、意識界）。

【語　譯】圜悟克勤評唱：雲門文偃說：「六不收。」這句話真叫人難以明白。你如果在事情的徵兆未出現以前就明白了，那就是第二頭；你如果在徵兆已經出現的時候才明白，那又落在第三頭；你如果想從言句上去辨認，那就更摸不到頭腦了。你來說說看，到底什麼是法身呢？如果是一位機用傑出的行家高手，一聽見禪師舉示，馬上就走；如果陷入分別思慮，使心神疑惑呆滯，那就只好恭順地聽從我的處理。

太原孚上座有一天登上法座講《維摩經》，當他說到法身義的時候，一位禪客在下面聽法，於是問孚上座：「剛才講這是諸佛的法身，哪個是座主的法身？」孚上座反問：「法身的義理難道有什麼兩樣嗎？」禪客說：「就像一個人只是在口中說食物，終究解決不了肚子的饑餓；如果想明瞭心性，應該以是否覺悟作為標準。」太原孚上座說：「本人一直是這樣說法身義，現在請禪者為我說說看。」禪客說：「這幾天你不妨暫時停止講經說法，在靜室中閉目打坐，可以親自證得法身。」孚上座按照他的話去閉目靜坐，有一天早晨聽見戰鼓和號角的聲音，豁然大悟，說：「到現在才知道本來無一物，這輩子差點白過了。」《金光明經》說：「法身無相，應物現形。」也有僧人問夾山善會：「什麼是法身？」夾山善會回答說：「法身無相。」僧人又問：「什麼是法眼？」夾山善會回答說：「法眼非常明亮。」

這位僧人問：「什麼是法身？」雲門文偃卻回答說：「六不收。」提起這則公案，有的人往往會說：「這六根、六塵、六識都是從法身中產生出來的，六根等十八界收他不得，所以叫作『六不收』。」幸好這種說法與雲門文偃的原意沒有什麼關係！你如果這樣理解，還連累了雲門文偃。要領悟禪法即刻就可領悟，沒有讓你可以有穿鑿附會的地方。佛經中說：「這種法門不是思慮分別就能理解的。」雲門文偃的答話，往往會引起人們的俗情妄解，但不會對不起參禪者的問話。他的答話能夠適應各種不同的根機，一言一句，一點一畫，確實都有轉身的出路。所以說：「參透了一句，千句萬句都一齊參透了。」

頌

一二三四五六❶，（終而復始❷，費許多工夫作什麼，滴水滴凍❸。）

碧眼胡僧數不足❹。（三生六十劫❺，達摩何曾夢見？闍黎為什麼知而故犯❻？）

少林謾道付神光❼，（一人傳虛，萬人傳實❽，從頭邊已錯了也。）

卷衣又說歸天竺❾。（賺殺一船人不少。）

天竺茫茫❿無處尋，（在什麼處，始是國太平？而今在什麼處？）

夜來卻對乳峰宿⑪。(刺破你眼睛，咄！又無風起浪，打！且道，是法身、是化身⑫？放⑬你三十棒。)

【注釋】❶一二三四五六　意謂一不落二，二不落三四五六。當體不動，就是不落數量。❷終而復始　謂不斷地循環往復。❸滴水滴凍　謂一不移，二當位。❹碧眼胡僧數不足　意謂禪旨不是數目所及，故達摩數不盡。❺三生六十劫　二十劫為一生。❻闍黎為什麼知而故犯　謂雪竇重顯明知禪法與數目無關，為何要這樣頌出。❼少林謾道付神光　謂佛祖從來不曾將禪法授人，達摩在少林寺將禪法授神光也只是傳說。謾道，休說；別說。❽一人傳虛二句　意謂真理乃各人所自悟自得，一涉及語言文字則失其實。❾卷衣又說歸天竺　意謂達摩說付法神光，又說西歸天竺，其實都是假相之談，從未見真的祖師。天竺，印度的古稱。❿茫茫　渺茫；模糊不清。⓫夜來卻對乳峰宿　意謂不必向外尋，各自看腳下。乳峰，在雪竇寺附近。⓬化身　佛三身之一。指佛、菩薩為化度眾生，在世上現身說法時變化的種種形象。⓭放　免去。

【語譯】雪竇重顯頌古：一二三四五六，(周而復始，花費這麼多工夫做什麼，滴水滴在冰凍上。) 碧眼胡僧數不足。(達摩數到三生六十劫也數不完，達摩何時夢見過禪法？和尚為什麼明知故犯？) 少林謾道付神光，(眾人都聽一人的說法會失其實，各人自證自悟才是真，從一開始就錯了。) 卷衣又說歸天竺。(折騰了不少人。) 天竺茫茫無處尋，(到底在什麼地方？無處尋才是一國太平。如今在什麼地方？) 夜來卻對乳峰宿。(刺瞎你的眼睛，咄！又是無風起浪，打！你來說說看，是法身，還是化身？饒你三十棒。)

評唱

雪竇善能於無縫罅❶處，出一隻眼❷，頌出教人見。雲門道：「六不收」，為什麼雪竇卻道：「一二三四五六」？直是「碧眼胡僧數不足」！所以道，只許老胡知，不許老胡會。須是還他屋裡人始得。

適來一言一句，應時應節。若透得去，不在言句中；其或未然，不免作情解。五祖老師道：「釋迦牟尼佛，下賤客作兒❸；庭前柏樹子，一二三四五❹」，若向雲門言句下，諦當❺見得，相次❻到者境界。

「少林謾道付神光」，二祖始名神光，及至後來，改慧可。達摩初來見武帝，不契，遂九年面壁，已後隻履西歸❼。其實此事，不在分付；既無分付，「卷衣又說歸天竺」！「天竺茫茫無處尋」，為什麼此土卻有二三，遞相傳授，來至如今？到這裡，不妨誵訛，須是搆得始得。

「天竺茫茫無處尋，夜來卻對乳峰宿」。且道，即今在什麼處？師打又云：

「瞎！」

【注釋】❶罅　縫隙。❷一隻眼　指於佛法上具有真實正見的慧眼，非凡夫的肉眼。❸釋迦牟尼佛二句　圜悟克勤引此語是要人們知道從第一機上頌過來，報身、化身都不是真佛，何況超過法身者。客作兒，舊時對雇工的稱呼，含鄙薄意。禪家常用作斥罵之語，含有不見自心佛性，盲目隨逐外物之義。❹庭前柏樹子二句　意謂不是法身，不是祖師，要明白嗎？除非打破鐵壁。❺諦當　精當；妥貼。❻相次　依為次第；相繼。❼隻履西歸　達摩圓寂以後葬在熊耳山，但一般都傳說南北朝時北魏的使者宋雲出使到西域，在蔥嶺遇見達摩提著一隻鞋子回印度去，宋雲回國以後奏明北魏的君王，打開達摩的墳墓，只見墳墓內僅留下一隻鞋子而已。

【語　譯】圜悟克勤評唱：雪竇重顯善於從沒有縫隙的地方生出一隻法眼，然後頌出來讓人能夠明白。雲門文偃說：「六不收」，雪竇重顯為什麼卻說「一二三四五六」？即使是「碧眼胡僧數不足」。所以說，只許老胡自證自悟，不許老胡作解會。必須得雲門文偃門下的嗣法弟子才能明白。

剛才說過一言一句，能適應各種不同的根機。如果能從這裡參透過去，然後才知道禪法不在言句上；如果參透不過去，難免會產生俗情妄解。先師五祖法演說：「釋迦牟尼佛，下賤客作兒；庭前柏樹子，一二三四五。」如果從雲門文偃的言句下確切地明白了，那麼就會依次進入五祖法演說的境界。

「少林謾道付神光」，二祖原來名叫神光，後來改名叫慧可。達摩最初是見梁武帝，不料因緣不契合，於是到少林寺面壁九年，圓寂後又提著一隻鞋子回印度去了。其實此事不在傳法；既然沒有傳法，「卷衣又說歸天竺」。「天竺茫茫無處尋」，為什麼中國卻有二祖、三祖，一直傳授到現在？到這裡，真是叫人愈搞愈糊塗了，只有明瞭自性才會知道這是怎麼一回事。

「天竺茫茫無處尋，夜來卻對乳峰宿」。你來說說看，達摩如今在什麼地方？雪竇重顯打過之後說：「瞎了眼的傢伙！」

【說　明】禪是身心大死一番之後，滅卻了己心之後，回返真正的自我的通途。「法身」指的是捨棄自我、展現了「空」與「無我」的極至境界。死於「六不收」，則從「六不收」處大活。此時，就可以躍出雲門文偃深奧的禪語之外，直接體會活法身的境界。如果落入言句之中，就很難識得法身。

雪竇重顯頌古的意思是說：法身超越時間空間，非時空所容。達摩祖師在少林寺把禪法傳授給神光，這不過是一種傳說罷了。又傳說達摩祖師卷衣回印度去了，可是茫茫大地，又無從追尋。昨天夜晚，他還面對我所在的乳峰，在那裡打坐呢！這是在說達摩的禪法不滅，無處不在。既可說他面對乳峰打坐，也可說他在其他地方打坐，這是顯示禪的遍在性。

第四八則　太傅煎茶

【題解】圜悟克勤讚賞王太傅、雪竇重顯有鮮活的禪機，認為他們是在參活句；而朗上座、明招德謙的手段不灑脫，追逐言句，是在參死句。

示眾

一鎚便成，超凡超聖❶；片言❷可折，解粘去縛。如冰凌上行，劍刃上走❸，聲色堆裡臥，聲色頭上行❹。縱橫妙用❺則且致❻，剎那便去時又作麼生？試請舉看。

舉

王太傅❼入招慶❽煎茶。（作家相聚，須有奇特，等閑無事，大家著一隻眼看，惹禍❾來也。）

時朗上座❿與明招把銚⓫，（弄泥團漢一火⓬，又不會煎茶，帶累他傍人。）

朗翻卻茶銚，（事生也，果然！）

太傅見，問朗上座：「茶爐下是什麼？」（果然禍生也。）

朗云：「捧爐神。」（果然中他一箭！不妨奇特。）

太傅云：「既是捧爐神，為什麼翻卻茶銚？」（何不與他本分草料？事生也。）

朗云：「仕官⑬千日，失在一朝⑭。」（錯指註！是什麼語話？杜撰⑮禪和，如麻似粟。）

太傅拂袖⑯便出。（灼然作家，許⑰他具一隻眼。）

明招云：「朗上座喫卻招慶飯了，卻去江外打野榸⑱。」（更與三十棒，這獨眼龍，也只具得一隻眼，須是他明眼人驗過始得⑲。）

朗云：「上座作麼生？」（撈著，也好與一撈，終不作這般死漢郎當⑳見解。）

招云：「非人得其便。」（具一隻眼，道得一半，一手抬一手搦。）

師云：「當時但踏倒茶爐。」（爭奈賊過後張弓？雖然如是，也未稱德山門下客，一等是勃郎勃賴㉑，就中也其奇特。）

【注釋】❶超凡超聖　超然於塵世之外。指得道。❷片言　簡短的文字或語言。❸如冰凌上行二句　喻指禪師接引學人的手段不留蹤跡。冰凌，冰；冰柱。❹聲色堆裡臥二句　謂禪師受用雖然在笙歌聲裡，紅粉堆中，卻不曾被聲色所惑，能轉物且遊於物之外。❺妙用　神妙的作用。❻致　放置。❼王太傅　五代時居士，名王延彬。曾任泉州刺史達二十六年之久。宿奉佛法，通達禪理。師從長慶慧稜得悟，嗣其法。❽招慶　寺院名，在今福建泉州。❾惹禍　招致禍患，闖禍。❿朗上座　法名慧朗，五代禪僧。參長慶慧稜得悟，嗣其法，為同門中之皎皎者，通稱為「朗上座」。住福州報慈院。⓫銚　一種帶柄有嘴的小鍋。⓬弄泥團漢一火　意謂明招德謙、朗上座兩人的手段都不脫灑。⓭仕官　為官；任職。⓮一朝　一時；一旦。⓯杜撰　謂沒有根據地編造；虛構。⓰拂袖　甩動衣袖。表示憤怒、不悅。⓱許　佩服；稱許。⓲朗上座喫卻招慶飯了二句　謂朗上座不行本分正路，只管隨人言語轉動。打野榸，叩枯木根之意，謂遊方行腳，語含貶義。榸，枯木之根。⓳須是他明眼人驗過始得　謂明招獨眼龍的判語不允當，不是明眼人。⓴郎當　囉嗦。㉑勃郎勃賴　謂無風流蘊藉，猶破落戶。

【語　譯】圜悟克勤開示：一個大機大用的禪師，一錘之下可以使人大徹大悟；他開示的一言半句，可以使人信服，也可以使人解除俗情妄念的粘著與束縛。他接引學人的機鋒就像在冰柱上和劍刃上行走一樣不留痕跡，即使有時置身在歌舞聲中，有時在紅粉堆裡打轉，也都能如此。如果不提縱橫無礙，自由自在，剎那之間便離開時會怎麼樣？試舉一則公案給你們看看。

舉說公案：太傅王延彬居士到招慶院煮茶。（機用傑出的行家高手相聚在一起，應該會有奇特之事；一般的人相聚在一起，不會有事。大家睜開一隻法眼來看，王太傅入寺院煮茶是引起禍端的先兆。）朗上座和明招德謙手持茶鍋，（一夥玩弄泥巴的傢伙，又不會煮茶，連累其他人。）朗上座把茶鍋弄翻了，（出事了，果然！）王太傅見此情景，便問朗上座：「茶爐下是什麼？」（果然惹出禍來了。）慧朗回答說：「捧爐神。」（果然中他一箭，非常奇特。）王太傅說：「既然是捧爐神，為什麼會弄翻了茶鍋？」（王太傅為什麼不對慧朗行棒行喝？出事了。）慧朗回答說：「即使做官千日，也會有丟官之時。」（胡說八道！這是什麼話？向壁虛構的禪宗僧人，多得如麻如粟。）王太傅拂袖而去。（王太傅顯然是一個機用傑出的行家高手，好在他具備一隻法眼。）明招德謙說：「朗上座吃了招慶院的飯，卻去江外敲打枯樹的根。」（應該給他三十棒，這獨眼龍確實只有一隻眼，應該由法眼明亮的人驗過才行。）慧朗問：「上座的意思怎麼樣？」（這句話要逼得明招德謙無路可走，也好與他較量一番機鋒，始終不應該產生這種死漢一樣的只說道理的見解。）明招德謙回答說：「不是人弄翻的，是捧爐神乘虛而入弄翻的。」（只具備一隻眼睛，所以只說出了一半，一手往上抬，一手往下按。）

雪竇重顯說：「當時只要踢倒茶爐就沒事了。」（無奈的是盜賊過去之後才架設弓箭，儘管這樣，還稱不上是德山宣鑒門下的禪客，同樣是不瀟灑，雪竇重顯的手段比他們三位奇特。）

評唱

王太傅知❶泉州，乃久參招慶。一日因入寺，時朗上座煎茶次，翻卻茶銚。太傅也是作家，見他翻銚，便問上座：「爐下是什麼？」朗云：「捧爐神」，不妨言中有響，爭奈首尾相違❷、失卻宗旨，傷鋒犯手。不唯辜負自己，亦乃觸忤❸他人。者箇雖是無得失底事，若拈起來，依舊有親疏❹、有皂白❺，若論此事，不在言句上，卻要言句上辨箇活處。所以道，他參活句，不參死句。

據朗上座與麼道，如狂狗趁塊❻相似。太傅似不肯，拂袖便行。明招道：「朗上座喫卻招慶飯了，卻去江外打野榸。」野榸者，即是荒草中，火燒餘樁❼橑❽木頭也，謂之榸。用明朗上座不向正處❾行，卻向外邊走。朗拶云：「上座作麼生？」招云：「非人得其便。」明招自然有出身之處，亦不辜負他所問。所以道：「俊狗咬人，不露牙爪❿。」

大溈喆云：「王太傅大似相如奪璧⓫，直得怒髮衝冠⓬。」蓋明招忍俊不禁，難逢其便⑬。大溈若作朗上座，見他太傅拂袖便行，放下茶銚，呵呵大笑。何故？見之不取，千歲難逢。欲知佛性義，當觀時節因緣。

【注釋】❶知　主持；執掌。❷首尾相違　「首」謂「捧爐神」，「尾」謂「仕官千日，失在一朝」。相違，彼此違背。❸觸忤　冒犯。❹親疏　與禪法協合相應為「親」，隔離不合為「疏」。❺皂白　黑與白。多比喻非與是。❻狂狗趨塊　意謂不會咬人，只會追隨人們的言句，沒有活處。趨，追求；追逐。塊，土塊。❼椿　指樹木等砍伐折斷後殘留在地上的部分。❽橑　柴薪。❾正處　正當的地方。❿俊狗咬人二句　喻指明招德謙的語意。俊，雄健；英武。⓫相如奪璧　戰國時，趙惠文王得到了楚國的和氏璧。秦昭王致信趙王，願以十五城換璧。趙國大臣藺相如自願奉璧出使秦國，並表示：「城入趙而璧留秦；城不入，臣請完璧歸趙。」藺相如入秦獻璧後，見秦王無意給趙國十五城，於是從秦王手中奪回和氏璧，派從者送回趙國。⓬怒髮衝冠　頭髮直豎，頂起帽子。形容盛怒。語本《史記・廉頗藺相如列傳》：「相如因持璧卻立，倚柱，怒髮上衝冠。」⓭忍俊不禁二句　謂明招德謙不忍見朗上座占下風，說「朗上座吃了招慶院的飯，卻去江外敲打枯樹的根」，算不上占上風。忍俊不禁，謂熱中於某事而不能克制自己。

【語譯】圜悟克勤評唱：太傅王延彬居士擔任泉州刺史以來，經常去招慶院參禪。有一天，當他走進招慶院的時候，朗上座正在煮茶，不料把茶鍋打翻了。王太傅是一位參禪的行家高手，當他看見朗上座把茶鍋打翻了，便問他：「茶爐下是什麼東西？」朗上座回答說：「捧爐神。」這句話真是話中有話，無奈的是後面的答話不一致，失去了宗旨，傷鋒犯手，不僅辜負了自己，同時也冒犯了別人。參禪雖然是無得失的事，如果拈提起來，仍舊有相應與相離、有是有非，這件事不在言句上，卻偏要在言句上去找出轉身的活路。所以說，他要參活句，不要參死句。

朗上座說「即使做官千日，也會有丟官之時」，這話就像瘋狗追逐土塊一樣。王太傅似乎不印可他，拂袖而去。明招德謙說：「朗上座吃了招慶院的飯，卻去江外敲打野榸。」所謂野榸，指的是荒草之中火燒過之後的枯木。這句話的意思是說慧朗不走正路卻要走歪路。慧朗反戈一擊：「上座的意思怎麼樣？」明招德謙回答說：「不是人弄翻的，是捧爐神乘虛而入弄翻的。」明招德謙自然有轉身的出路，也不辜負慧朗的發問。所以說：「良狗咬人，不露爪牙。」

大溈慕喆說：「王太傅的表現就像藺相如從秦王手中奪回和氏璧，一副怒髮衝冠的樣子。」明招德謙不忍心看見朗上座占下風，在旁邊說了一句話，也來呈現出鮮活的禪機。大溈慕喆如果是朗上座，看見王太傅拂袖而去，便會放下茶鍋，哈哈大笑。為什麼這樣做呢？因為看到了機會如果不抓住，以後的機會就千載難逢了。想要使人瞭解一切眾生都有佛性的道理，應該觀察時機因緣，然後再予以循循善誘。

如胡釘鉸❶，一日見寶壽❷。壽問云：「久聞胡釘鉸，是否？」鉸云：「不敢❸。」壽云：「還釘得虛空❹麼？」鉸云：「請和尚打破將❺來。」壽便打，胡不肯，壽云：「後有多口❻阿師❼，為你點破在。」鉸後舉與趙州，州云：「你因什麼被他打？」鉸云：「不知過在什麼處？」州云：「只這一縫，尚不奈何，更教他打破虛空！」鉸便休去。州代云：「且釘這一縫。」鉸方有省處。

又忠國師問紫璘❽供奉❾：「聞說供奉解注《思益經》❿，是否？」供奉云：「是。」國師令侍者將一碗水、七粒米、一隻箸⓫在碗上，送與供奉，問曰：「是什麼義？」奉云：「不會。」師云：「老僧義尚不會，更說什麼佛義⓬？」又說米七佛師話⓭，云云。

王太傅與朗上座，如此話會⑭不一。雪竇末後卻道：「當時但與踏倒茶爐。」明招雖是如此，終不如雪竇。

又雪峰在洞山會下，作飯頭。一日淘米次。山問：「作什麼？」峰云：「淘米。」山云：「淘沙去，淘米耶？」峰云：「沙米一時去。」山云：「恁麼則眾僧無飯喫也。」峰當時便覆卻米盆。山云：「子因緣不在此。」雖然恁麼，爭似⑮雪竇云：「當時但踏倒茶爐」，一等是什麼時節⑯，到他用處，自然⑰騰⑱今煥⑲古，有活脫⑳處？

【注　釋】❶胡釘鉸　唐人。生平事跡不詳。釘鉸，一種貫穿物件的零件，猶今之鉚釘。❷寶壽　即寶壽沼禪師，唐代禪師，臨濟義玄的嗣法弟子，住鎮州（治今河北正定）寶壽院。❸不敢　謙詞。猶不敢當。❹虛空　天空；空中。❺將　取；拿。❻多口　多語；囉嗦。❼阿師　稱僧人。❽紫璘　法名子璘，唐代僧人，俗姓范氏，兗州（今屬山東境內）人。唐肅宗時住京師安國寺，充內供奉，賜紫衣，在不空譯場任筆受、潤文等職。❾供奉　又作內供奉。宮中齋會時，於內道場任讀師等職。❿思益經　佛經名。全稱《思益梵天所問經》，四卷。後秦鳩摩羅什譯。概述佛為網明菩薩與思益梵天等菩薩說諸法空寂之理。⓫箸　筷子。⓬佛義　佛教的教義。⓭又說米七佛師話　京兆米七禪師行腳回來的時候，有位老僧問：「人們在晚上看到了井繩，往往會誤認為繩子就是蛇，不知米七禪師看到佛的時候，要叫他什麼？」米七禪師回答說：「如果說能看到什麼，那就和眾生沒有什麼兩樣。」老僧說：「真是一顆千年桃核。」米七是溈山靈祐的嗣法弟子。⓮話會　通過語言而交流和領會。⓯爭似　怎似。⓰什麼時節　指翻轉米盆、踢倒茶爐的手段。⓱自然　謂不假安排。⓲騰　勝過；凌駕。⓳煥　煥發光彩，放射光芒。⓴活脫　活潑；靈活。

【語　譯】又如胡釘鉸一天去參見寶壽沼禪師，寶壽沼禪師問他：「久聞胡釘鉸的大名，你就是嗎？」胡釘鉸回答說：「正是鄙人。」寶壽沼禪師又問：「你名叫釘鉸，能釘得住天空嗎？」胡釘鉸回答說：「請您打破天空，然後拿來給我。」寶壽沼禪師舉手就打，胡釘鉸不服氣，寶壽沼禪師說：「以後會有多嘴的師父為你說穿這段因緣。」胡釘鉸後來去參訪趙州從諗，把上述情形說了一遍。趙州從諗問：「你知道為什麼會被他打嗎？」胡釘鉸回答說：「我也不知道錯在哪裡？」趙州從諗說：「就這麼一條小縫，你都無可奈何，還要叫他打破天空。」胡釘鉸自覺慚愧，便告辭要離去。趙州從諗告訴他說：「你還是先釘補上這一條縫吧。」胡釘鉸突然有所覺悟。

又如南陽慧忠國師問紫璘供奉：「我聽說您在注解《思益經》，可有此事？」紫璘供奉回答說：「是的。」南陽國師叫侍者拿一碗水、七粒米，又把一根筷子放在碗上，送給紫璘供奉，問：「這是什麼意思？」紫璘供奉回答說：「我不懂。」南陽國師說：「連老僧的意思都不懂，還說什麼佛法義理！」又如米七禪師說佛的話頭，也是很難咬嚼玩索。

王太傅與朗上座在經過語言交流之後，還是不統一。雪竇重顯最後說：「當時只要踢倒茶爐就沒事了。」明招德謙雖然說：「不是人弄翻的，是捧爐神乘虛而入弄翻的。」終究還是比不上雪竇重顯。

我再舉雪峰義存在洞山良价門下做飯頭的例子來與雪竇重顯作比較。一天，就在雪峰義存淘米的時候，洞山良价問他：「你在做什麼？」雪峰義存回答說：「淘米。」洞山良价問：「你是在去掉沙子呢，還是在去掉米粒呢？」雪峰義存回答說：「沙子和米粒全都淘去。」洞山良价說：「如果你這樣做的話，僧眾就沒飯吃了。」雪峰義存把一盆米翻轉過來，倒在地上。洞山良价說：「你學佛的因緣不在我這裡。」雪峰義存雖然這樣做，怎麼比得上雪竇重顯所說的「當時只要踢倒茶爐就沒事了」。同樣是在什麼時候，雪峰義存、雪竇重顯的大機大用才能顯得自然，輝古耀今，有活活潑潑，灑灑落落的地方呢？

頌

來問若成風❶，（箭不虛發，偶爾成章❷，不妨要妙❸。）
應機非善巧❹。（弄泥團漢，有什麼用處？不妨撞著作家❺，方木逗圓孔❻。）
可悲獨眼龍❼，（只具一隻眼❽，也只得一橛❾。）
曾未呈❿牙爪。（也無牙爪可呈，說什麼牙爪⓫，也不得欺他。）
牙爪開⓬，（你還見麼？雪竇卻較些子。若有恁麼手腳，踏倒茶爐。）
生雲雷，（盡大地人一時喫棒，天下衲僧無出氣，旱天霹靂⓭。）
逆水之波⓮經幾回？（七十二棒，翻成一百五十，設使盡大地人喫，方較些子。）

【注　釋】❶來問若成風　謂王太傅問話迅速，就像工匠揮斧成風聲。形容問話的高妙。❷偶爾成章　謂王太傅的問話不涉思惟，脫口而出。偶爾，間或；有時候。❸要妙　簡截；精深微妙。❹應機非善巧　謂朗上座回答王太傅的話不巧妙。善巧，精巧；巧妙。❺不妨撞著作家　謂朗上座突然撞上了王太傅的活機用。❻方木逗圓孔　喻指禪機不投合。❼可悲獨眼龍　此頌明招獨眼龍不向第一機上振全機。❽只具一隻眼　諷刺明招獨眼龍無全機。❾也只得一橛　謂明招獨眼龍未得到全體。橛，量詞。猶段，截。❿呈　顯現；顯露。⓫說什麼牙爪　意謂這獨眼龍從來不具備爪牙。⓬牙爪開　這是雪竇重顯自稱「踢倒茶爐」就是爪牙大開，從而生雲雷、起逆浪，與王太傅的禪機互相契中。⓭旱天霹靂　晴天打響雷。比喻突然發生令人震驚的事情或災禍。這裡讚揚雪竇重顯的活機用。⓮逆水之波　喻指反戈一擊的禪機。

【語　譯】雪竇重顯頌古：來問若成風，（王太傅的問話真是箭不虛發，出口成章，非常精妙。）應機非善巧。（朗上座真是一個玩弄泥巴的傢伙，有什麼用處？真的碰上了參禪的行家高手，就像用方形木頭去嵌圓形孔洞一樣，禪機不契合。）可悲獨眼龍，（明招德謙真是一個獨眼龍，得到的只是一小部分。）曾未呈牙爪。（也沒有牙爪可以呈現，說什麼牙爪，也不可欺負他是一個獨眼龍。）牙爪開，（你還看見雪竇重顯的牙爪在舞弄嗎？雪竇重顯的機鋒還算說得過去。明招獨眼龍如果有這樣的手段，也可以踢倒茶爐。）生雲雷，（在雪竇重顯的大機大用之下，整個大地的人都要一道挨棒打，天下的禪宗僧人都不敢出氣。晴天霹靂。）逆水之波經幾回？（七十二棒變成了一百五十棒，如果整個大地的人都吃棒，這樣才說得過去。）

評唱

「來問若成風」，此出《莊子》郢人❶。郢人泥壁，餘一小竅❷，丸❸一丸泥擲補之。時有小泥屑❹子，落著鼻端上，若蠅翼❺。傍有匠者云：「公補竅甚巧，我運斤而取鼻端之泥。」匠者運斤❻成風而斲之，盡其泥而無傷鼻，郢人立不失容，所以二俱得妙。

太傅問處，似運斤成風；朗雖應機，語無善巧。所以雪竇道：「來問若成風，應機非善巧。可悲獨眼龍，曾未呈牙爪。」明招道得也太奇特，爭奈未有拏雲攫霧底牙爪！雪竇傍不肯，忍俊不禁，代他出氣。雪竇意暗合，自頌他踏倒茶爐處：「牙爪開、生雲雷，逆水之波經幾回？」雲門道：「不望汝有逆水之波，但有順水之意❼亦得。」向活句下薦得，方快活。朗上座與明招，語似死句，若要見活處，但看雪竇踏倒茶爐。

【注　釋】❶郢人　指楚國人。❷竅　洞；孔穴。❸丸　揉物使成圓形。❹屑　碎末。❺翼　鳥類或昆蟲的翅膀。❻斤　斧頭。❼順水之意　謂順其法意。

【語　譯】圜悟克勤評唱：「來問若成風」，這句話出自《莊子》中關於楚國人的一則故事。有一位楚國人粉刷牆壁，看見有一個小洞沒補好，於是弄了一小團泥巴往上一擲，便把小洞補平了，不料卻有一小片像蒼蠅翅膀一樣大小的泥巴落在他的鼻尖上。在一旁的木匠說：「你補洞的技巧很高，看我揮舞斧頭弄掉你鼻尖上泥巴。」木匠揮起斧頭就像一陣風似的，朝著楚國人的鼻尖砍去，一小片泥巴被砍去了，卻絲毫沒有傷到楚國人的鼻子。楚國人也面不改色，所以說楚國人和木匠兩人的技藝都非常神奇高妙。

　　王太傅的問話就像木匠揮舞斧頭形成風聲那樣高妙。朗上座雖然應機接人，答語卻缺乏善巧方便。所以雪竇重顯說：「來問若成風，應機非善巧。可悲獨眼龍，曾未呈牙爪。」明招獨眼龍說得也很奇特，無奈的是沒有拿雲取霧的手段。雪竇重顯旁觀者清，忍不住要站出來，代明招獨眼龍回答。雪竇重顯的答話竟然暗合王太傅的用意，於是頌自己說的「踢倒茶爐」這句話：「牙爪開，生雲雷，逆水之波經幾回？」雲門文偃說：「不希望你有逆水之波，只要有順水之意也行。」所以說從活句下悟道才快活。朗上座和明招獨眼龍的話像死句，如果要見活句，那就好好看看雪竇重顯的「踢倒茶爐」這句話。

【說　明】圜悟克勤在評唱中舉說胡釘鉸的公案，其用意是在說明用言句說禪就是縫隙。又拿雪峰義存的「覆盆」與雪竇重顯的「踢倒茶爐」相比較，表明前者不如後者。雪竇重顯在頌古中感慨參禪者不能大機大用，死在句下，猶如獨眼龍一樣。他設想如果能踢倒茶爐，呈現出活潑的禪機，獨眼龍就會變成騰雲駕霧的蛟龍，即使面臨逆水之波也能遊走自如。

第四九則　三聖金鱗

【題解】 在這則公案中，三聖慧然借「透網金鱗，未審以何為食」一語，與雪峰義存就迷悟凡聖之通達針鋒相對，互鬥機鋒。「透網金鱗」喻指自修行證悟的束縛中解脫而出的境地。三聖慧然以剛銳的機鋒，借「透網金鱗」自比，以此問雪峰義存，其意謂「開悟之後，當如何生活」。雪峰義存回答「待汝出網來向汝道」，意指三聖慧然尚未證悟。但三聖慧然的機鋒絲毫未受挫折，猶以「一千五百人善知識，話頭也不識」咄咄逼人，雪峰義存的答語「老僧住持事煩」，表面氣勢似乎稍減，實際上卻是不著痕跡的圓熟機法。

示眾

七穿八穴，攙鼓奪旗❶；百匝千重，瞻前顧後❷。據虎頭收虎尾，未是作家；牛頭❸沒❹、馬頭❺回，亦未為奇特。且道，過量底人來時如何？試請舉看。

舉

三聖❻問雪峰：「透網金鱗❼，未審以何為食？」（不妨縱橫自在，此問太高生，你合自知，何必更問？）

峰云：「待汝出網來向汝道。」（減人多少聲價❽，不妨減人威光。作家宗師天然❾自在。）

聖云：「一千五百人善知識，話頭也不識。」（迅雷不及掩耳⑩，可煞驚群，一任踍跳⑪，迅雷霹靂⑫。）

峰云：「老僧住持⑬事煩。」（不在勝負，放過一著⑭，此語最毒⑮。）

【注　釋】❶七穿八穴二句　喻指參禪者自由自在的禪機。❷百匝千重二句　謂禪師用心綿密，堅固陣地。瞻前顧後，形容慮事周密，做事謹慎。❸牛頭　指地獄中的牛頭鬼卒，為牛頭人身。❹沒　通「歿」。死。❺馬頭　指地獄中的馬頭鬼卒，為馬頭人身。❻三聖　法名慧然，五代禪僧。參臨濟義玄得法，又遍歷叢林，所至之處皆辯鋒銳猛，所向披靡。後住鎮州（治今河北正定）三聖院，也稱「三聖慧然」。❼透網金鱗　喻指從修行證悟的束縛中解脫而出的境地。金鱗，金色的魚鱗，常借指魚。❽聲價　名譽身價。❾天然　指天性、本性。❿迅雷不及掩耳　比喻動作或事件突然而來，不及防備。迅雷，猶疾雷。⑪踍跳　同「蹦跳」。猶跳躍。⑫霹靂　響雷；震雷。⑬住持　佛教寺院主管僧的職稱。⑭放過一著　謂雪峰義存不行棒喝。⑮此語最毒　謂雪峰義存的答語無圭角且用意辛辣。

【語　譯】圜悟克勤開示：參禪者具有七通八達、搶鼓奪旗的手段，禪師的功夫也做得十分綿密，兼顧前後，非常周到。按著虎頭收虎尾，這樣還算不上是大機大用的宗師；即使生死輪迴，就像牛頭人身的獄卒死去之後，馬頭人身的獄卒又轉生而來，這也算不上什麼奇特的事。你來說說看，當一個參禪功夫超乎尋常的人來到你面前的時候，應該怎樣接引他？我試舉一則公案給你們看看。

舉說公案：一天，三聖慧然去參訪雪峰義存，一見面就問：「一條從魚網中鑽出去的有著金色魚鱗的大魚，不知道到底該用什麼東西做食物？」（非常自由自在，縱橫無礙，這個問題太高深了，你只應該自己知道，何必再問？）雪峰義存回答說：「等你從魚網中鑽出來的時候，我再告訴你。」（殺退了三聖慧然的聲名身價，也確實滅去了他的威風光彩。雪峰義存真是一個機用傑出的大禪師，從來就是自由自在。）三聖慧然說：「你是指導一千五百人修行的大禪師，難道連這個話頭都不知道嗎？」（迅雷不及掩耳，真是驚天動地，任其蹦跳，這話真是一聲突如其來的響雷。）雪峰義存說：「老僧身為住持，事務繁忙啊！」（不在勝負，表面上看雪峰義存退讓了一步，其實這話最毒。）

評唱

雪峰、三聖，雖然一出一入、一挨一拶，未分勝負在。且道，二老宿具什麼眼？三聖向北參臨濟。諸方皆以高賓❶待之。看他致箇問端，多少人摸索不著。且道，不涉理性❷佛法，卻問他道：「透網金鱗，未審以何為食？」且道，意作麼生？尋常不食香餌❸，以甚麼為食？汾陽謂之「呈解問❹」，洞下❺謂之「借事問」。

須是超群絕類❻、得大自在、頂門具眼，方謂之「透網金鱗」。爭奈雪峰是作家，不妨減人聲價道：「待汝出網來向汝道」，看他兩家，俱把定封疆❼、壁立千仞；若非三聖，只此一句，便出不得。爭奈三聖亦是作家，方解向他道：「一千五百人善知識，話頭也不識。」峰云：「老僧住持事煩。」此語得恁麼頑慢！他作家相見，一擒❽一縱❾，逢強即弱、遇賤即貴。你若作勝負會，未夢見雪峰在。看他二人，最初孤危峭峻；末後二俱死朗當❿地。你且道，還有勝負也無？作家酬唱，必不在此。

雪峰一日見獼猴⓫，乃云：「這獼猴，各背一面古鏡⓬。」三聖便問：「歷劫⓭無名，何以彰⓮為古鏡？」峰云：「瑕生也。」聖云：「一千五百人善知識，話頭也不識。」峰云：「老僧住持事煩。」雪竇拈云：「好與二十棒。」這棒放過也好，免見將錯就錯。又三聖問雪峰，透網云云，峰云待汝云云，聖云一千五百人云云，峰云「老僧住持事煩」。雪竇拈云：「可惜放過，好與二十棒。」一棒也少不得，只是罕遇知音作家。此處卻便只頌他透網金鱗，顯他作家相見。

【注釋】❶高賓　猶貴賓。❷理性　道理。❸香餌　漁獵所用的誘餌。❹呈解問　學人自呈見解，請禪師糾正。❺洞下　指曹洞宗門庭之下。❻超群絕類　形容卓越出眾，不同一般。絕類，超出同類。❼把定封疆　字面意思謂牢守國界，實為禪家一種機緣施設：不立文字，扼斷語路，使無可用心，無路可循。其目的在於蕩盡胸中種種學解知見、妄情俗念。❽一擒　指兩人初問初答時都用把住的手段。❾一縱　指兩人再問再答時都用放行的手段。❿死朗當　指執著於空寂之處，因而失去自由運作之人。⓫獼猴　猴的一種。群居山林中，喧譁好鬧。以野果、野菜等為食物。⓬古鏡　鏡之功能，能映現一切萬物，沒有差別，故禪宗以此比喻佛性。⓭歷劫　經歷劫數，指極為久長的時間。⓮彰　揭示；昭示。

【語譯】圜悟克勤評唱：雪峰義存和三聖慧然兩人，雖然一出一進，一問一答，卻沒有分出勝負。你來說說看，這兩位大禪師各自具備什麼法眼？三聖慧然自從到北方參訪臨濟義玄得法後，遍歷天下禪林，所至之處，都被奉為貴賓。你看他提個問題，多少人都摸不著頭腦。且看他既不談大道理，也不談佛法，而是直接了當地問：「一條從魚網中鑽出去的有著金色魚鱗的大魚，不知道到底用什麼東西做食物？」你來說說看，他的意思是什麼？從魚網中鑽出去的魚既然不吃平常的香餌，那麼拿什麼當作食物呢？汾陽善昭把這種問法叫做「呈解問」，曹洞宗則稱之為「借事問」。

一個人必須達到出類拔萃的地步，從而得到了大自在，腦門上具備一隻法眼，才稱得上「一條從魚網中鑽出去的有著金色魚鱗的大魚」。怎奈雪峰義存是一位機用傑出的大禪師，免不了要殺殺別人的銳氣，他回答三聖慧然說：「等你從魚網中鑽出來的時候，我再告訴你。」從他們兩人的禪機應答中，可以看出兩人都能守住自己的陣地，就像屹立在陡峭的萬丈懸崖上一樣。如果不是三聖慧然的話，光這一句話就應付不了，要被它籠罩得出不了頭。怎奈三聖慧然也是一個參禪的行家高手，才能解圍說：「你是指導一千五百人修行的大禪師，難道連這個話頭都不知道嗎？」雪峰義存說：「老僧身為住持，事務繁忙啊！」你看他這句話說得多麼頑固傲慢！他們兩位機用傑出的大禪師相見之後，一擒一縱，對手的機鋒強時就用弱的機鋒應對，對手的機鋒低賤時就用高貴的機鋒應對。你如果要從這件事來分出勝負，那麼你對雪峰義存禪法的認識，真是連做夢都沒夢見過。看他們兩人的機鋒起初都是孤危峭峻，各自守住陣地，到最後兩人卻是有氣無力。你來說說看，他們兩人還有得失勝負嗎？大禪師的機語應對，決不在勝負上。

雪峰義存有一天看見獼猴，於是說：「這些獼猴，各自背著一面古鏡。」三聖慧然問：「自古以來都沒有名字，憑什麼說它是古鏡？」雪峰義存回答說：「過失出來了。」三聖慧然說：「你是指導一千五百人修行的大禪師，難道連這個話頭都不知道嗎？」雪峰義存說：「老僧身為住持，事務繁忙啊！」雪竇重顯拈評說：「饒了三聖慧然二十棒。」這棒放過也好，免得將錯就錯。在這則公案中，三聖慧然問：「一條從魚網中鑽出去的有著金色魚鱗的大魚，不知道到底該用什麼東西做食物？」雪峰義存回答說：「等你從魚網中鑽出來的時候，我再告訴你。」三聖慧然說：「你是指導一千五百人修行的大禪師，難道連這個話頭都不知道嗎？」雪峰義存說：「老僧身為住持，事務繁忙啊！」雪竇重顯拈評說：「可惜的是雪峰義存放過了三聖慧然，當時就饒了他二十棒。」這二十棒是一棒也不能少，只是遇見知音的大禪師的機會非常之少。雪竇重顯最後只頌「透網金鱗」，由此可見大禪師們相見時的機鋒。

頌

透網金鱗，（何似生❶？千兵易得，一將難求❷，千聖不奈何。）
休云滯❸水。（向他雲外立❹，活潑潑地❺，且莫鈍置人好。）
搖乾蕩坤❻，（作家作家，未是奇特❼，放出又何妨❽？）
振❾鬣❿擺尾。（誰敢辨他端的？出來不妨驚群，做得什麼伎倆？）
千尺鯨噴洪浪飛⓫，（轉過那頭去，盡大地人一口吞盡，不妨奇特。）
一聲雷震清飆起⓬。（有眼有耳，如聾如盲⓭，誰不悚然⓮？）
清飆起，（在什麼處？咄！）
天上人間知幾幾⓯！（雪峰三聖，各自牢把陣頭、撒沙撒土⓰。打云：你在什麼處⓱？）

評唱

「透網金鱗，休云滯水」，五祖道：「只此一句頌了也。」既是作家，透網金鱗豈居滯水？必在洪波白浪之中⓲。且道，二六時中，以何為網？以何為食？但向三條椽下，六尺單前，收視返聽，試定當⓳看。

雪竇道，此事隨分⓴拈弄，如鱗鬣之類，振鬣擺尾時，直得乾坤搖動。「千尺鯨噴洪浪飛」，頌三聖道「一千五百人善知識，話頭也不識」，如鯨噴洪浪相似。

「一聲雷震清飆起」，頌雪峰道：「老僧住持事煩」，如一聲雷震清飆起相似。大綱㉑頌他二人俱是作家。「清飆起，天上人間知幾幾？」且道，這一句落在什麼處㉒？

【注　釋】❶何似生　似何物之意，表示無任何東西與其相似。❷千兵易得二句　意謂束縛在魚網裡的死漢易得，像三聖慧然這樣鑽出魚網的人難得。❸滯　阻礙，不流暢。❹向他雲外立　意謂不住在理性的窠窟之中。雲外，高山之上，亦指世外，又比喻仙境。❺活潑潑地　意謂無束縛，轉變自在。❻搖乾蕩坤　借「透網金鱗」的活潑自在，喻指臨濟宗的大機大用。❼作家作家二句　意謂如果不是參禪的行家高手，怎麼會有如此之大的機用。❽何妨　無礙；不妨。❾振　搖動。❿鬣　即魚鰭，魚類和其他水生脊椎動物的運動器官。由刺狀的硬骨或軟骨支撐薄膜而成。⓫千尺鯨噴洪浪飛　謂大鯨噴潮則大浪飛湧，如山如雲。這裡喻指三聖慧然的舉問。洪，大。與「小」相對。⓬一聲雷震清飆起　雷鳴一聲後，雨停涼風起。雷震，喻指雪峰義存的問答。清飆，猶清風。⓭有眼有耳二句　意謂住在聲色之中，卻不生妄心。⓮誰不悚然　意謂遇此清風，身心忽喪。悚然，惶恐不安貌。⓯天上人間知幾幾　意謂清風滿天滿地，只是很少有人知道此事。幾幾，猶幾許。⓰撒沙撒土　意謂雪竇重顯頌的是玄妙禪法以外的事。⓱打云二句　意謂我這樣行棒，恐怕雪竇重顯無藏身之處。⓲洪波白浪之中　喻指活處。⓳定當　辨識；判明。當，後綴。⓴隨分　依據本性；按照本分。㉑大綱　猶言總之。㉒這一句落在什麼處　意謂這一句是這首頌古的關鍵之處，所以要使人知其落處。

【語　譯】雪竇重顯頌古：透網金鱗，（像一個什麼東西？千兵易得，一將難求，歷代祖師對它也是無可奈何。）休云滯水。（向無水無網的地方站立，活潑潑地，且不要折騰人。）搖乾蕩坤，（行家啊行家，這還算不上他的奇特之處，放出這條金魚又何妨？）振鬣擺尾。（誰敢辨別三聖慧然的來龍去脈嗎？辨別出來確實要驚天動地，做得出什麼手段？）千尺鯨噴洪浪飛，（轉到那邊去，要把整個大地的人一口吞盡，非常奇特。）一聲雷震清飆起。（儘管有眼睛、耳朵，卻像聾子、盲人一樣，碰到這樣的清風，誰不誠惶誠恐？）清飆起，（在什麼地方？咄！）天上人間知幾幾！（雪峰義存和三聖慧然各自把住自己的陣地，雪竇重顯這樣頌是在撒沙撒土。邊打邊問：你躲藏在什麼地方？）

圜悟克勤評唱：「透網金鱗，休云滯水」，五祖法演說：「光這一句話就把所有的意思都頌出來了。」既然是參禪的行家高手，鑽出魚網的金魚，哪裡還會困居在停滯的死水之中呢？他必然會游向波濤浩瀚、白浪滔天的地方去。你來說說看，從早到晚，他用什麼作為魚網？靠什麼作為食物呢？你們好好地站在寺院的屋簷下、床位前，不看不聽，仔細地參參看。

雪竇重顯說，這件事是隨著當時的情境來拈說的，好比鑽出魚網的金魚搖鬣擺尾之時，簡直可以搖動天地。至於「千尺鯨噴洪浪飛」，這是在頌三聖慧然所說的「你是指導一千五百人修行的大禪師，難道連這個話頭都不知道嗎」，這就像從鯨魚口中噴出的巨浪一樣氣勢威猛。

「一聲雷震清飆起」，這是在頌雪峰義存所說的「老僧身為住持，事務繁忙啊」，這就如同一聲響雷，清風遽起一樣。總的來說，這首頌古是在頌雪峰義存、三聖慧然二人是參禪的行家高手。「清飆起，天上人間知幾幾？」你來說說看，這句話的旨意到底落在什麼地方？

【說　明】臨濟義玄門下禪鋒甚銳的三聖慧然，前來拜訪老禪師雪峰義存，開口就問：「透網金鱗，未審以何為食？」意謂我就是一條金鱗。這點有力地顯示出他繼承了臨濟義玄的錚錚鐵骨以及當仁不讓的稟性。「待汝出網來向汝道。」雪峰義存沉穩地鉗制了三聖慧然的機鋒。不過三聖慧然並未因此而畏縮。「一千五百人善知識，話頭也不識。」三聖慧然在爭取主動權。雪峰義存淡淡地回答道：「老僧住持事煩。」事務繁忙又加上年事已高，我就只能這樣回答你了，也許不盡如你的意，你就看著辦吧。乍看起來，似乎年輕的三聖慧然得勢了，雪峰義存的機鋒敵不過三聖慧然的機鋒，其實不然。雪峰義存這種虎頭蛇尾的言行，已經把三聖慧然的銳利機鋒完全包納在其中了。這樣老練沉穩的態度是會令人肅然起敬的。對於一位捕魚能手來說，一頭小鯉魚逃得了一時也逃不了多久；一支矛再鋒利，也無法刺穿金盾；一座山再高，也不及雲高天高。

第五十則　雲門鉢桶

【題解】塵塵三昧，謂透過一一微細之物，而入於三昧。雲門文偃舉鉢裡飯、桶裡水等具體事物，通過一一微細之物，以闡釋禪的玄旨。

示眾

度越❶階級❷，超絕❸方便❹；機機相應❺、句句相投。儻非入大解脫門❻、得大解脫用，何以抗行❼佛祖、權持機要❽？且道，當機直截，逆順縱橫時，如何道得出身句❾？試舉看。

舉

僧問雲門：「如何是塵塵三昧❿。」（天下衲僧，盡在這裡作窠窟⓫。滿口含霜⓬，撒沙撒土，作什麼？）

門云：「鉢⓭裡飯，桶裡水。」（布袋盛錐⓮，沙金渾雜，含元殿裡不問長安，將錯就錯。）

評唱

還定當得麼？若定當得出，雲門鼻孔在諸人手裡；若是定當不得，諸人鼻孔在雲門手裡。

雲門有斬釘截鐵底句，此一句中具三句。有底問著，便道：「缽裡飯粒粒皆圓，桶裡水滴滴皆濕。」若恁麼會，且不見雲門端的為人處。

【注　釋】❶度越　猶超過。❷階級　佛教修行的不同等級。❸超絕　超越，遠遠勝過。❹方便　謂以靈活方式因人施教，使悟佛法真義。❺機機相應　謂禪師與參學者之間心地相契冥合。機機，指禪師之機與參學者之機。❻解脫門　得入解脫境界之門，即稱解脫門，指脫離三界之苦而令得悟之門。❼抗行　互相對立，不發生關係。❽機要　機，樞機。要，精要。❾出身句　形容進入悟境者自在無礙的語句。出身，指出於生死之身，比喻不滯於迷悟二邊、闊達無礙的作用。❿塵塵三昧　謂於一微塵中入一切之三昧。《華嚴經》稱一塵之中現無量剎，入一微塵中三昧，即表示一切諸法事事無礙之理。這位僧人的問意是如何在日常的一個個差別相中做到平等如一，達到平等三昧的境界。三昧，梵文的音譯，意譯為「正定」。謂屏除雜念，心不散亂，專注一境。⓫盡在這裡作窠窟　謂整天在三昧之中，卻得不到三昧。⓬滿口含霜　意謂在「塵塵三昧」上說不得。⓭缽　梵語缽多羅的省稱。僧人食具。底平，口略小，形圓稍扁。用泥或鐵等製成。⓮布袋盛錐　洩漏天機之意。

【語　譯】圜悟克勤開示：佛法的三昧解脫神力超越階位，也超越善巧方便；師徒二人禪機相應，句句相投。一位禪師如果沒有進入大解脫的境界，得到大解脫的受用，憑什麼和佛祖唱對臺戲，與佛法精義互相對立。你來說說看，當對手的機鋒一出現時，大禪師就能當即截斷；無論是處在逆境還是順境，他都能任運自在，得心應手，怎樣才能把大徹大悟之後的境界用一句話說出來呢？我試舉一則公案給你們看看。

舉說公案：有一位僧人問雲門文偃：「什麼是塵塵三昧？」（天下的禪宗僧人都在這裡做窠窟。滿口含霜說不得，撒沙撒土做什麼？）雲門文偃回答說：「缽裡的飯，桶裡的水。」（布袋子裡面的錐尖露出來了，沙子和金子混雜在一起，身在含元殿裡，不必再問長安城在哪裡？將錯就錯。）

圜悟克勤評唱：你們各位弄得清楚雲門文偃答話的用意嗎？如果弄得清楚，那麼雲門文偃的鼻孔就捏在你們各位的手裡了；如果弄不清楚，那麼你們各位的鼻孔就捏在雲門文偃的手裡。

雲門文偃有斬釘截鐵的句子，這種句子就是一句之中必須具備三句的意思。有的人被問到什麼是雲門文偃答話的用意時，便說：「缽裡的飯粒粒都是圓的，桶裡的水滴滴都是濕的。」你們如果也這樣理解，那就根本不瞭解雲門文偃答話真正的旨意是什麼。

頌

缽裡飯、桶裡水，（露❶也。撒沙撒土作什麼❷？漱口三年始得❸。）

多口阿師難下嘴❹。（截卻舌頭，識法者懼，為什麼卻恁麼舉？）

北斗南星❺位不殊，（喚東作西作什麼？坐立儼然❻，長者長法身，短者短法身。）

白浪滔天平地起。（脚下深三尺，主賓互換，驀然在你頭上，你作麼生？打！）

擬不擬❼，（咄！蒼天蒼天❽。）

止不止。（說什麼，更添怨苦。）

箇箇無褌長者子❾。（郎當❿不少，傍觀者哂⓫。）

評唱

雪竇前頭頌雲門道：「對一說」、「分一節」公案，又頌馬大師：「藏頭白、海頭黑」底公案一般。若於此處透得，便見者箇頌。雪竇當頭便道：「鉢裡飯、桶裡水」，言中有響、句裡呈機，「多口阿師難下嘴」，雪竇隨後下箇注腳，你若向這裡求玄妙道理計較，轉難下嘴。雪竇頭上先把定，恐眾裡有具眼者覷破；到後面須放下一著，俯與初機，放開來頌，教人見他，北斗依舊只在北、南星依舊在南。所以道：「北斗南星位不殊，白浪滔天平地起。」忽然平地起波瀾時，又作麼生？若向事上覷則易，若向意根下卜度，且喜勿交涉，卒摸索不著。這箇如鐵橛子相似，撥不去、拽不來，插嘴不得。你若擬議，欲會而不會、止而不止，亂呈懞⓬袋，正是「箇箇無禪長者子」。此句出寒山詩：「六極常攖困，九維徒自論⓭。有才遺草澤，無藝閉蓬門⓮。日上巖猶暗⓯，煙消谷尚昏⓰。其中長者子，箇箇總無褌⓱。」

【注釋】❶露　方言，不曾藏之意，又有盡情說破之意。❷撒沙撒土作什麼　不脫灑之意。❸漱口三年始得　意謂禪法與言語無關，不必說破。❹多口阿師難下嘴　意謂對雲門文偃的旨意，就是善辯的僧人也很難解說。❺南星　星名。即南箕星。即箕宿。共四星，二星為踵，二星為舌。踵窄舌寬。夏秋之間見於南方，故稱。❻儼然　齊整有序的樣子。❼擬不擬　意謂不許涉擬議。❽蒼天蒼天　為不懂雲門文偃玄旨的人而感歎。❾箇箇無褌長者子　意謂人人在三昧之中卻不知三昧，猶如赤身裸體，露醜陋之形。褌，滿襠褲。以別於無襠的套褲而言。❿郎當　窩囊，不成器。⓫哂　譏笑。⓬懞　昏昧無知。⓭六

極常攖困二句　這兩句是說如果被煩惱所困擾，你就是有多麼好的個人修養，也是無濟於事的。六極，謂六種極兇惡之事。攖困，被貧困所纏繞。九維，即道家所謂個人修養的「九守」：守和（萬物陰陽相和）、守神（耳、目、精神守而不失）、守氣（氣血平）、守仁（行仁義而不避死亡）、守簡（不貪衣食之多積）、守易（不為貧賤富貴而喪命）、守清（神清意平）、守盈（不求滿盈）、守弱（不為天下先）。凡守此九者，則可無欲無累，無是無非，萬物皆同，自然無為。⑭有才遺草澤二句　這兩句是說不論是有才無才，都會被拋遺於草澤之中，被困於茅棚草庵之內。草澤，草野；民間。蓬門，以蓬草為門。指貧寒之家。⑮日上巖猶暗　意謂雖然慧日高照，但煩惱厚重，就像在巖壁之下暗昧無光，終日不見慧光。⑯煙消谷尚昏　意謂三界有情不知無明煙氣原是般若光焰，還在生死昏谷中日夜沉沒。⑰其中長者子二句　這兩句是說世人在生老病死的困境之中，一個個都失去了自己的珍寶，難以脫離苦海。長者子，這裡泛指一切世人。

【語　譯】雪竇重顯頌古：缽裡飯、桶裡水，（露出來了。撒沙撒土幹什麼？漱口三年之後，才能得到雲門文偃的玄旨。）多口阿師難下嘴。（截斷舌頭，識法者懼怕，為什麼要這樣舉說？）北斗南星位不殊，（把東叫做西幹什麼？坐的坐，站的站，井然有序。長者法身長，短者法身短。）白浪滔天平地起。（腳底下的白浪有三尺深，禪師和參禪者互換位置，滔天白浪突然出現在你頭上，你該怎麼辦？打！）擬不擬，（咄！蒼天啊蒼天。）止不止，（說什麼，更添怨恨和痛苦。）箇箇無褌長者子。（醜陋的形態都露出來了，旁觀者都在嘲笑他們。）

圜悟克勤評唱：就像雪竇重顯在前面頌雲門文偃說的「對一說」、「分一節」公案一樣，又像頌馬祖大師說的「藏頭白、海頭黑」的公案一樣。你如果能透得過這則公案，便能瞭解這首頌古的意思。雪竇重顯一開頭就說：「缽裡飯、桶裡水」，話中意思很清楚，句中也透露了禪機。「多口阿師難下嘴」，雪竇重顯隨後便為你下注腳，你如果想從這句話裡尋求玄妙的道理計較，那是很難開口的。雪竇重顯在這首頌古中先用把定的手段，惟恐眾人當中有具備法眼的人把他看穿了；到後面他又退讓一步，以便誘導初學禪法的人，頌出來讓人們看看，北斗星依然在北方，南箕星依然在南方，所以說：「北斗南星位不殊，白浪滔天平地起。」平地上怎麼會突然生起波瀾呢？又該怎麼辦呢？你如果從事境上來看，那就容易明白；如果從意根下尋求，那就

了，最終還是摸索不到。這就像鐵棒子一樣，撥不動，拉不來，插不
揣摩，想要瞭解卻又無法瞭解，想要止息卻又無法止息，這種混亂的情況就像出
是「箇箇無禪長者子」。這句話出自寒山子的詩：「六極常攖困，九維徒自論。有才遺草澤，無想要揣摩
日上巖猶暗，煙消谷尚昏。其中長者子，箇箇總無禪。」

【說　明】三昧指修行的境界，塵塵三昧在禪中指「箇箇三昧」。《華嚴經》中說：「一
悟到一切皆空的禪是死人禪，沒有任何作用；而必須在此基礎上「大死一番，絕後蘇息」，在三昧盡入。」
別言行中，做到平等如一，達到平等三昧。這才是「箇箇三昧」、「塵塵三昧」。也就是說，「一切都個個差
境」，就像缽裡的飯、桶中的水一樣。

◎新譯八識規矩頌

倪梁康／注譯

《八識規矩頌》為唐代玄奘大師所作，是佛教唯識學一份極其重要的漢語文獻，除大正藏外，也收錄於《四庫全書》中。其內容言簡意賅，在四十八句頌文中，幾乎包含了唯識學的基本名相和要義，為初學者提供了瞭解唯識學的方便法門。但也因為它格式嚴謹而言詞又極為簡略，未經解說，可能完全不知所云。本書透過佛教唯識學和現代現象學之間的互釋、互解，對經文作逐句詮解，帶領讀者深入唯識世界。

◎新譯楞嚴經

賴永海、楊維中／注譯

「欲知佛境界，當讀華嚴；欲知佛智慧，要讀楞嚴。」《楞嚴經》是一部大乘佛教的單譯經，素有佛教全書之稱。經中說明宇宙原理、人生真相，展示世界、眾生業果相續的主要原因，以及教導眾生返妄歸真、覺悟成佛的方法；尤其經中有關觀世音菩薩的說法，在佛教信眾之中，影響至為深遠。本書以文學及佛學角度譯注《楞嚴經》，為坊間所少見，研讀佛教經典者切不可錯過。

◎新譯列仙傳

張金嶺／注譯　[illegible]／校閱

《列仙傳》是中國歷史上最早有系統地給神仙立傳的專著，[illegible]啟後代道士或文人給神仙立傳的先河。本書描寫各歷史時期及各色人等的成仙事跡，意在向人們說明世有神仙，而神仙也可求。本書不僅是宗教研究者，特別是喜歡養生術之人的參考書，更是[illegible]辭典雅、意味雋永的文學作品，對中國文學藝術有很大的影響。

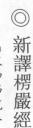